**ADDISON-WESLEY**

PLUS Website zum Buch

Liebe Leserinnen, liebe Leser,

zu diesem Buch gibt es zusätzliche Materialien, die Sie sich auf unserer Verlagswebsite **http://www.addison-wesley.de/** herunterladen können. Suchen Sie dort nach Titel oder ISBN dieses Buches, um auf die zugehörige Webkatalogseite zu gelangen. Dort finden Sie unter dem Reiter »Download« alle verfügbaren Daten.

Eventuell müssen Sie angemeldet sein und/oder einen Zugangscode eingeben, um die Daten herunterladen zu können. Klicken Sie dazu auf den Link »Bitte loggen Sie sich ein.« und melden Sie sich mit Ihrem Addison-Wesley-Kunden-Account an (bzw. erstellen Sie einen Account im Abschnitt »Schnellanmeldung«, wenn Sie noch keinen haben).

Sollte dann noch die Eingabe eines Codes notwendig sein, finden Sie diesen unter diesem Text.

PLUS kein Code notwendig – Inhalte frei zugänglich

SQL Server 2012 Performance-Optimierung

Windows Server 2012

Eric Tierling
ca. 600 Seiten, 49,80 [D]
ISBN 978-3-8273-3185-4

Dieses Referenzbuch zu Windows Server 2012 ist die neueste Ausgabe der erfolgreichen Windows Server-Buchreihe, die Eric Tierling mit Pearson seit über 15 Jahren veröffentlicht.
Wie Windows Server 2012 selbst, markiert auch dieses Referenzbuch den Aufbruch in ein neues Zeitalter und liefert die Neuerungen und Funktionen von Windows Server 2012 auf bewährte Weise, ohne die Wiederholung bereits bekannter, schon früherer (mehrfach) beschriebener Grundlagen älterer Windows-Versionen abermals zu enthalten.
Es widmet sich ausführlich den vielfältigen Neuerungen, Funktionen und Möglichkeiten von Windows Server 2012 und unterstützt Sie mit praxisnahen Anleitungen beim leichten Einsatz von Windows Server 2012 in seiner IT-Umgebung.

Microsoft Hyper-V

Thomas Joos
ca. 608 Seiten, 59,80 [D]
ISBN 978-3-8273-2929-5

Mit diesem Praxisbuch lernen Sie, wie Sie Hyper-V 2.0 von Windows Server 2008 R2 effizient einsetzen. Microsoft-Netzwerkspezialist Thomas Joos beschreibt detailliert Planung, Installation und Betrieb von virtuellen Maschinen mit Hyper-V. Weitere Themen sind Cluster, Live Migration, Migration zu VMs, Tools, Optimierung und Fehlerbehebung. Best Practise-Anleitungen helfen Ihnen bei der Virtualisierung von SAP und Exchange Server 2010 mit Hyper-V.

Holger Schmeling

SQL Server 2012
Performance-Optimierung

Das Praxisbuch für Entwickler
und Administratoren

 ADDISON-WESLEY

An imprint of Pearson

München • Boston • San Francisco • Harlow, England
Don Mills, Ontario • Sydney • Mexico City
Madrid • Amsterdam

Bibliografische Information der Deutschen Nationalbibliothek

Die Deutsche Nationalbibliothek verzeichnet diese Publikation in der Deutschen Nationalbibliografie; detaillierte bibliografische Daten sind im Internet über *http://dnb.dnb.de* abrufbar.

10 9 8 7 6 5 4 3 2 1

12

ISBN 978-3-8273-3154-0

© 2012 by Addison-Wesley Verlag,
ein Imprint der Pearson Deutschland GmbH,
Martin-Kollar-Straße 10–12, D-81829 München/Germany
Alle Rechte vorbehalten
Einbandgestaltung: Marco Lindenbeck, mlindenbeck@webwo.de
Lektorat: Brigitte Bauer-Schiewek, bbauer@pearson.de
Fachlektorat: Stefan Kindler, Lauf an der Pegnitz
Korrektorat: Sandra Gottmann, sandra.gottmann@t-online.de
Herstellung: Monika Weiher, mweiher@pearson.de
Satz: Nadine Krumm, mediaService, Siegen, www.media-service.tv
Druck und Verarbeitung: Drukarnia Dimograf, Bielsko-Biala
Printed in Poland

Inhaltsverzeichnis

Für Angelika

Vorwort

Microsofts SQL Server ist mittlerweile sehr erwachsen geworden.

Mit diesem Satz beginnt das Vorwort zur Vorgängerversion dieses Buches mit dem Titel *SQL Server 2008 Performance Optimierung.*

Nun, wenn der SQL Server 2008 bereits *sehr erwachsen* ist, was ist dann mit SQL Server 2012? Ist er noch erwachsener, noch reifer?

Ich denke, auf diese Frage kann man mit einem klaren Ja antworten. Die Anzahl der SQL Server-Installationen steigt beständig, und die Ursache hierfür ist nicht etwa nur ein geschicktes Marketing. Das Produkt selber ist einfach gut, leicht zu installieren und einfach zu handhaben, bis ...

Ja, bis irgendetwas Unerklärliches und natürlich Unvorhergesehenes passiert und das Gesamtsystem dann auf einmal doch nicht ganz so leistungsfähig ist wie erwartet oder gefordert.

Immer noch ist es so, dass die zu verarbeitenden Datenmengen beständig anwachsen, aber niemand gewillt ist, deshalb längere Antwortzeiten zu akzeptieren. Weiterhin steigen die Komplexität der Anwendungen und die Datenbankgrößen. Vor einigen Jahren waren 100 GByte noch eine beachtliche Größe für eine Datenbank, inzwischen ist eine solche Größe längst nichts Besonderes mehr.

Das Thema Performance-Optimierung ist dadurch nach wie vor aktuell, vielleicht sogar wichtiger als je zuvor. Ich begegne vielen Systemen, die einfach einmal installiert werden, ungefähr nach dem Motto: Ärmel hoch und los! Dagegen ist auch erst einmal gar nichts einzuwenden, denn bis zu einem gewissen Grad funktioniert so etwas tatsächlich ganz gut. Oftmals ist es wirklich erstaunlich, wie genügsam und anspruchslos SQL Server ist. Irgendwann ist dann aber immer ein Punkt erreicht, an dem eben nicht mehr alles von selbst läuft und auftretende Probleme durch menschliches Eingreifen behoben werden müssen.

Optimierung ist in meinen Projekten nach wie vor ein Thema, das stets an der Tagesordnung ist. Folgerichtig gibt es nun also eine neue Version des Buches, die natürlich auf der aktuellen SQL Server-Version 2012 basiert.

Sie werden sich sicher fragen, was gegenüber der Vorgängerversion geändert wurde. Nun, zunächst einmal ist der Aufbau des Buches nahezu gleich geblieben. Warum auch nicht, die Herangehensweise und die zur Verfügung stehenden Möglichkeiten für Überwachungen und Optimierungen haben sich ja schließlich in der Praxis bewährt.

Selbstverständlich sind aber auch neue Erkenntnisse eingeflossen, und so wurde das Buch gegenüber der Vorgängerversion auch in vielen Teilen geändert. In diversen Bereichen wurden Formulierungen und Beispiele präzisiert. Darüber hinaus wurden einige Kapitel erweitert; vor allem, um die sich mit SQL Server 2012 ergebenden neuen Möglichkeiten aufzuzeigen. In einigen Abschnitten wurde der Text auch gekürzt, wenn sich herausgestellt hat, dass die dort abgehandelte Thematik vielleicht doch nicht ganz so wichtig ist.

Und hier ist sie nun also, die zweite Fassung des Buches über SQL Server Performance Optimierung: verbessert, erweitert, gekürzt und präzisiert.

Ich möchte dieses Vorwort mit einem weiteren Zitat aus dem Vorwort der ersten Ausgabe beenden und wünsche Ihnen schon einmal viel Freude beim Durcharbeiten des Buches.

Ich bin sicher, dass dieses Buch für Sie von Nutzen ist, wenn Sie eigene Optimierungsstrategien entwerfen oder einfach die Performance-Optimierung anpacken, und wünsche Ihnen viel Spaß beim Lesen – wenigstens genau so viel, wie ich beim Schreiben hatte.

Noch ein Wort zum Abschluss. Alle an diesem Buch Beteiligten haben sehr sorgfältig gearbeitet, um ein möglichst fehlerfreies Werk abzuliefern. Die Beispiele wurden allesamt sorgfältig entwickelt und überprüft. Trotzdem kann es leider vorkommen, dass der eine oder andere Fehler unentdeckt geblieben ist. Zögern Sie bitte nicht, mich zu kontaktieren, wenn Sie irgendwelche Ungereimtheiten entdecken. Ich freue mich über eine Kontaktaufnahme und bin gerne bereit zu helfen, wenn Sie Fragen oder Anregungen haben.

München

Holger Schmeling

http://sqlserver-online.com

1 Einleitung

SQL Server ist ein komplexes System, in dem viele Komponenten optimal aufeinander abgestimmt sein müssen, damit dieses System die bestmögliche Leistung erzielt. Etliche Faktoren spielen hierbei eine Rolle, sodass eine Performance-Optimierung häufig sehr vielschichtig und schwierig ist.

Hinzu kommt, dass eine Optimierung auch immer eine Überwachung des Systems einschließt. Sie werden bestimmte Parameter beobachten müssen, um herauszufinden, ob eine Optimierung erforderlich ist und sich überhaupt lohnt und wo die vielversprechendsten Ansatzpunkte für eine Optimierung bzw. die Ursachen für bestehende Probleme liegen. Dies alles führt letztlich dazu, dass eine Optimierung recht mühevoll und knifflig sein kann.

SQL Server bietet mit jeder neuen Version mehr Möglichkeiten für die Unterstützung von Datenbankentwicklern und Administratoren in Bezug auf die Überwachung und Optimierung. Neue Möglichkeiten erleichtern das Aufspüren von Problemen und deren Beseitigung aber natürlich nur dann, wenn man sie auch verstanden hat und anwenden kann. Letztlich wird die Thematik Performance-Optimierung also mit jeder SQL Server-Version also zunächst einmal noch ein wenig komplexer, weil mehr Möglichkeiten bzw. mehr Werkzeuge existieren, die erst einmal beherrscht werden müssen.

Natürlich ist es kompliziert, werden Sie sagen, denn ansonsten würden ja keine Bücher über diese Thematik geschrieben. Stimmt genau. Und da Sie dieses Buch in der Hand halten, haben Sie erkannt, dass das Thema Optimierung durchaus eine tiefergehende Betrachtung verdient. Egal, ob Sie bereits bestehende Performance-Probleme lösen möchten bzw. müssen, ob Sie Vorsorgemaßnahmen treffen möchten, damit die Wahrscheinlichkeit solcher Probleme minimiert wird, ob Sie Überwachungen Ihres Systems einrichten möchten, damit Sie möglichst frühzeitig über Probleme informiert werden, oder ob Sie die Konfiguration der Hardware für eine SQL Server-Installation planen: Dieses Buch wird Ihnen dabei helfen.

1.1   Optimierungsmodell

Wenn Sie eine Optimierung in Angriff nehmen, dann ist es natürlich sinnvoll, hierfür eine Vorgehensweise festzulegen. In der Praxis hat sich hierbei das in Abbildung 1.1 gezeigte Modell zur Performance-Optimierung bewährt.

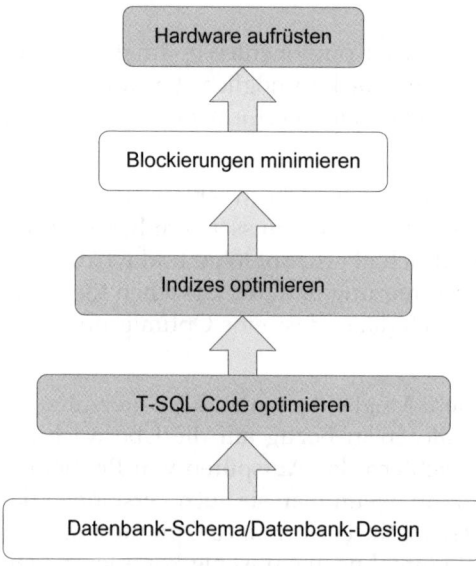

Abbildung 1.1: *Optimierungsmodell*

Die dort dargestellten Bereiche bauen jeweils aufeinander auf. Eine Optimierungsstrategie sollte also zunächst auf einem Datenbankschema aufsetzen, das für die Anwendung angepasst wurde. Hierbei ein ausgewogenes Verhältnis zwischen Normalisierung und De-Normalisierung zu finden, ist eine Aufgabe, die eine gewisse Erfahrung und natürlich ein Verständnis der zu erwartenden Abfragen erfordern.

Steht das Schema fest, so kann der SQL-Code optimiert werden. Nach meiner Erfahrung ist dieser Bereich in fast allen Fällen derjenige mit dem größten Potenzial. Oftmals wurde der bestehende SQL-Code von Entwicklern verfasst, die ursprünglich aus der prozeduralen Welt stammen und gewissermaßen einen Ausflug zu SQL unternommen haben. Für die Erstellung von effektiven SQL-Anweisungen ist ein Verinnerlichen des SQL zugrunde liegenden mengenorientierten Ansatzes jedoch essenziell. Außerdem ist es erforderlich, dass Sie ein tiefes Verständnis dafür entwickeln, wie SQL Server Abfragen verarbeitet.

Aufbauend auf dem optimierten SQL-Code sollte dann eine Indexoptimierung folgen, mit dem Ziel, die physikalische Datenbankstruktur durch geeignete Indizes zu ergänzen. Auch für diese Aufgabe sind ein beträchtliches Maß an entsprechender Erfahrung sowie eine Kenntnis des zugrunde liegenden Datenbank-Management-Systems, aber auch der Anwendungen unabdingbar.

An die erfolgreiche Indexoptimierung sollte sich eine Untersuchung blockierender Prozesse anschließen. In dieser Phase werden Transaktionen untersucht, die sich um Ressourcen „streiten". Meist werden diese Ressourcen Tabellenzeilen sein, denkbar sind aber auch Blockierungen aus anderen Gründen, zum Beispiel CPUs oder E/A-Geräte.

Ist die Optimierung der ersten vier Stufen abgeschlossen, kann schließlich die Konfiguration der Hardware untersucht werden. Obwohl die meisten Optimierungsstrategien genau dort ansetzen, ist dieser Schritt kurioserweise der letzte in der Optimierungspyramide. Die Erklärung hierfür ist sicherlich die, dass für eine Hardware-Optimierung vergleichsweise wenig Kenntnis notwendig ist und diese somit fast von jedem erledigt werden kann. Natürlich spielen hierbei auch die kontinuierlich fallenden Preise für Hardware eine nicht unwesentliche Rolle. Möglicherweise wird ja mit der Einführung neuer Massenspeichergeräte, die ohne Mechanik auskommen (Solid-State-Laufwerke), die Hardware-Optimierung tatsächlich die insgesamt kostengünstigste und einfachste Verfahrensweise für das Tuning eines Systems.

1.2   Was vermittelt dieses Buch?

Wie bereits erwähnt, ist das Thema Optimierung insgesamt sehr umfangreich. Es ist daher schlichtweg nicht möglich, dieses Thema vollständig in einem einzigen Buch abzuhandeln. Ein solches Buch müsste sicherlich einige Tausend Seiten Umfang haben – und ist aus diesem Grund auch noch nicht geschrieben worden. Sehr wahrscheinlich wird ein solches Projekt auch in der Zukunft nicht in Angriff genommen werden.

Es ist also erforderlich, sich auf bestimmte Bereiche bzw. Schwerpunkte zu konzentrieren, wenn der Rahmen des Buches nicht gesprengt werden soll. Schauen Sie sich bitte noch einmal Abbildung 1.1 an. Für die in dieser Abbildung dunkelgrau dargestellten Thematiken werden Sie in diesem Buch weiterführende Informationen finden. Die hell dargestellten Bereiche werden hingegen nur am Rande behandelt. Ich habe die Thematiken für dieses Buch sorgfältig ausgewählt, weil Sie nach meiner Erfahrung die vielversprechendsten Ansatzpunkte für eine wirkungsvolle Optimierung bilden. Oftmals ist es auch der Fall, dass Sie gewisse Stufen der Optimierungspyramide überhaupt nicht in Angriff nehmen können. Dies gilt zum Beispiel häufig für die Optimierung des Datenbank-Designs bzw. den logischen Datenbankentwurf. Die zu optimierenden Datenbanken sind vielfach bereits vorhanden, sodass Sie keine Möglichkeit haben, Änderungen am Datenbank-Design vorzunehmen. Dies gilt natürlich nicht, wenn Sie in der glücklichen Lage sind, dass Sie Ihre Datenbank selber entwerfen können. In diesem Fall sollten Sie unbedingt darauf achten, dass Ihr Datenbank-Design auf die Erfordernisse abgestimmt ist. Hierzu finden Sie allerdings in diesem Buch nur wenige Hinweise, weil die Thematik selber ganze Bücher füllt. Ich empfehle Ihnen insbesondere die Lektüre von [3]. Dies ist ein hervorragendes Buch zum Datenbank-Design, speziell abgestimmt auf SQL Server.

Die Optimierung von Abfragen erhält in diesem Buch den höchsten Stellenwert. Den Schwerpunkt bildet dabei gar nicht so sehr eine Optimierung des T-SQL-Codes selber. Vielmehr geht es darum, in welcher Weise SQL Server Abfragen verarbeitet und wie Sie in diesem Zusammenhang Probleme aufspüren und beheben können. Das Ziel ist, dass Sie ein tiefergehendes Verständnis für die Verarbeitung von Abfragen entwickeln. Dies ist einfach unerlässlich, wenn Sie eine Abfrageoptimierung in Angriff nehmen.

1.2.1 Tipps und Hinweise

An vielen Stellen werden Ihnen speziell hervorgehobene und gekennzeichnete Textpassagen begegnen. Die unterschiedlichen Hervorhebungen haben die folgenden Bedeutungen:

 Hier stehen weiterführende Informationen und Hinweise.

 An dieser Stelle finden Sie zusätzliche Tipps zur Arbeitserleichterung.

 Hier heißt es „Aufgepasst!". An dieser Stelle finden Sie Dinge, die Sie besser unterlassen sollten oder die Probleme verursachen.

 Hier werden bestimmte Hinweise besonders hervorgehoben. Prägen Sie sich diese Textpassagen ein.

1.3   Wo finde ich was?

Das vorliegende Buch unterteilt sich in drei Teile.

Teil 1: Grundlagen

In Teil 1 geht es zunächst um grundlegende Dinge. Hier erhalten Sie eine Einführung in die generelle Arbeitsweise von SQL Server sowie die für eine Überwachung und Optimierung zur Verfügung stehenden Werkzeuge.

▶ **Kapitel 2: Datenverwaltung durch SQL Server**. Hier erfahren Sie, in welcher Weise SQL Server die in Datenbanken vorhandenen Informationen speichert und liest.

▶ **Kapitel 3: Ausführung von Abfragen**. In diesem Kapitel erhalten Sie einen ersten Überblick über die Ausführung von Abfragen durch SQL Server. Diese Übersicht bildet die Grundlage für die nachfolgenden Kapitel.

▶ **Kapitel 4: Werkzeuge und Indikatoren zum Messen der Leistung**. Wenn Sie eine Optimierung angehen, dann müssen Sie oftmals herausfinden, wo die Ursache für ein Problem liegt, damit Sie gezielt ansetzen können. SQL Server stellt hierzu einiges an Werkzeugen bereit. In Kapitel 4 erhalten Sie eine Einführung in die zur Verfügung stehenden Instrumente.

Teil 2: Physische Aspekte des Datenbankentwurfes

Teil 2 befasst sich damit, wie Sie bestehende Datenbanken in ihrer physischen Struktur verändern können, um Abfragen zu beschleunigen. Der Schwerpunkt liegt dabei auf Indizes.

▶ **Kapitel 5: Verwenden von Indizes**. Dieses Kapitel erklärt, wie Indizes funktionieren und wie Sie mit Indizes arbeiten.

▶ **Kapitel 6: Verwalten von Indizes**. Indizes bringen nicht nur Vorteile, sondern erfordern auch einen entsprechenden Verwaltungsaufwand. In Kapitel 6 erfahren Sie, wie Sie Indizes verwalten und die Verwendung von Indizes kontrollieren.

▶ **Kapitel 7: Partitionierung**. Größere Tabellen oder Indizes können davon profitieren, wenn ihre Daten auf unterschiedliche physische Speicherorte verteilt, also partitioniert, werden. Kapitel 7 beleuchtet die Vor- und Nachteile einer solchen Aufteilung.

▶ **Kapitel 8: Komprimierung von Daten**. Seit SQL Server 2008 besteht die Möglichkeit, Daten transparent zu komprimieren, um E/A-Vorgänge zu minimieren. In diesem Kapitel erhalten Sie einen Überblick über die Auswirkungen der Komprimierung.

Teil 3: Optimierung

Es ist sicherlich nicht erstaunlich, dass der umfangreichste Teil des Buches sich mit der eigentlichen Optimierung auseinandersetzt. Aufbauend auf den vorherigen beiden Teilen werden Sie in diesem Teil erfahren, welche Möglichkeiten der Optimierung SQL Server bietet. Im Mittelpunkt steht dabei ganz klar die Optimierung von Abfragen. Andere Aspekte, wie beispielsweise eine Optimierung der Hardware, werden aber ebenfalls behandelt.

▶ **Kapitel 9: Analysieren und Optimieren von Abfragen**. Dieses Kapitel vermittelt detaillierte Einblicke in die Arbeitsweise des Optimierers. Außerdem erfahren Sie hier, wie Sie Abfragepläne für die Optimierung verwenden und welche Rolle Statistiken bei der Erstellung von Ausführungsplänen spielen.

▶ **Kapitel 10: Auffinden problematischer Abfragen**. An dieser Stelle sehen Sie die Werkzeuge aus Kapitel 4 in Aktion. Sie erfahren, wie Sie vorgehen können, um Abfragen aufzuspüren, die optimiert werden sollten.

▶ **Kapitel 11: Optimieren des physischen Datenbankentwurfes**. Schwerpunkt dieses Kapitels sind noch einmal Indizes. Sie lernen weiterführende Konzepte zur Überwachung der Indexverwendung und erfahren, wie Sie eine Indexoptimierung angehen können.

▶ **Kapitel 12: Kontrollieren von Ressourcen**. Mit SQL Server 2008 eingeführt wurde die Möglichkeit, bestimmten Verbindungen nur einen begrenzten Ressourcenverbrauch zu gestatten. Wie Sie dieses Instrument für eine Optimierung einsetzen können, ist Gegenstand von Kapitel 12.

▶ **Kapitel 13: Testen und Optimieren des E/A-Systems**. Ein bestmöglich abgestimmtes E/A-System ist eine wesentliche Komponente für ein optimal funktionierendes System. Kapitel 13 erklärt, wie Sie Ihr E/A-System strukturieren sollten und welche Möglichkeiten Sie für Messungen des E/A-Durchsatzes sowie der Funktionalität haben.

Ganz am Ende des Buches gibt es schließlich noch einen Anhang, in dem ich in loser Auflistung Fehler und Irrtümer zusammengefasst habe, die mir immer wieder begegnen.

Sie werden in diesem Buch übrigens keine Angaben von URLs finden, denn nichts ist so flüchtig wie Informationen im Internet. Wann immer ein Verweis auf das Internet erforderlich ist, bekommen Sie statt einer URL die entsprechenden Suchbegriffe, sodass Sie in die Lage versetzt werden, die Informationen mit der Suchmaschine Ihrer Wahl aufzuspüren.

1.4 Welche Voraussetzungen werden benötigt?

Persönliche Kenntnisse

Für das Verständnis der in diesem Buch behandelten Thematiken sollten Sie zumindest über Grundkenntnisse von T-SQL verfügen. Darüber hinaus wird vorausgesetzt, dass Sie mit dem SQL Server Management Studio umgehen können.

Es ist weiterhin von Vorteil, wenn Sie auch die anderen Programme aus der SQL Server-Programmgruppe bedienen können und deren Zweck kennen. Dies ist nicht unbedingt erforderlich, da die benötigten Werkzeuge in diesem Buch auch noch einmal erklärt werden. Allerdings sind diese Erklärungen nicht allzu ausführlich, da ansonsten der Rahmen des Buches gesprengt werden würde.

Systemvoraussetzungen

Wenn Sie die präsentierten Beispiele und Konzepte nachvollziehen möchten, dann benötigen Sie die SQL Server Developer oder Enterprise Edition. Nur in diesen Editionen steht der volle Funktionsumfang zur Verfügung, den Sie für entsprechende Experimente benötigen. Mit anderen Editionen können Sie zum Beispiel keine Komprimierung und keine Ressourcenkontrolle ausprobieren.

Eine 180-Tage-Testversion der SQL Server Enterprise Edition können Sie kostenlos aus dem Internet beziehen.

Dieses Buch wurde unter Verwendung des SQL Server 2012 Release Candidate 0 (RC0) geschrieben. Alle Beispiele basieren natürlich ebenfalls auf dieser SQL Server-Version. Es ist sehr unwahrscheinlich, dass in diesem Buch getroffene Aussagen in Bezug auf die finale Version von SQL Server 2012 nicht gültig sind oder dass Beispiele nicht so funktionieren wie erwartet. Ganz auszuschließen ist dies aber natürlich nicht.

Beispieldaten

Viele der in diesem Buch verwendeten Beispiele verwenden Daten, die nach dem Zufallsprinzip erzeugt werden. Bitte erwarten Sie daher keine 100%ige Übereinstimmung der Ergebnisse, wenn Sie solche Beispiele nachvollziehen. Der Trend bzw. die eigentliche Aussage der Experimente wird in Ihren Versuchen auf jeden Fall erkennbar sein.

Sie benötigen für einige Versuche die von Microsoft zur Verfügung gestellte Beispieldatenbank AdventureWorks2008R2. Lassen Sie sich bitte nicht von dem Namen verwirren, die Datenbank heißt tatsächlich auch für SQL Server 2012 so. Auf CodePlex finden Sie hierzu die Aussage, dass in Bezug auf SQL Server 2008 R2 keinerlei Änderungen an Struktur und Daten vorgenommen wurden und der Name daher nicht geändert wurde. Dies war zumindest zum Zeitpunkt der Drucklegung dieses Buches noch der Fall.

Allerdings weist diese Datenbank eine spezielle Besonderheit auf: Sie unterscheidet nach Groß-/Kleinschreibung, ist also case-sensitive. Warum auch immer Microsoft sich dazu entschlossen hat oder ob dies möglicherweise nur ein Versehen ist, kann ich Ihnen nicht erklären. Auf jeden Fall behindert dieser Umstand die Experimente, die wir im Rahmen dieses Buches durchführen. Im Begleitmaterial finden Sie daher die Datenbankdatei (MDF-Datei) einer `AdventureWorks2008R2`-Datenbank, die von mir so angepasst wurde, dass nicht nach Groß-/Kleinschreibung unterschieden wird.

 Bitte verwenden Sie unbedingt diese Datenbankdatei zum Anlegen der Datenbank und nicht die auf CodePlex zum Herunterladen angebotene Version, ansonsten werden Sie die Beispiele in diesem Buch nicht korrekt nachvollziehen können.

1.5 Begleitmaterial

Im Begleitmaterial finden Sie den Quellcode für alle in diesem Buch vorhandenen Beispiele, nach Kapiteln geordnet.

Außerdem ist im Begleitmaterial – wie bereits erwähnt – die Datenbankdatei für die Beispieldatenbank `AdventureWorks2008R2` enthalten.

1.6 Danksagung

Wenn Sie den Einband dieses Buches betrachten, dann finden Sie dort den Namen des Autors – meinen Namen also. Zweifelsohne hat der Autor ja auch den größten Teil der Arbeit geleistet, und daher steht sein Name schließlich völlig zu Recht auf dem Buchdeckel. Das Erscheinen eines Buches ist jedoch nicht denkbar ohne die Mithilfe einer Reihe weiterer Leute und damit letztlich das Resultat einer Teamarbeit. Ohne die Unterstützung vieler Menschen aus dem Verlag und meinem persönlichen Umfeld wäre dieses Buch mit Sicherheit nie erschienen.

Aus diesem Grund möchte ich mich bei allen, die am Erscheinen dieses Buches beteiligt waren, ganz ehrlich bedanken. Beginnen möchte ich mit meiner Lektorin Brigitte Alexandra Bauer-Schiewek von Addison Wesley, die sich gemeinsam mit mir auf das Abenteuer eingelassen hat.

Ein weiteres Dankeschön geht an Stefan Kindler, der dieses Buch auf fachliche Korrektheit überprüft und der dazu beigetragen hat, enthaltene Unklarheiten zu beseitigen sowie an diversen Stellen präzisere und verständlichere Formulierungen zu finden.

Ganz besonders möchte ich mich bei Sandra Gottmann bedanken, die dieses Buch genauestens auf die sprachliche Korrektheit überprüft und entsprechend überarbeitet hat. Sie hat erheblich zur besseren Lesbarkeit beigetragen. Alle Passagen, die jetzt noch unverständlich sind, gehen ganz allein auf mein Konto.

Selbstverständlich gebührt das größte Dankeschön Angelika, die mich beständig anspornt und unterstützt – nicht nur beim Schreiben, sondern auch abseits des Schreibtisches.

Ich entschuldige mich bei allen, deren Namen ich nicht explizit in der Danksagung erwähnt habe und die dennoch ihren Beitrag geleistet haben. Bitte nicht böse sein, es ist keine Absicht.

1.7   Performanz oder Performance?

Zum Abschluss der Einleitung möchte ich noch eine besondere Entschuldigung loswerden. SQL Server ist ein amerikanisches Produkt. Dieses Produkt existiert zwar auch in einer deutschen Version, die Originalsprache für die Begriffswelt ist jedoch Englisch. Dies ist auch der deutschen Übersetzung anzumerken. Teilweise wurden Begriffe gar nicht oder sehr unglücklich in die deutsche Sprache übersetzt. Andere Begriffe wurden einfach in der englischen Originalversion ins Deutsche übernommen. So heißt zum Beispiel das SQL Server Management Studio im Deutschen nicht etwa SQL Server Verwaltungsstudio und Trigger bleiben Trigger und werden nicht etwa zu Auslösern.

Abbildung 1.2: Deutsch? English? (Quelle: http://www.mux.de/AmericanFreizeitshop)

Was herauskommt, ist an einigen Stellen eine Vermischung von deutschen und englischen Begriffen, *Denglish* eben. Change Data Capture heißt zum Beispiel auch in der deutschen Dokumentation so, während Change Tracking zu Änderungsnachverfolgung wird. Es ist natürlich durchaus üblich, die englischen Begriffe einfach in der deutschen Sprache zu verwenden. Trotzdem bleibt das vorliegende Buch ein Werk, das in deutscher Sprache verfasst wurde. Wo immer es möglich ist, habe ich in diesem Buch deshalb die deutschen Begriffe verwendet. An einigen Stellen war dies jedoch schlichtweg nicht machbar. Um eine konsistente Begriffswelt zu wahren, habe ich stets die Begriffe aus der deutschen Originaldokumentation verwendet; auch dann, wenn die dort präsentierte Übersetzung nach meiner Ansicht nicht besonders gelungen ist. Ich wollte jedoch nicht durch eigene Übersetzungen Verwirrung stiften. Für das an einigen Stellen entstandene Sprachwirrwarr bitte ich Sie deshalb an dieser Stelle um Entschuldigung.

Teil 1

Grundlagen

2 Datenverwaltung durch SQL Server

Aus Performance-Sicht ist das E/A-System eines Computers sicherlich der größte Schwachpunkt. Bei physikalischen Ein-/Ausgabevorgängen sind mechanische Elemente beteiligt, die natürlich aufgrund der geltenden physikalischen Gesetze entsprechenden Einschränkungen bezüglich Beschleunigung und Geschwindigkeit unterworfen sind. Ein wesentlicher Ansatz für eine Optimierung ist daher immer die Minimierung physikalischer Lese- und Schreiboperationen. Dafür ist es natürlich unerlässlich, dass Sie verstehen, in welcher Weise SQL Server das E/A-System verwendet.

In diesem Kapitel erhalten Sie eine Einführung, in welcher Weise SQL Server die Daten für Tabellen und Indizes organisiert. Hierbei wird allerdings nicht im Detail darauf eingegangen, wie Sie als Administrator Ihre Datenbanken physikalisch auf die Speichermedien verteilen. Da dies kein Buch über die SQL Server-Administration ist, wird in diesem Kapitel nur noch einmal zusammengefasst, wie SQL Server Daten-, Index- und Protokolldateien verwaltet, wobei fast ausschließlich der Performance-Aspekt im Vordergrund steht.

2.1 Datenbanken

Eine SQL Server-Datenbank wird letztlich in Dateien des Betriebssystems gespeichert, die von SQL Server verwaltet werden. Jede Datenbank besteht dabei grundsätzlich aus zwei unterschiedlichen Dateitypen:

▶ **Datendateien**. In diesen Dateien, die die Standardendung MDF oder NDF besitzen, werden die eigentlichen Tabellendaten gespeichert. Auch die Daten für Indizes sind in diesen Dateien abgelegt. Je nach Anforderung können mehrere dieser Datendateien existieren, die in SQL Server-Dateigruppen organisiert sind. Hierbei muss es immer eine primäre Datendatei in der primären Dateigruppe geben, in der zumindest die Systemkataloge gespeichert sind.

▶ **Protokolldateien**. Für die Sicherstellung der transaktionalen Integrität werden alle verarbeiteten Transaktionen zusätzlich in separaten Dateien protokolliert. Diese Protokolldateien haben die Standardendung LDF. Auch hier ist es möglich (aber nicht sinnvoll), mehrere Dateien anzulegen, die allerdings nicht in Dateigruppen eingegliedert sind.

Die kleinste Verwaltungseinheit für Tabellen-, Index- und Protokolldaten ist hierbei nicht etwa das Byte, sondern eine Seite mit einer Größe von 8 kByte. Es ist sehr wichtig, dass Sie sich diese Tatsache einprägen, da Ihnen dieses Konzept immer wieder begegnen wird. In jeder Datenseite sind hierbei einige Byte für den Seitenkopf reserviert, in dem zum Beispiel eine Prüfsumme steht, mit deren Hilfe die Konsistenz einer Seite geprüft werden kann. Für reine Nutzdaten bleiben 8.060 Byte übrig. Auf dem Speichermedium werden stets acht Seiten zusammenhängend verwaltet, die als ein Block bezeichnet werden. So ein Block ist also 64 kByte groß. Wann immer zusätzlicher Speicher für Tabellen oder Indizes benötigt wird, erfolgt die Anforderung dieses Speichers block- und nicht etwa seitenweise. Lediglich kleine Tabellen, deren Größe unterhalb 64 kByte liegt, können sich einen Block auch teilen.

2.2   Daten lesen

SQL Server unterscheidet grundsätzlich zwei Arten von Lesevorgängen:

▶ **Physikalische Leseoperationen**. Diese Leseoperationen lesen Daten vom Datenträger, also in der Regel von der Festplatte. Die gelesenen Daten werden in einen Datencache, den sogenannten Buffer Pool oder Pufferspeicher, übertragen.

▶ **Logische Leseoperationen**. Logische Leseoperationen lesen Daten aus dem Pufferspeicher.

Der Pufferspeicher dient der Beschleunigung von Leseoperationen. Das Ziel ist die Minimierung von langsamen physikalischen Leseoperationen.

Wenn eine Abfrage Daten benötigt, dann wird zunächst geprüft, ob die entsprechenden Datenseiten bereits im Cache existieren. Ist dies der Fall, dann können die Daten aus dem Cache geholt werden, und es sind keine physikalischen Leseoperationen erforderlich. Ein logischer Lesevorgang liest hierbei genau eine Datenseite aus dem Cache. Existieren die erforderlichen Daten nicht im Cache, dann müssen sie vom Datenträger in den Cache übertragen werden; es sind also physikalische Leseoperationen erforderlich.

Eine physikalische Leseoperation liest Daten dabei nicht unbedingt seitenweise, sondern normalerweise in größeren Blöcken. Wenn größere Datenmengen von der Festplatte gelesen werden müssen, dann arbeitet SQL Server mit einem kleinen Trick: Noch während der Abfrageprozessor bereits gelesene Daten verarbeitet, werden durch sogenannte Read Aheads weitere physikalische Leseoperationen ausgeführt. Dieser Prozess läuft sozusagen im Hintergrund und erhöht die Wahrscheinlichkeit, dass Daten bereits im Cache vorhanden sind, wenn sie benötigt werden.

Der Read-Ahead-Ansatz ist dabei recht rigoros: Es werden so viele Daten wie möglich so schnell wie möglich gelesen. In der SQL Server Enterprise Edition kann eine Read-Ahead-Operation hierbei bis zu 1.024 kByte mit einem Lesevorgang von der Festplatte holen. Read-Ahead-Lesevorgänge sind serieller Natur. Dies bedeutet, dass Read-Ahead-Vorgänge den Lese-/Schreibkopf der Festplatte möglichst wenig bewegen. Es werden also stets zusammenhängende Seiten von der Platte gelesen. Insbesondere bedeutet dies, dass Read-Ahead-Lesevorhänge weniger effizient sind, wenn Tabellen- oder Indexdaten fragmentiert sind, weil die entsprechenden Daten dann ja nicht mehr zusammenhängend auf der Festplatte stehen.

Wenn eine Abfrage Daten benötigt, die von der Festplatte gelesen werden müssen, dann sind die erforderlichen Lesevorgänge oftmals nicht sequenziell, sondern über die Sektoren verteilt. Dadurch werden die erforderlichen physikalischen Leseoperationen zusätzlich verlangsamt, weil der Schreib-/Lesekopf der Festplatte hierzu bewegt werden muss. Dieser Effekt wird noch verstärkt, wenn die Tabellen- oder Indexdaten fragmentiert sind, was mit der Zeit eintreten kann, wenn Daten verändert werden.

Eine hohe Cache-Trefferquote ist ein wesentliches Ziel bei der Optimierung. Hierzu ist es einerseits erforderlich, dass die SQL Server-Maschine über ausreichend Hauptspeicher verfügt. Auf der anderen Seite sollte dafür gesorgt werden, dass unnötige physikalische Leseoperationen vermieden werden. Aufgrund der physikalischen Gesetzmäßigkeiten sind diese Operationen langsam, was sich negativ auf die Performance auswirkt.

Ich kann es an dieser Stelle nur noch einmal wiederholen: Ein wesentlicher Ansatz bei der Optimierung von Abfragen besteht darin, mit so wenigen Leseoperationen wie möglich auszukommen. Ein großer Teil dieses Buches befasst sich damit, welche Möglichkeiten Ihnen hierfür zur Verfügung stehen.

2.3 Daten schreiben

Datenänderungen sind grundsätzlich sogenannte logische Schreibvorgänge. Dies bedeutet, dass Änderungen zunächst nur im Datencache vorgenommen werden, was natürlich sehr schnell geht. Alle im Pufferspeicher modifizierten Seiten (die „dirty pages") werden entweder bei Erreichen eines Prüfpunktes (Checkpoint) oder durch den Lazy-Writer-Prozess permanent – also auf der Festplatte – gespeichert. Da diese physikalischen Schreibvorgänge asynchron verlaufen, fallen sie für OLTP-Anwendungen, die typischerweise Datenänderungen nur in kleinen Blöcken durchführen, nicht so sehr ins Gewicht.

Ganz anders verhält es sich mit dem Transaktionsprotokoll. Änderungen in der Protokolldatei werden immer *synchron* geschrieben. Eine Transaktion ist erst dann beendet, wenn die Einträge in der Protokolldatei permanent gespeichert sind. Dies bedeutet, dass jedes COMMIT erst dann erfolgreich ist, wenn die zugehörigen Protokolleinträge auf der Festplatte „verewigt" wurden. Diese Methode, die als *Write Ahead Log* bezeichnet wird, stellt letztlich sicher, dass eine Transaktion immer ganz oder gar nicht ausgeführt wird, was ja ein wesentliches Merkmal einer Transaktion ist. Auch bei einem Systemausfall während des Speicherns einer Transaktion ist durch diese Verfahrensweise die transaktionale Integrität gewährleistet.

Da Transaktionen nacheinander ausgeführt werden, erfolgt das Schreiben des Transaktionsprotokolls immer seriell. Jeder neue Protokolleintrag beginnt dabei auf einer Sektor-Grenze der Festplatte. Wenn Ihre Festplatte also eine Sektor-Größe von 4.096 Byte besitzt und Sie viele kleine Transaktionen ausführen, deren Protokolleintrag weniger als 4.096 Byte Speicherplatz benötigt (was typisch für ein OLTP-System ist), dann wird einiges an Speicherplatz verschwendet.

Generell ist es daher so, dass die Dauer von Schreibvorgängen im Wesentlichen dadurch bestimmt wird, wie schnell die Protokolleinträge geschrieben werden können.

Aus Performance-Sicht ist die Konsequenz hieraus ziemlich klar: Für das Transaktionsprotokoll sollte ein Speichermedium verwendet werden, das schnelle Schreibvorgänge ermöglicht. Insbesondere ist es wichtig, dass Ihr Storage einen Schreibcache unterstützt. Hierbei müssen Sie darauf achten, dass der Schreibcache batteriegepuffert ist, da ansonsten bei einem Systemausfall keine automatische Wiederherstellung der Datenbanken bei einem Neustart gewährleistet ist.

Die Verwaltung von Tabellen- und Protokolldaten unterscheidet sich also grundsätzlich. Auf das Transaktionsprotokoll wird in fast allen Fällen nur seriell schreibend zugegriffen, während der Zugriff auf Daten in OLTP-Systemen eher zufällig ist. Sie werden daher überall einen Hinweis finden, der auch an dieser Stelle nicht fehlen darf: Trennen Sie Daten- und Protokolldateien so auf, dass sie auf unterschiedlichen Datenträgern liegen. Das Transaktionsprotokoll ist am besten auf einem RAID 10-System aufgehoben. Dieser Hinweis wird allerdings häufig missverstanden. Oftmals sehen entsprechende Konfigurationen so aus, dass in den Speichersystemen ein Bereich für Daten und ein Bereich für Transaktionsprotokolle eingerichtet wird. Wenn mehrere Datenbanken auf einer SQL Server-Instanz betrieben werden, dann gibt es in einem solchen Szenario folglich mehrere Transaktionsprotokolldateien auf einem RAID-System. Jede dieser Dateien wird zwar hauptsächlich sequenziell geschrieben; insgesamt werden dann allerdings doch wieder zufällige Schreibvorgänge auf diesem RAID-System generiert.

 Wenn Sie mehrere Datenbanken auf einer SQL Server-Instanz betreiben, dann ist es tatsächlich optimal, für das Transaktionsprotokoll jeder Datenbank ein separates RAID 10-System für das Transaktionsprotokoll einzurichten. Hierauf wird in vielen Fällen aus Kostengründen und wegen einer einfacheren Verwaltbarkeit verzichtet.

2.3.1 Experiment: Transaktionsgröße

Um zu untersuchen, welchen Einfluss die Geschwindigkeit, mit der das Transaktionsprotokoll geschrieben wird, auf Datenänderungen hat, führen wir ein kleines Experiment durch. Bitte lassen Sie sich nicht irritieren, wenn Sie noch nicht alle Anweisungen in dem für das Experiment verwendeten T-SQL-Skript verstehen; in den weiteren Kapiteln folgen nähere Erläuterungen hierzu.

In unserem Experiment werden 10.000 Zeilen in eine Tabelle eingefügt, wobei jedes INSERT in einer eigenen Transaktion ausgeführt wird. Das folgende Skript erledigt diese Aufgabe:

```
if (object_id('T1') is not null)
  drop table T1
go
-- Erzeuge eine Test-Tabelle
create table T1
 (
    id int not null default 0
  ,daten nchar(20) null
 )
go
set nocount on
-- Setze alle Leistungsindikatoren zurück.
dbcc sqlperf('sys.dm_os_wait_stats',clear) with no_infomsgs
-- Füge 10.000 Zeilen in einer Transaktion hinzu
declare @i int
set @i = 1
while (@i < 10000)
 begin
   begin tran
    insert T1(id) values(@i)
   commit
   if (@i % 1000) = 0
     raiserror('1000 Zeilen hinzugefügt', 0, 1) with nowait
   set @i = @i + 1
 end
-- Zeige an, wie oft und wie lange auf das Schreiben
-- des Transaktionsprotokolls gewartet wurde.
select * from sys.dm_os_wait_stats
 where wait_type = 'WRITELOG'
```

Es wird zunächst eine Tabelle angelegt, in die anschließend in einer Schleife 10.000 Zeilen eingefügt werden. Am Anfang des Skriptes werden alle Leistungsindikatoren zurückgesetzt, damit die bisher ermittelten Werte keinen Einfluss auf unser Mess-ergebnis haben. Dies geschieht durch die Zeile:

```
dbcc sqlperf('sys.dm_os_wait_stats',clear) with no_infomsgs
```

Die letzte SELECT-Anweisung ermittelt dann die Werte für den Indikator *WRITELOG*, der angibt, wie oft und wie lange auf das Schreiben des Transaktionsprotokolls gewartet werden musste:

```
select * from sys.dm_os_wait_stats
 where wait_type = 'WRITELOG'
```

Der im Listing fett gedruckte Teil ist hier entscheidend: Jedes INSERT wird in einer eigenen Transaktion ausgeführt. Dies bedeutet, dass die Schleife insgesamt 10.000 Protokolleinträge und somit auch 10.000 Schreibvorgänge erzeugt.

Wir wollen das obige Skript zwei Mal laufen lassen, einmal mit und einmal ohne eingeschalteten Schreibcache der Festplatte. Für eine lokale Festplatte können Sie den Schreibcache über den Gerätemanager konfigurieren. Wählen Sie die Eigenschaften für das entsprechende Laufwerk und dort die Seite Richtlinien aus (Abbildung 2.1).

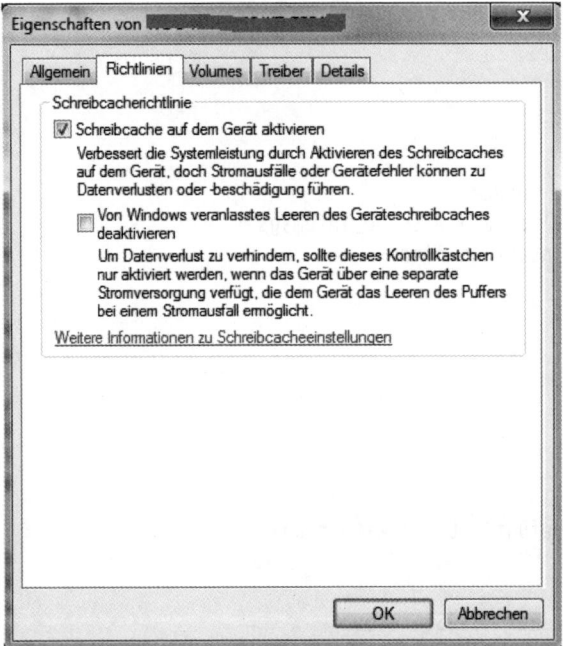

Abbildung 2.1: *Konfiguration des Festplatten-Schreibcaches*

In Tabelle 2.1 sehen Sie das Ergebnis beider Ausführungen auf meiner Maschine.

	Zeit/s	WRITELOG/s	% WRITELOG
Mit Schreibcache	6	5	83
Ohne Schreibcache	103	100	97

Tabelle 2.1: *Schreiben vieler kleiner Transaktionen mit und ohne Schreibcache*

Wie nicht anders zu erwarten, hat der Schreibcache einen ganz erheblichen Einfluss auf die Ausführungszeit. Es ist außerdem deutlich zu erkennen, dass die Zeit, die auf das Schreiben des Protokolls gewartet wurde, so gut wie identisch mit der Zeit ist, die die Abfrage insgesamt gedauert hat. Dies war sicherlich auch nicht anders zu erwarten, denn das Schreiben des Protokolls geschieht synchron. Ein COMMIT ist also erst abgeschlossen, wenn die entsprechenden Protokolleinträge in der Protokolldatei gespeichert sind.

Wir wiederholen nun das Experiment mit einem etwas geänderten Skript:

```
if (object_id('T1') is not null)
  drop table T1
go
-- Erzeuge eine Test-Tabelle
create table T1
 (
   id int not null default 0
   ,daten nchar(20) null
 )
go
set nocount on
-- Setze alle Leistungsindikatoren zurück.
dbcc sqlperf('sys.dm_os_wait_stats',clear) with no_infomsgs
-- Füge 10.000 Zeilen in einer Transaktion hinzu
begin tran
  declare @i int
  set @i = 1
  while (@i < 10000)
    begin
      insert T1(id) values(@i)
      if (@i % 1000) = 0
        raiserror('1000 Zeilen hinzugefügt', 0, 1) with nowait
      set @i = @i + 1
    end
commit
-- Zeige an, wie oft und wie lange auf das Schreiben
-- des Transaktionsprotokolls gewartet wurde.
select * from sys.dm_os_wait_stats
 where wait_type = 'WRITELOG'
```

Schauen Sie auf den fett gedruckten Teil im obigen Listing. Nun werden alle INSERTs in nur einer Transaktion ausgeführt. Es wird also auch nur ein Protokolleintrag geschrieben; die Anzahl der WRITELOG-Wartezustände ist folglich 1.

Die Werte für die Ausführung der Abfrage liegen nun allesamt deutlich unter einer Sekunde, wobei es egal ist, ob der Schreibcache der Festplatte aktiv ist oder nicht.

Und damit haben wir schon einen Ansatzpunkt für eine Optimierung: die Transaktionsgröße oder auch die Transaktionsrate. Aus dem Ergebnis des obigen Experimentes könnten Sie schließen, dass möglichst große Transaktionen eine Verbesserung der Abfrageleistung mit sich bringen. Ganz so einfach ist es aber leider nicht. Im Experiment haben wir einen Extremfall untersucht, um zu demonstrieren, welche Auswirkungen die Transaktionsrate auf Abfrageleistung bei Datenänderungen hat. Größere, länger andauernde Transaktionen benötigen auch mehr Sperren, die länger aufrechterhalten werden. Dadurch erzeugen sie potenziell viel mehr Blockierungen, wodurch in Mehrbenutzersystemen vermehrt Wartezustände auftreten, und dadurch sinkt letztlich die Performance.

Wie so oft, gilt es also auch hier, ein Optimum herauszufinden. Der Indikator *WRITE-LOG* ist hier für eine entsprechende Überwachung sehr gut geeignet. Falls die Wartezeit für *WRITELOG* in der Hitliste der gesamten gewarteten Zeit weit obenan steht, wobei Sie natürlich Ihr System über einen längeren Zeitraum überwachen sollten, dann lohnt sich sicherlich eine nähere Untersuchung.

2.4   Zusammenfassung

Dieses Kapitel hat Ihnen die Grundlagen der SQL Server-Datenverwaltung aufgezeigt. Da die Minimierung von Ein-/Ausgabeoperationen bei der Optimierung von Abfragen im Vordergrund steht, ist es natürlich wichtig, dass Sie wissen, in welcher Art und Weise SQL Server Daten liest und schreibt.

Insbesondere sollten Sie sich einprägen, dass die Verwaltung von Tabellen- und Protokolldaten in unterschiedlicher Art und Weise erfolgt. Tabellendaten werden in der Regel zufällig gelesen und geschrieben, wohingegen Protokolldaten hauptsächlich sequenziell geschrieben werden.

SQL Server verwaltet einen Datencache, in den alle von der Festplatte gelesenen Daten übertragen werden. Der Abfrageprozessor bedient sich stets aus diesem Cache. Auch Datenänderungen werden zunächst nur im Cache gespeichert und von dort asynchron auf die Festplatte übertragen. Denken Sie bitte daran, wenn Sie meinen, Ihr System greift größtenteils schreibend auf die Datenbank(en) zu. Alle Operationen, die Daten ändern oder löschen, übertragen zunächst die entsprechenden Daten in den Datencache. Die Daten werden dann im Datencache geändert und von dort wieder auf die Festplatte geschrieben. Also: Kein Schreiben ohne Lesen!

3 Ausführung von Abfragen

Nach dem in Kapitel 1 vorgestellten Optimierungsmodell nimmt die Optimierung von Abfragen einen zentralen Platz bei der Performance-Optimierung ein. Nach meiner persönlichen Erfahrung ist dieser Punkt tatsächlich der vielversprechendste Ansatzpunkt für eine erfolgreiche Optimierung.

Damit Sie wissen, welche Möglichkeiten sich hier bieten, ist es zunächst einmal wichtig zu verstehen, in welchen Schritten die Verarbeitung von Abfragen durchgeführt wird, wie SQL Server also letztlich aus einer SQL Anweisung ein Abfrageergebnis ermittelt.

In diesem Kapitel werden Sie die an der Verarbeitung von Abfragen beteiligten Komponenten kennenlernen, wobei der Schwerpunkt auf der Erstellung von Ausführungsplänen durch den Abfrageoptimierer liegt.

Ausgangspunkt ist hierbei zunächst die logische Ausführungsreihenfolge einer Abfrage. Wir werden anschließend untersuchen, wie aus einer SQL-Anweisung in verschiedenen Schritten ein physikalischer Ausführungsplan erstellt wird, der das korrekte Abfrageergebnis auf einem möglichst kostengünstigen Weg ermittelt.

3.1 Logische Schritte der Abfrageausführung

Wenn Sie eine Abfrage entwerfen und ausführen, dann haben Sie sich zuvor überlegt, wie das Ergebnis aussehen soll und welche Daten aus welchen Tabellen Sie benötigen. Bei diesen Überlegungen werden Sie auch bedenken, in welcher Weise Ihre Abfrage ausgeführt wird, wobei Sie hier die logische Reihenfolge der Abarbeitung der einzelnen Klauseln berücksichtigen. Mit anderen Worten: Sie sollten wissen, welche Schritte in welcher Reihenfolge abgearbeitet werden.

Wir wollen hierzu ein Beispiel untersuchen. Betrachten Sie bitte die folgende Abfrage, die alle Produktunterkategorien mit Namen und Anzahl der in ihr enthaltenen Produkte zurückgibt, wobei nur Unterkategorien berücksichtigt werden, die im Namen die Zeichenkette „bike" enthalten und die mehr als fünf Produkte umfassen:

```
-- Alle Produktkategorien, die mehr als 5 Produkte enthalten
-- und deren Name die Zeichenfolge "bike" enthält.
use AdventureWorks2008R2;
select sc.Name, count(*) as Anzahl
  from Production.Product as p
       left outer join Production.ProductSubcategory as sc
                on sc.ProductSubCategoryID = p.ProductSubcategoryID
  where sc.Name like '%bike%'
```

```
group by sc.Name
  having count(*) > 5
  order by Anzahl desc
```

Die einzelnen Bereiche der Abfrage, wie zum Beispiel FROM, WHERE und ORDER BY, werden *logisch* in einer genau festgelegten Reihenfolge nacheinander abgearbeitet, damit das Abfrageergebnis korrekt ist. Abbildung 3.1 zeigt, in welcher Reihenfolge die einzelnen Schritte der Abfrage ausgeführt werden.

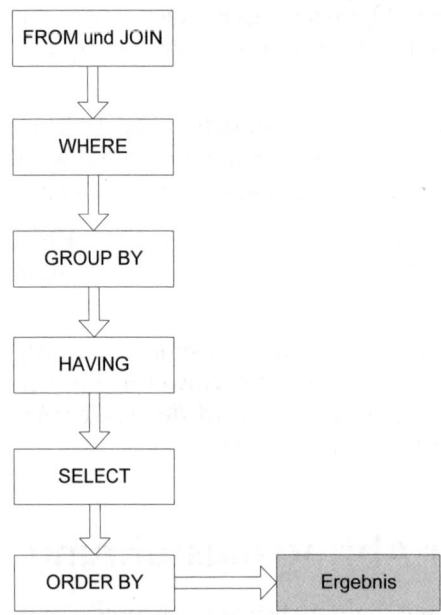

Abbildung 3.1: Logische Abfragereihenfolge

Aus Gründen der Übersichtlichkeit haben wir in unserer Abfrage einige weniger wichtige Klauseln weggelassen (zum Beispiel: DISTINCT, TOP, CUBE und ROLLUP). Es geht hier nur darum, dass Sie sich die folgenden beiden Punkte einprägen:

▶ Die logische Ausführungsreihenfolge ist deterministisch. Mit anderen Worten: Wenn Sie eine Abfrage ausführen, dann ist immer sichergestellt, dass das Ergebnis der logischen Abarbeitungsreihenfolge entspricht.

▶ Die logische Abarbeitungsreihenfolge entspricht nicht der Reihenfolge des Auftretens der Klauseln in der SELECT-Anweisung. Für SQL-Neulinge ist diese Tatsache stets gewöhnungsbedürftig. Die SELECT-Klausel zum Beispiel wird erst fast am Ende ausgewertet, obwohl sie am Beginn der Abfrage steht.

Sie können sich die Verarbeitung so vorstellen, dass eine virtuelle Tabelle von Schritt zu Schritt durchgereicht wird. Jeder Verarbeitungsschritt verändert die virtuelle Tabelle, indem er Zeilen bzw. Spalten hinzufügt oder entfernt, und übergibt anschließend die modifizierte Tabelle an den nächsten Verarbeitungsschritt, bis am Ende das Ergebnis feststeht.

Aus der Ausführungsreihenfolge können einige Besonderheiten abgeleitet werden. Zunächst einmal werden bei Abfragen, die Gruppierungen verwenden, zwei Zeilenfilter ausgewertet: WHERE und HAVING. Da die WHERE-Klausel deutlich vor der HAVING-Klausel ausgewertet wird, ist es generell günstiger, eine Filterung über die WHERE Klausel durchzuführen, weil die Ergebnismenge dann bereits sehr früh eingeschränkt wird und die nachfolgenden Schritte dadurch weniger Zeilen verarbeiten müssen. Hier kommt noch hinzu, dass für die in der WHERE Klausel angegebenen Bedingungen potenziell Indizes verwendet werden können, wodurch die Abfrageleistung erheblich verbessert werden kann. (Hierauf kommen wir in den Kapiteln 5 und 7 noch einmal zurück.) Da die HAVING-Klausel berechnete Werte auswertet, können für diese Art der Filterung keine Indizes verwendet werden. Wann immer möglich, sollten Sie also WHERE verwenden, um die Ergebnismenge bereits vor der Gruppierung einzuschränken.

Ein weiterer Punkt, der vor allem SQL-Neulinge regelmäßig in Erstaunen versetzt, betrifft OUTER JOINs. Die Auswertung von JOIN-Bedingungen steht logisch ganz am Anfang der Ausführungsreihenfolge. Eine vorhandene WHERE-Klausel wird also erst *nach* dem Ergebnis des OUTER JOINs ausgewertet. Da im Ergebnis eines OUTER JOINs immer alle Zeilen der inneren Tabelle enthalten sind (auch dann, wenn keine äußeren Zeilen gefunden werden; in diesem Fall sind die Spaltenwerte für die äußere Tabelle sämtlich NULL), existiert dadurch zum Beispiel auch die Möglichkeit, das Ergebnis in der WHERE-Klausel bezüglich NULL-Werten in der äußeren Tabelle einzuschränken. Aus dieser Tatsache ergibt sich die Konsequenz, dass die JOIN-Bedingung in einem INNER JOIN wahlweise über die ON-Klausel oder über die WHERE-Klausel angegeben werden kann. Beide Varianten liefern immer dasselbe Ergebnis. Bei einem OUTER JOIN ist dies nicht so. Hier hat die über die WHERE-Klausel angegebene Bedingung eine andere Bedeutung, als wenn die Bedingung über die ON-Klausel des OUTER JOINs angegeben wird.

Schauen Sie sich bitte das folgende Beispiel an:

```
-- OUTER JOIN: Beide Abfragen liefern verschiedene Ergebnisse!
select p.Name   as ProductName
      ,sc.Name as SubcategoryName
  from Production.Product as p
      left outer join Production.ProductSubcategory as sc
               on sc.ProductSubcategoryID = p.ProductSubcategoryID
               and sc.Name like '%bike%'
------------------------------------------
select p.Name   as ProductName
      ,sc.Name as SubcategoryName
  from Production.Product as p
      left outer join Production.ProductSubcategory as sc
               on sc.ProductSubcategoryID = p.ProductSubcategoryID
 where sc.Name like '%bike%'
```

Beide Abfragen verwenden einen OUTER JOIN, wobei in der ersten Abfrage eine Filterung in der ON-Klausel der JOIN-Bedingung und in der zweiten Abfrage eine Filterung in der WHERE-Klausel des SELECT erfolgt. Die beiden Abfragen sind logisch nicht äquivalent! In der ersten Abfrage erfolgt keine Filterung im Sinne der Einschränkung von Zeilen. Stattdessen bewirkt die Bedingung in der ON-Klausel hier, dass alle Spaltenwerte für die Ausgabespalte SubcategoryName, die nicht die Zeichenfolge „bike" enthalten, NULL sind. In der zweiten Abfrage hingegen wird das Ergebnis über die WHERE-Klausel reduziert. Hier werden tatsächlich alle Zeilen aus dem Ergebnis entfernt, die nicht die Zeichenfolge „bike" in der Spalte SubcategoryName enthalten. Die zuvor über den OUTER JOIN hinzugefügten Zeilen mit NULL-Werten in der Spalte SubcategoryName werden dadurch wieder aus dem Ergebnis gestrichen – das Ergebnis entspricht dadurch dem eines INNER JOINs.

Falls der Optimierer OUTER JOINs erkennt, die durch einen entsprechenden INNER JOIN abgebildet werden können, so wird diese Erkenntnis in die Erstellung des physikalischen Ausführungsplans einfließen, und der OUTER JOIN wird möglicherweise auf der physikalischen Ebene durch einen INNER JOIN abgebildet. Hierauf kommen wir etwas weiter unten noch einmal zurück, wenn wir die Arbeitsweise des Optimierers ein wenig genauer untersuchen.

Bei einem INNER JOIN ist es unerheblich, ob Sie die Zeilen in der ON-Klausel der JOIN-Bedingung oder über die WHERE-Klausel herausfiltern. Die folgenden beiden Abfragen sind daher logisch äquivalent:

```
-- INNER JOIN: Beide Abfragen liefern dasselbe Ergebnis.
select p.Name   as ProductName
      ,sc.Name as SubcategoryName
  from Production.Product as p
       inner join Production.ProductSubcategory as sc
             on sc.ProductSubcategoryID = p.ProductSubcategoryID
            and sc.Name like '%bike%'
------------------------------------------
select p.Name   as ProductName
      ,sc.Name as SubcategoryName
  from Production.Product as p
       inner join Production.ProductSubcategory as sc
             on sc.ProductSubcategoryID = p.ProductSubcategoryID
 where sc.Name like '%bike%'
```

Kapitel 9 beschäftigt sich noch einmal etwas ausführlicher mit physikalischen JOIN-Operatoren.

3.2 Physikalischer Ausführungsplan

Damit der Abfrageprozessor eine Abfrage verarbeiten kann, benötigt er einen entsprechenden physikalischen Ausführungsplan. Dieser Plan wird aus dem Abfragetext in drei Schritten und durch drei unterschiedliche Komponenten erstellt.

3.2.1 Parser

Der erste Schritt bei der Erstellung des Abfrageplanes wird – wie bei Übersetzungsvorgängen üblich – durch einen Parser ausgeführt. Hierbei werden unter anderem Syntaxüberprüfungen durchgeführt und Namen (zum Beispiel von Tabellen und Spalten) auf syntaktisch korrekte Schreibweise überprüft. Der Parser erstellt letztlich einen Baum, der die Ausführungslogik der Abfrage repräsentiert.

3.2.2 Algebrizer

Der vom Parser erzeugte Baum wird vom sogenannten *Algebrizer* im zweiten Schritt weiterverarbeitet. In diesem Schritt werden unter anderem Spalten- und Tabellennamen überprüft und zugeordnet sowie Datentypen auf Korrektheit kontrolliert. Der vom Parser erzeugte Baum wird weiter vereinfacht und normalisiert – zum Beispiel durch das Entfernen redundanter Operationen.

Das Ergebnis ist am Ende ein vereinfachter Baum, der die Abfrage logisch widerspiegelt. Dieser Baum dient schließlich als Eingabe für den Optimierer.

3.2.3 Optimierer

Der Optimierer ermittelt für eine Abfrage einen physikalischen Ausführungsplan. Hierzu kann der Optimierer aus einer Vielzahl von physikalischen Operatoren wählen, auf die wir im weiteren Verlauf dieses Buches noch zurückkommen werden. Der Optimierer legt bei der Erstellung des Planes unter anderem fest, welche Indizes verwendet werden, in welcher Reihenfolge auf die beteiligten Tabellen zugegriffen wird oder wie Verknüpfungen (Joins) physikalisch ausgeführt werden. Sie können sich sicherlich leicht vorstellen, dass – gerade bei komplexeren Abfragen – nicht nur eine Möglichkeit existiert, einen solchen physikalischen Ausführungsplan zu erstellen. Für die meisten Abfragen gibt es mehrere Möglichkeiten, bei komplexen Abfragen können dies sogar einige Millionen sein. Der Optimierer erstellt mehrere (aber in der Regel nicht alle möglichen) Ausführungspläne, die alle gültig sind, die also alle zum selben korrekten Ergebnis führen. Unter allen gefundenen Ausführungsplänen wird dann letztlich derjenige mit den geringsten Kosten ausgewählt. Dies ist das Prinzip eines kostenbasierten Optimierers. Der einzige Kostenfaktor, der berücksichtigt wird, ist hierbei die geschätzte Zeit, die benötigt wird, um das Abfrageergebnis zu ermitteln.

Etwas weiter unten werden Sie sehen, in welcher Weise Sie sich die Abfragekosten anzeigen lassen können.

Die vom Optimierer ausgegebenen erwarteten Abfragekosten werden hierbei allerdings nicht etwa in einer uns bekannten Zeiteinheit, also zum Beispiel in Sekunden, ausgegeben. Stattdessen verwendet der Optimierer ganz offensichtlich seine eigene Uhr, welche die Zeit in einer nur dem Optimierer bekannten Zeiteinheit misst. Verstehen Sie also bitte die ausgegebenen Abfragekosten als eine Art Kennzahl, die einen direkten Bezug zur Ausführungsdauer der Abfrage besitzt. Es gilt allerdings die generelle Aussage, dass niedrigere Kosten für kürzere erwartete Ausführungszeiten stehen.

Der Optimierer wird also den Plan mit der vermeintlich geringsten Ausführungszeit auswählen. Hierbei ist es nicht etwa so, dass dieser Plan generell auch den geringsten Ressourcenverbrauch aufweist. Es kann durchaus sein, dass der ausgewählte Ausführungsplan mehr CPU und/oder mehr E/A-Vorgänge benötigt als ein vergleichbarer Plan, der vom Optimierer verworfen wurde. Ausschlaggebend ist allein die geschätzte Ausführungszeit.

Aufgrund der Komplexität ist die Optimierung zugleich der wichtigste und auch komplizierteste Teil bei der Erstellung eines physikalischen Planes für die Abfrageausführung. Hierbei kann die physikalische Ausführungsreihenfolge durchaus von der logischen Reihenfolge abweichen. So ist es zum Beispiel bei einem INNER JOIN unerheblich, in welcher Reihenfolge auf die beteiligten Tabellen zugegriffen wird. Auch die Anwendung zusätzlicher Filterbedingungen kann bei einem INNER JOIN vor oder nach der Verknüpfung erfolgen – das Ergebnis der Abfrage ist in beiden Fällen identisch.

Für die Erstellung des Planes zieht der Optimierer diverse Kriterien in Betracht. Einerseits muss natürlich – wie bereits gesagt – die logische Ausführungsreihenfolge berücksichtigt werden, also letztlich der Text der SQL-Anweisung. Hinzu kommt, dass der Optimierer auch auf Datenverteilungsstatistiken zurückgreift, um Kardinalitätsschätzungen für die einzelnen Verarbeitungsschritte, also Operationen, vorzunehmen. Anhand dieser Schätzungen werden Operatoren für die einzelnen Schritte des Planes ausgewählt. Um zum Beispiel einen JOIN auszuführen, kann der Abfrageprozessor aus diversen physikalischen JOIN-Operatoren auswählen. Diese Wahl hängt wesentlich von der Abschätzung der Zeilenanzahl der am JOIN beteiligten Tabellen ab. Anders gesagt: Die durch einen JOIN-Operator erzeugten Kosten werden durch die Anzahl der beteiligten Zeilen bestimmt. In Kapitel 9 gehen wir hierauf genauer ein.

Die Erstellung eines Abfrageplanes wird oftmals auch als Übersetzen (englisch: to compile – kompilieren) der Abfrage bezeichnet. Hiermit sind alle Phasen der Planerstellung gemeint, also vom Parsen bis zum Optimieren. Die Optimierung ist hierbei derjenige Schritt, der am kostspieligsten ist. Wie bei jedem Compile-Vorgang, erzeugt dieser Vorgang vor allem Prozessorlast. Hierbei kann es durchaus vorkommen, dass die Prozessoren zum Flaschenhals werden, wenn Ihre Anwendungen Abfragen in einer Art und Weise an den SQL Server senden, die (zu) viele Übersetzungsvorgänge erforderlich machen.

SQL Server trifft einige Vorkehrungen, um die durch Übersetzungsvorgänge erzeugte Prozessorlast zu minimieren. Hierzu zählt unter anderem das Cachen von einmal erstellten Abfrageplänen zur späteren Wiederverwendung ohne vorherige (erneute) Übersetzung. Diese Thematik greifen wir in Kapitel 9 nochmals auf.

Eine weitere Maßnahme zur Minimierung der Prozessorlast ist die Art und Weise der Erstellung eines Abfrageplanes. Wie bereits erwähnt, gibt es bei komplexen Abfragen eine Vielzahl von möglichen physikalischen Plänen. Dadurch ist es in den meisten Fällen nicht möglich, dass die Kosten *aller* infrage kommenden Pläne miteinander verglichen werden, um den günstigsten Plan zu finden. Vielmehr wendet der Optimierer diverse Heuristiken an, die darauf abzielen, dass mit einer möglichst geringen Anzahl erstellter Pläne der optimale Plan gefunden werden kann. Anderenfalls wäre die Erstellung eines Abfrageplanes in den meisten Fällen teurer als die eigentliche Ausführung der Abfrage. Diese Tatsache sollten Sie sich gut einprägen. In der Regel sind die angewendeten Heuristiken vollkommen ausreichend, um einen sehr guten Plan, also einen, der möglichst nahe am theoretisch möglichen Optimum liegt, zu finden. Genau genommen wird jedoch in vielen Fällen nur ein suboptimaler Plan erstellt, also ein Plan, den der Optimierer als „gut genug" ansieht. Dabei kann es eben auch vorkommen, dass solch ein suboptimaler Plan Kosten verursacht, die deutlich über dem Optimum liegen.

Um einen möglichst kostengünstigen Plan zu finden, durchläuft die Optimierung verschiedene Phasen:

Trivialer Plan

Die Optimierung beginnt mit der Prüfung, ob für die Abfrage ein sogenannter trivialer Plan erstellt werden kann. Wenn die Abfrage einfach genug ist, dann existiert unter Umständen nur ein einziger möglicher Abfrageplan. In diesem Fall ist die Optimierung mit dem Auffinden dieses trivialen Planes abgeschlossen. Betrachten Sie hierzu bitte die folgende Abfrage:

```
select Color
  from Production.Product
```

Hier ist keine Optimierung erforderlich. Es werden einfach alle Color-Spaltenwerte aller Zeilen der Tabelle gelesen. Der Optimierer erkennt, dass es nur einen vernünftigen Plan gibt, und verwendet diesen Plan.

Ein weiteres Beispiel für einen trivialen Plan ist die folgende Abfrage:

```
select Color
  from Production.Product
 where Name is null
```

Die in der WHERE-Klausel angegebene Bedingung kann niemals wahr werden, weil durch einen entsprechenden CHECK-Constraint deklariert wurde, dass die Spalte Name nicht NULL werden kann. Folglich wird die Abfrage immer ein leeres Ergebnis zurückliefern. Der Optimierer erkennt dies, weil er auch die Metadaten-Informationen untersucht, und erzeugt einen trivialen Plan, der keinerlei Zugriffe auf Tabellendaten erfordert.

Vereinfachung

Wenn kein trivialer Plan existiert, erfolgt im zweiten Schritt der Versuch einer Vereinfachung der Abfrage. Dies geschieht größtenteils durch syntaktische Umwandlung oder auch Neuanordnung von Operationen. Zum Beispiel erfolgt eine Konvertierung von OUTER JOINs in eventuell günstigere INNER JOINs, wenn dies dem Optimierer sinnvoll erscheint.

Schauen Sie sich hierzu bitte diese Abfrage an:

```
-- Alle Produktkategorien, die mehr als 5 Produkte enthalten
-- und deren Name die Zeichenfolge "bike" enthält.
select sc.Name, count(*) as Anzahl
  from Production.Product as p
      left outer join Production.ProductSubcategory as sc
        on sc.ProductSubCategoryID = p.ProductSubcategoryID
  where sc.Name like '%bike%'
  group by sc.Name
```

Durch die WHERE-Bedingung werden alle Zeilen, in denen die Spalte sc.Name den Wert NULL enthält, aus dem Ergebnis entfernt. Dies sind aber gerade die Zeilen, die durch den OUTER JOIN hinzugefügt wurden. Folglich ist der OUTER JOIN in diesem Fall identisch mit einem INNER JOIN, und der Optimierer ersetzt hier den OUTER JOIN durch einen günstigeren INNER JOIN.

Ein weiteres Beispiel für eine Vereinfachung ist das Anwenden von Filteroperationen zu einem möglichst frühen Zeitpunkt, da die nachfolgenden Schritte dann natürlich entsprechend weniger Zeilen verarbeiten müssen.

Auch das Entfernen von unnötigen Tabellen übernimmt der Optimierer bei der Vereinfachung. Sehen Sie sich bitte die folgende Abfrage an:

```
select distinct sc.Name
  from Production.Product as p
      right outer join Production.ProductSubcategory as sc
                on sc.ProductSubCategoryID = p.ProductSubcategoryID
  where sc.Name like '%bike%'
```

Die Tabelle Production.Product ist überflüssig, da von ihr keine Spalten in der Abfrage benötigt werden und sie über den JOIN auch nicht zu einer Einschränkung der Ausgabezeilen führt. Daher nimmt der Optimierer die Tabelle erst gar nicht in den Plan auf.

Erstellung mehrerer Pläne und Kostenvergleich

Nach der Vereinfachung erstellt der Optimierer einige Abfragepläne, wobei zunächst nur einfache Optimierungsschritte, wie zum Beispiel das Vertauschen von Tabellenreigenfolgen in JOINs, durchgeführt werden. Sobald hierbei ein Plan gefunden wird, dessen Kosten kleiner als 0,2 sind, ist die Optimierung beendet. Das Ende der Optimierung ist auch dann erreicht, wenn alle möglichen Pläne untersucht wurden. Dies gilt auch für die noch folgenden Schritte. Bei weniger komplexen Abfragen kann dieser Fall durchaus eintreten.

Weitere Versuche mit erhöhter Kostenschwelle

Konnte im ersten Schritt kein Plan gefunden werden, so erfolgt im Anschluss eine erweiterte Optimierung. Hierbei werden zum Beispiel mehr Vertauschungen vorgenommen als im Schritt 1. Sobald ein Plan gefunden wird, dessen geschätzte Kosten kleiner als 1,0 sind, wird dieser Plan ausgewählt, und die Optimierung ist abgeschlossen.

Testen paralleler Ausführungspläne

Bis hierher wurden noch keine Pläne erstellt, die eine parallele Verarbeitung durchführen. Falls der Computer über mehr als eine CPU verfügt und die Kosten für den bislang gefundenen günstigsten Plan höher sind, als durch den Konfigurationsparameter *cost threshold for parallelism* angegeben (der Standardwert ist 5), wird die vorherige Optimierungsphase wiederholt, diesmal aber mit dem Ziel, den optimalen parallelen Abfrageplan zu finden. Anschließend wird für den günstigeren der beiden Pläne (parallel oder nicht parallel) eine weitere – volle – Optimierungsphase eingeleitet. Hierbei werden zum Beispiel auch indizierte Sichten berücksichtigt.

Generell kann der gefundene Ausführungsplan in drei Kategorien eingeteilt werden:

▶ Der Plan ist trivial. Eine Optimierung war nicht erforderlich, weil es nur einen Plan gibt. Damit ist der Plan zugleich auch optimal.

▶ Der Plan ist optimal. Alle möglichen Ausführungsvarianten konnten geprüft werden und der günstigste Plan hat gewonnen.

▶ Der Plan ist suboptimal bzw. „gut genug". Für die Überprüfung aller möglichen Ausführungsvarianten ist die Abfrage zu komplex. Aus diesem Grund wurde die Optimierung entsprechend der oben geschilderten Heuristiken verkürzt. Der hierdurch gefundene Plan muss nicht das Optimum sein, er wird jedoch als ausreichend optimal angesehen.

Physikalische Operatoren

Für die Erstellung eines Abfrageplanes kann der Optimierer aus über 100 unterschiedlichen physikalischen Operatoren die passenden auswählen. Ich möchte Ihnen an dieser Stelle die reine Auflistung dieser Operatoren ersparen. Eine solche Liste finden Sie natürlich in der Online-Dokumentation. Wir werden im weiteren Verlauf dieses Buches sehr häufig mit Ausführungsplänen arbeiten und dann an den entsprechenden Stellen auch etwas zu den verwendeten Operatoren sagen. Haben Sie bitte noch etwas Geduld; bereits im folgenden Kapitel werden die ersten Abfragepläne untersucht. An dieser Stelle sollen zunächst nur einige einleitende und allgemeine Kommentare gegeben werden.

Generell verarbeitet die Mehrzahl der Operatoren eine Reihe von Eingabezeilen und produziert entsprechende Ausgabezeilen. Die von einem Operator produzierte Ausgabe bildet dann die Eingabe für einen anderen Operator. Hierbei werden prinzipiell zwei Arten von Operatoren unterschieden: Die eine Sorte verarbeitet eintreffende Zeilen sofort und leitet sie an den nächsten Operator weiter. Hierzu zählt zum Beispiel der Filter-Operator, der für jede Zeile unmittelbar ausgewertet wird. Auf der anderen Seite stehen die sogenannten „Stop And Go"-Operatoren, die erst dann eine Ausgabe produzieren können, wenn alle Eingabezeilen vorliegen. Ein Beispiel hierfür ist der Operator zur Sortierung, der natürlich erst dann die Ausgabezeilen erzeugen kann, wenn alle zu sortierenden Zeilen vorliegen.

3.2.4 Anzeigen des Ausführungsplanes

SQL Server stellt eine ganze Reihe von Analysemöglichkeiten zur Verfügung, die eine Inspektion seiner Zustände und einen Einblick in seine Arbeitsweise ermöglichen. Unter diesen Möglichkeiten sind auch einige, die eine Darstellung, bzw. Untersuchung von Abfrageplänen gestatten. Der vom Optimierer erstellte Plan ist also keinesfalls geheim, sondern kann in verschiedenen Formen angezeigt werden. Die Ausgabe von Abfrageplänen – egal in welcher Form – kann hierbei generell in zwei Kategorien eingeteilt werden:

▶ Anzeige des geschätzten Ausführungsplanes. Hierbei wird die eigentliche Abfrage nicht ausgeführt. Sie erhalten nur den Abfrageplan, also das Ergebnis der Optimierung. Diese Möglichkeit ist zum Beispiel dann nützlich, wenn Sie den Plan für eine lang dauernde Abfrage sehen möchten. Sie müssen dann nicht jedes Mal auf das Ergebnis der Abfrage warten.

▶ Anzeige des tatsächlichen Ausführungsplanes. Bei Wahl dieser Option wird die Abfrage ausgeführt, und der Abfrageplan wird anschließend angezeigt. Der tatsächliche Ausführungsplan enthält ein wenig mehr Informationen als der geschätzte Ausführungsplan. Zum Beispiel finden Sie im tatsächlichen Ausführungsplan auch Angaben über die exakte Anzahl der verarbeiteten Zeilen; eine Information, die im geschätzten Ausführungsplan nicht enthalten ist. Dass der Plan generell vor der Ausführung einer Abfrage erstellt wird, gilt natürlich gleichermaßen auch für den tatsächlichen Ausführungsplan. Daher ist der Plan selber mit den verwendeten Operatoren und der Reihenfolge der Abarbeitung, mit dem geschätzten Ausführungsplan, identisch.

Anzeige des Ausführungsplanes in grafischer Form

Dies ist sicherlich die beliebteste und meist verwendete Möglichkeit. Der Abfrageplan wird als Graph angezeigt, wobei die Knoten des Graphen die Operatoren repräsentieren und die Kanten den Datenfluss veranschaulichen.

Die Anzeige des geschätzten oder tatsächlichen Ausführungsplanes können Sie zum Beispiel über die Menüleiste des Management Studios ein- und ausschalten (Abbildung 3.2).

Abbildung 3.2: Anzeigen des grafischen Ausführungsplanes

Alternativ können Sie die Optionen auch über die Menüeinträge ABFRAGE/GESCHÄTZ-TEN AUSFÜHRUNGSPLAN ANZEIGEN oder ABFRAGE/TATSÄCHLICHEN AUSFÜHRUNGS-PLAN ANZEIGEN ein- bzw. ausschalten. Ebenso funktioniert die Aktivierung und Deaktivierung über die Tastenkombinationen `Strg` + `L` oder `Strg` + `M`.

Ist eine Option gewählt, dann erfolgt für jede danach ausgeführte Abfrage in dem geöffneten Fenster die Ausgabe des Abfrageplanes in einem separaten Reiter. Abbildung 3.3 zeigt ein Beispiel für einen grafischen Abfrageplan.

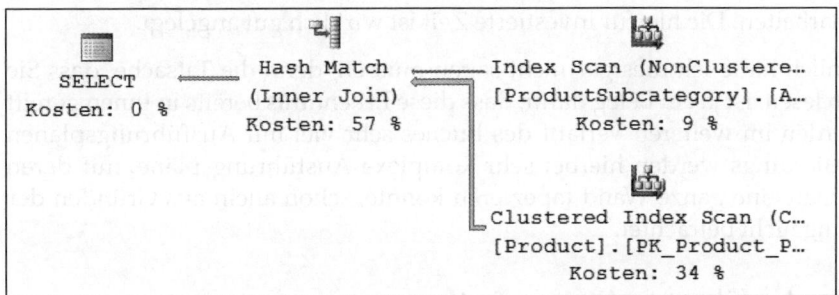

Abbildung 3.3: *Ein einfacher Abfrageplan*

Index Scan (NonClustered)	
Scannt einen nicht gruppierten Index, entweder vollständig oder nur einen Bereich.	
Physischer Vorgang	Index Scan
Logischer Vorgang	Index Scan
Tatsächlicher Ausführungsmodus	Row
Geschätzter Ausführungsmodus	Row
Speicher	RowStore
Tatsächliche Anzahl von Zeilen	5
Tatsächliche Batchanzahl	0
Geschätzte E/A-Kosten	0,003125
Geschätzte Operatorkosten	0,0033227 (9 %)
Geschätzte Unterstrukturkosten	0,0033227
Geschätzte CPU-Kosten	0,0001977
Geschätzte Anzahl von Ausführungen	1
Anzahl von Ausführungen	1
Geschätzte Anzahl von Zeilen	3,36364
Geschätzte Zeilengröße	32 B
Tatsächliche erneute Bindungen	0
Tatsächliche Zurückspulvorgänge	0
Sortiert	False
Knoten-ID	1

Prädikat
[AdventureWorks2008R2].[Production].[ProductSubcategory].
[Name] as [sc].[Name] like N'%bike%'
Objekt
[AdventureWorks2008R2].[Production].[ProductSubcategory].
[AK_ProductSubcategory_Name] [sc]
Ausgabeliste
[AdventureWorks2008R2].[Production].
[ProductSubcategory].ProductSubcategoryID;
[AdventureWorks2008R2].[Production].
[ProductSubcategory].Name

Der Abfrageplan wird von rechts nach links und von unten nach oben gelesen. Der oben links stehende Knoten repräsentiert also den zuletzt ausgeführten Operator – in unserem Fall die SELECT-Anweisung. Die Pfeile stehen für den Datenfluss, wobei die Stärke des Pfeiles ein Indiz für die Anzahl der Zeilen ist; also je dicker der Pfeil, umso mehr Zeilen werden von rechts nach links übertragen. Für jeden enthaltenen Operator wird außerdem der prozentuale Kostenanteil angezeigt, den diese Operation in Bezug auf die gesamte Abfrage verursacht.

Sobald Sie die Maus über einen Operator oder einen Pfeil bewegen, öffnet sich ein Fenster mit näheren Informationen zum Operator oder Datenfluss. Abbildung 3.4 zeigt dies an einem Beispiel.

Abbildung 3.4: *Informationen über den Nested Loops-Operator*

In den geschätzten Unterstrukturkosten sehen Sie hier die absoluten Kosten des gesamten Zweiges, also die Kosten des Operators und aller weiter rechts stehenden Operationen. Die Unterstrukturkosten des linken oberen Knotens repräsentieren folglich die Kosten des gesamten Planes.

Bei komplexeren Abfragen kann der grafische Ausführungsplan sehr schnell ziemlich groß und damit auch entsprechend unübersichtlich werden. Dann erfordert es schon einige Übung, den Plan zu interpretieren und eventuelle Schwachstellen aufzufinden. Ich kann Ihnen hier nur empfehlen, dass Sie sich nach und nach in diese Materie einarbeiten. Die hierfür investierte Zeit ist wirklich gut angelegt.

Wahrscheinlich hätte ich dies gar nicht sagen müssen, denn die Tatsache, dass Sie dieses Buch lesen, ist ja ein Beleg dafür, dass diese Erkenntnis bereits in Ihnen gereift ist. Wir werden im weiteren Verlauf des Buches sehr viel mit Ausführungsplänen arbeiten. Allerdings werden hierbei sehr komplexe Ausführungspläne, mit deren Ausdruck man eine ganze Wand tapezieren könnte, schon allein aus Gründen der Formatierung nicht betrachtet.

Anzeige des Ausführungsplanes in Textform

Die Ausführungspläne können auch textuell angezeigt werden – eine Möglichkeit, von der wir in diesem Buch kaum Gebrauch machen werden. Die textuelle Form ist vor allem für den Austausch nützlich, wenn Sie also zum Beispiel einen Plan in einer Newsgroup veröffentlichen und diskutieren möchten.

Auch für die Textform können Sie zwischen geschätztem und tatsächlichem Ausführungsplan wählen. Hierzu stehen Ihnen die folgenden SET-Befehle zur Verfügung:

▶ SET SHOWPLAN_TEXT ON. Es wird der geschätzte Ausführungsplan in einem Kurzformat angezeigt. Kurzformat deshalb, weil in diesem Plan nur die Operatoren ohne geschätzte Kosten enthalten sind.

▶ SET SHOWPLAN_ALL ON. Auch hier wird der geschätzte Ausführungsplan angezeigt. Der Plan enthält neben den Operatoren auch die geschätzten Kosten, ist also umfangreicher und aussagekräftiger als bei SHOWPLAN_TEXT.

▶ SET STATISTICS PROFILE ON. Hier wird der tatsächliche Ausführungsplan angezeigt, die Abfrage wird also ausgeführt. Daher werden hier auch Informationen über die Anzahl der tatsächlich verarbeiteten Zeilen ausgegeben.

Anzeige des Ausführungsplanes im XML-Format

Ab der SQL Server-Version 2005 können Ausführungspläne auch im XML-Format ausgegeben werden. Diese Variante ist besonders deshalb interessant, weil das Management Studio Abfragepläne, die im XML-Format vorliegen, für die Darstellung in das grafische Format überführen kann. Dadurch erhalten Sie die sehr einfache Möglichkeit, Abfragepläne auszutauschen, um sie zum Beispiel mit Kollegen zu diskutieren. Hierfür müssen Sie lediglich XML-Dateien versenden, bzw. empfangen.

Die folgenden beiden SET-Befehle erzeugen den XML-Plan als Ausgabe:

▶ SET SHOWPLAN_XML ON. Es wird der geschätzte Ausführungsplan angezeigt, die Abfrage wird also nicht ausgeführt.

▶ SET STATISTICS XML ON. Bei dieser Option erhalten Sie den tatsächlichen Ausführungsplan. Dieser Plan wird als zusätzliches Abfrageergebnis ausgegeben.

In beiden Fällen können Sie einfach durch einen Klick auf das ausgegebene XML-Dokument den Plan sofort in das grafische Format überführen. Auch die umgekehrte Transformation ist übrigens möglich: Wenn Sie den Ausführungsplan in grafischer Form erstellt haben, können Sie aus dem Kontextmenü dieses Plans das XML-Format erstellen (Abbildung 3.5).

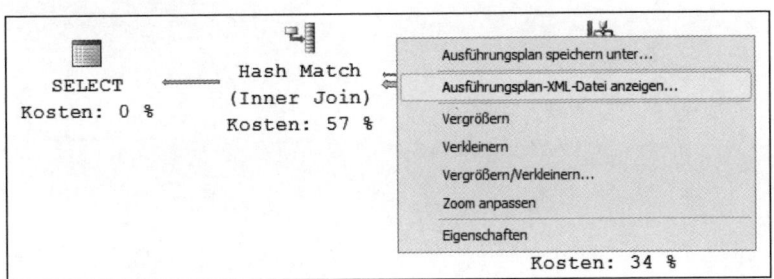

Abbildung 3.5: Den grafischen Ausführungsplan in das XML-Format überführen

Seien Sie bitte vorsichtig mit DDL-Anweisungen, wenn Sie den geschätzten Ausführungsplan anzeigen möchten. Da die DDL-Anweisungen in diesem Fall nicht ausgeführt werden, funktioniert die Anzeige des geschätzten Ausführungsplanes möglicherweise nicht. Diese Tatsache kann etwas verwirrend sein, weil es den Anschein erwecken kann, dass Ihr T-SQL-Code nicht korrekt ist.

Schauen Sie sich zum Beispiel dieses Skript an:

```
set showplan_text on
go
create table T1(c1 int)
go
insert t1 values(1)
```

Die Option SET SHOWPLAN_TEXT ON bewirkt, dass der eigentliche T-SQL-Code nicht ausgeführt wird. Stattdessen wird lediglich der geschätzte Ausführungsplan ermittelt und angezeigt. Für die abschließende INSERT-Anweisung kann allerdings gar kein Plan erstellt werden, weil die Tabelle T1 überhaupt nicht vorhanden ist. Diese Tabelle würde ja erst angelegt, wenn der Code auch tatsächlich ausgeführt würde – und genau das wird durch SET SHOWPLAN_TEXT ON verhindert.

Sie werden einen Übersetzungsfehler bekommen, der Ihnen mitteilt, dass es keine Tabelle T1 gibt, und das kann – wie gesagt – etwas verwirrend sein.

3.3   Zusammenfassung

Dieses Kapitel hat Ihnen einige wesentliche Grundlagen der Ausführung von Abfragen vermittelt. Insbesondere die Analyse von Ausführungsplänen ist eine äußerst nützliche Methode, wenn es gilt, Performance-Engpässe aufzuspüren und zu beseitigen. Diese Methode wird Sie durch den Rest des Buches kontinuierlich begleiten. Es ist daher im Moment auch nicht allzu schlimm, wenn bei Ihnen diesbezüglich noch einige Fragen offengeblieben sind. In den verbleibenden Kapiteln werden wir immer wieder mit Ausführungsplänen arbeiten und die offenen Fragen dabei sicherlich beantworten.

4 Werkzeuge und Indikatoren zum Messen der Leistung

Wie bereits in der Einleitung erwähnt, ist Performance-Optimierung eine sehr komplexe Thematik. Damit ein System reibungslos läuft, müssen viele Parameter optimal konfiguriert sein. Falls es einmal nicht so funktioniert wie erwartet, dann gilt es natürlich, die Ursache hierfür herauszufinden. Dies kann in einem komplexen System, wie SQL Server, schon einmal eine echte Herausforderung sein. SQL Server stellt eine Reihe von Werkzeugen zur Verfügung, mit denen das System überwacht werden kann, damit die Ursachen für eventuelle Probleme gefunden werden können. Diese Werkzeuge werden Sie in diesem Kapitel kennenlernen und in den restlichen Kapiteln des Buches verwenden.

Die Vielzahl der verfügbaren Werkzeuge und somit der Möglichkeiten zur Messung ist dabei oftmals nicht ganz leicht zu durchblicken. Ich möchte daher ein sehr passendes Sprichwort an den Anfang dieses Kapitels stellen:

> *"It is possible to own too much. A man with one watch knows what time it is; a man with two watches is never quite sure."*

> *Lee Segal*

Ein wesentliches Ziel dieses Kapitels ist daher vor allem eine Systematisierung der vorhandenen Möglichkeiten. Durch das Studium des vorliegenden Kapitels sollen Sie in die Lage versetzt werden, geeignete Methoden zur Messung der relevanten Systemgrößen auszuwählen und bei auftretenden Problemen gezielt nach deren Ursachen zu forschen.

Falls Sie den SQL Server bereits ausreichend beherrschen und die hier vorgestellten Werkzeuge kennen, dann können Sie dieses Kapitel auch lediglich querlesen. An dieser Stelle erfolgt noch keine tiefergehende Betrachtung der existierenden Möglichkeiten. Sie finden hier eine Vorstellung der einzelnen Werkzeuge sowie eine Einführung in die Parameter, die mit den unterschiedlichen Werkzeugen überwacht bzw. gemessen werden können. Diese Erklärungen bilden insbesondere die Grundlage für die Kapitel 9, 10 und 11, in denen dann herausgestellt wird, wie die Werkzeuge für das Auffinden von Problemen eingesetzt werden können.

Natürlich werden wir den Einsatz dieser Werkzeuge in der Regel anhand von konkreten Beispielen untersuchen. Hierfür erzeugen wir in vielen Fällen Testtabellen und füllen diese Tabellen mit zufällig generierten Daten.

Für diesen Zweck ist es sehr nützlich, eine Tabelle anzulegen, die einfach nur als Zeilenlieferant dient; eine Idee, die mir zum ersten Mal in [1] begegnet ist. Wir erzeugen diese Tabelle Numbers in einer eigenen Datenbank und fügen 1.048.576 Zeilen ein:

```
create database QueryTest
go
use QueryTest
go
if (object_id('Numbers', 'U') is not null)
  drop table Numbers
go
set nocount on
create table Numbers(n int not null primary key)
go
-- Füge 2^20 Zeilen ein
insert Numbers(n) values (1)
go
insert Numbers(n) select (select max(n)
                            from Numbers)
                          + row_number() over(order by current_timestamp)
                  from Numbers
go 20
-- Kontrolle
select min(n) as NMin, max(n) as Nmax
  from Numbers
go
```

Die Tabelle Numbers hat nur eine einzige Spalte n, in der die Zahlen von 1 bis 1.048.576 stehen. Wie gesagt, wir benötigen diese Tabelle in vielen Fällen zum Generieren von Testdaten.

Falls Sie die Tabelle nicht permanent speichern möchten, etwa weil Sie den Speicherplatz sparen wollen, können Sie auch eine entsprechende Sicht verwenden:

```
create view Numbers as
  select row_number() over(order by current_timestamp) as n
    from sys.all_columns as c1
         cross join sys.all_columns as c2
         cross join sys.all_columns as c3
```

Die in diesem Kapitel vorgestellten Möglichkeiten gestatten generell eine Überwachung des laufenden Systems und sind nicht etwa nur für das Auffinden von Performance-Problemen geeignet. Wir werden uns jedoch vor allem auf die Performance-Aspekte konzentrieren, um dem Titel des Buches gerecht zu werden.

Dabei geht es nicht so sehr darum, wie man es anstellt, das System von vornherein möglichst so zu konfigurieren, dass das Auftreten von Problemen minimalisiert wird. Vielmehr soll herausgestellt werden, welche Hilfsmittel Sie einsetzen können, um Performance-Probleme in einem laufenden System herauszufinden.

Hierfür untersuchen wir die folgenden beiden Fragen:

- Was muss eigentlich überwacht werden? Der SQL Server-Dienst wird vom Windows-Betriebssystem gehostet. Er kann also nicht isoliert betrachtet werden, sondern muss immer in diesem Rahmen beurteilt werden. Sowohl das Windows- als auch das SQL Server-Betriebssystem stellen eine große Vielfalt an Parametern bereit, deren Werte Sie messen können, um dann aus den gemessenen Werten auf den Zustand des Systems zu schließen und Maßnahmen für die Behebung eventueller Probleme einzuleiten. Im Verlaufe dieses Buches – und auch bereits in diesem Kapitel – werden Ihnen viele dieser Parameter begegnen. Prinzipiell haben all diese Parameter eines gemeinsam: Sie geben Auskunft über die Verwendung dieser Ressourcen:
  - Zeit (CPU-Zeit und Ausführungszeit insgesamt)
  - Hauptspeicher
  - E/A-Vorgänge
- Womit werden die im ersten Punkt genannten Parameter überwacht, also welche Werkzeuge stehen Ihnen für eine Überwachung zur Verfügung?

Bevor wir tiefer einsteigen, möchte ich noch einige allgemeine Bemerkungen loswerden.

Zunächst einmal ist eine Antwort auf die Frage, wie man Performance-Probleme auffindet, alles andere als einfach. Wenn Sie die Vielzahl von Möglichkeiten bedenken, die Ihnen für eine Überwachung zur Verfügung stehen, und auch die große Menge an Systemparametern in Betracht ziehen, deren Werte überwacht werden können, ist dies nicht sehr verwunderlich. Oftmals erlebe ich es daher, dass der Ausgangspunkt für eine Performance-Analyse die Beschwerde von Benutzern ist, die feststellen, dass plötzlich „alles so langsam geht". Eine solche Situation sollten Sie natürlich vermeiden. Besser ist es in jedem Fall, wenn Sie Ihr System so überwachen, dass Sie mögliche Probleme erkennen, bevor Ihre Anwender dies tun. Aber wie gesagt: In der Praxis kommt so etwas häufig vor und meist ist der Zeitpunkt der Erkennung dann zu spät, oder zumindest so spät, dass nur wenig Zeit für eine Behebung der Probleme zur Verfügung steht. Dann ist es natürlich von Vorteil, wenn Sie Ihr Handwerkszeug beherrschen, sodass Sie das System in möglichst kurzer Zeit wieder stabilisieren können.

Wie können denn nun aber auftretende Probleme bereits frühzeitig erkannt werden? Vor allem durch geeignete Tests. Ich kann Ihnen hier nur raten, dass Sie sich eine Performance-Grundlage erstellen und dass Sie Ihr System von Zeit zu Zeit dahingehend überprüfen, inwieweit Abweichungen von den gefundenen Basiswerten auftreten. Dieses Benchmarking können Sie durchaus auch auf einem laufenden Produktivsystem zu Zeiten geringer Serverauslastung durchführen. Was Sie hierfür benötigen, ist eine entsprechende Arbeitsauslastung, die im einfachsten Fall aus SQL-Anweisungen besteht, die für Ihre Anwendung typisch sind. Auch der SQL Server Profiler kann Ihnen bei der Erstellung einer solchen Arbeitsauslastung helfen. Wie dies funktioniert, erfahren Sie etwas weiter unten in diesem Kapitel. Messen Sie einfach einige wichtige Ressourcen – allen voran die Ausführungszeit –, während die Arbeitsauslastung auf dem Server ausgeführt wird, und protokollieren Sie die Ergebnisse. Dadurch erhalten Sie sehr schnell Anhaltspunkte für eventuell vorhandene Probleme.

Nun aber genug der Vorrede. Der Rest des Kapitels befasst sich mit den Ihnen zur Verfügung stehenden Messinstrumenten und den Systemgrößen, die Sie mit diesen Instrumenten überwachen können.

4.1   Allgemeine Werkzeuge

Wir beginnen mit zwei einfachen und universell einsetzbaren Möglichkeiten zum Messen der Ausführungszeit und der E/A-Vorgänge von Abfragen.

4.1.1   Messen mit der Stoppuhr

Natürlich können Sie eine Stoppuhr betätigen, während eine Abfrage ausgeführt wird. Wenn Sie die Abfrage aus dem Abfrageeditor des Management Studios ausführen, dann geht es auch etwas bequemer, einfach durch das Ablesen der Ausführungszeit in der rechten unteren Ecke des Fensters:

| QueryTest | 00:07:36 | 12345 Zeilen |

Möglich ist auch die Messung via T-SQL. Hierfür stehen Ihnen integrierte Funktionen zur Abfrage und Konvertierung von Datum und Uhrzeit zur Verfügung. So können Sie die Uhrzeit am Beginn und Ende eines Skriptes festhalten und die Differenz ausgeben oder auch protokollieren. Dies funktioniert zum Beispiel so:

```
declare @start datetime
       ,@dauer bigint
set @start = current_timestamp

-- SQL-Anweisungen...

set @dauer = datediff(s, @start, current_timestamp)
select @dauer as Sekunden
       ,@dauer / 3600.0 as Stunden
```

Anstatt das Ergebnis auszugeben, können Sie es zum Beispiel auch in einer eigens hierfür angelegten Protokolltabelle speichern:

```
insert Protokoll(Zeitpunkt,Kommentar,Dauer)
  values (current_timestamp, 'Datenimport erfolgreich', @dauer)
```

Diese Möglichkeit ist nützlich für die Kontrolle der weiter oben erwähnten Performance-Grundlage. So können Sie zum Beispiel Ihre T-SQL-Arbeitsauslastung mit entsprechenden INSERT Protokoll-Anweisungen nach dem obigen Muster „anreichern" und damit an interessanten Punkten Ausführungszeiten protokollieren.

Bedenken Sie hierbei, dass auf die oben geschilderte Art und Weise nur bis zu einer Genauigkeit von 3,33 ms gemessen werden kann – mehr geben die Systemfunktionen nicht her. Für die meisten Anwendungsfälle dürfte diese Genauigkeit aber wohl ausreichend sein.

4.1.2 Statistische Größen

Die folgenden beiden Optionen erlauben die Protokollierung von statistischen Werten zu Ausführungs- und Übersetzungszeiten sowie E/A-Vorgängen:

SET STATISTICS IO ON

Wenn diese Option eingeschaltet ist, erhalten Sie nach der Ausführung einer Abfrage in einem T-SQL-Stapel Informationen über die erforderlichen E/A-Operationen. Diese Informationen werden im Meldungsbereich des Abfragefensters ausgegeben und sehen zum Beispiel so aus:

```
'syscolrdb'-Tabelle. Scananzahl 1, logische Lesevorgänge 184,
physische Lesevorgänge 4, Read-Ahead-Lesevorgänge 198,
logische LOB-Lesevorgänge 0, physische LOB-Lesevorgänge 0,
Read-Ahead-LOB-Lesevorgänge 0.
'syscolpars'-Tabelle. Scananzahl 1, logische Lesevorgänge 13,
physische Lesevorgänge 3, Read-Ahead-Lesevorgänge 24,
logische LOB-Lesevorgänge 0, physische LOB-Lesevorgänge 0,
Read-Ahead-LOB-Lesevorgänge 0.
```

Die Meldung enthält Informationen darüber, wie oft auf eine Tabelle in der Abfrage zugegriffen wurde (Scananzahl), wie viele (8 kByte große) Datenseiten aus dem Datencache gelesen wurden (logische Lesevorgänge) und wie viele Blöcke von der Festplatte gelesen wurden (physische Lesevorgänge und Read-Ahead-Lesevorgänge). Falls die Abfrage LOB-Spalten verarbeitet, also zum Beispiel Text- oder Image-Spalten zurückgibt, dann finden Sie die entsprechenden Statistiken in den analogen LOB-Informationen.

STATISTICS IO bietet eine sehr einfache und dennoch extrem nützliche Möglichkeit zur Bestimmung von benötigten E/A-Operationen. Wie bereits in den beiden vorangegangenen Kapiteln erwähnt, ist die Minimierung von E/A-Vorgängen ein wichtiger Ansatzpunkt bei der Optimierung. STATISTICS IO ist hierbei sehr hilfreich.

Durch die folgende Anweisung schalten Sie die Protokollierung wieder aus:

```
set statistics io off
```

SET STATISTICS TIME ON

Auch dies ist eine Option, die – wenn eingeschaltet – bewirkt, dass zusätzliche Informationen im Meldungsbereich des Abfragefensters ausgegeben werden. Diese Informationen geben Auskunft über die benötigten Abfrage- und Übersetzungszeiten. Die Ausgabe sieht zum Beispiel so aus:

```
SQL Server-Analyse- und Kompilierzeit:
, CPU-Zeit = 16 ms, verstrichene Zeit = 173 ms.

SQL Server-Ausführungszeiten:
, CPU-Zeit = 15 ms, verstrichene Zeit = 534 ms.
```

Der erste Bereich bezieht sich auf die für die Erstellung des Abfrageplanes benötigten Zeiten. Für die Erstellung des Planes wurden also insgesamt 173 ms benötigt, wobei die CPUs insgesamt 16 ms gearbeitet haben. Die zweite Ausgabe enthält die Information über die Ausführung der Abfrage selber. Im Beispiel hat die Ausführung alles in allem 534 ms gedauert und die CPUs wurden 15 ms lang beansprucht.

Wundern Sie sich bitte nicht, wenn Sie CPU-Zeiten sehen, die größer sind als die Ausführungszeit. In diesem Fall wurde die Abfrage parallel, also auf mehreren CPUs gleichzeitig ausgeführt. Die CPU-Zeiten der beteiligten Prozessoren werden einfach addiert, sodass dieser Fall durchaus eintreten kann.

4.2   Der Aktivitätsmonitor

Ich kenne den SQL Server seit der Version 6.5. Bereits in dieser Version, die etwa im Jahr 1995 erschienen ist, gibt es den SQL Server-Aktivitätsmonitor, der – wie der Name bereits besagt – eine Überwachung der aktuellen SQL Server-Aktivität ermöglicht. Der Aktivitätsmonitor kann für jede aktuell bestehende Verbindung zum SQL Server Informationen zur gerade ausgeführten Abfrage, aber zum Beispiel auch zu existierenden Blockierungen und Ursachen für Wartezustände anzeigen. Dadurch ist der Aktivitätsmonitor eine große Hilfe, wenn es gilt, den aktuellen Zustand von SQL Server zu kontrollieren.

Der Start des Aktivitätsmonitors erfolgt aus dem Kontextmenü der SQL Server-Instanz oder der Menüleiste, sofern Sie die entsprechende Schaltfläche zur Menüleiste hinzugefügt haben (siehe Abbildung 4.1).

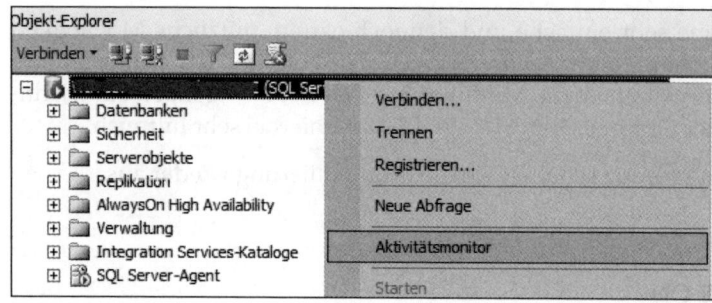

Abbildung 4.1: Starten des Aktivitätsmonitors

Die präsentierten Informationen werden in insgesamt vier Bereiche untergliedert:

▶ Übersicht

▶ Ressourcenwartevorgänge

▶ Datendatei E/A

▶ Aktuell wertvolle Abfragen

4.2.1   Übersicht

Der erste Bereich enthält grafische Übersichten zur Prozessorauslastung durch den SQL Server-Dienst, zu wartenden Tasks, zum E/A-Durchsatz und zu T-SQL-Stapelanforderungen je Sekunde. Dieser Bereich ist standardmäßig eingeblendet, so wie in Abbildung 4.2 zu sehen.

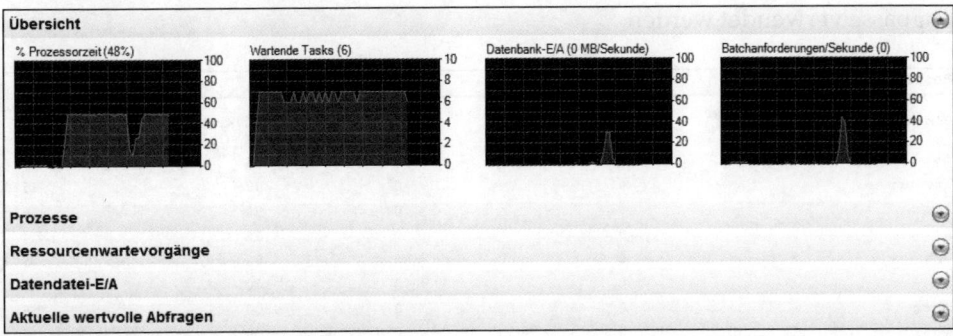

Abbildung 4.2: Der Aktivitätsmonitor in Aktion

4.2.2   Prozesse

Dieser Bereich zeigt Informationen zu den aktuellen Benutzerverbindungen an. Eine nützliche Erweiterung ist die Möglichkeit, nach den einzelnen Spalten sortieren und filtern zu können. Sehr willkommen ist sicherlich auch, dass für einen Prozess sofort aus dem Kontextmenü eine Standard-Ablaufverfolgung mit dem SQL Server Profiler geöffnet werden kann (siehe Abbildung 4.3). Wenn Sie an dieser Stelle mit dem Profiler noch nichts anfangen können, haben Sie bitte ein wenig Geduld; in Abschnitt *Ablaufverfolgungen und der SQL Server Profiler* behandeln wir dieses Thema ausführlich.

Prozesse

Sit	Be	Datenb	Tasksta	Befehl	Anwendung	Wartezeit (ms)	Wartetyp	Warter	Bl vc	Kc
51	1				SQLAgent - G...	0				1
52	1				SQLAgent - Jo...	0				1
53	1				Microsoft SQL...	0				1
54	1	master	RUNNAB...	SELECT	Microsoft SQL...	0				
55	1	tempdb	RUNNING	SELECT	Microsoft SQL...	0				
56	1				Microsoft SQL...	0				1
57	1	Adventure...	RUNNING	SELECT	Microsoft SQL...					

Details

Prozess abbrechen

Ablaufverfolgungsprozess in SQL Server Profiler

Abbildung 4.3: Anzeige der aktuell ausgeführten Prozesse und Starten des Profilers

4.2.3   Ressourcenwartevorgänge

In diesem Fenster finden Sie eine Momentaufnahme der Wartezeiten auf SQL Server-Ressourcen, wie zum Beispiel CPU, Puffer (Caches) oder auch Netzwerk (Abbildung 4.4). Die hier angegebenen Wartezeiten geben die Dauer an, die irgendein Prozess (oder genauer: ein Worker Thread) warten musste, um Zugriff auf die entsprechende Ressource zu erhalten. Diese Wartezeiten können als Indikatoren für eventuelle Ressourcen-Engpässe verwendet werden.

Ressourcenwartevorgänge

Wartekategorie	Wartezeit (ms/Sek.)	Aktuelle Wartezeit (ms/Sekunde)	Durchschnittliche Zahl an Wartevorgängen	Kumulierte Wartezeit (Sekunde)
Network I/O	0	1	0,0	357
Buffer Latch	0	0	0,0	83
Compilation	0	0	0,0	0
CPU	0	0	0,0	5774
Latch	0	0	0,0	45
Lock	0	0	0,0	710
Logging	0	0	0,0	1765
Memory	0	0	0,0	4

Abbildung 4.4: Ressourcenwartevorgänge

Interessant ist auch die Angabe der insgesamt aufgetretenen Wartezeit für jede Ressource (in Abbildung 4.4 in der letzten Spalte dargestellt). Hierdurch erhalten Sie einen schnellen Überblick über mögliche Schwachpunkte in Bezug auf die entsprechende Ressource.

4.2.4   Datendatei E/A

Dieses Fenster enthält Informationen über die momentanen E/A-Vorgänge je Datenbank. Präsentiert wird hier lediglich eine Momentaufnahme – und nicht etwa der gesamte E/A-Durchsatz seit dem letzten Start von SQL Server. In Abbildung 4.5 sehen Sie ein Beispiel für diesen Bereich.

Datendatei-E/A

Datenbank	Dateiname	MB/Sekunde gel...	MB/Sekunde ges...	Antwortzeit (ms)
QueryTest	C:\Program Files\Microsoft SQL Server\MSSQL11.WAIKIKI\MSSQL\DA...	19,3	0,0	89
master	C:\Program Files\Microsoft SQL Server\MSSQL11.WAIKIKI\MSSQL\DA...	0,0	0,0	40
AdventureWorks2008R2	C:\Program Files\Microsoft SQL Server\MSSQL11.WAIKIKI\MSSQL\DA...	0,0	0,0	0
AdventureWorks2008R2	C:\Program Files\Microsoft SQL Server\MSSQL11.WAIKIKI\MSSQL\DA...	0,0	0,0	0
master	C:\Program Files\Microsoft SQL Server\MSSQL11.WAIKIKI\MSSQL\DA...	0,0	0,0	0

Abbildung 4.5: Momentane E/A-Operationen je Datenbank

4.2.5   Aktuell wertvolle Abfragen

Leider ist dieser Titel ein Beispiel für eine recht unglückliche Übersetzung. In der englischen Version lautet der Fenstertitel „Recent Expensive Queries". Angezeigt werden also die teuersten Abfragen in der letzten Zeit. Inwieweit diese Abfragen wirklich *wertvoll* sind, kann der Aktivitätsmonitor wohl nicht beurteilen. Außerdem werden eben nicht die aktuellen Abfragen angezeigt. Vielmehr enthält die Übersicht die in der letzten Zeit ausgeführten teuersten Abfragen, also gewissermaßen eine Historie.

Abbildung 4.6 zeigt eine Beispielausgabe.

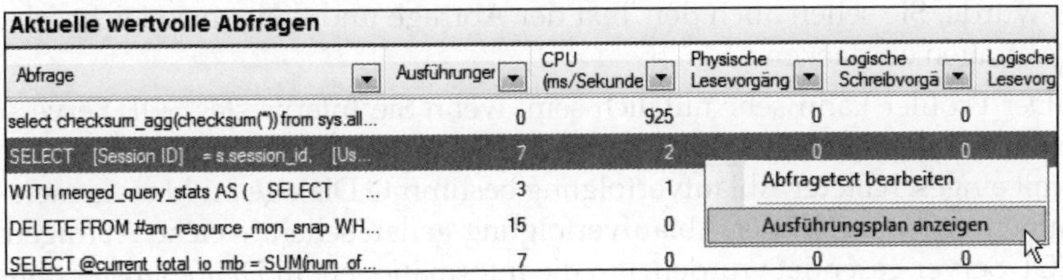

Aktuelle wertvolle Abfragen						
Abfrage	Ausführunger	CPU (ms/Sekunde)	Physische Lesevorgäng	Logische Schreibvorgä	Logische Lesevorg
select checksum_agg(checksum('')) from sys.all...	0	925	0	0	
SELECT [Session ID] = s.session_id, [Us...	7	2	0	0	
WITH merged_query_stats AS (SELECT ...	3	1	Abfragetext bearbeiten		
DELETE FROM #am_resource_mon_snap WH...	15	0	Ausführungsplan anzeigen		
SELECT @current_total_io_mb = SUM(num_of...	7	0	0	0	

Abbildung 4.6: Die kostspieligsten Abfragen der letzten Zeit

In der Abbildung ist auch zu sehen, wie Sie für eine solche Abfrage, die ja möglicherweise problematisch ist, den Abfrageplan im grafischen Format aus dem Kontextmenü öffnen können – und das ist wirklich extrem zweckmäßig. Dadurch haben Sie die Möglichkeit, eventuell kritische Abfragen sofort näher zu untersuchen.

Der Aktivitätsmonitor ist sehr häufig ein geeigneter Einstieg in die Untersuchung von Performance-Problemen. Mit nur einigen wenigen Mausklicks erhalten Sie unmittelbar einen sehr guten Überblick über den momentanen Zustand Ihres Systems und können dann weiter in die Tiefe gehen. Für diese tiefergehenden Analysen bietet der Aktivitätsmonitor in einigen Fällen sogar selber Hilfsmittel an, wie zum Beispiel die gerade erwähnte Möglichkeit, Abfragepläne anzuzeigen (und natürlich auch zu speichern, also zu archivieren) oder aber auch Ablaufverfolgungen für laufende Prozesse zu starten.

4.3 Ablaufverfolgungen und der SQL Server Profiler

Der SQL Server Profiler ist ein sehr mächtiges Werkzeug zur Überwachung von SQL Server-Aktivitäten. Für das Aufspüren von Problemen und die Optimierung ist der Profiler eine große Hilfe. In diesem Kapitel erhalten Sie zunächst eine Einführung in die Bedienung und die Möglichkeiten des Profilers. In Kapitel 10 werden Sie dann sehen, wie der Profiler zum Aufspüren von Problemen eingesetzt werden kann.

Der Profiler erstellt Ablaufverfolgungen (englisch: Trace) von SQL Server-Aktivitäten. Welche Aktivitäten in der Ablaufverfolgung protokolliert werden, bestimmen Sie durch eine Auswahl von bestimmten Ereignissen und Ereignisspalten. Hierbei können Sie aus einer großen Vielzahl von vordefinierten Ereignissen genau diejenigen auswählen, die für Ihre Zwecke erforderlich sind.

Darüber hinaus kann der Profiler aber noch mehr:

▶ **Fehlersuche**. Die grafische Benutzeroberfläche des Profilers kann bei der Suche nach Abfragefehlern sehr hilfreich sein. Es ist möglich, die protokollierten Ereignisse so festzulegen, dass alle an den Server gesendeten Abfragen in die Ablaufverfolgung eingeschlossen werden. Dadurch können Sie bei Auftreten eines Fehlers nicht nur nachverfolgen von wem und wann eine entsprechende Abfrage gesendet wurde, Sie sehen auch den Text der Abfrage und können so leicht fehlerhafte Abfragen entdecken.

▶ **Lernen**. Der Profiler kann sehr nützlich sein, wenn Sie Interna des SQL Servers und der Verwaltungswerkzeuge „ausspionieren" möchten. So können Sie zum Beispiel mit eingeschalteter Ablaufverfolgung bestimmte Dialoge im Management Studio öffnen und dann in der Ablaufverfolgung genau sehen, welche Abfragen an den SQL Server gesendet wurden, um die Informationen im Dialogfenster darzustellen. Auch die Erstellung von in das Management Studio integrierten Berichten können Sie auf diese Art und Weise nachverfolgen. Dadurch können Sie eine Menge nützlicher Dinge lernen, zum Beispiel über die dynamischen Verwaltungssichten von SQL Server.

▶ **Optimieren**. Die in der Ablaufverfolgung enthaltenen Informationen können sehr wirkungsvoll für eine Analyse der Abfrageleistung, aber auch des Serververhaltens herangezogen werden. So ist es zum Beispiel möglich, die Ausführungsdauer, die Anzahl von Lesevorgängen oder auch direkt Abfragepläne in die Ablaufverfolgung aufzunehmen; all diese Indikatoren ermöglichen direkte Schlussfolgerungen in Bezug auf die Abfrageleistung.

▶ **Wieder Einspielen einer Ablaufverfolgung**. Eine einmal aufgezeichnete Ablaufverfolgung kann in unterschiedlichen Formaten gespeichert werden. Ist die Ablaufverfolgung einmal gespeichert, so kann sie erneut abgespielt werden. Hierzu müssen allerdings einige Voraussetzungen erfüllt sein. Zunächst einmal muss die Ablaufverfolgung ganz bestimmte Ereignisse enthalten, damit die enthaltenen Anweisungen erneut ausgeführt werden können. Welche Ereignisse dies sind, erfahren Sie etwas weiter unten in diesem Abschnitt. Darüber hinaus müssen auch die Datenbanken, auf die zugegriffen wird, die wiederholte Ausführung der in der Ablaufverfolgung enthaltenen Anweisungen verkraften. Wenn Sie zum Beispiel Zeilen einfügen und dabei Primärschlüssel vergeben, dann funktioniert so etwas natürlich nicht mehrfach. Hier können Sie sich aber in der Regel damit aus der Affäre ziehen, dass Sie vor der Erstellung der Ablaufverfolgung eine Datenbanksicherung erstellen, die Sie dann vor jedem erneuten Einspielen der Ablaufverfolgung wiederherstellen. Eine weitere Voraussetzung ist, dass die *database_id* aller Datenbanken, auf die im Rahmen der Ablaufverfolgung zugegriffen wird, beim Wiedereinspielen identisch sein muss. Dies kann problematisch werden, wenn Sie Datenbanken trennen und wieder anfügen. Falls Sie die genannten Voraussetzungen erfüllen können, dann bietet der Profiler eine sehr bequeme Möglichkeit für die Erstellung einer relevanten Arbeitsauslastung und die Messung bestimmter Systemgrößen beim Wiedereinspielen dieser Arbeitsauslastung. So könnten Sie beispielsweise bestimmte Aktivitäten, die für Ihre Anwendung relevant oder problematisch sind, in einer Ablaufverfolgung protokollieren und dann mit der Konfiguration oder der Hardware experimentieren, wobei Sie nach bestimmten Änderungen die Ablaufverfolgung erneut einspielen. Messen Sie jeweils die Ausführungszeit, und schon haben Sie eine sehr einfache, aber ungemein wirkungsvolle Methode für den Vergleich unterschiedlich konfigurierter Systeme.

Bevor Sie nun darangehen zu untersuchen, wie der Profiler bedient wird, möchte ich allerdings noch eine Warnung loswerden: Es gibt ein aus der Physik bekanntes Prinzip, das besagt, dass jede Messung auch Auswirkungen auf das Messergebnis selber hat. Mit anderen Worten: Jede Messung verfälscht auch das Ergebnis. Dieses Prinzip gilt auch für den Profiler. Wenn Sie den Profiler für das Messen der Abfrageleistung verwenden, dann müssen Sie darauf achten, dass nicht etwa der Profiler selber zum Problem wird, weil letztlich er es ist, der für eine katastrophale Abfrageleistung verantwortlich zeichnet. Dies ist übrigens nicht nur so dahingesagt, Sie sollten diesen Umstand *unbedingt* beachten.

 Der Profiler kann das Laufzeitverhalten wirklich *enorm* verschlechtern, wenn Sie zu viele Ereignisse in die Ablaufverfolgung einschließen.

Bitte beachten Sie daher die folgenden Hinweise für das Erstellen einer Ablaufverfolgung:

▶ Wenn möglich, verzichten Sie auf die grafische Oberfläche des Profilers. Diese Art der Repräsentation erzeugt unnötige Netzwerk- und auch SQL Server-Last. Verwenden Sie statt der grafischen Darstellung eine serverseitige Ablaufverfolgung. Wie Sie hierbei vorgehen, erfahren Sie etwas weiter unten.

▶ Verwenden Sie nur die Ereignisse und Ereignisspalten, die Sie wirklich benötigen, gestalten Sie die Ablaufverfolgung also möglichst „leichtgewichtig." Es gilt der bekannte Grundsatz: So wenig wie möglich, so viel wie nötig.

▶ Speichern Sie die Ablaufverfolgung in einer Datei. Der Profiler bietet auch die Möglichkeit, Ablaufverfolgungen in einer extra Tabelle in einer Datenbank Ihrer Wahl abzulegen. Die dadurch erforderlichen zusätzlichen INSERT-Operationen sorgen aber eben auch für eine zusätzliche Belastung Ihres Servers. Die Speicherung in einer Ablaufverfolgungsdatei ist erheblich günstiger. Diese Datei kann dann später in einem separaten Schritt ganz einfach in eine Tabelle übertragen werden. Auch hierzu gibt es etwas weiter unten ein Beispiel.

4.3.1 Erstellen einer einfachen Ablaufverfolgung

Wir wollen zunächst eine einfache Ablaufverfolgung konfigurieren, welche die grafische Oberfläche des Profilers verwendet – auch wenn ich Ihnen gerade etwas weiter oben geraten habe, dies nach Möglichkeit zu vermeiden. Zum Einstieg geht es jedoch erst einmal darum, wie der Profiler überhaupt verwendet wird und wie man eine Ablaufverfolgung generell konfiguriert.

Der Profiler wird entweder über das Startmenü MICROSOFT SQL SERVER 2012/LEIS-TUNGSTOOLS/SQL SERVER PROFILER oder alternativ auch aus dem Management Studio über das Menü EXTRAS/SQL SERVER PROFILER gestartet.

Es erscheint zunächst nur ein leeres Fenster, und Sie haben nun die Möglichkeit, eine neue Ablaufverfolgung zu beginnen. Hierzu können Sie zum Beispiel aus der Menüleiste die entsprechende Schaltfläche betätigen (Abbildung 4.7).

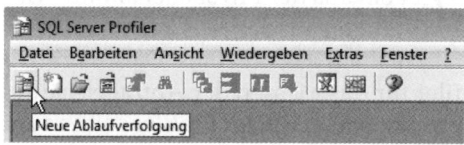

Abbildung 4.7: Starten einer neuen Ablaufverfolgung

Nachdem Sie sich an dem Server angemeldet haben, auf dem die Ablaufverfolgung ausgeführt werden soll, öffnet sich ein Dialog, in dem Sie die Ereignisse auswählen, die Sie in Ihre Ablaufverfolgung einschließen möchten. In Abbildung 4.8 sehen Sie diesen Dialog.

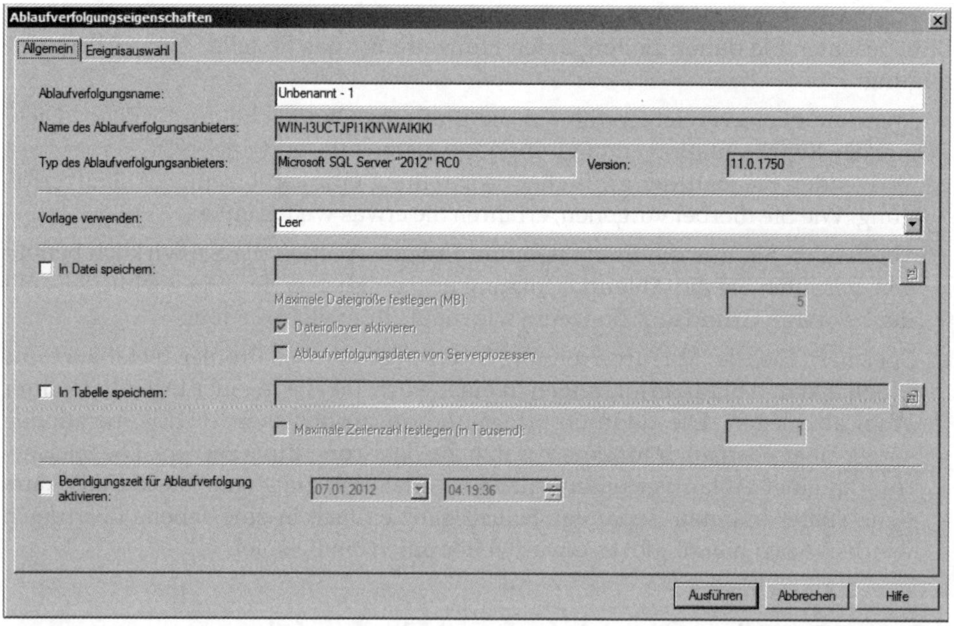

Abbildung 4.8: Konfiguration einer Ablaufverfolgung

Auf der Seite ALLGEMEIN legen Sie fest, ob die Ablaufverfolgungsdaten gespeichert werden sollen. Hierbei können Sie wählen, ob die Speicherung in einer Datei oder in einer Tabelle erfolgen soll. Für das Speicherformat *Datei* können Sie eine maximale Dateigröße und ein *Dateirollover* (ein weiteres Beispiel für eine grauenhafte Übersetzung) festlegen. Falls Sie dies tun, dann wird nach Erreichen der konfigurierten Maximalgröße eine neue Datei für das Protokoll begonnen, wobei die einzelnen Dateien fortlaufend nummeriert werden. Wenn Sie eine maximale Größe für die Datei angeben und den *Dateirollover* nicht aktivieren, dann wird die Ablaufverfolgung bei Erreichen der maximalen Dateigröße automatisch beendet.

Auch bei Speicherung der Ablaufverfolgung in einer Tabelle können Sie eine maximale Größe konfigurieren, wobei Sie hier die maximal zulässige Zeilenanzahl angeben. Sobald diese Zeilenanzahl erreicht ist, wird die Protokollierung in der Tabelle, nicht aber die Ablaufverfolgung selber beendet. Sie sehen die Protokolldaten dann zwar noch in der grafischen Oberfläche des Profilers, eine Speicherung, etwa in der Art, dass ein „Rollover" durch das Ersetzen der ältesten Tabellenzeilen durch die neu hinzukommenden durchgeführt wird, erfolgt jedoch nicht.

Falls Sie keine Speicherung der Ablaufverfolgung konfigurieren, so wird das Ergebnis der Ablaufverfolgung später lediglich in der grafischen Oberfläche des Profilers angezeigt. (Wie der Profiler eine solche Ablaufverfolgung darstellt, erfahren Sie etwas weiter unten.) Sie haben dann aber immer noch die Möglichkeit, die Ablaufverfolgung über das Menü DATEI in einer Datei oder Tabelle zu speichern.

Das Aktivieren der Option ABLAUFVERFOLGUNGSDATEN VON SERVERPROZESSEN bewirkt, dass wirklich alle konfigurierten Ereignisse protokolliert werden, und zwar auch dann, wenn der Server, der das Protokoll erstellt, bereits unter Volllast läuft. Ansonsten kann es durchaus vorkommen, dass einige Ereignisse nicht in das Protokoll aufgenommen werden, weil die Belastung des Servers bereits zu hoch ist und die Ablaufverfolgung diese Belastung nicht noch weiter erhöhen soll.

Im unteren Bereich haben Sie schließlich noch die Möglichkeit, eine automatische Beendigung der Ablaufverfolgung zu einer bestimmten Zeit zu konfigurieren. So können Sie zum Beispiel die Ablaufverfolgung unbeaufsichtigt laufen lassen und etwa in der Nacht anhalten, weil Sie wissen, dass ab diesem Zeitpunkt keine Überwachung mehr erforderlich ist. Etwas weiter unten werden Sie auch noch sehen, wie der SQL Server Agent verwendet werden kann, um eine Ablaufverfolgung automatisch zu starten und zu beenden.

Wenn Sie die Vorlage *Leer* auswählen (so wie in der Abbildung zu sehen) und auf die Seite EREIGNISAUSWAHL wechseln, werden Sie feststellen, dass es eine Vielzahl von Ereignissen gibt, aus denen Sie wählen können. Je nachdem, wofür Sie Ihre Ablaufverfolgung erstellen möchten, können Sie einen passenden Satz von Ereignissen und auch Ereignisspalten – dies sind die Daten, die beim Auftreten des Ereignisses protokolliert werden – konfigurieren. Wie bereits gesagt, gilt hier der Grundsatz: Nur so viel wie nötig und so wenig wie möglich.

Glücklicherweise müssen Sie nicht alle möglichen Ereignisklassen beherrschen und detailliert wissen, wofür diese Klassen im Einzelnen verwendet werden sollten. Der Profiler stellt eine Reihe von Vorlagen zur Verfügung, die bereits vordefinierte Sätze von Ereignissen und auch Ereignisspalten enthalten. Die Anzahl der Vorlagen ist erheblich kleiner als die Anzahl der Ereignisse und daher ist die Konfiguration einer Ablaufverfolgung durch die Verwendung einer Vorlage erheblich einfacher zu bewerkstelligen. Ich empfehle Ihnen, stets mit einer Vorlage zu beginnen und dann die durch die Verwendung der Vorlage in die Ablaufverfolgung aufgenommenen Ereignisse zu ergänzen bzw. einzuschränken. In Tabelle 4.1 finden Sie eine Übersicht über die standardmäßig installierten Vorlagen.

Vorlage	Verwendungszweck
SP_Counts	Protokolliert nur den Start gespeicherter Prozeduren
Standard	Protokolliert An- und Abmeldungen sowie die Ausführung von T-SQL-Stapeln und die Ausführung gespeicherter Prozeduren
TSQL	Protokolliert vor allem den Start von T-SQL-Stapeln und gespeicherten Prozeduren, wobei nur ein sehr eingeschränkter Satz von Ereignisspalten in das Protokoll eingeschlossen wird. Sehr leichtgewichtig.
TSQL_Duration	Protokolliert das Ende von T-SQL-Stapeln und Ausführungen von gespeicherten Prozeduren. Auch hier werden nur sehr wenig Ereignisspalten eingeschlossen, wodurch eine solche Ablaufverfolgung ebenfalls sehr leichtgewichtig ist. Vor allem – wie der Name der Vorlage bereits sagt – wird die Ausführungsdauer von Abfragen in die Ablaufverfolgung eingeschlossen.
TSQL_Grouped	Protokolliert den Start von Prozeduraufrufen und T-SQL-Stapeln. In die Ereignisspalten werden auch Benutzerinformationen aufgenommen, sodass eine Zuordnung der ausgeführten Anweisungen zum angemeldeten bzw. die Anweisung ausführenden Benutzer möglich ist.
TSQL_Locks	Protokolliert Informationen zu Sperren und Blockierungen. Hier sind zum Beispiel Ereignisse zu Deadlocks und Sperrenausweitung (engl.: Lock Escalation) enthalten. Auch die Ausführung von gespeicherten Prozeduren und T-SQL-Stapeln wird jeweils mit Start und Ende in die Ablaufverfolgung eingeschlossen.
TSQL_Replay	Diese Vorlage enthält alle erforderlichen Ereignisse, die für eine Wiedergabe, also ein erneutes Einspielen der Ablaufverfolgung erforderlich sind. Diese sind eine ganze Menge Ereignisse, sodass eine solche Ablaufverfolgung einiges an Ressourcen erfordern kann.
TSQL_SPs	Protokolliert Informationen zur Ausführung von gespeicherten Prozeduren und auch den innerhalb einer Prozedur ausgeführten Anweisungen. Eine solche Ablaufverfolgung kann sehr umfangreich werden, zum Beispiel dann, wenn Ihre Anwendungen größtenteils mit gespeicherten Prozeduren arbeiten, die viele Anweisungen enthalten.
Tuning	Diese Vorlage konfiguriert alle erforderlichen Ereignisse, die zur Erstellung einer Arbeitsauslastung für den Datenbankmodul-Optimierungsratgeber (siehe Kapitel 11) erforderlich sind. Dies sind im Wesentlichen alle T-SQL-Anweisungen mit ihrer Ausführungsdauer. Auch eine solche Ablaufverfolgung kann sehr umfangreich werden.

Tabelle 4.1: Vorlagen für die Konfiguration von Ablaufverfolgungsereignissen

Nachdem Sie sich für die Verwendung einer bestimmten Vorlage entschieden haben, können Sie auf der Seite EREIGNISAUSWAHL die entsprechenden Ereignisse erweitern oder einschränken. Abbildung 4.9 zeigt ein Beispiel für die Vorlage *Tuning*. Für jedes Ereignis haben Sie die Möglichkeit, die Daten, die bei Auftreten des Ereignisses proto-kolliert werden sollen, auszuwählen. Dies sind die sogenannten Ereignisspalten. Falls Sie eine Vorlage verwendet haben, dann sehen Sie zunächst nur diejenigen Ereignisse und Ereignisspalten, die in der Vorlage enthalten sind. Über die beiden Optionen ALLE EREIGNISSE ANZEIGEN und ALLE SPALTEN ANZEIGEN können Sie sich den voll-ständigen Satz von Spalten und Zeilen anzeigen lassen.

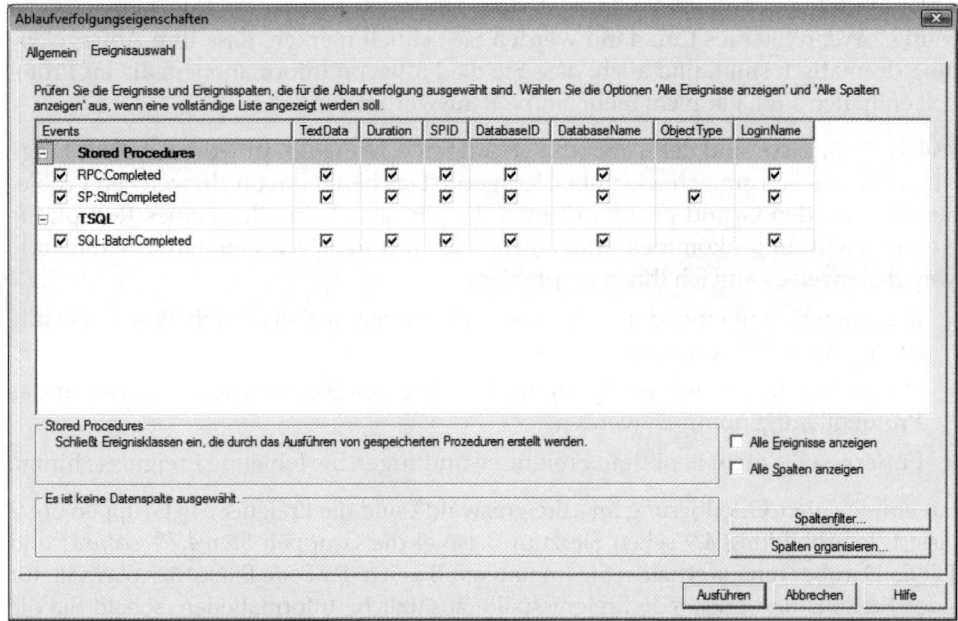

Abbildung 4.9: Ereignisse der Vorlage TUNING

Sobald Sie auf die Schaltfläche AUSFÜHREN klicken, wird die Ablaufverfolgung gestartet und Sie können die auftretenden Ereignisse online am Bildschirm verfolgen (Abbildung 4.10).

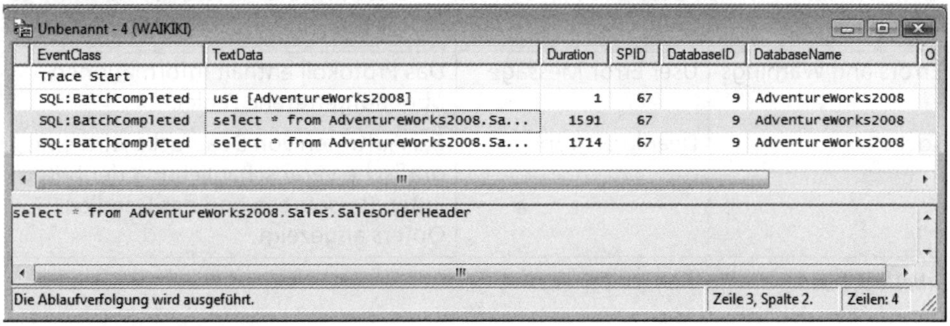

Abbildung 4.10: Beispiel für eine Ablaufverfolgung

4.3.2   Ereignisse und Ereignisspalten

Die Vielzahl vorhandener Ereignisse macht die Auswahl der „richtigen" Ereignisse natürlich nicht gerade einfach. Wenn Sie sich hier zu Beginn etwas hilflos fühlen, weil Sie nicht wissen, welche Ereignisse Sie in Ihre Ablaufverfolgung aufnehmen sollten, dann stehen Sie mit diesem Problem nicht alleine da. So ziemlich jeder, der mit dem Profiler beginnt, hat am Anfang dieses Problem (mich eingeschlossen). Widerstehen Sie jedoch bitte der Versuchung, aus diesem Grund alle möglichen Ereignisse in die Ablaufverfolgung aufzunehmen, nach dem Motto: „Lieber zu viel Information als zu wenig." Wenn Sie dies tun, dann werden Sie schnell merken, dass Ihre Abfrageleistung dramatisch sinkt, und auch, dass Sie die Fülle von Informationen, die im Protokoll enthalten sind, gar nicht mehr sinnvoll auswerten können.

Welche Ereignisse sind denn aber die „richtigen"? Nun, die Antwort auf diese Frage ist gleichermaßen einfach wie unbefriedigend: Das hängt davon ab, welchen Problemen Sie auf den Grund gehen möchten. Es gibt also kein allgemeines Rezept, Sie werden nicht umhinkommen, Ihre eigenen Erfahrungen zu sammeln. Die folgende Vorgehensweise kann ich Ihnen empfehlen:

▶ Beginnen Sie mit einer der vorhandenen Vorlagen, wobei Sie Tabelle 4.1 als Hilfe für die Auswahl verwenden können.

▶ Starten Sie die Ablaufverfolgung und beobachten Sie, welche Ereignisse in das Protokoll aufgenommen werden.

▶ Entfernen Sie nicht benötigte Ereignisse und fügen Sie fehlende Ereignisse hinzu.

Für eine leichtere Orientierung im „Ereigniswald" sind die Ereignisse in Gruppen organisiert. In Abbildung 4.9 sehen Sie zum Beispiel die Gruppen *Stored Procedures* und *TSQL*. Darüber hinaus erhalten Sie im unteren Bereich der Seite EREIGNISAUSWAHL für jedes Ereignis und auch jede Ereignisspalte zusätzliche Informationen, sobald Sie die Maus über ein Ereignis oder eine Spalte bewegen.

Eine komplette Aufzählung aller vorhandenen Ereignisse mit einer entsprechenden Dokumentation finden Sie natürlich in der Online-Dokumentation, daher werde ich sie in diesem Buch nicht wiederholen. An dieser Stelle möchte ich nur einige wichtige Ereignisse nennen, die Sie häufig benötigen werden (Tabelle 4.2).

Gruppe	Ereignis	Erklärung
Errors and Warnings	User Error Message	Das Protokoll enthält Informationen über aufgetretene Fehler.
Locks	Deadlock graph	Bei Auftreten von Deadlocks wird eine grafische Veranschaulichung der beteiligten Ressourcen und des Deadlock-Opfers angezeigt.

Tabelle 4.2: Ausgewählte Profiler-Ereignisse

Gruppe	Ereignis	Erklärung
Performance	Showplan All	Übernimmt den tatsächlichen Ausführungsplan in das Protokoll. Dieser Plan wird standardmäßig in der grafischen Form angezeigt.
Scans	Scan started	Eine sequenzielle Suche in einer Tabelle oder einem Index wurde gestartet.
	Scan stopped	Eine sequenzielle Suche in einer Tabelle oder einem Index wurde abgeschlossen.
Stored Procedures	SP:Starting	Ein Prozeduraufruf beginnt.
	SP:Completed	Ein Prozeduraufruf ist beendet.
	SP:StmtStarting	Eine Anweisung innerhalb einer gespeicherten Prozedur beginnt.
	SP:StmtCompleted	Eine Anweisung innerhalb einer gespeicherten Prozedur ist beendet.
	RPC:Completed	Der Aufruf einer gespeicherten Prozedur vom Client ist abgeschlossen.
TSQL	SQL:BatchStarting	Die Ausführung eines T-SQL-Stapels beginnt.
	SQL:BatchCompleted	Die Ausführung eines T-SQL-Stapels ist beendet.
	SQL:StmtStarting	Eine Anweisung innerhalb eines T-SQL-Stapels startet.
	SQL:StmtCompleted	Eine Anweisung innerhalb eines T-SQL-Stapels ist abgearbeitet.

Tabelle 4.2: Ausgewählte Profiler-Ereignisse (Forts.)

Welche Daten bei Auftreten eines der in Tabelle 4.2 genannten Ereignisse in das Protokoll aufgenommen werden, bestimmen Sie durch die Auswahl der Ereignisspalten. Die Anzahl der Spalten ist ähnlich groß wie die Anzahl der verfügbaren Ereignisse. Daher möchte ich auch hier wiederum nur die wichtigsten aufführen:

▸ **TextData**. Hier finden Sie weiterführende und wichtige Informationen zum aufgetretenen Ereignis. Der Inhalt dieser Spalte ist vom Ereignis abhängig. So enthält diese Spalte zum Beispiel für das Ereignis *User Error Message* den Text der Fehlermeldung und für das Ereignis *SQL:StmtStarting* den Text der SQL-Anweisung. Da der in dieser Spalte enthaltene Text sehr lang werden kann, wird er im Ablaufverfolgungsfenster nicht nur in der Spalte selber, sondern nochmals im unteren Bereich des Fensters angezeigt. In Abbildung 4.10 sehen Sie dort zum Beispiel den Text der Abfrage.

▸ **StartTime**. Enthält den Beginn-Zeitpunkt eines Ereignisses.

▸ **EndTime**. Enthält das Ende-Zeitpunkt eines Ereignisses.

► **Duration**. Enthält die Dauer eines Ereignisses. In einer gespeicherten Ablaufverfolgung wird dieser Wert in der Einheit µs gespeichert. Die Anzeige in der grafischen Oberfläche des Profilers erfolgt standardmäßig in ms. Über das Menü EXTRAS/OPTIONEN können Sie konfigurieren, dass auch die Anzeige in µs erfolgt.

► **SPID**. Enthält die *ProzessId* der Clientverbindung. Diese Ereignisspalte muss in die meisten Ereignisse aufgenommen werden.

► **Reads**. Gibt die Anzahl logischer Lesevorgänge an, die das Ereignis ausgelöst hat.

► **Writes**. Gibt die Anzahl von Schreibvorgängen an, die das Ereignis erfordert hat.

► **CPU**. Gibt die CPU-Zeit an, die das Ereignis benötigt hat (in ms).

► **DatabaseName**. Enthält den Namen der Kontextdatenbank, der Verbindung. Dies ist die Datenbank, die zum Beispiel beim Verbindungsaufbau als *InitialCatalog* angegeben oder über USE eingestellt wurde, und nicht etwa die Datenbank, von der zum Beispiel Daten abgefragt werden. Das folgende Skript beispielsweise wird die Datenbank *master* und nicht etwa *AdventureWorks2008R2* als DatabaseName protokollieren:

```
use master;
select * from AdventureWorks2008R2.Sales.SalesOrderHeader
```

► **NTUserName**. Enthält den Windows-Benutzernamen des die Anweisung ausführenden Benutzers.

Übrigens stehen nicht alle vorhandenen Ereignisspalten für jedes Ereignis zur Verfügung. So können Sie die Spalte *Duration* zum Beispiel nur dann auswählen, wenn auch ein entsprechendes *Completed*-Ereignis (etwa *SP:Completed*) in das Protokoll aufgenommen wurde.

Damit soll die kurze Einführung in die vorhandenen Ereignisse und Ereignisspalten zunächst abgeschlossen sein. Sie werden im weiteren Verlauf dieses Buches noch mehr Ereignisse kennenlernen. Diese Ereignisse werden Ihnen begegnen, sobald sie für entsprechende Konzepte oder Messungen benötigt werden.

Ereignisse filtern

Es ist möglich, die auftretenden Ereignisse nach bestimmten Werten in den Ereignisspalten zu filtern. So können Sie zum Beispiel nur Ereignisse in die Ablaufverfolgung einschließen, die eine Minimaldauer überschreiten oder etwa nur im Kontext einer bestimmten Datenbank auftreten. Über die Schaltfläche SPALTENFILTER (siehe nochmals Abbildung 4.9) öffnet sich der Dialog zur Konfiguration von Spaltenfilterbedingungen. Abbildung 4.11 zeigt ein Beispiel für eine Filterbedingung, die bewirkt, dass nur Anweisungen in das Protokoll geschrieben werden, bei denen eine Datenbank im Kontext ist, deren Name mit „Adventure" beginnt.

Bitte beachten Sie, dass Sie nur nach solchen Spalten filtern können, die Sie auch in das Protokoll eingeschlossen haben.

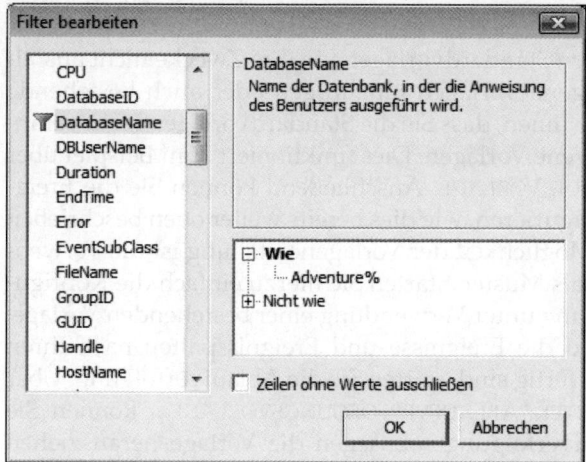

Abbildung 4.11: Konfiguration einer Filterbedingung für die Ablaufverfolgung

4.3.3 Arbeiten mit Ablaufverfolgungen

Über die Menüleiste oder natürlich auch über den Menüeintrag im Hauptmenü ist es möglich, Ablaufverfolgungen anzuhalten, zu beenden und auch wieder zu starten. Von dieser Möglichkeit werden Sie zum Beispiel dann Gebrauch machen, wenn eine Ablaufverfolgung läuft, deren Eigenschaften (also etwa Ereignisse oder Ereignisspalten) Sie verändern möchten. Für eine laufende Ablaufverfolgung ist eine Änderung der Eigenschaften nicht möglich. Hierfür müssen Sie die Ablaufverfolgung zunächst beenden und dann – nach der Änderung der Eigenschaften – neu starten.

Falls Sie feststellen, dass Sie versehentlich einen Zeitraum protokolliert haben, der nicht interessant für Sie ist, dann können Sie eine laufende Ablaufverfolgung durch Betätigen der entsprechenden Schaltfläche in der Menüleiste auch leeren; dadurch wird das Protokollfenster bereinigt.

Möglich ist auch eine Speicherung der Ablaufverfolgung. Hierbei können Sie wiederum wählen, ob Sie die Ablaufverfolgung in einer Datei oder in einer Datenbank-Tabelle ablegen. Entscheiden Sie sich für das Dateiformat, dann können Sie hier wiederum zwischen einem XML- oder einem nativen Format wählen. Die Datei im nativen Format hat standardmäßig die Endung „TRC". Dateien mit dieser Endung sind nach der Installation der SQL Server-Client-Werkzeuge automatisch mit dem Profiler verknüpft, können also einfach per Doppelklick geöffnet werden. Dadurch eröffnet sich Ihnen die Möglichkeit, Ablaufverfolgungen auch mit Kollegen auszutauschen oder zu archivieren. Außerdem können Sie diese gespeicherten Ablaufverfolgungsdateien auch wieder einspielen, sofern Sie mindestens die in der Vorlage *TSQL_Replay* enthaltenen Ereignisse und Ereignisspalten in Ihr Protokoll aufgenommen haben.

Erstellen und Ändern von Vorlagen

Falls die in Tabelle 4.1 aufgezählten Standardvorlagen für Ihre Zwecke nicht ausreichend sind, dann können Sie eigene Vorlagen hinzufügen oder auch bestehende Vorlagen verändern. Ich empfehle Ihnen, dass Sie die Standardvorlagen nicht verändern. Erzeugen Sie stattdessen eigene Vorlagen. Dies funktioniert zum Beispiel über das Menü DATEI/VORLAGEN/NEUE VORLAGE. Anschließend können Sie die Ereignisse und Ereignisspalten so konfigurieren, wie dies bereits weiter oben beschrieben wurde. Eine weitaus einfachere Möglichkeit der Vorlagenerstellung ist die Verwendung einer bestehenden Vorlage als Muster. Starten Sie hierzu einfach die Konfiguration einer neuen Ablaufverfolgung unter Verwendung einer bestehenden Vorlage. Verändern Sie dann anschließend die Ereignisse und Ereignisspalten nach Ihren Vorstellungen. Sobald Sie hiermit fertig sind, starten Sie die Ablaufverfolgung. Über das Menü DATEI/SPEICHERN UNTER/ABLAUFVERFOLGUNGSVORLAGE... können Sie aus dieser konfigurierten Ablaufverfolgung sozusagen die Vorlage herausziehen und abspeichern.

4.3.4   Serverseitige Ablaufverfolgungen

Wie bereits weiter oben erwähnt, sollten Sie vorsichtig mit der Verwendung der grafischen Oberfläche des Profilers sein. Die hierfür erforderliche Verbindung zum SQL Server und das Übertragen der Ablaufverfolgungsdaten für die Darstellung im Profiler benötigt Serverressourcen, die ihrerseits den Server zusätzlich „ausbremsen". Viel unangenehmer wirkt sich hier allerdings die Tatsache aus, dass diese Ressourcen die Ergebnisse der Messungen ganz erheblich verfälschen können.

Wenn Sie eine Ablaufverfolgung aus dem Profiler heraus starten, dann wird auf dem Server immer eine neue Ablaufverfolgung angelegt. Sie können dies überprüfen, indem Sie die Systemsicht `sys.traces` abfragen, die alle konfigurierten Ablaufverfolgungen zurückgibt. Wenn Sie sich hierbei wundern, dass immer eine Ablaufverfolgung mit der *ID* 1 existiert: Dies ist eine Ablaufverfolgung, die stets beim SQL Server-Start automatisch ausgeführt wird. Diese Ablaufverfolgung benötigt nur sehr wenige Ressourcen – sie ist sozusagen der SQL Server-Flugschreiber.

Eine Ablaufverfolgung benötigt generell nicht den Profiler für die Protokollierung. Das Protokoll kann auch durchaus in eine Datei geschrieben werden, die dann später ausgewertet wird. Leider ist es aber nicht möglich, den Profiler zu beenden und durch den Profiler gestartete und noch laufende Ablaufverfolgungen weiter ausführen zu lassen. Der Profiler sorgt beim Beenden dafür, dass alle noch in seiner Umgebung laufenden Ablaufverfolgungen beendet werden.

Sie können eine serverseitige Ablaufverfolgung, die ohne den Profiler auskommt, unter Verwendung von T-SQL konfigurieren. Eine solche Ablaufverfolgung kann das Protokoll in Dateien ablegen. Diese Dateien können dann später mit dem Profiler oder auch mit T-SQL ausgewertet werden.

Für die Konfiguration einer serverseitigen Ablaufverfolgung mittels T-SQL steht Ihnen ein Satz von gespeicherten Prozeduren zur Verfügung. Die wichtigsten drei Prozeduren sind die folgenden:

▶ **sp_trace_create**. Mit dieser Prozedur legen Sie eine neue Ablaufverfolgung an. Hierbei geben Sie den Dateinamen für die Speicherung sowie eine maximale Dateigröße an. Weiterhin können Sie festlegen, dass ein „Dateirollover" (Ich bleibe hier bei der von Microsoft eingeführten Terminologie, um Sie nicht zu verwirren.) durchgeführt werden soll, also dass nach Erreichen der maximalen Dateigröße eine neue Datei begonnen wird. Diese Prozedur gibt eine *TraceId* zurück, die eine Ablaufverfolgung innerhalb des Servers eindeutig kennzeichnet. Sie benötigen diese *ID* für die beiden anderen Prozeduren zur Konfiguration der Ereignisse und des Status. Das Erzeugen einer Ablaufverfolgung über diese Prozedur bewirkt nicht, dass die Ablaufverfolgung gestartet wird.

▶ **sp_trace_setevent**. Mit dieser Prozedur legen Sie die in die Ablaufverfolgung aufzunehmenden Ereignisse und Ereignisspalten fest. Für die einzelnen Ereignisse und Ereignisspalten gibt es eine Integer-Codierung, die Sie in der Dokumentation finden. Die Prozedur erwartet also nicht etwa die Namen der Ereignisse und Ereignisspalten, sondern die entsprechend kodierten Integer-Werte der zu protokollierenden Ereignisse und Ereignisspalten.

▶ **sp_trace_setstatus**. Diese Prozedur ermöglicht das Starten, Anhalten und Beenden einer Ablaufverfolgung.

Die Möglichkeit der Erzeugung von serverseitigen Ablaufverfolgungen unter Verwendung dieser Prozeduren wird Ihnen auch oft unter dem Namen SQL Trace begegnen. Die Verwendung der Prozeduren ist recht umständlich, weil die Prozeduren kodierte Werte als Parameter erwarten und Sie sicherlich nicht die Kodierungen für alle Ereignisse und Ereignisspalten im Kopf haben werden. Diese Codes müssen Sie mühsam aus der Dokumentation heraussuchen, und das kann schon recht lästig sein. Glücklicherweise gibt es eine bequemere Methode, ein T-SQL-Skript für eine Ablaufverfolgung zu erzeugen, die auch weniger fehleranfällig ist. Und hier kommt dann wieder der Profiler ins Spiel.

Eine im Profiler konfigurierte Ablaufverfolgung kann als T-SQL-Skript für die serverseitige Erzeugung dieser Ablaufverfolgung gespeichert werden. Den entsprechenden Menüpunkt finden Sie unter DATEI/EXPORTIEREN/SKRIPT FÜR ABLAUFVERFOLGUNGSDEFINITION ERSTELLEN. Das folgende Listing zeigt ein Beispiel für ein so erzeugtes Skript, unter Verwendung der Vorlage „Tuning":

```
-- Create a Queue
declare @rc int
declare @TraceID int
declare @maxfilesize bigint
set @maxfilesize = 5

exec @rc = sp_trace_create @TraceID output, 0
                    ,N'InsertFileNameHere', @maxfilesize, NULL
```

```
if (@rc != 0) goto error

-- Set the events
declare @on bit
set @on = 1
exec sp_trace_setevent @TraceID, 10, 1, @on
exec sp_trace_setevent @TraceID, 10, 3, @on
exec sp_trace_setevent @TraceID, 10, 11, @on
exec sp_trace_setevent @TraceID, 10, 35, @on
exec sp_trace_setevent @TraceID, 10, 12, @on
exec sp_trace_setevent @TraceID, 10, 13, @on
exec sp_trace_setevent @TraceID, 45, 1, @on
exec sp_trace_setevent @TraceID, 45, 3, @on
exec sp_trace_setevent @TraceID, 45, 11, @on
exec sp_trace_setevent @TraceID, 45, 35, @on
exec sp_trace_setevent @TraceID, 45, 12, @on
exec sp_trace_setevent @TraceID, 45, 28, @on
exec sp_trace_setevent @TraceID, 45, 13, @on
exec sp_trace_setevent @TraceID, 12, 1, @on
exec sp_trace_setevent @TraceID, 12, 3, @on
exec sp_trace_setevent @TraceID, 12, 11, @on
exec sp_trace_setevent @TraceID, 12, 35, @on
exec sp_trace_setevent @TraceID, 12, 12, @on
exec sp_trace_setevent @TraceID, 12, 13, @on

-- Set the trace status to start
exec sp_trace_setstatus @TraceID, 1

-- display trace id for future references
select TraceID=@TraceID
goto finish

error:
select ErrorCode=@rc

finish:
go
```

Aus Gründen der Übersichtlichkeit wurden aus dem Skript einige Kommentare und auch nicht benötigte Bereiche entfernt.

Sie erkennen im Skript sehr schön, dass der Profiler Ihnen die Kodierung der Ereignisse und Ereignisspalten abnimmt. Der fett gedruckte Bereich muss von Ihnen angepasst werden. Hier geben Sie den Namen der Ablaufverfolgungsdatei an, wobei die Dateiendung „TRC" automatisch angefügt wird. Was Sie dort auch spezifizieren, ist die maximale Größe der Datei und ob Sie ein Dateirollover wünschen. Das Skript konfiguriert die Ablaufverfolgung und startet sie zugleich. Falls Sie die Ablaufverfolgung anhalten oder beenden möchten, müssen Sie die Prozedur sp_trace_setstatus aufrufen. Für diese Prozedur benötigen Sie in jedem Fall die *TraceId* als Parameter. Deshalb gibt das Skript die *ID* der erzeugten Ablaufverfolgung im Ergebnisbereich aus. In der Regel wird diese *TraceId* den Wert 2 haben. Wie bereits gesagt, läuft der SQL Server-Flugschreiber stets im Hintergrund, und diese Ablaufverfolgung hat immer die *ID* 1. Die Prozedur `sp_trace_setstatus` erwartet die *TraceId* als ersten Parameter. Über den zweiten Parameter geben Sie an, was Sie mit der Ablaufverfolgung machen möchten:

```
-- Ablaufverfolgung anhalten
exec sp_trace_setstatus 2, 0

-- Ablaufverfolgung beenden und Ressourcen entfernen
exec sp_trace_setstatus 2, 2
```

 Falls Sie die *TraceId* vergessen, dann können Sie die Systemsicht `sys.traces` verwenden, um die Informationen über alle derzeit konfigurierten Ablaufverfolgungen zu erhalten.

Durch die Möglichkeit, eine Ablaufverfolgung per Skript zu konfigurieren, eröffnen sich Ihnen einige interessante Perspektiven. So können Sie zum Beispiel mehrere Skripte erstellen und diese als eigene Vorlagen in den Vorlagen-Explorer des Management Studios aufnehmen. Dadurch müssen Sie mit dem Profiler nicht jedes Mal von vorne beginnen, wenn Sie eine serverseitige Ablaufverfolgung ausführen möchten. Außerdem ist es natürlich möglich, T-SQL-Skripte in Aufträge des SQL Server Agents einzufügen. Dadurch können Sie Ablaufverfolgungen zum Beispiel zeitgesteuert starten und beenden. Darüber hinaus kann der Agent aber auch bestimmte Ressourcen überwachen und bei Über- oder Unterschreiten konfigurierter Schwellwerte Aufträge starten. Dadurch ist es auch möglich Ablaufverfolgungen auszuführen, sobald bestimmte Systemparameter als kritisch eingestufte Werte erreichen.

4.3.5 Arbeiten mit Ablaufverfolgungsdateien

Nehmen wir nun also an, Sie haben eine oder mehrere Ablaufverfolgungsdateien mit relevanten Informationen erzeugt. Wie können Sie dann vorgehen, um diese Informationen auszuwerten?

Für kleinere Dateien bietet sich eine Analyse direkt im Profiler an. Wie bereits gesagt, können Sie Ablaufverfolgungsdateien einfach per Doppelklick im Profiler öffnen. Dort haben Sie dann zum Beispiel die Möglichkeit, über das Menü BEARBEITEN/ SUCHEN... nach Ereignissen oder Ereignisspalten zu suchen.

Wesentlich interessanter ist jedoch die Möglichkeit, die enthaltenen Informationen über T-SQL zu analysieren. Hierzu verwenden Sie die Funktion `fn_trace_gettable()`, die den Inhalt einer Ablaufverfolgungsdatei in eine Tabelle umwandelt. Diese Funktion erwartet als ersten Parameter den Namen der zu untersuchenden Ablaufverfolgungsdatei. Hier muss stets der Name des ursprünglich bei `sp_trace_create` angegebenen Dateinamens verwendet werden. Es können ja unter Umständen auch mehrere Ablaufverfolgungsdateien existieren, nämlich dann, wenn Sie den Dateirollover eingestellt haben. Und dies bringt uns auch schon zum zweiten Parameter. Hier geben Sie die Anzahl der Dateien an, die eingelesen werden sollen. Für diesen Parameter können Sie einfach den Wert `DEFAULT` angeben, dann werden alle Dateien verarbeitet.

Die folgende Anweisung überführt die angegebene Ablaufverfolgung in eine Tabelle:

```
select * from fn_trace_gettable('c:\traces\Prblog.trc', default)
```

Die von `fn_trace_gettable()` zurückgegebene Tabelle enthält immer alle Ereignisspalten, unabhängig davon, ob Sie die entsprechende Spalte in die Ablaufverfolgung eingeschlossen haben oder nicht. Für alle nicht eingeschlossenen Spalten wird einfach der Wert NULL zurückgeliefert. Wenn Sie nur bestimmte Ereignisspalten sehen möchten, dann können Sie diese Spalten einfach in der `SELECT`-Anweisung angeben.

Natürlich ist es auch möglich, unter Verwendung von `fn_trace_gettable()` eine Tabelle zu erzeugen, in der die Daten gespeichert werden. Dies funktioniert zum Beispiel so:

```
select cast(TextData as nvarchar(max)) as TextData
      ,StartTime
      ,Duration
  into TraceData
  from fn_trace_gettable('c:\traces\Prblog.trc', default)
 where Duration is not null
```

Hier werden nur die Spalten *TextData*, *StartTime* und *Duration* in eine Tabelle *TraceData* übertragen, wobei lediglich Zeilen herausgefiltert werden, die überhaupt einen Wert in der Spalte *Duration* besitzen.

Sobald Sie Ihre Ablaufverfolgungsdaten in eine Tabelle kopiert haben, stehen Ihnen natürlich alle Möglichkeiten von T-SQL für eine Auswertung zur Verfügung. So können Sie zum Beispiel Indizes für Spalten dieser Tabelle anlegen, damit Ihre Auswertungen entsprechend beschleunigt werden. Wenn Sie etwa nur die zehn längsten Abfragen in einem bestimmten Zeitraum herausfinden möchten oder die Abfragen, die am häufigsten verwendet werden, so ist dies sehr einfach möglich. Alles in allem haben Sie so eine hervorragende Möglichkeit zur Analyse der ausgeführten Abfragen.

4.4 Der Windows-Systemmonitor

Da der SQL Server-Dienst im Rahmen des Windows-Betriebssystems ausgeführt wird, kann er normalerweise nur im Zusammenhang mit dem Betriebssystem-Zustand analysiert werden. Der Windows-Systemmonitor ist hierfür ein geeignetes Werkzeug, zumal mit der Installation einer SQL Server-Instanz zusätzliche Leistungsindikatoren zum Systemmonitor hinzugefügt werden, die eine Überwachung von SQL Server ermöglichen. Insgesamt sind dies ca. 800 Leistungsindikatoren. Wenn Sie zu einem Sammlungssatz Indikatoren hinzufügen, dann werden Sie feststellen, dass Ihnen auch SQL Server-spezifische Leistungsindikatoren angeboten werden. Abbildung 4.12 zeigt ein Beispiel hierfür.

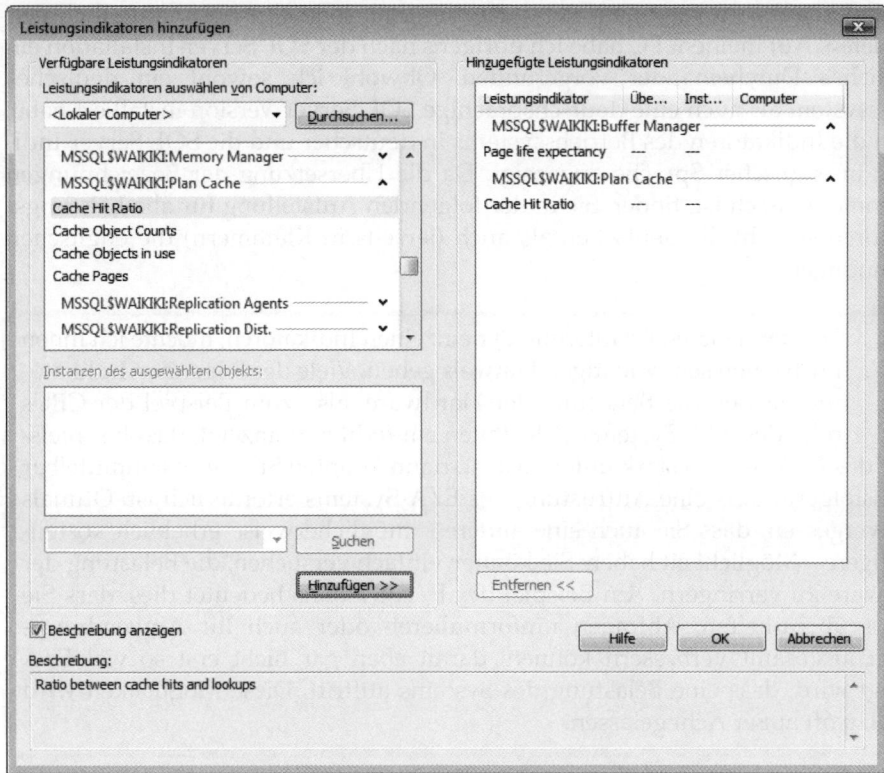

Abbildung 4.12: SQL Server-Leistungsindikatoren des Systemmonitors

Da es nahezu unmöglich ist, die Bedeutung aller verfügbaren Indikatoren zu kennen, ist es sehr nützlich, dass Sie durch die Auswahl der Option BESCHREIBUNG ANZEIGEN (siehe nochmals Abbildung 4.12) eine kurze Übersicht über den gerade im Dialog ausgewählten Leistungsindikator erhalten können. Das ist wirklich eine große Hilfe.

Gestatten Sie mir bitte eine Bemerkung vorweg: Wenn Sie an dieser Stelle eine detaillierte Beschreibung der Handhabung des Systemmonitors erwarten, dann werden Sie wahrscheinlich enttäuscht sein. Sie werden hier nur eine kurze, aber ausreichende Einführung in die Benutzung des Systemmonitors erhalten und erfahren, wie Sie den Systemmonitor generell zur Überwachung von SQL Server einsetzen können und welche Möglichkeiten Ihnen hierfür zur Verfügung stehen. Eine umfassende Hilfe finden Sie natürlich in der Windows-Dokumentation.

4.4.1 Wichtige Leistungsindikatoren

Wie gerade gesagt, werden an dieser Stelle nicht alle ca. 800 SQL Server-Leistungsindikatoren erläutert, das würde den Rahmen dieses Buches bei Weitem sprengen. Auf einige wichtige Indikatoren und deren Bedeutung möchte ich Sie aber selbstverständlich hinweisen. Oft reicht es aus, bei Problemen mit einer Beobachtung gerade dieser Indikatoren zu beginnen, um dann die Analyse in eine bestimmte Richtung zu vertiefen. Auf meinem PC habe ich übrigens nach der SQL Server-Installation ein sprachliches Durcheinander vorgefunden. Obwohl ich sowohl ein deutsches Betriebssystem als auch eine deutschsprachige SQL Server-Version installiert habe, werden die Indikatoren des Betriebssystems in deutscher und die SQL Server-Indikatoren in englischer Sprache angezeigt. Da die Übersetzung der Bezeichnungen nicht immer einfach ist, finden Sie in der folgenden Aufstellung für alle Leistungsindikatoren sowohl die deutschen als auch (jeweils in Klammern) die englischen Bezeichnungen.

Vor der näheren Erläuterung der einzelnen Indikatoren, möchte ich Ihnen noch einen sehr wichtigen Hinweis geben. Viele der folgenden Indikatoren messen die Belastung der Hardware, also zum Beispiel der CPUs oder des E/A-Systems. Falls Ihnen ein Indikator anzeigt, dass beispielsweise das E/A-System stark unter Last ist, dann könnten Sie daraus unmittelbar schlussfolgern, dass eine Aufrüstung des E/A-Systems erforderlich ist. Oftmals wird vergessen, dass Sie auch eine andere – möglicherweise erheblich kostengünstigere – Möglichkeit haben: Sie können einfach versuchen, die Belastung der Hardware zu verringern. Am Beispiel des E/A-Systems bedeutet dies, dass Sie Indizes überarbeiten, Abfragen umformulieren oder auch Ihr Anwendungsdesign insgesamt verbessern können, damit eben gar nicht erst so viel E/A erzeugt wird, dass eine Belastung des Systems auftritt. Diese Möglichkeit wird nur allzu oft außer Acht gelassen.

Wichtige Leistungsindikatoren des Betriebssystems

▶ **Physikalischer Datenträger => Durchschnittl. Warteschlangenlänge des Datenträgers (Physical Disk => Avg. Disk Queue Length).** Dieser Indikator zeigt an, wie viele E/A-Vorgänge in der Warteschlange auf Abarbeitung warten. Wenn dieser Wert *über einen längeren Zeitraum* größer als 2 für einen physikalischen Datenträger in einem Array ist, dann ist Ihr E/A-System möglicherweise ein Flaschenhals. Natürlich kann es auch sein, dass insgesamt zu viel E/A erzeugt wird und Sie versuchen sollten, die E/A-Vorgänge zu verringern. Bitte beachten Sie, dass eine größere Warteschlangenlänge über einen kürzeren Zeitraum durchaus normal ist. Abfragen, die viele Daten lesen, können das E/A-System ziemlich stark unter Druck setzen. Das ist kein Problem, es sei denn, dies ist ein Dauerzustand.

▶ **Logischer Datenträger => Zeit (%) (Logical Disk => % Disk Time).** Dieser Indikator informiert über die Auslastung eines gesamten Festplatten-Arrays. Er enthält den prozentualen Zeitanteil, den das Array insgesamt für Lese- und Schreiboperationen benötigt hat. Auf Dauer sollte dieser Wert unter 60% liegen. Falls der Wert über einen längeren Zeitraum zu hoch ist, dann haben Sie wiederum zwei Möglichkeiten: Einerseits können Sie darüber nachdenken, wie Sie den E/A-Durchsatz auf Ihrem System erhöhen. Andererseits können Sie versuchen, den E/A-Durchsatz zu verringern.

▶ **Prozessor => Prozessorzeit (%) (Processor => % Processor Time)**. Dies ist ein Indikator für den Zeitanteil, in dem der Prozessor arbeitet, sich also nicht im Leerlauf befindet. Die durchschnittliche Auslastung des Prozessors sollte 50% nicht übersteigen. Dieser Indikator kann die Belastung jedes einzelnen Prozessors, aber auch die Gesamtbelastung aller Prozessoren messen. Wenn Sie über einen längeren Zeitraum mehr als 80% Belastung für alle Prozessoren beobachten, dann benötigen Sie wahrscheinlich mehr oder leistungsfähigere Prozessoren. Möglicherweise ist dies aber auch ein Indiz für zu geringen Hauptspeicher, was zum Beispiel dazu führen kann, dass der Plancache nicht genügend Ausführungspläne speichern kann, sodass Re-Kompilierungen erforderlich sind (siehe hierzu etwas weiter unten bei den Erklärungen der SQL Server-spezifischen Leistungsindikatoren). Auch nicht optimaler T-SQL-Code kann zu einer übermäßigen Beanspruchung der CPUs führen.

▶ **Arbeitsspeicher => Seiten/s (Memory => Pages/sec)**. Dieser Indikator misst die Anzahl von Ein- und Auslagerungsvorgängen von Speicherseiten je Sekunde. Jede Operation, die eine Speicherseite von der Festplatte liest oder eine Seite auf die Festplatte schreibt, erhöht den Wert dieses Indikators. Der Wert sollte unter 20 liegen, ansonsten ist dies ein Beleg für zu viele Auslagerungsvorgänge, also eine zu starke Verwendung des virtuellen Speichers. Falls Sie SQL Server eine dedizierte Maschine zugewiesen haben (was, nebenbei bemerkt, eine gute Idee ist), wenn also außer dem SQL Server nichts weiter auf der Hardware ausgeführt wird, dann sollte dieser Wert 0 sein, vielleicht mit Ausnahme von einigen kurzzeitigen Ausreißern nach oben. Ist der Wert zu hoch (etwa im Mittel größer als 20 über einen Tag), dann benötigen Sie möglicherweise mehr RAM. Falls außer SQL Server noch andere Applikationen auf dem entsprechenden Server laufen, dann hilft es eventuell auch, diese Applikationen auf einen anderen Server auszulagern und SQL Server einen dedizierten Server zu „spendieren".

▶ **Arbeitsspeicher => Verfügbare MB (Memory => Available MB)**. Der Indikator zeigt den verfügbaren freien Hauptspeicher in Megabyte an. Dieser Wert sollte dauerhaft größer als ca. 5% des verfügbaren Hauptspeichers sein. Falls der Wert zu gering ist, so werden Auslagerungen durchgeführt, was die Performance ganz entscheidend verschlechtert. In diesem Fall kann mehr RAM Abhilfe schaffen. Möglich ist es auch, dass die SQL Server-Konfigurationsparameter dahingehend verändert wurden, dass der für SQL Server maximal verfügbare Speicher auf einen zu großen Wert eingestellt wurde und das Betriebssystem deshalb unter „Speichermangel" leidet. Überprüfen Sie die Einstellung (zum Beispiel über sp_configure) und ändern Sie sie gegebenenfalls.

▶ **System => Prozessor-Warteschlangenlänge (System => Processor Queue Length)**. Die Prozessor-Warteschlangenlänge ist ein Indikator für Prozesse, die nicht ausgeführt werden können, weil Sie auf die Zuteilung von CPU-Zeit warten müssen. Hierbei müssen Sie Folgendes beachten: Nicht jeder Prozessor verwendet seinen eigenen Indikator. Die Warteschlangenlänge bezieht sich also auf *alle* Prozessoren in einem Computer. Wenn Sie die durchschnittliche Warteschlangenlänge je Prozessor interessiert, dann müssen Sie diesen Wert also durch die Anzahl der Prozessoren teilen. Generell sollten auf einer SQL Server-Maschine dauerhaft nicht mehr als zwei Prozesse je Prozessor in der Warteschlange stehen. Bei vier Prozessoren ist also eine Warteschlangenlänge, die über einen längeren Zeitraum größer als 8 ist, ein Indiz dafür, dass Ihre CPUs zu stark belastet werden.

▶ **Logischer Datenträger => Mittlere Bytes/Lesevorgang (LogicalDisk => Avg. Disk Bytes/Read)**. Dieser Wert gibt die mittlere Größe eines Lesevorgangs vom logischen Datenträger in Byte an. Der Wert alleine ist wenig aussagekräftig. Im Zusammenhang mit den etwas weiter unten angegebenen mittleren Zeiten können Sie diesen Wert verwenden, um eine mittlere Übertragungsrate vom Datenträger zu berechnen. Diese Übertragungsrate sollte natürlich so groß wie möglich sein.

▶ **Logischer Datenträger => Mittlere Sek./Schreibvorgang (LogicalDisk => Avg. Disk Bytes/Write)**. Über diesen Indikator können Sie die mittlere Größe eines Schreibvorgangs bestimmen. Auch dieser Wert ist vor allem in Kombination mit der mittleren Dauer eines Schreibvorgangs interessant.

▶ **Logischer Datenträger => Mittlere Sek./Lesevorgänge (LogicalDisk => Avg. Disk Sec/Read)**. Dies ist die Latenzzeit pro Lesevorgang. Wert enthält die mittlere Wartezeit für einen Lesevorgang und sollte natürlich so klein wie möglich sein. Werte im einstelligen Millisekunden-Bereich sind hervorragend, ab ca. 30 Millisekunden sollten Sie sich Gedanken machen. Das sind aber natürlich nur Richtwerte, die sowohl von Ihren Anforderungen abhängen als auch von der mittleren Größe eines Lesevorgangs (siehe oben).

▶ **Logischer Datenträger => Mittlere Sek./Schreibvorgänge (LogicalDisk => Avg. Disk Sec/)**. Über diesen Indikator erhalten Sie Informationen zur Latenzzeit für das Schreiben auf den Datenträger. Selbstverständlich sollte auch dieser Wert möglichst klein sein. Vor allem für das Transaktionsprotokoll sollte dieser Wert nach Möglichkeit im einstelligen Millisekunden-Bereich liegen.

Wichtige SQL Server-Leistungsindikatoren

▶ **SQL Server:Allgemeine Statistik => Benutzerverbindungen (SQL Server:General Statistics => User Connections)**. Der Indikator informiert über die Anzahl von Verbindungen zum SQL Server. Wenn dieser Wert größer ist als die maximal zulässige Anzahl von Worker Threads, dann müssen sich Verbindungen Worker Threads teilen, und das kann negative Auswirkungen auf die Performance haben. Falls Sie also über einen längeren Zeitraum mehr als 255 Benutzerverbindungen beobachten, dann sollten Sie den Konfigurationsparameter „Maximum Worker Threads" überprüfen und möglicherweise erhöhen. Standardmäßig wird dieser Wert dynamisch vergeben, was normalerweise die richtige Wahl ist, weil Sie sich dann nicht selber um die Konfiguration kümmern müssen. Immerhin kann es aber sein, dass jemand die maximal zulässige Anzahl von Worker Threads reduziert hat, daher sollten Sie diese Einstellung überprüfen.

▶ **SQL Server:Datenbanken => Ausstehende Protokollleerungen/Sekunde (SQL Server:Databases => Log Flush Waits/sec)**. Dieser Indikator steht Ihnen pro Datenbank zur Verfügung, aber auch als Summen-Indikator für alle vorhandenen Datenbanken gemeinsam. Er zeigt die Anzahl der durch COMMIT abgeschlossenen Transaktionen an, die auf das Schreiben des Transaktionsprotokolls warten. Wie Sie bereits in Kapitel 2 erfahren haben, wird das Transaktionsprotokoll synchron geschrieben. Eine Transaktion ist somit erst dann abgeschlossen, wenn die zur Transaktion gehörenden Protokolleinträge aus dem Hauptspeicher in die Protokolldatei übertragen wurden. Falls der Wert für diesen Indikator im normalen Betrieb einer OLTP-Datenbank (also nicht etwa während der Ausführung von Massenimporten) dauerhaft größer als eins ist, dann ist dies ein Indiz dafür, dass Sie an dieser Stelle ein Problem mit dem E/A-System oder allgemein zu vielen E/A-Vorgängen haben. Möglicherweise müssen Sie für das Transaktionsprotokoll schnellere Festplatten installieren oder zum Beispiel Ihren SQL-Code umformulieren (siehe Beispiel in Kapitel 2). Oftmals ist es auch der Fall, dass die Protokoll- und Datendateien nebeneinander auf demselben physikalischen Datenträger existieren. Hier also noch einmal der Hinweis: Trennen Sie Protokoll- und Datendateien; installieren Sie also die beiden Dateitypen auf unterschiedlichen Datenträgern.

► **SQL Server:Datenbanken => Transaktionen/Sekunde (SQL Server:Databases => Transaction/sec)**. Auch dieser Indikator kann je Datenbank oder als Summenwert über alle Datenbanken konfiguriert werden. Er steht für die Anzahl von Transaktionen, die SQL Server je Sekunde verarbeitet. Da dieser Wert natürlich von der Größe der Transaktion abhängt, kann hierfür kein Richtwert angegeben werden. OLTP-Systeme verarbeiten normalerweise viele kleine Transaktionen. Sie sollten diesen Wert beobachten, wenn Sie feststellen, dass Ihr SQL Server-System sporadisch langsamer reagiert als normal. So kann zum Beispiel ein sprunghafter Anstieg zu einem bestimmten Zeitpunkt, der vielleicht auch noch zyklisch (also etwa täglich) wiederkehrt, die Analyse einer Ursache für eine plötzliche Verschlechterung der Abfrageleistung des Gesamtsystems erleichtern.

► **SQL Server:Plan Cache => Cachetrefferquote (SQL Server:Plan Cache => Cache Hit Ratio)**. Kompilierte Ausführungspläne werden nach Möglichkeit im sogenannten Plancache gespeichert und wiederverwendet. Das Ziel ist eine Vermeidung von erneuten Kompilierungen, da dies ein CPU-intensiver Vorgang ist. Jedes Mal, wenn der Abfrageprozessor einen Plan erstellt, dann wird er zunächst versuchen, ein Muster für einen entsprechenden Plan im Plancache zu finden, bevor er die Erstellung eines Planes in Angriff nimmt. Falls diese Suche erfolgreich war, dann wird der vorhandene Plan verwendet. In Kapitel 9 werden wir uns mit dieser Thematik eingehend befassen. In OLTP-Systemen sollte die Trefferquote so hoch wie möglich sein. Eine kleine Cachetrefferquote bedeutet eine hohe Kompilierungs-, bzw. Re-Kompilierungsquote, was zu exzessiver CPU-Belastung führen kann. Betrachten Sie diesen Indikator also im Zusammenhang mit dem Indikator zur Messung der Prozessorzeit. Falls die Prozessorauslastung hoch und die Trefferquote im Plancache gering ist, wobei gleichzeitig auch noch der Wert für Transaktionen/Sekunde anzeigt, dass SQL Server Transaktionen verarbeitet, dann sollten Sie prüfen, in welcher Weise Ihre Anwendungen Abfragen an den SQL Server absetzen. Kapitel 9 untersucht diese Thematik näher und zeigt, was Sie beachten müssen, um eine angemessene Plancache-Trefferquote zu erzielen.

▶ **SQL Server:Puffer-Manager => Lebenserwartung von Seiten (SQL Server:Buffer Manager => Page Life Expectancy).** Aus Kapitel 2 wissen Sie bereits, dass der Datencache eine entscheidende Komponente für die E/A-Performance – und somit für die Gesamt-Performance – des Systems ist. Immer dann, wenn eine Lese- bzw. Schreiboperation direkt den Datencache verwenden kann, dann funktioniert die entsprechende Operation um ein Vielfaches schneller als eine entsprechende physische Operation direkt auf dem Datenträger. Da der Datencache natürlich nicht unbegrenzt groß ist, werden allerdings auch Seiten, auf die über einen längeren Zeitraum nicht zugegriffen wurde, aus dem Cache entfernt; zum Beispiel dann, wenn der Cache voll ist und auf Datenseiten zugegriffen wird, die bislang nicht im Cache stehen. In OLAP-Systemen, die ja per Definition mit großen Lesevorgängen arbeiten, ist dieser Indikator weniger von Bedeutung. Hier ist es durchaus normal, dass Leseoperationen viele Daten lesen, die einfach nicht alle in den Datencache passen.
In OLTP-Systemen sieht das allerdings anders aus. Das E/A-Muster einer OLTP-Anwendung besteht in der Regel aus vielen kleinen E/A-Operationen. Laut SQL Server-Online-Dokumentation sollte die in Sekunden angegebene durchschnittliche Lebenserwartung einer Seite für diese Art von Anwendung nicht unter 300 liegen. Allerdings sind sich viele Experten mittlerweile dahingehend einig, dass dieser Wert für heute im Einsatz befindliche Systeme viel zu gering bemessen ist. Denken Sie beispielsweise an ein System mit einem SQL Server-Pufferspeicher von 64 GByte. Eine durchschnittliche Lebenserwartung einer Seite im Pufferspeicher von 300 Sekunden würde bedeuten, dass der Pufferspeicher von 64 GByte alle 300 Sekunden komplett ausgetauscht wird. Allein dies würde eine E/A-Last von über 200 MByte pro Sekunde erzeugen, und das ist mit Sicherheit nicht optimal. Sie können den für Ihr System passenden Wert selber ausrechnen, indem Sie zunächst einmal festlegen, welche E/A-Last durch das Schreiben veränderter Seiten aus dem Pufferspeicher auf die Festplatten für Sie akzeptabel ist, und dann ausgehend von diesem Wert die durchschnittliche Lebenserwartung einer Seite bestimmen. Nehmen wir an, Sie akzeptieren 10 MByte je Sekunde bei einer Größe des Pufferspeichers von 64 GByte. Daraus ergibt sich ein Wert von ca. 6500 Sekunden, also deutlich mehr als die empfohlenen 300 Sekunden. Ist der Wert dauerhaft geringer, dann haben Sie möglicherweise zu wenig Hauptspeicher oder sollten Ihre Abfragen überarbeiten.

Der Indikator kann auch ein anderes Problem aufzeigen. Plötzliche Änderungen der durchschnittlichen Lebenserwartung einer Datenseite sind ein Indiz dafür, dass viele Daten in den Datencache übertragen werden, dass also viele physikalische Leseoperationen durchgeführt werden. In einer OLTP-Datenbank ist eine derartige Situation ein Alarmsignal. Die Ursache für ein solches Verhalten kann zum Beispiel ein fehlender Index sein, wodurch eine sequenzielle Suche, also beispielsweise ein Tabellen-Scan, erforderlich ist; es werden also potenziell zu viele Leseoperationen ausgeführt. Eine weitere Ursache hierfür kann sein, dass Ihr OLTP-System für Reporting-Zwecke verwendet wird. Auch dann ist es möglich, dass durch große Lesevorgänge während eines bestimmten Zeitraumes die durchschnittliche Lebenserwartung einer Seite im Datencache sprunghaft absinkt oder auch wieder ansteigt. Denken Sie nur an den Assistenten der Geschäftsführung, der mit einem Reporting-Werkzeug ausgefeilte Berichte erstellt, um sie dem Geschäftsführer vorzulegen, und der dies natürlich genau während der normalen Arbeitszeit erledigt, in der das System also gerade produktiv ist und gleichzeitig 10.000 Benutzer bedienen soll.

▶ **SQL Server:SQL-Statistik => Batchanforderungen/Sekunde (SQL Server:SQL Statistics => Batch Requests/sec).** Der Indikator gibt Auskunft darüber, wie viele T-SQL-Stapel pro Sekunde zur Abarbeitung an den Server gesendet wurden. Sie können diesen Indikator für zwei Analysen verwenden. Zum einen sollten Sie beobachten, ob der Wert während eines bestimmten Zeitraumes Ausreißer aufweist, die eventuell auch noch zyklisch auftreten. Dies könnte zum Beispiel darauf hindeuten, dass zu bestimmten Zeiten Prozesse ablaufen, die Ihre Serverlast insgesamt erhöhen. Möglicherweise können Sie solche Prozesse auf Zeiten geringerer sonstiger Aktivität verschieben. Beobachten Sie hierfür auch andere Indikatoren, die zum Beispiel Auskunft über die CPU- oder E/A-Systemauslastung geben.

Eine weitere Möglichkeit ist die Beobachtung dieses Indikators im Zusammenhang mit den erforderlichen SQL-Kompilierungen je Sekunde (siehe nächster Punkt). Falls in einem OLTP-System die Anzahl der Kompilierungen je Sekunde nicht wesentlich geringer ist als die Batchanforderungen je Sekunde, dann erfordern die meisten Ihrer T-SQL-Stapel eine Kompilierung, etwa weil im Plancache kein geeigneter Abfrageplan gefunden wurde. Normalerweise ist dies ein Indiz dafür, dass Ihre Anwendungen keinen Gebrauch von parametrisierten Abfragen machen, und das kann die Performance ganz entscheidend negativ beeinflussen. Es ist gut möglich, dass Sie in diesem Fall auch eine erhöhte Auslastung der CPU feststellen werden. Bitte gedulden Sie sich bis zum Kapitel 9, dort werden Sie hierzu weitere Einzelheiten erfahren.

▶ **SQL Server:SQL-Statistik => SQL-Kompilierungen/Sekunde (SQL Server:SQL Statistics => SQL Compilations/sec).** Dieser Indikator zeigt die gesamt erforderlichen Kompilierungen von T-SQL-Stapeln an. Dies betrifft sowohl die initialen Kompilierungen für den Fall, dass im Plancache kein geeigneter Plan gefunden werden kann, als auch erneute Kompilierungen für Abfragen, für die zwar ein Plan gefunden wird, der aber wegen eines zu stark geänderten Kontexts nicht verwendet werden kann (siehe „Erneute Kompilierungen/Sekunde" im nächsten Punkt). Wenn Sie beobachten, dass dieser Indikator einen hohen Wert aufweist, dann werden Sie in den meisten Fällen auch eine erhöhte CPU-Last feststellen. Sollte dies der Fall sein, dann ist möglicherweise die Art und Weise, in der Ihre Anwendungen Anfragen an den SQL Server richten, die Ursache. Sie sollten untersuchen, ob Ihre Abfragen parametrisiert werden können, um vor allem erneute Kompilierungen zu vermeiden. Wie bereits gesagt, erfahren Sie in Kapitel 9 weitere Einzelheiten zum Thema Parametrisierung von Abfragen.

▶ **SQL Server:SQL-Statistik => Erneute SQL-Kompilierungen/Sekunde (SQL Server:SQL Statistics => SQL Re-Compilations/sec).** Der Indikator gibt die Anzahl der erforderlichen Re-Kompilierungen von Abfrageplänen an. Es ist durchaus möglich, dass für eine auszuführende Abfrage bereits ein entsprechender Plan im Plancache existiert und dieser Plan aber nicht verwendet werden kann, etwa weil die aktuelle Ausführungsumgebung eine Wiederverwendung nicht zulässt. Dieser Fall kann zum Beispiel eintreten, wenn eine identische Abfrage mit unterschiedlichen SET-Optionen ausgeführt wird. (Auch hierauf gehen wir in Kapitel 9 näher ein.) In diesem Fall muss die Abfrage erneut kompiliert werden. Normalerweise sollte dieser Indikator nur einen niedrigen Wert anzeigen. Falls die Anzahl der Re-Kompilierungen groß ist, dann ist dies eventuell ein Beleg dafür, dass unterschiedliche Benutzerverbindungen mit unterschiedlichen Einstellungen aufgebaut werden. Eine hohe Anzahl von Re-Kompilierungen wirkt sich auch auf die CPU-Belastung aus. Betrachten Sie also diesen Indikator im Zusammenhang mit der CPU-Nutzung und auch im Zusammenhang mit der Plancache-Trefferquote. Für die Anzahl der initialen Kompilierungen müssen Sie den Wert dieses Indikators vom Wert des Indikators „SQL-Kompilierungen/Sekunde" subtrahieren.

Der wohl am häufigsten missverstandene Wert ist die Trefferquote im Datencache, gemessen in Prozent durch den Indikator *SQL Server: Puffer Manager => Puffercache-Trefferquote (SQL Server: Buffer Manager => Buffer Cache Hit Ratio)*. Sie werden häufig den Hinweis finden, dass Ihr SQL Server mehr Hauptspeicher benötigt, wenn dieser Wert nicht deutlich über 90% liegt. Bitte ziehen Sie daraus aber *nicht* die Schlussfolgerung, dass Ihr Hauptspeicher ausreichend bemessen ist, wenn der Wert nahe 100% liegt. Der Wert wird durch Read-Ahead-Operationen, die ja massenweise Daten von der Festplatte in den Pufferspeicher übertragen, verfälscht. Die durch Read Aheads in den Datencache übertragenen Seiten werden zur Trefferquote hinzugezählt. So haben Sie zum Beispiel unmittelbar nach einem Neustart von SQL Server sofort eine Cache-Trefferquote von nahezu 100%, und das, obwohl zu diesem Zeitpunkt definitiv keine einzige Datenseite im Cache war. Ich habe noch auf keiner SQL Server-Instanz einen Wert unterhalb 95% beobachten können. Verfolgen Sie also lieber die durchschnittliche Verweildauer einer Datenseite im Cache, wenn Sie feststellen möchten, ob Ihr System über ausreichend Hauptspeicherkapazität verfügt. Die Pufferspeicher-Trefferquote ist als Indikator für Performance-Probleme denkbar ungeeignet, vor allem dann, wenn sie isoliert betrachtet wird. Sie können sehr leicht versucht sein zu schlussfolgern, dass mit Ihrem System alles in Ordnung ist, wenn Sie Trefferquoten von nahe 100% beobachten, und dass ist nicht unbedingt der Fall. Richtig ist vielmehr, dass eine geringe Trefferquote ein Indiz für ein Problem ist. Das bedeutet aber eben nicht automatisch, dass allein aus einer hohen Trefferquote auf ein tadellos funktionierendes System geschlossen werden kann.

Wenn Sie Probleme mit der SQL Server-Performance feststellen, dann ist es meist ausreichend, zunächst mit einigen der oben genannten Indikatoren zu beginnen und dann nach und nach tiefer einzusteigen, wenn Sie den Problemen näher auf den Grund gehen möchten. Hierzu bieten sich benutzerdefinierte Sammlungen im Systemmonitor an, die Sie nach Ihren Vorstellungen zusammenstellen können.

Ich möchte Ihnen hierzu ein Beispiel präsentieren, damit Sie eine Vorstellung davon bekommen, wie Sie eine solche Zusammenstellung konfigurieren können. Wir erstellen einen neuen benutzerdefinierten Sammlungssatz, dem zwei Sammlungen hinzugefügt werden. Die beiden Sammlungen sollen insgesamt alle oben aufgelisteten Indikatoren enthalten, wobei für die Systemindikatoren und die SQL Server-spezifischen Indikatoren jeweils eine eigene Sammlung angelegt werden soll.

Starten Sie den Systemmonitor und wählen dort in der Konsolenstruktur aus dem Kontextmenü für SAMMLUNGSSÄTZE/BENUTZERDEFINIERT den Eintrag NEU/SAMM-LUNGSSATZ (Abbildung 4.13).

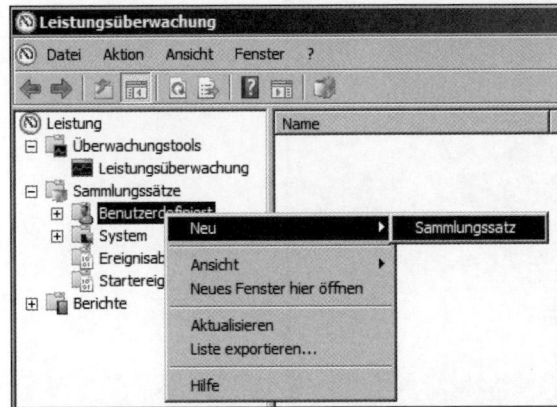

Abbildung 4.13: Benutzerdefinierten Sammlungssatz erstellen

Es wird ein Assistent gestartet, der Sie durch die Konfiguration eines Sammlungssatzes und, wenn Sie dies wünschen, auch gleich durch die Konfiguration einer Sammlung für den neu angelegten Sammlungssatz führt. Wählen Sie auf der ersten Seite des Assistenten die Option MANUELL ERSTELLEN (ERWEITERT) und geben Sie dem Sammlungssatz einen Namen, also zum Beispiel „SQL Server Diagnose", so wie in Abbildung 4.14 gezeigt.

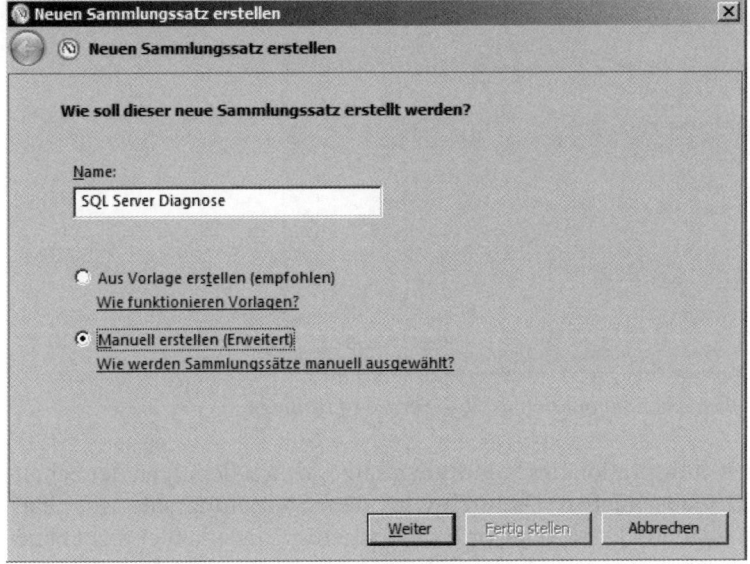

Abbildung 4.14: Einen neuen Sammlungssatz konfigurieren

Klicken Sie auf WEITER und wählen im anschließenden Dialog als einzuschließenden Datentyp DATENPROTOKOLLE ERSTELLEN und LEISTUNGSINDIKATOREN (Abbildung 4.15).

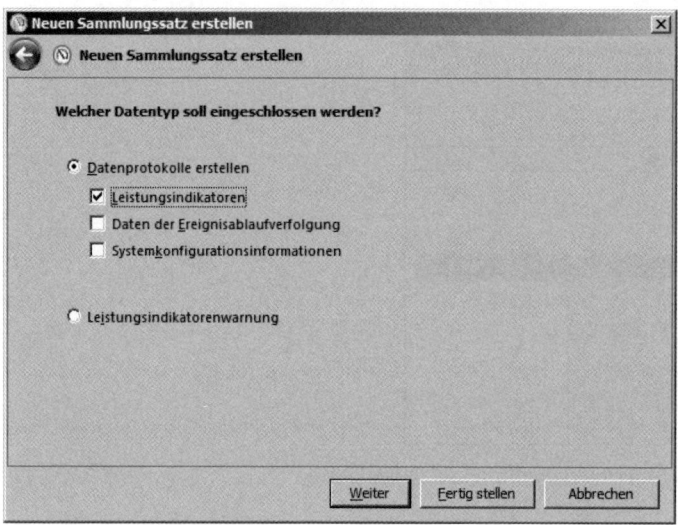

Abbildung 4.15: Datentyp, der in den Sammlungssatz aufgenommen werden soll

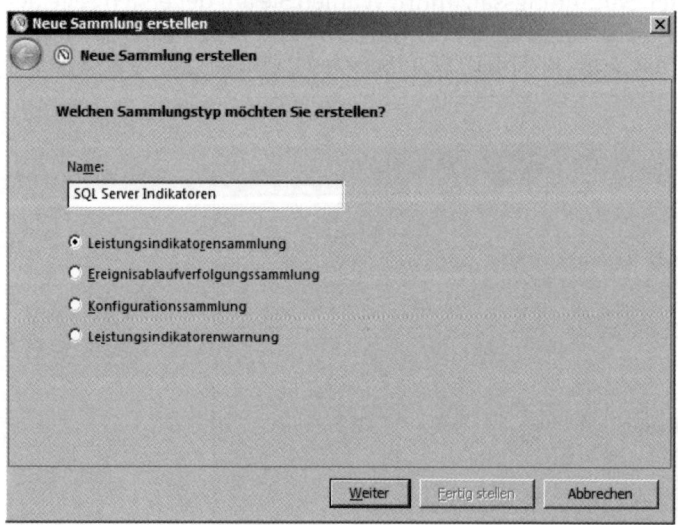

Abbildung 4.16: Erstellen einer Sammlung für SQL Server-Indikatoren

Sie können nun die Konfiguration des Sammlungssatzes durch Betätigen der Schaltfläche FERTIG STELLEN abschließen. Dadurch wird dem Sammlungssatz eine Standardsammlung mit Namen „DataCollector01" hinzugefügt, die wir aber nicht benötigen. Löschen Sie bitte diese Sammlung und fügen dann über das Kontextmenü NEU/SAMMLUNG eine neue Sammlung hinzu. Diese Sammlung soll alle SQL Server-spezifischen Indikatoren enthalten. Geben Sie der Sammlung also einen entsprechenden Namen, zum Beispiel „SQL Server Indikatoren". Wählen Sie auch aus, dass die Sammlung Leistungsindikatoren enthalten soll (Abbildung 4.16).

Auf der nächsten Seite geben Sie durch ein Abtastintervall an, wie häufig die Ereignisse für diese Sammlung aufgezeichnet werden sollen. Für diesen Test kann der Standardwert von 15 Sekunden beibehalten werden.

Sie können nun die erforderlichen Leistungsindikatoren hinzufügen. Nehmen Sie hier bitte alle Indikatoren auf, die im vorangegangenen Abschnitt unter dem Punkt „Wichtige SQL Server-Leistungsindikatoren" genannt wurden.

Wenn Sie diese Konfiguration abgeschlossen haben, dann wiederholen Sie die Schritte zum Hinzufügen einer neuen Sammlung. Diesmal nennen Sie die Sammlung zum Beispiel „System Leistungsindikatoren" und nehmen alle im letzten Abschnitt aufgezählten Indikatoren des Betriebssystems in die Sammlung auf.

Es existiert nun ein Sammlungssatz mit zwei Datensammlungen, so wie in Abbildung 4.17 zu sehen.

 Speichern Sie den so konfigurierten Sammlungssatz als Vorlage, indem Sie aus dem Kontextmenü für den Sammlungssatz die Option VORLAGE SPEICHERN... auswählen. Sie können dann später einen Sammlungssatz unter Verwendung dieser Vorlage erstellen (sieheAbbildung 4.14) und müssen dadurch nicht jedes Mal erneut alle Indikatoren einzeln zusammensuchen.

Starten Sie nun zum Test den Sammlungssatz, führen einige SQL-Anweisungen aus, und beenden Sie den Sammlungssatz dann wieder.

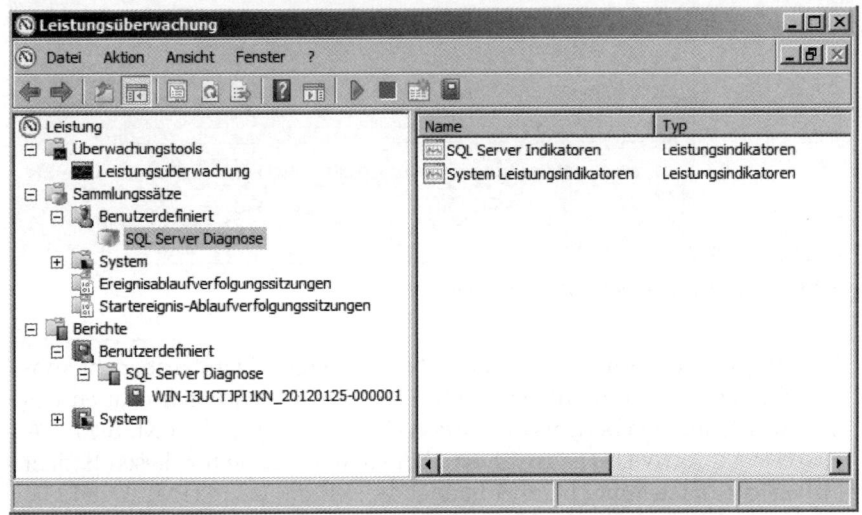

Abbildung 4.17: Der angelegte Sammlungssatz mit den beiden Sammlungen

Für einen Sammlungssatz gibt es eine Reihe von Einstellmöglichkeiten, die Sie über den Eigenschaftsdialog erreichen. So ist es zum Beispiel möglich, den Sammlungssatz zeitgesteuert zu starten und zu beenden oder beim Beenden des Sammlungssatzes zusätzliche Aufgaben auszuführen.

Außerdem wird für jeden neuen Sammlungssatz auch ein entsprechender Bericht angelegt, sobald Sie den zugehörigen Sammlungssatz starten. Diesen Bericht können Sie später öffnen und so die in der Datensammlung aufgezeichneten Werte darstellen und auswerten. Für unseren Sammlungssatz sehen Sie in Abbildung 4.17 eine Berichtsvorlage mit demselben Namen wie dem des Berichts selber sowie einen konkreten Bericht mit einem künstlich erzeugten Namen.

Für einen erstellten Bericht gibt es verschiedene Darstellungsmöglichkeiten, unter denen Sie über das Menü ANSICHT eine auswählen können. Die beliebteste und bekannteste Darstellung ist sicherlich das Liniendiagramm des Systemmonitors, so wie in Abbildung 4.18 gezeigt.

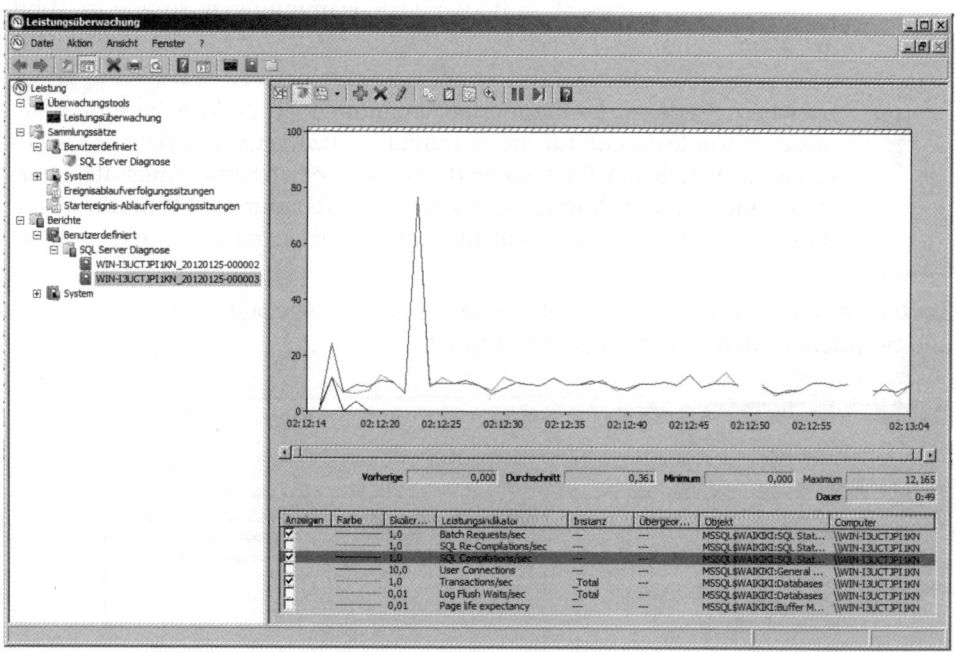

Abbildung 4.18: Der erstellte Bericht als Liniendiagramm

Den für jede Datensammlung automatisch erzeugten Standardbericht können Sie ebenfalls konfigurieren. Wenn Sie hier in den Eigenschaften des benutzerdefinierten Berichts die Option DATENVERWALTUNG UND BERICHTERSTELLUNG AKTIVIEREN auswählen, dann aktivieren Sie für diesen Bericht auch eine Übersichtsdarstellung. Hierbei handelt es sich um eine HTML-Datei, die natürlich auch sehr bequem zur Archivierung oder zum Versand des Berichts verwendet werden kann.Abbildung 4.19 zeigt ein entsprechendes Beispiel.

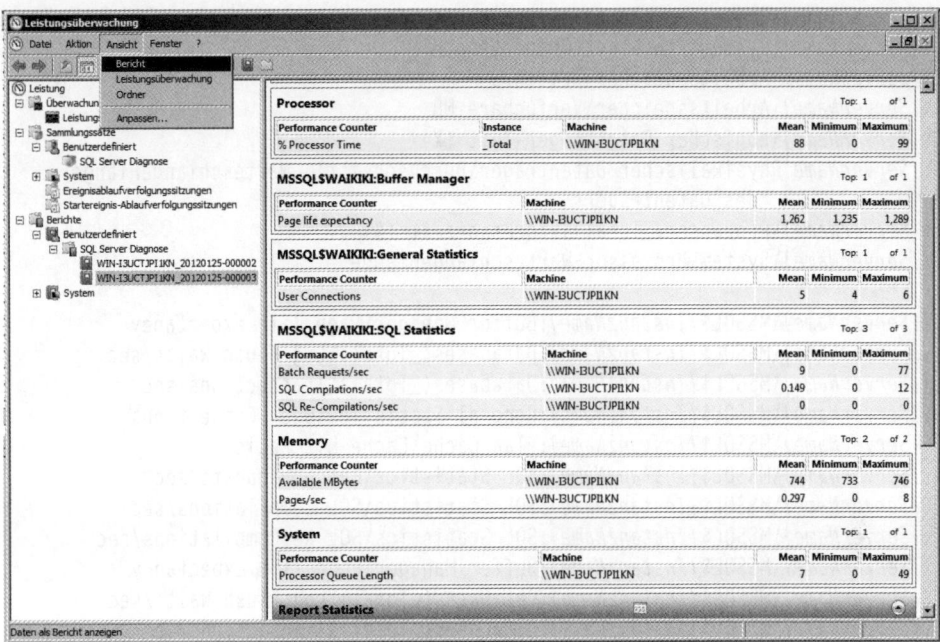

Abbildung 4.19: Übersichtsdarstellung eines protokollierten Sammlungssatzes

Die protokollierten Sammlungen werden in Dateien abgelegt, deren Speicherort und -format Sie bei der Konfiguration der Sammlung festgelegt haben. Diese Sammlungen sind mit dem Systemmonitor verknüpft, können also einfach per Doppelklick geöffnet und ausgewertet werden. Außerdem gibt es eine weitere Möglichkeit, die Protokolle auszuwerten. Dazu kommen wir etwas weiter unten.

4.4.2 Protokollieren mit Typeperf.exe

Typeperf.exe ist ein Systemprogramm, das die Protokollierung von Sammlungssätzen per Kommandozeile ermöglicht. Besonders reizvoll ist diese Möglichkeit deshalb, weil die Einrichtung eines Sammlungssatzes über eine Konfigurationsdatei erfolgen kann. Dadurch können Sie sich eine eigene Galerie von Konfigurationsdateien für unterschiedliche Szenarien anlegen und dann einfach über Typeperf die Protokollierung mit den in einer solchen Konfigurationsdatei eingestellten Parametern starten. Das doch etwas mühsame Zusammensuchen der Indikatoren über die grafische Oberfläche des Systemmonitors kann dadurch entfallen. Die eigentliche Protokollierung erfolgt dann wie gehabt in entsprechenden Protokolldateien.

Ein Beispiel für eine Konfigurationsdatei könnte dabei so aussehen:

```
\\{ServerName}\Memory\Pages/sec
\\{ServerName}\Memory\Available MBytes
\\{ServerName}\LogicalDisk\% Disk Time
\\{ServerName}\PhysicalDisk\Avg. Disk Queue Length
```

```
\\{ServerName}\Processor(_Total)\% Processor Time
\\{ServerName}\System\Processor Queue Length
\\{ServerName}\Arbeitsspeicher\Seiten/s
\\{ServerName}\Arbeitsspeicher\Verfügbare MB
\\{ServerName}\Logischer Datenträger\Zeit (%)
\\{ServerName}Physikalischer Datenträger\Durchschnittl. Warteschlangenlänge
            des Datenträgers
\\{ServerName}\Prozessor(_Total)\Prozessorzeit (%)
\\{ServerName}\System\Prozessor-Warteschlangenlänge


\\{ServerName}\MSSQL${InstanzName}:Buffer Manager\Page life expectancy
\\{ServerName}\MSSQL${InstanzName}:Databases(_Total)\Log Flush Waits/sec
\\{ServerName}\MSSQL${InstanzName}:Databases(_Total)\Transactions/sec
\\{ServerName}\MSSQL${InstanzName}:General Statistics\User Connections
\\{ServerName}\MSSQL${InstanzName}:Plan Cache\Cache Hit Ratio
\\{ServerName}\MSSQL${InstanzName}:SQL Statistics\Batch Requests/sec
\\{ServerName}\MSSQL${InstanzName}:SQL Statistics\SQL Compilations/sec
\\{ServerName}\MSSQL${InstanzName}:SQL Statistics\SQL Re-Compilations/sec
\\{ServerName}\MSSQL${InstanzName}:Buffer Manager\Page life expectancy
\\{ServerName}\MSSQL${InstanzName}:Databases(_Total)\Log Flush Waits/sec
\\{ServerName}\MSSQL${InstanzName}:Databases(_Total)\Transactions/sec
\\{ServerName}\MSSQL${InstanzName}:General Statistics\User Connections
\\{ServerName}\MSSQL${InstanzName}:Plan Cache\Cache Hit Ratio
\\{ServerName}\MSSQL${InstanzName}:SQL Statistics\Batch Requests/sec
\\{ServerName}\MSSQL${InstanzName}:SQL Statistics\SQL Compilations/sec
\\{ServerName}\MSSQL${InstanzName}:SQL Statistics\SQL Re-Compilations/sec
```

In der obigen Konfigurationsdatei sind alle im vorherigen Abschnitt aufgelisteten SQL Server- und Betriebssystem-Leistungsindikatoren enthalten.

Wenn Sie diese Konfigurationsdatei für Ihr System verwenden möchten, dann müssen Sie zuvor noch die Platzhalter {ServerName} und {InstanzName} durch gültige Namen ersetzen. Tragen Sie hier den Servernamen und den SQL Server-Instanz-Namen ein, für den die Statistiken erstellt werden sollen.

Neben der Konfigurationsdatei können Sie Typeperf beim Start noch eine Reihe anderer Parameter mitgeben und damit das Verhalten beeinflussen. Die wichtigsten Parameter sind die folgenden:

▶ -cf <Dateiname>. Über diesen Parameter geben Sie die Konfigurationsdatei an. In dieser Datei stehen die zu protokollierenden Indikatoren.

▶ -si <Abtastintervall>. Das Abtastintervall gibt an, wie häufig die Messung der eingeschlossenen Indikatoren erfolgen soll. Übliche Werte sind einige Sekunden bis 1 Minute.

▶ -o <Dateiname>. Hier geben Sie den Namen der Protokolldatei an. In dieser Datei werden die gesammelten Daten gespeichert.

▶ -sc <Stichprobenanzahl>. Die Anzahl der Stichproben gibt an, wie viele Messungen protokolliert werden. Zusammen mit dem Abtastintervall ergibt sich dadurch eine endliche Laufzeit der Protokollierung. Wenn Sie diesen Parameter auslassen, dann wird so lange protokolliert, bis die Tastenkombination ⌈Strg⌉ + ⌈C⌉ gedrückt wird.

▶ -s <Servername>. Wenn in der Konfigurationsdatei kein Servername angegeben ist, dann können Sie den Servernamen über diesen Parameter spezifizieren.

Nützlich sind auch die Optionen –q und –qx, mit denen Sie Informationen über existierende Leistungsindikatoren abfragen können. Dadurch wissen Sie, welche Indikatoren Sie überhaupt in Ihren Sammlungssatz einschließen können.

Ein Beispiel für einen Aufruf könnte so aussehen:

```
Typeperf -cf standard.txt -o standard.blg -sc 50 -si 5
```

Dadurch werden für die in der Konfigurationsdatei *standard.txt* angegebenen Indikatoren im Abstand von fünf Sekunden insgesamt 50 Mal die Werte gemessen und in der Protokolldatei *standard.blg* gespeichert.

 Verwenden Sie für die Dateiendung der Protokolldatei .BLG. Dann können Sie das Protokoll einfach durch einen Doppelklick im Systemmonitor öffnen.

4.5 Verbindung von Systemmonitor-Berichten mit Ablaufverfolgungen

Seit der Version 2005 bietet der SQL Server Profiler die Möglichkeit, gleichzeitig eine gespeicherte Ablaufverfolgung und ein vom Systemmonitor gespeichertes Protokoll zu öffnen und anzuzeigen. Voraussetzung hierfür ist, dass beide Aufzeichnungen denselben Zeitraum umfassen und dass die SQL Server-Ablaufverfolgung zumindest die Ereignisspalte *StartTime* enthält.

Angenommen, Sie haben eine serverseitige Ablaufverfolgung erstellt und das Ergebnis liegt als Ablaufverfolgungsdatei vor. Öffnen Sie diese Ablaufverfolgung im SQL Server Profiler. Falls Sie ebenfalls eine Systemmonitor-Datensammlung gespeichert haben, dann können Sie diese Datensammlung über das Menü DATEI/LEISTUNGS-DATEN IMPORTIEREN... zur Anzeige hinzufügen. Beide Protokolle werden nun in einem Fenster angezeigt (Abbildung 4.20).

Hierbei ist die Anzeige der beiden Protokolle synchron. Wann immer Sie also in einem der beiden Protokolle einen Bereich anklicken, wird auch der entsprechende Zeitpunkt im anderen Protokoll ausgewählt.

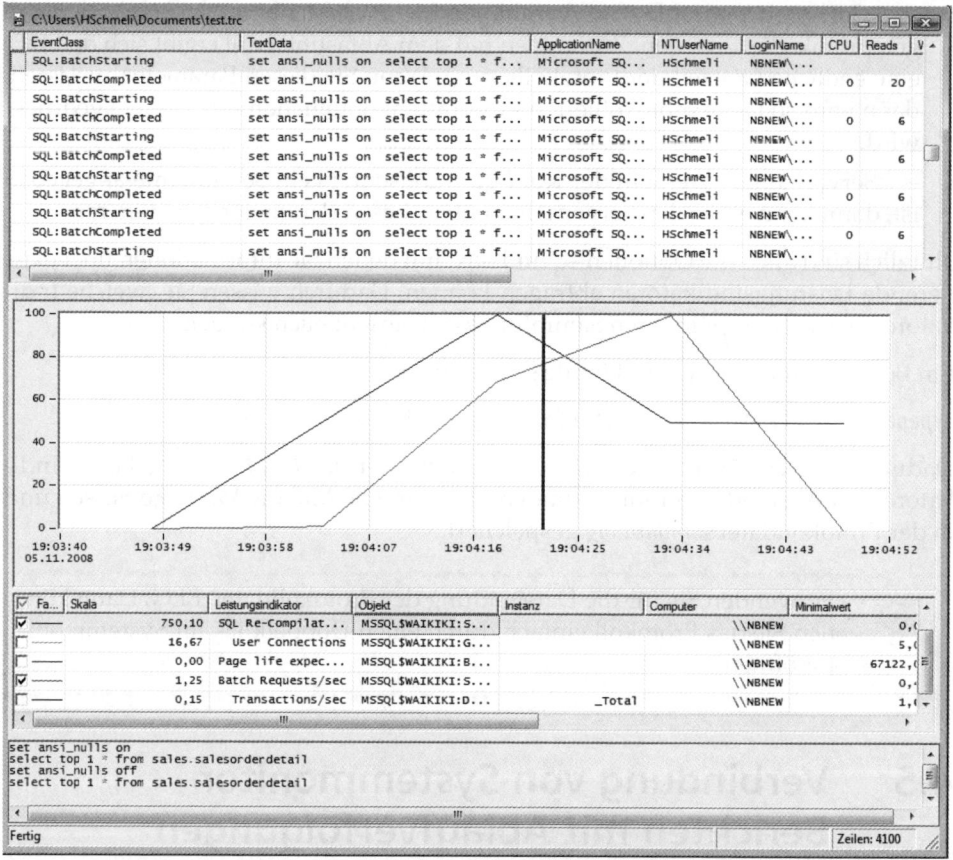

Abbildung 4.20: *Verbindung von Ablaufverfolgung und Systemmonitor-Sammlung*

4.6   Dynamische Verwaltungssichten

SQL Server protokolliert eine Vielzahl ausgeführter Aktionen. Die entsprechenden Protokolle sind dabei kein Geheimnis. Ab der Version 2005 gibt es für die Abfrage der protokollierten Ereignisse und Indikatoren dynamische Verwaltungssichten (engl.: Dynamic Management Views). Durch diese Systemsichten können Sie zum Beispiel Informationen über Abfrageausführungen mit zugehöriger Nutzung von Systemressourcen, aktuell laufende Transaktionen oder auch Blockierungen und Wartezustände erhalten. SQL Server ist also zum Glück sehr gesprächig, wenn Sie ihn nach internen Abläufen ausfragen möchten. Es liegen tatsächlich beinahe alle Interna offen, Sie müssen nur wissen, welche dynamische Verwaltungssicht Sie wofür verwenden und wie Sie die Inhalte interpretieren.

Insgesamt verfügt SQL Server über ca. 140 dynamische Verwaltungssichten, von denen einige in Wirklichkeit allerdings keine Sichten, sondern Funktionen sind.

An dieser Stelle werden Sie keine Auflistung aller Sichten finden. Ich möchte Ihnen hier zunächst nur einige der aus meiner Sicht wichtigsten vorstellen. Im weiteren Verlauf dieses Buches werden Ihnen dann zu gegebener Zeit weitere dynamische Verwaltungssichten begegnen, und zwar immer dann, wenn sie im entsprechenden Kontext benötigt werden.

Bevor wir nun aber einige der Sichten und Funktionen betrachten, möchte ich noch Folgendes erwähnen:

1. Die dynamischen Verwaltungssichten heißen deshalb dynamisch, weil die zurückgelieferten Informationen sich ständig ändern. Sie bekommen also bei einer Abfrage immer die *momentan gültigen* Werte. Hierbei ist es oftmals so, dass diese Werte kumulierte Daten seit dem letzten SQL Server-Start enthalten. Dies bedeutet auch, dass die entsprechenden Werte bei einem Neustart von SQL Server komplett zurückgesetzt werden. Die Kumulierung beginnt also bei jedem SQL Server-Start erneut.

2. SQL Server schützt sich auch vor sich selber. In diesem Zusammenhang bedeutet dies, dass darauf geachtet wird, die Systemlast nicht durch die Protokollierung der über die dynamischen Verwaltungssichten zugänglichen Werte übermäßig zu erhöhen. Die Protokollierung benötigt natürlich ebenfalls Systemressourcen, wie beispielsweise Hauptspeicher. Falls die Protokollierung die Ressourcen zu sehr belastet, dann kann es zum Beispiel auch passieren, dass ältere Einträge aus Protokollen entfernt werden. Dadurch ist es möglich, dass die verfügbare Historie nicht in jedem Fall bis zum letzten SQL Server-Start zurückreicht.

3. Wenn Sie mehr über dynamische Verwaltungssichten wissen möchten, so empfehle ich Ihnen, dass Sie einfach mit dem Profiler eine Ablaufverfolgung starten und ein paar integrierte Berichte für Systeminformationen generieren. (Mit Berichten befassen wir uns etwas weiter unten.) In der Ablaufverfolgung können Sie dann sehr schön verfolgen, welche dynamischen Systemsichten verwendet werden, um die Berichtsdaten abzufragen. Diese Vorgehensweise ist sehr einfach und doch effizient. Aus meiner Erfahrung kann ich Ihnen sagen, dass Sie sich als Administrator oder Entwickler über kurz oder lang mit dynamischen Verwaltungssichten auseinandersetzen müssen, und dann kann das „Ausspionieren" der existierenden Berichte wirklich eine wertvolle Hilfe sein.

Die Namensgebung der dynamischen Verwaltungssichten hat System, d.h., sie folgt einem bestimmten Muster. Alle dynamischen Verwaltungssichten sind im Schema sys abgelegt – und zwar in jeder existierenden Datenbank. (Rein physikalisch existieren die Sichten natürlich nur einmal, Sie können jedoch aus jeder Datenbank auf diese Sichten zugreifen.) Der Name für jede dynamische Verwaltungssicht beginnt mit den Zeichen dm_, was für „dynamic management" steht. Nach dem Unterstrich folgt dann ein Kürzel für den Bereich, über den die Sicht Informationen liefert. So steht zum Beispiel das Kürzel db für Datenbank, os für Betriebssystem, exec für die Ausführungsumgebung bzw. Abfrageausführung, tran für Transaktionen oder broker für Sichten, die Informationen zum SQL Server Service Broker liefern. Es folgt der eigentliche Name der Sicht, der beschreibt, welche Daten die entsprechende Sicht zurückliefert.

Wie gesagt, werden Sie im weiteren Verlauf dieses Buches – und auch bereits in diesem Kapitel – viele der wichtigsten Verwaltungssichten kennenlernen. Ich möchte Ihnen aber bereits an dieser Stelle einige elementare Sichten vorstellen, die wir immer wieder benötigen werden und Ihnen zeigen, welche Informationen Sie mit diesen Sichten abfragen können. Dabei konzentrieren wir uns zunächst auf die drei Bereiche Wartezustände, E/A-Vorgänge und aktuelle Aktivität.

4.6.1 Abfrage der aktuellen Aktivität

Die dynamische Verwaltungssicht `sys.dm_exec_requests` gibt Informationen über die gerade laufenden Prozesse zurück. Die Sicht enthält auch eine Spalte mit einem `sql_handle`, die verwendet werden kann, um den Text der gerade laufenden Abfragen zurückzuliefern. Die „Umwandlung" eines `sql_handle` in den zugehörigen Text erledigt die dynamische Verwaltungsfunktion `sys.dm_exec_sql_text`. Wenn Sie die beiden Sichten bzw. die Sicht und die Funktion verbinden, dann erhalten Sie die folgende Abfrage:

```
select t.text,start_time,status
     ,command,wait_type,wait_time,last_wait_type,wait_resource
     ,percent_complete,estimated_completion_time,cpu_time
     ,total_elapsed_time,scheduler_id
     ,task_address,reads,writes,logical_reads
  from sys.dm_exec_requests as r
     cross apply sys.dm_exec_sql_text(r.sql_handle) as t
 -- Nur für eine Session
where session_id=65
```

Das Beispiel zeigt auch, wie Sie die Daten nur für eine bestimmte Session (65) abfragen. Wenn Sie die Daten für alle aktuell laufenden Abfragen sehen möchten, lassen Sie die `WHERE`-Bedingung einfach weg.

Die Abfrage gibt Ihnen nur eine Momentaufnahme zurück und nicht etwa eine Historie über die in der letzten Zeit ausgeführten Aktionen. Es werden also nur die gerade aktuell laufenden Abfragen berücksichtigt.

4.6.2 Abfrage der E/A-Vorgänge

Für das Aufspüren von Performance-Problemen ist es oftmals hilfreich, zunächst die E/A-Operationen zu untersuchen und festzustellen, welche Datenbanken am meisten E/A-Last erzeugen. Noch einmal zur Erinnerung: Physikalische E/A-Operationen sind in vielen Fällen der Flaschenhals, da Lese- und Schreibvorgänge von bzw. auf die Festplatten um Größenordnungen langsamer sind als beispielsweise das Lesen oder Schreiben direkt im Speicher. Die dynamische Verwaltungsfunktion `sys.dm_os_virtual_file_stats` gibt Informationen über den Datendurchsatz zurück. Die Funktion erwartet zwei Parameter: Der erste Parameter spezifiziert die *DatenbankId* und der zweite Parameter die *DateiId*, für die Sie die Information abfragen möchten. Beide

Parameter dürfen auch NULL sein; in diesem Fall erhalten Sie die E/A-Vorgänge für alle Dateien in allen Datenbanken. Ein kleines Problem ist, dass die Funktion für Dateien und Datenbanken nur die IDs und nicht die Namen zurückliefert. Es ist aber leicht möglich, die Systemsicht sys.master_files mit der Funktion sys.dm_os_virtual_file_ stats so zu verbinden, dass Sie genaue Informationen über den Datendurchsatz je Datenbank und Datei erhalten. Eine entsprechende Abfrage sieht dann so aus:

```
select db_name(vfs.database_id)                   as Datenbank
      ,case
          when mf.type = 1
             then 'Protokoll'
          else 'Daten'
       end                                         as Typ
      ,mf.physical_name                            as Dateiname
      ,cast(vfs.num_of_bytes_read
             / 1024.0/1024.0 as decimal(10,2))     as [Gelesen/MB]
      ,cast(vfs.num_of_bytes_written
             / 1024.0/1024.0 as decimal(10,2))     as [Geschrieben/MB]
      ,cast((vfs.num_of_bytes_read
             + vfs.num_of_bytes_written)
             / 1024.0/1024.0 as decimal(10,2))     as [EA Summe/MB]
      ,cast(vfs.io_stall/1000.0 as decimal(10,2))  as [Wartezeit (sek)]
      ,row_number() over(order by io_stall desc)   as Rang
  from sys.dm_io_virtual_file_stats(null,null) vfs
      join sys.master_files mf
        on mf.database_id = vfs.database_id
        and mf.file_id = vfs.file_id
```

In Abbildung 4.21 sehen Sie ein Beispielergebnis der obigen Abfrage. In den letzten beiden Spalten finden Sie die Gesamtwartezeit für E/A-Operationen sowie die Rangfolge nach eben dieser Wartezeit.

Datenbank	Typ	Dateiname	Gelesen/MB	Geschrieben/MB	EA Summe/MB	Wartezeit (sek)	Rang
Utils	Protokoll	C:\SqlData\User\Utils_log.LDF	0.99	0.02	1.00	5.07	1
tempdb	Daten	C:\SqlData\MSSQL10_50.KANAPALI\MSSQL\DATA\tempd...	2.57	0.76	3.33	4.19	2
MSDNKeys	Protokoll	C:\SqlData\User\MSDNKeys_log.LDF	0.41	0.01	0.42	3.41	3
Northwind	Protokoll	C:\SqlData\User\Northwnd_log.LDF	1.28	0.01	1.29	3.05	4

Abbildung 4.21: E/A-Operationen je Datenbank und Datei

Was Sie hier erhalten, sind stets die kumulierten Werte seit dem letzten Start von SQL Server. Es ist also zum Beispiel nicht ohne Weiteres möglich, die Werte für die letzten zwei Stunden zu ermitteln. Hierzu müssten Sie zu definierten Zeitpunkten die Ergebnisse der Abfrage protokollieren und dann die Differenz zwischen zwei Zeitpunkten berechnen. In Kapitel 11 finden Sie ein Beispiel für eine derartige Verfahrensweise.

4.6.3   Abfrage der insgesamt aufgetretenen Wartezustände

Es ist eine weit verbreitete Erkenntnis, dass sich die Zeit, die eine Anforderung für die Abarbeitung insgesamt benötigt, so zusammensetzt:

Gesamtzeit = Arbeitszeit + Wartezeit

Wie auch im richtigen Leben gibt es also einen Zeitanteil, in dem tatsächlich gearbeitet wird, und einen Zeitanteil, in dem darauf gewartet wird, dass die eigentliche Arbeit fortgesetzt werden kann. Die Wartezeit resultiert hierbei im Wesentlichen daraus, dass gemeinsam genutzte Ressourcen nicht alle Anforderungen gleichzeitig bearbeiten können. Solche Ressourcen können Systemressourcen wie zum Beispiel CPU-Zeit oder auch Hauptspeicher oder E/A-Kanäle für physikalische Lese- und Schreiboperationen sein. Darüber hinaus entstehen durch Sperren auf Datenbereichen Blockierungen (also Wartezustände), wenn inkompatible Sperren angefordert werden. In diesem Fall kann eine Sperre erst dann erteilt werden, wenn die bereits von einem anderen Prozess gesperrten Daten wieder freigegeben werden.

Es ist möglich, die aufgetretenen Wartezeiten abzufragen, und zwar unterteilt nach Kategorie. Hierzu bietet SQL Server die dynamische Verwaltungssicht `sys.dm_os_` `wait_stats`, die Ihnen bereits in Kapitel 2 begegnet ist. Diese Sicht gibt alle seit dem letzten SQL Server-Start aufgetretenen Wartezustände zurück, enthält also ebenfalls nur kumulierte Werte. Beachten Sie bitte, dass die Sicht nur bereits abgeschlossene Wartevorgänge berücksichtigt; gerade aktuell bestehende Wartezustände werden also nicht angezeigt.

Insgesamt gibt es immerhin fast 500 unterschiedliche Wartezustände, die durch die Sicht zurückgegeben werden. Eine mehr oder weniger genaue Erklärung finden Sie in der Online-Dokumentation. Wir werden es auch hier wieder so handhaben, dass an dieser Stelle keine Auflistung der möglichen Wartezustände gegeben wird. Stattdessen werden Sie in den weiteren Kapiteln einige besonders wichtige Wartezustände kennenlernen, wenn dies für die dort jeweils präsentierte Thematik erforderlich und sinnvoll ist.

Einige Wartezustände betreffen SQL Server-interne Prozesse, die per Definition warten, wie zum Beispiel der Lazy-Writer-Prozess, der geänderte Datenseiten asynchron auf die Festplatte schreibt. Der Lazy Writer ist per Definition die meiste Zeit mit Warten beschäftigt. Deshalb können Sie diesen Wartezustand getrost außer Acht lassen. Dies trifft auch auf eine Reihe anderer Wartezustände zu, bei denen es oft so ist, dass hohe Wartezeiten gewünscht sind, und die daher kein Problem darstellen. Hierzu zählt zum Beispiel der Zustand LOGMGR_QUEUE, der einfach aussagt, dass die Warteschlange für das Schreiben des Protokolls auf Arbeit wartet. Die Dokumentation enthält für jeden Wartezustand auch die Information, ob das Auftreten von Wartezeiten dieser Kategorie problematisch ist oder nicht. Leider kann die in der Dokumentation enthaltene Auflistung der Kategorien aber nicht nach dieser Information sortiert oder gefiltert werden, was das Herausfinden der tatsächlich relevanten Zustände nicht gerade erleichtert.

Die folgende Abfrage ermittelt die seit dem letzten Start von SQL Server aufgetretenen Wartezustände und -zeiten, wobei die unwesentlichen Zustände herausgefiltert werden:

```
with WaitStats as
 (
  select wait_type, waiting_tasks_count
        ,wait_time_ms, max_wait_time_ms
        ,signal_wait_time_ms
        ,sum(wait_time_ms) over() as WaitTimeTotal
   from sys.dm_os_wait_stats
  where wait_type not in ('CLR_SEMAPHORE', 'LAZYWRITER_SLEEP'
                         ,'RESOURCE_QUEUE', 'SLEEP_TASK'
                         ,'FT_IFTS_SCHEDULER_IDLE_WAIT'
                         , 'XE_DISPATCHER_WAIT'
                         ,'FT_IFTSHC_MUTEX'
                         , 'SQLTRACE_INCREMENTAL_FLUSH_SLEEP'
                         ,'DBMIRRORING_CMD', 'BROKER_TRANSMITTER'
                         ,'SQLTRACE_WAIT_ENTRIES', 'WAITFOR', 'LOGMGR_QUEUE'
                         ,'BROKER_EVENTHANDLER', 'SLEEP_SYSTEMTASK'
                         ,'XE_TIMER_EVENT', 'BROKER_TO_FLUSH'
                         ,'REQUEST_FOR_DEADLOCK_SEARCH'
                         ,'SQLTRACE_BUFFER_FLUSH', 'ONDEMAND_TASK_QUEUE'
                         ,'SQLTRACE_LOCK'
                         ,'CLR_MANUAL_EVENT', 'CLR_AUTO_EVENT'
                         ,'DBMIRROR_EVENTS_QUEUE', 'TRACEWRITE'
                         ,'BROKER_RECEIVE_WAITFOR', 'CHECKPOINT_QUEUE'
                         ,'SLEEP_BPOOL_FLUSH', 'XE_DISPATCHER_JOIN'
                         ,'BROKER_TASK_STOP', 'DISPATCHER_QUEUE_SEMAPHORE')
 )
select wait_type, waiting_tasks_count
      ,wait_time_ms, max_wait_time_ms
      ,signal_wait_time_ms
      ,cast(100.0 * wait_time_ms
           / WaitTimeTotal as decimal(6,2)) as wait_time_percent
  from Waitstats
 order by wait_time_percent desc
```

In der Anweisung wird noch ein wenig gerechnet, um für jeden Wartezustand den prozentualen Anteil an der Gesamtwartezeit zu ermitteln.

Wenn Sie die Abfrage ausführen, dann wird auch eine Spalte mit dem Namen signal_wait_time_ms zurückgeliefert, die einer kurzen Erklärung bedarf: Dies ist die Zeit, die vergeht, bevor der entsprechende Thread nach seiner Aktivierung tatsächlich mit der Arbeit beginnt. Es kann durchaus vorkommen, dass diese Zeitspanne relevant ist. Immerhin ist es vorstellbar, dass ein Prozess prinzipiell starten könnte, weil alle angeforderten Ressourcen verfügbar sind. In diesem Fall wird der Start initialisiert und der Prozess wird in die sogenannte „runnable queue" eingeordnet. In dieser Warteschlange wartet der Prozess auf die Zuteilung von Prozessorzeit. Bevor der Prozess also tatsächlich startet, vergeht daher noch eine gewisse Zeitspanne. Dieses Intervall wird im Wesentlichen durch die Auslastung der vorhandenen Prozessoren bestimmt. Aus dem Wert für `signal_wait_time_ms` können Sie daher in gewisser Weise auf Ihre CPU-Auslastung schließen. Wenn der Zeitanteil von `signal_wait_time_ms` größer als 25% des Wertes für `wait_time_ms` ist, dann ist dies ein Indiz dafür, dass Ihre CPUs die eingehenden Anforderungen nicht schnell genug verarbeiten können. Die Spalte `wait_time_ms` enthält übrigens auch den Anteil für `signal_wait_time_ms`.

4.6.4   Abfrage der SQL Server-Leistungsindikatoren

Die Werte aller SQL Server-Leistungsindikatoren können durch die dynamische Verwaltungssicht `sys.dm_os_performance_counters` abgefragt werden. In Abbildung 4.22 sehen Sie einen Auszug aus dem Ergebnis.

object_name	counter_name	instance_name
MSSQL$WAIKIKI:Plan Cache	Cache Hit Ratio Base	SQL Plans
MSSQL$WAIKIKI:Plan Cache	Cache Pages	SQL Plans
MSSQL$WAIKIKI:Plan Cache	Cache Object Counts	SQL Plans
MSSQL$WAIKIKI:Plan Cache	Cache Objects in use	SQL Plans
MSSQL$WAIKIKI:Plan Cache	Cache Hit Ratio	Object Plans
MSSQL$WAIKIKI:Plan Cache	Cache Hit Ratio Base	Object Plans
MSSQL$WAIKIKI:Plan Cache	Cache Pages	Object Plans
MSSQL$WAIKIKI:Plan Cache	Cache Object Counts	Object Plans
MSSQL$WAIKIKI:Plan Cache	Cache Objects in use	Object Plans
MSSQL$WAIKIKI:Plan Cache	Cache Hit Ratio	_Total
MSSQL$WAIKIKI:Plan Cache	Cache Hit Ratio Base	_Total
MSSQL$WAIKIKI:Plan Cache	Cache Pages	_Total
MSSQL$WAIKIKI:Plan Cache	Cache Object Counts	_Total
MSSQL$WAIKIKI:Plan Cache	Cache Objects in use	_Total

Abbildung 4.22: Auszug aus der Rückgabe von sys.dm_os_performance_counters

Für jede SQL Server-Instanz erhalten Sie ca. 820 Zeilen und dann noch einmal 36 je Datenbank, die Auskunft über die seit dem letzten SQL Server-Start kumulierten Werte der SQL Server-Leistungsindikatoren geben. Es ist also auch hier nicht ohne Weiteres möglich, Änderungen zwischen zwei Zeitpunkten zu beobachten. Wenn Sie diese Information benötigen, dann müssen Sie die Ergebnisse der Sicht zu beiden Zeitpunkten speichern und anschließend voneinander subtrahieren. Wir kommen darauf in Kapitel 11 noch einmal zurück.

4.7   Statistische Systemfunktionen

SQL Server bietet eine Hand voll statistischer Systemfunktionen, die für eine Performance-Analyse hilfreich sind. Diese statistischen Systemfunktionen sind insbesondere dann nützlich, wenn es gilt, schnell einen Überblick über den Zustand der laufenden SQL Server-Instanz zu erhalten. Die Anzahl dieser Funktionen ist bei Weitem nicht so groß wie die der dynamischen Verwaltungssichten. Außerdem sind die Namen nicht ganz so komplex, wie dies bei den dynamischen Verwaltungssichten der Fall ist. Aus diesen beiden Gründen ist es einfach leichter, sich die Namen dieser

Funktionen zu merken, und man hat sie allein dadurch im Falle eines Falles schnell zur Hand. Sie finden eine Übersicht dieser Funktionen im Objekt-Explorer und dort unter jeder Datenbank im Ordner PROGRAMMIERBARKEIT/FUNKTIONEN/SYSTEM-FUNKTIONEN/STATISTISCHE SYSTEMFUNKTIONEN. Für eine Analyse der Auslastung Ihrer SQL Server-Instanz sind hierbei insbesondere die in der folgenden Auflistung beschriebenen Funktionen interessant. Alle aufgelisteten Funktionen geben jeweils nur einen einzigen Wert zurück. Dieser Wert enthält die kumulierte Information seit dem letzten Start der SQL Server-Instanz (und natürlich für diese Instanz).

▶ `@@Connections`. Dieser Wert enthält die Anzahl der Verbindungsversuche zum SQL Server. Hierbei ist es unerheblich, ob ein Verbindungsversuch erfolgreich war oder nicht – es zählt alleine der Versuch.

▶ `@@Cpu_Busy`. Gibt die Zeit zurück, die alle CPUs zusammen für SQL Server aufgewendet haben. Das Ergebnis wird in CPU-Zeitinkrementen („Timer Ticks") zurückgegeben (siehe unten).

▶ `@@Idle`. Während dieser Zeit hat die SQL Server-Instanz sich im Leerlauf befunden. Dieser Wert wird ebenfalls für alle CPUs kumuliert. Die Zeiteinheit ist auch hier „Timer Ticks".

▶ `@@IO_Busy`. Dies ist die Zeit, die SQL Server mit E/A-Operationen verbracht hat, ebenfalls wieder in „Timer Ticks".

▶ `@@Pack_Received`. Dies ist die Anzahl der Pakete, die SQL Server über das Netzwerk empfangen hat.

▶ `@@Pack_Sent`. Dieser Wert steht für die Anzahl von Paketen, die SQL Server über das Netzwerk versandt hat.

▶ `@@Timeticks`. Dieser Wert gibt die in einem CPU-Zeitinkrement („Timer Tick") enthaltene Anzahl von Mikrosekunden zurück. Der Wert ist systemabhängig und wird zur Umwandlung von CPU-Zeitinkrementen in eine Zeiteinheit benötigt (siehe unten).

▶ `@@Total_Read`. Der Rückgabewert dieser Funktion enthält die *Anzahl* der physikalischen Lesevorgänge. Hier wird nur die Anzahl der Leseoperationen gezählt; eine Information über gelesene Datenmengen erhalten Sie nicht.

▶ `@@Total_Write`. Die Funktion gibt Auskunft über die physikalischen Schreibvorgänge. Ebenso wie bei `@@Total_Read` erhalten Sie auch hier nur die Anzahl der Schreibvorgänge und nicht die Information über tatsächlich geschriebene Datenmengen.

 Alle aufgelisteten Funktionen geben einen Wert vom Typ `INTEGER` zurück. Da stets die seit dem letzten SQL Server-Start kumulierten Werte ermittelt werden, kann es daher vorkommen, dass ein arithmetischer Überlauf auftritt und Sie Werte erhalten, die nicht korrekt sind. Dies gilt insbesondere für die Funktionen `@@Cpu_Busy` und `@@IO_Busy`, die ja in einer sehr kleinen Zeiteinheit angegeben werden und daher sehr große Werte aufweisen können. Das Maximum für diese beiden Werte ist jeweils ca. 49 Tage. Wenn der Wert darüber hinaus anwächst, dann bekommen Sie beim Aufruf der Funktion eine Warnung wegen arithmetischen Überlaufs und die Funktionswerte sind nicht korrekt.

Die Funktionen, die eine Zeit zurückgeben, verwenden CPU-Zeitinkremente als Zeiteinheit. Zur Umrechnung dieser Zeitinkremente in Sekunden muss die Funktion @@Timeticks verwendet werden, die angibt, wie viele Mikrosekunden ein Zeitinkrement beinhaltet. Für eine Umrechnung von Zeitinkrementen in Sekunden multiplizieren Sie den von der Funktion erhaltenen Wert mit dem Wert von @@Timeticks und teilen ihn dann durch 1.000.000, also zum Beispiel so:

```
select 0.000001 * @@io_busy * @@timeticks as [EA in Sekunden]
```

Heraus kommt die Anzahl von Sekunden, die Ihre SQL Server-Instanz seit dem letzten Start mit E/A-Operationen verbracht hat.

Oftmals ist der absolute Wert der statistischen Systemfunktionen alleine nicht aussagekräftig genug. In vielen Fällen ist zum Beispiel die Information über die durchschnittlichen E/A-Operationen je Sekunde interessanter als die Information, wie viele E/A-Operationen insgesamt ausgeführt wurden. Für Aussagen dieser Art muss die Laufzeit der SQL Server-Instanz bestimmt werden. Wir können dann zum Beispiel den Wert von @@Total_Read einfach durch die Gesamtlaufzeit der Instanz teilen, um herauszubekommen, wie viele Leseoperationen bislang im Schnitt je Sekunde ausgeführt wurden.

Das folgende Skript ermittelt die relativierten Werte für E/A-Operationen und auch den prozentualen Zeitanteil sowohl für die Nutzung der CPUs als auch des E/A-Systems.

```
-- Bestimme die Anzahl von Sekunden seit dem Start von SQL Server
declare @sekundenSeitStart float
select @sekundenSeitStart = datediff(s, sqlserver_start_time
                                      , current_timestamp)
  from sys.dm_os_sys_info


-- Ermittle die relativen Werte für E/A und CPU
select round(@@total_read/@sekundenSeitStart, 2)  as [Gelesen/sec]
      ,round(@@total_write/@sekundenSeitStart, 2) as [Geschrieben/sec]
      ,round((@@total_write + @@total_read)/@sekundenSeitStart, 2)
                                     as [EA/Sekunde]
      ,round(0.0001*@@timeticks*@@io_busy/@sekundenSeitStart,2)
                                     as [EA/Prozent]
      ,round(0.0001*@@timeticks*@@cpu_busy/@sekundenSeitStart, 2)
                                     as [CPU/Prozent]
```

4.8 Gespeicherte Systemprozeduren

SQL Server bietet insgesamt ca. 1.350 gespeicherte Systemprozeduren, die sowohl zur Konfiguration als auch zur Abfrage von SQL Server-Zuständen verwendet werden können. Natürlich können an dieser Stelle nicht alle vorhandenen Prozeduren aufgezählt und erläutert werden. Dies würde einerseits den Rahmen des Buches sprengen und andererseits nicht gerade sehr unterhaltsam sein. Ich möchte Sie also auch hier wieder einmal auf die Online-Dokumentation verweisen, wenn Sie an einer kompletten Auflistung interessiert sind. Viele der Prozeduren werden Sie wahrscheinlich nie oder nur selten benötigen, weil die entsprechenden Aktionen über die grafische Oberfläche des SQL Server Management Studios sehr viel bequemer erledigt werden können (wobei im Hintergrund oftmals gespeicherte Systemprozeduren verwendet werden, um die angeforderten Aktionen auszuführen – was Sie mit dem Profiler übrigens auch sehr schön beobachten können).

Etwas weiter oben haben Sie bereits gespeicherte Systemprozeduren zur Verwaltung von SQL Server-Ablaufverfolgungen kennengelernt. Auf einige weitere Prozeduren werden wir im Verlauf des Buches noch näher eingehen – und das sind natürlich genau diejenigen Prozeduren, die für eine Performance-Analyse relevant sind. An dieser Stelle möchte ich Ihnen zunächst nur eine Handvoll weiterer nützlicher Prozeduren vorstellen:

▶ `sp_configure`. Mit dieser Prozedur können Sie die aktuellen Konfigurationsparameter Ihrer SQL Server-Instanz abfragen oder auch verändern. Da die Werte dieser Parameter unter Umständen ganz erhebliche Auswirkung auf die Ausführung von Abfragen und damit auch auf die Anfrageleistung haben, ist es einigermaßen von Bedeutung, dass Sie bei auftretenden Problemen die aktuellen Parameterwerte analysieren. Für die Abfrage der aktuellen Parameter können Sie auch die Systemsicht `sys.configurations` oder das weiter unten, in Abschnitt *Berichte*, gezeigte Server Dashboard verwenden. Das Ändern von Konfigurationsparametern funktioniert nur über den Aufruf der Prozedur `sp_configure` oder den Eigenschafts-Dialog der SQL Server-Instanz im Objekt Explorer des Management Studios.

▶ `sp_lock`. Wie Sie sicherlich bereits anhand des Namens der Prozedur vermuten, gibt `sp_lock` Informationen über aktuell existierende Blockierungen zurück. Hierbei werden für jede existierende Verbindung unter anderem der Typ der aktiven Sperre, der Sperr-Modus und auch der Status der Sperre zurückgegeben. Ein Sperr-Typ ist hierbei zum Beispiel *PAG* für eine Seitensperre, *TAB* für die Sperre einer Tabelle oder *DB* für eine Sperre der gesamten Datenbank. Der Sperr-Modus kann zum Beispiel *X* für eine exklusive Sperre oder *S* für eine gemeinsame Sperre sein. In der Spalte *Status* sehen Sie, ob die Sperre bereits erteilt wurde (*GRANT*) oder ob auf die Erteilung der Sperre gewartet wird (*WAIT*). Die Prozedur kann auch ein oder zwei Prozess-IDs als Parameter verarbeiten. In diesem Fall werden nur Informationen über Sperren dieser Prozesse ausgegeben. `sp_lock` ermöglicht einen einfachen und schnellen Überblick über existierende Blockierungen und ist daher gut geeignet, um eine Analyse zu beginnen, wenn Sie Blockierungsprobleme vermuten.

▶ `sp_monitor`. Diese Prozedur ruft die in Abschnitt *Statistische Systemfunktionen* behandelten statistischen Systemfunktionen auf und gibt die ermittelten Werte in vier Ergebnissen zurück. Die Prozedur protokolliert hierbei stets die gerade (also beim Aufruf) aktuellen Rückgabewerte der Funktionen in der Tabelle `master.dbo.spt_monitor`. Ein Aufruf von `sp_monitor` ermittelt vor dem Speichern der aktuellen Werte zunächst die Differenz der aktuellen Werte zu den bereits gespeicherten Werten und gibt dann diese Differenzwerte zurück. In Abbildung 4.23 sehen

Sie ein Beispiel für die Rückgabe der vier Ergebnisse von sp_monitor. Sie werden im Ergebnis der Ausgabe sicherlich sofort die in Abschnitt *Statistische System-funktionen* erläuterten statistischen Systemfunktionen wiederfinden.

last_run	current_run	seconds
2012-01-28 04:44:09.003	2012-01-28 04:55:18.580	669

cpu_busy	io_busy	idle
38(30)-4%	9(4)-0%	7220(1259)-188%

packets_received	packets_sent	packet_errors
986(267)	980(253)	0(0)

total_read	total_write	total_errors	connections
3853(2878)	81(1)	0(0)	629(124)

Abbildung 4.23: Rückgabe von sp_monitor

Die Werte in Klammern geben dabei jeweils die Veränderung zwischen zwei Aufrufen von sp_monitor an. Die Prozentangaben in den Spalten cpu_busy, io_busy und idle beziehen sich auf den prozentualen Anteil des Wertes seit der letzten Ausführung von sp_monitor. So bedeutet zum Beispiel die Angabe 38(30)-4% für cpu_busy, dass die Prozessoren insgesamt 38 Timer Ticks beschäftigt waren, davon 30 Timer Ticks allein seit dem letzten Aufruf von sp_monitor. Dies entspricht 4% der Gesamtzeit seit dem letzten sp_monitor-Aufruf.

sp_monitor ist recht gut geeignet, wenn Sie einen schnellen Eindruck davon bekommen möchten, wie sehr Ihre SQL Server-Instanz momentan ausgelastet ist. Rufen Sie die Prozedur einfach zwei Mal im Abstand von 20 Sekunden auf, und Sie können so ungefähr abschätzen, was gerade insgesamt abläuft. Genau dafür ist sp_monitor gut; für weiterführende Analysen müssen Sie dann sicherlich andere Möglichkeiten in Betracht ziehen. Was Sie auch bedenken sollten, ist der Umstand, dass sp_monitor nur die Differenz zum letzten Aufruf berechnet. Hierbei ist es unerheblich, von welcher Verbindung dieser Aufruf abgesetzt wurde. Wenn also gerade von mehreren Verbindungen mit sp_monitor gearbeitet wird, dann kann dies einige Verwirrung erzeugen.

▶ sp_spaceused. Diese Prozedur gibt Informationen über den verwendeten Speicherplatz einer Datenbank, einer Tabelle, einer indizierten Sicht, einer Service Broker-Warteschlange oder eines Index zurück. Dadurch können Sie einen schnellen Überblick über die Speicherverwendung bestimmter Datenbankobjekte erhalten.

▶ sp_who. Diese Prozedur gibt Informationen zu gerade aktiven Verbindungen zurück. Hierbei können Sie zum Beispiel sehen, welche Blockierungen gerade aktiv sind, welche Wartezustände momentan existieren und welcher Abfragetyp gerade von welcher Verbindung ausgeführt wird. Möglich ist hierbei sowohl eine Ausgabe aller aktuellen Verbindungen als auch die Selektion nach Anmeldenamen oder Sitzungs-ID.

▶ sp_who2. Diese Prozedur ist undokumentiert. Wie der Name bereits vermuten lässt, gibt die Prozedur, ähnlich wie sp_who, Informationen über die Aktivitäten der momentan offenen Verbindungen zurück. Zusätzlich zu den von sp_who zurückgelieferten Spalten erhalten Sie durch `sp_who2` zum Beispiel auch noch Informationen über die verwendete CPU-Zeit, E/A-Operationen und die letzte Ausführung einer Abfrage je Verbindung. Diese Informationen sind in vielen Fällen sehr hilfreich, wenn Sie aktuellen Problemen auf den Grund gehen. `sp_who2` bietet tatsächlich eine sehr bequeme Möglichkeit, schnell und einfach die wichtigsten Informationen für jede offene Verbindung abzufragen. Bitte bedenken Sie aber, dass die gespeicherte Prozedur `sp_who2` undokumentiert ist. Daher kann sich das Verhalten der Prozedur natürlich jederzeit und ohne Vorankündigung ändern. Betrachten Sie bitte die oben angegebenen Informationen unter diesem Aspekt und wundern Sie sich bitte nicht, wenn zum Beispiel Spalten wegfallen oder auch die gesamte Prozedur nicht mehr verfügbar ist.

▶ `sp_server_diagnostics`.Diese Prozedur sammelt in zyklischen Abständen Diagnosedaten und gibt das Ergebnis aus. Sie können der Prozedur ein Abtastintervall übergeben, das bestimmt, in welchen Abständen die Prozedur aufgerufen wird. Die Aufrufe erfolgen dann so lange, bis Sie die entsprechende Abfrage beenden oder die Verbindung gewaltsam trennen. Wenn Sie keinen Parameter übergeben, dann wird die Prozedur genau einmal ausgeführt. Sie können dadurch einen schnellen Überblick über den allgemeinen Gesundheitszustand Ihres SQL Servers erhalten. Untersucht werden die Bereiche System allgemein, Ressourcen, Abfrageausführung E/A-System und Ereignisse. In Abbildung 4.24 sehen Sie ein Beispiel für die Ausgabe dieser Prozedur.

create_time	component_type	component_name	state	state_desc	data
2012-03-29 20:31:25.317	instance	system	1	clean	\<system spinlockBackoffs="0" sickSpinlock
2012-03-29 20:31:25.317	instance	resource	1	clean	\<resource lastNotification="RESOURCE_MEMF
2012-03-29 20:31:25.317	instance	query_processing	1	clean	\<queryProcessing maxWorkers="512" workers
2012-03-29 20:31:25.317	instance	io_subsystem	1	clean	\<ioSubsystem ioLatchTimeouts="0" interval
2012-03-29 20:31:25.317	instance	events	0	unknown	\<events>\<session startTime="2012-03-16T16

Abbildung 4.24: Ausgabe von sp_server_diagnostics

4.9 DBCC

Der **DataBase Consistency Checker** wurde – betrachtet man den Namen – ganz offensichtlich ursprünglich entwickelt, um die Konsistenz von Datenbanken zu überprüfen. Das kann `DBCC` natürlich auch heute noch (`DBCC CHECKDB`). Darüber hinaus wurde `DBCC` aber mehr und mehr erweitert und hat sich so nach und nach zum Universalwerkzeug entwickelt. Mittlerweile kann `DBCC` eine Menge mehr als Konsistenzprüfungen, unter anderem auch das Abfragen von SQL Server-Parametern und -Daten. Zu diesen Daten gehören auch solche, die Auskunft über Einstellungen und Zustände geben, die für eine Suche nach Performance-Problemen interessant sind.

`DBCC` wird Ihnen im Verlaufe dieses Buches an vielen Stellen begegnen, wenn solche Einstellungen abgefragt werden.

An dieser Stelle möchte ich Ihnen zunächst zwei DBCC-Kommandos vorstellen, die für eine Abfrageanalyse sehr wichtig sind:

▶ DBCC DROPCLEANBUFFERS. Dieses Kommando löscht nicht geänderte Datenseiten aus dem SQL Server-Pufferspeicher. Alle nachfolgenden Lesevorgänge müssen dann diese Daten von der Festplatte lesen.

▶ DBCC FREEPROCCACHE. Mit diesem Kommando löschen Sie den Plancache von SQL Server. Dadurch muss der Optimierer für alle nachfolgenden Abfragen einen entsprechenden Plan erstellen, weil ein geeigneter Plan im Plancache nicht vorhanden ist.

Beide Kommandos benötigen Sie für Vergleichsmessungen. Wenn Sie zum Beispiel eine bestimmte Abfrage optimieren und mehrfach ausführen, wobei Sie jeweils die Ausführungszeit messen, dann werden die von der Abfrage benötigten Daten bei der ersten Ausführung in den Datencache übertragen, sofern sie dort noch nicht existieren. Alle nachfolgenden Ausführungen der Abfrage können dann die Daten aus dem Cache lesen und sind natürlich allein dadurch erheblich schneller. Wenn Sie also Vergleichsmessungen vornehmen, dann müssen Sie unter Umständen dafür sorgen, dass die Randbedingungen für alle Messungen weitestgehend identisch sind. Hierzu können Sie entweder einen „warmen" oder aber „kalten" Cache verwenden. Über DBCC DROPCLEANBUFFERS leeren Sie den Datencache und stellen so sicher, dass bei jeder Messung physische Leseoperationen durchgeführt werden.

 Bitte setzen Sie DBCC DROPCLEANBUFFERS und DBCC FREEPROCCACHE in Produktivumgebungen mit sehr viel Vorsicht ein. Das Leeren der Pufferspeicher hat erhebliche negative Konsequenzen auf die Gesamt-Performance. Bedenken Sie auch, dass beide Kommandos stets die Caches für den *gesamten SQL Server* leeren.

4.10 SQLdiag

SQLdiag ist ein Kommandozeilenprogramm zur Analyse und Protokollierung von SQL Server- und Windows-Leistungsdaten. Das Programm kann sowohl als einfache Konsolenanwendung als auch als Windows-Dienst ausgeführt werden. SQLdiag ist vor allem für den Microsoft Support eine große Hilfe bei der Fehleranalyse. Wenn Sie jemals in die Verlegenheit kommen, mit dem Microsoft Support ein spezielles Problem zu bearbeiten, dann ist es sehr gut möglich, dass Sie gebeten werden, die von SQLdiag erstellten Protokolle zur Verfügung zu stellen. Aber SQLdiag kann auch bei der ganz normalen SQL Server-Überwachung sehr nützlich sein, ist also weit mehr als nur ein Werkzeug zur Fehlersuche.

Über eine Reihe von Kommandozeilenparametern steuern Sie das Verhalten des Programmes. Insbesondere geben Sie über die Kommandozeile auch eine Konfigurationsdatei an, in der festgelegt wird, welche SQL Server-Instanz überwacht und welche Leistungsparameter in das Ausgabeprotokoll eingeschlossen werden sollen. Die zur Verfügung stehenden Leistungsparameter lassen sich dabei in die folgenden Kategorien unterteilen:

▶ Informationen über die Konfiguration der SQL Server-Instanz

▶ Ablaufverfolgungen des SQL Server Profilers

- Informationen über aufgetretene Blockierungen
- Windows-Leistungsindikatoren
- Windows-Ereignisprotokolle

Ebenfalls über die Kommandozeile geben Sie das Ausgabeverzeichnis für die erzeugten Protokolldateien an. (Es werden wirklich mehrere Protokolldateien erzeugt.)

Es ist auch möglich, SQLdiag gänzlich ohne Parameter aufzurufen. In diesem Fall arbeitet das Programm im Standardmodus. Dabei werden die in Tabelle 4.3 aufgelisteten Optionen verwendet.

Parameter	Wert
Konfigurationsdatei	SQLDiag.xml
Computer	Der Computer, auf dem SQLdiag gestartet wird
SQL Server-Instanz	Alle SQL Server-Instanzen auf dem Computer, die erreicht werden können.
Ausgabeverzeichnis	Das Unterverzeichnis 110\TOOLS\BINN\SQLDIAG Ihrer SQL Server-Installation, also zum Beispiel C:\PROGRAM FILES\MICROSOFT SQL SERVER\110\TOOLS\BINN\SQLDIAG
Informationen im Ausgabeverzeichnis	*computername*_MSINFO32.TXT: Die Systeminformationen des Betriebssystems. *computername_instanzname*_sp_sqldiag_Shutdown.OUT: Diese Datei wird für jede SQL Server-Instanz erstellt. Hier finden Sie zum Beispiel Ereignisse und Ereignisdaten der SQL ServerAblaufverfolgung, Fehlerprotokolle, Konfigurationsoptionen und die Ergebnisse der statistischen Systemfunktionen (die Sie in Abschnitt *Statistische Systemfunktionen* kennengelernt haben).

Tabelle 4.3: Standardparameter für SQLdiag

Im Allgemeinen wird diese Standardkonfiguration nicht passen und Sie werden eine spezielle Konfigurationsdatei sowie weitere Kommandozeilenparameter verwenden, um eine auf Ihr Problem angepasste Protokollierung zu konfigurieren. Um einen schnellen Überblick über den Gesundheitszustand Ihrer SQL Server-Instanzen zu erhalten, können Sie aber durch einen einfachen Aufruf von SQLdiag sehr leicht die erforderlichen Informationen sammeln. Sie erhalten eine Ausgabe, wie in Abbildung 4.25 gezeigt.

Abbildung 4.25: Beispielausgabe für SQLdiag

Die Überwachung und Protokollierung durch SQLdiag unterstützt die folgenden Anwendungsszenarien:

▶ Manuelles Starten und Beenden. Wenn Sie SQLdiag im normalen Modus starten, dann beginnt die Protokollierung unmittelbar nach dem Start. Das Beenden der Protokollierung müssen Sie manuell durch Betätigen der Tastenkombination ⌈Strg⌉ + ⌈C⌉ vornehmen.

▶ Erstellen einer Momentaufnahme. Über den Parameter /X legen Sie fest, dass die Protokollierung nach dem Start sofort beginnt und SQLdiag nach der Sammlung aller Informationen automatisch beendet wird.

▶ Fortlaufender Modus. Durch den Parameter /L startet SQLdiag im Schlafmodus. Die Protokollierung beginnt also nicht sofort, sondern zu einem festgelegten Zeitpunkt, den Sie über den Parameter /B angeben. Auch die Beendigung erfolgt automatisch zu dem über den Parameter /E angegebenen Zeitpunkt.

Die detaillierte Konfiguration der in die Überwachung und Protokollierung aufzunehmenden Daten wird über eine XML-Konfigurationsdatei vorgenommen, die Sie an SQLdiag über den Parameter /I übergeben. In der Online-Dokumentation sind leider keinerlei Hinweise zum Aufbau der Konfigurationsdatei zu finden, sodass Sie sich dort alleine „durchwühlen" müssen. Glücklicherweise werden aber Vorlagen mitgeliefert, die Sie entsprechend anpassen können. Diese Vorlagen finden Sie im Verzeichnis 110\TOOLS\BINN\. Die folgenden drei Vorlagen stehen Ihnen zur Verfügung:

▶ **SD_General.xml**. Diese Vorlage enthält die Einstellungen für die Protokollierung von Windows-Ereignissen, Datensammlungen des Windows-Systemmonitors und minimalen SQL Server-Ablaufverfolgungs-Ereignissen.

▶ **SD_Detailed.xml**. Auch in dieser Vorlage sind die Einstellungen für Protokollierungen der Windows-Ereignisse und des Systemmonitors enthalten, nur eben ausführlicher. Insbesondere erhalten Sie bei Verwendung dieser Vorlage sehr umfangreiche SQL Server Profiler-Ablaufverfolgungs-Ereignisse.

▶ **SQLDiag.xml**. Diese Vorlage wird von SQLdiag verwendet, wenn Sie über den Kommandozeilenparameter /I keine explizite Vorlage angeben.

In vielen Fällen enthalten diese Vorlagen bereits die geeigneten Einstellungen für eine Überwachung, sodass Sie einfach mit einer Kopie einer solchen Standardvorlage arbeiten können. Wichtig ist, dass Sie in der Konfigurationsdatei den Computernamen und den Namen der zu überwachenden SQL Server-Instanz und auch die Verbindungsinformation anpassen. Hierzu verwenden Sie die folgenden beiden Bereiche:

▶ Anpassen des Computernamens

```
<Machine name="Z1">
```

▶ Anpassen der SQL Server-Instanz und der Verbindungsinformationen

```
<Instance name="HAL9000" windowsauth="true"
    ssver="11" user="">
```

Die anderen erforderlichen Anpassungen an der Konfigurationsdatei sind relativ simpel. Für alle Ereignisse, die in das Protokoll aufgenommen werden sollen, gibt es jeweils ein Attribut enabled, das Sie einfach entsprechend auf „true" oder „false" setzen können. Eine entsprechende Sektion in der Konfigurationsdatei sieht zum Beispiel so aus:

```
<EventType name="Database" enabled="true">
  <Event id="92" name="Data File Auto Grow"  enabled="true" …/>
  <Event id="94" name="Data File Auto Shrink"  enabled="true" …/>
…
</EventType>
```

In allen Standardvorlagen ist sind Überwachung und Protokollierung für Blockierungen ausgeschaltet. In vielen Fällen sind aber gerade Blockierungen eine wesentliche Ursache für Probleme bzw. eine mangelhafte Performance. Sie müssen diese Überwachungsoption manuell einschalten, wenn Sie die Blockierungsereignisse in die Protokolle aufnehmen möchten. Hierzu ändern Sie die folgende Sektion:

```
<BlockingCollector enabled="true"
         pollinginterval="5" maxfilesize="350" filecount="1"/>
```

Wenn Sie sich einmal durch die Konfiguration durchgearbeitet haben und mit einer erstellten Konfigurationsdatei eine Diagnose starten und beenden, dann finden Sie letztlich im Ausgabeverzeichnis von SQLdiag eine Reihe von Dateien, in denen die konfigurierte Information gespeichert ist. Teilweise ist das Dateiformat einfacher Text, was eine manuelle Analyse erfordert und daher natürlich etwas mühsam ist. Diese Textprotokolle sind wahrscheinlich eher für den Microsoft Support geeignet, um wirklich systeminterne Informationen abzufragen und auch festzustellen, unter welchen Umständen und mit welchen Parametern SQLdiag selber ausgeführt wurde.

Wirklich interessant ist die Möglichkeit, die ebenfalls erzeugte SQL Server-Ablaufverfolgung im Profiler zu öffnen und anschließend die Leistungsdaten des Windows-Systemmonitors, die Sie gleichermaßen im Ausgabeverzeichnis finden, zu importieren. Diese Vorgehensweise haben Sie in Abschnitt *Verbindung von Systemmonitor-Berichten mit Ablaufverfolgungen* kennengelernt. (Betrachten Sie hierzu bitte noch einmal Abbildung 4.20.) Hier spielt SQLdiag wirklich seine Stärken aus, vorausgesetzt immer, Sie haben sich einmal die Arbeit gemacht und eine entsprechende Konfigurationsdatei erstellt. Über den fortlaufenden Modus (Parameter /L), in dem Sie über die Parameter /B und /E Zeitpunkte für den Start und die Beendigung der Protokollierung angeben müssen, können Sie die Protokollierung einschränken und SQLdiag so ausführen, dass die Protokollierung automatisch nur den für Sie interessanten Zeitraum umfasst.

Am Ende dieses Kapitels werden Sie weitere Möglichkeiten zur Auswertung von mit SQLDiag erzeugten Protokollen kennenlernen: die RML Utilities sowie ein Werkzeug namens PAL (Performance Analysis of Logs).

 Bei aller Nützlichkeit von SQLdiag und der äußerst bequemen Art und Weise, sehr einfach detaillierte Informationen über den Zustand der SQL Server-Instanz und des Betriebssystems zu erhalten, bedenken Sie bitte auch hier, dass die Protokollierung sich drastisch auf die Systemleistung auswirken kann, wenn das Protokoll zu ausführlich wird. Insbesondere die in der Datei *SD_Detailed.xml* enthaltene Konfiguration führt zu einer sehr umfangreichen Protokollierung, die nur in seltenen Fällen wirklich sinnvoll sein dürfte. Es gilt also, wie so oft, einen Mittelweg zu finden, bei dem Sie nur die wirklich benötigten Informationen in die Protokollierung einschließen.

4.11 Ausführungspläne

In Kapitel 3 haben Sie bereits eine kurze Einführung in die Darstellung von Abfrageplänen erhalten. An dieser Stelle soll diese Einführung nun etwas erweitert werden, und zwar dahingehend, dass Sie in die Lage versetzt werden, mögliche Probleme durch die Auswertung des vom Optimierer erzeugten Abfrageplanes zu erkennen.

Wir betrachten hier nur den grafischen Ausführungsplan für die Analyse. Dieser Plan enthält, wie bereits in Kapitel 3 erwähnt, Operatoren (Knoten) und Pfeile (Kanten), die den Datenfluss zwischen den Operatoren verdeutlichen. Für komplexe Abfragen kann der grafische Ausführungsplan ebenfalls sehr komplex werden. Abbildung 4.26 zeigt noch einmal ein Beispiel für einen einfachen grafischen Ausführungsplan.

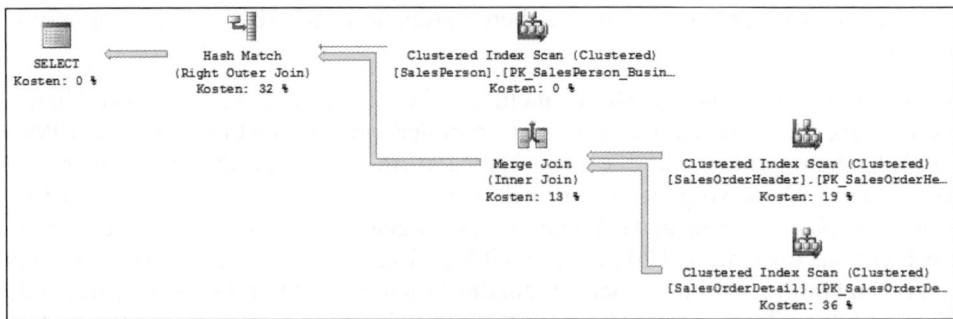

Abbildung 4.26: Beispiel für einen grafischen Ausführungsplan

Sie werden im weiteren Verlauf dieses Buches eine Vielzahl solcher Pläne sehen und anhand dieser Pläne ein Verständnis dafür entwickeln, auf welche Weise der Optimierer arbeitet. Der Ausführungsplan ist auch geeignet, um problematische Abfragen zu analysieren bzw. herauszufinden, worin genau das Problem liegt. Auch für diese Analyse werden wir im weiteren Verlaufe des Buches Ausführungspläne untersuchen.

In Kapitel 3 haben Sie bereits eine generelle Einführung in die Arbeit mit Ausführungsplänen erhalten. An dieser Stelle soll nun diese Einführung fortgesetzt werden. Zunächst einmal möchte ich Ihnen die wichtigsten Operatoren vorstellen, die Ihnen in Ausführungsplänen immer wieder begegnen werden. Anschließend erhalten Sie dann einige Tipps zur Analyse von Ausführungsplänen und werden erfahren, worauf Sie in einem Ausführungsplan achten sollten, um mögliche Probleme zu entdecken.

4.11.1 Wichtige Operatoren in Ausführungsplänen

Eine Aufzählung aller verfügbaren, insgesamt über 100, Operatoren ist an dieser Stelle sicher nicht angebracht, dafür ist die Online-Dokumentation der geeignetere Ort. Einige Operatoren, die Sie in den meisten Abfrageplänen finden, sollten Sie jedoch in jedem Fall mehr oder weniger beherrschen – und genau diese Operatoren möchte ich Ihnen in diesem Abschnitt kurz vorstellen. Im weiteren Verlaufe dieses Buches wird Ihnen dann noch eine Reihe anderer Operatoren begegnen, die dann jeweils an Ort und Stelle erklärt werden.

Eines aber noch vorweg: Leider ist die deutsche Namensgebung für die Operatoren alles andere als gelungen. Manche Namen für die Operatoren wurden gar nicht übersetzt, andere nur teilweise. Heraus kommt auch hier wieder einmal eine mehr oder weniger „denglische" Bezeichnung, also eine Mischung aus Deutsch und Englisch. Wundern Sie sich also bitte nicht über die manchmal etwas seltsam anmutenden Namen.

Ich habe die Operatoren in unterschiedliche Kategorien eingeteilt, um etwas Ordnung in die Aufzählung zu bringen. Jede Kategorie wird in den folgenden Abschnitten in einer eigenen Tabelle dargestellt. Leider ist es so, dass in den Erklärungen für die Operatoren ein wenig vorgegriffen werden muss, weil viele Konzepte erst in späteren Kapiteln behandelt werden. In den Erklärungen finden Sie jeweils einen Hinweis auf die weiterführenden Kapitel.

Such-Operatoren

Die wichtigsten Operatoren zur Suche von Daten in Tabellen und Indizes zeigt Tabelle 4.4. Die gegebenen Erklärungen nehmen hier schon auf Indexkonzepte Bezug, die wir erst in den Kapiteln 5 und 6 behandeln. Mehr zur Indexoptimierung erfahren Sie dann in den Kapiteln 11 und 13.

Operator	Symbol	Erklärung
Table Scan		Dieser Operator steht für die sequenzielle Suche in einer Tabelle, die über keinen gruppierten Index verfügt. Bei einer solchen Operation müssen alle Datenseiten der Tabelle gelesen werden.
Clustered Index Scan		Auch dieser Operator durchsucht alle Datenseiten einer Tabelle sequenziell. Der Unterschied zum Table Scan ist lediglich der, dass für diese Tabelle ein gruppierter Index existiert.
Nonclustered Index Scan		Dieser Operator liest alle Daten in einem nicht gruppierten Index. Auch diese Suche wird sequenziell durchgeführt, es werden also wirklich alle Indexseiten gelesen.
Nonclustered Index Seek		In einem nicht gruppierten Index wird eine Suche über den Indexbaum durchgeführt.
Clustered Index Seek		Auch hier wird über den Indexbaum gesucht, aber in diesem Fall über den gruppierten Index einer Tabelle.
Schlüsselsuche (Clustered)		Wenn über eine Such-Operation nicht alle erforderlichen Spaltenwerte geholt werden konnten, dann müssen die fehlenden Werte über eine Suche im gruppierten Index sozusagen „nachgeladen" werden, wenn für die Tabelle ein gruppierter Index existiert. Mehr hierzu erfahren Sie in Kapitel 5.
RID Lookup		Wenn über eine Such-Operation nicht alle erforderlichen Spaltenwerte geholt werden konnten und kein gruppierter Index existiert, dann müssen die fehlenden Werte aus einer Datenseite gelesen werden. Hierzu wird über einen RowID (RID) Lookup direkt zur dieser Datenseite navigiert. Auch hierzu erfahren Sie mehr in Kapitel 5.

Tabelle 4.4: Such-Operatoren

JOIN-Operatoren

JOIN-Operatoren verarbeiten Eingaben aus zwei Kanälen und erzeugen einen Ausgabestrom (siehe zum Beispiel Abbildung 4.26 und dort den Hash Match-Operator). Die in Tabelle 4.5 aufgeführten Operatoren werden dabei nicht nur für die Verknüpfung von Tabellen verwendet. Wenn eine Suche über einen Index durchgeführt wird, aber die Indexdaten nicht alle im weiteren Verlauf benötigten Daten enthalten, dann müssen diese Daten über zusätzliche Suchen ermittelt werden. In so einem Fall dient ein JOIN-Operator auch dazu, die Daten der beiden Suchoperationen zu verknüpfen. Wenn Ihnen das im Moment noch zu kompliziert erscheint, dann gedulden Sie sich bitte bis zum Kapitel 5, dort erfahren Sie mehr über Indizes und Indexsuchen. In Kapitel 9 werden wir uns dann ausführlich mit den unterschiedlichen physikalischen JOIN-Operatoren auseinandersetzen. Daher verstehen Sie bitte Tabelle 4.5 nur als eine erste Einführung in die Thematik.

Operator	Symbol	Erklärung
Merge Join		Ein Merge Join verarbeitet sortierte Eingabedaten. Dadurch ist dieser Operator vor allem bei der Verknüpfung großer Datenmengen, die bereits (etwa durch einen geeigneten Index) sortiert vorliegen, eine gute Wahl. Möglicherweise ist es auch sinnvoll, die Daten vorher durch einen Sort-Operator (siehe unten) zu sortieren. In Abbildung 4.26 sehen Sie ein Beispiel für einen Merge Join. Bei einer Merge Join-Operation werden die Eingabeströme prinzipiell wechselseitig verarbeitet, wohingegen die anderen Join-Operatoren als äußere und innere Schleife abgearbeitet werden.
Hash Match		Wenn größere Datenmengen, die nicht entsprechend der Verknüpfungsbedingung sortiert sind, verknüpft werden sollen, dann ist es oftmals sinnvoll, eine Hashtabelle als Hilfskonstrukt zu erzeugen. Über diese Hashtabelle werden dann Suchoperationen und Verknüpfungen durchgeführt. In Abbildung 4.26 sehen Sie den Hash Match-Operator, der dort für den Right Outer Join verwendet wird. Sie können sich den Hash Match-Operator wie eine Schleife vorstellen. Der obere Eingabezweig ist die äußere Schleife, über die die Hashwerte bestimmt werden. Für jeden Wert in der äußeren Schleife wird dann eine Suchoperation für den ermittelten Hashwert entsprechend des unteren Zweiges durchgeführt. Wird der Wert nicht gefunden, dann stimmen beide Zeilen nicht überein. Wenn der Wert gefunden wird, dann erfolgt eine Prüfung auf tatsächliche Übereinstimmung und der JOIN liefert – bei Übereinstimmung – eine Zeile. Diese zusätzliche Prüfung ist erforderlich, um bei Hash-Kollisionen ebenfalls eine korrekte Ausgabe zu erhalten.
Nested Loops		Auch der Nested Loop-Operator wird als innere und äußere Schleife ausgeführt. Die Suche wird aber hier nicht durch eine zusätzliche Hashtabelle unterstützt. Dieser Operator ist deshalb in den meisten Fällen dann sinnvoll, wenn in der äußeren Schleife nur wenige Zeilen enthalten sind und die innere Schleife durch einen unterstützenden Index durchsucht werden kann. Möglicherweise wird der Optimierer auch einen temporären Index erstellen, um die innere Suche zu beschleunigen (siehe Spool-Operator weiter unten).

Tabelle 4.5: Join-Operatoren

Alle JOIN-Operatoren kennen verschiedene Unterarten, wie zum Beispiel den SEMI JOIN, den INNER JOIN und die verschiedenen OUTER JOIN-Typen. Hierauf wird etwas weiter unten und dann später in Kapitel 9 nochmals eingegangen.

Sonstige Operatoren

Die in Tabelle 4.6 aufgeführten Operatoren werden Sie ebenfalls recht häufig in Ihren Abfrageplänen finden.

Operator	Symbol	Erklärung
Sort		Der Sort-Operator sortiert die Eingabe entsprechend der Sortierbedingung.
Spool		Ein Spool-Operator erstellt ein temporäres Objekt in der *tempdb*. In manchen Fällen kann das Speichern eines Zwischenergebnisses in dieser Form zu einer Verbesserung der Abfrageleistung beitragen. Die Beschleunigung kommt dadurch zustande, dass der entsprechende Abfragezweig nicht mehrfach durchlaufen werden muss, sondern stattdessen auf das Zwischenergebnis zurückgegriffen werden kann. Das temporäre Objekt kann zum Beispiel ein Index oder eine Tabelle sein. Ein Spool kann hierbei in zwei verschiedenen Formen auftreten: Eager und Lazy. Der Eager Spool lädt alle benötigten Zeilen, sobald die erste Zeile aus dem Spool benötigt wird. Bei einem Lazy Spool erfolgt das Laden der Zeilen auf Anforderung. Eine Zeile wird erst dann im Spool gespeichert, wenn sie das erste Mal angefordert wird.
Filter		Der Filter-Operator ist ein Scan-Operator. Er durchsucht die Eingabe sequenziell und erstellt eine Ausgabe entsprechend der Filterbedingung.

Tabelle 4.6: Weitere wichtige Operatoren

Wenn Sie einen grafischen Ausführungsplan analysieren, dann kommen Sie mit den oben aufgeführten Operatoren bereits ein gutes Stück weiter. Auf längere Sicht allerdings werden Sie nicht umhinkommen, neben diesen Basisoperatoren auch noch einige weitere zu kennen. Es wird Ihnen vor allem in der ersten Zeit immer wieder passieren, dass Sie Operatoren in einem Plan entdecken, die Ihnen unbekannt sind. Dazu gibt es eben einfach zu viele Operatoren. Glücklicherweise finden Sie im grafischen Ausführungsplan aber zu jedem Operator weitere Informationen, wobei auch eine Kurzbeschreibung über die Funktion des Operators selber ausgegeben wird. Welche Informationen dies sind und wie Sie diese Informationen finden, erklärt der folgende Abschnitt.

4.11.2 Eigenschaften von Operatoren

Schauen Sie sich bitte noch einmal Abbildung 4.26 an. Dort finden Sie für jeden Operator auch eine Angabe über die relativen Kosten. Allein über diese Information können Sie sehr schnell einen Überblick über die „Zeitfresser" in einer Abfrage erhalten.

Sobald Sie den Mauszeiger über einen Operator bewegen, öffnet sich ein Fenster mit zusätzlichen Informationen zu diesem Operator. Ein Beispiel für diese Informationen sehen Sie in Abbildung 4.27.

Im oberen Teil des Fensters sehen Sie zunächst den Namen des Operators. Dort finden Sie auch eine Kurzbeschreibung über die Arbeitsweise des Operators. Sofern Sie den beschriebenen Operator noch nicht kennen, werden Sie aus dieser Kurzbeschreibung wahrscheinlich nicht sehr schlau. Die Information ist jedoch nützlich, wenn Sie die Arbeitsweise des Operators bereits einmal untersucht haben – zum Beispiel anhand der Online-Dokumentation. In diesem Fall ist die Kurzbeschreibung sehr hilfreich dabei, Ihr Erinnerungsvermögen anzuregen und die Information aus Ihrem Gedächtnis wieder „hervorzukramen". Unterhalb der Kurzbeschreibung finden Sie eine Tabelle mit den folgenden Informationen:

Hash Match	
Jede Zeile der oberen Eingabe zum Erstellen einer Hashtabelle und jede Zeile der unteren Eingabe zum Einfügen in die Hashtabelle verwenden, wobei alle übereinstimmenden Zeilen ausgegeben werden.	
Physischer Vorgang	Hash Match
Logischer Vorgang	Inner Join
Tatsächlicher Ausführungsmodus	Row
Geschätzter Ausführungsmodus	Row
Tatsächliche Anzahl von Zeilen	296
Tatsächliche Batchanzahl	0
Geschätzte E/A-Kosten	0
Geschätzte Operatorkosten	0,0200592 (7 %)
Geschätzte Unterstrukturkosten	0,078867
Geschätzte CPU-Kosten	0,0200561
Anzahl von Ausführungen	1
Geschätzte Anzahl von Ausführungen	1
Geschätzte Anzahl von Zeilen	242,507
Geschätzte Zeilengröße	175 B
Tatsächliche erneute Bindungen	0
Tatsächliche Zurückspulvorgänge	0
Knoten-ID	4

Ausgabeliste
[AdventureWorks2008R2].[HumanResources].
[EmployeeDepartmentHistory].BusinessEntityID;
[AdventureWorks2008R2].[HumanResources].
[EmployeeDepartmentHistory].StartDate;
[AdventureWorks2008R2].[HumanResources].
[EmployeeDepartmentHistory].EndDate;
[AdventureWorks2008R2].[HumanResources].
[Department].Name; [AdventureWorks2008R2].
[HumanResources].[Department].GroupName;
[AdventureWorks2008R2].[HumanResources].[Shift].Name
Einfügungshashschlüssel
[AdventureWorks2008R2].[HumanResources].
[EmployeeDepartmentHistory].DepartmentID

Abbildung 4.27: Beispiel für zusätzliche *Information über einen Operator*

▸ **Physischer Vorgang**. Dies ist die tatsächliche physische Operation, die von der Query Engine ausgeführt wird.

▸ **Logischer Vorgang**. Der logische Vorgang spezifiziert die auszuführende Operation aus konzeptioneller Sicht. Mit anderen Worten: An dieser Stelle steht die tatsächlich auszuführende Operation. So finden Sie hier zum Beispiel die Aussage, dass ein INNER JOIN durchgeführt wird. Auf welche Art und Weise der JOIN dann tatsächlich physikalisch ausgeführt wird, bestimmt der physische Vorgang. Ein INNER JOIN kann zum Beispiel durch drei verschiedene physische Operatoren implementiert werden. Manche Operatoren haben auch keine Unterscheidung zwischen dem logischen und physikalischen Vorgang; zum Beispiel der Table- oder Clustered Index-Scan. In diesem Fall ist der logische Vorgang gleich dem physikalischen Vorgang. Der Optimierer kann dann also nicht aus unterschiedlichen Operatoren zur Implementierung der Operation wählen.

▸ **Tatsächlicher Ausführungsmodus**. Diese Information ist nur im Zusammenhang mit den neuen Columnstore-Indizes interessant. Der Ausführungsmodus kann „Batch" oder „Row" sein. Im zeilenweisen Ausführungsmodus arbeitet der Operator Zeile für Zeile ab. Sofern ein Columnstore-Index existiert, dieser auch verwendet wird und der Operator eine stapelweise Verarbeitung von Zeilen unterstützt, sehen Sie hier möglicherweise auch den Wert „Batch". Eine stapelweise Abarbeitung ist vor allem dann sinnvoll, wenn große Datenmengen verarbeitet werden müssen. Auf die mit SQL Server 2012 eingeführten Columnstore-Indizes wird in den Kapiteln 5 und 9 näher eingegangen.

▶ **Geschätzter Ausführungsmodus.** Genauso wie im tatsächlichen Ausführungs-modus finden Sie auch hier die Werte „Batch" oder „Row". Die Bedeutung ist die-selbe wie gerade unter „Tatsächlicher Ausführungsmodus" geschildert.

▶ **Tatsächliche Anzahl von Zeilen.** Hier finden Sie die Anzahl von Zeilen, die der Operator verarbeitet hat. Diese Information gibt es nur im aktuellen Plan.

▶ **Tatsächliche Batchanzahl.** Der sogenannte Batch Execution Mode ist ebenfalls nur im Zusammenhang mit den neuen Columnstore-Indizes interessant. Sofern der Ausführungsmodus auf „Batch" steht, finden Sie hier die Anzahl der ausge-führten Batches. Wir kommen in Kapitel 9 noch einmal darauf zurück.

▶ **Geschätzte E/A-Kosten.** Dieser Wert enthält die voraussichtlichen (eben geschätz-ten) E/A-Kosten dieses Operators.

▶ **Geschätzte Operatorkosten.** Dieser Wert enthält die geschätzten Kosten des Opera-tors. Dieser Wert errechnet sich einfach aus der Summe der E/A- und CPU-Kosten. Im grafischen Ausführungsplan finden Sie auch die relativen Kosten des Operators in Bezug auf die Gesamtkosten der Abfrage. Dieser prozentuale Anteil der Opera-torkosten steht in Klammern unterhalb des Operators (siehe Abbildung 4.26).

▶ **Geschätzte Unterstrukturkosten.** An dieser Stelle finden Sie die kumulierten Kosten für den Operator selber und alle untergeordneten (also weiter rechts ste-henden) Zweige. Insbesondere enthält also der Operator oben links die geschätz-ten Gesamtkosten der Abfrage. Bei SELECT-Abfragen ist dies immer der SELECT-Operator (siehe nochmals Abbildung 4.26).

▶ **Geschätzte CPU-Kosten.** Der Wert gibt die geschätzten CPU-Kosten an, die der Operator verursacht. Die Werte für CPU- und E/A-Kosten geben Ihnen auch einen Hinweis darauf, ob der entsprechende Operator hauptsächlich CPU- oder E/A-Last erzeugt. Der in Abbildung 4.27 dargestellte Hash Match-Operator erzeugt (geschätzt!) keinerlei E/A-, sondern ausschließlich CPU-Kosten.

▶ **Anzahl von Ausführungen.** Hier steht die tatsächliche Anzahl der Operator-Aus-führungen, die bei der Ausführung der Abfrage bestimmt wurde. Dieser Wert ist nur im aktuellen Plan enthalten. Leider fehlt hier das Wort „tatsächlich", so wie in allen anderen Informationen, die nur im aktuellen Plan vorhanden sind.

▶ **Geschätzte Anzahl von Ausführungen.** An dieser Stelle wird angegeben, wie oft der Operator voraussichtlich ausgeführt wird.

▶ **Geschätzte Anzahl von Zeilen.** Bei der Erstellung des Abfrageplanes stützt sich der Optimierer auf Kardinalitätsschätzungen, um den für eine Operation optima-len Operator auszuwählen. Wie dies genau funktioniert, erfahren Sie in Kapitel 9. Die erwartete Zeilenanzahl hat zum Beispiel entscheidenden Einfluss auf die Wahl eines Such- oder JOIN-Operators. Die vom Optimierer geschätzte Zeilenanzahl finden Sie an dieser Stelle.

▶ **Geschätzte Zeilengröße.** Hier finden Sie die ungefähre Zeilenlänge. Im Zusam-menhang mit der Zeilenanzahl und der Anzahl von Ausführungen können Sie so zum Beispiel abschätzen, wie viele Byte der Operator insgesamt verarbeitet.

▶ **Tatsächliche erneute Bindungen und tatsächliche Zurückspulvorgänge.** Diese Informationen finden Sie nur im aktuellen Plan. Die beiden Werte sind allein für

Nested Loop Joins interessant. In allen anderen Fällen ist der Wert für die erneuten Bindungen stets 1 und der Wert für die Zurückspulvorgänge 0. Jeder physische Vorgang wird durch den Aufruf einer internen *Init*-Methode wenigstens einmal initialisiert. Für einen Operator in der inneren Schleife eines Nested Loop Joins kann diese Initialisierung mehrfach erforderlich sein. Sobald die Initialisierung erneut erfolgt, werden die Zähler für die erneuten Bindungen und die Zurückspulvorgänge hochgesetzt. Eine erneute Bindung ist immer dann erforderlich, wenn sich die Parameter in der äußeren Schleife derart geändert haben, dass die innere Seite des JOIN-Operators komplett neu berechnet werden muss. Wenn die Parameter für die innere Suchoperation sich nicht geändert haben, dann kann das innere Ergebnis wiederverwendet werden. In diesem Fall ist nur ein Zurückspulen erforderlich; eine erneute Bindung wird dann nicht durchgeführt. Die Summe von erneuten Bindungen und Zurückspulvorgängen sollte der Anzahl von Zeilen entsprechen, die in der äußeren Schleife des Nested Loop-Operators verarbeitet werden. (Dies ist im grafischen Plan der obere Zweig.) Es ist allerdings auch möglich, dass beide Werte überhaupt nicht vorhanden sind, weil für den entsprechenden Operator weder erneute Bindungen noch Zurückspulvorgänge überhaupt durchgeführt werden können. In diesem Fall hat der grafische Ausführungsplan ein kleines Problem, weil auch dann der Wert 0 angezeigt wird.

▸ **Knoten-ID**. Die Knoten-ID ist einfach eine eindeutige Nummer jedes Operators innerhalb des Ausführungsplanes.

▸ **Unterer Teil des Fensters**. Hier stehen weitere Informationen über die Ausführung der Operation. Insbesondere finden Sie hier die Liste der Ausgabeelemente sowie die Argumente des Operators.

Nach dieser kurzen Einführung wollen wir nun untersuchen, wie ein Abfrageplan dabei helfen kann, Probleme herauszufinden.

4.11.3 Analyse von Ausführungsplänen

Beim Betrachten eines grafischen Abfrageplanes können Sie mit etwas Übung Rückschlüsse auf mögliche Probleme ziehen. Diese Verfahrensweise zur Abfrageanalyse ist wirklich ausgezeichnet dafür geeignet, recht schnell die Schwachpunkte in einer Abfrage aufzuspüren. Wir werden hiervon im weiteren Verlauf des Buches regen Gebrauch machen. Allerdings kann die Analyse größerer Pläne für komplizierte Abfragen auch schon einmal eine echte Herausforderung darstellen, ganz einfach deshalb, weil die Darstellung des Baumes für einen solchen Plan sehr viel Platz in Anspruch nimmt und es daher schwierig sein kann, die Analyse systematisch durchzuführen.

Wenn Sie einen solch umfangreichen Plan betrachten, dann versuchen Sie, den Plan in verschiedene Unterpläne zu zerlegen, die Sie dann anschließend getrennt betrachten. Dies gelingt in der Regel immer. Eine große Hilfe bei der Navigation in umfangreichen Plänen ist dabei der in der unteren rechten Ecke des Ausführungsplanes vorhandene Navigator (das ⊞-Zeichen). Sobald Sie diese Schaltfläche betätigen, können Sie einfach durch Ziehen mit der Maus im Ausführungsplan navigieren.

Wenn Sie einen physikalischen Abfrageplan betrachten, dann sollten Sie sich zu Beginn auf die folgenden Anhaltspunkte konzentrieren:

▶ **Prozentuale Operator-Kosten**. Wie bereits erwähnt, steht unter jedem Operator der prozentuale Anteil der Kosten für den Operator. Die Summe aller dieser Kosten sollte also stets 100% betragen. Sie können alleine durch das Inspizieren dieses Wertes herausfinden, ob die Kosten einer Abfrage im Wesentlichen durch einige Operatoren bestimmt werden und sich dann im Weiteren auf diese Operatoren konzentrieren. Natürlich finden Sie auf diese Weise auch die unkritischen Operatoren heraus, also diejenigen, die für die Gesamt-Abfragekosten nicht weiter ins Gewicht fallen.

▶ **Dicke Pfeile weit links oben**. Erinnern Sie sich bitte daran, dass die Stärke der Pfeile die Anzahl der übergebenen Zeilen repräsentiert. Der Optimierer wird stets versuchen, die Zeilenanzahl so früh wie möglich zu begrenzen, damit alle nachfolgenden Operatoren dann weniger Zeilen verarbeiten müssen. Dadurch sollten dicke Pfeile möglichst nur am Beginn der Ausführung, also weit rechts zu finden sein. Wenn Sie in Ihrem Plan stärkere Pfeile weit links oben finden, dann bedeutet dies, dass alle vorhergehenden Operatoren eine Vielzahl von Zeilen verarbeiten mussten. Dies ist möglicherweise ein Indiz dafür, dass eine Abfrage einfach zu viele Zeilen zurückliefert, etwa weil die Filterung, bzw. Einschränkung des Ergebnisses, erst auf dem Client erfolgt.

▶ **Scan-Operationen**. Scan-Operatoren können ein Indiz für fehlende Indizes sein. Generell sind Scan-Operationen nicht schlecht an sich. Es ist sehr gut möglich, dass ein Table- oder Clustered Index-Scan tatsächlich die effizienteste Möglichkeit ist, eine Suchoperation auszuführen, zum Beispiel deshalb, weil sehr viele Zeilen eine Filterbedingung passieren. Möglicherweise gibt es ja auch gar keine Filterbedingung; auch dann ist eine Scan-Operation oftmals absolut in Ordnung. Sie sollten jedoch verstehen, warum in Ihrer Abfrage Scan-Operationen ausgeführt werden, damit Sie entscheiden können, ob Sie etwas unternehmen sollten oder den Scan akzeptieren.

▶ **Schlüsselsuche (Clustered)**. Dies ist fast immer ein Ansatz für eine Indexoptimierung. Eine Schlüsselsuche im gruppierten Index ist dann erforderlich, wenn die initiale Suche von Zeilen, zum Beispiel über den Indexbaum eines nicht gruppierten Index, erfolgt, aber diese Suche nicht alle erforderlichen Daten zurückliefern kann. In diesem Fall ist ein „Nachladen" dieser fehlenden Daten über den gruppierten Index erforderlich. Die zusätzliche Schlüsselsuche im gruppierten Index ist oftmals ein erheblicher Kostenfaktor. Sie können diese Kosten in vielen Fällen durch das Erstellen geeigneter Indizes einsparen. In den Kapiteln 5, 9 und 11 werden wir hierauf näher eingehen.

▶ **Filter-Operatoren**. Ein Filter-Operator arbeitet sequenziell, ist also auch ein Scan-Operator. Wenn Sie in Ihrer Abfrage Filter-Operatoren mit relevanten Kosten finden, dann kann dies ein Hinweis auf fehlende Indizes sein. Prüfen Sie bitte auch, ob Sie in Ihren Filterbedingungen in der WHERE-Klausel Funktionen verwenden. Dadurch wird in vielen Fällen die Verwendung von Indizes unterbunden.

▶ **Sort-Operatoren**. Sort-Operationen sind in der Regel sehr kostspielig. Erinnern Sie sich bitte daran, dass der Sort-Operator ein *Stop And Go*-Operator ist, der also erst dann die Arbeit beginnen kann, wenn alle Eingabezeilen vorliegen. Wenn viele Zeilen sortiert werden müssen, dann wird der entsprechende Sort-Operator auch einen hohen Kostenanteil an den Gesamt-Abfragekosten aufweisen. Möglicherweise können Sie einen Index erstellen, der die Sortierung unterstützt, oder auch einfach auf DINSTINCT-Klauseln verzichten.

▶ **Table Spool/Index Spool.** Das Anlegen von Spools bedeutet das Erzeugen temporärer Objekte in der *tempdb*. Der Optimierer entscheidet sich für einen Spool, wenn er der Meinung ist, dass das Anlegen des Spools und der wiederholte Zugriff auf den Spool insgesamt günstiger sind als die wiederholte Ausführung des gesamten Zweiges, der durch den Spool abgebildet wird. Generell kann diese Verfahrensweise durchaus die Abfrage beschleunigen. Sie sollten jedoch verstehen, warum der Optimierer sich für das Anlegen eines Spools entscheidet. Es ist das Erzeugen des Spools, das die Abfrageleistung möglicherweise negativ beeinflusst. Eventuell können Sie geeignete Indizes erstellen, um den Spool einzusparen.

▶ **Parallele Ausführung von Abfragen.** Der Optimierer hat eine generelle Tendenz zur parallelen Ausführung von Abfragen. Zunächst einmal ist dagegen nichts einzuwenden. Wenn mehrere Prozessoren vorhanden sind, warum dann nicht auch mehrere Prozessoren für die Abfrageausführung heranziehen? Das Problem ist hier, dass nicht alle Operatoren eine parallele Ausführung ermöglichen. Dies bedeutet, dass parallelisierte Daten auch wieder zusammengeführt werden müssen – spätestens natürlich vor dem finalen SELECT-Operator. Dieses Zusammenführen kann die Abfrageleistung vermindern. Generell sollte eine OLTP-Anwendung, die ja vorwiegend kleine Transaktionen verarbeitet, ohne einen merklichen Anteil an parallelen Abfragen auskommen. Wenn große Datenmengen verarbeitet werden, also zum Beispiel in Reporting-Systemen, ist eine parallele Abfrageausführung absolut in Ordnung. In OLTP-Systemen sollten Sie herausfinden, warum eine Abfrage parallel ausgeführt wird, und dies nach Möglichkeit vermeiden. Erinnern Sie sich bitte daran, dass der Optimierer stets versucht, die Ausführungszeit zu minimieren, und dafür alle zur Verfügung stehenden Ressourcen nutzt. Eine massive parallele Ausführung von Abfragen kann Ihr System in die Knie zwingen. In OLAP-Anwendungen, bei denen in der Regel nur wenige Benutzer gleichzeitig arbeiten, ist dies sicher kein Problem. Wenn Sie eine OLTP-Anwendung haben, die typischerweise viele Benutzer gleichzeitig bedient, dann kann eine gleichzeitige parallele Abfrageausführung von vielen Verbindungen das System bis an die Grenze belasten.

Wenn Sie parallele Abfragen entdecken, untersuchen Sie also bitte, ob dies wirklich erforderlich ist. Eventuell können auch hier wieder Indizes helfen.

▶ **Differenzen zwischen geschätzten Werten und tatsächlichen Werten.** Der Optimierer erstellt einen Plan auf der Grundlage von Kardinalitätsschätzungen. Hierbei werden verschiedene Schätzwerte zugrunde gelegt, die Sie weiter oben bereits kennengelernt haben. Wenn Sie einen tatsächlichen Ausführungsplan anschauen, dann können Sie die geschätzten Werten den real aufgetretenen Werten gegenüberstellen. Sollten Sie hierbei merkliche Unterschiede entdecken, dann ist dies ein Indiz dafür, dass der Optimierer nur einen suboptimalen Plan erstellen konnte. Oftmals ist dies darauf zurückzuführen, dass die existierenden Statistiken nicht aktuell sind. Hierauf kommen wir in Kapitel 9 noch einmal zurück.

Bitte achten Sie insbesondere auf relevante Unterschiede zwischen der geschätzten Zeilenanzahl und der tatsächlichen Zeilenanzahl. Ein falscher Schätzwert kann dazu führen, dass der Optimierer einen nicht optimalen Operator für eine Operation auswählt, und die Abfrageleistung enorm verschlechtern. In Kapitel 9 werden Sie hierfür einige Beispiele finden. Bedenken Sie bei der Untersuchung bitte, dass in der inneren Schleife eines Schleifen-Operators die Zeilenanzahl nicht absolut, sondern je Ausführung angegeben wird. Hier müssen Sie also die tatsächliche Zeilenanzahl errechnen, indem Sie das Produkt aus der Anzahl der Ausführungen und der Anzahl von Zeilen je Ausführung bilden.

▶ **Warnungen.** Wenn Sie bei einem Operator ein gelbes Ausrufezeichen entdecken, dann hat der Optimierer ein Problem entdeckt, auf das er Sie durch eine entsprechende Warnung hinweist. Eine solche Warnung kann zum Beispiel durch eine fehlende Statistik oder eine fehlende Verknüpfungsbedingung in einem JOIN hervorgerufen werden. Sie sollten unbedingt verstehen, warum die Warnung erzeugt wird, und eventuell reagieren (zum Beispiel durch das Aktualisieren oder Erstellen der entsprechenden Statistiken; mehr hierzu in Kapitel 9).

Wenn Sie diese Indikatoren untersuchen, dann bekommen Sie in vielen Fällen wertvolle Anhaltspunkte über Schwachstellen oder Probleme in Ihren Abfragen. Wie bereits gesagt, werden wir im weiteren Verlauf dieses Buches hiervon Gebrauch machen. Sie werden dann anhand von Beispielen sehen, wie Abfragen unter Verwendung des grafischen Ausführungsplanes analysiert werden.

Der SQL Server Profiler bietet im Übrigen auch eine Möglichkeit, den Abfrageplan in die Ablaufverfolgung aufzunehmen. Hierfür existieren diverse Ereignisse für Abfragepläne im Text- oder XML-Format, zum Beispiel *Performance:Showplan XML*. Wenn Sie dieses Ereignis in Ihre Ablaufverfolgung einschließen, dann erhalten Sie auch den Abfrageplan im grafischen Format (siehe Abbildung 4.28).

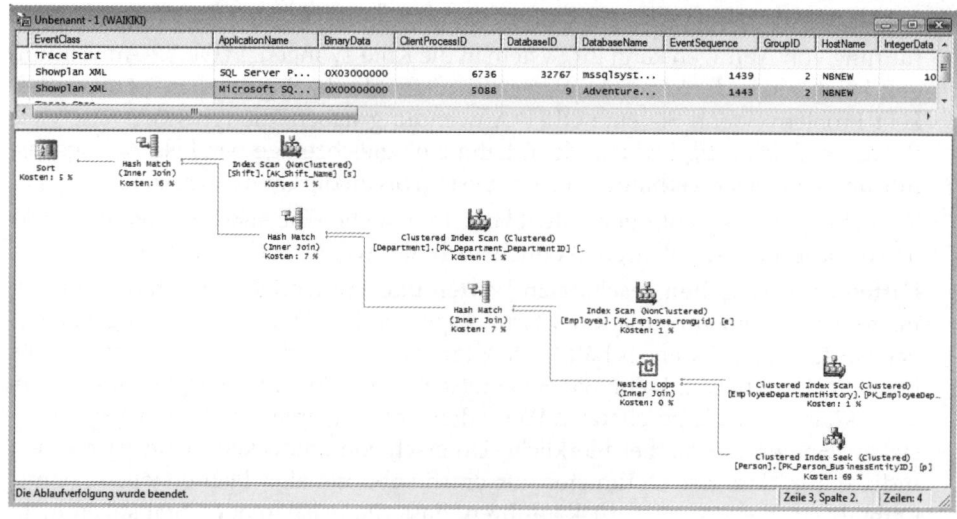

Abbildung 4.28: Der Abfrageplan im SQL Server Profiler

Gehen Sie aber bitte vorsichtig mit dieser Option um. Das entsprechende Ereignis benötigt eine Menge Ressourcen auf dem Server und ebenso viel Speicherplatz zum Speichern der Ablaufverfolgung. Setzen Sie also diese Möglichkeit nur gezielt und mit Bedacht ein.

Aus Kapitel 3 wissen Sie bereits, dass SQL Server bestrebt ist, einmal erstellte Ausführungspläne zur späteren Wiederverwendung im Plancache zu speichern. Dieses Verhalten können Sie ausnutzen, um die im Cache vorhandenen Abfragepläne abzufragen und somit Informationen über die Ausführung bereits beendeter Abfragen zu erhalten. Hierzu verwenden Sie die dynamische Verwaltungssicht `sys.dm_exec_cached_plans`. Diese Verwaltungssicht gibt neben einigen statistischen Informationen auch einen `plan_handle` zurück. Mit diesem `plan_handle` können Sie den entsprechenden Abfrageplan durch einen Aufruf der Funktion `sys.dm_exec_query_plan` ermitteln. Eine entsprechende Abfrage sieht dann etwa so aus:

```
select cp.usecounts,qp.query_plan
  from sys.dm_exec_cached_plans as cp
    cross apply sys.dm_exec_query_plan(cp.plan_handle) as qp
```

Die Abfrage gibt den Plan im XML-Format zurück. Durch einen Klick auf diesen Plan erhalten Sie die grafische Darstellung.

Es ist nicht möglich, aus den von der obigen Abfrage zurückgelieferten XML-Verweisen direkt Rückschlüsse auf die enthaltenen Abfragen selber zu ziehen. Die obige Abfrage ist daher sicherlich nur sehr bedingt dafür geeignet, problematische Abfragen aufzuspüren, da jeder einzelne zurückgelieferte Plan untersucht werden muss. Normalerweise wird der Plancache eines Produktivsystems wenigstens einige Tausend Abfragen enthalten, was das Aufspüren der problematischen Abfragen durch die obige Abfrage nahezu unmöglich macht. Die Verwaltungssichten `sys.dm_exec_cached_plans` und `sys.dm_exec_query_plan` enthalten einfach zu wenige Informationen für eine entsprechende Analyse.

Hier hilft die dynamische Verwaltungssicht `sys.dm_exec_query_stats` weiter. Diese Sicht enthält sehr nützliche Informationen zu Ausführungszeiten und Ressourcenverwendung von Abfragen und darüber hinaus auch Verweise zum Abfragetext und -plan. Wenn Sie `sys.dm_exec_query_stats` zusammen mit `sys.dm_exec_query_plan` und der Funktion `sys.dm_exec_sql_text` verwenden, dann können Sie auf einfache Art und Weise eine Hitliste Ihrer Abfragen erstellen und somit zum Beispiel die Abfragen mit der größten CPU-Last oder den meisten E/A-Operationen herausfinden. Eine entsprechende Abfrage zur Ermittlung der zehn Abfragen mit der längsten Ausführungsdauer sieht dann ungefähr so aus:

```
select top 10
      t.text as SqlAnweisung
      ,execution_count as AnzahlAusführungen
      ,total_physical_reads as [Leseoperationen/Disk]
      ,total_logical_reads as [Gelesene Seiten/Puffer]
      ,total_logical_writes as [Geschriebene Seiten]
      ,cast(total_worker_time/1000.0 as decimal(8,2)) as [CPU/ms]
```

```
        ,cast(total_elapsed_time/1000.0 as decimal(8,2)) as [Dauer/ms]
        ,p.query_plan as Abfrageplan
  from sys.dm_exec_query_stats
        cross apply sys.dm_exec_sql_text(sql_handle) as t
        cross apply sys.dm_exec_query_plan(plan_handle) as p
order by [Dauer/ms] desc
```

Ein Beispiel für das Ergebnis dieser Abfrage sehen Sie in Abbildung 4.29.

SqlAnweisung	AnzahlAusführungen	Leseoperationen/Disk	Gelesene Seiten/Puffer	Geschriebene Seiten	CPU/ms	Dauer/ms	Abfrageplan
select ProductId,sum(lineT...	6	1	7440	0	1129.06	1129.06	<ShowPlanXML xmlns="http:...
select sp.*from Sales.Sale...	1	4	43	0	13.00	326.02	<ShowPlanXML xmlns="http:...
(@1 smallint)SELECT * FR...	4	0	476	0	14.00	312.02	<ShowPlanXML xmlns="http:...
select *from HumanReso...	5	9	5285	0	38.00	224.01	<ShowPlanXML xmlns="http:...
select *from SaLes.SalesO...	12	0	36	0	1.00	1.00	<ShowPlanXML xmlns="http:...

Abbildung 4.29: Gespeicherte Ausführungspläne mit statistischen Informationen

Auch hier können Sie über einen Klick auf den Verweis in der letzten Spalte sofort den grafischen Ausführungsplan ansehen.

Wir werden in den Kapiteln 9 und 10 noch einmal darauf zurückkommen, wie problematische Abfragen unter Verwendung der dynamischen Verwaltungssichten gefunden werden können. An dieser Stelle möchte ich Sie nur noch einmal daran erinnern, dass die in den dynamischen Verwaltungssichten gespeicherte Information flüchtig ist. Es ist also keinesfalls sichergestellt, dass Sie im Plancache tatsächlich alle ausgeführten Abfragen wiederfinden. Der Plancache ist dynamisch und selten benötigte Pläne werden auch wieder aus diesem Cache entfernt, wenn der Hauptspeicher knapp wird. Außerdem kann der gesamte Cache ja auch durch die Anweisung DBCC FREEPROCCACHE geleert werden. Auch dann gehen historische Informationen verloren.

Zum Schluss dieses Abschnitts möchte ich Sie noch einmal explizit daran erinnern, dass ein Ausführungsplan stets vor der Ausführung einer Abfrage erstellt wird. Es ist daher nicht etwa so, dass es einen tatsächlichen Plan und einen geschätzten Plan gibt. Der Optimierer entscheidet sich für *einen* bestimmten Plan, nach dem die Abfrage ausgeführt wird. Im tatsächlichen Ausführungsplan erhalten Sie lediglich erweiterte Informationen, die erst durch eine Ausführung der Abfrage ermittelt werden können.

Hierbei kann es durchaus einmal vorkommen, dass der Optimierer einen nicht optimalen Plan auswählt. Die Ursachen hierfür werden wir in Kapitel 9 untersuchen.

4.12 Datenauflistungen

Dies ist eine meiner Lieblingserweiterungen, die bereits mit SQL Server 2008 eingeführt wurde. Der Name „Datenauflistungen" lässt zunächst nicht vermuten, welch mächtiges Werkzeug sich dahinter verbirgt. SQL Server erlaubt die Konfiguration eines sogenannten *Verwaltungs-Data Warehouse*, das früher auch als *Performance Data Warehouse* bezeichnet wurde. Dieses Data Warehouse fungiert als ein zentrales Repository für die Aufzeichnung von System- und insbesondere Leistungsdaten. Dadurch eröffnet sich Ihnen die Möglichkeit, Daten über das Systemverhalten permanent zu speichern und im Nachhinein zu untersuchen, wie das Systemverhalten in einem bestimmten Zeitraum gewesen ist. Erinnern Sie sich bitte daran, dass die dynamischen Verwaltungssichten nur Daten seit dem letzten SQL Server-Start zurückliefern. Wenn Sie diese Daten permanent speichern wollen, dann mussten Sie in der Vergangenheit zum Beispiel entsprechende SQL Server Agent-Aufträge anlegen, die in zyklischen Abständen Ergebnisse von dynamischen Verwaltungssichten in eigens hierfür angelegte Tabellen übertragen. Die Inhalte dieser Tabellen konnten Sie dann später auswerten (zum Beispiel mit Excel oder auch durch eigens hierfür entwickelte Berichte). Möglicherweise haben Sie eine solche Lösung ja bereits einmal gesehen oder auch schon selber entwickelt.

Diese umständliche Verfahrensweise gehört nun der Vergangenheit an. Seit SQL Server 2008 können Sie ein Verwaltungs-Data Warehouse konfigurieren und die Aufzeichnung von Leistungsdaten zu bestimmten Zeitpunkten veranlassen. Dadurch bekommen gemessene Leistungsdaten eine Historie, und Sie haben zum Beispiel die Möglichkeit, das gegenwärtige Systemverhalten mit Performance-Daten aus der Vergangenheit zu vergleichen – für die Analyse von Performance-Problemen eine oftmals erhebliche Arbeitserleichterung.

4.12.1 Konfiguration eines Verwaltungs-Data Warehouse

Die Standard SQL Server-Installation ermöglicht nicht die Konfiguration eines Verwaltungs-Data Warehouse. Wenn Sie ein Verwaltungs-Data Warehouse einrichten möchten, dann müssen Sie dies nach der Installation separat durchführen. Bei der Einrichtung hilft das Management Studio. Bevor Sie mit der Einrichtung eines Verwaltungs-Data Warehouse (ich werde diesen Begriff in der Folge einfach durch *VDWH* abkürzen) beginnen, sollten Sie aber noch folgende Überlegungen anstellen:

Beim VDWH handelt es sich letztlich um eine separate SQL Server-Datenbank, in die gemessene Leistungsdaten eingetragen und für Auswertungen bereitgestellt werden. Generell können Sie je SQL Server-Instanz ein eigenes VDWH anlegen. Dies widerspricht aber sicherlich dem Gedanken des gemeinsamen Repository, in dem alle erforderlichen Analysedaten zentral gespeichert werden. Die ausdrückliche Empfehlung ist daher, ein VDWH für Ihre Serverlandschaft aufzusetzen. Sofern Sie mehrere SQL Server-Instanzen im Einsatz haben, können Sie dann wirklich an zentraler Stelle Informationen sammeln und auswerten. Natürlich kosten sowohl das Sammeln von Daten als auch die späteren Auswertungen entsprechende Ressourcen. Die Empfehlung ist daher ausdrücklich, das VDWH möglichst nicht auf einem bereits stark belasteten Produktivsystem zu installieren. Richten Sie am besten für das VDWH eine eigene SQL Server-Instanz ein, oder wählen Sie zumindest eine Instanz aus, die nur wenig belastet wird.

Wenn Sie sich für eine geeignete SQL Server-Instanz entschieden haben, dann können Sie das VDWH mit einem einfach zu bedienenden Assistenten auf dieser Instanz in Betrieb nehmen. Im ersten Schritt muss hierzu zunächst eine VDWH-Datenbank erstellt werden. Den hierfür vorhandenen Assistenten öffnen Sie einfach aus dem Kontextmenü für den Eintrag VERWALTUNG/DATENSAMMLUNG im Objekt-Explorer (Abbildung 4.30).

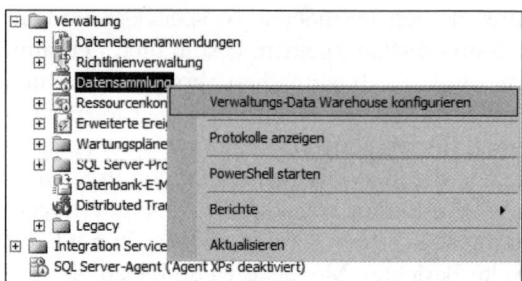

Abbildung 4.30: Assistenten zur Konfiguration eines VDWH starten

Wählen Sie im Kontextmenü den Eintrag VERWALTUNGS-DATA WAREHOUSE KONFIGU-RIEREN, so wie in der Abbildung gezeigt. Auf der zweiten Seite des Assistenten wählen Sie die Option VERWALTUNGS-DATA WAREHOUSE ERSTELLEN ODER AKTUALISIEREN aus (Abbildung 4.31).

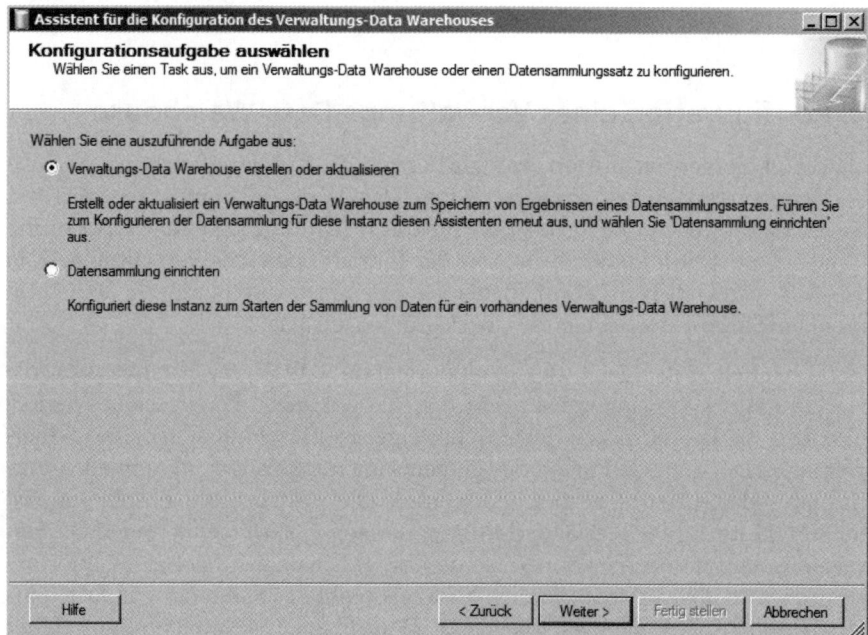

Abbildung 4.31: Verwaltungs-Data Warehouse konfigurieren

Anschließend müssen Sie sowohl eine SQL Server-Instanz als auch einen Datenbanknamen für die Speicherung des VDWH angeben. Sie können hierfür eine bereits vorhandene Datenbank verwenden, der Assistent ermöglicht Ihnen aber auch das Erstellen einer neuen Datenbank. Legen Sie am besten eine neue Datenbank an und nennen Sie diese Datenbank zum Beispiel einfach *VDWH*. Anschließend haben Sie noch die Möglichkeit, Zugriffsrechte auf diese Datenbank – sowohl für das Einfügen von Daten als auch für die Abfrage gespeicherter Daten – zu vergeben. Hierfür existieren drei Datenbankrollen in der neu angelegten Datenbank:

- ▶ **mdw_admin**. Mitglieder dieser Rolle haben alle Berechtigungen.
- ▶ **mdw_reader**. Mitglieder dieser Rolle dürfen Daten abfragen.
- ▶ **mdw_writer**. Mitglieder dieser Rolle dürfen Daten im VDWH verändern.

Da es uns in den folgenden Experimenten und Untersuchungen lediglich darum geht, die generelle Funktionalität herauszustellen, kümmern wir uns nicht um die Vergabe von Rechten und wählen einfach eine sehr niedrige Sicherheitsstufe. Tragen Sie am besten alle Benutzer des Testsystems als *mdw_admin* ein. In Produktivsystemen ist dies natürlich ausdrücklich nicht empfehlenswert, aber für unsere Versuche mit dem VDWH durchaus in Ordnung. Wenn Sie den Assistenten abschließen, können Sie anschließend die erstellte Datenbank im Objekt-Explorer sehen. Die Datenbank enthält bereits eine Reihe von Tabellen, Sichten, gespeicherten Prozeduren und auch Funktionen, die alle verwendet werden, um Daten zu sammeln und abzufragen.

4.12.2 Konfigurieren von Datenauflistungen

Nachdem nun die VDWH-Datenbank erzeugt wurde, existiert zunächst einmal die generelle Infrastruktur für das Sammeln von Daten. Datensammlungen an sich werden allein durch die Konfiguration des VDWH noch nicht durchgeführt. Hierfür müssen zunächst noch entsprechende Datenauflistungen in einem separaten Schritt konfiguriert werden. Bevor wir dies erledigen, sind jedoch noch einige einführende Bemerkungen zu dieser Thematik erforderlich.

Zunächst einmal ist das VDWH sicherlich auf längere Sicht – und damit meine ich über mehrere SQL Server-Versionen hinweg – dafür ausgelegt, möglichst alle relevanten Informationen an zentraler Stelle zu speichern. Diese Informationen beziehen sich dabei nicht lediglich auf Leistungsdaten, sondern werden sicherlich in der Zukunft noch erweitert werden, zum Beispiel um Informationen zur Konfiguration. Daher wurde der ursprüngliche Name wohl auch noch einmal von Performance Data Warehouse in Verwaltungs-Data Warehouse geändert. Im Augenblick allerdings sind die standardmäßig vorhandenen Möglichkeiten vor allem auf die Messung und Speicherung von Performance-Daten ausgelegt.

Wenn Sie eine Datenauflistung konfigurieren, dann muss diese Auflistung einem der in SQL Server vordefinierten Auflistertypen entsprechen. Im Moment stehen Ihnen die folgenden Auflistertypen zur Verfügung:

- ▶ **Generischer T-SQL-Abfrageauflistertyp**. Dies ist unbestritten mein Lieblings-Auflistertyp. Er ermöglicht das Ausführen einer beliebigen T-SQL-Abfrage, wobei das Ergebnis dieser Abfrage letztlich in das VDWH übertragen wird. Dadurch existiert zum Beispiel die Möglichkeit, die Ergebnisse beliebiger dynamischer Verwaltungssichten, die ja ansonsten flüchtig sind, permanent zu speichern. Da die dynamischen Verwaltungssichten sehr umfangreiche Informationen zu SQL Server-Instanzen, aber auch zum Betriebssystem liefern, eröffnet dieser Auflistertyp nahezu unbegrenzte Möglichkeiten. Gleichzeitig bekommen Sie hier auch eine sehr gute Motivation für das Auseinandersetzen mit den dynamischen Verwaltungssichten, denn diese sollten Sie natürlich einigermaßen beherrschen, wenn Sie eigene Datenauflistungen dieses Auflistertyps konfigurieren möchten. In Kapitel 11 werden Sie hierzu ein Beispiel sehen.

▶ **Generischer SQL-Ablaufverfolgungs-Auflistertyp.** Wie Sie wahrscheinlich bereits anhand des Namens vermuten, können Sie diesen Auflistertyp zur Konfiguration von SQL Server-Ablaufverfolgungen verwenden. Hierbei erstellen und starten Sie im Prinzip eine serverseitige Ablaufverfolgung.

▶ **Leistungsindikatoren-Sammlertyp.** Dieser Auflistertyp kann zum Sammeln von Informationen über Leistungsindikatoren des Betriebssystems und auch von SQL Server-eigenen Leistungsindikatoren verwendet werden.

▶ **Abfrageaktivitäts-Sammlertyp.** Der Auflistertyp untersucht zunächst statistische Werte ausgeführter Abfragen. Sobald eine Abfrage in einem untersuchten Bereich bestimmte Schwellwerte über- bzw. unterschreitet, werden die Daten dieser Abfrage im VDWH gespeichert. Die hierfür relevanten Messwerte sind zum Beispiel die Anzahl der aktuell offenen Transaktionen oder die benötigte CPU-Zeit. Sobald mehr als acht offene Transaktionen existieren oder eine Abfrage über fünf Sekunden CPU-Zeit benötigt, werden die entsprechenden Daten der Abfrage in das Protokoll aufgenommen. Dies ist nur ein Beispiel; es gibt noch eine Reihe weiterer Kriterien, die Sie natürlich in der Dokumentation nachlesen können.

Es ist sicherlich zu erwarten, dass diese Auflistertypen in zukünftigen SQL Server-Versionen erweitert werden, sodass die Möglichkeiten der Messung und Protokollierung sich tatsächlich dahingehend entwickeln, dass das VDWH möglichst die kompletten Informationen über SQL Server Performance, Probleme, Konfigurationen usw. aufnehmen kann.

Ich hoffe, dass es dann auch komfortablere Möglichkeiten für die Konfiguration einer Datenauflistung gibt, als dies im Moment der Fall ist. Das Management Studio unterstützt nämlich momentan das Anlegen einer benutzerdefinierten Datenauflistung nicht. Wenn Sie eine solche Datenauflistung einrichten möchten, dann funktioniert dies momentan nur über den Aufruf einer Reihe von gespeicherten Prozeduren, die allesamt in der Systemdatenbank *msdb* vorhanden sind. Die sicherlich wichtigste Prozedur ist hierbei sp_syscollector_create_collection_item. An diese Prozedur wird unter anderem auch die Konfiguration der zu erzeugenden Auflistung übergeben. Diese Konfiguration ist – wie könnte es wohl anders sein – ein XML-Dokument. Sie werden also nicht umhinkommen, sich mit der entsprechenden XML-Syntax zu befassen, sobald Sie eigene Auflistungen erstellen. In Kapitel 11 werden Sie erfahren, wie man hierfür vorgehen kann. Dort erfahren Sie auch ein wenig mehr über die anderen Prozeduren, die Ihnen für eine Konfiguration benutzerdefinierter Datensammlungen zur Verfügung stehen.

Der SQL Server Profiler bildet hier eine positive Ausnahme. In Abschnitt *Serverseitige Ablaufverfolgungen* haben Sie bereits gesehen, wie Sie mit dem Profiler ein T-SQL-Skript erstellen können, das eine serverseitige Ablaufverfolgung erstellt und startet.

Auf genau demselben Weg können Sie auch ein Skript für das Erstellen einer Datensammlung für die konfigurierte Ablaufverfolgung erstellen. Wählen Sie hierzu aus
dem Menü DATEI/EXPORTIEREN/SKRIPT FÜR ABLAUFVERFOLGUNGSDEFINITION ERSTEL-
LEN/FÜR DEN AUFLISTSATZ DER SQL_ABLAUFVERFOLGUNG?. Das so erzeugte T-SQL-
Skript können Sie dann ausführen und so die Datensammlung starten.

Glücklicherweise müssen Sie aber nicht unbedingt einen eigenen Auflistsatz definieren, wenn Sie SQL Server-Leistungsdaten unter Verwendung einer Datenauflistung
protokollieren möchten. SQL Server kommt bereits mit vordefinierten sogenannten
Systemdaten-Auflistsätzen daher. Diese Auflistsätze enthalten ebenfalls vordefinierte
Auflistelemente, in denen im Prinzip beschrieben ist, welche Daten im VDWH protokolliert werden sollen. Durch diese vordefinierten Vorlagen ist das Konfigurieren
einer Datenauflistung relativ einfach. Im Moment bietet SQL Server die folgenden vier
vordefinierten Systemdaten-Auflistsätze an:

▶ **Auflistsatz für Serveraktivität**. Dieser Auflistsatz erfasst Leistungsdaten zu SQL
Server sowie die Verwendung von Ressourcen durch SQL Server. Darüber hinaus
können Sie mit diesem Auflistsatz auch Systemressourcen außerhalb von SQL Server überwachen. Hierzu werden sowohl Leistungsindikatoren des Systems als
auch von SQL Server selber abgefragt und protokolliert. Außerdem fließen die
Ergebnisse diverser dynamischer Verwaltungssichten in das Protokoll ein. Hierzu
zählen zum Beispiel die Sichten sys.dm_exec_sessions, sys.dm_exec_requests, sys.
dm_os_waiting_tasks und sys.dm_os_wait_stats. Dieser Auflistsatz ist sehr gut geeignet, um einen schnellen Überblick über das Gesamtsystem zu erhalten.

▶ **Auflistsatz für Datenträgerverwendung**. Der Auflistsatz ermittelt datenbank- und
dateibezogene Größen in Bezug auf Wachstumsraten von Dateien und Datenbanken. Auch Informationen zur eigentlichen Datenträgerverwendung werden in den
Auflistsatz eingeschlossen. Hierzu werden ebenfalls dynamische Verwaltungssichten abgefragt, zum Beispiel sys.dm_io_virtual_file_stats und sys.partitions.

▶ **Auflistsatz für Abfragestatistiken**. Über diesen Auflistsatz wird vor allem die
dynamische Verwaltungssicht sys.dm_exec_query_stats abgefragt. Abhängig vom
Ergebnis dieser Abfrage werden dann in der Folge sowohl die Abfragestatistiken
als auch der Abfragetext nebst dem Ausführungsplan der Abfragen mit dem
größten Ressourcenverbrauch in einer Kategorie ermittelt und protokolliert. Für
den Ressourcenverbrauch werden hierbei zum Beispiel die Ausführungszeit
sowie die erforderlichen Lese- und Schreibvorgänge betrachtet.

▶ **Auflistsatz für Hilfsprogrammkontrollpunkte (Utility Control Point)**. Sofern
Ihr SQL Server von einem Hilfsprogrammkontrollpunkt (UCP) verwaltet wird,
dann wird eine entsprechende Datenauflistung erzeugt und gestartet, die Informationen über Leistungs- und Konfigurationsinformation sammelt. Diese Möglichkeit fällt in den Bereich SQL Server-Administration und ist daher nicht
Bestandteil des vorliegenden Buches.

Prinzipiell werden die in einer Datenauflistung enthaltenen Daten nach einem festgelegten Zeitplan gemessen und in das VDWH geladen. Allerdings gibt es hierbei
eine kleine Besonderheit. Das Messen und Hochladen kann nach verschiedenen

Zeitplänen, also letztlich mit unterschiedlicher Häufigkeit erfolgen. Es ist möglich und auch empfehlenswert, die gemessenen Daten nicht sofort hochzuladen, sondern zunächst zwischenzuspeichern. Der verwendete Zwischenspeicher ist hierbei einfach ein Verzeichnis auf dem lokalen Server. Diese Verfahrensweise der Entkopplung von Messung und Speicherung im VDWH bewirkt letztlich, dass der SQL Server, der das VDWH beherbergt, nicht allzu sehr belastet wird. Betrachten wir als Beispiel den Auflistsatz für die Abfragestatistiken. Die Messung der in diesem Auflistsatz vorhandenen Elemente erfolgt alle zehn Sekunden, das Hochladen in das VDWH aber nur alle 15 Minuten. Dadurch erhalten Sie eine sehr fein granulare Auskunft, belasten aber das VDWH nicht allzu sehr. Ein Hochladen, das synchron mit der Messung, also alle zehn Sekunden erfolgen würde, möglicherweise auch noch von diversen zu beobachtenden SQL Servern, ist sicherlich nicht zu empfehlen. Auch für Datensammlungen des Typs SQL-Ablaufverfolgung ist diese Entkopplung sehr sinnvoll. Die Ablaufverfolgungsdaten werden zunächst lokal in Dateien gespeichert und dann in größeren Abständen in das VDWH übertragen.

Nach dieser kurzen Einführung wollen wir nun die systemeigenen Auflistsätze in Betrieb nehmen und dafür sorgen, dass die entsprechenden Daten in das VDWH geladen werden.

 Achten Sie bitte darauf, dass der SQL Server Agent gestartet sein muss, wenn Sie die Einrichtung der Datenauflistung vornehmen.

Für das Einrichten der Datenauflistung können Sie wieder einen Assistenten verwenden, den Sie über das Kontextmenü starten, so wie bereits in Abbildung 4.30 gezeigt. Wählen Sie diesmal die Option DATENAUFLISTUNG EINRICHTEN auf der zweiten Seite des Assistenten (siehe Abbildung 4.31). Im nächsten Schritt werden Sie dann aufgefordert, ein lokales Cacheverzeichnis für das temporäre Zwischenspeichern der gesammelten Daten anzugeben. Dieses Verzeichnis muss existieren, ansonsten bekommen Sie später beim Versuch, Daten in den Cache zu schreiben, eine Fehlermeldung. Wählen Sie also ein geeignetes Verzeichnis aus, und beenden Sie den Assistenten. Der Assistent aktiviert die Datenauflistung und startet auch die Systemdaten-Auflistsätze zur Messung der Datenträgerverwendung und Serveraktivität. Im Objekt-Explorer finden Sie nach erfolgreicher Einrichtung die entsprechenden Einträge, die im Release Candidate 0 noch in englischer Sprache dargestellt werden (Abbildung 4.32).

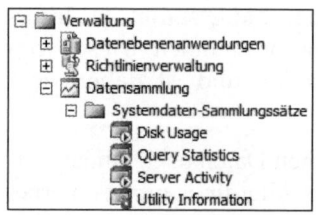

Abbildung 4.32: Systemauflistsätze nach erfolgreicher Einrichtung der Datenauflistung

Der Assistent legt entsprechende SQL Server Agent-Aufträge für das Sammeln und Hochladen der in den Datenauflistungen konfigurierten Informationen an.

Wenn ein Auflistsatz einmal eingerichtet ist, dann können Sie die Eigenschaften durch das SQL Server Management Studio bearbeiten. Den zugehörigen Eigenschafts-Dialog öffnen Sie einfach, wie gewohnt, aus dem Kontextmenü. In Abbildung 4.33 sehen Sie ein Beispiel für den Auflistsatz zur Serveraktivität.

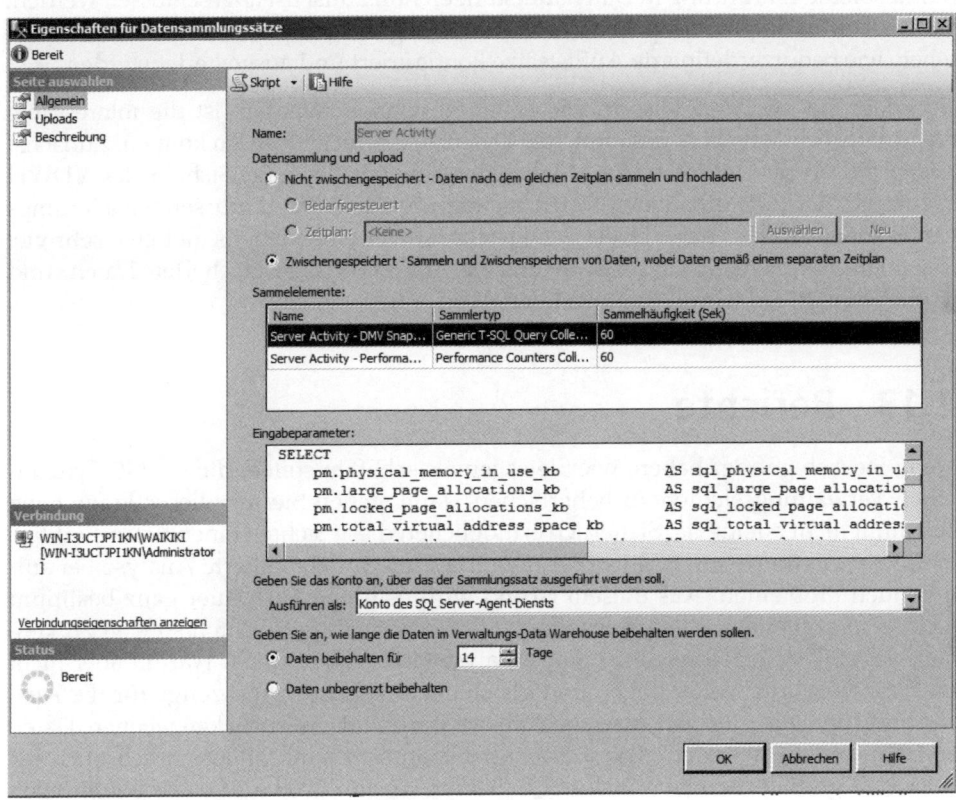

Abbildung 4.33: Der Systemdaten-Auflistsatz „Serveraktivität"

Über den Dialog können Sie die Eigenschaften eines Auflistsatzes vor allem ansehen. Eine Konfiguration ist nur bedingt möglich. Die einzigen Parameter, die Sie tatsächlich ändern können, sind diejenigen zu Zeitplänen für das Auflisten und Hochladen in das VDWH sowie die Dauer, für welche die entsprechenden Daten im VDWH aufgehoben werden sollen. Nicht möglich ist das Hinzufügen, Ändern oder Entfernen von Auflistelementen. Diese Aufgabe müssen Sie momentan noch über T-SQL erledigen, indem Sie die entsprechenden gespeicherten Prozeduren aus der Systemdatenbank *msdb* aufrufen. Sie können jedoch (im Bereich EINGABEPARA-METER) die in den einzelnen Auflistelementen enthaltenen Parameter ansehen. In Abbildung 4.33 ist nur ein Teil dieser Informationen erkennbar, die Liste enthält jedoch jeweils alle Parameter für das ausgewählte Auflistelement.

Eine Datensammlung wird durch einen SQL Server Agent-Auftrag gestartet. Der Agent-Auftrag verwendet hierfür eine spezielle Laufzeitkomponente, die *Data Collector Run-Time Component* DCEXEC.EXE. Dieses Programm erledigt letztlich das Zwischenspeichern und Hochladen der konfigurierten Datensammlungen. Wundern Sie sich also bitte nicht, wenn Sie auf Ihrem System ein Programm DCEXEC.EXE in der Liste der laufenden Prozesse finden.

Damit soll die Einführung in Datenauflistungen nun zunächst abgeschlossen werden. Sie werden in Kapitel 11 praktische Anwendungsbeispiele finden und dann auch sehen, wie benutzerdefinierte Auflistsätze konfiguriert und ausgewertet werden.

Nachdem Sie jetzt also wissen, wie Daten gesammelt werden, ist die interessante Frage natürlich, wie diese gesammelten Daten ausgewertet werden können. Zunächst einmal haben Sie natürlich die Möglichkeit, die Tabellen und Sichten des VDWH abzufragen und die erhaltenen Daten zu interpretieren. Dazu müssen Sie allerdings den internen Aufbau des VDWH wenigstens teilweise kennen. Es gibt eine sehr viel elegantere Möglichkeit zur Auswertung der im VDWH gespeicherten Daten, und damit beschäftigen wir uns im folgenden Abschnitt.

4.13 Berichte

Wenn Sie sich gefragt haben, wie Sie es jemals schaffen sollen, die ca. 140 dynamischen Verwaltungssichten zu beherrschen, dann stehen Sie mit dieser Frage ganz bestimmt nicht alleine da. Sicherlich ermöglichen diese Sichten einen tiefen Einblick in die Arbeitsweise von SQL Server und erlauben eine detaillierte Analyse bei auftretenden Problemen. Aus diesem Grund wird es Ihnen auf Dauer ganz bestimmt nicht erspart bleiben, wenigstens einige dieser Verwaltungssichten so weit zu kennen, dass Sie sie erfolgreich für eine Analyse einsetzen können. Warum aber nicht noch einen Schritt weiter gehen und gleich entsprechende Werkzeuge für die Auswertung der von den dynamischen Verwaltungssichten zurückgegebenen Daten erstellen und verwenden? Diese Frage hat man sich ganz offensichtlich auch bei Microsoft gestellt. Bereits seit der SQL Server-Version 2005 gibt es eine Reihe von Berichten, die über das Management Studio aufgerufen werden können. Diese Berichte sind für eine Analyse des momentanen und vergangenen Systemzustandes ganz hervorragend geeignet. Letztlich kommen die Daten für die Berichte größtenteils aus Systemsichten, wobei nicht nur dynamische Verwaltungssichten, sondern auch „normale", also mehr statische, Systemsichten aufgerufen werden.

 Sie können beobachten, wie ein Bericht seine Daten zusammensammelt, wenn Sie vor der Berichtserstellung eine SQL Server Profiler-Ablaufverfolgung starten. Dies ist eine sehr gute Möglichkeit, etwas mehr über die SQL Server-Systemsichten zu erfahren.

Im Objekt-Explorer finden Sie zu fast jedem Knoten entsprechende Berichte, die Sie über das Kontextmenü starten können. Eine Aufzählung aller verfügbaren Berichte würde den Rahmen dieses Buches ganz bestimmt sprengen. Ich möchte Ihnen daher an dieser Stelle lediglich einige ausgewählte Berichte präsentieren und Ihnen zeigen, wie Sie generell mit Berichten arbeiten können. Es lohnt sich unbedingt, dass Sie sich die vorhandenen Berichte einmal ansehen und diese Berichte ausprobieren.

Eine sehr faszinierende Möglichkeit eröffnet sich Ihnen auch dadurch, dass Sie die vorhandenen Berichte um eigene Berichte ergänzen können. Dies ist gar nicht so kompliziert, wie Sie vielleicht vermuten. Sie benötigen hierfür lediglich einige zusätzliche Kenntnisse für das Berichtsdesign mit Visual Studio (und natürlich entsprechendes Wissen, wie Sie an die Daten für Ihre selbst erstellten Berichte kommen; also doch wieder Einblick in die System- und Verwaltungssichten).

Die Berichte, die ich Ihnen in diesem Abschnitt kurz vorstellen möchte, werden in zwei Kategorien unterteilt. Zunächst erfahren Sie im Abschnitt *Allgemeine Berichte* etwas über diverse Standardberichte, die Ihnen zur Verfügung stehen. Daran anschließend lernen Sie im Abschnitt Berichte der Datenauflistung die Berichte kennen, die Ihnen der Datenauflister anbietet.

4.13.1 Allgemeine Berichte

Nach der SQL Server-Installation stehen Ihnen etwa 30 Berichte zum Ermitteln von Informationen über die SQL Server-Instanz und den SQL Server Agent zur Verfügung. Hinzu kommen noch knapp 20 Berichte für jede existierende Benutzer- und Systemdatenbank. Diese Berichte erlauben schon einen recht umfangreichen Einblick in die SQL Server-Interna. Sie können einen Bericht (nur) aus dem Kontextmenü für einen Ordner im Objekt-Explorer ausführen. Wählen Sie dort den Eintrag BERICHTE/STANDARDBERICHTE. Die jeweils zur Verfügung stehenden Berichte variieren dabei abhängig vom entsprechenden Knoten, für den Sie das Kontextmenü geöffnet haben. Für die SQL Server-Instanz selber werden zum Beispiel andere Berichte angeboten als für eine bestimmte Datenbank. In der folgenden Zusammenstellung finden Sie meine ganz persönlichen Favoriten für einige Bereiche.

Berichte für die SQL Server-Instanz

Serverdashboard Dieser Bericht (siehe Abbildung 4.34) ist vorzüglich für einen Gesamteindruck über den allgemeinen Gesundheitszustand Ihrer SQL Server-Instanz geeignet. Hier finden Sie wesentliche Parameter auf einen Blick, sodass Sie diesen Bericht als Ausgangspunkt für eine tiefergehende Analyse verwenden können.

Ich mag besonders den Bereich *Nicht standardmäßige Konfigurationsoptionen,* in dem sofort erkennbar ist, ob wichtige Optionen verändert wurden. In Abbildung 4.34 können Sie zum Beispiel sofort erkennen, dass der SQL Server zur Verfügung gestellte Hauptspeicher auf 700 MByte begrenzt wurde.

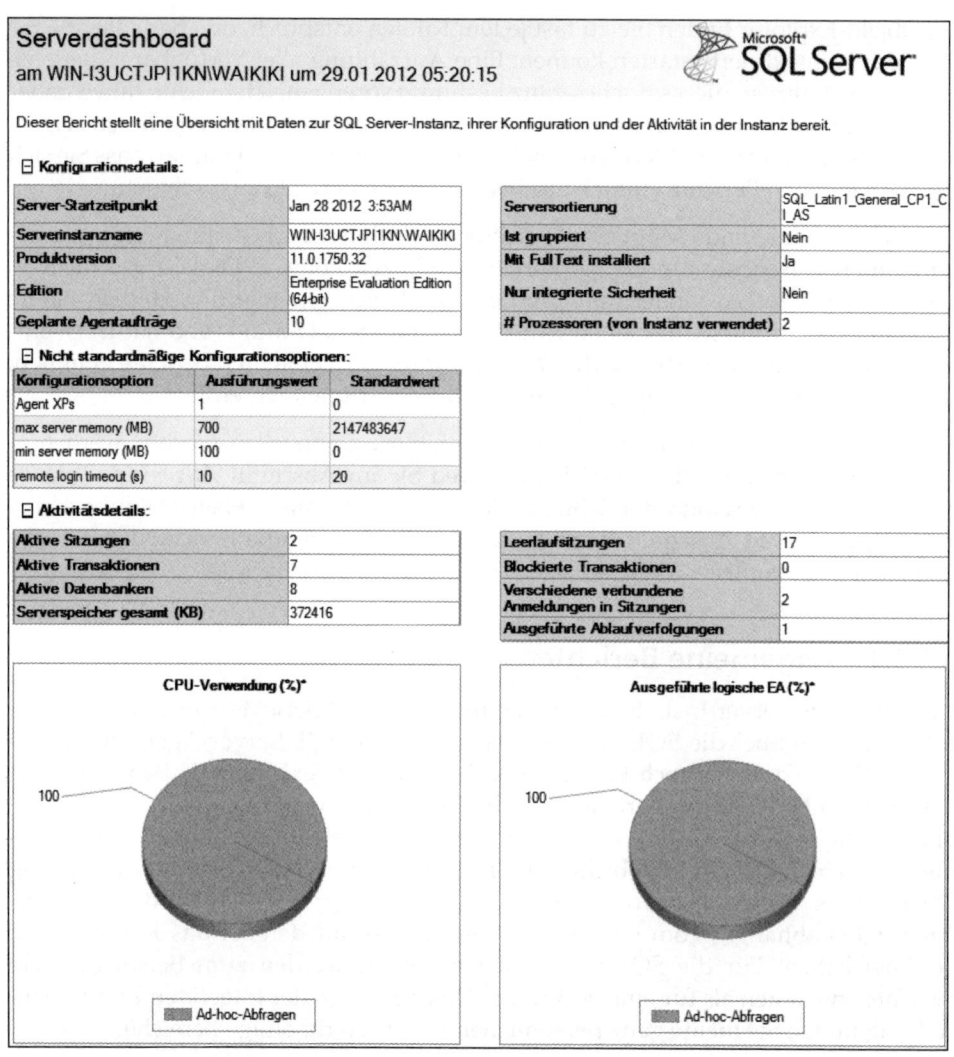

Abbildung 4.34: Serverdashboard

Arbeitsspeichernutzung Der Bericht stellt die momentane Verwendung des Arbeits-speichers durch die verschiedenen Arbeitsspeicherclerks (dies ist tatsächlich die offizielle Übersetzung) dar. Darüber hinaus finden Sie hier auch Änderungen in der Arbeitsspeichernutzung über einen Zeitraum von sieben Tagen.

Besonders interessant ist der Bereich, der die Einordnung der im Cache vorhandenen Seiten angibt (Abbildung 4.35).

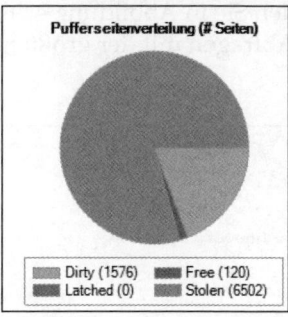

Abbildung 4.35: Verteilung der im Cache gespeicherten Seiten

Hinter jeder Kategorie finden Sie in Klammern die Anzahl der dieser Kategorie zugeordneten 8-kByte-Seiten. Die dargestellten Kategorien haben folgende Bedeutung:

▶ **Dirty**. Diese Seiten wurden geändert, aber noch nicht permanent auf einem Datenträger gespeichert – zum Beispiel, weil noch kein CHECKPOINT erreicht wurde.

▶ **Free**. Dieser Bereich enthält Seiten, die im Moment nicht verwendet werden, die also für das Speichern von Daten zur Verfügung stehen.

▶ **Latched**. Ein Latch ist eine Sperre auf physischer Ebene, also eine Sperre, welche die physikalische Datenintegrität sicherstellt. Seiten in dieser Kategorie sind momentan gesperrt, weil diese Seiten im Augenblick der Berichterstellung gerade an E/A-Operationen beteiligt sind. Ein hoher Anteil an gesperrten Seiten zeigt an, dass das System gerade stark E/A-belastet ist.

▶ **Stolen**. Das SQL Server-Betriebssystem (SQLOS) muss natürlich ebenso die vorhandenen Ressourcen verwalten wie jedes andere Betriebssystem auch. Dies gilt selbstverständlich gleichermaßen für den Hauptspeicher, der ja unter verschiedenen, möglicherweise konkurrierenden, internen Prozessen mehr oder weniger gerecht aufgeteilt werden muss. *Stolen Pages* kennzeichnet Seiten, die vom Datencache an andere Bereiche abgegeben werden mussten, weil die zugehörigen Prozesse ebenfalls Hauptspeicher benötigen. Dies kann zum Beispiel erforderlich sein, wenn Sortier- oder Hash-Operationen ausgeführt werden, also eine Abfrage Arbeitsspeicher für die Ausführung benötigt. Der entsprechende Hauptspeicher wird dann einfach vom Datencache „entwendet" oder „gestohlen". Auch der für den Plancache verwendete Speicher wird in dieser Kategorie geführt. Ein hoher prozentualer Anteil an gestohlenen gegenüber freien und gepufferten Seiten ist ein klarer Beleg dafür, dass der SQL Server zur Verfügung stehende Hauptspeicher zu gering ist.

Dieser Bereich des Berichtes hat möglicherweise noch ein kleines Problem. Was in dem Diagramm letztlich dargestellt werden soll, ist die Rückgabe des Kommandos DBCC MEMORYSTATUS. Wenn Sie sich einmal den Bereich *Buffer Pool* dieses Kommandos ansehen, dann finden Sie, dass deutlich mehr Informationen zurückgegeben werden, als im Bericht angezeigt werden. Insbesondere fehlt im Bericht der Bereich für den Datencache mit nicht geänderten Seiten.

Leistung – Batchausführungsstatistik Dieser Bericht, für den Sie in Abbildung 4.36 ein Beispiel sehen, wertet den Plancache aus und gibt die Abfragen mit der größten Ressourcenverwendung zurück.

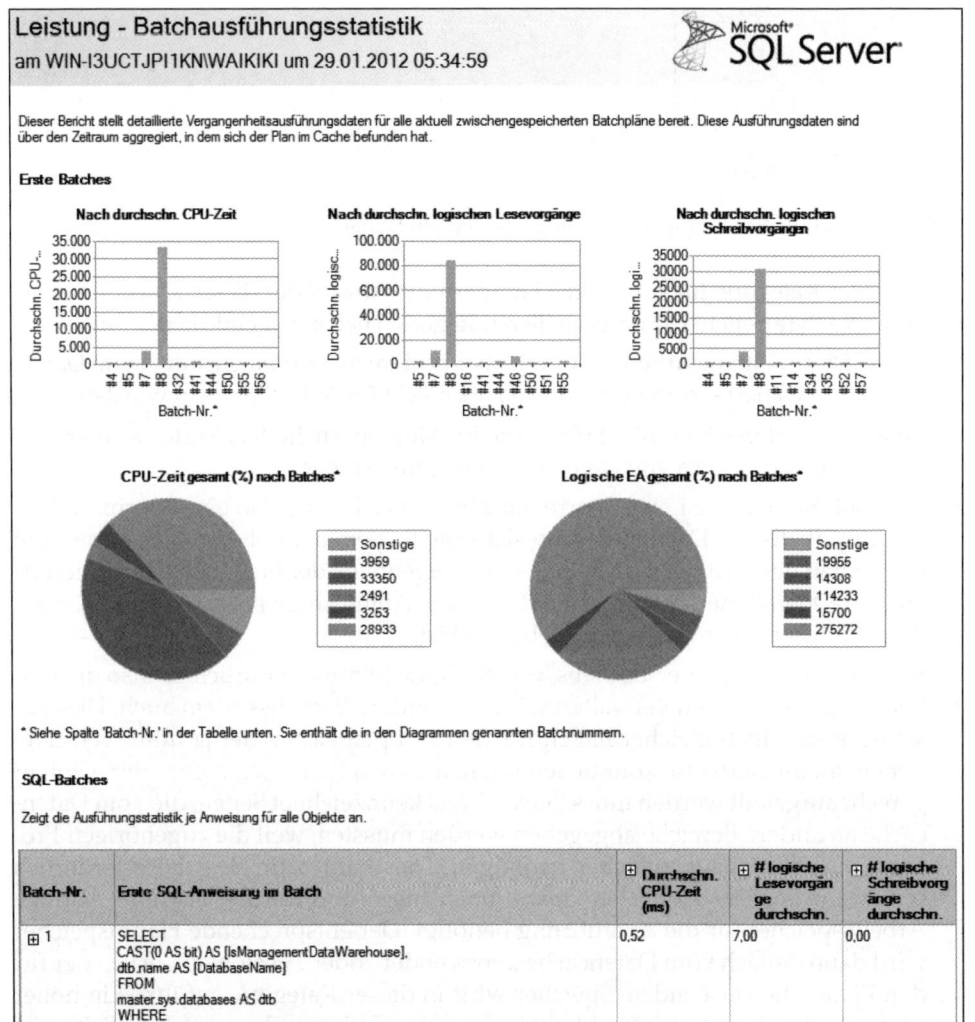

Abbildung 4.36: Serverbericht Leistung – Batchausführungsstatistik

In der Tabelle im unteren Bereich können Sie für die dargestellten Abfragen weitere statistische Informationen erhalten, wenn Sie den entsprechenden Bereich aufklappen. Dadurch haben Sie die Möglichkeit, die möglicherweise problematischen Abfragen detailliert zu untersuchen.

Berichte des Verwaltungsknotens

Anzahl von Fehlern Dieser Bericht gibt die in der SQL Server-Instanz seit dem letzten Start aufgetretenen Fehler zurück. Dadurch können Sie sehr schnell feststellen, ob in Ihrer Instanz schwerwiegende Probleme existieren.

Berichte für eine Datenbank

Datenträgerverwendung Dies ist sicherlich der Lieblingsbericht der meisten Datenbankadministratoren. Er zeigt für eine Datenbank die physikalische Verteilung auf den zugeordneten Speicherorten (also in der Regel Festplatten) an. In Abbildung 4.37 sehen Sie ein Beispiel für den Bericht *Datenträgerverwendung*.

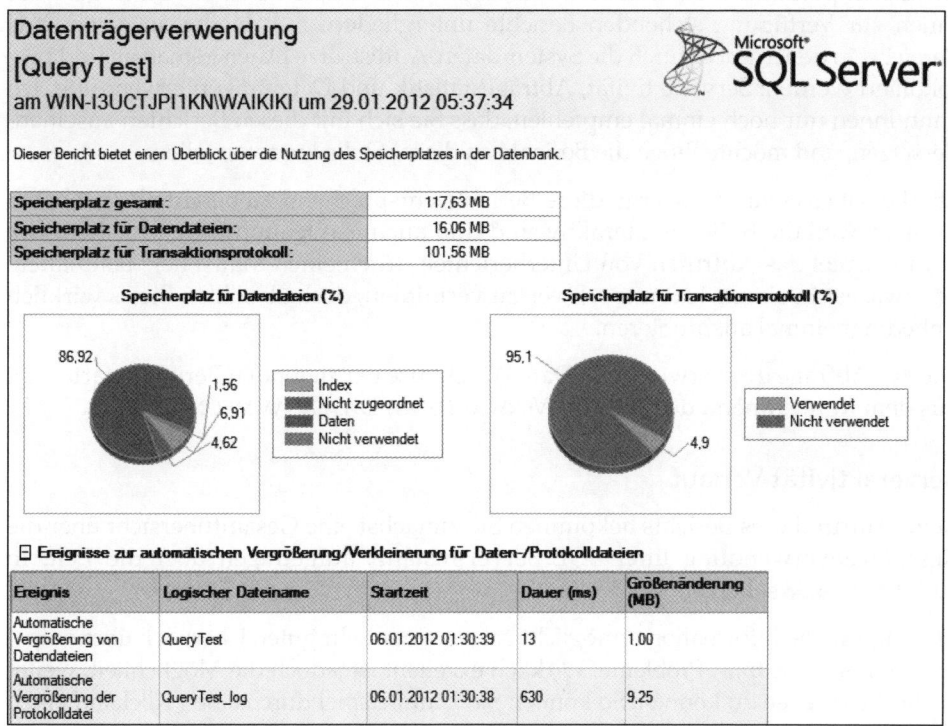

Abbildung 4.37: Datenträgerverwendung durch die Datenbank QueryTest

Achten Sie in diesem Bericht bitte auf die Ereignisse zum automatischen Vergrößern und Verkleinern von Daten- und Protokolldateien. Wenn Sie diese Ereignisse beobachten, dann sind Ihre Datenbank-Dateigrößen sehr wahrscheinlich nicht ausreichend konfiguriert, oder Sie haben die Option zum automatischen Verkleinern von Datenbanken eingeschaltet. Beides hat denkbar negative Auswirkungen auf die Performance.

Schemaänderungsverlauf Änderungen am Datenbankschema können oftmals eine Ursache sowohl für ein komplettes Fehlverhalten einer Anwendung als auch für Performance-Probleme sein. Der Bericht *Schemaänderungsverlauf* listet diese Änderungen auf, sodass Sie die Möglichkeit haben festzustellen, welche Änderung am Datenbankschema eventuell verantwortlich für auftretende Probleme ist.

4.13.2 Berichte der Datenauflistung

Viele Standardberichte zeigen lediglich Daten an, die seit dem letzten SQL Server-Start gesammelt wurden. Dies trifft zum Beispiel auf den Bericht Leistung – Batchausführungsstatistik zu, der im vorigen Abschnitt vorgestellt wurde. Mit der Einführung des Verwaltungs-Data Warehouse gibt es nun auch eine standardisierte Möglichkeit, solche Daten permanent zu speichern und über vordefinierte Berichte abzufragen. Die Ihnen zur Verfügung stehenden Berichte untergliedern sich hierbei in genau drei Bereiche, in denen auch durch die Systemdaten-Auflistsätze Daten gemessen und protokolliert werden: Serveraktivität, Abfragestatistik und Datenträgerverwendung. Ich kann Ihnen nur noch einmal empfehlen, dass Sie sich mit diesen Berichten auseinandersetzen, und möchte Ihnen die Berichte an dieser Stelle kurz vorstellen.

Hierbei ist es etwas schwierig, diese Berichte entsprechend zu beschreiben, einfach deshalb, weil die Berichte interaktiv sind und auch Navigationsmöglichkeiten, wie zum Beispiel das Aufrufen von Unterberichten durch einen Mausklick, beinhalten. So etwas ist in einem Text nur schwer zu vermitteln, deshalb sollten Sie es wirklich unbedingt einmal ausprobieren.

Die zur Abfrage des Verwaltungs-Data Warehouse existierenden Berichte starten Sie aus dem Kontextmenü des Knotens VERWALTUNG/DATENSAMMLUNG.

Serveraktivität-Verlauf

Beim Aufruf dieses Berichts bekommen Sie zunächst eine Gesamtübersicht über die Ressourcenverwendung Ihrer SQL Server-Instanz, aufgetragen über die Zeit. In Abbildung 4.38 sehen Sie ein Beispiel.

Die dargestellte Information ermöglicht bereits einen sehr guten Überblick über aufgetretene Engpässe bzw. Probleme. Wirklich exzellent ist jedoch die Möglichkeit, weiter in die Tiefe gehen zu können. So können Sie zum Beispiel durch einen Klick auf einen bestimmten Zeitpunkt in der Kurve der CPU-Verwendung an detailliertere Informationen über die Verwendung der Prozessoren gelangen. Interessant ist auch die Möglichkeit, das Zeitfenster für die Betrachtung auswählen zu können. Hierzu verwenden Sie die im oberen Bereich dargestellte Zeitachse. Sobald Sie dort auf einen bestimmten Zeitbereich klicken, wird der Bericht nur für diesen Zeitabschnitt neu erstellt.

Ich denke, dass Sie ziemlich begeistert sein werden, wenn Sie ein wenig mit dem Bericht herumexperimentieren. Sie bekommen ein wirklich sehr mächtiges Werkzeug in die Hand, das einfach zu bedienen ist und weitreichende Möglichkeiten für die Analyse bietet.

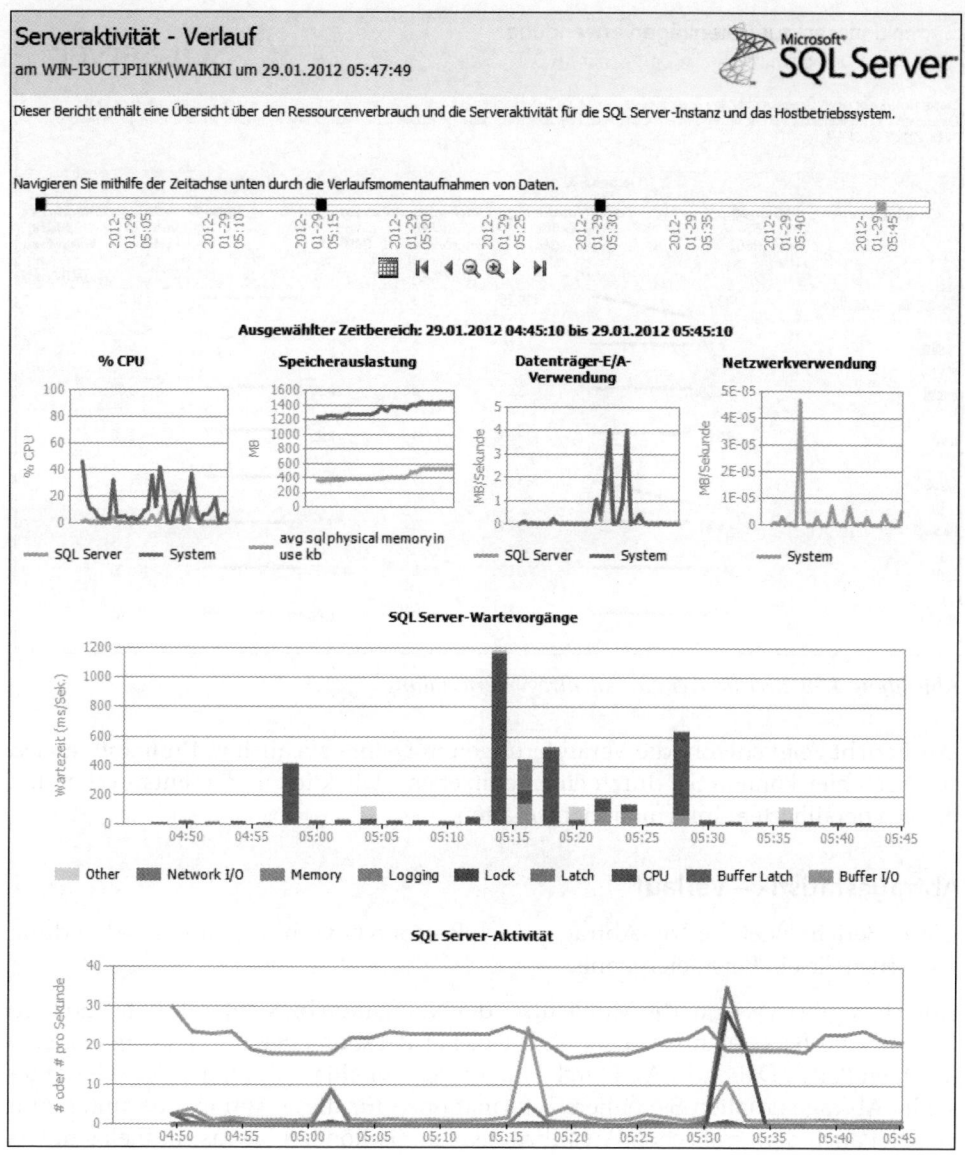

Abbildung 4.38: Der Bericht Serveraktivität – Verlauf

Datenträgerverwendung

Mit diesem Bericht können Sie für alle Datenbanken die Datenträgerverwendung über die Zeit beobachten. Ein Beispiel für den Bericht sehen Sie in Abbildung 4.39.

Sammlungssatz zur Datenträgerverwendung
am WIN-I3UCTJPI1KN\WAIKIKI um 1/29/2012 6:06:45 AM

Dieser Bericht gibt einen Überblick über den Speicherplatz, der für alle Datenbanken auf dem Server verwendet wird, sowie über Wachstumstrends für die Datendatei und die Protokolldatei der einzelnen Datenbanken und berücksichtigt dabei die letzten 2 Sammlungspunkte zwischen 1/29/2012 4:49:24 AM und 1/29/2012 6:00:24 AM.

	Datenbank				Protokoll			
Datenbankname	Anfangsg röße (MB)	Trend	Aktuelle Größe (MB)	Durchschni ttliche Vergrößeru ng (MB/Tag)	Anfangsg röße (MB)	Trend	Aktuelle Größe (MB)	Durchschni ttliche Vergrößeru ng (MB/Tag)
AdventureWorks2008R2	183.75		439.75	256	16.19		16.19	0
master	4.00		4.00	0	0.75		0.75	0
model	2.06		2.06	0	0.50		0.50	0
msdb	16.69		16.69	0	2.25		2.25	0
QueryTest	16.06		63.06	47	101.56		101.56	0
tempdb	8.81		8.81	0	1.00		1.00	0
test	300.00		300.00	0	100.00		100.00	0
VDWH	100.00		100.00	0	10.00		10.00	0

Abbildung 4.39: Bericht über die Datenträgerverwendung

Der Bericht zeigt sowohl die Veränderungen in Daten- als auch in Protokolldateien an. Auch hier können Sie durch einen einfachen Mausklick in den entsprechenden Bereich detailliertere Informationen erhalten.

Abfragestatistik – Verlauf

Dieser Bericht listet die Top-Abfragen nach Ressourcenverbrauch auf. In Abbildung 4.40 sehen Sie ein Beispielergebnis.

Auch hier gibt es wieder die Möglichkeit der Navigation bzw. Interaktivität. So können Sie zum Beispiel auswählen, nach welcher Ressource Sie Ihre Hitliste erstellen möchten (CPU, Dauer, E/A). Durch einen Klick auf eine im unteren Bereich dargestellte Abfrage erhalten Sie nähere Informationen für diese Abfrage, darunter zum Beispiel auch den grafischen Ausführungsplan. So können Sie fast mühelos untersuchen, warum die Abfrage in der Hitliste auftaucht, bzw. Ansatzpunkte für eine Verbesserung finden.

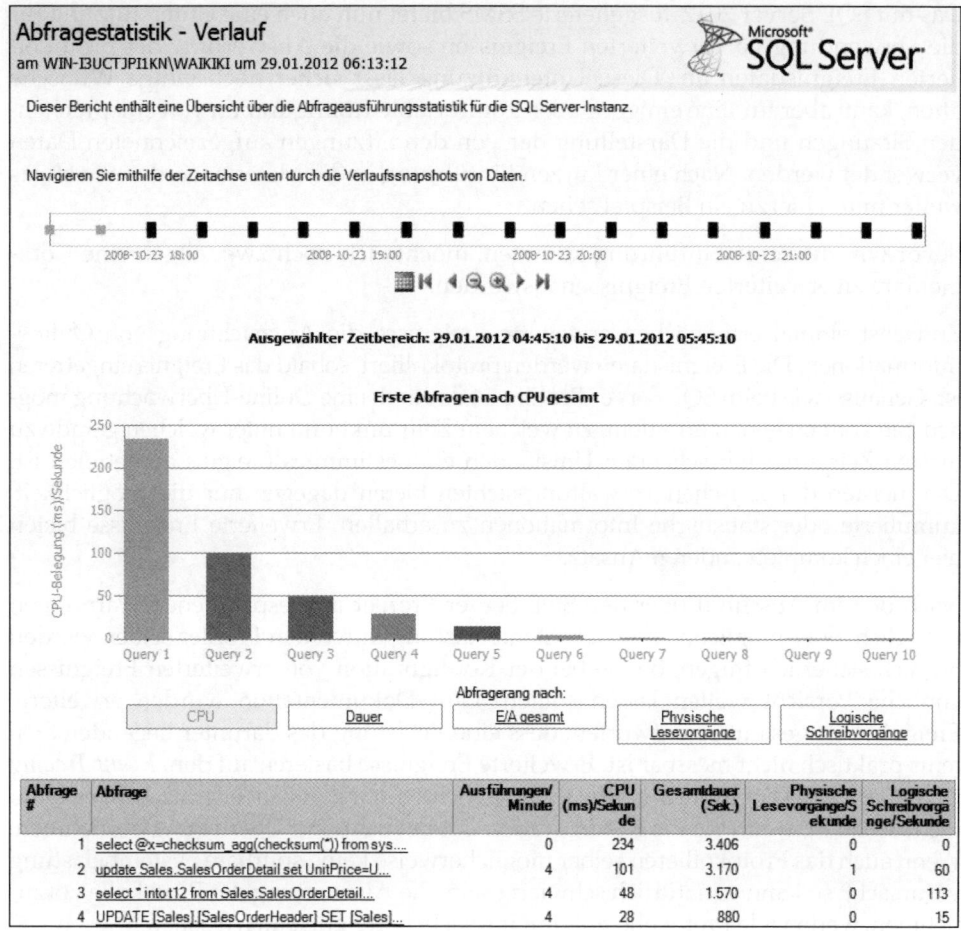

Abbildung 4.40: Abfragestatistik – Verlauf

4.14 Erweiterte Ereignisse

Erweiterte Ereignisse (original: Extended Events) wurden bereits mit SQL Server 2008 eingeführt. Im Prinzip geht es dabei darum, bei bestimmten aufgetretenen Ereignissen einen Protokolleintrag für die spätere Auswertung zu erstellen. Es existiert eine Vielzahl von Ereignissen, welche für die Auslösung eines solchen Protokolleintrags konfiguriert werden können.

Mit erweiterten Ereignissen steht ein Gerüst zur Verfügung, das insgesamt enorm leistungsfähig ist. Gleichzeitig ist dieser Werkzeugkasten aber eben auch sehr umfangreich und komplex, wodurch seine Beherrschung nicht ganz einfach ist. In vorangegangenen SQL Server-Versionen existierte hierfür noch keinerlei Unterstützung im SQL Server Management Studio (SSMS). Für eine Verwendung von erweiterten Ereignissen mussten Sie daher entsprechende T-SQL-Skripte verwenden.

Das mit SQL Server 2012 ausgelieferte SSMS bietet nun auch eine Unterstützung für die Verwendung von erweiterten Ereignissen sowie die Auswertung der protokollierten Ereignisdaten an. Diese Unterstützung lässt sicher noch einige Wünsche offen, kann aber für eine einigermaßen komfortable Konfiguration von entsprechenden Sitzungen und die Darstellung der von den Sitzungen aufgezeichneten Daten verwendet werden. Nach einer kurzen Einführung in die Materie werden Sie etwas weiter unten hierzu ein Beispiel sehen.

Bevor wir zu dieser Einführung kommen, möchte ich noch zwei allgemeine Kommentare zu erweiterten Ereignissen loswerden.

Zunächst einmal ermöglichen erweiterte Ereignisse die Aufzeichnung von Online-Informationen. Die Ereignisdaten werden protokolliert, sobald das Ereignis eingetreten ist. Genauso wie beim SQL Server Profiler ist dadurch eine Online-Überwachung möglich. Sie können genau ermitteln, zu welchem Zeitpunkt und unter welchen gerade zu diesem Zeitpunkt herrschenden Umständen ein bestimmtes Ereignis aufgetreten ist. Die meisten dynamischen Verwaltungssichten bieten dagegen nur die Möglichkeit, kumulierte oder statistische Informationen zu erhalten. Erweiterte Ereignisse bieten hier einen komplett anderen Ansatz.

Nach den im Abschnitt über den SQL Server Profiler ausgesprochenen Warnungen bezüglich einer möglichen hohen Systembelastung durch den Profiler selber, werden Sie sich sicherlich fragen, ob Sie bei der Konfiguration von erweiterten Ereignissen ähnliche Vorsicht walten lassen sollten. Laut Dokumentation wurden erweiterte Ereignisse insgesamt so entworfen, dass eine Belastung des darunter liegenden Systems praktisch nicht messbar ist. Erweiterte Ereignisse basieren auf dem *Event Tracing for Windows* (ETW) und sind sehr leichtgewichtig. Ich denke aber trotzdem, es kann nicht schaden, wenn Sie die Konfiguration mit Bedacht und Überlegung vornehmen. Wenn auch das Protokollieren selber möglicherweise keine spürbare Systembelastung verursacht, so kann es natürlich schwierig sein, die Auswertung der Protokolle vorzunehmen, wenn viele Protokolle mit umfangreichen Ereignisdaten existieren.

Wie bereits erwähnt, stellen erweiterte Ereignisse ein sehr umfangreiches, leistungsfähiges und komplexes System dar. Aus diesem Grunde gehört dieses System einfach in den erweiterten Werkzeugkasten eines Performance-Optimierers. Eine komplette Abhandlung würde allerdings aufgrund der umfassenden Thematik ein eigenes Buch füllen. An dieser Stelle werden Sie deshalb lediglich eine Einführung in die Materie finden. Diese Einführung, in Verbindung mit den ebenfalls an dieser Stelle präsentierten Beispielen, reicht für den Anfang aber absolut aus und hilft Ihnen vor allem dabei, eine Idee zu bekommen, welches Potenzial in diesem System steckt.

Wie so oft, so wird auch mit erweiterten Ereignissen eine neue Begriffswelt eingeführt. Wir kommen leider nicht um eine kurze Erläuterung der wichtigsten Begriffe umhin, bevor wir uns ein Beispiel für die Konfiguration einer Sitzung ansehen.

▶ **Paket**. Ein Paket ist eine DLL oder EXE mit den für erweiterte Ereignisse erforderlichen Komponenten. Sie können die existierenden Pakete durch die dynamische Verwaltungssicht `sys.dm_xe_packages` abfragen. Momentan gibt es neun solcher Pakete, von denen das für uns interessanteste das mit dem Namen *sqlserver* ist. Dieses Paket werden wir auch etwas weiter unten in einem Beispiel verwenden.

▶ **Ziel**. Ein Ziel bezeichnet in diesem Zusammenhang einen Ort für das Speichern oder Konsumieren von Ereignisdaten. Ein solches Ziel kann zum Beispiel eine Datei oder ein Ringpuffer mit einer konfigurierten Größe sein. Es gibt aber auch Ziele, die einfach nur das Auftreten eines Ereignisses zählen oder das paarweise Auftreten von Ereignissen (zum Beispiel: Sperre erteilen – aufheben) protokollieren. Die existierenden Ziele können Sie über die dynamische Verwaltungssicht `sys.dm_xe_objects` ermitteln. Diese Sicht enthält eine Spalte `object_type`, über die Sie nach dem Wert „target" filtern müssen.

▶ **Ereignis**. Ereignisse sind die Informationen, die protokolliert werden können. Ein solches Ereignis wird stets synchron eingefangen. Die Weiterleitung an das für die Protokollierung zuständige Ziel kann aber auch asynchron erfolgen, wodurch eine Entkopplung erreicht wird. Für jedes Ereignis werden dabei bestimmte Daten protokolliert. Sie können die existierenden Ereignisse über die dynamische Verwaltungssicht `sys.dm_xe_objects` (`object_type = 'event'`) ermitteln. Die Ereignisdaten stehen in der dynamischen Verwaltungssicht `sys.dm_xe_object_columns`.

▶ **Prädikat**. Über Prädikate können Filterbedingungen angegeben werden, die bewirken, dass nur bestimmte Ereignisse an ein Ziel gesendet werden. Ein Beispiel finden Sie weiter unten.

▶ **Aktion**. Aktionen bezeichnen zusätzliche Informationen, die zu einem Ereignis hinzugefügt werden können. Für jedes Ereignis wird standardmäßig ein Satz von Informationen aufgezeichnet. Mit Aktionen können zusätzliche Informationen in die Protokollierung eingeschlossen werden. So kann zum Beispiel für die Protokollierung von ausgeführten Abfragen auch der Name des angemeldeten Benutzers oder die Transaktions-ID in das Protokoll aufgenommen werden.

▶ **Sitzung**. Eine Sitzung ist eine Zusammenfassung von Ereignissen, Aktionen, Prädikaten und Zielen. Dabei können Ereignisse und Aktionen in beliebiger Form innerhalb einer Sitzung miteinander verknüpft werden. Innerhalb einer Sitzung wird auch der Umgang mit Ressourcen definiert. So wird zum Beispiel festgelegt, wie viel Speicher die Sitzung überhaupt verwenden darf und bei welcher Speicherauslastung die Protokollierung von Ereignissen ausgesetzt werden kann.

4.14.1 Standardsitzungen

Öffnen Sie im SSMS Objekt-Explorer den Knoten Verwaltung/Erweiterte Ereignisse/Sitzungen, dann sehen Sie zwei bereits vordefinierte Sitzungen (siehe Abbildung 4.41). Je nach Konfiguration Ihres Servers sind diese Sitzungen gestartet oder beendet.

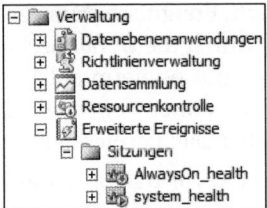

Abbildung 4.41: Erweiterte Ereignisse im SSMS Objekt-Explorer

Diese beiden Sitzungen haben die folgende Bedeutung:

► **AlwaysOn_health**. Sofern Sie eine *AlwaysOn*-Hochverfügbarkeitsgruppe konfiguriert haben, werden in dieser Sitzung Ereignisse zum Zustand der Hochverfügbarkeitsgruppe gesammelt. Auf das Thema Hochverfügbarkeit gehen wir in diesem Buch nicht näher ein.

► **system_health**. Diese Sitzung protokolliert Ereignisse bezüglich des SQL Server-Gesundheitszustands. Hier finden Sie zum Beispiel Abfragen, die länger als 30 Sekunden auf die Freigabe einer Sperre warten mussten, aufgetretene Deadlocks und Informationen über aufgetretene schwere Fehler, also Fehler mit einem Schweregrad >= 20. Wenn Sie SQL Server-Administrator sind, dann sollten Sie von Zeit zu Zeit einmal den Inhalt des Protokolls dieser Sitzung ansehen. Konfiguriert ist dieses Protokoll als Ringpuffer, sodass die enthaltenen Ereignisse nur für einen bestimmten Zeitraum existieren.

Nach der kurzen Einführung in erweiterte Ereignisse kann es nun endlich mit einem praktischen Beispiel losgehen.

4.14.2 Eine Beispielsitzung

Unsere Beispielsitzung soll den Klassiker schlechthin repräsentieren: Wir wollen eine Sitzung anlegen, die lang dauernde Abfragen in einem Ringpuffer speichert. Eine Analyse des Protokolls soll uns bei der Optimierung möglicherweise kritischer Abfragen helfen. Natürlich steht vor einer entsprechenden Optimierung zunächst einmal das Aufspüren problematischer Abfragen. Auf diese Thematik gehen wir in Kapitel 10 genauer ein. An dieser Stelle greifen wir schon einmal etwas vor. Wir wollen eine Sitzung erstellen, die Informationen über Abfragen sammelt, die länger als drei Sekunden gedauert haben.

Für das Erstellen dieser Sitzung existieren momentan drei Möglichkeiten:

► **Erstellung durch T-SQL-Skripte**. Das ist sozusagen der klassische Ansatz. Vor SQL Server 2012 war dies die einzige Möglichkeit, sieht man einmal von der Verwendung einiger Open-Source-Programme ab, die bereits in SQL Server 2008 eine Unterstützung über eine grafische Oberfläche angeboten haben.

► **Erstellung durch die grafische Oberfläche des SSMS**. Diese Möglichkeit ist neu im SSMS 2012. Sie können nun Sitzungen komplett über eine grafische Oberfläche konfigurieren.

▶ **Erstellung durch die grafische Oberfläche des SSMS unter Verwendung eines Assistenten**. Für den Einsteiger ist diese Möglichkeit sicherlich die bequemste. Der Assistent stellt bereits verschiedene Vorlagen zur Verfügung, die insgesamt eine komfortable Einrichtung einer Sitzung ermöglichen.

Für unsere Beispielsitzung verwenden wir die grafische Oberfläche des SSMS, verzichten aber auf die Verwendung des Assistenten. Starten Sie die Konfiguration einer neuen Sitzung aus dem Kontextmenü für VERWALTUNG/ERWEITERTE EREIGNISSE/SITZUNGEN (Abbildung 4.42).

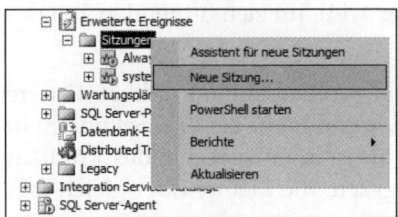

Abbildung 4.42: Konfiguration einer Sitzung für erweiterte Ereignisse starten

Geben Sie der Sitzung einen Namen, zum Beispiel *Lang dauernde Abfragen* (siehe Abbildung 4.43). Im unteren Teil können Sie bestimmen, ob die Sitzung sofort nach Beenden der Konfiguration gestartet werden soll, und auch, ob diese Sitzung bei jedem SQL Server-Start ebenfalls automatisch gestartet werden soll.

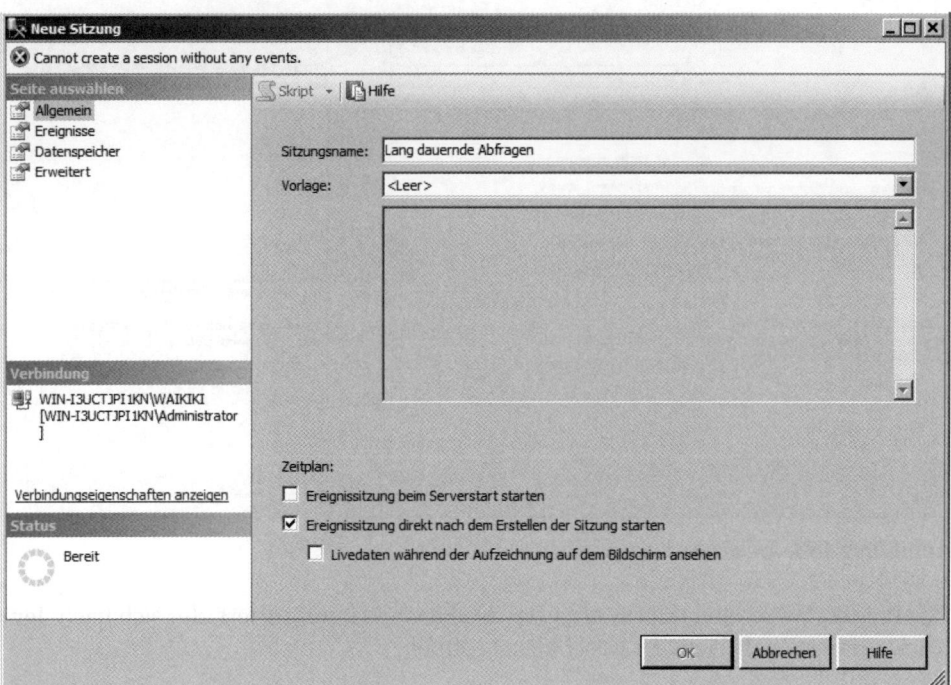

Abbildung 4.43: Allgemeine Sitzungseigenschaften festlegen

Wir benötigen für unsere Protokollierung zunächst nur das Ereignis `sql_statement_ completed`. Klicken Sie im linken Bereich auf die Seite EREIGNISSE, suchen Sie dieses Ereignis in der EREIGNISBIBLIOTHEK auf der linken Seite und fügen es zur Liste AUS- GEWÄHLTE EREIGNISSE im rechten Teil hinzu. Für dieses Ereignis möchten wir den Text der Abfrage und die Ausführungszeit sehen. Diese beiden Informationen sind bereits standardmäßig im Protokoll enthalten, sodass keine zusätzlichen Aktionen aufgenommen werden müssen. Falls Sie es wünschen, dann können Sie aber Infor- mationen hinzufügen, zum Beispiel den Benutzernamen, den Datenbanknamen oder auch die ProzessID (session_id). Klicken Sie dazu auf die Schaltfläche KONFI- GURIEREN oben rechts im Fenster (siehe Abbildung 4.44). Im sich öffnenden Teil des Fensters können Sie dann Aktionen hinzufügen.

Wie gesagt, benötigen wir keine weiteren Aktionen, wohl aber ein Prädikat. Unsere Idee war ja, dass wir nur Abfragen mit einer Dauer von mehr als drei Sekunden in das Protokoll aufnehmen möchten. Wir müssen also ein entsprechendes Prädikat erstellen, welches Abfragen mit einer Ausführungszeit, die kleiner oder gleich drei Sekunden ist, nicht in das Protokoll aufnimmt.

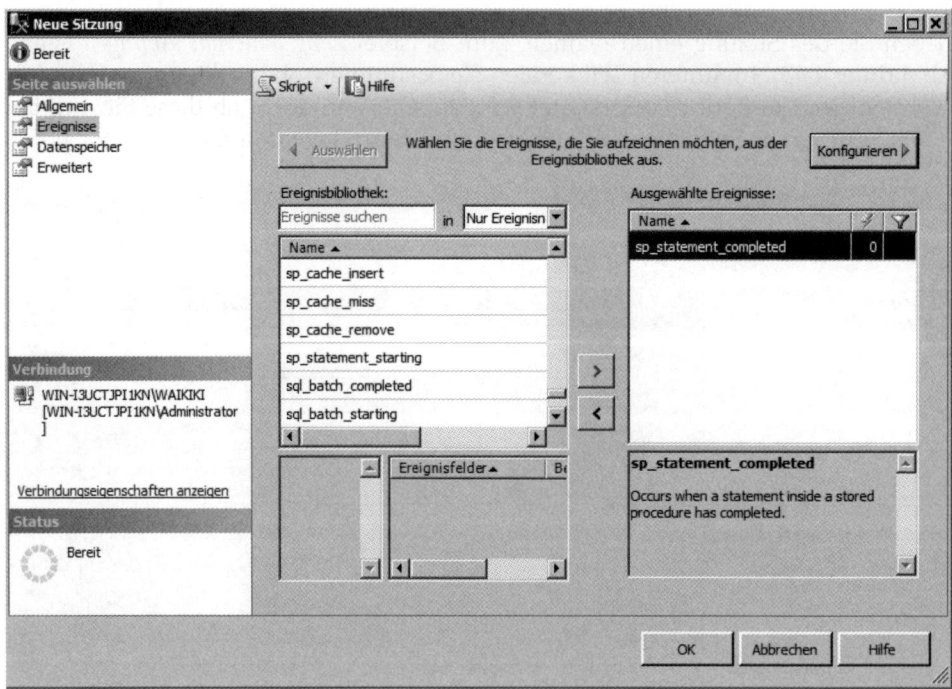

Abbildung 4.44: Ereignisse hinzufügen

Das Prädikat wird ebenfalls in dem Teil des Fensters konfiguriert, der sich nach dem Klick auf die Schaltfläche KONFIGURIEREN öffnet.

Wählen Sie die Karteikarte FILTER (PRÄDIKAT) aus und fügen Sie eine Zeile mit der Bedingung *duration* > *3000000* hinzu (siehe Abbildung 4.45). Bitte beachten Sie, dass die Ausführungsdauer in Mikrosekunden gemessen wird, daher der Wert 3.000.000.

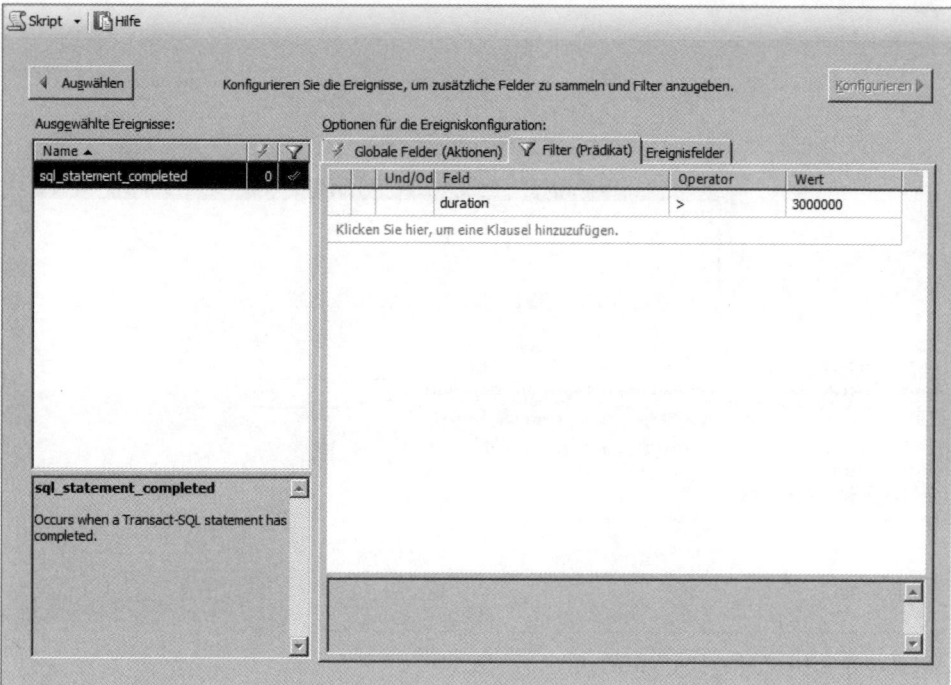

Abbildung 4.45: *Prädikat hinzufügen: Nach Ausführungsdauer > 3 Sekunden filtern*

Wir sind nun fertig mit der Konfiguration der Ereignisdaten. Was noch fehlt, ist die Festlegung eines oder mehrerer Ziele für die Protokollierung.

Hierfür klicken Sie im linken Bereich auf DATENSPEICHER und konfigurieren die Ziele nach Ihren Vorstellungen. Für unser Beispiel habe ich zwei Ziele festgelegt: einen Ringpuffer und einen Ereigniszähler. In Abbildung 4.46 sehen Sie diese Einstellungen. Für den Ringpuffer können Sie noch die Größe einstellen oder aber auch die Anzahl von Ereignissen, die im Ringpuffer verbleiben sollen. Der Ereigniszähler ist sehr hilfreich, wenn Sie nur einen Überblick über die Anzahl der aufgetretenen Ereignisse erhalten möchten. In unserem Fall werden alle Abfragen mit einer Ausführungszeit von mehr als drei Sekunden gezählt. Wenn dieser Wert klein genug ist, dann wird ja möglicherweise keine weitere Analyse erforderlich sein.

Damit ist die Konfiguration abgeschlossen. Wenn Sie möchten, dann können Sie auf der Seite ERWEITERT noch OPTIONEN einstellen, die bestimmen, wie die Protokollierungsrate bei hoher Systemauslastung verringert werden soll, und auch, wie viel Arbeitsspeicher maximal verwendet werden darf und welche Prozessorlast zulässig ist. Wir lassen diese Einstellungen hier auf den Standardwerten.

Nach dem Betätigen der Schaltfläche OK wird die Ereignissitzung gestartet, sofern Sie das entsprechende Häkchen gesetzt haben (siehe nochmals Abbildung 4.43).

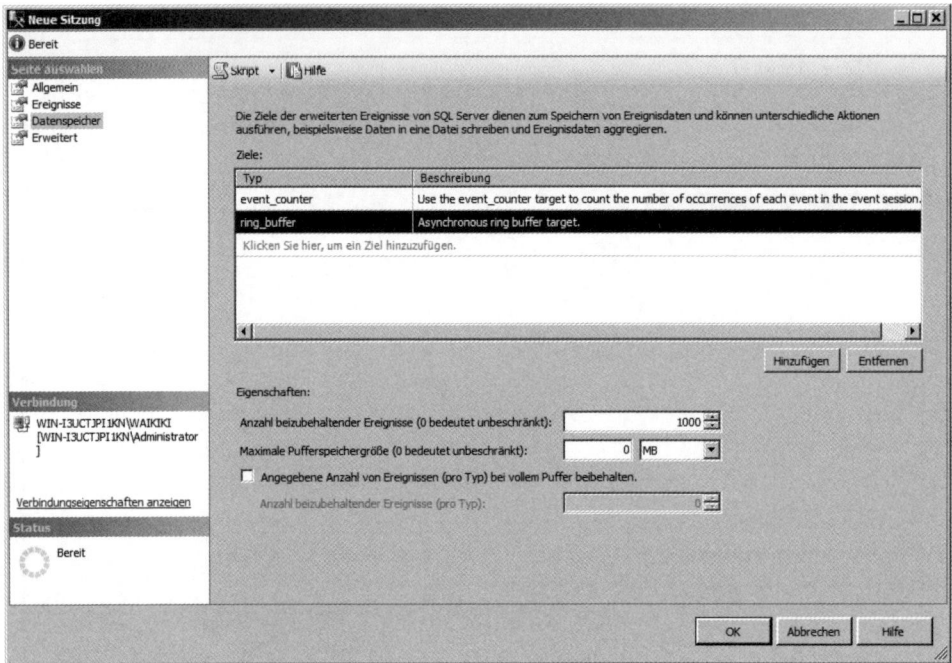

Abbildung 4.46: Ziel(e) konfigurieren

Im Objekt-Explorer sollten Sie die Sitzung nun sehen (siehe Abbildung 4.47).

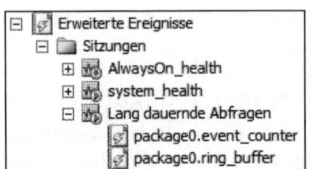

Abbildung 4.47: Die gestartete Ereignissitzung für lange dauernde Abfragen

Wenn Sie neugierig auf das Skript für die Erstellung dieser Ereignissitzung sind, dann können Sie sich dieses Skript aus dem Kontextmenü für die Sitzung erstellen lassen. Probieren Sie das ruhig einmal aus, damit Sie sehen, welchen Aufwand Ihnen die grafische Benutzeroberfläche abgenommen hat.

Die Sitzung überwacht nun also alle eingehenden Abfragen und protokolliert Abfragen mit einer Ausführungszeit von mehr als drei Sekunden. Daraus ergibt sich natürlich unmittelbar die Frage, wie wir diese Protokollierung einsehen bzw. auswerten können.

4.14.3 Auswertung der Ereignisprotokolle

Mit dem SSMS 2012 ist die Auswertung der Protokollierung relativ komfortabel möglich. Es genügt einfach ein Doppelklick auf das entsprechende Ziel. Die konfigurierten Ziele finden Sie im Objekt-Explorer im Knoten direkt unterhalb der Ereignissitzung (siehe Abbildung 4.47). Der eingerichtete Ringpuffer speichert die Daten im XML-Format. Ein Doppelklick auf das Ringpuffer-Ziel (PACKAGE0.RING_BUFFER) öffnet lediglich einen Verweis auf das XML-Dokument. Erst nach einem weiteren Klick auf diesen Verweis haben Sie Einsicht in die Ereignisdaten im XML-Format. Sofern Sie dieses Protokoll in Tabellenform sehen möchten, können bzw. müssen Sie XQuery verwenden. Das wird sehr schnell komplex und unübersichtlich. In Kapitel 10 kommen wir darauf noch einmal zurück.

Besser ist da die Möglichkeit, Livedaten auszugeben. Wenn Sie aus dem Kontextmenü für die Sitzung den Menüpunkt LIVEDATEN ANSEHEN auswählen, dann erhalten Sie ein Fenster, wie in Abbildung 4.48 dargestellt. Hier finden Sie im oberen Teil Informationen über aufgetretene Ereignisse und im unteren Teil die Detaildaten zu diesen Ereignissen. Die Daten werden automatisch aktualisiert, und das ist wirklich sehr komfortabel.

Überhaupt hat sich die Möglichkeit, mit erweiterten Ereignissen eine sinnvolle und auch einfach handhabbare Überwachung zu installieren, mit der Version SQL Server 2012 ganz erheblich verbessert. Es lohnt sich also wirklich, sich mit dieser Thematik auseinanderzusetzen.

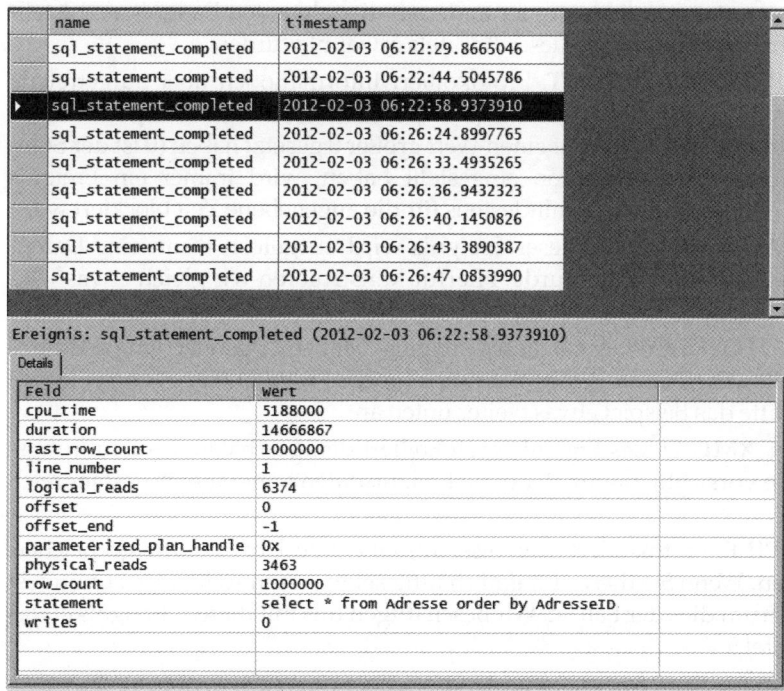

Abbildung 4.48: Livedaten beobachten

Die Einführung in erweiterte Ereignisse soll damit zunächst abgeschlossen werden. Wir kommen im weiteren Verlauf des Buches auf erweiterte Ereignisse zurück, wenn wir Abfragen aufspüren, für die eine Optimierung sinnvoll sein könnte.

4.15 SQL Server Service Broker

Der SQL Server Broker ermöglicht eine asynchrone Verarbeitung von Daten. Unter Verwendung des Service Brokers können Sie Nachrichten in eine Warteschlange einreihen und die in der Warteschlange enthaltenen Informationen bei Bedarf auslesen und verarbeiten. Letztlich stellt der Service Broker ein Gerüst (Framework) zur Verfügung, mit dessen Hilfe eine ereignisgesteuerte Datenverarbeitung organisiert werden kann. Dieses Gerüst basiert auf einer serviceorientierten Architektur (SOA).

Nun werden Sie sich vielleicht fragen, in welchem Zusammenhang dieses System mit einer Beobachtung des SQL Servers hinsichtlich Performance stehen mag. Die Antwort ist einfach: Der Service Broker ermöglicht nicht nur die Verarbeitung von eigenen Nachrichtenformaten. Er enthält darüber hinaus ein Benachrichtigungssystem, mit dem eine Überwachung bestimmter aufgetretener Ereignisse vorgenommen werden kann. Die Ereignistypen sind dabei weit gefächert. So können zum Beispiel Änderungen an Datenbank- und Serverobjekten überwacht und entsprechende Änderungen protokolliert werden. Es gibt darüber hinaus aber auch Ereignisse, die im Zusammenhang mit Performance-Problemen oder entsprechenden Untersuchungen interessant sind. Zur zweiten Kategorie zählen unter anderem die folgenden Ereignisse, die teilweise bereits in früheren Passagen dieses Kapitels erwähnt wurden:

▶ **BLOCKED_PROCESS_REPORT**. Protokolliert Informationen über aufgetretene Blockierungen. Voraussetzung hierfür ist, dass Sie die Server-Konfigurationsoption *blocked process threshold (s)* auf einen Wert größer 0 gesetzt haben (0 ist der Standardwert). Sofern Sie die Option eingestellt haben, wird immer ein Ereignis protokolliert, wenn ein Prozess mindestens für die angegebene Zeit blockiert war.

▶ **DATAFILE_AUTO_GROW**. Dieses Ereignis wird ausgelöst, wenn eine Datendatei automatisch vergrößert wurde. Hierfür konstruieren wir gleich etwas weiter unten ein Beispiel.

▶ **LOGFILE_AUTO_GROW**. Auch dieses Ereignis dient zur Überwachung der automatischen Dateivergrößerung, hier allerdings für die Protokolldatei. Sehen Sie sich auch hierzu bitte das Beispiel etwas weiter unten an.

▶ **SHOWPLAN_XML**. Dieses Ereignis protokolliert den geschätzten Ausführungsplan. Seien Sie vorsichtig damit, denn die Ereignisdaten können sehr umfangreich werden.

▶ **SP_RECOMPILE**. Protokolliert Ereignisse für eine Neu-Übersetzung gespeicherter Prozeduren. Wenn Sie dieses Ereignis häufig sehen, dann sollten Sie zumindest verstehen, warum dies der Fall ist. Wir beschäftigen uns mit diesem Ereignis etwas näher in Kapitel 9.

Die obige Auflistung ist bei Weitem nicht vollzählig, es gibt eine Reihe weiterer Ereignisse, die überwacht werden können. Allerdings ist der Service Broker in dieser Hinsicht doch etwas weniger interessant, wenn man die durch ihn zur Verfügung stehenden Möglichkeiten mit anderen Werkzeugen, wie zum Beispiel dem Profiler oder erweiterten Ereignissen, vergleicht. Wir werden den Service Broker daher in diesem Buch auch nicht weiter verwenden. Ein Beispiel für seinen Einsatz darf aber natürlich nicht fehlen.

4.15.1 Beispiel: Überwachung der automatischen Dateivergrößerung

Wenn Sie eine SQL Server-Datenbank anlegen und die Größe von Daten- und Protokolldatei nicht explizit festlegen, dann werden hierfür Standardwerte gesetzt, die schon lange nicht mehr zeitgemäß sind. Sofern Sie die Systemdatenbank *model* nicht entsprechend verändert haben und keine expliziten Angaben machen, dann wird eine neue Datenbank stets mit einer Größe von 5 MByte erzeugt. Außerdem ist eingestellt, dass für die Datenbank ein automatisches Wachstum mit einer Rate von 1 MByte je Wachstumsschritt erfolgt. Diese Parameter sind für die meisten Datenbanken wirklich weit entfernt von einem Optimum, denn sie führen letztlich zu einer physikalischen Fragmentierung der Datendatei. Für die Protokolldatei gilt Ähnliches. Auch diese Datei wird mit einer initialen Größe und einer Wachstumsrate angelegt, die nicht optimal ist.

Ich habe bereits mehrfach Datenbanken mit einer Größe von mehr als 100 GByte gesehen, die auf diese Größe in 1-MByte-Schritten gewachsen sind und die hoffnungslos fragmentiert waren.

Prinzipiell gilt der Grundsatz, dass Dateien in der erforderlichen Größe angelegt werden sollten, sodass eine automatische Vergrößerung nicht vorkommt. Trotzdem sollte die Option zur automatischen Vergrößerung eingeschaltet sein, damit im Falle eines Falles nicht das System steht. Es ist aber durchaus sinnvoll, das Ereignis zur automatischen Vergrößerung von Dateien zu überwachen, damit Sie eine Information bekommen, wenn Ihre Datenbank/en „vollläuft/volllaufen".

Für eine solche Überwachung gibt es diverse Möglichkeiten. Wir wollen hierfür natürlich den Service Broker verwenden.

Was wir zunächst einmal benötigen, ist eine geeignete Testdatenbank. Öffnen Sie den Dialog für das Anlegen einer neuen Datenbank und erzeugen eine Testdatenbank mit einer Größe von 5 MByte und einer Wachstumsrate von 1 MByte (siehe Abbildung 4.49). Wie bereits erwähnt, sind dies die Standardeinstellungen.

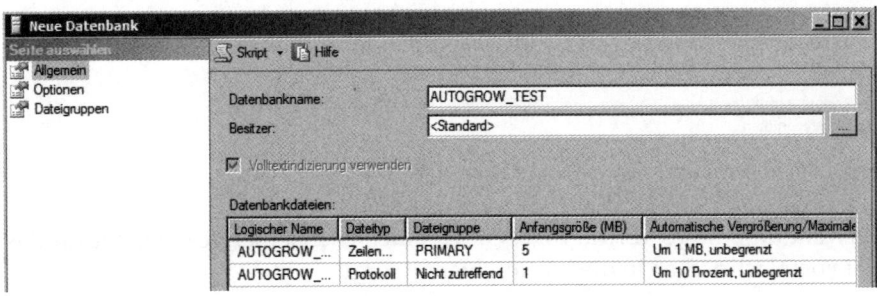

Abbildung 4.49: Testdatenbank erzeugen

Meine Testdatenbank heißt AUTOGROW_TEST.

Für diese Datenbank müssen wir zuerst den Service Broker sozusagen freigeben. Dies wird durch das Kommando

```
alter database AUTOGROW_TEST set enable_broker
```

erledigt.

Als Nächstes benötigen wir eine Ereigniswarteschlange, in welche die Informationen über das aufgetretene Ereignis eingetragen werden. Diese Warteschlange wird in unserer Testdatenbank angelegt, und zwar so:

```
use AUTOGROW_TEST;
create queue AutoGrowQueue
```

Sie können sich eine Warteschlange einfach als seine Tabelle mit einem vordefinierten Schema vorstellen. Etwas weiter unten werden Sie sehen, wie man Ereignisse aus der Warteschlange abfragt oder auch entnimmt.

Damit der Service Broker ein Ereignis überhaupt an eine Warteschlange senden kann, ist ein sogenannter Vertrag nötig. Dieser Vertrag regelt letztlich, wer überhaupt welche Ereignisse in eine Warteschlange eintragen kann. Es gibt bereits eine Reihe vordefinierter Verträge, von denen einer den Namen PostEventNotification trägt (siehe Abbildung 4.50). In der Abbildung sehen Sie auch die gerade angelegte Warteschlange AutoGrowQueue.

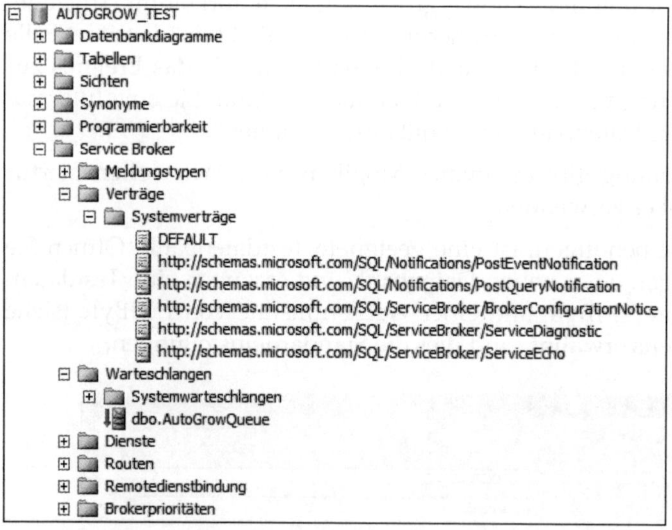

Abbildung 4.50: *Vordefinierte Service Broker-Verträge*

Unter Verwendung dieses Vertrages legen wir einen Dienst (Service) an, der für das Eintragen von Nachrichten in die Warteschlange sorgt:

```
create service AutoGrowNotificationService
    on queue AutoGrowQueue([http://schemas.microsoft.com
                           /SQL/Notifications/PostEventNotification])
```

Ein SQL Server Service Broker-Dienst stellt die Verbindung zwischen Vertrag und Warteschlange her. Der Vertrag bestimmt letztlich, welche Nachrichten (oder genauer: Nachrichtentypen) der Dienst verarbeiten darf.

Wir haben nun alle Voraussetzungen geschaffen, um die Ereignisbenachrichtigung erstellen zu können. Die Ereignisbenachrichtigung wird für einen Dienst in einer Datenbank angelegt. Wir verwenden natürlich unseren gerade erzeugten Dienst in der aktuellen Datenbank. Das entsprechende SQL-Kommando sieht so aus:

```
create event notification CaptureAutoGrow
    on server for DATA_FILE_AUTO_GROW
                 ,LOG_FILE_AUTO_GROW
    to service 'AutoGrowNotificationService', 'current database';
```

Wir haben nun eine Ereignisbenachrichtigung erstellt, mit der die automatische Vergrößerung von Daten- und Protokolldateien überwacht wird, wobei auftretende Ereignisse in der Warteschlange AutoGrowQueue gespeichert werden.

Natürlich wollen wir nun prüfen, ob alles so funktioniert wie geplant. Zu diesem Zweck erzeugen wir einfach eine Tabelle, die deutlich mehr Speicherplatz benötigt als die 5 MByte, mit denen die Datenbank angelegt wurde. Das folgende Kommando erledigt dies:

```
use AUTOGROW_TEST
select top 100000 n,cast('#' as nchar(510)) as c1
       into t1
  from QueryTest.dbo.Numbers
```

Das Kommando legt eine Tabelle mit 100.000 Zeilen an, wobei jede Zeile ca. 1 kByte belegt. Insgesamt benötigt die Tabelle damit etwa 100 MByte, also weitaus mehr als die Startgröße der Datenbank. Wir sollten daher zumindest einer Reihe von Datendatei-Vergrößerungsereignissen in der Ereigniswarteschlange sehen können.

Lassen Sie also das Kommando einmal laufen. Nach Beendigung können Sie für die Ereigniswarteschlange (siehe nochmals Abbildung 4.50) aus dem Kontextmenü den Eintrag OBERSTE 1000 ZEILEN AUSWÄHLEN starten. Sie werden dann eine Reihe von Einträgen sehen, von denen jeder einzelne ein Ereignis zur automatischen Vergrößerung von Daten- oder Protokolldatei repräsentiert.

Die eigentlichen Ereignisdaten sind dabei in der Spalte message_body der Ereigniswarteschlange in einem speziellen Format abgelegt, das in unserem Fall in XML konvertiert werden kann. Mit ein wenig Hilfe von XQuery können wir nähere Informationen aus den XML-Daten auslesen:

```
with auto_grow_events as
(
  select message_enqueue_time
        ,cast(message_body as xml) as event_data
    from dbo.AutoGrowQueue with (nolock)
)
select event_data
      ,event_data.value
        ('(/EVENT_INSTANCE/EventType)[1]', 'varchar(128)' ) as event_type
      ,db_name(event_data.value
        ('(/EVENT_INSTANCE/DatabaseID)[1]', 'varchar(4)')) as database_name
      ,event_data.value
        ('(/EVENT_INSTANCE/StartTime)[1]', 'varchar(100)') as start_time
      ,cast(event_data.value
        ('(/EVENT_INSTANCE/Duration)[1]', 'varchar(20)') as int) / 1000.
          as duration_ms
      ,cast(event_data.value
        ('(/EVENT_INSTANCE/IntegerData)[1]', 'varchar(10)' ) as int) / 128.
          as size_mb
  from auto_grow_events
  order by start_time desc
```

Ein Beispielergebnis der obigen Abfrage sehen Sie in Abbildung 4.51.

event_data	event_type	database_name	start_time	duration_ms	size_mb
<EVENT_INSTA...	DATA_FILE_AUTO_GROW	AUTOGROW_TEST	2012-02-25T02:47:50.117	16.000000	1.000000
<EVENT_INSTA...	DATA_FILE_AUTO_GROW	AUTOGROW_TEST	2012-02-25T02:47:49.843	290.000000	1.000000
<EVENT_INSTA...	LOG_FILE_AUTO_GROW	AUTOGROW_TEST	2012-02-25T02:47:49.553	253.000000	2.875000
<EVENT_INSTA...	DATA_FILE_AUTO_GROW	AUTOGROW_TEST	2012-02-25T02:47:49.533	3.000000	1.000000
<EVENT_INSTA...	DATA_FILE_AUTO_GROW	AUTOGROW_TEST	2012-02-25T02:47:49.390	140.000000	1.000000
<EVENT_INSTA...	DATA_FILE_AUTO_GROW	AUTOGROW_TEST	2012-02-25T02:47:49.377	13.000000	1.000000
<EVENT_INSTA...	DATA_FILE_AUTO_GROW	AUTOGROW_TEST	2012-02-25T02:47:49.363	13.000000	1.000000
<EVENT_INSTA...	LOG_FILE_AUTO_GROW	AUTOGROW_TEST	2012-02-25T02:47:49.050	253.000000	2.625000
<EVENT_INSTA...	DATA_FILE_AUTO_GROW	AUTOGROW_TEST	2012-02-25T02:47:48.830	53.000000	1.000000
<EVENT_INSTA...	DATA_FILE_AUTO_GROW	AUTOGROW_TEST	2012-02-25T02:47:48.780	60.000000	1.000000
<EVENT_INSTA...	DATA_FILE_AUTO_GROW	AUTOGROW_TEST	2012-02-25T02:47:48.637	143.000000	1.000000
<EVENT_INSTA...	DATA_FILE_AUTO_GROW	AUTOGROW_TEST	2012-02-25T02:47:48.590	46.000000	1.000000
<EVENT_INSTA...	LOG_FILE_AUTO_GROW	AUTOGROW_TEST	2012-02-25T02:47:48.377	203.000000	2.375000
<EVENT_INSTA...	LOG_FILE_AUTO_GROW	AUTOGROW_TEST	2012-02-25T02:47:47.780	493.000000	2.187500

Abbildung 4.51: Inhalt der Ereigniswarteschlange

Das Abfragen der Ereignisse führt im Übrigen nicht zu einem Entfernen der Ereignisse aus der Warteschlange. Hierfür müssen Sie ein Ereignis durch das Kommando RECEIVE explizit aus der Warteschlange entnehmen. Da es nicht möglich ist, Ereignisse aus der Warteschlange durch ein DELETE-Kommando zu entfernen, sollten Sie diese Besonderheit bedenken. Sehr wahrscheinlich möchten Sie ja die Ereigniswarteschlange nicht bis ins Unendliche anwachsen lassen. RECEIVE ist die einzige Möglichkeit, Ereignisse aus der Warteschlange zu löschen.

Um zum Beispiel die ersten 100 Ereignisse aus der Warteschlange zu entnehmen (also nicht nur abzufragen), können Sie dieses Kommando verwenden:

```
receive top(100) *
  from dbo.AutoGrowQueue
```

Die Ereignisse werden dann, wie bei einem SELECT, im Ergebnisbereich ausgegeben und gleichzeitig auch aus der Warteschlange entfernt.

Generell können Sie statt

```
select <column_list> from <queue>
```

immer schreiben:

```
receive <column_list> from <queue>
```

wenn Sie Ereignisse nicht nur abfragen, sondern auch aus der Warteschlange entfernen möchten.

4.16   RML Utilities

Die RML Utilities sind eine Sammlung diverser Programme, mit denen vorranging eine recht komfortable Auswertung von SQL Server-Ablaufverfolgungen vorgenommen werden kann. Darüber hinaus enthalten die RML Utilities auch Komponenten zur Durchführung einfacher SQL Server-Stress-Tests.

Die Abkürzung RML steht hierbei für *Replay Markup Language*. Dieser Begriff entspringt einem Konzept, das es ermöglichen soll, eine einmal mit dem Profiler oder SQL Trace aufgezeichnete Ablaufverfolgung immer wieder einspielen bzw. wiedergeben zu können. Der Profiler bietet diese Möglichkeit (siehe Abschnitt *Ablaufverfolgungen und der SQL Server Profiler*). Ähnlich wie beim guten alten Tonbandgerät können Sie so immer wieder zurückspulen und eine bestimmte Passage erneut wiedergeben. Typischerweise werden dabei zwischen den einzelnen Wiedergaben Änderungen an der Datenbank, wie das Hinzufügen oder Ändern von Indizes oder zum Beispiel auch Modifikationen am T-SQL-Code von gespeicherten Prozeduren, vorgenommen. Sie können dann für jeden Wiedergabevorgang die Änderungen in der Laufzeit messen.

Auch wenn dieses Konzept zunächst sehr verlockend erscheint, so ist es in der Praxis einigermaßen schwierig umzusetzen. Bitte lesen Sie hierzu noch einmal den Absatz *Wiedereinspielen einer Ablaufverfolgung* in Abschnitt *Ablaufverfolgungen und der SQL Server Profiler* durch.

Nichtsdestotrotz erhalten Sie mit den RML Utilities aber einen sehr leistungsfähigen, interessanten und darüber hinaus auch kostenlos verfügbaren Satz von Programmen zur Performance-Analyse. Vor allem die Möglichkeiten zur Untersuchung von Ablaufverfolgungen sind sehr beeindruckend.

Wie gesagt, können Sie sich die RML Utilities kostenlos aus dem Internet herunterladen, inklusive eines 167 Seiten langen Handbuchs im PDF-Format. Die Dokumentation ist tatsächlich vorbildlich, sodass keine Veranlassung besteht, sie an dieser Stelle zu wiederholen. Ich möchte Ihnen hier nur die wichtigsten Möglichkeiten vorstellen und Sie motivieren, sich einmal näher mit den RML Utilities auseinanderzusetzen.

Die drei wichtigsten Komponenten sind:

▶ **ReadTrace**. Dieses Programm kann eine gespeicherte Ablaufverfolgung des SQL Server Profilers in eine Analyse-Datenbank überführen.

▶ **Reprter**. Der Reporter ermöglicht die Erstellung von Berichten auf der Basis der von ReadTrace erstellten Analyse-Datenbank.

▶ **OStress**. Dies ist ein Programm, das eine wiederholte Ausführung von T-SQL-Stapeln von mehreren gleichzeitigen Verbindungen ermöglicht. Dadurch können Sie Ihren SQL Server fast nach Belieben belasten.

Wir wollen diese drei Komponenten in den folgenden Abschnitten etwas näher untersuchen.

4.16.1   ReadTrace

Dae Programm *ReadTrace* konvertiert eine gespeicherte SQL Server Profiler-Ablaufverfolgung wahlweise in eines der folgenden Formate:

▶ **RML-Datei**. Eine RML-Datei ist eine Datei in einem speziellen XML-Format. Das Programm *OStress* (siehe unten) versteht dieses Format. Dadurch ist es letztlich möglich, *OStress* zu verwenden, um die in einer Ablaufverfolgung enthaltenen Aktionen erneut einzuspielen. Diese Möglichkeit ist für Performance-Tests nützlich, wobei eben – wie bereits mehrfach erwähnt – möglicherweise nicht alle in einer Ablaufverfolgungsdatei enthaltenen Aktionen erneut ausgeführt werden können.

▶ **TRC-Datei**. *ReadTrace* kann für jede in einer Ablaufverfolgungsdatei enthaltene Sitzung (Session) eine eigene Ablaufverfolgungsdatei erstellen, eine Aktion, die auch als Sitzungsspiegelung (Session Mirroring) bezeichnet wird. Diese Ablaufverfolgungen können dann einzeln untersucht werden.

▶ **Performance-Analysis-Datenbank**. Eine solche Analysedatenbank wird in einer SQL Server-Instanz angelegt und für Auswertungen durch den Reporter verwendet. Etwas weiter unten werden Sie sehen, wie das funktioniert.

Hierbei „versteht" *ReadTrace* übrigens nicht nur das reine TRC-Format, in dem Ablaufverfolgungen gespeichert werden. Vielmehr kann *ReadTrace* auch im ZIP- oder CAB-Format komprimierte TRC-Dateien lesen, also letztlich vor dem Verarbeiten entpacken.

ReadTrace ist ein Kommandozeilenprogramm, dessen Eigenschaften über Parameter gesteuert werden. Die verfügbaren Parameter sind sehr vielfältig – genauso wie die Möglichkeiten, die das Programm zur Verfügung stellt. Wir werden die verfügbaren Parameter an dieser Stelle nicht alle besprechen. Im Handbuch finden Sie detaillierte Erklärungen und auch Beispiele hierzu.

Besonders komfortabel ist natürlich die Möglichkeit, dass eine Ablaufverfolgung direkt in eine Performance-Analysis-Datenbank konvertiert werden kann. Ein Beispielkommando für diese Konvertierung sieht etwa so aus:

```
readtrace -Ic:\SqlTrace\Test.trc -S.\KANAPALI -dTraceRpt -E
```

Die obige Kommandozeile legt eine Datenbank *TraceRpt* auf dem SQL Server
.*KANAPALI* an und überträgt den Inhalt der Ablaufverfolgungsdatei *C:\SqlTrace*
Test.trc in diese Datenbank.

Die Kommandozeile verwendet die folgenden Parameter

▶ **-I**. Hier geben Sie den Namen der Ablaufverfolgungsdatei an, die gelesen werden soll.

▶ **-d**. Dieser Parameter spezifiziert den Namen der Performance-Analysis-Datenbank. Das Programm legt diese Datenbank an, wenn sie nicht existiert.

▶ **-S**. Hier steht der Name der SQL Server-Instanz, auf der die Analysedatenbank erstellt wird.

▶ **-E**. Der Parameter gibt an, dass für die Anmeldung an der SQL Server-Instanz die in Windows integrierte Sicherheit verwendet werden soll.

Wenn Sie eine Ablaufverfolgungsdatei erstellen, die mittels *ReadTrace* in eine Analysedatenbank übertragen und die später durch den Reporter (siehe folgender Abschnitt) ausgewertet werden soll, dann müssen Sie bestimmte Ereignisse in diese Ablaufverfolgung einschließen, ansonsten wird die Auswertung nicht funktionieren. Die Originaldokumentation enthält eine genaue Auflistung der erforderlichen Ereignisse.

Am einfachsten ist es, wenn Sie eine der von der Installation der RML Utilities bereitgestellten drei Vorlagen für die Erstellung einer Ablaufverfolgung verwenden:

▶ **TraceCaptureDef_ReportStmtOnly.sql**. Wenn Sie eine Ablaufverfolgung unter Verwendung dieser Vorlage erstellen, dann haben Sie für die Auswertung nur die Möglichkeit auf Anweisungsebene. Sie sehen im Bericht dann zwar jede einzelne Anweisung, haben aber keine Zuordnung dieser Anweisungen zu T-SQL-Stapeln. Ebenso werden keine Ausführungspläne in das Protokoll eingeschlossen.

▶ **TraceCaptureDef_ReportMin.sql**. Dieses Skript enthält eine recht minimalistische Definition von Ereignissen, die *RPC Completed*- und *Batch Completed*-Ereignisse in das Protokoll aufnimmt. Die Möglichkeiten für eine Auswertung sind dadurch natürlich begrenzt, dafür hält sich die Größe der Ablaufverfolgungsdatei aber in Grenzen.

▶ **TraceCaptureDef.sql**. Diese Vorlage enthält den umfangreichsten Satz von Ereignissen. Eine durch diese Vorlage erstelle Ablaufverfolgung bietet dadurch auch die informativsten und komfortabelsten Berichts- bzw. Auswertungsmöglichkeiten

 Bitte beachten Sie, dass alles bisher über den Profiler Gesagte nach wie vor gültig ist. Je mehr Ereignisse Sie in die Ablaufverfolgung einschließen, umso mehr Systemlast wird letztlich erzeugt. Überlegen Sie also genau, welche Vorlage Sie verwenden, oder testen Sie am besten in relativ kurzen Zeitspannen, mit wie viel Last Sie ungefähr rechnen müssen, und auch, wie groß die Protokolldatei in etwa wird. Denken Sie bitte auch daran, dass die Analysedatenbank natürlich ebenso wächst und der Reporter (siehe nächster Abschnitt) entsprechend mehr zu tun bekommt.

Wenn Sie *ReadTrace* so wie im obigen Beispiel aufrufen, dann wird nicht nur die Analysedatenbank erstellt. Nachdem die Ereignisse der Ablaufverfolgungsdatei in die Analysedatenbank eingetragen wurden, startet *ReadTrace* automatisch den Reporter, der dann sofort mit der Auswertung der Analysedatenbank beginnt.

4.16.2 Reporter

Der Reporter ermöglicht die komfortable Auswertung von Anlaufverfolgungsdaten durch eine Reihe vordefinierter Berichte. Hierzu müssen die Ablaufverfolgungsdaten in einem speziellen Format bzw. in einer speziellen Datenbank, der sogenannten Analysedatenbank, vorliegen. Normalerweise werden Sie *ReadTrace* verwenden, um diese Datenbank zu erzeugen, so wie im Beispiel aus dem vorangegangenen Abschnitt.

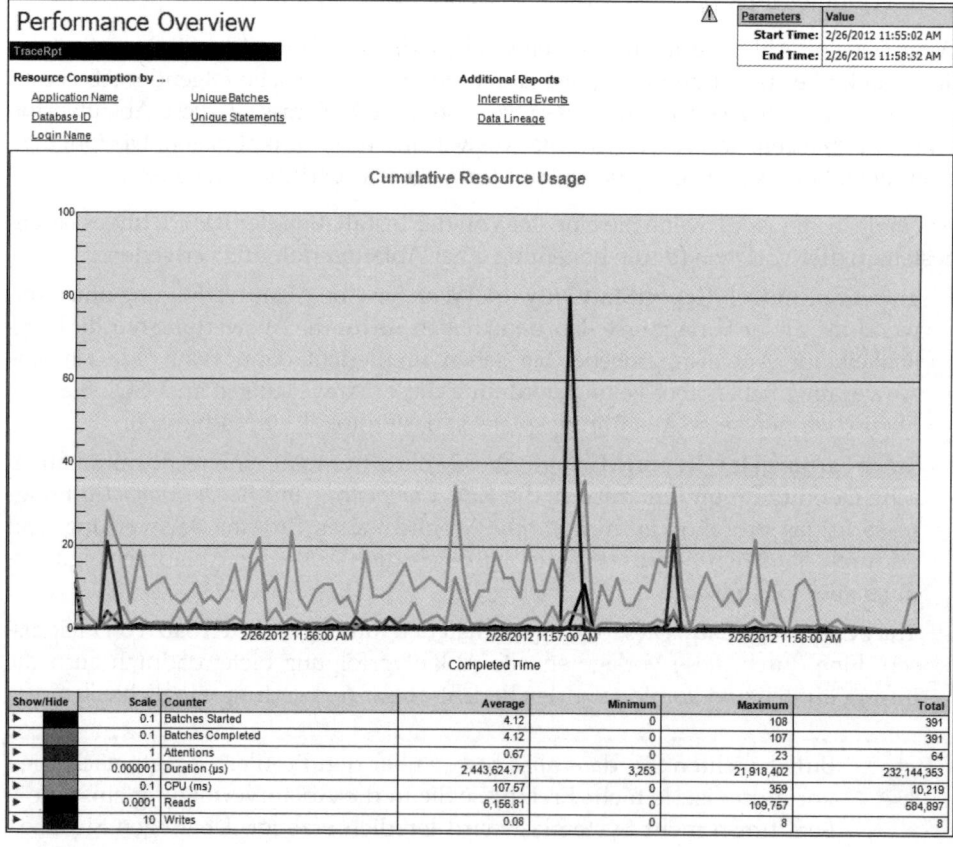

Abbildung 4.52: Der Reporter im Einsatz

Die Berichte sind interaktiv, ermöglichen also eine Navigation. So etwas ist in einem Text schwierig zu erklären, daher empfehle ich Ihnen, dass Sie sich einfach zehn Minuten Zeit nehmen und das einmal ausprobieren. Die Möglichkeiten sind faszinierend und werden nach meiner Erfahrung oft unterschätzt.

Sie können sich zu einer existierenden Analysedatenbank auf der Startseite des Reporters verbinden. Alternativ besteht, wie bereits erwähnt, die Möglichkeit, dass Sie eine solche Analysedatenbank durch *ReadTrace* erstellen lassen und dann nach der Erstellung gleich der Reporter mit dieser Analysedatenbank gestartet wird.

Abbildung 4.52 zeigt ein Beispiel für einen Bericht.

4.16.3 OStress

OStress ist ein Programm, mit dem Sie eine SQL Server-Instanz unter Last setzen können. Darüber hinaus kann *OStress* auch gespeicherte und durch *ReadTrace* in das RML-Format konvertierte Ablaufverfolgungsdateien erneut einspielen bzw. wiederholt ablaufen lassen.

OStress kann zum Beispiel ein in einer Datei gespeichertes T-SQL-Skript gleichzeitig mehrfach von verschiedenen Verbindungen ausführen. Schauen Sie sich bitte dazu das folgende Beispiel für einen Aufruf an:

```
ostress -E -S.\kanapali -oc:\temp -dStressTestDB -i".\RunTest.sql" -n6 -r20
```

Der obige Aufruf stellt eine Verbindung zur Datenbank *StressTestDB* auf dem Server *.\KANAPALI* her und führt dann die in der Datei *RunTest.sql* enthaltenen Anweisungen gegen diese Datenbank aus. Interessant sind die beiden Parameter -n und -r:

▶ **-r**. Dieser Parameter gibt an, wie oft das Eingabeskript verarbeitet wird. Im obigen Beispiel führen wir die im Skript enthaltenen Anweisungen also insgesamt 20 Mal aus.

▶ **-n**. Über diesen Parameter geben Sie die Anzahl von Verbindungen an, die gleichzeitig geöffnet werden, um die im Skript enthaltenen Anweisungen auszuführen. Unser Beispiel verwendet sechs Verbindungen.

Der obige *OStress*-Aufruf führt das Skript also 20 Mal von sechs Verbindungen gleichzeitig aus.

4.17 Performance Analysis of Logs (PAL)

PAL ist ein Programm, das Sie bei der Analyse von Leistungsindikatoren unterstützt, die mit dem Systemmonitor aufgezeichnet wurden. Wir haben einige wichtige Leistungsindikatoren bereits früher in diesem Kapitel aufgezählt und auch erklärt. Sicher werden Sie sich bereits da gefragt haben, wie es möglich sein soll, all diese Indikatoren oder vielleicht auch nur einige dieser Indikatoren im Blick zu behalten und zu reagieren, wenn ein bestimmter Indikator einen kritischen Wert aufweist. Dabei ergibt sich zwangsläufig auch die Frage, was eigentlich ein kritischer Schwellwert für einen ganz bestimmten Leistungsindikator ist. Die zweite Frage ist umso schwieriger zu beantworten (wenn überhaupt), weil eine isolierte Betrachtung einzelner Indikatoren in den meisten Fällen wenig sinnvoll ist. Dies wurde bereits in Abschnitt *Wichtige Leistungsindikatoren* bei der Aufzählung der wichtigsten Leistungsindikatoren angedeutet. Es kann durchaus sein, dass ein bestimmter Wert für einen Leistungsindikator nur dann kritisch ist, wenn die Werte für einen oder zwei andere Indikatoren ebenso in einen bestimmten Bereich fallen.

PAL ist ein kostenlos verfügbares Programm, das Ihnen bei der Analyse von aufgezeichneten Sammlungen der Leistungsüberwachung, also Protokollen des Windows-Systemmonitors, hilft. Das Programm verarbeitet als Eingabe ein solches Protokoll und erstellt einen Bericht im HTML-Format. In diesem Bericht werden als kritisch eingestufte Werte bestimmter Leistungsindikatoren farblich gekennzeichnet, sodass Sie einen schnellen Überblick über mögliche Probleme erhalten.

Die Bedienung des Programmes erfolgt durch einen Assistenten und ist denkbar einfach. Da der generierte Bericht auch Diagramme enthält, die auf den Microsoft Chart Controls für das Microsoft .NET Framework 3.5 basieren, müssen Sie diese Komponente für die Verwendung von PAL installieren.

Im Assistenten geben Sie zunächst auf der Registerkarte COUNTER LOG den Namen der Datei an, die das zu untersuchende Protokoll enthält. Auf der Registerkarte THRESHOLD FILE haben Sie dann die Möglichkeit, eine Vorlage für kritische Schwellwerte anzugeben. Es gibt bereits einige vordefinierte Vorlagen (siehe Abbildung 4.53), darunter auch Vorlagen für SQL Server 2005 und 2008, die aber ebenso für SQL Server 2012 sinnvoll sein dürften. Diese Vorlagen enthalten letztlich Bereichsdefinitionen für die einzelnen Indikatoren, wobei für jeden Indikator die drei Bereiche unbedenklich, gerade noch akzeptabel und kritisch existieren.

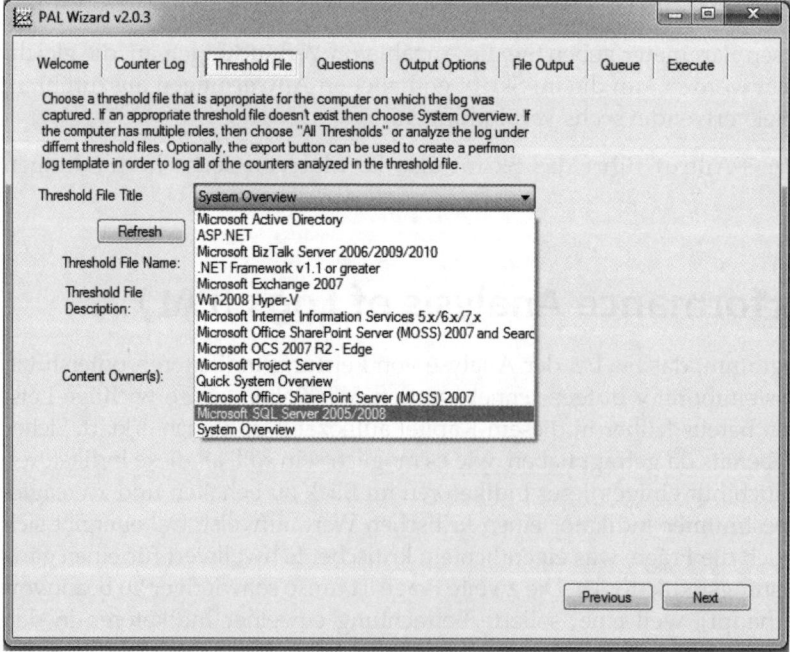

Abbildung 4.53: Der PAL Wizard in Aktion

Die Vorlagen existieren im XML-Format, sodass eine Anpassung der Schwellwertdefinitionen einfach möglich ist. Ebenso können Sie eigene Vorlagen hinzufügen.

Wenn Sie sich durch den Assistenten hindurchgearbeitet haben, dann wird am Ende ein Bericht generiert. Abbildung 4.54 zeigt einen Auszug aus einem solchen Bericht.

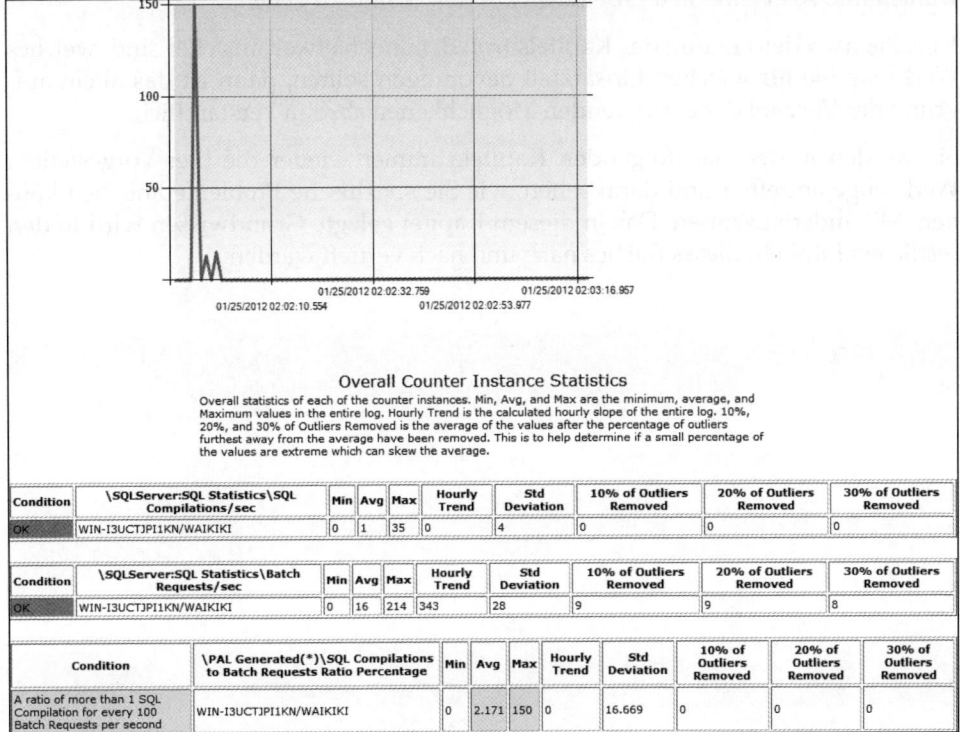

Overall Counter Instance Statistics

Overall statistics of each of the counter instances. Min, Avg, and Max are the minimum, average, and Maximum values in the entire log. Hourly Trend is the calculated hourly slope of the entire log. 10%, 20%, and 30% of Outliers Removed is the average of the values after the percentage of outliers furthest away from the average have been removed. This is to help determine if a small percentage of the values are extreme which can skew the average.

Condition	\SQLServer:SQL Statistics\SQL Compilations/sec	Min	Avg	Max	Hourly Trend	Std Deviation	10% of Outliers Removed	20% of Outliers Removed	30% of Outliers Removed
OK	WIN-I3UCTJPI1KN/WAIKIKI	0	1	35	0	4	0	0	0

Condition	\SQLServer:SQL Statistics\Batch Requests/sec	Min	Avg	Max	Hourly Trend	Std Deviation	10% of Outliers Removed	20% of Outliers Removed	30% of Outliers Removed
OK	WIN-I3UCTJPI1KN/WAIKIKI	0	16	214	343	28	9	9	8

Condition	\PAL Generated(*)\SQL Compilations to Batch Requests Ratio Percentage	Min	Avg	Max	Hourly Trend	Std Deviation	10% of Outliers Removed	20% of Outliers Removed	30% of Outliers Removed
A ratio of more than 1 SQL Compilation for every 100 Batch Requests per second	WIN-I3UCTJPI1KN/WAIKIKI	0	2.171	150	0	16.669	0	0	0

Abbildung 4.54: Auszug aus einem PAL-Bericht

Obwohl PAL ein extrem nützliches Werkzeug für die Analyse ist, so hat es doch auch eine Schwäche: Die einzelnen Indikatoren werden stets unabhängig voneinander betrachtet. Beziehungen zwischen unterschiedlichen Indikatorwerten im gleichen Zeitraum werden nicht in Betracht gezogen. In Anbetracht der Komplexität der Materie ist dies aber sicher auch nur sehr schwer möglich. Da ist dann doch eher der menschliche Geist gefragt.

Für Hinweise auf eventuell bestehende Probleme und somit für die Richtungsweisung einer Erforschung dieser Probleme ist PAL jedoch ein sehr nützliches Werkzeug. Schauen Sie sich einfach die Warnungen im erstellten Bericht an und überlegen bzw. untersuchen Sie, ob diese Warnungen für Sie von Relevanz sind.

4.18 Zusammenfassung

In diesem Kapitel haben Sie die vielfältigen Möglichkeiten kennengelernt, die SQL Server für die Überwachung zur Verfügung stellt. Sie sollten nun in der Lage sein, aus den existierenden Möglichkeiten für die Überwachung eine geeignete auszuwählen und so eventuellen Problemen auf den Grund zu gehen.

Falls Sie nach der Lektüre des Kapitels trotzdem noch etwas unsicher sind, welches Werkzeug Sie für welchen Einsatzfall bevorzugen sollten, dann ist das allein aufgrund der Vielzahl der existierenden Möglichkeiten absolut verständlich.

Sie werden in den nachfolgenden Kapiteln immer wieder die hier vorgestellten Werkzeuge antreffen und dann sehen, wie Sie spezifische Probleme angehen können. Mit anderen Worten: Das in diesem Kapitel gelegte Grundwissen wird in den restlichen Kapiteln dieses Buches nach und nach vertieft werden.

Teil 2

Physische Aspekte des Datenbankentwurfes

5 Verwenden von Indizes

Bei der Abfrageoptimierung spielen Indizes eine ganz entscheidende Rolle. Ein geeigneter Index kann die Ausführung von Abfragen um einige Größenordnungen beschleunigen und somit recht beeindruckende Auswirkungen auf die Abfrageleistung haben.

 Es ist deshalb sehr wichtig, dass Sie die in diesem Kapitel vorgestellten Konzepte verstehen, damit Sie diese sinnvoll anwenden können.

Wir werden uns zunächst damit auseinandersetzen, welche Möglichkeiten der Indizierung SQL Server zur Verfügung stellt. Hier ist etwas Theorie unerlässlich. Anschließend erfahren Sie im mehr praktisch orientierten Teil, wie Indizes erzeugt, gelöscht und reorganisiert werden. Methoden zum Auffinden geeigneter Indizes sind nicht Gegenstand dieses Kapitels. Hierfür wird noch etwas mehr Grundlagenwissen benötigt, also haben Sie bitte noch ein wenig Geduld. Kapitel 9 und 11 beschäftigen sich mit der Thematik, wie passende Indizes gefunden werden können.

5.1 Der Heap: Eine Tabelle ohne Index

Eine Tabelle ohne gruppierten Index wird auch als Heap (deutsch: Haufen) bezeichnet. Die Daten einer solchen Tabelle liegen in unsortierter Form, einfach als Blöcke, die nicht zueinander in Beziehung stehen, auf der Festplatte. Um auf die Tabellendaten zugreifen zu können, verwaltet SQL Server eine Zuordnungstabelle, die sogenannte IAM (Index Allocation Map). In dieser Tabelle werden Zeiger zu den einzelnen Seiten des Heap verwaltet, wobei ein solcher Zeiger die SQL Server-Datendatei und die Nummer der Seite innerhalb der Datendatei enthält. Ein Zeiger hat hierbei die Form `DateiID:SeitenNummer`. So bezeichnet also zum Beispiel der Zeiger 1:7521 die Seite 7521 in der ersten Datendatei der entsprechenden Datenbank.

Für die weiteren Betrachtungen in diesem Kapitel verwenden wir eine Tabelle, die wir nach und nach mit Indizes ausstatten werden. Das folgende Skript legt diese Tabelle zunächst als Heap an:

```
use QueryTest;
-- Testtabelle erzeugen. Die dritte Spalte
-- soll hier nur simulieren, dass noch mehr Spalten
-- vorhanden sind.
if (object_id('T1') is not null)
  drop table t1
```

```
go
create table T1
  (
    Id int not null
   ,Nr int not null
   ,Platzhalter nchar(400) null default '#'
  )
go
-- Füge 200.000 Zeilen ein
insert T1 (Id,Nr)
  select n, n % 100 from Numbers
  where n <= 200000
```

Für die im Skript erzeugte Tabelle T1 werden erst einmal keine Indizes angelegt. Diese Tabelle existiert daher vorerst als Heap, d.h., die einzelnen Datenseiten der Tabelle liegen einfach nur in ungeordneter Reihenfolge auf dem Datenträger. Sie können sich dies in etwa so vorstellen, wie in Abbildung 5.1 gezeigt.

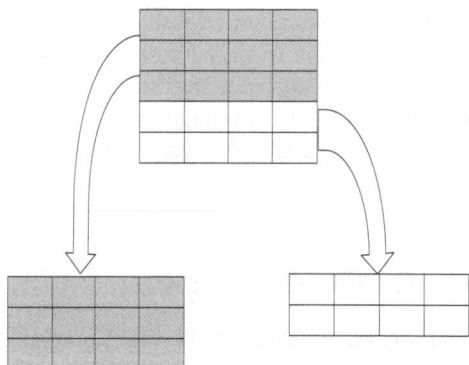

Abbildung 5.1: Anordnung der Datenseiten in einem Heap

Wenn nun eine Abfrage Daten aus der Tabelle T1 benötigt, dann müssen diese Daten im Heap gesucht werden. Hierzu muss – da ja keine Sortierung existiert – immer der gesamte Heap gelesen werden, ein Vorgang, der im Englischen als *Table Scan* bezeichnet wird.

Betrachten Sie als Beispiel bitte die folgende Abfrage:

```
select * from T1
  where Id=3331
```

Obwohl diese Abfrage lediglich eine Zeile zurückliefert, muss der gesamte Heap sequenziell durchsucht werden, um die in der WHERE-Klausel angegebene Bedingung zu überprüfen. Hierzu wird die Tabelle seiten- bzw. blockweise vom Datenträger oder, falls Datenseiten dort bereits existieren, auch aus dem Datencache gelesen, wobei wirklich alle Datenseiten (wenigstens) einmal gelesen werden müssen.

Es ist relativ einfach auszurechnen, wie viele Datenseiten letztlich für den Tabellen-Scan durchsucht werden. Jede Zeile unserer Tabelle benötigt 808 Byte (jeweils 4 Byte für jeden der beiden INTEGER-Werte und 800 Byte für die Spalte Platzhalter). Somit passen in eine Datenseite 8060 Byte/808 Byte = 9 Zeilen der Tabelle. Bei insgesamt 200.000 Zeilen werden also 200.000 / 9 = 22.223 Seiten für die Tabelle benötigt. Das sind also insgesamt immerhin 22.223 * 8096 Byte, also etwa 170 MByte.

5.2 Der gruppierte Index

Ein gruppierter Index enthält in den Blattseiten des Indexbaumes die Tabellendaten. Diese Daten liegen dort in sortierter Form vor, wobei die Sortierreihenfolge durch die Indexspalten festgelegt wird. Am besten lässt sich diese Aussage grafisch verdeutlichen.

Abbildung 5.2 zeigt einen Auszug aus dem Indexbaum für einen gruppierten Index auf der Spalte ID der Tabelle T1.

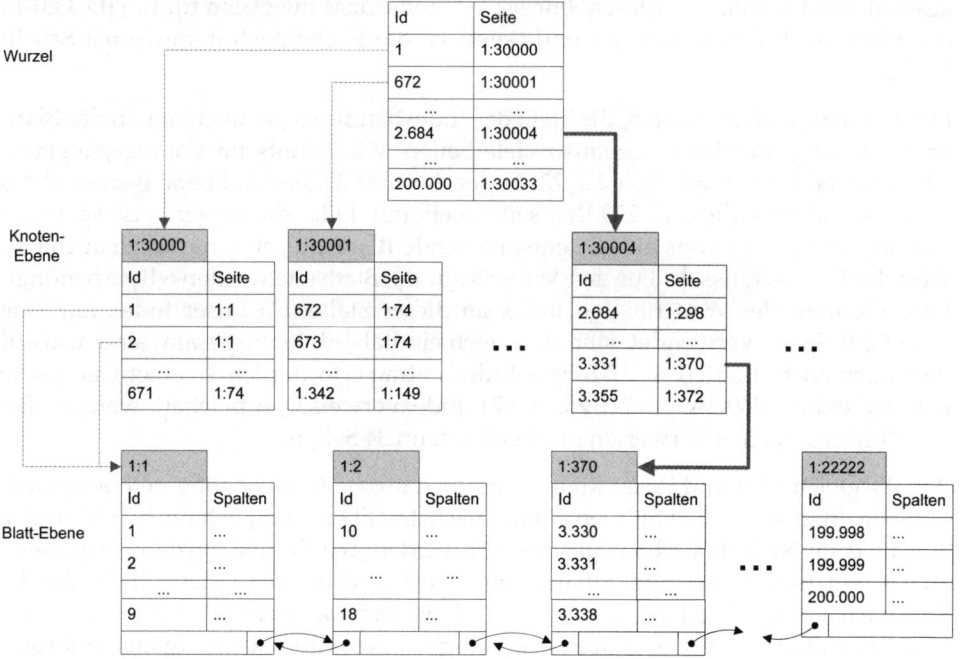

Abbildung 5.2: Gruppierter Index auf der Spalte ID

Jeder Index besitzt immer genau eine Datenseite, welche die Wurzel des Indexbaumes verkörpert. Diese Wurzel enthält Verweise auf die erste Knotenebene, wobei am Indexwert in der Wurzel abgelesen werden kann, in welchem Knotenelement ein bestimmter Wert gesucht werden muss. Jeder Indexeintrag in der Wurzel und in der

Knotenseite (also alle Einträge in Nicht-Blattseiten) enthält den Indexschlüssel und einen Verweis auf die in der untergeordneten Ebene relevante Seite. Dieser Zeiger besitzt wiederum die Form DateiID:Seitennummer. Die unterste Ebene des Index – also die Blattseite enthält dann die eigentlichen Tabellendaten.

Die Blattseiten selber sind nochmals untereinander verkettet, und zwar in beide Richtungen. In jeder Blattseite existieren somit Verweise auf die vorhergehende und die nachfolgende Seite. Auch dies verdeutlicht Abbildung 5.2.

Ein Indexbaum ist also hierarchisch aufgebaut, was eine sehr schnelle Suche bestimmter Werte ermöglicht. In unserem Fall hat der Indexbaum drei Ebenen. Dadurch wird jeder beliebige Wert über die Suche im Indexbaum in drei Schritten gefunden.

Die dicken Pfeile in Abbildung 5.2 verdeutlichen eine Suche nach der ID 3331. Die Suche beginnt zunächst in der Wurzel des Index. Die Wurzel wird immer in einer einzelnen Datenseite gespeichert, die Verweise auf die Such-Seiten in der nächsten Ebene enthält. Falls der Index klein ist, kann in der Wurzel auch bereits direkt auf die Blattseite verwiesen werden. In unserem Fall ist dies jedoch nicht so. Anhand der Indexwerte im Wurzelelement wird festgestellt, dass auf der Seite 1:30004 weitergesucht werden soll. Auf dieser Seite steht bereits, dass die Daten für die ID 3331 in der Blattseite 1:370 existieren – und damit ist die Suche nach dem dritten Schritt beendet.

Es ist übrigens relativ simpel, die Tiefe des Indexbaumes auszurechnen. In der Blattebene benötigt der Index genauso viele Seiten, wie bereits im vorangegangenen Abschnitt berechnet, nämlich 22.223. In der darüber liegenden Ebene werden dann Verweise auf eben diese 22.223 Blattseiten benötigt. Jeder dieser Verweise speichert den eigentlichen Verweis auf die entsprechende Blattseite, aber natürlich auch den Wert des Indexschlüssels. Für den Verweis auf die Blattseite werden 8 Byte benötigt. Hinzu kommt der Wert für den Index an dieser Stelle. Da unser Index nur eine INTEGER-Spalte verwendet, sind dies noch einmal 4 Byte. Insgesamt sind also auf der ersten Nicht-Blattebene 12 Byte je Indexeintrag erforderlich. In einer Datenseite können somit 8060 Byte/12 Byte = 671 Indexverweise gespeichert werden. Bei 22.223 erforderlichen Verweisen macht dies dann 34 Seiten.

Auf die gleiche Art und Weise können Sie auch die weiteren benötigten Ebenen kalkulieren. In unserem Fall müssen auf der nächsten Ebene lediglich noch 34 Verweise auf die erste Nicht-Blattebene gespeichert werden, wofür eine einzelne Datenseite ausreicht. Unser Indexbaum hat also eine Tiefe von drei. Wenn dieser Index für die Suche nach einem Wert verwendet wird, dann kann sehr einfach über den Indexbaum navigiert werden. Dadurch sind lediglich noch drei Suchvorgänge erforderlich, also genau so viele, wie der Indexbaum Stufen besitzt. Vergleichen Sie dies einmal mit dem Tabellen-Scan aus dem vorherigen Beispiel. Dort waren 22.223 Leseoperationen erforderlich, mit einem geeigneten Index sind es nun lediglich noch drei; eine Verbesserung um ungefähr den Faktor 7.400!

Die Tiefe des Indexbaumes bestimmt also die Anzahl der Leseoperationen. Da die Anzahl der Datenseiten je Indexebene exponentiell abnimmt, haben auch Indizes für sehr große Tabellen, bzw. große Indizes mit vielen oder langen Spalten, selten mehr als vier Ebenen. In unserem Fall würden zum Beispiel auch bei 2.000.000.000 Zeilen in der Tabelle T1 noch vier Indexebenen ausreichen.

Sie müssen die Tiefe des Indexbaumes übrigens nicht von Hand bestimmen. Die dynamische Systemsicht sys.dm_db_index_physical_stats (genauer gesagt, ist es eine Funktion) ermöglicht die Abfrage dieser (und noch einiger weiterer) Informationen zu Indizes, aber auch zu Heaps. Diese Funktion erwartet vier Parameter, mit denen bestimmt wird, welche Informationen zurückgeliefert werden sollen. Für unsere Tabelle T1 kann der Aufruf zum Beispiel so erfolgen:

```
select index_id,index_type_desc,index_depth
     ,index_level,page_count
  from sys.dm_db_index_physical_stats(db_id(),object_id('T1')
                               ,null,null,'limited')
```

Abbildung 5.3 zeigt ein Beispiel für die Ausgabe.

index_id	index_type_desc	index_depth	index_level	page_count
1	CLUSTERED INDEX	3	0	22223

Abbildung 5.3: Informationen zum gruppierten Index

Bereichssuchen über einen Index funktionieren ein wenig anders. Stellen Sie sich bitte die folgende Abfrage vor:

```
select * from T1
 where id between 10001 and 10150
```

Hier für jeden Vergleich eine Suche über die komplette Tiefe des Indexbaumes durchzuführen, wäre sehr ineffizient. Es gibt eine sehr viel bessere Lösung: Da die Blattseiten in sortierter Form vorliegen und außerdem aufeinander verweisen, wird einfach nur die erste Blattseite – also diejenige für ID = 10001 – über den Indexbaum ermittelt. Alle weiteren Blattseiten können dann einfach über die Navigation in der doppelt verketteten Liste gelesen werden, da diese Liste ja nach dem Schlüssel des Index sortiert ist. Sobald der Wert ID = 10151 erreicht ist, ist die Suche beendet. Eine solche Suche wird als Index-Scan bezeichnet.

Wichtig ist, dass Sie sich das Folgende einprägen:

> Der gruppierte Index enthält nicht etwa eine Kopie der Tabelle, er *ist* die Tabelle. Sobald Sie einen gruppierten Index für eine Tabelle erzeugen, sind die Tabellendaten in den Blattseiten des gruppierten Index gespeichert. Aus diesem Grund ist je Tabelle auch nur ein gruppierter Index erlaubt.

5.3 Der nicht gruppierte Index auf einem Heap

Eine Tabelle ohne gruppierten Index (ein Heap also) kann bis zu 999 nicht gruppierte Indizes besitzen. Auch der nicht gruppierte Index wird in Form eines Indexbaumes verwaltet. Abbildung 5.4 zeigt ein Beispiel für einen nicht gruppierten Index auf der Spalte ID, wobei wir annehmen, dass die Tabelle keinen gruppierten Index besitzt.

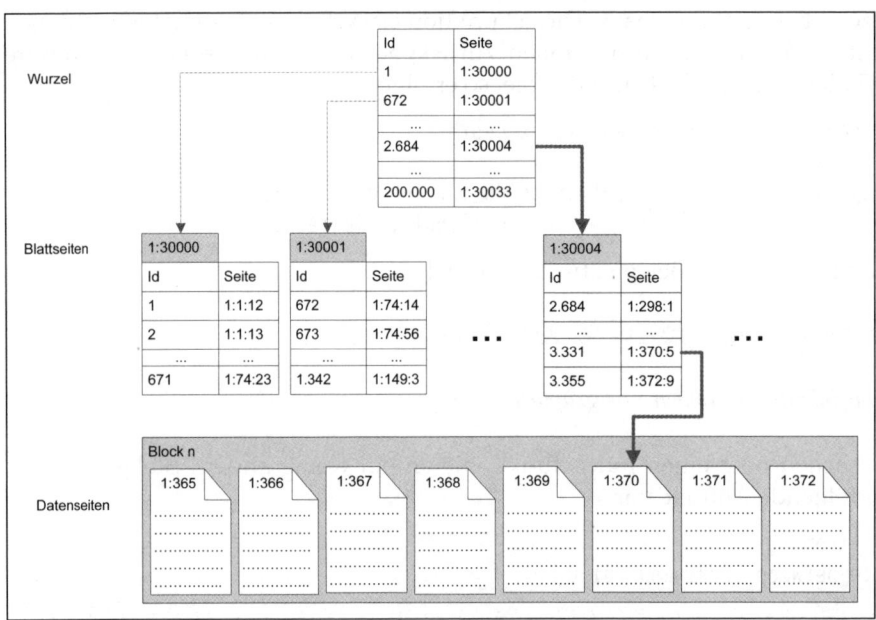

Abbildung 5.4: Nicht gruppierter Index T1.Id auf einem Heap

Der Unterschied zum gruppierten Index liegt in den Blattseiten. Hier sind nun nicht mehr die Tabellendaten selber gespeichert. Stattdessen existieren in den Blattseiten nur Verweise auf die Speicherorte der eigentlichen Tabellendaten. Jeder dieser Verweise ist in der Form `DateiID:DatenSeite:PositionImBlock` abgelegt. Die Abbildung verdeutlicht wiederum eine Suche nach der ID 3331. Die ersten beiden Such-Schritte unterscheiden sich zunächst nicht von der Suche im gruppierten Index. Lediglich das eigentliche Holen der Tabellendaten, also der letzte Schritt, ist beim nicht gruppierten Index auf einem Heap anders. Die Tabellendaten werden nun über den eingetragenen Verweis auf die entsprechende Datenseite geladen, ein Vorgang, der im Englischen als *RowId-Lookup* bezeichnet wird.

Da der nicht gruppierte Index nur Verweise auf die eigentlichen Tabellendaten speichert, kommt er mit entsprechend weniger Datenseiten und meist auch weniger Stufen im Indexbaum aus. In unserem Beispiel hat der Index nur zwei Stufen, gegenüber drei beim gruppierten Index. In der Summe ist jedoch der benötigte Speicher für Index- und Tabellendaten in beiden Fällen etwa gleich.

5.3.1 Forwarding Pointer

Stellen Sie sich bitte einmal vor, dass eine Aktualisierungsoperation in einem Heap die Daten so verändert, dass nicht alle geänderten Spaltenwerte in der bereits existierenden Datenseite Platz finden. So etwas kann zum Beispiel passieren, wenn eine Datenseite fast voll ist und eine Zeichenkette erweitert wird.

In diesem Fall muss eine neue Datenseite allokiert werden, damit alle Zeilendaten Platz finden; eine Operation, die als Page Split bezeichnet wird. Was passiert aber dann mit den in allen nicht gruppierten Indizes existierenden Verweisen auf die Original-Datenseite? Diese Verweise sind ja nun nur noch zum Teil gültig, da sie keine Information über die neue Datenseite enthalten. Es könnten nun natürlich alle nicht gruppierten Indizes ebenso aktualisiert werden, damit alle Datenstrukturen in sich wieder konsistent sind. Diese Verfahrensweise würde Aktualisierungsoperationen allerdings extrem kostspielig machen. Immerhin können ja auf einem Heap einige Hundert Indizes existieren, die dann alle aktualisiert werden müssten.

Aus diesem Grund wird eine andere Technik angewandt. Bei einem Page Split wird in die ursprüngliche Datenseite ein Verweis auf die neue Datenseite eingefügt. Dieser Verweis wird als *Forwarding Pointer* bezeichnet, wobei *Forwarding Pointer* auch mehrstufig sein können, wenn erneut zusätzliche Datenseiten erforderlich werden. Es kann dann leicht von der ursprünglichen Datenseite zu den verbundenen Datenseiten navigiert werden, und es ist keine Änderung an existierenden nicht gruppierten Indizes erforderlich.

Forwarding Pointer gibt es nur in Heaps. Sie ahnen vielleicht bereits, dass die Methode auch einen Nachteil mit sich bringt: Aus ursprünglich einem Lesevorgang für das Holen der Daten werden bei existierenden Vorwärts-Verweisen zwei oder mehr Lesevorgänge.

 Forwarding Pointer wirken sich negativ auf die Performance aus, da sie die Anzahl von Leseoperationen erhöhen. Eine generelle Empfehlung ist daher, dass Sie Heaps nach Möglichkeit vermeiden sollten. Legen Sie für Ihre Tabellen einen gruppierten Index an.

Existierende *Forwarding Pointer* sind übrigens kein Geheimnis. Eine Abfrage ist über die dynamische Verwaltungssicht sys.dm_db_index_physical_stats möglich:

```
select object_name(object_id) as table_name
      ,forwarded_record_count
  from sys.dm_db_index_physical_stats(db_id(), null, null, null, 'detailed')
 where index_id = 0
```

Heaps haben grundsätzlich eine index_id von 0, sodass Sie das Ergebnis danach filtern können.

Existierende *Forwarding Pointer* sagen allerdings zunächst einmal nichts darüber aus, ob über diese Pointer auch ein Zugriff auf die Daten erfolgte. Es ist aber möglich, Informationen über diese Zugriffe abzufragen. Diese Information bekommen Sie über die dynamische Verwaltungssicht sys.dm_db_index_operational_stats:

```
select object_name(object_id) as table_name
      ,forwarded_fetch_count
  from sys.dm_db_index_operational_stats(db_id(), null, null, null)
 where index_id = 0
```

5.4 Der nicht gruppierte Index auf einem gruppierten Index

Auch für eine Tabelle mit einem gruppierten Index können zusätzlich bis zu 999 nicht gruppierte Indizes erzeugt werden. Ein nicht gruppierter Index auf einem gruppierten Index unterscheidet sich allerdings in einem wesentlichen Punkt von einem nicht gruppierten Index auf einem Heap. Im nicht gruppierten Index auf einem gruppierten Index sind in den Blattseiten keine Verweise auf die eigentlichen Tabellendaten enthalten. Hier steht nun stattdessen der Schlüsselwert des gruppierten Index. Der Grund für diese Verfahrensweise ist leicht erklärt. Ändern sich Tabellendaten, dann betrifft dies auch die Blattseiten des gruppierten Index. In diesen Blattseiten können durch Tabellenänderungen Seiten entfernt, verschoben oder hinzugefügt werden. Würde der nicht gruppierte Index nun auf den physikalischen Speicherort der Tabellendaten (also die Blattseiten des gruppierten Index) verweisen, dann müssten bei Datenänderungen am gruppierten Index stets auch **alle** nicht gruppierten Indizes angepasst werden – und das wäre ganz einfach zu kostspielig. Durch die Speicherung des Wertes für den gruppierten Index im nicht gruppierten Index wird dies vermieden.

Diese Verfahrensweise bringt jedoch auch einen Nachteil mit sich. Da im nicht gruppierten Index lediglich der Schlüsselwert des gruppierten Index steht, können die eigentlichen Tabellendaten nicht über eine Suche im nicht gruppierten Index ermittelt werden. Die Suche über den nicht gruppierten Index liefert nun lediglich den Schlüsselwert des gruppierten Index. Mit diesem ermittelten Schlüsselwert wird dann der Indexbaum des gruppierten Index durchsucht.

Nehmen wir die folgende Abfrage:

```
select * from T1
 where Nr =31
```

Angenommen, es existiert ein gruppierter Index für die Spalte ID. Um die in der Abfrage aufgelisteten Spalten (hier sind es alle) zurückzuliefern, müssen die Daten also über diesen Index ermittelt werden. Wir wollen hier zusätzlich davon ausgehen, dass auch ein nicht gruppierter Index auf der Spalte Nr existiert und dass dieser Index für eine Suche nach dem Wert 31 verwendet wird. Eine Suche über den nicht gruppierten Index läuft dann so ab, wie in Abbildung 5.5 zu sehen ist. Der nicht gruppierte Index wird verwendet, um die Schlüsselwerte für den gruppierten Index zu ermitteln. Diese Werte stehen in den Blattseiten des Index. Da in unserem Fall der gruppierte Index nicht eindeutig ist, also prinzipiell mehrere Zeilen mit demselben Schlüssel existieren können, wird zum gruppierten Index noch eine künstliche

RowId hinzugefügt, die eine eindeutige Identifizierung einer Zeile ermöglicht. Dies soll durch die Darstellung (ID, 1) für jeden Schlüsselwert in der Abbildung angedeutet werden. Über den Index auf der Spalte Nr wird hier also eine Liste von Schlüsselwerten ermittelt. Für jeden Wert aus dieser Liste muss dann anschließend eine Indexsuche auf dem gruppierten Index erfolgen. Diese Suche funktioniert dann genau so, wie in Abschnitt Abbildung 5.1 bereits erklärt wurde. Für den Wert Nr=31 werden insgesamt 2.000 Schlüsselwerte für den gruppierten Index gefunden. Da für jeden dieser Schlüsselwerte drei Seiten im gruppierten Index gelesen werden müssen, um die Tabellendaten zu ermitteln (siehe nochmals Abschnitt Abbildung 5.1), sind insgesamt 6.000 Leseoperationen erforderlich, um das Abfrageergebnis zurückzuliefern.

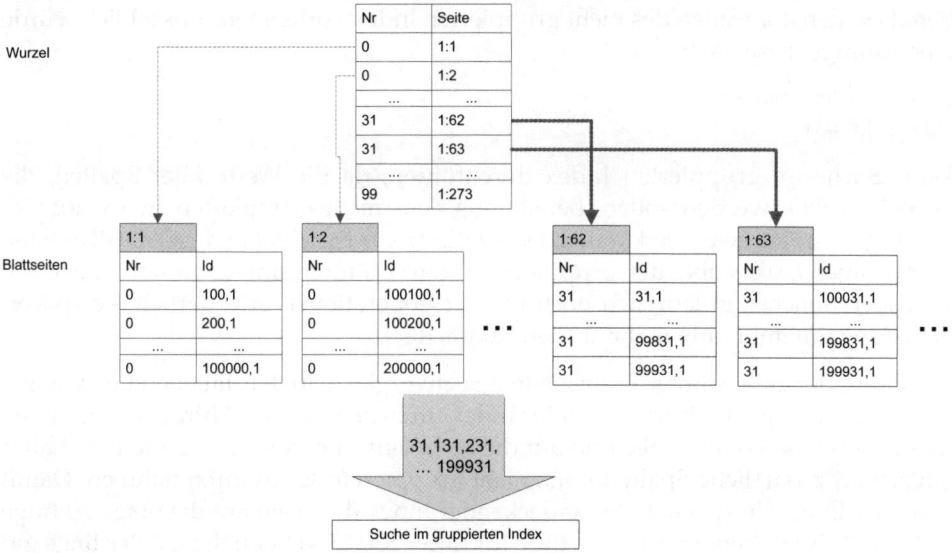

Abbildung 5.5: *Nicht gruppierter Index auf einem gruppierten Index*

Abschließend möchte ich Ihnen noch zwei Dinge mit auf den Weg geben:

 Da alle nicht gruppierten Indizes einer Tabelle die Schlüsselwerte des gruppierten Index enthalten, müssen die nicht gruppierten Indizes immer angepasst werden, wenn Schlüsselspalten im gruppierten Index geändert werden. Für gruppierte Indizes sollten Sie daher immer Spalten wählen, die nicht oder nur selten geändert werden.

Wenn Sie eine Tabelle von einem Heap in einen gruppierten Index umwandeln, müssen alle nicht gruppierten Indizes neu erzeugt werden. Dasselbe gilt natürlich für den Fall, dass Sie einen gruppierten Index löschen. Auch in diesem Fall ist es erforderlich, alle nicht gruppierten Indizes neu zu erstellen. Beide Operationen können also viel Zeit bzw. Ressourcen benötigen.

5.5   Eingeschlossene Spalten

Betrachten Sie bitte noch einmal die folgende Abfrage aus dem vorangegangenen Abschnitt:

```
select * from T1
 where Nr =31
```

Wenn wir wiederum davon ausgehen, dass ein gruppierter Index auf der Spalte ID und ein nicht gruppierter Index auf der Spalte Nr existieren, dann ergibt sich ein Suchvorgang, wie in Abbildung 5.5 dargestellt. Bei genauerer Betrachtung fällt auf, dass die Suche im gruppierten Index nur durchgeführt wird, um den Wert der Spalte Platzhalter zu ermitteln. Die anderen beiden Spalten – also Nr und ID – sind ja bereits in den Blattseiten des nicht gruppierten Index vorhanden. Tatsächlich würde eine Anfrage dieser Art:

```
select Id,Nr from T1
 where Nr =31
```

keine Suche im gruppierten Index durchführen, da die Werte aller Spalten, die zurückgegeben werden sollen, bereits aus dem nicht gruppierten Index auf der Spalte Nr bestimmt werden können. Der Optimierer verzichtet in diesem Fall auf den sogenannten *Lookup* über den gruppierten Index. Dadurch sind dann statt über 6.000 Leseoperationen nun lediglich noch fünf Leseoperationen erforderlich – eine Verbesserung um immerhin mehr als den Faktor 1000!

Ein Index, der eine Abfrage ohne weitere Suchvorgänge in den Tabellendaten bedienen kann, wird auch als abdeckender Index (in Bezug auf die Abfrage) bezeichnet. Möglicherweise kommen Sie nun auf die recht einfache Idee, die Spalte Platzhalter einfach als zusätzliche Spalte in den nicht gruppierten Index aufzunehmen. Damit wäre der Index ein sogenannter abdeckender Index (bezogen auf die obige Abfrage mit dem * als Spaltenliste). Dies würde für unser SELECT sicher helfen. Allerdings gilt es zu bedenken, dass jegliche Änderung einer indizierten Spalte immer auch ein Umsortieren des Index selber bewirkt – und das kann teuer werden.

SQL Server erlaubt seit der Version 2005 die Aufnahme zusätzlicher Spalten in einen nicht gruppierten Index, wobei diese Spalten nicht an der Indizierung selber beteiligt sind, sondern sozusagen als Huckepack-Information einfach an den Index angefügt werden. Auf diese Art und Weise kann dafür gesorgt werden, dass ein Index abdeckend ist, ohne mit dem Nachteil leben zu müssen, dass eine Änderung einer eingeschlossenen Spalte ein Umsortieren des Indexbaumes bewirkt.

Mit eingeschlossenen Spalten beschäftigen wir uns noch einmal in den Kapiteln 9 und 11.

5.6 Gefilterte Indizes

SQL Server bietet durch sogenannte gefilterte Indizes auch die Möglichkeit, nicht alle Zeilen einer Tabelle in einen Index aufzunehmen. Diese Möglichkeit steht natürlich nur für nicht gruppierte Indizes zur Verfügung.

Abhängig von der Filterbedingung ist ein gefilterter Index natürlich kleiner als ein vergleichbarer Index über alle Zeilen einer Tabelle. Allerdings müssen Sie hier wirklich sehr genau wissen, was Sie tun. Sie benötigen eine recht genaue Kenntnis der zu erwartenden Abfragen, wenn Sie gefilterte Indizes verwenden.

Ein klassischer Anwendungsfall für gefilterte Indizes ist der Ausschluss von Spalten mit NULL-Werten aus dem Index. Dies kann einfach durch die Filterbedingung WHERE <Spalte> IS NOT NULL erreicht werden. Im Zusammenhang mit sogenannten Sparse Columns, die Sie in Kapitel 8 näher kennenlernen, können Sie dadurch in einigen Fällen eine deutliche Verbesserung der Abfrageleistung erzielen.

Generell lohnt sich ein gefilterter Index für eine reine Suche über den Indexbaum dann, wenn der gefilterte Indexbaum eine geringere Tiefe als der nicht gefilterte Indexbaum hat. Für einen Index-Scan, also eine Operation, bei der die Blattseiten eines Index in geordneter Folge gelesen werden, lohnt sich ein gefilterter Index, wenn die Anzahl der Blattseiten geringer ist als beim nicht gefilterten Index.

Seien Sie sich bitte dessen bewusst, dass gefilterte Indizes auch immer einen gewissen zusätzlichen Administrationsaufwand erfordern, und wägen Sie ab, ob sich dieser Aufwand letztlich auch lohnt. Insbesondere betrifft dies die mit jedem Index verbundene Datenverteilungsstatistik. Für einen gefilterten Index ist diese Statistik ebenfalls gefiltert. Tendenziell haben gefilterte Statistiken die Eigenschaft, dass sie schneller altern als ungefilterte Statistiken und dadurch nicht mehr repräsentativ in Bezug auf die tatsächlich existierenden Tabellendaten sind. Dieser Umstand kann den Abfrageoptimierer zur Erstellung eines suboptimalen Plans veranlassen, sich also negativ auf die Abfrageleistung auswirken.

Wir kommen auf die Rolle von Statistiken in Kapitel 9.2 zurück. Dort finden Sie auch Beispiele für gefilterte Statistiken und Indizes.

5.7 Indizierte Sichten

SQL Server erlaubt die Erstellung eines gruppierten Index auch für Sichten. Auf diese Art und Weise können Sie eine Sicht materialisieren, also die Zeilen der Sicht permanent speichern. Dies kann für Abfragen vorteilhaft sein, zum Beispiel dann, wenn die Sicht sehr komplex ist, also viele verknüpfte Tabellen enthält. Nützlich ist eine indizierte Sicht meist auch dann, wenn die von der Sicht zurückgelieferten Zeilen Aggregationen oder Gruppierungen enthalten, wodurch die Zeilenanzahl in der Sicht meist erheblich geringer ist als die in den zugrunde liegenden, miteinander verknüpften Tabellen.

Normalerweise wird eine Abfrage auf einer Sicht immer auf die zugrunde liegenden Tabellen zurückgeführt. Bei einer indizierten Sicht kann sich der Optimierer allerdings für die Abfrage des auf einer Sicht existierenden gruppierten Index entscheiden. Darüber hinaus ist es auch möglich, weitere nicht gruppierte Indizes für eine Sicht zu erstellen, die bereits einen gruppierten Index enthält.

Indizierte Sichten weisen jedoch eine Reihe von Einschränkungen auf, die ihre Verwendung erschweren oder sogar unmöglich machen:

Zunächst einmal müssen Sichten, für die ein gruppierter Index erstellt wird, eine Reihe von Voraussetzungen erfüllen. Für eine vollständige Auflistung dieser Voraussetzungen konsultieren Sie bitte die Online-Dokumentation. Hier nur einige Punkte:

▶ Der gruppierte Index muss eindeutig sein, also mit der Option UNIQUE erstellt werden.

▶ Die Sicht darf keine OUTER JOINs verwenden.

▶ Die Sicht muss mit der Option SCHEMABINDING erstellt werden.

▶ Wenn Sie in der Sicht Aggregatfunktionen verwenden, muss die Sicht auch eine Spalte COUNT_BIG(*) zurückgeben.

Allein die ersten beiden Punkte sind oftmals bereits ein Ausschlusskriterium. Bitte bedenken Sie weiterhin, dass Modifikationen an Tabellen, die an einer indizierten Sicht beteiligt sind, natürlich immer auch eine Aktualisierung aller für die Sicht existierenden Indizes erfordern. Damit können indizierte Sichten, wie alle Indizes, sich negativ auf die Performance von Aktualisierungsoperationen auswirken. Glücklicherweise verwendet SQL Server recht intelligente Mechanismen für die Aktualisierung von gruppierten Indizes auf Sichten, sodass dieser Punkt meist nicht so schwer wiegt.

Die möglicherweise größte Hürde für den Einsatz von indizierten Sichten ist die Tatsache, dass der Abfrageoptimierer indizierte Sichten nur in der Enterprise Edition von SQL Server automatisch berücksichtigt. In allen anderen Editionen (ausgenommen die Developer Edition, die vom Funktionsumfang mit der Enterprise Edition identisch ist) müssen Sie den Abfragehinweis NOEXPAND verwenden, wenn eine Abfrage eine existierende indizierte Sicht verwenden soll. Ansonsten wird die Abfrage in diesen SQL Server-Editionen immer die Tabellen verwenden, auf denen die Sicht basiert. Wie so oft ist auch in diesem Fall die Verwendung des Abfragehinweises potenziell gefährlich. Je nach Struktur der Abfrage kann es nämlich durchaus teurer sein, die Sicht über den gruppierten Index abzufragen, anstatt die Basistabellen zu verwenden. Die Entscheidung, welcher Weg der bessere ist, sollten Sie ganz bestimmt dem Optimierer überlassen – diese Möglichkeit haben Sie aber eben nur in der relativ teuren Enterprise Edition von SQL Server.

5.8   Columnstore-Indizes

Columnstore Indizes bieten die Möglichkeit einer spaltenweisen Komprimierung von Daten. Genau genommen sind dies keine echten Indizes im Sinne einer Sortierung. Für einen bestimmten Typ von Abfragen können Columnstore-Indizes die Abfrageleistung erheblich verbessern. Dies betrifft hauptsächlich sogenannte Star-Joins in Data-Warehouse-Abfragen, bei denen eine zentrale Faktentabelle direkt mit vielen Dimensionstabellen verknüpft ist.

Columnstore-Indizes sind letztlich eine spezielle Form der Komprimierung. Momentan gibt es noch einige Einschränkungen und auch Tücken in Bezug auf die Verwendung dieser Indizes. Auf diese Einschränkungen kommen wir in den nachfolgenden Kapiteln noch einmal zurück.

Columnstore-Indizes sollen an dieser Stelle lediglich erwähnt werden – einfach des Namens wegen, denn schließlich geht es in diesem Kapitel nun einmal um Indizes.

Für ein Verständnis der Arbeit mit Columnstore-Indizes sind zumindest Kenntnisse über Grundlagen der Partitionierung erforderlich. Wir werden Columnstore-Indizes daher in Kapitel 8, in dem es speziell um Komprimierung geht, ausführlich behandeln.

5.9   Erstellen von Indizes

SQL Server kennt prinzipiell zwei Möglichkeiten der Index-Erstellung. Zum einen können Indizes natürlich manuell erzeugt werden. Hierzu können Sie das Management Studio oder entsprechende DDL-Befehle verwenden. In einigen Fällen werden Indizes auch automatisch erstellt, zum Beispiel wenn Sie bestimmte Einschränkungen für Tabellen oder Spalten angeben. Etwas weiter unten werden wir hierzu einige Beispiele betrachten.

5.9.1   Manuelles Erstellen von Indizes: CREATE INDEX

Für die manuelle Erzeugung eines Index verwenden Sie das Kommando CREATE INDEX. Dieses Kommando hat die folgende (vereinfachte) Syntax:

```
create [unique] [clustered | nonclustered] index <index_name>
       on <tabellen-name> (<spalten-liste>)
  [include (<spalten-liste>)]
    [where <filter-kriterium>]
```

Für den Index muss also zunächst einmal ein Name angegeben werden. Außerdem ist natürlich der Name der Tabelle erforderlich. Nach dem Tabellennamen folgen dann die indizierten Spalten in einer durch Komma getrennten Liste. Hier ist die Reihenfolge der Spalten wesentlich. Der Abfrageoptimierer wird stets nur die erste Spalte für eine Suche im Indexbaum in Betracht ziehen.

Über die INCLUDE-Klausel können Sie zusätzliche Spalten in den Index einfügen, die im Index enthalten sind, aber nicht die Sortierung des Index beeinflussen. Dadurch haben Sie die Möglichkeit, abdeckende Indizes zu erstellen.

Schließlich können Sie für einen nicht gruppierten Index über die WHERE-Klausel noch eine Filterbedingung angeben, um zu erreichen, dass nicht alle Zeilen der Tabelle in den Index aufgenommen werden.

Wie aus der Syntax ersichtlich, können Sie zwischen den Schlüsselwörtern CREATE und INDEX über die folgenden Optionen die Art des erzeugten Index spezifizieren:

▶ **CLUSTERED**. Die Anweisung erstellt einen gruppierten Index.

▶ **NONCLUSTERED**. Die Anweisung erstellt einen nicht gruppierten Index. Dies ist gleichzeitig auch die Standardoption. Wenn Sie also weder CLUSTERED noch NONCLUSTERED angeben, dann wird ein nicht gruppierter Index erstellt.

▶ **UNIQUE**. Der erstellte Index ist eindeutig. Dies bedeutet, dass in der Tabelle nicht mehrere Zeilen mit demselben Wert für die Indexspalte(n) existieren dürfen. Es ist von Vorteil, wenn Sie diese Option angeben, sofern Sie Indizes verwenden, die eindeutig sind, da dadurch die Verwaltung des Index erleichtert wird und dem Optimierer möglicherweise die Erstellung von Abfrageplänen erleichtert wird.

Wir wollen nun für unsere Beispieltabelle T1 einen gruppierten Index auf der Spalte ID und einen nicht gruppierten Index auf der Spalte Nr erzeugen, so wie wir dies im ersten Teil dieses Kapitels angenommen haben. (Betrachten Sie hierzu bitte noch einmal Abbildung 5.5.)

Den gruppierten Index erzeugen wir also für die Spalte ID:

```
create unique clustered index Ix_T1_Id on T1(Id)
```

Da die ID eindeutig ist, legen wir den Index mit der Option UNIQUE an. Der zweite Index ist der nicht gruppierte Index auf der Spalte Nr:

```
create nonclustered index Ix_T1_Nr on T1(Nr)
```

Für beide Indizes können Sie die physikalischen Parameter über die dynamische Verwaltungssicht abfragen

```
select index_id,index_type_desc,index_depth
     ,index_level,page_count,record_count
  from sys.dm_db_index_physical_stats(db_id(),object_id('T1')
                        ,null,null,'detailed')
```

Die Abfrage gibt Ergebnisse für jede Stufe im Index zurück. Abbildung 5.6 zeigt das Ergebnis auf meinem PC.

index_id	index_type_desc	index_depth	index_level	page_count	record_count
1	CLUSTERED INDEX	3	0	22223	200000
1	CLUSTERED INDEX	3	1	36	22223
1	CLUSTERED INDEX	3	2	1	36
2	NONCLUSTERED INDEX	2	0	273	200000
2	NONCLUSTERED INDEX	2	1	1	273

Abbildung 5.6: *Physikalische Struktur der erzeugten Indizes*

Der gruppierte Index hat eine Tiefe von drei, der nicht gruppierte eine Tiefe von zwei. Außerdem zeigt das Ergebnis, wie viele Seiten bzw. Zeilen jede Stufe des Index enthält.

Sie können auch erkennen, dass die Anzahl der Blattseiten im gruppierten Index (dies sind die Seiten auf der Stufe 0) sehr groß ist. Das ist natürlich zu erwarten, da in diesen Seiten die eigentlichen Tabellendaten gespeichert werden (siehe Abbildung 5.2).

5.9.2 Automatische Erstellung von Indizes

Beim Verwenden folgender Einschränkungen erstellt SQL Server automatisch Indizes:

▶ **PRIMARY KEY**. Für den Primärschlüssel einer Tabelle wird ein eindeutiger gruppierter Index erstellt.

▶ **UNIQUE**. Für diese Einschränkung wird automatisch ein eindeutiger nicht gruppierter Index erstellt.

Beide Optionen sind natürlich absolut sinnvoll, da sie die Prüfung der entsprechenden Einschränkung bei Datenänderungen radikal beschleunigen.

5.9.3 Indizes auf Sichten

Betrachten Sie bitte die folgende Abfrage, die für jeden vorhandenen Wert in der Spalte Nr die Anzahl von Zeilen zählt:

```
select Nr,count(*) as Anzahl
  from T1
  group by Nr
```

Die obige Abfrage muss alle 200.000 Zeilen der Tabelle T1 durchlaufen, um das Ergebnis zu ermitteln. Dieses Ergebnis enthält letztlich nur 100 Zeilen.

Wir können eine indizierte Sicht erstellen, um die Abfrage zu beschleunigen. Wie bereits in Abschnitt *Indizierte Sichten* gesagt, muss eine solche Sicht mit der Option SCHEMABINDING erzeugt werden und – da wir Aggregatfunktionen verwenden – auch eine COUNT_BIG(*)-Spalte enthalten. Wir können diese Sicht also zum Beispiel so erzeugen:

```
create view V1 with schemabinding as
  select Nr,count_big(*) as anz
    from dbo.T1
    group by Nr
go
create unique clustered index Ix_V1_Nr on V1 (Nr)
```

Bitte beachten Sie, dass der Tabellenname hier die Angabe des Schemanamens (also dbo.T1) enthalten muss, da die Sicht mit der Option SCHEMABINDING erzeugt wird.

Wir können nun die folgende Abfrage ausführen, um die Anzahl der Zeilen je Nr zu erhalten:

```
select * from V1
```

Jetzt werden statt vorher 200.000 Zeilen nur noch 100 Zeilen gelesen, eine Verbesserung um den Faktor 2.000! Dies funktioniert jedoch nur in der Enterprise Edition von SQL Server so. In allen anderen Editionen wird die indizierte Sicht nicht berücksichtigt. Die Abfrage verwendet in diesen Editionen die der Sicht zugrunde liegenden Tabellen. Hier müssen Sie explizit angeben, dass Sie auf die indizierte Sicht zugreifen wollen:

```
select * from V1 with (noexpand)
```

Wie bereits gesagt, ist dies gefährlich, da es in bestimmten Fällen durchaus effizienter sein kann, die Basistabellen abzufragen und eben nicht die indizierte Sicht direkt zu verwenden.

Interessant ist übrigens auch, dass der Optimierer die indizierte Sicht verwenden kann, auch wenn diese in der Abfrage überhaupt nicht auftaucht. Betrachten Sie hierzu bitte diese Abfrage:

```
select Nr,count(*)
  from T1
  group by Nr
```

Der Optimierer erkennt, dass die indizierte Sicht V1 der beste Weg ist, das Abfrageergebnis zu ermitteln, und verwendet diese Sicht anstelle der Tabelle T1. Auch dieses Feature steht Ihnen allerdings nur in der Enterprise Edition zur Verfügung.

5.9.4 Index-Füllfaktor

Bei der Erstellung eines Index kann für diesen ein sogenannter Füllfaktor angegeben werden. Dieser Füllfaktor bestimmt, zu wie viel Prozent die Seiten in der Blattebene des Index mit Daten gefüllt werden. Es kann sinnvoll sein, die Blattseiten nicht zu 100% zu füllen, zum Beispiel dann, wenn Sie erwarten, dass die Indexspalten häufig geändert werden. Bei Änderungen an Indexspalten ist ja jeweils ein Umorganisieren des Index erforderlich, was dazu führen kann, dass der Indexbaum neu strukturiert werden muss, zum Beispiel, weil Blattseiten hinzugekommen sind. In vielen Fällen kann es daher sinnvoll sein, etwas Speicher in den Blattseiten freizuhalten, um diese Umstrukturierungen zu minimieren. Hierzu dient der Füllfaktor, über den angegeben wird, wie viel Prozent in einer Blattseite bei der Erstellung des Index maximal belegt werden dürfen. Ein niedriger Füllfaktor beschleunigt also unter Umständen das Ändern von Index-Spalten. Dafür benötigt ein solcher Index dann allerdings mehr Speicherplatz. Dies kann sogar so weit führen, dass ein Index mit einem niedrigen Füllfaktor letztlich mehr Ebenen benötigt als ein gleicher Index mit einem höheren Füllfaktor. Dadurch wird die Suche über den Indexbaum, die ja immer die gesamte Tiefe des Baumes durchforstet, natürlich entsprechend langsamer.

Für die Angabe des Füllfaktors verwenden Sie die WITH-Klausel der CREATE INDEX-Anweisung. Die folgende Anweisung füllt die Blattseiten des Index zu 90%:

```
create index Ix_T1_Id2 on T1(Id)
  with (fillfactor=90)
```

Die CREATE INDEX-Anweisung kennt auch eine PAD_INDEX-Option, über die zusätzlich angegeben werden kann, dass der Füllfaktor nicht nur für die Blattseiten, sondern ebenso für Nicht-Blattseiten gelten soll:

```
create index Ix_T1_Id2 on T1(Id)
 with (fillfactor=90, pad_index=on)
```

 PAD_INDEX darf nur zusammen mit FILLFACTOR verwendet werden.

 Bitte bedenken Sie, dass der angegebene Füllfaktor nur beim Erzeugen des Index verwendet wird. Eine spätere dynamische Verwaltung erfolgt nicht.

Wenn Sie auf die Angabe des Füllfaktors verzichten, so gilt für den Füllfaktor eine serverweite Standardeinstellung. Nach der Installation von SQL Server steht dieser Wert auf 0, was gleichbedeutend mit 100% ist. Die Einstellung des Standard-Füllfaktors können Sie über die gespeicherte Prozedur sp_configure abfragen bzw. setzen. Da es sich hierbei um eine erweiterte Option handelt, ist es erforderlich, zunächst die Anzeige der erweiterten Optionen einzuschalten. Das folgende Skript fragt den Standard-Füllfaktor ab und ändert ihn anschließend auf 90%:

```
-- Einschalten der Anzeige der erweiterten Optionen
exec sp_configure 'show advanced options',1
reconfigure
go

-- Anzeige des aktuellen Füllfaktors
exec sp_configure 'fill factor %'

-- Ändere den Standard-Füllfaktor auf 90%
exec sp_configure 'fill factor %',90
reconfigure

-- Noch einmal: Anzeige des aktuellen Füllfaktors
exec sp_configure 'fill factor %'
```

5.9.5   Einen Index neu aufbauen

Das Kommando CREATE INDEX kennt auch eine Option DROP_EXISTING=ON. Über diese Option kann ein Index in einem Zuge gelöscht und neu erzeugt werden. Dies kann zum Beispiel für die Änderung des Füllfaktors eines Index nützlich sein. Da der Füllfaktor nur bei CREATE INDEX angegeben werden kann und eine spätere Änderung nicht möglich ist, muss der Index neu erzeugt werden. Um den gruppierten Index

Ix_T1_Id mit einem Füllfaktor von 20% neu zu erstellen, können wir dieses Kommando verwenden:

```
create clustered index Ix_T1_Id on T1(Id)
    with (fillfactor=20, pad_index=on, drop_existing=on)
```

Wir können nun nochmals prüfen, wie viele Stufen der gruppierte Index enthält. Verwenden Sie hierzu die dynamische Systemsicht sys.dm_db_index_physical_stats, wie weiter vorne in diesem Kapitel angegeben. Das Ergebnis zeigt Abbildung 5.7.

index_id	index_type_desc	index_depth	index_level	page_count	record_count
1	CLUSTERED INDEX	4	0	100000	200000
1	CLUSTERED INDEX	4	1	800	100000
1	CLUSTERED INDEX	4	2	8	800
1	CLUSTERED INDEX	4	3	1	8

Abbildung 5.7: Der Index mit einem Füllfaktor von 20% hat nun vier Stufen.

Tatsächlich besitzt der gruppierte Index also nun vier Stufen. Jede Suche über den Indexbaum benötigt jetzt einen Lesevorgang mehr. Dies mag Ihnen zunächst nicht allzu dramatisch erscheinen. Wenn Sie aber nochmals Abbildung 5.5 betrachten, dann wird Folgendes klar:

Die Suche über den nicht gruppierten Index hat 2.000 Schlüsselwerte gefunden. Für jeden dieser Schlüssel muss nun der gruppierte Index durchsucht werden. Bei einer Tiefe des Indexbaumes von drei sind dies 6.000 Leseoperationen. Besitzt der Indexbaum vier Ebenen, so wie nach der Änderung des Füllfaktors auf 20%, sind insgesamt 8.000 Leseoperationen erforderlich, also immerhin ein Drittel mehr.

Der Optimierer wird sich bei einer solchen Konstellation möglicherweise gegen eine Suche über den Indexbaum entscheiden und stattdessen für einen Tabellen-Scan oder – wie in diesem Fall – einen Scan des gruppierten Index entscheiden.

5.9.6 Löschen von Indizes

Existierende Indizes werden durch die Anweisung DROP INDEX gelöscht. Hierbei muss neben dem Namen des zu löschenden Index auch der Name der Tabelle angegeben werden. Die folgende Anweisung löscht den gruppierten Index auf der Tabelle T1:

```
drop index Ix_T1_Id on T1
```

Noch einmal zur Erinnerung: Das Löschen eines gruppierten Index für eine Tabelle bewirkt die Umwandlung dieser Tabelle in einen Heap. Dadurch müssen alle nicht gruppierten Indizes neu erzeugt werden.

5.10 Zusammenfassung

In diesem einführenden Kapitel zu Indizes haben Sie zunächst gesehen, wie Indizes funktionieren und wie Indizes verwaltet werden. Im weiteren Verlauf werden diese Grundlagen häufig benötigt und darauf aufbauend weitere Konzepte entwickelt. Daher sollten Sie sicher sein, dass Sie die Erklärungen aus diesem Kapitel verstanden haben, bevor Sie weiter lesen. Insbesondere sollten Sie sich die folgenden Punkte einprägen:

Ein Index wird als B*-Baum-Struktur erstellt und stets über bestimmte Spalten einer Tabelle gebildet. Wenn der Optimierer sich für die Verwendung des Index entscheidet, wird eine Suche oder Sortierung nach den Index-Spalten um Größenordnungen beschleunigt, da die Suche nun nicht mehr sequenziell, sondern binär erfolgt.

Ein Index ist letztlich nur ein physikalisches Hilfskonstrukt. Die im Index enthaltene Information ist redundant und für Anwendungen nicht relevant.

Ein Index behindert oftmals Aktualisierungsoperationen, da neben den eigentlichen Tabellendaten auch die Daten im Indexbaum aktualisiert werden müssen. Insbesondere Einfüge- und Lösch-Operationen (INSERT und DELETE) führen dazu, dass immer *alle* bestehenden Indizes einer Tabelle aktualisiert werden müssen.

Eine Antwort auf einige interessante Fragen wurde in diesem Kapitel zunächst nicht gegeben. Hierzu gehören zum Beispiel die folgenden:

▶ Was ist ein geeigneter Kandidat für den gruppierten Index?

▶ Wie findet man überhaupt geeignete Indizes?

▶ Welche Kriterien verwendet der Optimierer für die Auswahl von Indizes?

▶ Wann bzw. warum wird ein Index vom Optimierer schlichtweg ignoriert?

▶ Existieren geeignete Indizes in meiner Datenbank? Gibt es vielleicht überflüssige oder fehlende Indizes?

In den Kapiteln 6, 9 und 11 werden Sie Antworten auf diese Fragen erhalten.

6 Verwalten von Indizes

Im vorangegangenen Kapitel haben Sie gesehen, wie die Abfrageleistung durch geeignete Indizes ziemlich drastisch verbessert werden kann. Diese Verbesserung bekommen Sie leider nicht völlig umsonst. Indizes sind letztlich Datenbankobjekte, die auch einen Administrationsaufwand erfordern. Dieser administrative Aufwand kann durchaus ins Gewicht fallen, wenn Ihre Daten und Anwendungen sich häufig verändern.

Nun werden Sie sich vielleicht fragen, welche Art der „Index-Administration" durch Datenänderungen hervorgerufen wird. Schließlich sind Datenbanken ja dafür konzipiert, dass Daten geändert werden, warum also muss man bei solchen Änderungen die Indexverwaltung überwachen bzw. anpassen?

Die Antwort auf diese Frage ist recht einfach. Ganz allgemein ist es so, dass durch Datenänderungen immer auch ein administrativer Aufwand entsteht. So kann es ja zum Beispiel sein, dass das Datenvolumen derart angewachsen ist, dass Sie die Hardware aufrüsten oder etwa Ihr Datensicherungskonzept anpassen müssen.

Auch Ihre Indizes müssen hinsichtlich der Art und Weise des Datenzugriffs optimiert und überwacht werden. Die diesbezügliche Administration beschränkt sich im Wesentlichen auf zwei Punkte:

▶ Zunächst einmal verändern sich bei Datenänderungen natürlich auch die Indizes von Tabellen bzw. indizierten Sichten. Dadurch kann ein Index fragmentiert werden, was sich negativ auf die Abfrageleistung auswirkt. Hier hilft eine Reorganisation oder auch die erneute Erstellung eines solchen Index.

▶ Angenommen, Sie haben einen optimal passenden Satz von Indizes für Ihre Datenbank erzeugt. (Wie Sie vorgehen können, um die passenden Indizes zu finden, erfahren Sie weiter unten in diesem Kapitel und in Kapitel 11). Änderungen an Tabellendaten, aber auch Modifikationen an den Anwendungen, die Ihre Datenbank verwenden, bewirken unter Umständen, dass dieser Satz von Indizes jetzt auf einmal nicht mehr optimal ist. Hierbei kann es zum einen vorkommen, dass ehemals erforderliche Indizes nun nicht mehr benötigt werden. Auch der umgekehrte, meist sehr viel unerfreulichere Fall kann auftreten, dass nämlich auf einmal Indizes fehlen und Ihre Abfrageleistung damit ganz empfindlich nach unten geht. Um solche Situationen zu erkennen, müssen Sie das laufende System – also Ihren SQL Server – überwachen.

6.1   Fragmentierung und Reorganisation

Wie bereits in der Einleitung zu diesem Kapitel erwähnt, bewirken Datenänderungen an Tabellen auch immer Änderungen an den entsprechenden Indizes. Ein nicht gruppierter Index enthält letztlich redundante Information, die stets mit den Daten in der zugehörigen Tabelle synchron sein muss. Mit der Zeit kann dies dazu führen, dass ein Index fragmentiert wird, d.h., die Blöcke, welche die Seiten des Index enthalten, sind nicht zusammenhängend auf der Festplatte gespeichert. Ein fragmentierter Index kann das Navigieren im Indexbaum ganz erheblich beeinträchtigen. Dies ist ganz einfach deshalb der Fall, weil durch diese Fragmentierung zusätzliche Bewegungen des Schreib-/Lesekopfes der Festplatte erforderlich sind. Solche mechanischen Operationen sind nach wie vor *der* Flaschenhals bei Ein-/Ausgabeoperationen. Dabei ist nicht so sehr die Suche nach einem einzelnen Wert das Problem. Diese Suche erfordert eine Navigation über die Tiefe des Indexbaumes, und diese Tiefe wird durch eine Fragmentierung nicht wesentlich erhöht, wenn überhaupt. Problematisch ist da eher ein Index-Scan, der ja über die Blattseiten des Indexbaumes durchgeführt wird. Wenn diese Blattseiten nicht zusammenhängend gespeichert sind, dann erfordert ein Index-Scan eben sehr viel Bewegung des Schreib-/Lesekopfes.

Glücklicherweise bietet SQL Server komfortable Möglichkeiten sowohl für die Erkennung von Fragmentierungen als auch für die Beseitigung derselben an. Welche Möglichkeiten dies sind, soll wieder ein kleines Beispiel zeigen.

Wir erzeugen zunächst eine Tabelle mit einem gruppierten und einem nicht gruppierten Index:

```
use QueryTest;
if (object_id('T1') is not null)
  drop table t1;
create table T1
 (
   Id int not null
  ,Nr int not null
  ,Platzhalter nchar(400) null default '#'
 )
go
-- Lege zwei Indizes an
create clustered index Ix_T1_Id on T1(Id)
create nonclustered index Ix_T1_Nr on T1(Nr)
```

Diese Tabelle ist identisch mit der aus dem vorangegangenen Kapitel.

Nachdem die Tabelle und die Indizes erzeugt wurden, fügen wir nun zunächst Zeilen ein, löschen anschließend einige Zeilen und fügen dann weitere Zeilen ein. Diese Aufgabe erledigt das folgende Skript:

```
-- Füge 100.000 Zeilen ein
insert T1 (Id,Nr)
  select checksum(newid()), checksum(newid()) % 1000
    from Numbers
  where n <= 100000
go
-- Lösche einige Zeilen
delete T1
 where Nr between 0 and 500
go
-- Füge weitere 100.000 Zeilen ein
insert T1 (Id,Nr)
  select checksum(newid()), checksum(newid()) % 1000
    from Numbers
  where n <= 100000
```

Über den Objekt-Explorer des Management Studios können Sie sich nun die Indexeigenschaften für den existierenden Index Ix_T1_Id anzeigen lassen (aus dem Kontextmenü für DATENBANKEN/QUERYTEST/TABELLEN/DBO.T1/INDIZES/IX_T1_ID). Wählen Sie im Fenster INDEXEIGENSCHAFTEN die Seite FRAGMENTIERUNG. Auf meinem
PC ergibt sich ein Bild, wie in Abbildung 6.1 gezeigt.

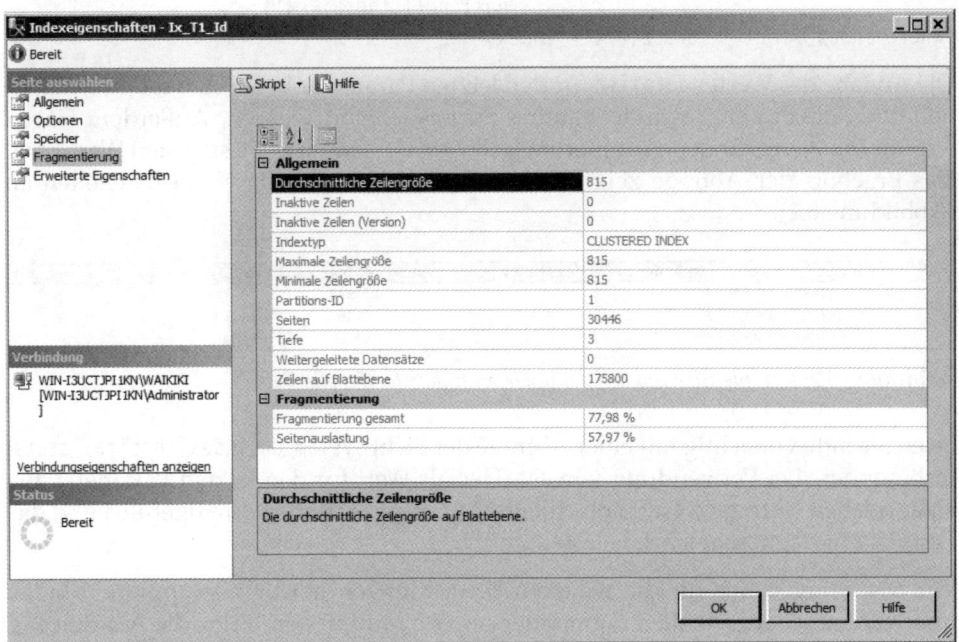

Abbildung 6.1: Fragmentierung des Index Ix_T1_Nr nach Datenänderungen

Der Index ist also zu beinahe 80% fragmentiert und sollte daher neu erstellt werden. Interessant ist auch die Seitenauslastung von ca. 60%. Das Ändern von Daten hat nicht nur zu einer Fragmentierung geführt, sondern auch bewirkt, dass der Index nun wesentlich mehr Speicherplatz benötigt als zuvor. Der Füllfaktor für den Index beträgt 100%, und so führen Datenänderungen zu Page Splits mit der Folge, dass die neuen Datenseiten dann eben nicht mehr zu 100% gefüllt sind. Eine Reorganisation oder auch ein Neuaufbau können hier Abhilfe schaffen.

Wir werden den gruppierten Index für die Tabelle etwas weiter unten neu aufbauen. Zuvor sollen aber noch einige Untersuchungen mit dem fragmentierten Index durchgeführt werden.

Die in Abbildung 6.1 gezeigte Fragmentierung betrifft die Blattseiten des Index. Eine Information über die Fragmentierung der Nicht-Blattseiten wird nicht angezeigt. Wenn Sie diese Information benötigen, dann können Sie die dynamische Systemsicht `sys.dm_db_index_physical_stats` verwenden:

```
select index_id,index_type_desc,index_depth
      ,index_level,page_count,record_count
      ,cast(avg_fragmentation_in_percent as decimal(6,2))
            as avg_fragmentation_in_percent
  from sys.dm_db_index_physical_stats(db_id(),object_id('T1')
                              ,null,null,'detailed')
 where index_id=1  -- Gruppierter Index
```

Die Angabe des Wertes `detailed` für den letzten Parameter bewirkt, dass Informationen über alle Stufen des Indexbaumes zurückgeliefert werden. Außerdem fragen wir nur die Werte für den gruppierten Index ab, dessen `index_id` stets den Wert 1 hat. Das Ergebnis der Abfrage zeigt nun auch die Werte für die Nicht-Blattseiten an (Abbildung 6.2).

index_id	index_type_desc	index_depth	index_level	page_count	record_count	avg_fragmentation_in_percent
1	CLUSTERED INDEX	3	0	30446	174942	77.98
1	CLUSTERED INDEX	3	1	83	30446	97.59
1	CLUSTERED INDEX	3	2	1	83	0.00

Abbildung 6.2: Fragmentierung des gruppierten Index der Tabelle T1

Seien Sie bitte vorsichtig mit einer Abfrage der Sicht `sys.dm_db_index_physical_stats`, insbesondere bei Verwendung von `detailed` als Wert für den letzten Parameter. Bei einer solchen Abfrage werden physikalische Leseoperationen durchgeführt und das Festplattensystem sehr stark belastet.

Wir beschäftigen uns für die weiteren Betrachtungen mit dem gruppierten Index und werden sehen, wie die Fragmentierung des gruppierten Index die Ausführung von Abfragen in negativer Weise beeinflussen kann. Zunächst einmal ist zu erkennen, dass in den Blattseiten 174.942 Zeilen gespeichert werden. Jede dieser Zeilen benötigt 808 Byte. Somit werden insgesamt für die Speicherung aller Zeilen der Tabelle 808 * 174.942 / 8060 = 17.538 Blattseiten benötigt, wenn die Seiten zu 100% gefüllt sind. Tatsächlich werden aber 30.446 Seiten verwendet, wie die Spalte page_ count zeigt. Dies bedeutet schlichtweg, dass in den einzelnen Datenseiten sehr viel freier Platz existiert, die Seiten also nicht vollständig gefüllt sind. In Abbildung 6.1 haben Sie ja bereits gesehen, dass die Seitenauslastung bei ca. 60% liegt. Da SQL Server stets komplette Datenseiten liest, werden also unnötige E/A-Operationen erzeugt, wenn Daten aus der Tabelle abgerufen werden. Wir wollen dies an einem Extrembeispiel zeigen.

Die folgende Abfrage benötigt alle Zeilen der Tabelle T1:

```
select checksum_agg(checksum(*)) from T1
```

Wenn wir für die Ausführung die Option STATISTICS IO einschalten, so erhalten wir die erwartete Anzahl von logischen Lesevorgängen, nämlich 30.531 (30.446 Blattseiten + 83 Nicht-Blattseiten + 1 Lesevorgang zum Auffinden der Wurzel des Indexbaumes):

```
'T1'-Tabelle. Scananzahl 1, logische Lesevorgänge 30531, physische Lesevorgänge 0,
Read-Ahead-Lesevorgänge 0, logische LOB-Lesevorgänge 0, physische LOB-Lesevorgänge 0,
Read-Ahead-LOB-Lesevorgänge 0.
```

Das sind immerhin über 40% mehr Lesevorgänge, als im Idealfall – nämlich mit 100% gefüllten Blattseiten – benötigt würden.

Noch gravierender wirkt sich der Unterschied natürlich dann aus, wenn die benötigten Daten noch nicht im Datencache sind und von der Festplatte geholt werden müssen. Die dann erforderlichen physikalischen E/A-Operationen sind ja normalerweise noch einmal um ein Vielfaches langsamer als das Lesen von Daten aus dem Datencache.

Unser gruppierter Index sollte also defragmentiert werden. In den folgenden drei Abschnitten wird erklärt, wie Sie dies erledigen können.

6.1.1 Einen Index reorganisieren

Mit dem Reorganisieren eines Index ist eine Neuanordnung der Blattseiten gemeint. Auf allen anderen Ebenen findet keine Neuanordnung der Indexseiten statt, mit der Ausnahme, dass natürlich in der ersten Nicht-Blattebene die Zeiger auf die Blattseiten aktualisiert werden.

Die vereinfachte Syntax für die Reorganisation eines Index sieht so aus:

```
alter index <indexname> on <tabelle> reorganize
```

Es ist also erforderlich, sowohl den Namen des Index als auch den Namen der Tabelle, für die der Index existiert, anzugeben. Die Index-Reorganisation ist eine Online-Operation. Dies bedeutet, dass der Index in Abfragen weiterhin verwendet werden kann – auch während die Reorganisation läuft.

Es wird empfohlen, einen Index zu reorganisieren, wenn der Grad der Fragmentierung 10% übersteigt und der Index eine „relevante" Größe besitzt. Relevant ist in diesem Zusammenhang tatsächlich relativ. Für kleine Indizes lohnt sich einfach eine

Reorganisation nicht. Erst ab 1.000 oder vielleicht 2.000 Datenseiten ist eine Reorganisation sinnvoll, aber dies ist nur ein grober Richtwert.

Das Reorganisieren des gruppierten Index bewirkt übrigens nicht, dass in der Folge auch alle nicht gruppierten Indizes neu organisiert werden müssen. Die Schlüsselwerte des gruppierten Index verändern sich durch das Reorganisieren ja nicht. Die in den nicht gruppierten Indizes gespeicherten Schlüsselwerte des gruppierten Index sind daher auch nach der Reorganisation des gruppierten Index nach wie vor korrekt.

Um unseren gruppierten Index auf der Tabelle T1 zu reorganisieren, können wir dieses Kommando ausführen:

```
alter index Ix_T1_Id on T1 reorganize
```

Wenn wir nun noch einmal die physikalischen Parameter des gruppierten Index abfragen, dann sieht das Resultat erheblich besser aus (Abbildung 6.3).

index_id	index_type_desc	index_depth	index_level	page_count	record_count	avg_fragmentation_in_percent
1	CLUSTERED INDEX	3	0	19472	174942	0.45
1	CLUSTERED INDEX	3	1	83	19472	97.59
1	CLUSTERED INDEX	3	2	1	83	0.00

Abbildung 6.3: Gruppierter Index nach der Reorganisation

Eine Abfrage über alle Zeilen der Tabelle muss nun nur noch ca. 20.000 Datenseiten lesen. Das sind immerhin rund 30% weniger als mit dem stark fragmentierten Index.

Hier kommt noch ein weiterer Aspekt hinzu. Insgesamt werden ja nun auch weniger Seiten in den Datencache übertragen, und dies verringert den vom SQL Server-Prozess benötigten Hauptspeicher – ein nicht zu unterschätzender Punkt.

6.1.2 Einen Index neu erstellen

 Sie sollten einen Index komplett neu erstellen, wenn der Fragmentierungsgrad des Index 40% übersteigt und der Index mehr als 2.000 Seiten groß ist. Das ist allerdings eine sehr allgemein gehaltene Richtlinie, die Sie möglicherweise an Ihre Umgebung anpassen müssen. So ist ja zum Beispiel eine Fragmentierung nicht unbedingt hinderlich, wenn der Index nie für Scan-Operationen verwendet wird und der SQL Server-Pufferspeicher groß genug ist.

Die Neuerstellung eines Index kann auf zwei Arten erfolgen:

1. Es gibt ein ALTER INDEX-Kommando, dessen vereinfachte Syntax so aussieht:

```
alter index <indexname> on <tabelle> rebuild
    [with (online=on | off)]
```

Die WITH-Klausel ist hier optional und ermöglicht unter anderem die Online-Erstellung des Index. Der Standard ist OFFLINE, was zur Folge hat, dass der Index während der Neuerstellung nicht in Abfragen verwendet werden kann. Über die Angabe von

WITH (ONLINE=ON) können Sie dieses Verhalten ändern, sofern Sie die SQL Server Enterprise Edition im Einsatz haben. Allerdings benötigt die Online-Erstellung eines Index auch erheblich mehr Systemressourcen, da zunächst eine Kopie des Index erstellt wird, die dann nach Fertigstellung den ursprünglichen Index ersetzt.

Um unseren gruppierten Index online neu zu erstellen, können wir also dieses Kommando verwenden:

```
alter index Ix_T1_Id on T1 rebuild
    with (online=on)
```

Auch hier gilt, dass ein Neuerstellen eines gruppierten Index nicht die Schlüsselwerte des Index ändert und daher keine automatische Neuerstellung aller existierenden nicht gruppierten Indizes zur Folge hat.

2. Natürlich können Sie einen Index auch löschen und komplett neu erzeugen. Wie Sie dies bewerkstelligen, haben Sie bereits in Kapitel 5 erfahren.

Zum Abschluss möchte ich Ihnen unbedingt noch einige Hinweise bezüglich gruppierter Indizes mit auf den Weg geben.

 Wenn Sie einen gruppierten Index löschen, so werden stets alle existierenden nicht gruppierten Indizes neu erstellt. Dies gilt auch, wenn Sie einen gruppierten Index für einen Heap erzeugen.

Einen gruppierten Index über DROP INDEX zu löschen und anschließend durch CREATE INDEX neu zu erstellen, ist daher die denkbar schlechteste Möglichkeit für die Reorganisation eines gruppierten Index, denn dies hat zur Folge, dass alle existierenden nicht gruppierten Indizes zwei Mal neu erzeugt werden. Sie können die DROP_EXISTING=ON-Option verwenden, wenn Sie einen gruppierten Index löschen und neu erzeugen möchten. Solange Sie dabei die existierenden Spalten und deren Reihenfolge nicht verändern, werden die nicht gruppierten Indizes nicht neu erstellt.

Das Kommando REBUILD gibt es auch für Heaps, die dadurch komplett neu aufgebaut werden können. Diese Operation ist sinnvoll, um einen Heap zu defragmentieren, also die in einem Heap existierenden *Forwarding Pointer* zu eliminieren:

```
alter table T1 rebuild
```

6.1.3 Strategie zur Indexprüfung und -Defragmentierung

Sie sollten Ihre Indexstruktur regelmäßig überprüfen und zu stark fragmentierte Indizes neu organisieren oder komplett neu erstellen. Prinzipiell haben Sie in den vorangegangenen Abschnitten bereits gesehen, wie Sie den diesbezüglichen Status Ihrer Indizes durch die dynamische Systemsicht sys.dm_db_index_physical_stats abfragen können. Diese Sicht enthält Informationen über die Fragmentierung, die entsprechende Tabelle und auch die ID des zugehörigen Index. Was wir dort nicht finden, ist der Name des Index. Diesen Namen können wir über eine Verknüpfung zur Systemsicht sys.indexes aber leicht ermitteln. Eine entsprechende Abfrage kann dann so aussehen:

```
select object_name(ps.object_id) as TabellenName
      ,i.Name                     as IndexName
      ,cast(ps.avg_fragmentation_in_percent as decimal(6,2))
                                  as Fragmentierung
      ,case
          when ps.avg_fragmentation_in_percent < 10 then 'nichts'
          when ps.avg_fragmentation_in_percent >= 10
          and ps.avg_fragmentation_in_percent < 40 then 'reorganize'
          else 'rebuild'
       end                        as Erforderlich
  from sys.dm_db_index_physical_stats(db_id(),null,null,null,'limited') as ps
      inner join sys.indexes as i
              on i.index_id=ps.index_id
             and i.object_id=ps.object_id
 where objectproperty(i.object_id, 'IsUserTable') = 1
   and ps.page_count > 2000
```

Abbildung 6.4 zeigt ein Beispiel für das Resultat der obigen Abfrage.

TabellenName	IndexName	Fragmentierung	Erforderlich
T1	Ix_T1_Id	0.45	nichts

Abbildung 6.4: Existierende Indizes, die eine Neu-Erstellung benötigen

Mit dieser Abfrage ist es nur noch ein kleiner Schritt zur Erzeugung von SQL-Kommandos, die eine Reorganisation oder eine Neu-Erstellung der vorhandenen Indizes durchführen. Hierzu erweitern wir die obige Abfrage etwas:

```
with IndexReorg(TabellenName, IndexName, Erforderlich) as
(
  select quotename(object_schema_name(ps.object_id)) + '.'
        +quotename(object_name(ps.object_id))
        ,quotename(i.Name)
        ,case
            when ps.avg_fragmentation_in_percent < 10 then 'nichts'
            when ps.avg_fragmentation_in_percent >= 10
            and ps.avg_fragmentation_in_percent < 40 then 'reorganize'
            else 'rebuild'
         end
    from sys.dm_db_index_physical_stats(db_id(),null
                                      ,null,null,'limited') as ps
        inner join sys.indexes as i
                on i.index_id=ps.index_id
               and i.object_id=ps.object_id
   where objectproperty(i.object_id, 'IsUserTable') = 1
     and ps.page_count > 2000
)
  select 'alter index ' + IndexName
```

```
      + ' on ' + TabellenName
      + ' ' + Erforderlich as Kommando
      ,TabellenName
      ,IndexName
   from IndexReorg
 where Erforderlich != 'nichts'
 order by TabellenName, IndexName
```

Die von dieser Abfrage zurückgelieferten SQL-Anweisungen können Sie dann einfach für die Reorganisation Ihrer Indizes verwenden. Natürlich wäre es auch möglich, das obige Skript durch einen Cursor zu erweitern, der die Reorganisation gleich mit erledigt. Das funktioniert übrigens auch ohne Cursor. Nehmen wir an, es existiert eine Sicht vIndexReorg, die die obige Abfrage enthält. Diese Sicht könnten Sie dann auch so verwenden:

```
declare @cmd nvarchar(max)
set @cmd = ';'
-- Sammle alle Index Reorg Anweisungen in der deklarierten Variablen
select @cmd = @cmd + Kommando
   from vIndexReorg
 order by TabellenName, IndexName
-- Zur Information die Anweisungen ausgeben
print @cmd
-- Jetzt die Reorganisation starten
exec (@cmd)
```

Ein derartiges Skript sollten Sie in periodischen Abständen – und natürlich zu Zeiten geringer sonstiger Serveraktivität – ausführen, damit Ihre Indizes nicht zu sehr fragmentiert werden. Leider kann ich Ihnen an dieser Stelle keine allgemeine Empfehlung dafür geben, wie oft eine solche Reorganisation ausgeführt werden sollte. Dies ist natürlich abhängig vom Volumen der Datenänderungen auf der entsprechenden Datenbank. Sie werden also ein wenig experimentieren müssen, um die für Ihre Zwecke optimale Periode herauszufinden. Generell ist es natürlich immer eine gute Idee, nach umfangreichen Datenänderungen (zum Beispiel Importen) auch die betroffenen Indizes zu reorganisieren. Ansonsten dürfte der Bedarf für eine allgemeine Reorganisation so etwa zwischen täglich und wöchentlich schwanken.

6.2 Fehlende Indizes

In Kapitel 5 haben Sie gesehen, wie drastisch ein geeigneter Index die Abfrageleistung verbessern kann. Umgekehrt gilt natürlich auch, dass ein fehlender Index die Abfrageleistung ganz erheblich negativ beeinflussen kann. Das Erstellen der passenden Indizes ist daher eine wirklich wichtige Aufgabe, die in der Regel vom Datenbankentwickler und -administrator gemeinsam erledigt werden sollte. Allerdings ist dieser Prozess dynamisch. Auch darauf wurde im vorangegangenen Kapitel bereits hingewiesen. Änderungen an Ihren Daten können dazu führen, dass bis zu einem gewissen Zeitpunkt alles perfekt läuft – und mit einem Mal dann Ihre bis dato erzeugten Indizes nicht mehr ausreichen. Mit anderen Worten: Es fehlen Indizes und es gilt herauszufinden, welche Indizes dies sind, damit sie entsprechend hinzugefügt werden können.

Glücklicherweise protokolliert der Optimierer die Informationen über fehlende Indizes, und Sie haben die Möglichkeit, diese Informationen abzufragen. Hierzu gibt es verschiedene Möglichkeiten, auf die wir in den Kapiteln 9 und 11 näher eingehen. An dieser Stelle soll zunächst nur eine Einführung erfolgen.

6.2.1   Fehlende Indizes in gespeicherten Ausführungsplänen

Der Optimierer ist stets bestrebt, einen erstellten Ausführungsplan zur späteren Wiederverwendung im sogenannten Plancache zu speichern. Wie dies genau funktioniert, erfahren Sie in Kapitel 9. An dieser Stelle ist zunächst nur wichtig, dass in den gespeicherten Abfrageplänen, die im XML-Format abgelegt werden, auch Informationen über fehlende Indizes enthalten sind. Der Optimierer erstellt hier tatsächlich eine Prognose, um welchen Prozentsatz sich die Ausführung einer Abfrage verbessern würde, wenn ein bestimmter Index vorhanden gewesen wäre. Im entsprechenden XML-Abfrageplan ist in einem solchen Fall eine Sektion `<MissingIndexes/>` enthalten. Da die gespeicherten Abfragepläne über die dynamische Systemsicht `sys.dm_exec_cached_plans` abgefragt werden können, eröffnet sich Ihnen die faszinierende Möglichkeit, auch bereits beendete Abfragen auf fehlende Indizes hin untersuchen zu können. Es ist also nicht unbedingt erforderlich, Abfragen online, also während ihrer Ausführung, auf fehlende Indizes zu kontrollieren. Vielmehr können Sie tatsächlich die durch die Sicht `sys.dm_exec_cached_plans` zur Verfügung stehende Abfragehistorie verwenden, um einen Blick in die Vergangenheit zu werfen. Dazu müssen die entsprechenden Abfragen natürlich noch im Plancache existieren, was nicht in jedem Fall garantiert ist (hierauf kommen wir in Kapitel 9 noch einmal zurück).

Die Sektion `<MissingIndexes/>` wird also immer dann in den gespeicherten Abfrageplan aufgenommen, wenn der Optimierer wenigstens einen Index vermisst. Natürlich wollen wir hierzu wieder ein Beispiel untersuchen. Dafür verwenden wir die Tabelle T1 und löschen zunächst den existierenden nicht gruppierten Index auf der Spalte Nr. Anschließend starten wir eine Abfrage, von der wir wissen, dass sie von dem gerade gelöschten Index profitiert hätte. Wir wollen die Abfrage jedoch nicht ausführen, sondern uns nur den XML-Abfrageplan anzeigen lassen. Das entsprechende Skript sieht so aus:

```
drop index Ix_T1_Nr on T1
go
set showplan_xml on
go
select * from T1 where Nr = 3000
```

Bei Ausführung des Skriptes wird nur ein Link auf den Ausführungsplan im Ergebnisbereich angezeigt. Klicken Sie auf diesen Link, so öffnet sich der Ausführungsplan in grafischer Form (Abbildung 6.5).

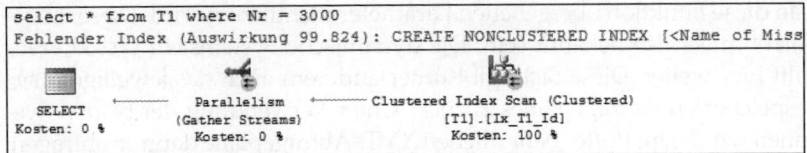

```
select * from T1 where Nr = 3000
Fehlender Index (Auswirkung 99.824): CREATE NONCLUSTERED INDEX [<Name of Miss
```

SELECT	Parallelism	Clustered Index Scan (Clustered)
Kosten: 0 %	(Gather Streams)	[T1].[Ix_T1_Id]
	Kosten: 0 %	Kosten: 100 %

Abbildung 6.5: Der grafische Ausführungsplan

Bereits in dieser Ansicht ist zu erkennen, dass der Optimierer einen fehlenden Index beanstandet. (In der Abbildung ist dies aus Platzgründen nicht vollständig dargestellt.)

Aus dem Kontextmenü des grafischen Ausführungsplanes können Sie sich die Details für den fehlenden Index sofort anzeigen lassen (Abbildung 6.6). Diese Möglichkeit interessiert uns hier jedoch nicht. Wir wollen untersuchen, wie die entsprechende Sektion im XML-Abfrageplan aussieht.

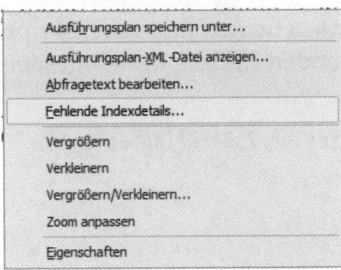

Abbildung 6.6: Kontextmenü des Abfrageplanes

Daher wählen wir den Punkt AUSFÜHRUNGSPLAN-XML-DATEI ANZEIGEN. Im angezeigten Plan werden Sie dann eine Sektion `<MissingIndexes/>` finden, die etwa so aussieht:

```
<MissingIndexes>
  <MissingIndexGroup Impact="99.824">
    <MissingIndex Database="[QueryTest]" Schema="[dbo]" Table="[T1]">
      <ColumnGroup Usage="EQUALITY">
        <Column Name="[Nr]" ColumnId="2" />
      </ColumnGroup>
      <ColumnGroup Usage="INCLUDE">
        <Column Name="[Id]" ColumnId="1" />
        <Column Name="[Platzhalter]" ColumnId="3" />
      </ColumnGroup>
    </MissingIndex>
  </MissingIndexGroup>
</MissingIndexes>
```

In dieser Form sind also die Informationen über fehlende Indizes in den gespeicherten Ausführungsplänen abgelegt.

Über die Systemfunktion `sys.dm_exec_query_plan` können diese Pläne abgefragt werden. Die Funktion kann allerdings immer nur die Information für einen einzigen Plan liefern,

der durch den an diese Funktion übergebenen Parameter identifiziert wird. Dieser sogenannte plan_handle muss also bekannt sein. Die dynamische Systemsicht sys.dm_exec_
cached_plans hilft hier weiter. Diese Sicht gibt unter anderem auch das jeweilige plan_
handle eines gespeicherten Abfrageplanes zurück. Unter Verwendung der beiden Systemsichten können wir die im Puffer befindlichen XML-Abfragepläne dann so abfragen:

```
select p.query_plan
   from sys.dm_exec_cached_plans
        cross apply sys.dm_exec_query_plan(plan_handle) as p
  where p.query_plan.exist(
          'declare namespace
          mi="http://schemas.microsoft.com/sqlserver/2004/07/showplan";
            //mi:MissingIndexes')=1
```

Über die WHERE-Klausel werden hier nur die Abfragepläne herausgefiltert, für die der
Optimierer wenigstens einen fehlenden Index gefunden hat.

Die obige Abfrage bildet die Grundlage für das folgende, etwas komplexere, Skript.
Dieses Skript gibt Detailinformationen über alle fehlenden Indizes in den gespeicherten Abfrageplänen zurück:

```
with XmlNameSpaces('http://schemas.microsoft.com/sqlserver/2004/07/showplan'
                        as qp)
  ,MissingIndexPlans(query_plan) as
  (
    select p.query_plan
      from sys.dm_exec_cached_plans
           cross apply sys.dm_exec_query_plan(plan_handle) as p
     where p.query_plan.exist(
             'declare namespace
             mi="http://schemas.microsoft.com/sqlserver/2004/07/showplan";
               //mi:MissingIndexes')=1
  )
  ,Statements(StatementId, StatementText, StatementType
             ,StatementCost, StatementRows, MissingIndexesXml) as
  (
    select stmt.value('(//qp:Statements/qp:StmtSimple)[1]/@StatementId'
                      ,'int')
       ,stmt.value('(//qp:Statements/qp:StmtSimple)[1]/@StatementText'
                      ,'nvarchar(max)')
       ,stmt.value('(//qp:Statements/qp:StmtSimple)[1]/@StatementType'
                      ,'nvarchar(80)')
       ,stmt.value('(//qp:Statements/qp:StmtSimple)[1]/@StatementSubTreeCost'
                      ,'float')
       ,stmt.value('(//qp:Statements/qp:StmtSimple)[1]/@StatementEstRows'
                      ,'float')
       ,stmt.query('//qp:MissingIndexes')
       from MissingIndexPlans
            cross apply query_plan.nodes('//qp:StmtSimple') as qp(stmt)
  )
```

```
,MissingIndexGroup(StatementId, StatementText, StatementType
                  ,StatementCost, StatementRows
                  ,Impact, MissingIndexXml) as
(
   select StatementId, StatementText, StatementType
         ,StatementCost, StatementRows
         ,mi.value('@Impact', 'float')
         ,mi.query('.[position()]/qp:MissingIndex')
     from Statements
          cross apply MissingIndexesXml.nodes('//qp:MissingIndexGroup')
                      as mig(mi)
)
,MissingIndex(StatementId, StatementText, StatementType
         ,StatementCost, StatementRows
         ,Impact, DbName, TableName
         ,EqualityColumnsXml, InEqualityColumnsXml, IncludeColumnsXml) as
(
   select StatementId, StatementText, StatementType
         ,StatementCost, StatementRows
         ,Impact
         ,mi.value('@Database', 'sysname')
         ,mi.value('@Table', 'sysname')
         ,mi.query('//qp:ColumnGroup[@Usage="EQUALITY"]')
         ,mi.query('//qp:ColumnGroup[@Usage="INEQUALITY"]')
         ,mi.query('//qp:ColumnGroup[@Usage="INCLUDE"]')
     from MissingIndexGroup
          cross apply MissingIndexXml.nodes('//qp:MissingIndex') as mig(mi)
)
,ColumnGroup(StatementId, StatementText, StatementType
            ,StatementCost, StatementRows
            ,Impact, DbName, TableName
            ,IndexColumns, IncludeColumns) as
(
   select StatementId, StatementText, StatementType
         ,StatementCost, StatementRows
         ,Impact, DbName, TableName
         ,ltrim(replace(cast(
       EqualityColumnsXml.query('data(//qp:Column/@Name)') as nvarchar(max))
             + ' '
             + cast(InEqualityColumnsXml.query('data(//qp:Column/@Name)')
                   as nvarchar(max)), '] ['],','),['))
         ,replace(cast(IncludeColumnsXml.query('data(//qp:Column/@Name)')
                   as nvarchar(max)), '] ['],','),['))
     from MissingIndex
)
select StatementId, StatementText, StatementType
      ,StatementCost, StatementRows
      ,Impact, DbName, TableName, IndexColumns, IncludeColumns
  from ColumnGroup
```

Abbildung 6.7 zeigt ein Beispiel für das Ergebnis der obigen Abfrage für den fehlenden Index in unserer Tabelle T1.

StatementId	StatementText	StatementType	StatementCost	StatementRows	Impact	DbName	TableName	IndexColumns	IncludeColumns
1	(@1 smallint)SEL...	SELECT	22,6322	1	99,824	[QueryTest]	[T1]	[Nr]	[Id].[Platzhalter]

Abbildung 6.7: Fehlende Indizes in gespeicherten Abfrageplänen

Die Abfrage der Informationen über fehlende Indizes direkt aus den gespeicherten Ausführungsplänen ist bereits recht komplex. Seien Sie bitte vorsichtig mit dem Einsatz dieser Abfrage in Produktivsystemen. Sie ist sehr „ressourcenhungrig".

Der folgende Abschnitt demonstriert eine Möglichkeit, wie Sie auch ohne XML-Abfragepläne fehlende Indizes aufspüren können.

6.2.2 Die sys.dm_db_missing_index...-Systemsichten

Sie müssen nicht XQuery verstehen, um an Informationen über fehlende Indizes zu gelangen. SQL Server bietet hierfür auch vier Systemsichten an, die Sie direkt abfragen können:

▶ sys.dm_db_missing_index_groups. Fehlende Indizes werden in Gruppen zusammengefasst. Diese Sicht enthält nur zwei Schlüsselspalten für die Verknüpfungen zu den anderen missing_index-Sichten.

▶ sys.dm_db_missing_index_group_stats. Über diese Sicht können statistische Informationen zu einer Gruppe fehlender Indizes abgefragt werden. Hier sind insbesondere die folgenden Spalten interessant:

user_seeks. Die Anzahl von Suchen im Indexbaum, für die der fehlende Index verwendet worden wäre.

user_scans. Die Anzahl von sequenziellen Suchen (Scans), für die der fehlende Index verwendet worden wäre.

last_user_seek. Der letzte Zeitpunkt, zu dem der fehlende Index für eine Suche verwendet worden wäre.

last_user_scan. Der letzte Zeitpunkt, zu dem der Index sequenziell durchsucht worden wäre.

avg_user_cost. Der Mittelwert der Abfragekosten für alle Abfragen, die von dem fehlenden Index profitiert hätten.

avg_user_impact. Die geschätzte Verbesserung der Abfragekosten, wenn der Index existiert hätte.

Die oben aufgelisteten Spalten beziehen sich sämtlich auf Benutzerabfragen. Für alle diese Spalten gibt es entsprechende system_-Äquivalente (zum Beispiel system_scans), in denen die Information bezüglich der Abfragen enthalten ist, die durch Systemprozesse ausgeführt wurden.

▶ `sys.dm_db_missing_index_details`. In dieser Sicht finden Sie die Informationen zur Erzeugung der fehlenden Indizes. Hierfür sind die folgenden Spalten interessant:

`database_id`. Dies ist die ID der Datenbank, in welcher der Index fehlt.

`statement`. Der Name der Spalte ist etwas irreführend. Hier wird *nicht* die SQL-Anweisung genannt, die von dem Index profitiert hätte, sondern lediglich der Name der Tabelle, für die der Index erzeugt werden sollte. Möglicherweise deutet der Name der Spalte ja darauf hin, dass in einer kommenden Version hier tatsächlich die SQL-Anweisung aufgeführt wird.

`equality_colums`. Diese Spalte enthält eine Liste der Indexspalten, die für einen exakten Vergleich der Art *spalte = wert* nützlich sind.

`inequality_columns`. In dieser Spalte sind die Indexspalten aufgeführt, von denen eine Bereichssuche (also zum Beispiel ein Vergleich *spalte < wert*) profitiert hätte.

`included_columns`. Hier finden Sie eine Liste der Spalten, die über die `INCLUDE`-Klausel in den Index aufgenommen werden sollten.

▶ `sys.dm_db_missing_index_columns`. Dies ist keine Sicht, sondern eine Tabellenwert-Funktion. Die Funktion erwartet die ID des vorgeschlagenen Index (wie von `sys.dm_db_missing_index_groups` zurückgeliefert) und gibt eine Tabelle mit den Spalten für den fehlenden Index aus. Die enthaltene Information ist dieselbe wie von `sys.dm_db_missing_index_details` zurückgegeben.

Die folgende Abfrage verwendet die `missing_index`-Systemsichten, um fehlende Indizes aufzuspüren:

```
select db_name(d.database_id) as db_name
      ,d.statement
      ,d.equality_columns, d.inequality_columns
      ,d.included_columns
      ,cast(gs.avg_total_user_cost as decimal(8, 2)) as avg_total_user_cost
      ,gs.avg_user_impact
      ,gs.user_seeks, gs.user_scans
      ,gs.last_user_seek, gs.last_user_scan
  from sys.dm_db_missing_index_groups as g
      inner join sys.dm_db_missing_index_group_stats as gs
            on gs.group_handle = g.index_group_handle
      inner join sys.dm_db_missing_index_details as d
            on g.index_handle = d.index_handle
 where d.database_id > 4   -- Nur Benutzerdatenbanken & SSIS DB
```

Die Funktion `sys.dm_db_missing_index_columns` wird hierfür nicht benötigt.

Einen Ausschnitt aus dem Ergebnis der Abfrage zeigt Abbildung 6.8.

db_name	statement	equality_columns	inequality_columns	included_columns	avg_user_impact
QueryTest	[QueryTest].[dbo].[T1]	[Nr]	NULL	[Id], [Platzhalter]	99,82

Abbildung 6.8: Fehlender Index aus missing_index-Systemsichten

Wie Sie sicherlich erkennen, sind diese Informationen nicht ganz so umfangreich wie diejenigen, die in den gespeicherten Abfrageplänen enthalten sind. Insbesondere fehlt der Bezug zur SQL-Anweisung.

Demgegenüber steht aber der große Vorteil, dass Abfragen der missing_index-Systemsichten *wesentlich* „leichtgewichtiger" sind. XQuery-Abfragen der im XML-Format gespeicherten Abfragepläne können Ihren Server im laufenden Betrieb ganz erheblich belasten.

 Die Online-Dokumentation nennt eine Reihe von Einschränkungen, die Sie beachten sollten, wenn Sie fehlende Indizes auf die hier beschriebene Art suchen. Ich möchte diese Einschränkungen hier nicht alle wiederholen, sondern Sie bitten, dies in der Dokumentation nachzulesen. Als Fazit bleibt hier nur zu sagen, dass Sie die Index*empfehlungen* nicht einfach ohne nachzudenken als gegeben anwenden, sondern sie wirklich so verstehen: als Empfehlungen nämlich. So kann es zum Beispiel vorkommen, dass der Optimierer die Reihenfolge der Indexspalten nicht korrekt angibt.

Die vom Optimierer generierten Informationen über fehlende Indizes sind äußerst hilfreich beim Aufspüren von Performance-Engpässen. Es lohnt sich aber in jedem Fall, diese Informationen einer gewissenhaften Prüfung zu unterziehen. Schauen Sie sich nur noch einmal Abbildung 6.8 an. Dort wird auch die Spalte ID als Kandidat für die eingeschlossenen Spalten genannt. Dies ist ganz sicher nicht erforderlich, da wir für diese Spalte einen gruppierten, eindeutigen Index erzeugt haben. Somit ist die Spalte ID als Schlüsselspalte des gruppierten Index ja sowieso schon in jedem nicht gruppierten Index enthalten und muss nicht nochmals in den Index aufgenommen werden. Allerdings können Sie die Spalte getrost in den Index einschließen. SQL Server ist intelligent genug, die Informationen nicht doppelt zu speichern. Normalerweise dürfen Sie diese Spalten natürlich ignorieren. Lediglich eine Änderung des gruppierten Index, bei der wenigstens eine der Indexspalten wegfällt, hätte dann zur Folge, dass die entsprechenden Spalten tatsächlich im nicht gruppierten Index fehlen.

Bedenken Sie bitte auch, dass der Optimierer einen fehlenden Index *für den Plan, den er erstellt hat*, bemängelt. Es ist keinesfalls gesichert, dass genau dieser Plan auch bereits optimal, also gut genug ist. Möglicherweise hätte ja eine Aktualisierung von Statistiken bereits bewirkt, dass ein komplett anderer Plan erstellt worden wäre und dass in diesem Plan überhaupt kein fehlender Index auftaucht. Wir werden uns mit Statistiken noch eingehender auseinandersetzen. Ich möchte Ihnen an dieser Stelle nur nahelegen, sich nicht zu 100% auf die vom Optimierer bemängelten fehlenden Indizes zu verlassen. Solche Hinweise sind sicherlich hilfreich für eine Analyse, aber eben nicht immer ausreichend.

Abschließend möchte ich Sie noch einmal daran erinnern, dass sowohl die in den Abfrageplänen gespeicherten Informationen als auch die Informationen in den dynamischen missing_index-Systemsichten flüchtig sind. Allerspätestens beim Neustart des

SQL Server-Dienstes sind diese historischen Informationen nicht mehr verfügbar. Auch im laufenden Betrieb kann es vorkommen, dass zum Beispiel Abfragepläne aus dem Plancache entfernt werden, etwa dann, wenn SQL Server aufgrund hoher System-auslastung Hauptspeicher an das Betriebssystem zurückgeben muss.

Wenn Sie die Informationen persistieren möchten, dann können Sie das Ergebnis der Abfragen in entsprechenden Tabellen einfügen. Dies kann recht einfach über eine INSERT-SELECT-Anweisung erledigt werden, die in zyklischen Abständen – zum Beispiel über einen SQL Server Agent-Auftrag – ausgeführt wird.

In Kapitel 11 werden wir noch einmal auf die permanente Speicherung der Informationen über fehlende Indizes zurückkommen; dann unter Verwendung einer selbst definierten Datenauflistung.

6.3   Überflüssige Indizes

Da die passenden Indizes zu einer enormen Verbesserung der Abfrageleistung beitragen, ist es häufig der Fall, dass Datenbanken „überindiziert" sind. Hiermit meine ich, dass Indizes häufig nach dem Motto „Lieber zu viel als zu wenig" angelegt werden. Meist ist es ja doch so, dass man sowieso schon unter Zeitdruck steht – und nun kommt auch noch jemand daher und beschwert sich über mangelnde Performance. In vielen Fällen wird man dann einfach mit Indizes herumprobieren und hierbei auch oft eine akzeptable Lösung finden. Allerdings kommt dabei eventuell eine Kombination von Indizes heraus, die nicht unbedingt sinnvoll ist. Hinzu kommt natürlich, dass durch Änderungen an den Daten und den Anwendungen Indizes überflüssig werden. Überflüssig sind zunächst einmal alle Indizes, die nicht für eine Suche in irgendeiner Form verwendbar sind. Solche Indizes verbrauchen unnötig Speicherplatz auf der Festplatte und verlangsamen natürlich Datensicherungen und -wiederherstellungen.

Schlimmer wird es dann, wenn Datenänderungen ins Spiel kommen. Jede Änderung muss ja auch immer die entsprechenden Indizes aktualisieren – und so behindern Indizes, die für Suchen nicht verwendet werden, Aktualisierungsoperationen. Insbesondere INSERT- und DELETE-Anweisungen führen dazu, dass immer alle Indizes einer Tabelle aktualisiert werden müssen.

Generell gilt aber, dass überflüssige Indizes sich in den meisten Fällen nicht so dramatisch auf die Abfrageleistung auswirken wie fehlende Indizes.

Allerdings sind überflüssige Indizes recht schwer zu entdecken. Immerhin ist es vorstellbar, dass ein Index über einen relativ langen Zeitraum nicht für eine Suche – in welcher Form auch immer – verwendet wurde. Dies kann durchaus vorkommen, zum Beispiel wenn ein Index nur für Abfragen sinnvoll ist, die jeweils zum Quartalsabschluss ausgeführt werden. Es ist auch möglich, dass Ihre Datenbank im initialen Zustand eine Reihe von sehr kleinen Tabellen enthält, für die anfänglich einfach aufgrund ihrer Größe stets ein Tabellen-Scan durchgeführt wird. Damit sind dann zunächst einmal alle Indizes für eine solche Tabelle überflüssig. Mit steigender Anzahl der Zeilen wird dann ein existierender Index eventuell mehr und mehr sinnvoll.

Es ist also erforderlich, das System zu überwachen, um nicht benötigte Indizes zu entdecken. Finden Sie solche Indizes, dann gehört allerdings immer noch eine gehörige Portion Mut dazu, wenn Sie sich entschließen, diese Indizes aus dem System zu entfernen.

Sicherlich haben Sie bereits vermutet, dass SQL Server auch für die Suche nach nicht verwendeten Indizes dynamische Verwaltungssichten zur Verfügung stellt.

Für die Abfrage nach der Indexverwendung können Sie die Sicht `sys.dm_db_index_usage_stats` verwenden. Diese Sicht enthält Statistiken über die Verwendung von Indizes. Sie kann leicht mit `sys.indexes` verknüpft werden, um den Namen der Indizes und Tabellen zu erhalten:

```
select object_name(i.object_id) as TableName
      ,i.type_desc,i.name
      ,us.user_seeks, us.user_scans
      ,us.user_lookups,us.user_updates
      ,us.last_user_scan, us.last_user_update
  from sys.indexes as i
      left outer join sys.dm_db_index_usage_stats as us
              on i.index_id=us.index_id
              and i.object_id=us.object_id
where objectproperty(i.object_id, 'IsUserTable') = 1
```

Die folgenden Spalten der Sicht `sys.dm_db_index_usage_stats` sind hierbei von Bedeutung:

▶ **user_seeks, last_user_seek**. Gibt Auskunft über Anzahl von Suchen im Indexbaum und den Zeitpunkt der letzten Suche. Der Indexbaum wird also für Suchoperationen verwendet. Das ist gut, denn genau dafür erzeugt man ja einen Index. Ein Index, der niemals für eine Seek-Operation verwendet wird, sollte auf jeden Fall einer genaueren Prüfung unterzogen werden.

▶ **user_scan, last_user_scan**. Enthält die Anzahl von seriellen Suchen (Scans) sowie den Zeitpunkt des letzten Scans. Der Optimierer entscheidet sich zum Beispiel für einen Index-Scan, wenn die Menge der zu durchsuchenden Daten im Index kleiner ist als die bei einem Scan der Tabelle und der Index alle Daten enthält, die für die Ausführung der Abfrage erforderlich sind. Das folgende Beispiel verdeutlicht dies:

Wir legen zunächst eine Tabelle an und fügen einige Zeilen hinzu:

```
set nocount on
use QueryTest;
if (object_id('T1', 'U') is not null)
  drop table T1
go
create table T1
  (
  c1 int not null identity(1,1) primary key
  ,c2 nvarchar(80) not null default '*'
  ,c3 char(500) not null default '*'
  )
```

```
go

insert T1(c2) values(newid())
go 3

insert T1(c2) select newid() from T1
go 10
```

Bei der folgenden Abfrage entscheidet sich der Optimierer für einen Clustered-Index-Scan:

```
set statistics io on
 select c2 from T1 where c2 like '%BCD%'
set statistics io off
```

Durch das Einschalten der Statistik-Optionen für die Abfrage bekommen wir die Information, dass 239 logische Lesevorgänge erforderlich sind. Hier noch der zugehörige Abfrageplan:

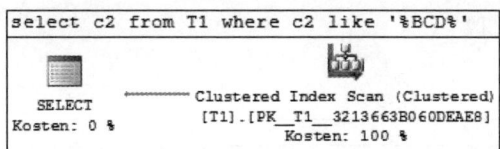

Wir erzeugen nun einen nicht gruppierten Index auf der Spalte c2:

```
create index Ix1 on T1(c2)
```

Anschließend liefert die Ausführung der obigen SELECT-Anweisung den folgenden Abfrageplan:

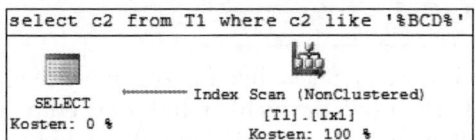

Der erzeugte Index kann nicht für eine Suche im Indexbaum verwendet werden, weil die WHERE-Bedingung eine Zeichenkette mitten in der indizierten Spalte herausfiltert. Eine Suche im Indexbaum ist nur dann sinnvoll, wenn die Sortierung des Index für die Suche verwendet werden kann – und das ist im Beispiel nicht der Fall. Der Index enthält jedoch alle Daten, die die Abfrage entweder zurückliefert oder herausfiltert. Da das Index-Datenvolumen wesentlich kleiner ist als das Datenvolumen der Tabelle, können durch einen Index-Scan gegenüber dem Tabellen-Scan Leseoperationen eingespart werden. Insgesamt wurden für den Index-Scan nur 35 logische Lesevorgänge (gegenüber 239 für den Tabellen-Scan) benötigt.

Interessant ist hier die Tatsache, dass der Optimierer den Index nicht als fehlend deklariert hat (er wird im obigen Ausführungsplan nicht erwähnt), obwohl der Index eine Verbesserung um ungefähr den Faktor 7 bewirkt. Ganz offensichtlich

„sucht" der Optimierer nur solche Indizes, die für eine Suche im Indexbaum verwendet werden können.

Eine Entscheidung zu treffen, ob die Verwendung eines Index in einer Scan-Operation als positiv oder negativ einzustufen ist, ist sehr schwierig. Im obigen Beispiel ist der Index durchaus sinnvoll, auch wenn er niemals für eine Seek-Operation verwendet wird. Allerdings legt man hierfür normalerweise keinen Index an. Wann immer ein Index erstellt wird, ist die Intention sicherlich die Verwendung des Indexbaumes für Such-Operationen, also Seeks bzw. Range-Scans.

▶ `user_lookups`, `last_user_lookup`. Hier stehen die Anzahl von Lookups und der Zeitpunkt des letzten Lookups. Index-Lookups werden nur für gruppierte Indizes ausgeführt. Ein Lookup ist immer dann erforderlich, wenn ein nicht gruppierter Index zwar für die Suche verwendet wird, aber nicht alle Daten enthält, die die Abfrage zurückgeben soll. Das bedeutet, der nicht gruppierte Index ist nicht abdeckend. In einem solchen Fall müssen die fehlenden Daten aus dem gruppierten Index sozusagen nachgeladen werden. Für die Tabelle und den Index aus dem obigen Beispiel können wir die folgende Abfrage ausführen:

```
select * from T1 where c2 like 'BCD%'
```

Der Abfrageplan sieht so aus:

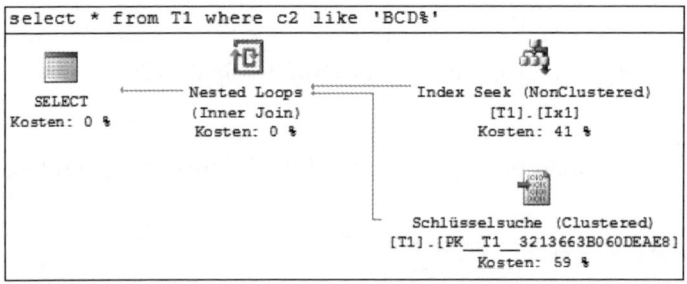

Hier kann der vorhandene Index zwar für eine Suche herangezogen werden, da die Abfrage aber auch Spalten zurückgeben soll, die nicht im Index Ix1 enthalten sind, müssen die Werte für diese Spalten aus dem gruppierten Index geholt werden. Dies geschieht über die Schlüsselsuche (also den Lookup) – übrigens eine relativ teure Operation.

▶ `user_updates`, `_last_user_update`. In diesen Spalten finden Sie die Anzahl von Aktualisierungen und den Zeitpunkt der letzten Aktualisierung des entsprechenden Index. Jedes `INSERT`, `UPDATE` oder `DELETE` auf einer Tabelle muss stets auch die Indizes aktualisieren. Während bei einem `UPDATE` lediglich die Indizes für die tatsächlich geänderten Spalten aktualisiert werden müssen, werden bei `INSERT`- oder `DELETE`-Operationen auf der Tabelle stets alle Indizes aktualisiert. Je nach Index, kann eine solche Aktualisierung relativ teuer werden. Dies gilt natürlich insbesondere für den gruppierten Index einer Tabelle, der ja die Daten in sortierter Form enthält. Bei jeder Aktualisierung des gruppierten Index sind daher eventuell relativ kostspielige Umsortierungen erforderlich.

Für alle oben aufgeführten Spalten gibt es eine entsprechende Systemäquivalente (also zum Beispiel `system_seeks`). Dort stehen jeweils dieselben Informationen, nur eben bezogen auf Systemprozesse.

Als einfache Faustregel können Sie sich merken, dass Indizes, die niemals in einem Seek oder Lookup verwendet werden, einmal genauer unter die Lupe genommen werden sollten.

Insbesondere gilt die folgende Regel:

Ein Index, der nur für Updates verwendet wird und niemals in einer der anderen Kategorien (Seeks, Scans oder Lookups) auftaucht, ist mit Sicherheit überflüssig. Ein solcher Index ist für die Performance nicht nur nicht von Nutzen, er behindert die Performance durch die unnötigen Aktualisierungen auch noch.

Denken Sie bitte daran, dass die Information über die Indexverwendung ebenfalls nicht persistent gespeichert wird und spätestens beim Neustart von SQL Server verloren ist. Da eine fundierte Aussage darüber, ob ein Index wirklich überflüssig ist, nur getroffen werden kann, wenn Sie Ihr System über einen längeren Zeitraum (in der Regel mehrere Monate) beobachten, ist es hier besonders wichtig, dass Sie diese Informationen permanent speichern. Natürlich geht dies auch in diesem Fall über einen entsprechenden Auftrag des SQL Server Agents, in dem Sie das Ergebnis der Abfrage zur Indexverwendung in eine Tabelle einfügen. Hinzu kommt hier, dass die in der Sicht enthaltene Anzahl der Such- oder Scan-Vorgänge stets kumulativ ist. So ist es zum Beispiel nicht möglich, die Information zu erhalten, welcher Index wie oft für Seeks *in der vergangenen Woche* verwendet wurde. Wenn Sie diese Information benötigen, dann müssen Sie in regelmäßigen Abständen Snapshots der Systemsicht persistieren und dann die Werte verschiedener Snapshots vergleichen.

Wir werden in Kapitel 11 hierzu ein Beispiel mit Datenauflistungen behandeln, die eine komfortable Möglichkeit zur Speicherung der Informationen über fehlende und überflüssige Indizes zur Verfügung stellen. Dort sehen Sie dann auch, wie mit Snapshots „gerechnet" wird, um Informationen über einen bestimmten Zeitraum zu erhalten.

6.4   Index-Duplikate

SQL Server erlaubt für eine Tabelle die Erzeugung von einem gruppierten Index und bis zu 999 nicht gruppierten Indizes. Bitte beachten Sie, dass es keinerlei Mechanismus gibt, der das Anlegen mehrfacher identischer nicht gruppierter Indizes verhindert.

Ob es zum Beispiel sinnvoll ist, mehrere Indizes auf derselben Spalte anzulegen, die sich aber jeweils in den eingeschlossenen Spalten unterscheiden, die also für unterschiedliche Abfragen abdeckend sind, muss von Fall zu Fall beurteilt werden. Was Sie allerdings vermeiden sollten, sind komplett identische Indizes. Es ist nicht immer leicht zu entscheiden, welcher Überlappungsgrad von Indizes zweckmäßig ist. Generell gilt natürlich, dass Sie bei einer Indexoptimierung eben einen optimalen Satz von Indizes finden sollten. Es gibt hierfür leider keine allgemeine Handlungsanweisung, also ein Kochbuch für Indexoptimierung werden Sie nicht finden. Ein fehlender Index kann fatale Folgen auf die Abfrageleistung haben, ein überflüssiger Index in der Regel nicht. Daher sehe ich oft den Ansatz: Lieber zu viel als zu wenig. Aber es heißt ja eben nicht Indexmaximierung, sondern Indexoptimierung.

Index-Duplikate sollten Sie in jedem Fall eliminieren. Das folgende Skript ermittelt solche potenziellen Duplikate:

```
with dup_candidates as
(
  select quotename(object_schema_name(i.object_id))+'.'
         +quotename(object_name(i.object_id)) as table_name
         ,i.name as index_name
         ,i.index_id
         ,sum(case when p.index_id < 2 then p.rows else 0 end) as row_count
         ,sum(total_pages)*8./1024 as total_mb
         ,sum(used_pages)*8./1024 as used_mb
     from sys.indexes as i
          inner join sys.partitions as p
                  on p.object_id = i.object_id
                 and p.index_id = i.index_id
          inner join sys.allocation_units as au
                  on au.container_id = p.partition_id
    where au.type_desc = 'IN_ROW_DATA'
      and objectproperty(i.object_id, 'IsUserTable') = 1
      and i.type_desc = 'nonclustered'
  group by i.object_id, i.index_id, i.name, i.type_desc
)
,index_info as
(
  select table_name, index_name, index_id
         ,row_count, total_mb, used_mb
         ,index_col(table_name, index_id, 1) as index_col_1
         ,index_col(table_name, index_id, 2) as index_col_2
         ,index_col(table_name, index_id, 3) as index_col_3
         ,index_col(table_name, index_id, 4) as index_col_4
         ,index_col(table_name, index_id, 5) as index_col_5
         ,index_col(table_name, index_id, 6) as index_col_6
         ,index_col(table_name, index_id, 7) as index_col_7
         ,index_col(table_name, index_id, 8) as index_col_8
         ,index_col(table_name, index_id, 9) as index_col_9
```

```
            ,index_col(table_name, index_id, 10) as index_col_10
            ,index_col(table_name, index_id, 11) as index_col_11
            ,index_col(table_name, index_id, 12) as index_col_12
            ,index_col(table_name, index_id, 13) as index_col_13
            ,index_col(table_name, index_id, 14) as index_col_14
            ,index_col(table_name, index_id, 15) as index_col_15
            ,index_col(table_name, index_id, 16) as index_col_16
      from dup_candidates
   )
 select ii1.table_name as table_name
        ,ii1.index_name as index_1
        ,ii2.index_name as index_2
        --,ii1.total_mb as idex_1_total_mb
        --,ii1.used_mb as idex_1_used_mb
        --,ii2.total_mb as idex_2_total_mb
        --,ii2.used_mb as idex_2_used_mb
        ,case when ii2.used_mb < ii1.used_mb
           then ii2.used_mb else ii1.used_mb
         end as potential_free_mb
        ,case
           when ii1.index_col_16 = ii2.index_col_16 then 16
           when ii1.index_col_15 = ii2.index_col_15 then 15
           when ii1.index_col_14 = ii2.index_col_14 then 14
           when ii1.index_col_13 = ii2.index_col_13 then 13
           when ii1.index_col_12 = ii2.index_col_12 then 12
           when ii1.index_col_11 = ii2.index_col_11 then 11
           when ii1.index_col_10 = ii2.index_col_10 then 10
           when ii1.index_col_9 = ii2.index_col_9 then 9
           when ii1.index_col_8 = ii2.index_col_8 then 8
           when ii1.index_col_7 = ii2.index_col_7 then 7
           when ii1.index_col_6 = ii2.index_col_6 then 6
           when ii1.index_col_5 = ii2.index_col_5 then 5
           when ii1.index_col_4 = ii2.index_col_4 then 4
           when ii1.index_col_3 = ii2.index_col_3 then 3
           when ii1.index_col_2 = ii2.index_col_2 then 2
           when ii1.index_col_1 = ii2.index_col_1 then 1
         end as identical_columns
        ,ii1.index_col_1 as index_1_index_col_1
        ,ii2.index_col_1 as index_2_index_col_1
        ,ii1.index_col_2 as index_1_index_col_2
        ,ii2.index_col_2 as index_2_index_col_2
        ,ii1.index_col_3 as index_1_index_col_3
        ,ii2.index_col_3 as index_2_index_col_3
        ,ii1.index_col_4 as index_1_index_col_4
        ,ii2.index_col_4 as index_2_index_col_4
        ,ii1.index_col_5 as index_1_index_col_5
        ,ii2.index_col_5 as index_2_index_col_5
```

```
        ,ii1.index_col_6 as index_1_index_col_6
        ,ii2.index_col_6 as index_2_index_col_6
        ,ii1.index_col_7 as index_1_index_col_7
        ,ii2.index_col_7 as index_2_index_col_7
        ,ii1.index_col_8 as index_1_index_col_8
        ,ii2.index_col_8 as index_2_index_col_8
        ,ii1.index_col_9 as index_1_index_col_9
        ,ii2.index_col_9 as index_2_index_col_9
        ,ii1.index_col_10 as index_1_index_col_10
        ,ii2.index_col_10 as index_2_index_col_10
        ,ii1.index_col_11 as index_1_index_col_11
        ,ii2.index_col_11 as index_2_index_col_11
        ,ii1.index_col_12 as index_1_index_col_12
        ,ii2.index_col_12 as index_2_index_col_12
        ,ii1.index_col_13 as index_1_index_col_13
        ,ii2.index_col_13 as index_2_index_col_13
        ,ii1.index_col_14 as index_1_index_col_14
        ,ii2.index_col_14 as index_2_index_col_14
        ,ii1.index_col_15 as index_1_index_col_15
        ,ii2.index_col_15 as index_2_index_col_15
        ,ii1.index_col_16 as index_1_index_col_16
        ,ii2.index_col_16 as index_2_index_col_16
   from index_info as ii1
        inner join index_info as ii2
               on ii1.table_name = ii2.table_name
              and ii1.index_name != ii2.index_name
              and ii1.index_col_1 = ii2.index_col_1
              and (ii1.index_col_2 is null
     or ii2.index_col_2 is null or ii1.index_col_2 = ii2.index_col_2)
              and (ii1.index_col_3 is null
     or ii2.index_col_3 is null or ii1.index_col_3 = ii2.index_col_3)
              and (ii1.index_col_4 is null
     or ii2.index_col_4 is null or ii1.index_col_4 = ii2.index_col_4)
              and (ii1.index_col_5 is null
     or ii2.index_col_5 is null or ii1.index_col_5 = ii2.index_col_5)
              and (ii1.index_col_6 is null
     or ii2.index_col_6 is null or ii1.index_col_6 = ii2.index_col_6)
              and (ii1.index_col_7 is null
     or ii2.index_col_7 is null or ii1.index_col_7 = ii2.index_col_7)
              and (ii1.index_col_8 is null
     or ii2.index_col_8 is null or ii1.index_col_8 = ii2.index_col_8)
              and (ii1.index_col_9 is null
     or ii2.index_col_9 is null or ii1.index_col_9 = ii2.index_col_9)
              and (ii1.index_col_10 is null
     or ii2.index_col_10 is null or ii1.index_col_10 = ii2.index_col_10)
              and (ii1.index_col_11 is null
     or ii2.index_col_11 is null or ii1.index_col_11 = ii2.index_col_11)
```

```
        and (ii1.index_col_12 is null
or ii2.index_col_12 is null or ii1.index_col_12 = ii2.index_col_12)
        and (ii1.index_col_13 is null
or ii2.index_col_13 is null or ii1.index_col_13 = ii2.index_col_13)
        and (ii1.index_col_14 is null
or ii2.index_col_14 is null or ii1.index_col_14 = ii2.index_col_14)
        and (ii1.index_col_15 is null
or ii2.index_col_15 is null or ii1.index_col_15 = ii2.index_col_15)
        and (ii1.index_col_16 is null
or ii2.index_col_16 is null or ii1.index_col_16 = ii2.index_col_16)
```

Das Skript findet Indizes, die in den führenden Spalten übereinstimmen. Es gibt auch die Spalten aus, in denen die Indizes identisch sind. Eingeschlossene Spalten werden nicht in die Analyse eingeschlossen.

Schauen Sie sich einfach das Ergebnis der Analyse an und überlegen Sie, ob die zurückgegebenen Indizes wirklich alle benötigt werden. Diese Entscheidung müssen Sie dann selber treffen, das kann Ihnen kein Skript abnehmen.

6.5 Zusammenfassung

Dieses Kapitel hat Ihnen gezeigt, wie Sie mit Indizes im laufenden Betrieb umgehen. Sie wissen nun, dass ein Satz von existierenden Indizes nicht statisch ist. Vielmehr ist es erforderlich, dass Sie existierende Indizes in zweierlei Hinsicht überwachen:

1. Ist ein Index fragmentiert, dann muss er reorganisiert oder neu erstellt werden.
2. Finden Sie heraus, dass ein Index überflüssig ist, können Sie mutig sein und den Index löschen.

Hinzu kommt, dass Sie auch die Möglichkeit haben herauszufinden, ob Indizes vermisst werden. Solche Indizes sollten Sie natürlich hinzufügen.

Ihnen ist sicherlich klar geworden, dass Sie eine entsprechende Strategie für die laufende Kontrolle Ihres Systems benötigen.

7 Partitionierung

Partitionierung bedeutet Aufteilung von logisch zusammengehörenden Tabellen- oder Index-Daten auf unterschiedliche Speicherorte. Das Ziel einer Partitionierung ist in fast allen Fällen die Reduzierung bzw. Beschleunigung von Ein-/Ausgabevorgängen. Generell ist eine Partitionierung nur lohnend bei sehr großen Datenmengen, also für große Tabellen oder Indizes. Darüber hinaus kann es auch sinnvoll sein, eine Partitionierung einzurichten, wenn Sie Blockierungen einer gesamten Tabelle vermeiden wollen. SQL Server kennt hierfür einen Mechanismus, der gegebenenfalls nur die erforderliche Partition sperrt und die restliche Tabelle nicht blockiert.

Es gibt allerdings auch einen Fall, in dem eine Partitionierung aus funktionalen Gründen erforderlich ist. Sofern Sie für eine Tabelle einen Columnstore-Index anlegen, sind für diese Tabelle keine Aktualisierungsoperationen mehr möglich. Durch eine Aufteilung der Tabelle in unterschiedliche Partitionen können Sie diese Einschränkung umgehen. Wie das funktioniert, erfahren Sie in Kapitel 8.

Wenn Sie vorhersehen können, wie auf Ihre Daten zugegriffen wird, dann können Sie die Daten in Partitionen aufteilen. Kriterien für diese Aufteilung sind zum Beispiel Häufigkeit und Art des Zugriffs. So können Sie etwa Bereiche, auf die normalerweise nur lesend zugegriffen wird, von den Bereichen trennen, die Veränderungen unterworfen sind. Selten verwendete Daten können Sie zum Beispiel auf langsame Festplatten auslagern, damit Ihr Hochleistungs-RAID für die tatsächlichen Bewegungsdaten zur Verfügung steht.

Für die Versuche in diesem Kapitel verwenden wir eine einfache Tabelle mit Kundendaten: Diese Tabelle wird so erzeugt:

```
use QueryTest;
if (object_id('Kunde', 'U') is not null)
  drop table Kunde
go
create table Kunde
 (
   Nr int not null primary key nonclustered
  ,VorName nvarchar(80) not null
  ,NachName nvarchar(80) not null
  ,LetzteBestellung date not null
  ,MehrSpalten nchar(500) not null default '#'
 )
go
-- Füge 30.000 Zeilen hinzu
insert Kunde (Nr, VorName, NachName, LetzteBestellung)
```

```
select n,newid(),newid()
      ,dateadd(d, -(abs(checksum(newid())) % 5000), getdate())
   from Numbers where n <= 30000
go
-- Erstelle gruppierten Index
create clustered index IxKdBestDat
   on Kunde(LetzteBestellung)
```

Weiterhin wollen wir für alle Abfragen zum Messen der Leistung die E/A-Statistiken anzeigen. Wie Sie aus Kapitel 4 bereits wissen, geschieht dies über das Kommando:

```
set statistics io on
```

7.1   Horizontale Partitionierung

Seit der Version 2005 unterstützt SQL Server direkt die horizontale Partitionierung. Dieses Feature steht Ihnen allerdings ausschließlich in der Enterprise Edition zur Verfügung. Dabei werden Tabellen- oder Indexdaten letztlich in unterschiedlichen physikalischen Speicherorten abgelegt. Mittlerweile können Sie 15.000 Partitionen für eine Tabelle oder einen Index erzeugen. Wir betrachten in der Folge nur Tabellen, für Indizes gilt das hier Gesagte aber analog.

Bei einer horizontalen Partitionierung wird die ursprüngliche Tabelle zeilenweise in verschiedene Bereiche aufgeteilt. Die abgeleiteten Bereiche entsprechen dabei in ihrer Struktur der Originaltabelle (Abbildung 7.1).

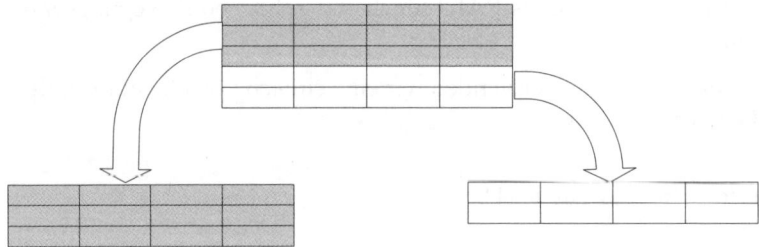

Abbildung 7.1: *Horizontale Partitionierung einer Tabelle*

Wie bereits in der Einleitung zu diesem Kapitel erwähnt, ist dies immer dann sinnvoll, wenn unterschiedliche Abfragen den Zugriff auf unterschiedliche Partitionen hervorrufen. Wenn zum Beispiel Aktualisierungen nur für die Daten des aktuellen Monats ausgeführt werden, Ihr Berichtssystem aber vorrangig auf Daten der vergangenen Monate zugreift, dann kann eine Aufteilung der Daten in zwei Partitionen sinnvoll sein. In unserer Kunden-Tabelle könnten wir die Spalte LetzteBestellung für eine Aufteilung in Partitionen verwenden und dadurch zum Beispiel Kunden, deren letzte Bestellung lange zurück liegt und auf die daher vermutlich nur sehr selten zugegriffen wird, in einer separaten Partition speichern.

Für das Einrichten einer horizontalen Partitionierung sind insgesamt vier Schritte erforderlich:

1. Planen der Partitionen und Einrichten der Speicherorte. Natürlich müssen Sie zunächst festlegen, welche Kriterien für die Partitionierung hergenommen werden, und die entsprechenden Dateigruppen mit den zugehörigen Datenbankdateien einrichten.

2. Erstellen einer sogenannten Partitionsfunktion. Dies ist eine Entscheidungsfunktion, die anhand einer Regel festlegt, in welcher Partition welche Daten abgelegt werden.

3. Anlegen eines Partitionsschemas. Ein Partitionsschema ist der „Klebstoff", der die Partitionsfunktion mit den unterschiedlichen Speicherorten verbindet.

4. Erzeugen der partitionierten Tabelle. Diese Tabelle legen Sie im Partitionsschema an. Dadurch ist dafür gesorgt, dass unterschiedliche Tabellendaten letztlich in unterschiedlichen Partitionen landen.

Die Online-Dokumentation beschreibt sehr genau, wie Sie Partitionen entsprechend Ihrer Anforderungen einrichten können. Besser könnte ich es wirklich nicht erklären, und daher bitte ich Sie, in der Dokumentation nachzulesen, wenn Sie sich hier detaillierter einarbeiten möchten. Wir werden in Kapitel 8 ein kleines Beispiel für eine horizontale Partitionierung durchgehen, wenn wir uns Columnstore-Indizes etwas genauer ansehen.

Was Sie auf jeden Fall bedenken sollten, ist der Umstand, dass eine Änderung der Partitionierung nicht in jedem Falle einfach durchgeführt werden kann. Es ist relativ leicht, eine bestehende Partitionierung zu erweitern, also neue Partitionen am oberen Ende hinzuzufügen. Recht komplex ist hingegen eine Zusammenführung von Partitionen oder das Aufteilen einer existierenden Partition in mehrere neue Partitionen.

Wir werden in Kapitel 11 sehen, wie man eine horizontale Partitionierung auch durch die Wahl geeigneter Indizes erreichen kann.

Ein wichtiger Aspekt bei der horizontalen Partitionierung ist die Möglichkeit, dass Sie die Dateigruppen, in denen die Partitionen abgelegt sind, separat sichern und wiederherstellen können. In der Enterprise Edition von SQL Server ist eine Wiederherstellung unter Umständen sogar im Online-Betrieb möglich. Dadurch erhöht sich möglicherweise die Verfügbarkeit Ihres Gesamtsystems. Stellen Sie sich vor, dass Ihre historischen Kundendaten in einer 10 TByte großen Dateigruppe gespeichert sind. Die Daten der aktuellen Kunden sollen ebenfalls in einer eigenen Dateigruppe gespeichert werden, die aber nur 2 GByte groß ist. Wenn nun die Dateigruppe mit den aktuellen Daten ausfällt, so können Sie diese eine Dateigruppe mit 2 GByte natürlich wesentlich schneller restaurieren als die gesamte Datenbank mit 10 TByte.

Dieser administrative Aspekt ist oftmals ein besseres Argument für eine horizontale Partitionierung als ein zu erwartender Performance-Gewinn.

7.1.1 Partitionierte Sichten

SQL kennt den UNION-Operator, mit dem Resultate verschiedener Abfragen zusammengefasst werden können. Dadurch erhalten Sie die Möglichkeit, eine Tabelle in unterschiedliche Tabellen gleicher Struktur aufzuteilen und die einzelnen Tabellen dann in einer Sicht wieder zusammenzufassen. Diese Sicht besteht einfach aus SELECT-Anweisungen, die die einzelnen Tabellen abfragen und die über den UNION-Operator aneinandergehängt sind. Bei Abfragen über diese Sicht entfernt der Optimierer unnötige SELECT-Anweisungen. Eine solche Technik ist besonders dann sinnvoll, wenn Sie große Tabellen so auf unterschiedliche SQL Server aufteilen können, dass die Partitionen standortbezogen sind. Stellen Sie sich bitte einmal vor, dass in der Kundentabelle Kunden aus allen Standorten zusammengefasst werden. Normalerweise wird jeder Standort aber nur mit seinen eigenen Kunden arbeiten. In einem solchen Fall können Sie die Kunden-Tabelle auf die verschiedenen Standorte aufteilen und über eine Sicht mit UNIONs zu einer Gesamt-Kundentabelle zusammenfassen. Jeder Standort wird dann normalerweise nur die Daten aus seiner lokalen Kundentabelle abfragen und diese lokalen Abfragen liefern relativ schnell ein Ergebnis zurück. Es existiert dadurch aber auch die Möglichkeit, an jedem Standort mit Kunden aus allen Standorten arbeiten zu können, was aber nur sehr selten vorkommt. Da dies zu einem Zugriff auf entfernte Server führt, wird so eine (seltene) Abfrage dann natürlich etwas länger dauern. Insgesamt hat eine solche Lösung aber Vorteile gegenüber einer Verfahrensweise, bei der die Kundentabelle zentral auf einem Server liegt, der für *alle* Standorte ein entfernter Server ist.

Eine solche Sicht ist übrigens nicht aktualisierbar. Ist dies gewünscht, dann müssen Sie entsprechende INSTEAD OF-Trigger implementieren.

7.2 Vertikale Partitionierung

Bei einer vertikalen Partitionierung wird eine Basistabelle in mehrere abgeleitete Tabellen aufgeteilt (Abbildung 7.2). Dies kann zum Beispiel dann sinnvoll sein, wenn eine Tabelle über viele Spalten verfügt, von denen die meisten Spalten nur sehr selten verwendet werden. Eine vertikale Partitionierung kann sich auch lohnen, wenn in einer Tabelle sehr breite Spalten enthalten sind, auf die nur in bestimmten Szenarien zugegriffen wird.

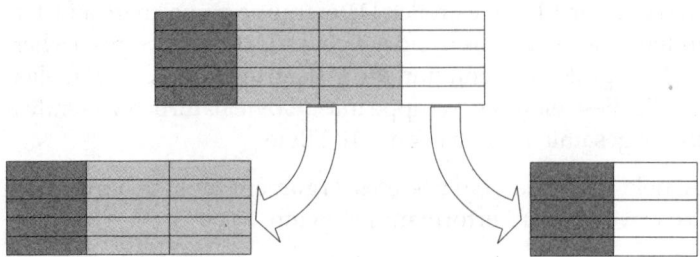

Abbildung 7.2: *Vertikale Partitionierung*

In Abbildung 7.2 ist die Aufteilung der Originaltabelle in zwei Tabellen dargestellt. Eine solche Aufteilung kann selbstverständlich auch physikalisch erfolgen, indem Sie die abgeleiteten Tabellen in verschiedenen Dateigruppen unterbringen. Natürlich können Sie durchaus auch mehr als zwei Tabellen aus der ursprünglichen Tabelle ableiten. Die abgeleiteten Tabellen stehen hierbei in einer 1:1-Beziehung zueinander. Wichtig ist es daher, dass alle Zeilen in allen Tabellen dieselbe Zeilenidentität besitzen. Dies erfordert, dass der Primärschlüssel in allen abgeleiteten Tabellen dupliziert wird. In der Abbildung wird dies durch die erste (dunkelgraue) Spalte verdeutlicht. Dieser Umstand verkompliziert die Sache natürlich, wenn Sie für Primärschlüsselspalten automatisch vergebene Werte – also zum Beispiel IDENTITY-Spalten – verwenden.

Sie können die partitionierten Tabellen in einer Sicht wieder zusammenführen und diese Sicht für Abfragen verwenden. Der Optimierer analysiert die Spalten in SELECT-Anweisungen und entfernt nicht benötigte Tabellen aus den JOINs.

Lassen Sie uns hierfür noch einmal unsere einfache Kunden-Tabelle hernehmen und betrachten Sie bitte die folgende Abfrage:

```
select Nr, NachName, LetzteBestellung
  from Kunde
 where LetzteBestellung >= '20110101'
```

Die Abfrage führt zu einer Suche im gruppierten Index und benötigt 1.542 logische Leseoperationen. Wir wollen davon ausgehen, dass die Anwendung in den meisten Fällen nur die Spalten Nr, LetzteBestellung und Nachname verwendet. Daher teilen wir die Tabelle Kunde so auf:

```
create table KundeBasis
  (
   Nr int not null primary key nonclustered
  ,NachName nvarchar(80) not null
  ,LetzteBestellung date not null
  )
go
-- Erstelle gruppierten Index
create clustered index IxKdBasisBestDat
    on KundeBasis(LetzteBestellung)
go
create table KundeErweitert
  (
   Nr int not null primary key clustered
  ,VorName nvarchar(80) not null
  ,MehrSpalten nchar(500) not null default '#'
  )
go
alter table KundeErweitert
   add constraint FK_KundeBasis foreign key (Nr)
     references KundeBasis(Nr)
```

Wir übertragen nun alle Kunden aus der ursprünglichen Tabelle in die beiden abgeleiteten Tabellen und entfernen die Tabelle Kunde:

```
insert KundeBasis(Nr, NachName, LetzteBestellung)
  select Nr, NachName, LetzteBestellung
    from Kunde
go
insert KundeErweitert(Nr, VorName, MehrSpalten)
  select Nr, VorName,MehrSpalten from Kunde
go
drop table Kunde
```

Nun erstellen wir die folgende Sicht, in der die beiden Tabellen wieder zusammengeführt werden:

```
create view Kunde as
 select KundeBasis.Nr, KundeBasis.NachName, KundeBasis.LetzteBestellung
       ,KundeErweitert.VorName, KundeErweitert.MehrSpalten
   from KundeBasis
       left outer join KundeErweitert
                 on KundeErweitert.Nr = KundeBasis.Nr
```

Der LEFT JOIN ist hier erforderlich, weil der Optimierer die Tabelle KundeErweitert sonst nicht eliminieren kann, wenn keine Spalten aus dieser Tabelle abgefragt werden.

Wenn Sie nun die obige Abfrage noch einmal ausführen, so führt dies zu einer Abfrage der Sicht Kunde (wir haben ja die Tabelle durch die Sicht ersetzt). Da die Abfrage nur auf Spalten aus der Tabelle KundeBasis zugreift, entfernt der Optimierer einfach den JOIN auf die Tabelle KundeErweitert. Im Ausführungsplan ist dies klar erkennbar (Abbildung 7.3).

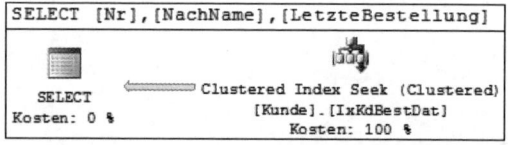

Abbildung 7.3: Suche nur im gruppierten Index von KundeBasis

Die ausgegebene E/A Statistik nennt 114 logische Lesevorgänge. Das sind immerhin nur ca. 7% des ursprünglichen Wertes ohne Partitionierung.

Leider ist die Sicht nicht aktualisierbar. Änderungsoperationen müssen also direkt auf den zugrundeliegenden Tabellen vorgenommen werden. Alternativ können Sie natürlich INSTEAD OF-Trigger erstellen, damit die Aufteilung der Tabelle für die Anwendung vollkommen transparent ist.

Die Transparenz hat allerdings auch einen Nachteil: Wenn die Anwendung sich so ändert, dass Ihre vertikale Partitionierung nutzlos ist, so werden Sie dies nicht unmittelbar mitbekommen. In unserem Beispiel ist es ja vorstellbar, dass durch eine Änderung in der Anwendung nun auch der Vorname des Kunden in den meisten Fällen benötigt wird. Die Standardabfrage für die Daten eines Kunden würde nun so aussehen:

```
select Nr, NachName, LetzteBestellung, Vorname
  from Kunde
where LetzteBestellung >= '20110101'
```

Eine solche Änderung in der Anwendung führt nun zu einem geänderten Ausführungsplan (Abbildung 7.4).

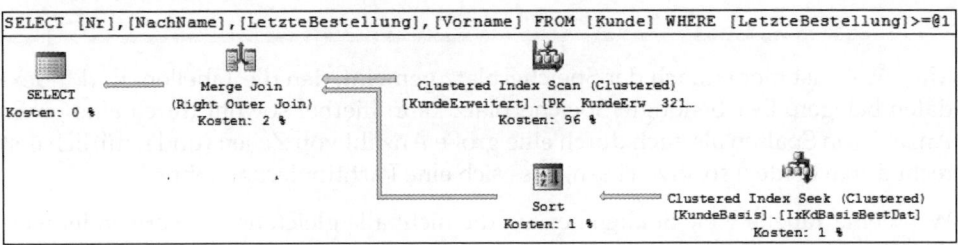

Abbildung 7.4: Spalten aus beiden Tabellen werden abgefragt.

Nun werden beide Tabellen und insgesamt ca. 4.400 logische Lesevorgänge benötigt. Das sind immerhin ca. 16 Mal so viele Lesevorgänge wie ohne vertikale Partitionierung. Das eigentliche Problem ist hier also, dass die Abfrage nun sogar teurer ist, als wenn die ursprüngliche Tabelle verwendet worden wäre. Damit erzielen wir durch die Partitionierung nun keinen Performance-Gewinn mehr. Die Partitionierung bewirkt jetzt sogar das Gegenteil.

Bitte bedenken Sie, dass der Optimierer die Tabelle KundeBasis nie aus dem JOIN entfernen kann. Die folgende Abfrage benötigt daher beide Tabellen, auch wenn letztlich nur Spalten aus der Tabelle KundeErweitert zurückgegeben werden:

```
select Nr, VorName
  from Kunde
where Nr = 2222
```

Das Fazit ist also recht einfach:

 Sie müssen ständig überwachen, ob die konfigurierten vertikalen Partitionen noch den Anforderungen genügen, und die Partitionierung laufend an die neuen Gegebenheiten anpassen. Da es sich hierbei stets um Schemaänderungen an Tabellen, Sichten und Triggern mit anschließender Datenmigration handelt, ist der entstehende Aufwand nicht zu unterschätzen.

Überlegen Sie also bitte genau, ob sich ein solcher Aufwand wirklich lohnt.

In Kapitel 11 werden Sie sehen, wie eine vertikale Partitionierung durch Indizes verwirklicht werden kann.

7.3   Zusammenfassung

In diesem Kapitel haben Sie gesehen, wie Tabellendaten auf unterschiedliche Speicherorte verteilt werden können – eine Verfahrensweise, die als Partitionierung bezeichnet wird.

> Generell sollten Sie sich merken, dass eine Partitionierung – egal ob horizontal oder vertikal – meist nur für sehr große Tabellen sinnvoll ist.

Mit „groß" ist hier einfach der Speicherplatz gemeint, den die Tabellen- und Indexdaten belegen. Der benötigte Speicherplatz kann hierbei sowohl durch eine große Anzahl von Spalten als auch durch eine große Anzahl von Zeilen (und natürlich erst recht durch beides) so anwachsen, dass sich eine Partitionierung lohnt.

Wenn eine Tabelle viele Spalten besitzt, die nicht alle gleich häufig verwendet werden, dann ist zu überlegen, ob eine vertikale Partitionierung infrage kommt. Besitzt die Tabelle viele Zeilen, und es ist möglich, diese Zeilen in Gruppen einzuteilen, die die Verwendungshäufigkeit widerspiegeln, dann sollten Sie über eine horizontale Partitionierung nachdenken.

In Kapitel 11 kommen wir noch einmal auf Partitionierung zurück. Dort werden Sie sehen, wie mit passenden Indizes ein ähnlicher Effekt wie bei einer Partitionierung erzielt werden kann.

8 Komprimierung von Daten

Die Minimierung von Ein-/Ausgabeoperationen ist bei der Optimierung einer der wichtigsten Punkte. Diese Aufgabe wird nicht gerade dadurch erleichtert, dass die Datenmengen, die in unseren Datenbanken gespeichert sind, beständig anwachsen und die Entwicklung der Hardware hier nur schwer Schritt halten kann. Dies ist eine Tatsache, an der wir natürlich nichts ändern können. Was wir aber sehr wohl unternehmen können, ist die Ausnutzung aller existierenden Möglichkeiten zur Minimierung bzw. Beschleunigung von Ein-/Ausgabevorgängen.

Die vorangegangenen Kapitel haben zum Beispiel gezeigt, wie eine solche Minimierung sehr wirkungsvoll mit Indizes erreicht werden kann. In diesem Kapitel wird eine weitere Möglichkeit vorgestellt: die Komprimierung von Daten und Indizes.

8.1 Allgemeines zur Komprimierung

Eines gleich vorweg: Die Möglichkeit der Datenkomprimierung ist ein Feature, das Ihnen nur in der Enterprise Edition zur Verfügung steht. Das Ziel der Komprimierung ist eine verbesserte Ausnutzung von Datenseiten, sodass letztlich in einer Seite mehr Zeilen untergebracht werden können. Hierbei können die folgenden Datenbankobjekte komprimiert werden:

▶ Benutzer-Tabellen (Heaps oder gruppierte Indizes)
▶ Nicht gruppierte Indizes
▶ Indizierte Sichten

Sofern Sie Tabellen oder Indizes horizontal partitioniert haben, können Sie außerdem für jede Partition die Komprimierung extra konfigurieren.

Das Objekt *Datenbank* fehlt in der obigen Auflistung. Es ist nicht möglich, die Komprimierung für eine gesamte Datenbank, also alle enthaltenen Tabellen und Indizes, einzuschalten. Wenn Sie so etwas wünschen, können Sie es nur über entsprechende T-SQL-Skripte erledigen, indem Sie die Komprimierung für jedes Objekt einzeln konfigurieren. Das Management Studio unterstützt nur die Konfiguration der Komprimierung für einzelne Objekte.

Sobald die Komprimierung für ein Objekt eingeschaltet wurde, kümmert sich die Storage Engine von SQL Server automatisch um die Komprimierung und Dekomprimierung Ihrer Daten. Änderungen an Anwendungen, Abfragen oder gar am Datenbank-Design sind nicht erforderlich.

8.2 Vorteile der Komprimierung

Komprimierte Daten benötigen weniger Speicherplatz auf der Festplatte. Der Nutzen liegt hierbei nicht so sehr in der Einsparung von Speicherplatz, denn dieser ist mittlerweile günstig genug. Der weitaus größere Vorteil ergibt sich aus der Einsparung von physikalischen E/A-Operationen. Aber es geht noch einen Schritt weiter. Wenn komprimierte Daten gelesen werden, so werden sie zunächst in den Datencache übertragen. Bei diesem Vorgang werden die Daten noch nicht dekomprimiert. Dadurch werden bei komprimierten Daten auch logische Lesevorgänge eingespart. Letztlich bewirkt eine Komprimierung eben, dass mehr Daten auf eine Datenseite passen, wodurch natürlich die Cache-Trefferquote ansteigt und auch eine bessere Ausnutzung des Hauptspeichers erreicht wird. Auch beim Schreiben erfolgt die Komprimierung vor dem Ablegen der Daten im Datencache.

Die SQL Server Storage Engine ist letztlich der Kanal für eine Komprimierung und Dekomprimierung. Wann immer die Storage Engine Daten empfängt, werden diese komprimiert. Sobald die Storage Engine Daten an andere SQL Server-Komponenten weitergibt, werden diese Daten zuerst dekomprimiert.

8.3 Komprimierungsarten

SQL Server kennt zwei Arten der Komprimierung:

▶ **Zeilenkomprimierung**. Bei der Zeilenkomprimierung einer Tabelle oder eines Index wird lediglich die Art und Weise der Speicherung der Datentypen verändert. Hierbei werden im Wesentlichen feste Formate wie zum Beispiel INTEGER oder CHAR in ein variables Format überführt. Dadurch werden letztlich keine Leerbytes mehr gespeichert.

▶ **Seitenkomprimierung**. Eine Seitenkomprimierung tut noch etwas mehr. Zunächst einmal wird die Zeilenkomprimierung durchgeführt. Anschließend führen weitere Komprimierungsschritte für jede Datenseite zu einer noch stärkeren Komprimierung. Hierbei werden die für jede Komprimierung gängigen Verfahrensweisen angewendet, wie zum Beispiel die spezielle Behandlung von Wiederholungsgruppen oder die Speicherung von relativen anstelle von absoluten Werten. In der Online-Dokumentation finden Sie hierfür eine sehr detaillierte Beschreibung, die allerdings auch mit dem Hinweis versehen wurde, dass die Verfahrensweise jederzeit geändert werden kann. Vergessen wir also einfach die technischen Details und merken uns nur, dass eine Seitenkomprimierung, ausgehend von der Zeilenkomprimierung, noch mehr komprimiert.

▶ **Spaltenkomprimierung**. Bei der Spaltenkomprimierung werden Tabellendaten nicht zeilen-, sondern spaltenweise auf Datenseiten gespeichert, also wenn Sie so wollen, um 90 Grad gedreht. Diese Verfahrensweise bringt einige Vorteile mit sich, weil sich die Werte einer Spalte oftmals nicht so stark voneinander unterscheiden und dadurch eine effektivere Komprimierung möglich ist. In SQL Server ist die spaltenweise Komprimierung über sogenannte Columnstore-Indizes implementiert, mit denen wir uns etwas weiter unten genauer befassen.

Der zu erreichende Grad der Komprimierung ist dabei natürlich sehr stark von den zu komprimierenden Daten abhängig. Wenn Sie für eine Tabelle, in der größtenteils SMALLINT- und VARDECIMAL-Spalten enthalten sind, die Komprimierung einschalten, dann wird der Effekt sicherlich nicht allzu sehr zu spüren sein. Im nächsten Abschnitt werden Sie das andere Extrem kennenlernen, in dem eine Tabelle mit einer NCHAR-Spalte komprimiert wird, wobei die Komprimierung dort enorm lohnend ist.

Selbstverständlich gibt es eine Komprimierung nicht umsonst. Zunächst einmal müssen Sie hierfür natürlich die teure Enterprise Edition kaufen, aber das ist hier gar nicht gemeint. Datenkomprimierungen sind grundsätzlich CPU-lastige Vorgänge, benötigen also vor allem Prozessorzeit. Der Vorteil, den Sie durch die Einsparung von E/A-Vorgängen gewinnen, kann also durchaus dadurch zunichte gemacht werden, dass Ihre Lese- und Schreiboperationen nun auf die Zuteilung von Prozessorzeit warten müssen. Wenn Ihre Prozessoren also bereits beständig auf 80% Last arbeiten, ist es sicherlich keine gute Idee, auch noch eine Datenkomprimierung zu konfigurieren.

8.4   Beispiel: Auswirkung der Komprimierung auf die Abfrageleistung

Wir wollen nun an einem Beispiel untersuchen, wie sich eine Komprimierung auf die Abfrageleistung auswirken kann. Hierzu verwenden wir noch einmal die Tabelle Kunde aus dem vorherigen Kapitel. In diese Tabelle wurden mit dem Skript am Anfang von Kapitel 7 insgesamt 30.000 Zeilen eingefügt.

Zum Konfigurieren der Komprimierung für die Tabelle Kunden wählen Sie SPEICHER/ KOMPRIMIERUNG VERWALTEN... aus dem Kontextmenü der Tabelle. Es wird ein Assistent gestartet, der Sie in mehreren Schritten durch die Konfiguration führt. Auf der zweiten Seite haben Sie die Möglichkeit, die zeilen- oder seitenweise Komprimierung für die Tabelle einzustellen (Abbildung 8.1).

Sehr nützlich ist in diesem Dialog der Button BERECHNEN, über den Sie eine Vorschau auf die Auswirkung der gewählten Komprimierung erhalten können. In unserem Beispiel sind diese Auswirkungen recht drastisch. Immerhin werden für die zeilenweise komprimierte Tabelle (genau genommen ist es ein gruppierter Index) nur noch ca. 14% des ursprünglichen Speicherplatzes benötigt, also eine Einsparung von 86%! So ausgeprägt wird eine Komprimierung sich nicht in jedem Fall auswirken. Hier liegt es einfach daran, dass unsere Spalte Mehrspalten sehr viele Leerzeichen enthält.

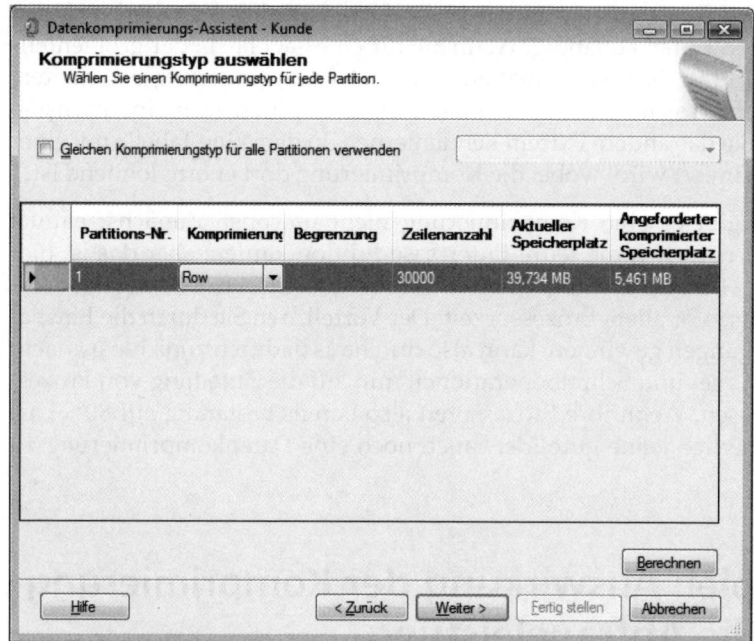

Abbildung 8.1: Konfigurieren der Komprimierung

Da sich die Komprimierung also lohnt, wollen wir sie entsprechend konfigurieren und führen daher die weiteren Schritte des Assistenten aus. Im nächsten Schritt haben Sie die Möglichkeit zu konfigurieren, wann die Komprimierung ausgeführt werden soll. Wählen Sie hier bitte die Option SOFORT AUSFÜHREN und schließen den Assistenten ab.

Wir führen nun noch einmal die folgende Abfrage aus dem vorherigen Kapitel aus, wobei vorher der Pufferspeicher geleert wird, damit auch die physikalischen Leseoperationen in den E/A-Statistiken zu sehen sind:

```
checkpoint 10
dbcc dropcleanbuffers
set statistics io on
set statistics time on
select Nr, LetzteBestellung, Nachname
  from Kunde
 where LetzteBestellung >= '20110101'
```

Tabelle 8.1 stellt die Ergebnisse der Messungen der Abfrageleistung jeweils mit und ohne Komprimierung gegenüber.

	Komprimierung		
	Ohne	Zeilen	Verbesserung
Logische Lesevorgänge	272	38	86%
Physikalische Lesevorgänge	6	3	50%
Read Aheads	269	35	87%
Abfragekosten	0,20	0,03	85%
CPU Nutzung	0	0	0%

Tabelle 8.1: *Auswirkungen der Komprimierung auf die Abfrageleistung*

Es wird deutlich, dass der Unterschied in den Messergebnissen fast direkt aus der Einsparung von Speicherplatz durch die Komprimierung abgeleitet werden kann. Dies ist ganz einfach darauf zurückzuführen, dass unsere Abfragekosten hauptsächlich durch Datenlese-Operationen bestimmt werden. Und genau diese Operationen profitieren ja von der Komprimierung. Interessant ist, dass in beiden Fällen keine messbare CPU-Last erzeugt wurde.

8.5 Komprimierten Speicherplatz berechnen

In der Online-Dokumentation finden Sie Beispiele für eine Abschätzung des bei einer Komprimierung eingesparten Speicherplatzes für die unterschiedlichen Datentypen. Es lohnt sich, dies einmal zu lesen, damit Sie ein Gefühl dafür bekommen, wann eine Komprimierung sich lohnt.

In Tabelle 8.1 haben Sie gesehen, dass die Auswirkungen der Komprimierung über den Button BERECHNEN ermittelt werden können. Falls Sie die Tabellen in Ihren Datenbanken dahingehend untersuchen möchten, ob eine Komprimierung sinnvoll ist, dann ist es natürlich sehr mühselig, wenn Sie für jede Tabelle den Assistenten starten müssen, um die Berechnung auszuführen.

Glücklicherweise gibt es die gespeicherte Prozedur `sp_estimate_data_compression_savings`, mit der Sie diese Vorhersage auch über T-SQL erstellen können. Die Prozedur erwartet insgesamt fünf Parameter, wobei die ersten drei das zu komprimierende Objekt identifizieren. Der vierte Parameter wird nur benötigt, wenn Sie die Komprimierung lediglich für eine bestimmte Partition planen. Der letzte Parameter gibt schließlich die Art der Komprimierung an. *ROW* steht hierbei für Zeilenkomprimierung und *PAGE* für Seitenkomprimierung.

Diese Prozedur wird im folgenden SQL-Skript verwendet, um für alle Tabellen der Beispieldatenbank `AdventureWorks2008R2` die erwarteten Einsparungen für eine Zeilenkomprimierung zu berechnen:

```
set nocount on
-- Erzeuge eine temporäre Tabelle, die das Ergebnis aufnimmt
create table #komp
 (
  object_name sysname
 ,schema_name sysname
 ,index_id int
 ,partition_number int
 ,[size_with_current_compression_setting (KB)] bigint
 ,[size_with_requested_compression_setting (KB)] bigint
 ,[sample_size_with_current_compression_setting (KB)] bigint
 ,[sample_size_with_requested_compression_setting (KB)] bigint
 )
go

-- Für alle Tabellen in allen Schemas die Auswirkungen
-- der Komprimierung berechnen.
use AdventureWorks2008R2;
declare @cmd nvarchar(max)
set @cmd = ''
select @cmd = @cmd
    +';insert #komp exec sp_estimate_data_compression_savings '''
    + schema_name(schema_id)+''','''
    + name + ''',null, null, ''row'''
  from sys.tables
exec (@cmd)

-- Ergebnis ausgeben
select object_name as TabellenName
     ,schema_name as SchemaName
     ,cast(case
             when [size_with_current_compression_setting (KB)] = 0 then 0
             else 100.0*(1.0-1.0
                    *[size_with_requested_compression_setting (KB)]
                    /[size_with_current_compression_setting (KB)])
           end as decimal(6,2)) as [Einsparung (%)]
  from #komp
 where index_id < 2
 order by [Einsparung (%)] desc

-- Temporäre Tabelle wieder löschen
drop table #komp
```

Im Skript wird die Prozedur für jede Tabelle der Datenbank aufgerufen. Das Ergebnis des Prozeduraufrufs wird in eine temporäre Tabelle eingetragen. Abschließend wird der Inhalt dieser Tabelle ausgegeben, wobei eine Sortierung nach dem Grad der Komprimierung erfolgt.

Abbildung 8.2 zeigt die ersten Zeilen aus dem Ergebnis meiner AdventureWorks 2008R2-Datenbank.

TabellenName	SchemaName	Einsparung (%)
ProductReview	Production	50.00
SalesPersonQuotaHistory	Sales	50.00
CountryRegion	Person	50.00
Vendor	Purchasing	50.00
EmployeeDepartmentHistory	HumanResources	50.00
Product	Production	40.00
TransactionHistoryArchive	Production	38.75
PersonPhone	Person	38.00

Abbildung 8.2: Auswirkungen der Komprimierung auf ausgewählte Tabellen

Im Skript werden nur Tabellen untersucht. Sie können das Skript aber leicht so modifizieren, dass auch Indizes und Partitionen geprüft werden.

Seien Sie bitte vorsichtig, wenn Sie das Skript in Produktivumgebungen verwenden. Für die Vorhersage werden Stichproben der Daten aus den Tabellen geholt, was einiges an E/A-Last erzeugt.

Ein weiterer Punkt ist bei der Interpretation des Ergebnisses zu beachten. Die Vorhersage der Einsparung muss nämlich nicht in jedem Fall zutreffen. Letztlich sollen durch eine Komprimierung mehr Zeilendaten in einer Datenseite untergebracht werden. Bei Indizes spielt hier auch der Füllfaktor eine Rolle, über den ja festgelegt werden kann, dass Indexseiten nicht komplett gefüllt werden sollen. Ein niedriger Füllfaktor ist für die Komprimierung also eher hinderlich.

Auch für die Komprimierung von Tabellendaten sollten Sie die Vorhersage noch einer Prüfung unterziehen. Stellen Sie sich vor, die Prognose verspricht eine Einsparung von 20%. Diese Angabe bezieht sich auf die Einsparung, die für die Daten einer Zeile erzielt werden kann. Falls Ihre Zeile 6.000 Byte groß ist, so benötigt sie eine Datenseite. Nach einer Komprimierung um 20% ist die Zeile 4.800 Byte lang. Damit passt in eine Datenseite nach wie vor nur noch eine Zeile; die Komprimierung hat sich also letztlich nicht gelohnt.

Auch die Fragmentierung spielt hier eine Rolle. Fragmentierte Daten- oder Indexseiten sind ja nicht komplett gefüllt. Die Defragmentierung eines gruppierten Index wird dafür sorgen, dass die Blattseiten mit den eigentlichen Daten wieder besser ausgenutzt werden, was irgendwie auch eine Komprimierung ist. Die Prozedur sp_estimate_data_compression_savings erstellt ihre Prognose für die Einsparung stets für komprimierte Daten, die nicht fragmentiert sind. Falls Ihr gruppierter Index also stark fragmentiert ist, dann kann es passieren, dass Sie den Grad der Einsparung überschätzen, weil die Originaldaten fragmentiert sind, die Schätzwerte aber für nicht fragmentierte Daten berechnet werden. Es ist also empfehlenswert, vor der Abschätzung der Komprimierung für einen Index (gruppiert oder nicht gruppiert), eine Defragmentierung durchzuführen, so wie in Kapitel 6 gezeigt.

8.6 Spalten mit geringer Dichte

Die Verwendung sogenannter Sparse Columns bietet eine spezielle Form der Komprimierung. Sofern eine bestimmte Spalte in der überwiegenden Anzahl der Zeilen den Wert NULL enthält, können Sie diese Spalte mit dem SPARSE-Attribut deklarieren, und zwar so:

```
create table t1
 (
   …

   c1 nvarchar(100) sparse null

   …
 )
```

Möglich ist auch die Änderung einer Spalte:

```
alter table t1 alter column c1 nvarchar(199) sparse null
```

Seien Sie aber bitte vorsichtig mit dieser nachträglichen Änderung. Die ALTER TABLE-Anweisung ändert das physikalische Speicherformat und kann bei einer großen Tabelle ziemlich viel Last erzeugen.

Wie gesagt, muss ein großer Teil der Spalten den Wert NULL enthalten, ansonsten lohnt es sich nicht, eine Spalte als SPARSE zu deklarieren. Sie werden sich nun sicherlich fragen, ab wann sich der Einsatz von SPARSE Columns letztlich bezahlt macht. Wie viele NULL-Werte benötigt man dafür in Bezug auf die in einer Tabelle insgesamt enthaltenen Zeilen?

Hierfür gibt es leider keine allgemeingültige Angabe. Der prozentuale Anteil der Zeilen, in denen der Wert NULL für eine bestimmte Spalte stehen muss, damit die SPARSE-Deklaration auch zu einer Verringerung des erforderlichen Speicherplatzes führt, ist abhängig vom Datentyp der Spalte. Die Online-Dokumentation enthält hierfür eine genaue Aufstellung. So sollten zum Beispiel bei einer Spalte vom Datentyp INTEGER mindestens 64% der Werte NULL sein, bei DATETIME sind es mindestens 52%.

Möglicherweise werden Sie sich wundern, denn in einem guten relationalen Datenbank-Design sollten nicht allzu viele NULL-Werte vorkommen. Es gibt jedoch Anwendungsfälle, in denen man ein solches Datenbank-Design ganz bewusst wählt. Bei einem objektrelationalen Mapping beispielsweise können Sie sich für eine Verfahrensweise entscheiden, die als Table-Per-Hierarchy bekannt ist. Dabei wird der gesamte Baum einer Vererbungskette in einer Tabelle gespeichert. Diese Tabelle muss letztlich Spalten für alle Attribute der an der Vererbungskette beteiligten Klassen enthalten. Mit anderen Worten: Jede Zeile muss darauf vorbereitet sein, die Attribute jeder Klasse speichern zu können. Dadurch entstehen tendenziell viele Spalten, die den Wert NULL enthalten.

SPARSE Columns sind vor allem auch deshalb interessant, weil sie nicht nur in der Enterprise Edition von SQL Server zur Verfügung stehen.

Wenn Sie SPARSE Columns verwenden, dann sollten Sie das Erzeugen gefilterter Indizes in Betracht ziehen, sofern Sie Indizes auf SPARSE Columns anlegen. Schließen Sie in den Index nur Spalten ein, in denen der Spaltenwert verschieden von NULL ist. Hier ist ein Beispiel für unsere oben skizzierte Tabelle:

```
create index ix_t1_c1 on t1(c1) where c1 is not null
```

8.7 Columnstore-Indizes

Eine Spaltenkomprimierung ist durch den Einsatz von Columnstore-Indizes möglich. Der Begriff Index ist in diesem Zusammenhang etwas verwirrend, denn Columnstore-Indizes sind keine Indizes in dem Sinne, dass die Daten in einem B*-Baum abgelegt werden, so wie dies in einem „klassischen" Index der Fall ist.

Dieser Typ von Index bietet einige faszinierende Möglichkeiten. Er ist neu im SQL Server 2012 und hat deshalb auch noch einige Einschränkungen. Dazu weiter unten etwas mehr.

Damit der Optimierer Columnstore-Indizes sinnvoll verwenden kann, wurde er ebenfalls erweitert. Es gibt neue Operatoren und Algorithmen sowie auch entsprechend erweiterte Operatoren. Auch dazu kommen wir gleich.

Wie bereits erwähnt, speichert ein Columnstore-Index die Daten nicht zeilen-, sondern spaltenweise. Dieser Ansatz ist an sich gar nicht so neu. Er wird zum Beispiel bereits in PowerPivot für Excel oder SQL Server Analysis Services verwendet.

Ein Columnstore-Index wird bei der Erzeugung in sogenannte Segmente aufgeteilt, wobei jedes dieser Segmente für eine Spalte und ungefähr eine Millionen Zeilen erzeugt wird. Für jedes Segment wird der minimale und maximale Spaltenwert in den Metadaten gespeichert, sodass der Optimierer bei entsprechenden Prädikaten komplette Segmente von einer Abfrage ausklammern kann; eine Technik, die als Segment-Eliminierung bezeichnet wird.

Durch die spaltenweise Komprimierung erlauben Columnstore-Indizes eine sehr effiziente Komprimierung. Die in einer Spalte gespeicherten Werte haben oftmals einen nicht so großen Wertebereich. Es gibt Komprimierungsalgorithmen, die bei solchen Daten eine sehr wirkungsvolle Komprimierung erlauben. Dies erfordert letztlich weniger E/A-Operationen und führt zu einer besseren Ausnutzung des Pufferspeichers.

Zusammen mit Columnstore-Indizes wird auch eine neue Form der Verarbeitung von Daten bei der Abfrage eingeführt: die stapelweise Verarbeitung von Daten (englisch: Batch-Mode). Anstelle der sonst üblichen zeilenweisen Verarbeitung können Daten bei der Existenz eines Columnstore-Index auch stapelweise verarbeitet werden. Ein Stapel besteht dabei typischerweise aus 1.000 Zeilen. Interessant wird das Ganze vor allem deshalb, weil unterschiedliche Stapel von unterschiedlichen CPUs abgearbeitet werden können. Allein durch diese parallele Ausführung ergibt sich eine teilweise enorm verbesserte Abfrageleistung. In Kapitel 9 finden Sie hierzu einige Beispiele.

Voraussetzung dafür, dass zumindest Teile einer Abfrage stapelweise ausgeführt werden können, ist die Existenz eines Columnstore-Index. Darüber hinaus kann nicht jeder der vorhandenen Operatoren auch eine stapelweise Bearbeitung der Daten durchführen. Es ist also normal, wenn in einem Ausführungsplan zeilen- und stapelweise Verarbeitung gemischt auftreten.

Momentan unterstützen die folgenden Operatoren eine stapelweise Verarbeitung:

- Scan, insbesondere der Columnstore-Index-Scan
- Project
- Filter
- Hash Aggregate
- Hash Join
- Batch Hash Table Build

Der Verarbeitungsmodus wird zum Beispiel im grafischen Ausführungsplan angezeigt. Bitte schauen Sie sich hierzu noch einmal Abbildung 4.27 und die dort gegebenen Erklärungen an.

Sofern Sie einen Columnstore-Index erzeugt haben, dann werden Sie nach Möglichkeit den Batch-Mode als Ausführungsmodus sehen wollen. Es gibt allerdings eine Reihe von Gründen dafür, warum dies (noch) nicht in jedem Fall möglich ist. Insbesondere ist es interessant, wenn der geschätzte Ausführungsmodus *Batch* und der tatsächliche Ausführungsmodus *Row* ist. Darauf kommen wir etwas weiter unten und auch in Kapitel 9 noch einmal zurück.

8.7.1 Erzeugen eines Columnstore-Index

Ein Columnstore-Index wird genau so angelegt wie jeder andere Index auch. Fügen Sie einfach das Schlüsselwort COLUMNSTORE zum CREATE INDEX-Kommando hinzu:

```
create nonclustered columnstore index <indexname>
            on <tabelle>(<spalten_liste>)
```

Bislang sind nur nicht gruppierte Columnstore-Indizes auf einem Heap oder gruppierten Index erlaubt.

Die Reihenfolge der Spalten in der Spaltenliste ist dabei – anders als sonst beim Erzeugen von Indizes üblich – nicht von Bedeutung. Das mag etwas seltsam erscheinen, aber es ist tatsächlich so, dass für jede Spalte eigene Segmente erzeugt werden. Die Reihenfolge der Aufzählung der Spalten ist völlig unerheblich.

Für das Erzeugen eines Columnstore-Index muss genügend Abfragespeicher zur Verfügung stehen. Ansonsten kann es passieren, dass Sie die folgende Fehlermeldung erhalten:

```
Meldung 8658, Ebene 17, Status 1, Zeile 1
```

```
Die Columnstore-Indexerstellung kann nicht gestartet werden, da mindestens
146456 KB erforderlich sind, die maximale Arbeitsspeicherzuweisung in
Arbeitsauslastungsgruppe 'default' (2) und Ressourcenpool 'default' (2) jedoch
auf 130888 KB pro Abfrage beschränkt ist. Wiederholen Sie den Vorgang, nachdem
Sie die Anzahl der Spalten im Columnstore-Index verringert oder den Grenzwert
für die maximale Arbeitsspeicherzuweisung mithilfe der Ressourcenkontrolle
erhöht haben.
```

Falls Sie diese Meldung bekommen, dann können Sie in den meisten Fällen Abhilfe schaffen, indem Sie die Arbeitsspeicherzuweisung für die Arbeitsauslastungsgruppe *default* erhöhen, so wie die Fehlermeldung es auch beschreibt. Die folgende Anweisung erhöht den Wert auf 80% (der Standard ist 25%):

```
ALTER WORKLOAD GROUP [DEFAULT] WITH (REQUEST_MAX_MEMORY_GRANT_PERCENT=80)
ALTER RESOURCE GOVERNOR RECONFIGURE
```

Bitte seien Sie nicht verwirrt, wenn Sie die obigen beiden Anweisungen im Moment noch nicht einordnen können. Die Kontrolle von Ressourcen ist Gegenstand von Kapitel 12. Wir gehen also auf dieses Thema noch genauer ein.

8.7.2   Empfehlungen für den Einsatz von Columnstore-Indizes

Columnstore-Indizes können für Abfragen auf Tabellen mit vielen Zeilen eine extreme Verbesserung der Ausführungszeit bewirken. Dies ist vor allem dann der Fall, wenn diese Tabellen sequenziell durchsucht werden müssen, wenn also Tabellen-Scans durchgeführt werden.

Damit ist dieser Typ von Index vor allem für große Faktentabellen in Data-Warehouse-Datenbanken sinnvoll. Eine weitere Voraussetzung für den Einsatz ist natürlich, dass Sie die derzeit noch existierenden Einschränkungen in Kauf nehmen oder mehr oder weniger trickreich umschiffen können. Zu diesen Einschränkungen kommen wir etwas weiter unten.

Pro Tabelle darf nur ein Columnstore-Index angelegt werden. Generell sollten Sie deshalb alle Spalten einer Tabelle in einen Columnstore-Index aufnehmen, sofern dies mit den noch existierenden Einschränkungen möglich ist (siehe unten).

8.7.3   Vorteile

Zunächst einmal ist die Verwendung eines Columnstore-Index völlig transparent. Wenn der Index existiert, dann hat der Optimierer einfach nur eine Möglichkeit mehr, eine Abfrage auf einem möglichst optimalen Weg auszuführen. Der Optimierer entscheidet, ob die Verwendung sinnvoll ist, und auch, ob eine stapelweise Verarbeitung der Daten durchgeführt werden kann oder eine zeilenweise Abarbeitung erforderlich ist. Ganz ausgereift ist das allerdings noch nicht, sodass der Optimierer unter Umständen etwas Hilfe benötigt. Mehr dazu erfahren Sie in Kapitel 9.

Wenn Sie eine Indexoptimierung durchführen, dann werden Sie Ihre Indizes im Hinblick auf die zu erwartenden Abfragen optimieren. Dies gilt gleichermaßen für die im Index enthaltenen Schlüsselspalten und die eventuell eingeschlossenen Spalten. Sofern Sie dabei zum Beispiel vergessen, eine Spalte einzuschließen, kann ein gesamter Index viel weniger wertvoll sein, weil er in diesem Fall nicht mehr abdeckend ist. Diese letzte Aussage gilt natürlich auch dann, wenn Sie einen optimalen Satz von Indizes erstellt haben und sich danach Ihre Abfragen ändern. Es kann ja zum Beispiel vorkommen, dass Sie eine zusätzliche Spalte abfragen, die eben nicht in einem entsprechenden Index als eingeschlossene Spalte enthalten ist. Auch dadurch wird ein existierender optimaler Index eben nicht mehr ganz so optimal sein.

Bei einem Columnstore-Index ist eine solche Situation wenig wahrscheinlich. Die Empfehlung ist ja, alle vorhandenen Spalten in den Columnstore-Index einzuschließen, sodass ein Columnstore-Index immer abdeckend ist. Das Thema Indexoptimierung bekommt dadurch möglicherweise eine neue Dimension. Man wird abwarten müssen, wie das letztlich in der Praxis aussieht. Echte Erfahrungswerte gibt es ja da noch nicht, weil Columnstore-Indizes jetzt erst neu hinzugekommen sind.

8.7.4   Einschränkungen und Nachteile

Sie wissen bereits, dass Columnstore-Indizes mit SQL Server 2012 eingeführt wurden. So faszinierend die Möglichkeiten auch sind, müssen wir doch zunächst mit einer „Version 1.0" leben. Es gibt eine Reihe von Einschränkungen, die teilweise recht erstaunlich sind und die Sie möglicherweise von einer Verwendung dieser neuen Indizes abhalten werden. Ich möchte diese Einschränkungen hier nur auflisten. In Kapitel 9, in dem wir uns eingehender mit der Optimierung von Abfragen auseinandersetzen, erlernen Sie einige Techniken zum Umgehen der existierenden Einschränkungen.

Hier nun also die Liste der wichtigsten Limitierungen:

▶ Ein Columnstore-Index kann nicht als gruppierter Index angelegt werden. Mit anderen Worten: Der Columnstore-Index, obwohl er in der Regel alle Spalten enthält, *ist nicht* die Tabelle. Er enthält komplett redundante Daten, die natürlich aktuell gehalten werden müssen und in Datensicherungen eingeschlossen werden.

▶ Pro Tabelle ist nur ein Columnstore-Index erlaubt. Diese Einschränkung ist sicherlich nicht so dramatisch, denn wir dürfen ja (fast) alle Spalten in den Index aufnehmen.

▶ Berechnete Spalten können nicht in einen Columnstore-Index eingeschlossen werden. Das ist einfach nicht erlaubt.

▶ Spalten geringer Dichte (Sparse Columns) können nicht in einen Columnstore-Index aufgenommen werden.

▶ Ein Columnstore-Index kann nicht auf einer indizierten Sicht erzeugt werden.

▶ Spalten mit bestimmten Datentypen dürfen nicht in einen Columnstore-Index aufgenommen werden. Hierzu zählen zum Beispiel Spalten vom Typ `UNIQUEIDENTIFIER` oder numerische Spalten mit einer Genauigkeit größer als 18, etwa `DECIMAL(19, 0)`.

▶ Tabellen, auf denen ein Columnstore-Index existiert, erlauben keine Aktualisierungen. Ja, Sie haben richtig gelesen. INSERT, UPDATE, DELETE und MERGE sind nicht möglich, wenn ein Columnstore-Index existiert. Bevor Sie sich nun gleich entschließen, Columnstore-Indizes keiner weiteren Betrachtung zu unterziehen, möchte ich Ihnen sagen, dass es durchaus Möglichkeiten gibt, dieses Problem zu umschiffen. Natürlich könnten Sie vor jeder Aktualisierung den Index löschen und hinterher neu erzeugen. Es geht aber auch wesentlich eleganter. In Kapitel 9 finden Sie hierzu Beispiele. Denken Sie bitte daran, dass Columnstore-Indizes vorrangig für Data-Warehouse-Datenbanken sinnvoll sind. In diesem Typ von Datenbanken führt man typischerweise eine zyklische (etwa nächtliche) Beladung in einem bestimmten Zeitfenster durch. Es gibt durchaus Möglichkeiten, wie diese Beladung durchgeführt werden kann und dabei trotzdem die Vorteile von Columnstore-Indizes ausgenutzt werden können.

▶ Der Optimierer benötigt oftmals Unterstützung, damit er einen existierenden Columnstore-Index sinnvoll verwendet. Diese Aussage ist eigentlich entgegengesetzt der transparenten Verwendung von Columnstore-Indizes. Allein das Erzeugen eines solchen Index sollte im Idealfall dazu führen, dass der Optimierer diesen Index auch angemessen in den Ausführungsplan integriert. Im Moment ist das leider noch nicht immer der Fall. Es ist durchaus möglich, dass Sie Abfragen umformulieren müssen, damit ein existierender Columnstore-Index tatsächlich auch eine angestrebte stapelweise Verarbeitung von Daten durchführt.

Bitte denken Sie bei all diesen Einschränkungen daran, dass kommende Versionen hier eventuell Abhilfe schaffen werden.

8.8   Zusammenfassung

Datenkomprimierung kann helfen, kostenintensive E/A-Operationen einzusparen. In diesem Kapitel haben Sie gesehen, wie Sie Ihre Tabellen- und Indexdaten komprimieren und wie Sie feststellen können, ob eine Komprimierung sich lohnt.

Um die Auswirkungen der zeilen- oder seitenweisen Komprimierung direkt zu messen, ist es sicherlich am sinnvollsten, wenn Sie so vorgehen, wie in Abschnitt *Beispiel: Auswirkung der Komprimierung auf die Abfrageleistung* demonstriert. Erstellen Sie entsprechende Testskripte zum Messen der E/A-Operationen und führen Sie die Messungen mit und ohne Komprimierung aus.

Sie haben in diesem Kapitel eine Einführung in Columnstore-Indizes erhalten, mit denen eine spaltenweise Komprimierung durchgeführt werden kann, was in einigen Fällen eine dramatische Verbesserung der Abfrageleistung bewirkt. Im nachfolgenden Kapitel erfahren Sie hierzu mehr.

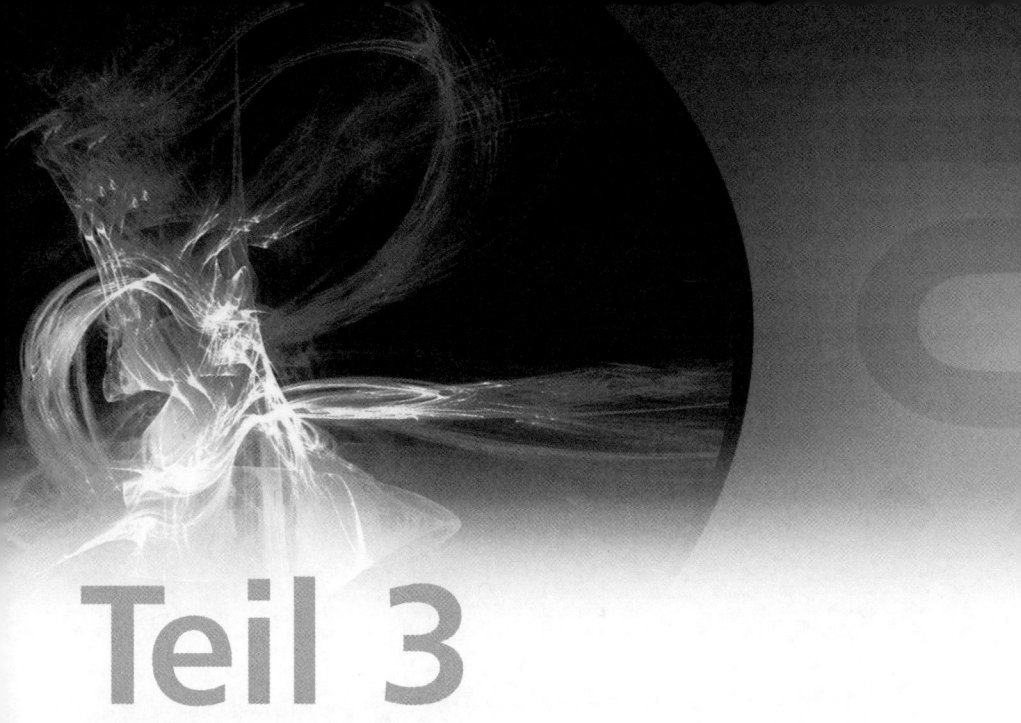

Teil 3
Optimierung

9 Analysieren und Optimieren von Abfragen

In den vorangegangenen Kapiteln haben Sie eine Reihe von Fakten über die Arbeitsweise von SQL Server und speziell die Arbeitsweise des Optimierers sowie der SQL Server-Abfrage-Engine erfahren. Das vorliegende Kapitel befasst sich nun tiefergehend mit der Optimierung von T-SQL-Abfragen.

Ich möchte Sie noch einmal daran erinnern, dass die Abfrageoptimierung den zentralen Schwerpunkt dieses Buches bildet. Aus diesem Grund sind die beiden nun folgenden Kapitel auch aus meiner Sicht die wichtigsten Abschnitte des Buches. Natürlich ist SQL Server insgesamt ein komplexes System, in dem viele Komponenten leistungsfähig und „wohlkonfiguriert" sein müssen. Es ist aber gerade die Optimierung von Abfragen, bei der man nach meiner Erfahrung sozusagen das meiste herausholen kann. Hierbei werden wir uns gar nicht so sehr auf die Sprache T-SQL selber konzentrieren. Zu diesem Thema gibt es bereits eine Reihe von exzellenten Büchern, mit denen das Ihnen hier vorliegende Werk nicht konkurrieren möchte.

Den Schwerpunkt bilden auch an dieser Stelle wieder die Abfrage-Engine von SQL Server sowie der Optimierer. Sie werden in diesem Kapitel gleichermaßen interessante und wichtige Details zur Abfrageausführung erfahren. Das Ziel ist ein möglichst tiefes Verständnis dieser Materie. Es ist sicherlich leicht einzusehen, dass Sie für eine Abfrageoptimierung natürlich möglichst genau wissen sollten, nach welchen Kriterien der Optimierer einen Plan erstellt, welche Möglichkeiten der Planerstellung überhaupt existieren und in welcher Weise Sie diese Möglichkeiten beeinflussen können. Und das ist auch genau das Ziel dieses Kapitels. Sie werden anhand von aussagekräftigen und dennoch leicht nachvollziehbaren Beispielen wesentliche Konzepte der Abfrageoptimierung kennenlernen und nach der Lektüre des Kapitels sicherlich etwas mehr davon verstehen, wie Ihre Abfragen verarbeitet werden.

9.1 Ausführungspläne und der Plancache

Bereits aus den Kapiteln 3 und 4 wissen Sie, dass der Optimierer für jede Ausführung einer Abfrage einen Plan benötigt. Der Optimierer erstellt diesen Plan nach Kriterien, über die Sie ebenfalls bereits in den Kapiteln 3 und 4 eine Übersicht erhalten haben. In diesem Abschnitt werden Sie nun etwas mehr darüber erfahren, welche Kriterien für die Erstellung von Ausführungsplänen verwendet werden.

Ein wesentliches Ziel der SQL Server-Abfrage-Engine ist die Wiederverwendung von einmal erstellten Ausführungsplänen. Zu diesem Zweck werden erstellte Pläne nach Möglichkeit im Plancache (der oft auch als Prozedurcache bezeichnet wird) gespeichert. Der Optimierer prüft stets, ob in diesem Plancache bereits ein geeigneter Plan vorhanden ist, bevor er mit der Erstellung eines neuen Abfrageplanes beginnt. Dieses Konzept wurde letztlich erfunden, um Systemressourcen zu sparen. Das Kompilieren einer Abfrage ist ein CPU-intensiver Prozess, deshalb ist es in den meisten Fällen günstiger, einen gespeicherten Plan zu verwenden als einen neuen zu erstellen. Ganz problemlos ist diese Verfahrensweise allerdings nicht. Sie sollten daher die Faktoren kennen, die Einfluss auf die Erstellung, Speicherung und Wiederverwendung von Abfrageplänen haben, damit Sie eventuelle Probleme erkennen und beheben können. Hierfür werden Ihnen die folgenden drei Abschnitte die nötigen Informationen liefern, indem Antworten auf die folgenden Fragen gegeben werden:

▶ Welche Strategien kennt der Optimierer zur Speicherung von Abfrageplänen?

▶ Wann ist ein gespeicherter Plan für eine Wiederverwendung geeignet?

▶ Welche Vor- und Nachteile bringt das Puffern (Cachen) von Abfrageplänen?

Ein erstellter Abfrageplan wird nach Möglichkeit im Plancache gespeichert. Darüber hinaus kann der Plancache auch noch andere Typen von Objekten aufnehmen, ist also nicht nur auf die Speicherung von „ausführungsbereiten" Plänen beschränkt. Stellen Sie sich zum Beispiel die Definition einer Sicht vor. Für diese Sicht kann kein fertiger Ausführungsplan gespeichert werden, weil erst bei der Verwendung der Sicht in einer Abfrage bekannt ist, nach welchen Parametern gefiltert wird oder auch welche weiteren Tabellen über Joins hinzugefügt werden. Allerdings kann bereits bei der Definition der Sicht eine Syntaxprüfung und auch eine Namensauflösung vorgenommen werden. Daher kann der durch den Algebrizer (siehe Kapitel 3) erzeugte Syntaxbaum sehr wohl gespeichert werden, und das wird auch getan. Bei der Verwendung der Sicht in einer Abfrage muss dann ein entsprechender Ausführungsplan nicht von Grund auf neu erstellt werden, sondern kann auf den gespeicherten Algebrizer-Baum zurückgreifen.

Ebenso werden im Plancache die sogenannten Ausführungskontexte gespeichert. Ein Ausführungskontext wird letztlich aus einem gespeicherten Plan abgeleitet und enthält zusätzliche Informationen, zum Beispiel zu Abfrageparametern und Einstellungen der Verbindung. Zu einem existierenden Plan können mehrere Ausführungskontexte existieren, die ebenfalls nach Möglichkeit wiederverwendet werden.

Wir werden uns in diesem Kapitel vorwiegend mit gespeicherten Ausführungsplänen auseinandersetzen. Der Plancache kann die folgenden Typen von Ausführungsplänen aufnehmen, die uns im weiteren Verlauf besonders interessieren:

▶ **Ad-hoc-Abfragen**. Ad-hoc-Abfragen werden mit ihrem Abfragetext im Plancache gespeichert. Dies gilt auch für die Ausführung von dynamischem SQL über die Funktion EXEC(). So wird zum Beispiel auch ein Plan für die folgende SELECT-Anweisung innerhalb der EXEC-Funktion gespeichert:

```
declare @id varchar(8)
set @id='0'
exec('select * from msdb.dbo.backupfile
      where backup_set_id=' + @id)
```

▶ **Gespeicherte Prozeduren**. Für gespeicherte Prozeduren wird bei der ersten Ausführung ein Plan erstellt und gespeichert. Wenn die Prozedur Parameter verarbeitet, dann wird der erstellte Plan hinsichtlich der bei diesem ersten Aufruf übergebenen Parameter optimiert. Dies kann unter Umständen problematisch sein, wie Sie etwas weiter unten sehen werden.

▶ **Parametrisierte Abfragen**. Für die Wiederverwendung von Abfragen versucht SQL Server, nicht jeden Abfragetext exakt zu speichern. Dies würde die Kapazität des Plancaches auch auf leistungsfähigen Systemen sehr schnell überfordern. SQL Server wird stets versuchen, für eine gestellte Abfrage nur eine Vorlage, also gewissermaßen ein Muster für Abfragen ähnlicher Art, zu speichern und diese Vorlage wiederzuverwenden. Hierbei wird so vorgegangen, dass der Abfragetext nach Parametern (Literalen) durchsucht wird, für die dann einfach Platzhalter gespeichert werden. Diese Platzhalter können dann bei jeder Verwendung der gespeicherten Abfrage einfach gegen die konkreten Werte ausgetauscht werden. Eine solche Parametrisierung kann automatisch erfolgen oder auch auf unterschiedliche Weise erzwungen werden. Da dieses Konzept sehr wesentlich ist, beschäftigen wir uns damit in einem eigenen Abschnitt (*Gefilterte Indizes und Statistiken*).

Nicht alle Abfragen werden übrigens im Plancache gespeichert. Damit eine Abfrage in den Cache aufgenommen wird, muss sie einige Kriterien erfüllen, was jedoch bei den meisten Abfragen der Fall sein dürfte. So werden zum Beispiel keine Abfragen gespeichert, die Literale mit einer Größe von über 8 kByte enthalten. Das Speichern eines Planes im Plancache kann auch durch einen speziellen Abfragehinweis im SQL-Code unterbunden werden, was in einigen Fällen eine sinnvolle Option ist. Hierauf werden wir etwas weiter unten noch detaillierter eingehen.

Aus den vorangegangenen Kapiteln wissen Sie bereits, dass Sie zur Abfrage der im Plancache befindlichen Objekte die dynamische Verwaltungssicht `sys.dm_exec_cached_plans` verwenden können. Allerdings gibt diese Sicht alleine noch nicht alle interessanten Informationen zurück. Sie können die Sicht mit `sys.dm_exec_query_stats` verknüpfen, um auch statistische Informationen zu bekommen. Diese statistischen Informationen geben zum Beispiel Auskunft über die Ausführungshäufigkeit einer Abfrage und auch die Gesamtdauer aller Ausführungen. Über die Sicht `sys.dm_exec_plan_attributes` fügen Sie zusätzliche Parameter für die Ausführungsumgebung der Abfrage hinzu. Den Text der Abfrage bekommen Sie über die Funktion `sys.dm_exec_sql_text`. Schließlich können Sie auch noch den Ausführungsplan selber abfragen, den Sie durch die Funktion `sys.dm_exec_query_plan` erhalten. Wenn Sie diese ganzen Zutaten gut verrühren und etwas garnieren, dann erhalten Sie die folgende Abfrage:

```
select left(p.cacheobjtype + '(' + p.objtype + ')', 35) as cacheobjtype
      ,p.usecounts
      ,cast(p.size_in_bytes/1024.0 as decimal(12,2)) as size_in_kb
      ,cast(qs.total_worker_time*0.001 as decimal(12,2)) as tot_cpu_ms
      ,cast(qs.total_elapsed_time*0.001 as decimal(12,2)) as tot_duration_ms
      ,qs.total_physical_reads
```

```
        ,qs.total_logical_writes
        ,qs.total_logical_reads
        ,left(case
              when pa.value=32767 then 'ResourceDb'
              else db_name(cast(pa.value as int))
            end, 40) as db_name
        ,qt.objectid
        ,case
           when qt.objectid is null then null
           else replace(replace(qt.text, char(13), ' '), char(10), ' ')
         end as proc_name
        ,pln.query_plan as query_plan
        ,replace(replace(substring(qt.text, qs.statement_start_offset/2+1,
                 case
                   when qs.statement_end_offset = -1 then
                        len(convert(nvarchar(max), qt.text))
                   else qs.statement_end_offset/2
                     - qs.statement_start_offset/2+1
                 end), char(13), ' '), char(10), ' ') as stmt_text
  from sys.dm_exec_cached_plans as p
       outer apply sys.dm_exec_plan_attributes(p.plan_handle) as pa
       outer apply sys.dm_exec_query_plan(p.plan_handle) as pln
       inner join sys.dm_exec_query_stats as qs
             on qs.plan_handle = p.plan_handle
       outer apply sys.dm_exec_sql_text(qs.sql_handle) as qt
where pa.attribute = 'dbid'
order by tot_cpu_ms desc
```

Die Abfrage gibt alle im Plancache enthaltenen Pläne, absteigend nach der Ausführungsdauer, zurück. Wenn Sie sich fragen, warum in der obigen Abfrage der Text der SQL-Anweisung auf recht komplizierte Art und Weise ermittelt wird: Die Sicht sys.dm_exec_query_stats enthält eine Statistikzeile je SQL-Anweisung in einem T-SQL-Stapel, die Funktion sys.dm_exec_sql_text gibt aber stets den gesamten Text des T-SQL-Stapels zurück. In sys.dm_exec_query_stats finden Sie die Positionsangaben der entsprechenden Zeile, bezogen auf den gesamten Text in sys.dm_exec_sql_text. Da diese Angaben Unicode-bezogen sind, ist die Rechnung dann etwas umständlich.

Bitte verwenden Sie die obige Abfrage mit Vorsicht. Sie gibt unter Umständen eine Menge Daten zurück und belastet das System entsprechend stark. Wenn Sie den Plancache untersuchen, beginnen Sie besser damit, dass Sie sich nur die TOP(n) gespeicherten Pläne, absteigend sortiert nach Ausführungszeit oder logischen Lesevorgängen, ausgeben lassen.

9.1.1 Kompilierung und Re-Kompilierung von Ausführungsplänen

Bei der Abfrageausführung wird zunächst versucht, einen passenden Plan im Plancache zu finden und zu verwenden. Wird ein solcher Plan gefunden, dann ist die Planerstellung abgeschlossen und die Abfrage wird unter Verwendung dieses Plans gestartet. Dies ist letztlich ja das Ziel der Speicherung von Plänen im Plancache.

Wenn kein passender Plan gefunden wird, dann muss zunächst ein neuer Plan erstellt werden. Diesen Vorgang bezeichnet man als *Kompilierung*. Es ist auch möglich, dass ein passender Plan existiert, der Optimierer sich aber entscheidet, diesen Plan nicht zu verwenden, weil der Plan mittlerweile ungültig ist. In diesem Fall wir der vorhandene Plan durch einen neuen Plan ersetzt. Dieses Verfahren bezeichnet man als *Re-Kompilierung*.

Unter welchen Voraussetzungen ein Plan ungültig wird, erfahren Sie in Abschnitt *Wiederverwendung von Abfrageplänen*.

9.1.2 Entfernen von Plänen aus dem Plancache

Der Plancache benötigt letztlich auch Hauptspeicher, den er sich mit anderen Systemkomponenten teilen muss. Zu diesen Komponenten gehören einerseits die SQL Server-eigenen Komponenten, hauptsächlich der Datencache. Auf der anderen Seite steht natürlich das Betriebssystem als externe Komponente, das ebenfalls Speicher benötigt. Aus diesem Grund kann der Plancache in der Regel nicht beliebig groß werden. Das SQL Server-Betriebssystem (SQLOS) sorgt dafür, dass selten verwendete Pläne automatisch aus dem Plancache entfernt werden, sobald sich ein externer oder interner Mangel an Hauptspeicher bemerkbar macht. Dazu läuft im Hintergrund ein Prozess, der für alle im Plancache vorhandenen Pläne einfach die Verwendung zählt. Die am wenigsten verwendeten Pläne werden dann durch diesen Prozess aus dem Cache entfernt, sodass das SQLOS also Hauptspeicher zurückgibt. Denken Sie bitte daran, wenn Sie die im Plancache vorhandenen Pläne abfragen. In vielen Fällen werden Sie nicht auf alle seit dem letzten SQL Server-Start erstellten Pläne zurückgreifen können.

Es gibt noch eine zweite Möglichkeit, gespeicherte Abfragepläne aus dem Plancache zu entfernen, die Sie in den vorangegangenen Kapiteln bereits kennengelernt haben. Die Anweisung

```
dbcc freeproccache
```

löscht den Plancache des gesamten Servers. Es ist aber auch möglich, nur einen bestimmten Plan aus dem Plancache zu entfernen oder alle Pläne, die zu einem bestimmten Ressourcenpool gehören. Dafür müssen Sie einfach nur den Plan-Handle bzw. SQL-Handle oder den Namen des Ressourcenpools (siehe hierzu Kapitel 12) als Parameter übergeben.

Es gibt noch eine weitere Möglichkeit, die allerdings nicht dokumentiert ist. Die Anweisung

```
dbcc flushprocindb(<db_id>)
```

löscht den Plancache für eine bestimmte Datenbank, deren `db_id` Sie als Parameter übergeben müssen. Dies betrifft die Pläne für alle Abfragen, die mit der entsprechenden Datenbank im Kontext (`use <db>`) in den Plancache aufgenommen wurden.

Darüber hinaus gibt es eine Reihe von SQL-Anweisungen, die ebenfalls den Plancache für eine bestimmte Datenbank komplett leeren. Hierzu zählen zum Beispiel diverse `ALTER DATABASE`-Anweisungen zum Ändern des Datenbank-Status, wie etwa das Online- oder Offline-Setzen einer Datenbank und auch ein `DROP DATABASE`.

9.1.3   Parametrisierte Abfragen

Der Begriff „Parametrisierte Abfragen" ist nun bereits einige Male gefallen. Bevor wir dieses Konzept näher untersuchen, sind zunächst noch einige einleitende Bemerkungen nötig.

Betrachten Sie bitte einmal die folgende Abfrage:

```
select FirstName, LastName
  from AdventureWorks2008R2.Person.Person
 where BusinessEntityID = 10312
```

Wenn Sie sich den grafischen Ausführungsplan für diese Abfrage ansehen (siehe Abbildung 9.1), dann fällt auf, dass der im Plan dargestellte Text der Abfrage nicht den Wert des in der `WHERE`-Klausel verwendeten Parameters anzeigt, sondern nur einen Platzhalter der Form @1.

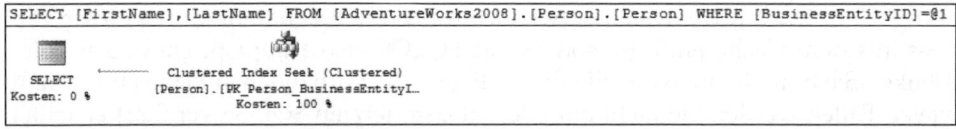

Abbildung 9.1: Ein parametrisierter Abfrageplan

Die Abfrage ist automatisch parametrisiert worden. Diese Parametrisierung hat die Konsequenz, dass eine identische Abfrage, bei der nur die Parameter variieren, den gespeicherten parametrisierten Plan nun verwenden kann. Für die folgende Abfrage:

```
select FirstName, LastName
  from AdventureWorks2008R2.Person.Person
 where BusinessEntityID = 1770
```

wird also kein neuer Plan erstellt, sondern der existierende (parametrisierte) Plan verwendet.

Wenn Sie sich den Inhalt des Plancaches über die oben vorgestellte Abfrage ausgeben lassen, dann erkennen Sie die Parametrisierung im Abfragetext, der in diesem Fall so aussieht:

```
SELECT [FirstName],[LastName]
  FROM [AdventureWorks2008R2].[Person].[Person]
 WHERE [BusinessEntityID]=@1
```

Als Typ des gespeicherten Planes erhalten Sie den Wert *Compiled Plan(Prepared)*. Auch aus diesem Typ können Sie darauf schließen, dass die Abfrage parametrisiert – oder eben vorbereitet – ist.

Bitte beachten Sie, dass die Parametrisierung automatisch erfolgt ist. Wir mussten den Optimierer nicht erst durch irgendwelche Hinweise oder Tricks dazu veranlassen. Es gibt auch eine erzwungene Parametrisierung, auf die wir dann etwas weiter unten zu sprechen kommen.

Es existiert übrigens eine lange Liste von Restriktionen, die eine automatische Parametrisierung verhindern. Zu diesen Kriterien (die ich hier nicht alle angebe) zählen zum Beispiel die folgenden:

▶ Eine Verwendung der DISTINCT-Klausel

▶ Eine Verwendung der TOP-Klausel

▶ Die Verwendung von mehr als einer Tabelle in der Abfrage (!)

▶ Die Verwendung von UNION

▶ Die Verwendung der IN-Klausel

> Wundern Sie sich also bitte nicht, wenn Sie eine parametrisierte Abfrage erwarten, aber nicht erhalten. Sehr wahrscheinlich erfüllt Ihre Abfrage eines der Ausschlusskriterien, die eine automatische Parametrisierung verhindern.

9.1.4 Wiederverwendung von Abfrageplänen

Eine hohe Trefferquote im Plancache – und damit eine hohe Wiederverwendungsquote gespeicherter Pläne – ist letztlich das Ziel des Pufferns von Abfrageplänen. Damit ein gespeicherter Plan wiederverwendet werden kann, müssen einige Voraussetzungen erfüllt sein. Zunächst einmal ist eine Wiederverwendung natürlich nur dann möglich, wenn der Plan überhaupt jemals in den Cache aufgenommen wurde. Das Speichern eines Planes im Cache ist daher schon einmal eine erste Voraussetzung für eine Wiederverwendung. Da es auch möglich ist, dass Pläne aus dem Cache entfernt werden, kann natürlich der Fall eintreten, dass ein ursprünglich gespeicherter Plan nicht wiederverwendet werden kann, weil er in der Zwischenzeit aus dem Plancache entfernt wurde.

Diese Möglichkeiten wollen wir in unseren folgenden Betrachtungen aber nicht weiter untersuchen. In diesem Abschnitt soll durchleuchtet werden, welche Voraussetzungen erfüllt sein müssen, damit ein gespeicherter Plan wiederverwendet werden kann, bzw. wann ein gespeicherter Plan ungültig ist, sodass er eben nicht wiederverwendet werden kann.

Ein gespeicherter Plan kann aus zwei Gründen ungültig werden. Zunächst einmal muss der Plan jederzeit ein richtiges Abfrageergebnis sicherstellen, d. h., er muss *korrekt* sein. Ein weiterer Punkt ist die *Effizienz* des gespeicherten Planes. Ein gespeicherter Plan kann durch Datenänderungen ineffizient und damit ebenfalls ungültig werden.

Die Gültigkeit eines existierenden Plans hängt im Wesentlichen von drei Faktoren ab:

▶ **Metadaten**. Sobald sich etwa die Struktur der beteiligten Tabellen ändert oder Indizes hinzugefügt bzw. gelöscht werden, ist ein Ausführungsplan, der auf den alten Metadaten basiert, ungültig.

▶ **Ausführungsumgebung**. Für jede Verbindung existiert eine Reihe von Optionen, die durch das SET-Kommando eingestellt werden. Viele dieser Optionen sind integraler Bestandteil von Abfrageplänen, welche die Optionen sozusagen als Randbedingungen enthalten. Ein existierender Plan ist ungültig, wenn dieselbe Abfrage mit anderen Einstellungen ausgeführt wird. Die folgenden SET-Optionen bewirken die Invalidierung eines Planes:

   ▶ `ANSI_NULL_DFLT_OFF`
   ▶ `ANSI_NULL_DFLT_ON`
   ▶ `ANSI_NULLS`
   ▶ `ANSI_PADDING`
   ▶ `ANSI_WARNINGS`
   ▶ `ARITHABORT`
   ▶ `CONCAT_NULL_YIELDS_NULL`
   ▶ `DATEFIRST`
   ▶ `DATEFORMAT`
   ▶ `FORCEPLAN`
   ▶ `LANGUAGE`
   ▶ `NO_BROWSETABLE`
   ▶ `NUMERIC_ROUNDABORT`
   ▶ `QUOTED_IDENTIFIER`

▶ **Tabellen- bzw. Indexdaten**. Diese Abhängigkeit betrifft nicht die Korrektheit des Planes, sondern seine Effizienz. Wenn Tabellendaten geändert werden, dann ist es durchaus möglich, dass ein existierender Plan nicht mehr optimal ist, weil er zum Beispiel Indizes verwendet, deren Einsatz durch die Datenänderungen nicht mehr lohnend ist. Der Plan führt jedoch nach wie vor zum korrekten Ergebnis, nur eben nicht auf dem optimalen Weg. Solche Fälle sind schwer zu entdecken. SQL Server bietet jedoch Mechanismen an, die helfen, so eine Situation zu vermeiden. Hierauf gehen wir in Abschnitt *Die Rolle von Statistiken* ausführlicher ein.

Die Funktion sys.dm_exec_plan_attributes gibt Informationen zu den Parametern eines Planes zurück. Die Spalte is_cache_key gibt hierbei an, ob der entsprechende Parameter bei einer Änderung eine Invalidierung des Abfrageplanes bewirkt. Für alle Parameter mit dem Wert 1 in dieser Spalte besteht eine solche Abhängigkeit.

Wir wollen hierzu ein Beispiel untersuchen. Betrachten Sie bitte das folgende Skript:

```
set nocount on
declare @i int,@x int
set @i = 1
while @i<=1000
 begin
  if (@i%2=0)
    set ansi_nulls on
  else
    set ansi_nulls off

  set @x=(select top 1 checksum(*)
          from AdventureWorks2008R2.Sales.SalesOrderDetail
         where SalesOrderDetailId = 0)
  set @i=@i+1
end
```

In einer Schleife wird 1.000 Mal dieselbe SELECT-Anweisung ausgeführt. Der Wert der Option ANSI_NULLS wird dabei bei jeder Ausführung geändert. Dadurch wird der gespeicherte Plan ungültig und es ist in jedem Schleifendurchlauf eine Re-Kompilierung erforderlich.

Wenn Sie im Windows-Systemmonitor die Prozessorlast und die SQL-Re-Kompilierungen je Sekunde beobachten, dann können Sie diese Aussage nachvollziehen (Abbildung 9.2).

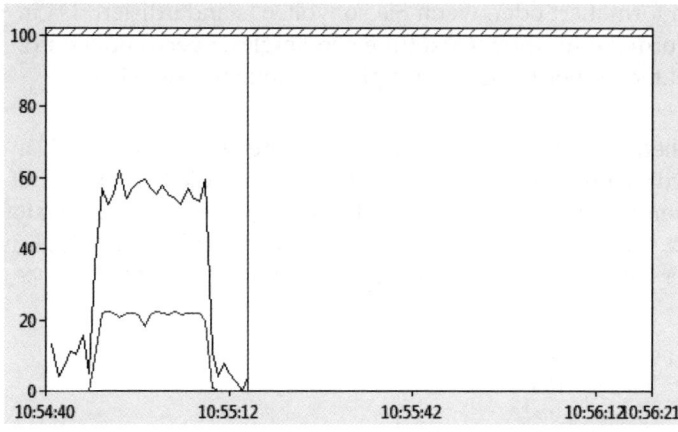

Abbildung 9.2: *Prozessorzeit (obere Kurve) und Re-Kompilierungen (untere Kurve)*

Im Plancache ist für die in der Schleife ausgeführte SELECT-Anweisung tatsächlich nur ein einziger Plan vorhanden. Für diesen Plan enthält die Spalte execution_count der Sicht sys.dm_exec_query_stats den Wert 1. Der Plan wurde also nach seiner Erstellung bzw. Neuerstellung nur ein Mal ausgeführt. Entfernen Sie die SET ANSI_NULLS-Anweisungen aus dem obigen Skript, dann erhalten Sie als execution_count den Wert 1.000.

 Damit ein nicht parametrisierter Plan wiederverwendet werden kann, muss außerdem der Abfragetext *exakt* übereinstimmen. Hierbei sind also zum Beispiel auch die Groß-/Kleinschreibung sowie Leerzeichen relevant.

Betrachten Sie hierzu bitte das folgende Beispiel:

```
dbcc freeproccache with no_infomsgs
go
select checksum_agg(checksum(*)) from sys.all_columns
go
select checksum_agg(checksum(*))   from sys.all_columns
go
Select checksum_agg(checksum(*)) from sys.all_columns
go
SELECT checksum_agg(checksum(*)) from sys.all_columns
go
```

Nach der Ausführung der vier Abfragen werden Sie für jede Abfrage einen separaten Ausführungsplan im Plancache finden, da die obigen vier Abfragen sich allesamt im Abfragetext unterscheiden.

 Parametrisierte Pläne verhalten sich in diesem Punkt anders. Wenn eine Abfrage parametrisiert wird, dann wird der Abfragetext in diesem Zusammenhang auch formatiert oder, wenn Sie so wollen, standardisiert. Da in der Folge der formatierte Abfragetext für einen Vergleich verwendet wird, findet kein exakter Vergleich des ursprünglichen Abfragetextes statt.

Mittlerweile ist Ihnen sicherlich klar geworden, dass eine hohe Trefferquote im Plancache in den meisten Fällen ein erstrebenswertes Ziel ist. Sie können die Plancache-Trefferquote beobachten, indem Sie zum Beispiel den in Kapitel 4 vorgestellten Indikator *SQL Server:Plan Cache => Cachetrefferquote* des Systemmonitors verwenden. Möglich ist auch die Abfrage über die dynamische Verwaltungssicht sys.dm_os_performance_counters:

```
select * from sys.dm_os_performance_counters
 where counter_name like 'Cache Hit%'
   and object_name like '%plan cache%'
```

Die Abfrage liefert allerdings nicht den Verlauf über die Zeit, sondern nur den kumulierten Wert seit dem letzten SQL Server-Start.

9.2 Die Rolle von Statistiken

Bei der Erstellung eines Abfrageplanes wählt der Optimierer die physischen Operatoren unter Verwendung der Tabellen- und Indexdaten aus. Hierbei werden Kardinalitätsschätzungen vorgenommen, die zum Beispiel ausschlaggebend dafür sind, ob eine Suchoperation über einen vorhandenen Index ausgeführt wird oder etwa durch einen Table-Scan. Wenn der Optimierer hierbei jeweils auf die tatsächlich vorhandenen Daten der beteiligten Tabellen und Indizes zurückgreifen würde, dann würde dies die Erstellung eines Planes zu einer kostspieligen und langwierigen Angelegenheit machen.

Aus diesem Grund wird eine andere Verfahrensweise angewendet: Der Optimierer verwendet für die Erstellung eines Planes Stichproben über die Datenverteilung in Tabellen und Indizes, die Statistiken. Diese Stichproben sind naturgemäß erheblich kleiner als beispielsweise die Daten einer gesamten Tabelle, und daher ermöglicht ihre Verwendung eine schnelle Erstellung eines Abfrageplanes.

Allerdings wirft die Verwendung von Statistiken auch einige Probleme auf. Diese Probleme resultieren zum einen aus der bekannten Tatsache, dass die Verwaltung redundanter Daten gewisse Anomalien hervorrufen kann. Dies ist immer dann der Fall, wenn die ursprünglichen Daten nicht mehr synchron genug mit den redundanten Daten sind. Statistiken enthalten ja letztlich redundante Daten, da sie direkt aus Tabellen- und Indexdaten abgeleitet werden. Es ergibt sich also die Frage, wie aktuell diese Statistikdaten gehalten werden müssen, damit der Optimierer nicht von falschen Voraussetzungen ausgeht, wenn er Kardinalitätsschätzungen vornimmt. Wie häufig müssen Statistiken aktualisiert werden, damit sie nach Datenänderungen nach wie vor repräsentativ sind?

Das zweite Problem mit Statistiken ist ebenfalls allgemein bekannt und gilt auch an dieser Stelle: Die in einer Statistik enthaltene Stichprobe muss charakteristisch sein. Letztlich reduziert eine Statistik die Datenmenge und dadurch gehen natürlich Informationen verloren. Diese verlorenen Informationen dürfen letztlich nicht dazu führen, dass die Verwendung einer Statistik grob falsche Schlüsse auf die Datenverteilung verursacht.

Wir werden diese beiden Probleme im weiteren Verlauf des Kapitels näher untersuchen. Zuvor sind aber noch einige generelle Anmerkungen über den Aufbau von Statistiken erforderlich. Wie immer, soll auch hierfür ein Beispiel verwendet werden. Hierzu legen wir durch das folgende Skript eine Test-Tabelle an:

```
use QueryTest;
if (object_id('T1', 'U') is not null)
  drop table T1
go
create table T1
 (
   x int not null
  ,a varchar(20) not null
```

```
  ,b int not null
  ,y char(20) null
 )
go
insert T1(x,a,b)
   select n % 1000,n%3000,n%5000
     from Numbers
    where n <= 100000
go
create nonclustered index IxT1_x on T1(x)
```

Die erzeugte Tabelle hat vier Spalten. Wir fügen 100.000 Zeilen in die Tabelle ein. Die Spalten x, a und b der Tabelle erhalten dabei unterschiedliche Werte aus dem Bereich 0 bis 5.000. Schließlich erzeugt das Skript noch einen nicht gruppierten Index für die Spalte x.

Wenn wir nun die folgende Abfrage ausführen und uns den tatsächlichen Ausführungsplan anzeigen lassen:

```
select y from T1 where x=234
```

dann kommt das in Abbildung 9.3 gezeigte Ergebnis heraus.

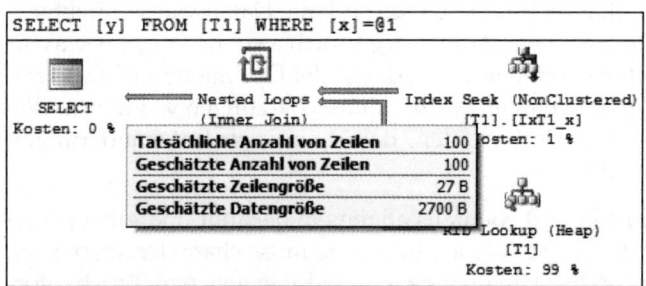

Abbildung 9.3: *Grafischer Ausführungsplan mit tatsächlichen und geschätzten Zeilen*

Wie zu erwarten wird der existierende Index auf der Spalte x durchsucht. Für die gefundenen Zeilen wird dann noch der Wert von y über einen RowId Lookup ermittelt. Sie können auch sehen, dass die Abfrage automatisch parametrisiert wurde. So weit also nichts Besonderes. Und doch gibt es einen interessanten Aspekt, der bei der Betrachtung des Planes hervortritt: die Übereinstimmung zwischen der geschätzten und der tatsächlichen Anzahl von Zeilen. Woher nimmt der Optimierer die Schätzung der Zeilenanzahl? Und wie kommt es, dass diese Schätzung sogar exakt mit der tatsächlichen Zeilenanzahl übereinstimmt?

Sie werden es sicherlich bereits vermuten: Bei der Erstellung des Planes verwendet der Optimierer die vorhandenen Statistiken, um die Kardinalität abzuschätzen. Dieser Schritt ist sehr wesentlich für den erzeugten Abfrageplan, da durch ihn ganz entscheidend mitbestimmt wird, ob zum Beispiel ein Index durchsucht wird oder doch lieber ein Scan der gesamten Tabelle erfolgt. Schauen wir uns die Statistiken für unsere Tabelle T1 also einmal an. Öffnen Sie hierzu im Objekt-Explorer den Ordner QueryTest/Tabellen/dbo.T1/Statistik (Abbildung 9.4).

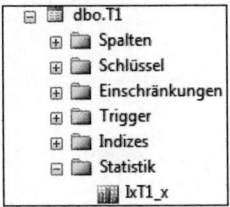

Abbildung 9.4: Statistiken für die Tabelle T1

Sie sehen in diesem Ordner eine Statistik, die denselben Namen aufweist wie unser nicht gruppierter Index. Diese Statistik wurde automatisch bei der Erstellung des Index erzeugt. Jeder Index hat immer auch eine entsprechende Statistik gleichen Namens, die automatisch bei der Erstellung oder Neuerstellung (aber nicht beim Reorganisieren!) des Index neu erzeugt wird. Diese Indexstatistiken weisen eine Besonderheit auf: Die entnommene Stichprobe wird stets auf der Basis *aller* Tabellenzeilen bestimmt. Da bei der Erstellung eines Index sowieso alle Zeilen der Tabelle verarbeitet werden müssen, fließen in diesem Zusammenhang auch alle Tabellendaten in die Stichprobe ein. Dies ist bei anderen Statistiken in der Regel nicht der Fall. Dort werden jeweils nur zufällig ausgewählte Tabellendaten für die Stichprobe verwendet.

Sie können detaillierte Informationen über die Statistik erhalten, indem Sie aus dem Kontextmenü den Eintrag EIGENSCHAFTEN auswählen. Auf der Seite ALLGEMEIN sehen Sie zunächst, welche Spalten die Statistik beinhaltet und vor allem wann diese Statistik zuletzt aktualisiert wurde. Sie haben dort auch die Möglichkeit, eine Aktualisierung sofort zu veranlassen.

Interessanter sind die auf der Seite DETAILS dargestellten Informationen, die Auskunft über die Datenverteilung in dieser Statistik liefern. Für unsere Statistik ergibt sich ein Bild, wie in Abbildung 9.5 gezeigt.

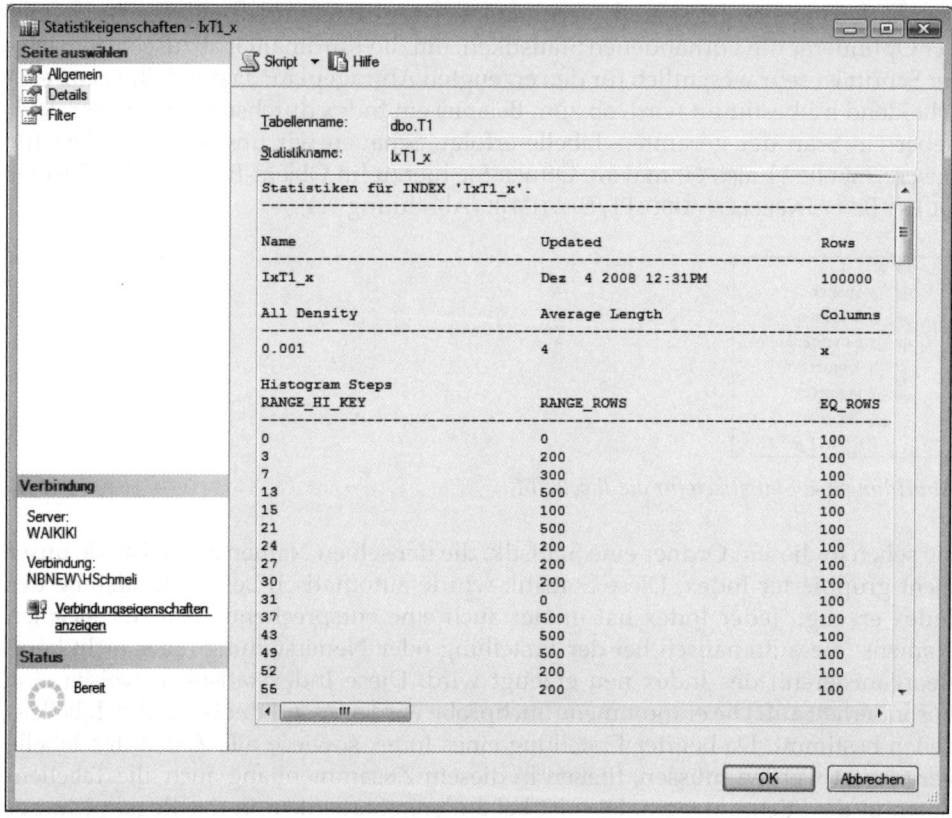

Abbildung 9.5: Statistikdetails für IxT1_x

Aufschlussreich sind die Informationen in dem Fenster unterhalb des Namens der Statistik (die leider nicht komplett in den Bildschirm-Ausdruck passen). Diese Informationen teilen sich in drei Bereiche:

1. **Allgemeine Information**. Der Bereich enthält allgemeine Informationen zur Erstellung der Statistik sowie die Anzahl der Zeilen im Index und die Anzahl der für die Erzeugung der Stichprobe ausgewerteten Zeilen.

2. **Verteilungsdichte insgesamt**. An dieser Stelle finden Sie die Dichte der Statistik für jede aufgenommene Spalte. Diese Dichte gibt letztlich die erwartete allgemeine Verteilung der Daten in der entsprechenden Tabelle bzw. dem Index an. Der Wert berechnet sich durch den Ausdruck *1/unterschiedliche Werte* für die angegebene Spalte. In unserem Fall gibt es insgesamt 1.000 unterschiedliche Werte für die Spalte x. Daher ist die Dichte 1/1000 = 0.001. Der Optimierer verwendet diesen Wert, im Zusammenhang mit der Gesamtanzahl der Zeilen, zur Abschätzung der Kardinalität, wenn eine detaillierte Abschätzung über das Histogramm nicht durchgeführt werden kann.

3. **Histogramm**. Die hier gezeigte Tabelle gibt die genaue Verteilung der erhobenen Stichprobe wieder. In der Tabelle ist für Intervalle der ersten Spalte im Index verzeichnet, wie viele Zeilen jeweils in das Intervall fallen. Durch dieses Histogramm kann der Optimierer einen Plan erstellen, der genau auf die in einer Abfrage verwendeten Bedingungen zugeschnitten ist. So ist es zum Beispiel denkbar, dass für die Abfrage

```
select * from T where c1 = 100
```

ein Tabellen-Scan durchgeführt wird, weil der Optimierer aus dem Histogramm entnimmt, dass es insgesamt 10.000 Zeilen gibt, die diese Bedingung erfüllen. Die folgende Abfrage

```
select * from T where c1 = 1
```

kann dagegen möglicherweise einen Index-Seek verwenden, weil es nur eine einzige Zeile gibt, die die Bedingung erfüllt. Tabelle 9.1 erklärt die im Histogramm enthaltenen Spalten.

Spalte	Bedeutung
RANGE_HI_KEY	Dieser Wert zeigt die obere Intervallgrenze an.
RANGE_ROWS	Dies ist die Anzahl der Zeilen, die in das Intervall fallen, das durch RANGE_HI_KEY der vorherigen Zeile und RANGE_HI_KEY der aktuellen Zeile gebildet wird. Die obere Intervallgrenze, also der RANGE_HI_KEY der aktuellen Zeile, wird hierbei ausgeschlossen.
EQ_ROWS	Der Wert gibt an, wie viele Zeilen insgesamt auf der oberen Intervallgrenze (also auf RANGE_HI_KEY) liegen. Wenn Sie also die Anzahl der Zeilen inklusive der unteren und oberen Grenze wissen möchten, dann müssen Sie den hier dargestellten Wert und den bei RANGE_ROWS angegebenen Wert addieren.
DISTINCT_RANGE_ROWS	An dieser Stelle finden Sie die Anzahl der unterschiedlichen Intervallwerte, wiederum unter Ausschluss der oberen Grenze.
AVG_RANGE_ROWS	Dies ist die mittlere Zeilenanzahl für jeden verschiedenen Intervallwert (wobei auch hier die obere Grenze ausgeschlossen ist), also das Ergebnis des Ausdrucks RANGE_ROWS/DISTINCT_RANGE_ROWS.

Tabelle 9.1: Erklärung der im Histogramm dargestellten Spalten

Kommen wir nun darauf zurück, woher der Optimierer die geschätzte Zeilenanzahl von 100 nimmt. Für die Abschätzung der Zeilenanzahl untersucht der Optimierer die für den Index IxT1_x existierende Statistik gleichen Namens. Abbildung 9.6 zeigt einen Auszug aus dem Histogramm dieser Statistik.

RANGE_HI_KEY	RANGE_ROWS	EQ_ROWS	DISTINCT_RANGE_ROWS	AVG_RANGE_ROWS
226	500	100	5	100
232	500	100	5	100
238	500	100	5	100
244	500	100	5	100
247	200	100	2	100

Abbildung 9.6: Auszug aus dem Histogramm der Statistik IxT1_x

Interessant sind in unserem Fall die Spalten RANGE_HI_KEY und AVG_RANGE_ROWS. Der gesuchte Wert 234 fällt in das Stichprobenintervall zwischen 232 und 238. In der Spalte AVG_RANGE_ROWS für die Zeile mit RANGE_HI_KEY = 238 können Sie – genauso wie der Optimierer – ablesen, dass für jeden separaten Wert in diesem Intervall 100 Zeilen existieren. Da die SELECT-Anweisung die Zeilen für genau einen Wert abfragt (WHERE x = 234), ist der Schätzwert also gefunden: 100.

Nehmen Sie nun einmal die folgende Abfrage:

```
select y from T1 where a='234'
```

Es wird wieder die Spalte y abgefragt, wobei aber diesmal nach dem Wert 234 in der Spalte a gefiltert wird. Wie kann der Optimierer hier einen Abfrageplan erstellen, wo es doch gar keine Statistik für die Datenverteilung der Spaltenwerte in der Spalte a gibt? Wo nimmt der Optimierer die Schätzwerte her, die noch dazu ziemlich exakt sind (Abbildung 9.7)?

Table Scan	
Scannt die Zeilen einer Tabelle.	
Physischer Vorgang	Table Scan
Logischer Vorgang	Table Scan
Tatsächlicher Ausführungsmodus	Row
Geschätzter Ausführungsmodus	Row
Tatsächliche Anzahl von Zeilen	34
Tatsächliche Batchanzahl	0
Geschätzte E/A-Kosten	0,412755
Geschätzte Operatorkosten	0,522912 (100 %)
Geschätzte CPU-Kosten	0,110157
Geschätzte Unterstrukturkosten	0,522912
Anzahl von Ausführungen	1
Geschätzte Anzahl von Ausführungen	1
Geschätzte Anzahl von Zeilen	33,0625

Abbildung 9.7: Geschätzte und tatsächliche Zeilenanzahl

Die Antwort ist verblüffend einfach: Der Optimierer merkt, dass keine entsprechende Statistik existiert, und veranlasst die Erstellung einer passenden Statistik *vor* der Erstellung des Ausführungsplanes. (Es gibt auch andere Möglichkeiten, auf die wir etwas weiter unten zu sprechen kommen.) Der Plan selber wird dann auf der Basis einer frisch erstellten, also aktuellen, Statistik erstellt.

Wenn Sie sich die für die Tabelle T1 existierenden Statistiken im Objekt-Explorer ansehen, dann können Sie die automatisch erstellte Statistik erkennen (Abbildung 9.8).

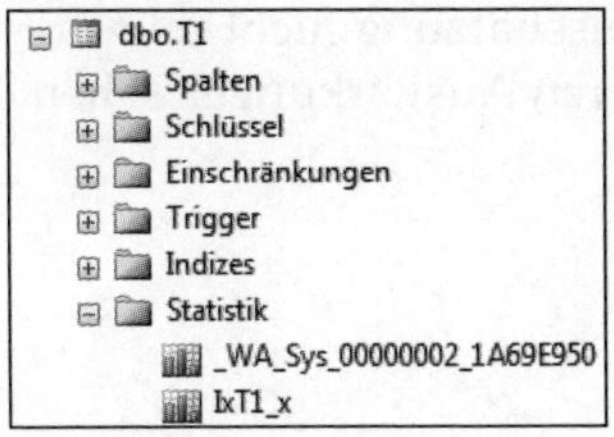

```
□ ▥ dbo.T1
   ⊞ ▭ Spalten
   ⊞ ▭ Schlüssel
   ⊞ ▭ Einschränkungen
   ⊞ ▭ Trigger
   ⊞ ▭ Indizes
   □ ▭ Statistik
         ▥ _WA_Sys_00000002_1A69E950
         ▥ IxT1_x
```

Abbildung 9.8: Die automatisch erstellte Statistik für die Klausel WHERE a='234'

Es ist die erste Statistik mit dem zufällig erzeugten Namen _WA_Sys_00000002_1A69E950.

Für die Abfrage der Histogramm-Daten einer Statistik müssen Sie nicht den Objekt-Explorer verwenden. Sie können die Informationen auch durch einen entsprechenden DBCC-Befehl anzeigen:

```
dbcc show_statistics(T1,_WA_Sys_00000002_1A69E950)
```

Das Kommando gibt die drei Informationsbereiche für die Statistik im Ergebnisbereich aus. Leider können Sie durch dieses Kommando immer nur die Daten einer einzigen Statistik abfragen. Eine Übersicht über alle Statistiken in allen Tabellen einer Datenbank erhalten Sie über die Sichten sys.stats und sys.stats_columns. Allerdings bekommen Sie dort keine Informationen über das Histogramm; dafür müssen Sie DBCC verwenden.

Wir setzen unsere Experimente nun mit dieser Abfrage fort:

```
select y from T1 where a='234' and b=1234
```

Die Verwendung der Spalten a und b in der Filterbedingung wirft die gleiche Frage auf wie im vorangegangenen Beispiel: Wie kommt der Optimierer an eine geeignete Statistik, welche die Datenverteilung für die Filterbedingung repräsentiert? Für die Spalte a gibt es eine solche Statistik bereits, was aber ist mit der Spalte b? Nun, auch hier wird diese Statistik automatisch vor der Erstellung des eigentlichen Abfrageplanes erzeugt. Sie können sich davon überzeugen, wenn Sie den entsprechenden Zweig im Objekt-Explorer anzeigen bzw. aktualisieren.

Wir vergleichen im Ausführungsplan wieder die geschätzte Anzahl von Zeilen mit der tatsächlichen Zeilenanzahl. In Abbildung 9.9 sehen Sie das Resultat.

Hier verschätzt sich der Optimierer. Der absolute Unterschied ist in unserem Beispiel nicht dramatisch und hat keinen Einfluss auf die Erstellung des Planes. Es ist aber prinzipiell möglich, dass eine derartige Fehleinschätzung die Erzeugung eines optimalen Planes behindern kann.

Woher kommt dieser Unterschied nun aber? Die Ursache liegt darin, dass automatisch erstellte Statistiken nicht über mehrere Spalten erstellt werden. Für die Filterbedingung unserer Abfrage (WHERE a='234' AND b=1234) wäre eine Statistik, welche die Verteilung beider Spalten gemeinsam berücksichtigt, sicherlich besser geeignet als eine separate Statistik je Spalte. Die separaten Statistiken für die Spalten a und b müssen bei der Erstellung des Planes für Kardinalitätsschätzungen kombiniert werden, und der dabei ermittelte Schätzwert ist offensichtlich nicht ganz korrekt. Wie gesagt: In unserem einleitenden Beispiel ist diese Fehleinschätzung nicht relevant. Etwas weiter unten werden Sie ein Beispiel mit drastischeren Auswirkungen sehen.

Table Scan	
Scannt die Zeilen einer Tabelle.	
Physischer Vorgang	Table Scan
Logischer Vorgang	Table Scan
Tatsächlicher Ausführungsmodus	Row
Geschätzter Ausführungsmodus	Row
Tatsächliche Anzahl von Zeilen	7
Tatsächliche Batchanzahl	0
Geschätzte E/A-Kosten	0,412755
Geschätzte Operatorkosten	0,522912 (100 %)
Geschätzte CPU-Kosten	0,110157
Geschätzte Unterstrukturkosten	0,522912
Anzahl von Ausführungen	1
Geschätzte Anzahl von Ausführungen	1
Geschätzte Anzahl von Zeilen	1

Abbildung 9.9: Geschätzte und tatsächliche Zeilenanzahl einer kombinierten Filterbedingung

Die Lösung wäre eine Statistik, die eine Stichprobe über beide Spalten ermittelt. Eine solche Statistik wird nicht automatisch erstellt, wir können sie jedoch manuell erzeugen. Hierzu verwenden wir das Kommando `CREATE STATISTICS`:

```
create statistics s1 on T1(b,a)
```

Das Kommando erwartet zunächst den Namen der zu erstellenden Statistik. Hinter der `ON`-Klausel müssen dann noch der Name der Tabelle und anschließend (in Klammern) die Spalten für die Statistik angegeben werden.

Wir führen die Abfrage mit der neu erstellten Statistik nun nochmals aus und vergleichen wieder die geschätzte Zeilenanzahl mit der tatsächlichen (Abbildung 9.10).

Table Scan	
Scannt die Zeilen einer Tabelle.	
Physischer Vorgang	Table Scan
Logischer Vorgang	Table Scan
Tatsächlicher Ausführungsmodus	Row
Geschätzter Ausführungsmodus	Row
Tatsächliche Anzahl von Zeilen	7
Tatsächliche Batchanzahl	0
Geschätzte E/A-Kosten	0,412755
Geschätzte Operatorkosten	0,522912 (100 %)
Geschätzte CPU-Kosten	0,110157
Geschätzte Unterstrukturkosten	0,522912
Anzahl von Ausführungen	1
Geschätzte Anzahl von Ausführungen	1
Geschätzte Anzahl von Zeilen	6,66667

Abbildung 9.10: Verbesserung der geschätzten Zeilenanzahl durch kombinierte Statistik

Der Schätzwert ist nun erheblich besser und kommt der tatsächlichen Zeilenanzahl sehr nahe.

Fassen wir also noch einmal zusammen:

1. Der Optimierer benötigt möglichst aktuelle Statistiken für die Erstellung effizienter Abfragepläne. Generell können diese Statistiken automatisch oder manuell erstellt werden. Die automatische Erstellung wird einerseits bei der Indexerstellung vorgenommen, indem für den Index eine Statistik erstellt wird, welche die Verteilung der Indexspalten repräsentiert. Diese Statistik kann auch über mehrere Spalten allgemeine Verteilungen enthalten, wenn der Index mehrere Spalten enthält.

2. Auf der anderen Seite werden Statistiken automatisch erstellt, wenn der Optimierer diese Statistiken vermisst. Auf diese Art und Weise erzeugte Statistiken werden stets nur für eine Spalte erstellt.

3. In einigen Fällen können manuell erstellte Statistiken, die sich über mehrere Spalten erstrecken, den Optimierer bei Kardinalitätsschätzungen besser unterstützen als die automatisch erstellten Statistiken allein.

4. Ein Histogramm wird auch bei Statistiken über mehrere Spalten immer nur für die erste Spalte einer Statistik erstellt.

9.2.1   Erstellen und Aktualisieren von Statistiken

Im vorangegangenen Abschnitt haben Sie bereits die automatische und manuelle Erzeugung von Statistiken kennengelernt. In diesem Abschnitt soll nun noch einmal näher darauf eingegangen werden, welche Faktoren und Optionen sowohl bei der Erstellung als auch bei der Aktualisierung von Statistiken eine Rolle spielen. Dabei werden wir zunächst die Erstellung und anschließend die Aktualisierung von Statistiken untersuchen.

Erstellen von Statistiken

Das Erstellen von Statistiken kann entweder automatisch oder manuell erfolgen, wobei die Empfehlung ist, den automatischen Mechanismus zu verwenden. Die Einstellung, dass Statistiken automatisch erstellt werden sollen, ist eine Option der Datenbank. Wenn Sie an der *model*-Systemdatenbank nichts verändert und diese Datenbankoption nicht explizit gesetzt haben, dann werden für Datenbanken, die Sie neu erzeugen, die Statistiken automatisch erstellt – dies ist also der Standard nach der Installation von SQL Server. Falls Sie diese Option ändern möchten, dann können Sie das über den Eigenschaftsdialog der Datenbank erledigen. Auf der Seite OPTIONEN finden Sie die Option STATISTIKEN AUTOMATISCH ERSTELLEN (Abbildung 9.11).

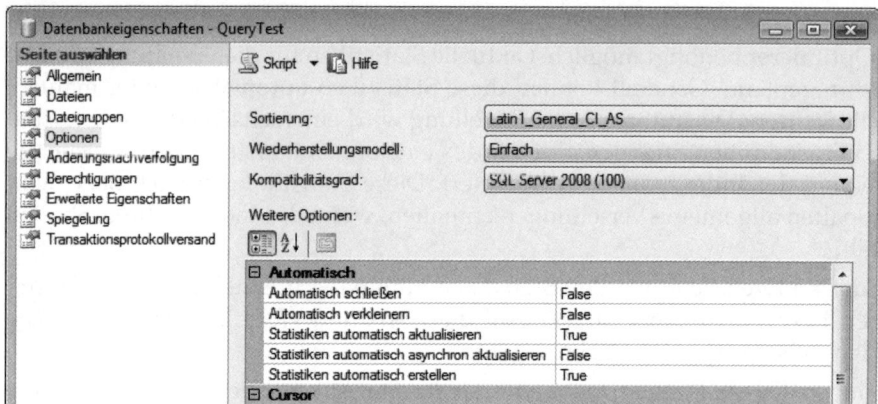

Abbildung 9.11: Datenbankoptionen für Statistikerstellung und -aktualisierung

Selbstverständlich gibt es hierfür auch ein entsprechendes ALTER DATABASE-Kommando:

```
alter database <dbname> set auto_create_statistics [off | on]
```

Falls Sie die automatische Erstellung von Statistiken ausschalten, dann werden fehlende Statistiken nicht mehr automatisch ergänzt. Dies betrifft nur fehlende Statistiken, die der Optimierer bei der Planerstellung vermisst. Statistiken, die automatisch bei der Indexerstellung erzeugt werden, werden auch bei ausgeschalteter Automatik angelegt. Wie gesagt: Sie sollten die automatische Erstellung einschalten, da Sie dann in jedem Fall auf der sicheren Seite sind. Falls Sie auf die Automatik verzichten, müssen Sie Statistiken manuell erstellen. Hierfür verwenden Sie das Kommando CREATE STATISTICS, so wie im vorigen Abschnitt gezeigt. Mit diesem Kommando können Sie allerdings nur jeweils eine einzelne Statistik erzeugen. Eine Verwendung der gespeicherten Prozedur sp_createstats bietet eine bequemere Lösung für die manuelle Erstellung von Statistiken. Diese Prozedur erstellt einspaltige Statistiken für *alle Spalten in allen Tabellen* einer Datenbank. Natürlich können Sie diese Prozedur auch verwenden, wenn Sie die automatische Erstellung von Statistiken eingeschaltet haben und die Prozedur beispielsweise einmal pro Nacht laufen lassen. Allerdings werden Sie dann sehr wahrscheinlich einen Haufen von Statistiken erstellen, die Sie niemals benötigen. Auf der anderen Seite müssen fehlende Statistiken nicht erst bei der Planerstellung ergänzt werden, was die Abfrageausführung beschleunigen kann. Das Online-Ergänzen fehlender Statistiken kann die erste Ausführung einer Abfrage ganz erheblich negativ beeinflussen. Der Profiler bietet zum Beispiel ein Ereignis an, mit dem Sie die automatische Erstellung und Aktualisierung von Statistiken beobachten können: *Performance/Auto Stats*. Schauen Sie sich dazu bitte Abbildung 9.12 an.

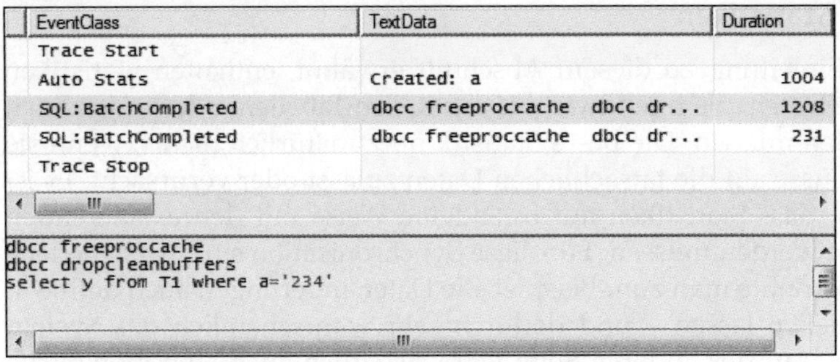

EventClass	TextData	Duration
Trace Start		
Auto Stats	Created: a	1004
SQL:BatchCompleted	dbcc freeproccache dbcc dr...	1208
SQL:BatchCompleted	dbcc freeproccache dbcc dr...	231
Trace Stop		

```
dbcc freeproccache
dbcc dropcleanbuffers
select y from T1 where a='234'
```

Abbildung 9.12: Das Auto Stats-Ereignis im Profiler

Die dargestellte Ablaufverfolgung enthält die Ereignisse *TSQL/SQL:BatchCompleted* und *Performance/Auto Stats*. Protokolliert wird die Ausführung der SELECT-Anweisung aus dem vorangegangenen Abschnitt, die eine automatische Erstellung einer Statistik für die Spalte a der Tabelle T1 hervorgerufen hat. Die SELECT-Anweisung wird zwei Mal ausgeführt, wobei vor jeder Ausführung sowohl Daten- als auch Plancache geleert werden. Sie sehen deutlich, dass die zweite Ausführung mit der bereits existierenden Statistik um den Faktor 5 bis 6 schneller ist als beim ersten Mal. Dies liegt eben daran, dass die Erstellung der Statistik beim ersten Aufruf den Hauptteil der Ausführungszeit benötigt hat. Denken Sie bitte an dieses Szenario, wenn Sie den Effekt beobachten, dass die erste Ausführung einer Abfrage lange dauert und dann in der Folge alle weiteren Ausführungen schnell gehen. Die erste Idee ist in so einem Fall immer, dass der Datencache beim ersten Mal noch „kalt" gewesen ist und daher die physischen Leseoperationen für den Unterschied in der Ausführungszeit verantwortlich sind. In den meisten Fällen ist diese Idee auch absolut richtig. Es kann aber eben auch sein, dass beim ersten Aufruf fehlende Statistiken erstellt oder existierende Statistiken aktualisiert werden mussten. In unserem Beispiel ist nur eine Statistik erstellt worden. Es kann natürlich auch vorkommen, dass bei komplexeren Abfragen zunächst mehrere Statistiken erstellt werden müssen, und dann kann die dafür benötigte Zeit um ein Vielfaches höher sein als die für die eigentliche Abfrageausführung erforderliche Zeit.

Wenn Sie also beobachten, dass nur die erste Ausführung einer Abfrage lange dauert, dann untersuchen Sie bitte auch, ob automatisch ergänzte oder aktualisierte Statistiken die Ursache sein können. Wenn die erste Ausführung einer Abfrage auch mit leeren Caches deutlich länger dauert als folgende Ausführungen derselben Abfrage (ebenfalls mit leeren Caches), dann sind wahrscheinlich fehlende oder nicht aktuelle Statistiken die Ursache hierfür. Genau dies ist im obigen Beispiel der Fall.

Für eine Beobachtung können Sie den Profiler, erweiterte Ereignisse oder auch einen passenden Auflistsatz des Verwaltungs-Data Warehouse verwenden.

Aktualisieren von Statistiken

Wie bereits in der Einleitung zu diesem Abschnitt erwähnt, enthalten Statistiken letztlich redundante Daten, die irgendwie mit den realen Tabellen- oder Indexdaten synchronisiert werden müssen. Die beste Statistik nützt natürlich nichts, wenn sie fehlerhafte Rückschlüsse auf die tatsächlichen Daten zulässt oder verursacht. Es ist daher offensichtlich, dass Statistiken auf irgendeine Weise mit den existierenden Daten synchronisiert werden müssen. Für diese Synchronisation sind verschiedene Ansätze denkbar. So könnte man zum Beispiel alle Datenänderungen auch online in die Statistiken einfließen lassen – und dadurch sehr wahrscheinlich das System komplett überlasten. Auf der anderen Seite wäre sicherlich auch eine monatliche Aktualisierung denkbar, wodurch möglicherweise die in den Statistiken enthaltenen Stichproben nicht mehr viel mit der Realität zu tun haben, was wiederum ineffiziente Abfragepläne zur Folge hätte.

Eine vernünftige Verfahrensweise zur Aktualisierung von Statistiken liegt sicherlich irgendwo zwischen den beiden geschilderten Extremen. SQL Server bietet zunächst einmal die Möglichkeit, Statistiken automatisch zu aktualisieren. Auch dies ist eine Option der Datenbank. In Abbildung 9.11 können Sie die entsprechenden Einstellungen sehen. Selbstverständlich haben Sie auch hier die Möglichkeit, die Konfiguration über ALTER DATABASE-Kommandos durchzuführen:

```
alter database <dbname> set auto_update_statistics [on | off]
alter database <dbname> set auto_update_statistics_async [on | off]
```

Durch dieses Kommando veranlassen Sie, dass nicht aktuelle Statistiken automatisch aktualisiert werden. Wie Sie anhand der Kommandos bereits erkennen, erlaubt SQL Server zwei unterschiedliche Aktualisierungsmodi:

1. Synchrone Aktualisierung von Statistiken. Wenn der Optimierer feststellt, dass Statistiken nicht mehr aktuell sind, dann werden diese Statistiken *vor* der Kompilierung bzw. Re-Kompilierung des Planes aktualisiert. Erst wenn die Aktualisierung abgeschlossen ist, wird der Abfrageplan erstellt und die Abfrage ausgeführt.

2. Asynchrone Aktualisierung von Statistiken. Der Optimierer erkennt auch hier, dass Statistiken aktualisiert werden müssen. Allerdings wird in diesem Fall ein Abfrageplan mit den veralteten Statistiken verwendet und die Abfrage mit diesem Plan *sofort* ausgeführt. Die Aktualisierung der Statistiken erfolgt im Hintergrund. Die asynchrone Aktualisierung ist hierbei eine Zusatzoption der automatischen Aktualisierung. Sie kann also nur verwendet werden, wenn die automatische Aktualisierung generell eingeschaltet ist.

Beide Verfahren haben ihre Vor- und Nachteile, sodass Sie selber abwägen müssen, für welche Option Sie sich entscheiden. Und natürlich gibt es auch noch eine dritte Möglichkeit: Genau wie die automatische Erstellung können Sie auch die automatische Aktualisierung gänzlich ausschalten. In diesem Fall müssen Sie die Aktualisierung manuell durchführen. Für diese manuelle Aktualisierung können Sie das Kommando UPDATE STATISTICS verwenden, mit dem Sie jeweils eine Statistik aktualisieren. Etwas komfortabler ist die Verwendung der gespeicherten Prozedur sp_updatestats, die eine

Aktualisierung aller vorhandenen Statistiken mit nur einem Aufruf ermöglicht. Falls Ihnen die Einstellung auf Datenbankebene zu „grobkörnig" ist, dann können Sie über die Prozedur sp_autostats auch pro Tabelle oder Index die automatische Aktualisierung ein- bzw. ausschalten.

Auch wenn Sie die automatische Aktualisierung verwenden, was ausdrücklich empfehlenswert ist, ist es eine gute Idee, sp_updatestats periodisch (etwa im Rahmen eines Wartungsplanes) aufzurufen. Dadurch minimieren Sie die Wahrscheinlichkeit, dass der Optimierer erst bei der Abfrageausführung die Aktualisierung nicht aktueller Statistiken vornimmt, und beschleunigen so die Ausführung Ihrer Abfragen.

sp_updatestats aktualisiert vorhandene Statistiken, sofern Datenänderungen stattgefunden haben, auf der Basis einer Stichprobe aus Tabellen- und Indexdaten.

Denken Sie bitte daran, dass UPDATE STATISTICS nur eine *Stichprobe* der Daten für die Aktualisierung verwendet. Eine Praxis, die ich oft beobachte, ist der Aufruf von UPDATE STATISTICS in einem nächtlichen Wartungsplan *nach* einer Neu-Indizierung. Diese Verfahrensweise ist ausdrücklich nicht empfehlenswert! Bei der Indexerstellung wird ja für jeden Index ebenfalls eine Statistik erstellt. Diese Statistik basiert aber nicht nur auf einer Stichprobe, sondern auf *allen* Tabellenzeilen. Dies bedeutet, dass eine Statistik, die mit einem Index verbunden ist, nach der Indizierung eine sehr gute Qualität besitzt. Wenn Sie nun nach der Indexerstellung UPDATE STATISTICS aufrufen, dann werden die Index-Statistiken überschrieben, wobei diesmal jeweils nur eine Stichprobe der Daten entnommen wird. Dadurch ersetzen Sie möglicherweise qualitativ hochwertige Statistiken durch weniger gute. Außerdem ist das Aktualisieren einer Index-Statistik natürlich überflüssig, wenn der Index gerade neu erstellt wurde.

Es bleibt die Frage zu klären, woran der Optimierer erkennt, dass eine Statistik nicht mehr aktuell ist.

SQL Server führt intern für jede Spalte einer Tabelle einen Zähler mit, der die bei einer Veränderung der Spaltendaten inkrementiert wird. Dieser *colmodctr* bestimmt letztlich, wann eine mit einer Spalte verbundene Statistik nicht mehr aktuell ist. Für Tabellen mit einer Zeilenanzahl von über 500 Zeilen ist eine Statistik dann nicht mehr aktuell, wenn die Anzahl der Änderungen der ersten Spalte in einer Statistik größer oder gleich 20% der zum Zeitpunkt der letzten Aktualisierung der Statistik in der Tabelle enthaltenen Zeilen, zuzüglich 500, beträgt.

Ein kleines Rechenbeispiel soll dies verdeutlichen. Unsere im vorangegangenen Abschnitt erstellte Tabelle T1 hat insgesamt 100.000 Zeilen. Für die automatisch erstellte Statistik auf der Spalte a sind also zunächst diese 100.000 Zeilen für eine Kontrolle der Aktualität maßgebend. Wenn nun der Wert der Spalte a in 10.000 Zeilen geändert wird, dann wurden insgesamt 10% der für die Aktualität der Statistik relevanten Daten geändert. Damit ist die Statistik nach wie vor aktuell. Werden weitere 10.000 Zeilen verändert, dann sind insgesamt 20% der Werte für die in der Statistik verwendete Spalte a verändert worden; die Statistik ist also immer noch aktuell. Auch nach der Änderung weiterer 499 Zeilen ist die Statistik aktuell. Ändern wir nun noch eine Zeile, dann wird die Statistik *das nächste Mal, wenn sie benötigt wird*, aktualisiert.

Prägen Sie sich bitte ein, dass die Aktualisierung der Statistik *nicht* bei der Aktualisierung der Tabellendaten erfolgt, sondern erst dann, wenn der Optimierer die Statistik für die Planerstellung benötigt. *Wenn die Statistik aktualisiert wird, dann erfolgt auch eine Re-Kompilierung der Abfrage.*

Entgegen der üblichen Gesprächigkeit von SQL Server, wenn es darum geht, interne Informationen preiszugeben, können Sie die *colmodctr*-Werte übrigens nicht auf einem offiziell dokumentierten Weg abfragen. Diese Information ist intern und bleibt für den Anwender bzw. Administrator unsichtbar, was ich persönlich schade finde. Dadurch fehlt die Möglichkeit herauszufinden, welche Statistiken kurz vor der Aktualisierung stehen.

Die 20%-Schwelle kann für einige Fälle zu groß sein. Dies sollten Sie beachten, wenn Sie Probleme mit Abfragen feststellen. Sie müssen also möglicherweise überprüfen, ob Ihre Statistiken aktuell sind. Hierzu können Sie die Systemfunktion stats_date() verwenden, mit der Sie das Aktualisierungsdatum einer Statistik abfragen können. Im Zusammenhang mit der Systemsicht sys.stats, die alle Statistiken einer Datenbank zurückgibt, können Sie diese Funktion so verwenden:

```
select object_name(object_id) as ObjName
      ,name as statistik
      ,stats_date(object_id, stats_id) as AktualisiertAm
  from sys.stats
 where objectproperty(object_id, 'IsUserTable') = 1
 order by AktualisiertAm
```

Die Abfrage gibt alle in der aktuellen Datenbank enthaltenen Statistiken, sortiert nach dem Datum der letzten Aktualisierung, zurück.

9.2.2 Gefilterte Indizes und Statistiken

In Kapitel 5 haben wir bereits über gefilterte Indizes gesprochen, also Indizes, die nicht alle Zeilen einer Tabelle enthalten. Ein gefilterter Index hat natürlich ebenso eine zugehörige Statistik, und diese Statistik ist ebenfalls gefiltert.

Darüber hinaus können gefilterte Statistiken auch manuell erstellt werden. Hierzu möchte ich noch einmal auf eines der vorherigen Beispiele zurückkommen. Schauen Sie sich bitte nochmals diese Abfrage an:

```
select y from T1 where a='234' and b=1234
```

Etwas weiter oben haben wir eine Spaltenstatistik über die Spalten a und b erstellt, um zu einer deutlich besseren Abschätzung der verarbeiteten Zeilen zu kommen. Statt einer solchen Statistik über mehrere Spalten hätten wir auch eine gefilterte Statistik erzeugen können, und zwar so:

```
create statistics s2 on T1(a) where b=1234
```

Der tatsächliche Ausführungsplan zeigt nun eine geschätzte Zeilenanzahl, die exakt mit der tatsächlichen Anzahl von Zeilen übereinstimmt (siehe Abbildung 9.13).

Table Scan	
Scannt die Zeilen einer Tabelle.	
Physischer Vorgang	Table Scan
Logischer Vorgang	Table Scan
Tatsächlicher Ausführungsmodus	Row
Geschätzter Ausführungsmodus	Row
Tatsächliche Anzahl von Zeilen	7
Tatsächliche Batchanzahl	0
Geschätzte E/A-Kosten	0,412755
Geschätzte Operatorkosten	0,522912 (100 %)
Geschätzte CPU-Kosten	0,110157
Geschätzte Unterstrukturkosten	0,522912
Anzahl von Ausführungen	1
Geschätzte Anzahl von Ausführungen	1
Geschätzte Anzahl von Zeilen	7

Abbildung 9.13: Geschätzte Zeilenanzahl mit gefilterter Statistik

Gefilterte Indizes und Statistiken haben einige interessante Vorteile:

▶ **Verbesserte Granularität**. Die Anzahl der Einträge im Histogramm ist auf 200 beschränkt. Diese Begrenzung kann unter Umständen Probleme verursachen, weil die Anzahl der Stichproben einfach zu gering ist. Stellen Sie sich eine Tabelle mit einer Milliarde Zeilen vor. Bei nur 200 Stichproben im Histogramm ist die Wahrscheinlichkeit groß, dass die Information nicht ausreichend für taugliche Kardinalitätsschätzungen ist. Gefilterte Statistiken bieten hier einen Ausweg, denn sie gestatten das Erstellen mehrerer Statistiken für eine Spalte, die idealerweise vollständig disjunkt sein sollten, die sich also nicht überlappen und den gesamten Wertebereich abdecken. Jede der gefilterten Statistiken kann dann wieder 200 Stichprobeneinträge im Histogramm haben, was letztlich die Granularität der Statistik(en) erhöht und zu einer besseren Abschätzung der Kardinalität führen kann.

▶ **Statistiken für horizontal partitionierte Tabellen**. Sofern Sie eine Tabelle in Partitionen aufgeteilt haben, ist das Erzeugen von gefilterten Indizes bzw. Statistiken möglicherweise ebenfalls sinnvoll. Stellen Sie sich den Fall vor, dass eine Tabelle mit 90% historischen Daten existiert. Diese Daten werden nie geändert und selten abgefragt. Nur 10% der Zeilen sollen zum aktuellen Bereich der Tabelle gehören. Mit diesen 10% wird also aktiv gearbeitet. Automatisch erstellte Statistiken werden nicht für einzelne Partitionen erzeugt, sondern immer für die gesamte Tabelle. Diese automatischen Statistiken sind also immer ungefiltert. Es kann von Vorteil sein, wenn Sie für eine partitionierte Tabelle gefilterte Statistiken erstellen, die an den Partitionsgrenzen ausgerichtet sind. In unserem Beispiel hätten Sie dadurch Statistiken, die für den aktiven Bereich nur für 10% der Zeilen erzeugt worden wären. Ganz offensichtlich hätten die so gefilterten Statistiken eine bessere Granularität als Statistiken für alle Zeilen der Tabelle. Die auf dem aktiven Teil der Tabelle ausgeführten Abfragen können dadurch mit exakteren Kardinalitätsschätzungen arbeiten.

▶ **Verminderter Wartungsaufwand für gefilterte Statistiken**. Wenn wir bei unserem Beispiel mit 90% historischen und 10% aktiven Daten bleiben, dann müssen wir die gefilterten Statistiken für den 90%-Teil niemals aktualisieren, denn dort finden ja keine Änderungen statt. Lediglich 10% der Tabellendaten werden auch geändert, sodass nur hierfür eine Aktualisierung der Statistiken erforderlich ist. Das kann natürlich die Wartungskosten senken, weil die Aktualisierung dieses verhältnismäßig kleinen Anteils weniger Ressourcen benötigt. Es gibt allerdings damit auch ein Problem, auf das wir gleich zu sprechen kommen.

Sie sehen also, dass gefilterte Statistiken den Optimierer sinnvoll unterstützen können. Leider ist es nicht immer ganz einfach zu entscheiden, ob eine gefilterte Statistik tatsächlich sinnvoll ist. Der Datenbankoptimierungsratgeber hilft hier leider nicht, denn in seiner Analyse werden gefilterte Statistiken einfach ausgeklammert.

Sie müssen die Notwendigkeit für gefilterte Statistiken also manuell entdecken, was sehr mühsam sein kann und auch einige Erfahrung erfordert.

Darüber hinaus weisen gefilterte Statistiken einige Besonderheiten auf, die Sie beachten müssen.

Zunächst ist es durchaus möglich, dass gefilterte Statistiken den Wartungsaufwand vergrößern. Sofern Sie gefilterte Statistiken verwenden, erhöhen Sie ja die Granularität, also die Anzahl der Stichproben im Histogramm. Alle diese gefilterten Statistiken müssen natürlich möglichst synchron mit den Originaldaten sein, und das kostet eben mehr Ressourcen, als wenn nur eine ungefilterte Statistik vorhanden wäre.

Darüber hinaus gibt es einen weiteren Punkt, der Beachtung verdient. Wenn Sie die automatische Erstellung von Statistiken für Ihre Datenbank(en) eingeschaltet haben, was generell eine gute Idee ist, dann werden alle automatisch erstellten Statistiken ungefiltert erzeugt, und zwar ungeachtet eventuell bereits existierender gefilterter Statistiken. Für unser obiges Beispiel würde das bedeuten, dass wir dann Statistiken für den 90%-Anteil historischer Daten, den 10%-Anteil aktiver Daten *und die gesamte Tabelle* hätten. Das ist möglicherweise nicht das, was Sie möchten.

Eine weitere Eigenheit ist, dass Datenänderungen, die sich auf die Filterbedingung einer gefilterten Statistik auswirken, nicht berücksichtigt werden, wenn entschieden wird, ob eine Statistik veraltet ist.

Das weitaus größte Problem ist aber sicherlich die Tatsache, dass die Entscheidung, ob eine gefilterte Statistik veraltet ist und automatisch aktualisiert werden muss, nicht den gefilterten Anteil in Betracht zieht, sondern immer die gesamte Tabelle. Dadurch kann es leicht passieren, dass gefilterte Statistiken veralten. Denken Sie bitte noch einmal an unser Beispiel mit den 90% historischen und 10% aktiven Daten. Stellen Sie sich vor, dass alle aktiven Daten geändert werden. Wir haben dann also 100% der aktiven Daten verändert. Bezogen auf die gesamte Tabelle sind es jedoch lediglich 10%. Damit wären Statistiken auf dem 10%-Anteil nach wie vor korrekt im Sinne des Optimierers, obwohl alle Daten geändert wurden. Diese Regel gilt im Übrigen gleichermaßen für gefilterte Statistiken, die zu einem gefilterten Index gehören.

Hier können Sie letztlich nur Abhilfe schaffen, indem Sie nicht komplett auf die automatische Aktualisierung vertrauen. Bei gefilterten Indizes und Statistiken sollten Sie die Automatik durch manuelle Aktualisierungen unterstützen.

Wir kommen in Kapitel 11 noch einmal auf gefilterte Statistiken zurück, wenn es um die Partitionierung mit Indizes geht.

9.2.3 Probleme mit Statistiken

Im vorangegangenen Abschnitt haben Sie gesehen, wie wichtig möglichst aktuelle Statistiken für die Abfrageleistung sind. Wenn Sie dafür sorgen, dass die Aktualisierungsrate Ihrer Statistiken angemessen ist (was „angemessen" in diesem Zusammenhang bedeutet, müssen Sie leider für Ihre Umgebung selber herausfinden), dann erleichtern Sie dem Optimierer beim Auffinden eines möglichst optimalen Plans die Arbeit.

In diesem Abschnitt soll nun untersucht werden, welche Probleme im Zusammenhang mit Statistiken auftreten und wie Sie diese Probleme lösen können.

Nicht aktuelle Statistiken

Wir beginnen mit einem Beispiel, das die Auswirkungen nicht aktueller Statistiken auf die Abfrageleistung demonstriert.

Für dieses Beispiel erstellen wir eine Tabelle Produkt:

```
use QueryTest;
if (object_id('Produkt', 'U') is not null)
  drop table Produkt
go
create table Produkt
 (
   Id int identity(1,1) not null
  ,Preis decimal(8,2) not null
  ,LetzteAktualisierung date not null default current_timestamp
  ,Spalten nchar(500) not null default '#'
 )
go
alter table Produkt add constraint PK_Produkt
 primary key clustered (Id)
```

Die Tabelle soll unter anderem das Datum der letzten Aktualisierung der Produktdaten enthalten. Nach diesem Datum wollen wir später suchen.

Das folgende Skript fügt 500.000 Produkte in die Tabelle ein, wobei die Spalten LetzteAktualisierung und Preis mit zufälligen Werten gefüllt werden:

```
insert Produkt(LetzteAktualisierung, Preis)
  select dateadd(day, abs(checksum(newid())) % 3250,'20000101')
       ,0.01*(abs(checksum(newid())) % 20000)
    from Numbers
  where n <= 500000
```

Da nach der letzten Aktualisierung gesucht werden soll, erstellen wir für diese Spalte einen Index:

```
create nonclustered index ix_Prod on Produkt(LetzteAktualisierung)
```

Bei der Erstellung des Index wird automatisch auch eine entsprechende Statistik angelegt.

Stellen Sie sich nun vor, dass durch eine Firmenübernahme 100.000 weitere Produkte am 01.12.2008 hinzukommen. Dies wird durch das folgende Skript simuliert:

```
insert Produkt(LetzteAktualisierung,Preis)
  select '20081201', 100 from Numbers where n <= 100000
```

Da der gruppierte Index nun wahrscheinlich stark fragmentiert ist, wollen wir ihn neu aufbauen, bevor wir fortfahren:

```
alter index PK_Produkt on Produkt rebuild
```

Die Anzahl der durch die letzte Anweisung geänderten Zeilen ist zu klein für eine automatische Aktualisierung der Statistiken. Insgesamt wurden nämlich lediglich 100.000 von 500.000 Zeilen, also 20% der Zeilen, geändert. Die folgende Abfrage wird daher mit veralteten Statistiken ausgeführt:

```
select *
  from Produkt
where LetzteAktualisierung = '20081201'
```

Der verwendete Abfrageplan basiert also auf nicht aktuellen Statistiken und ist deshalb nicht optimal. In Abbildung 9.14 sehen Sie den grafischen Ausführungsplan.

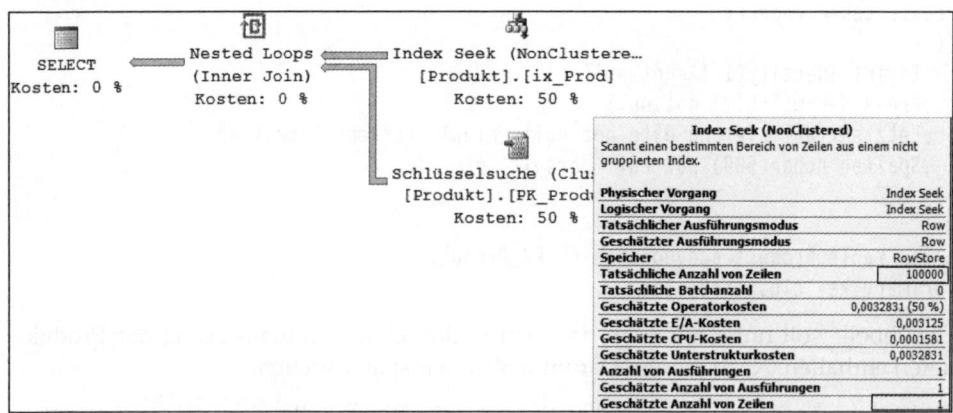

Abbildung 9.14: Ein Ausführungsplan mit nicht aktuellen Statistiken

Im Abfrageplan wird ein Index-Seek verwendet, weil der Optimierer sich in der Anzahl der Zeilen verschätzt – und zwar ganz gewaltig. Die geschätzte Zeilenanzahl ist 1, die tatsächliche Anzahl von Zeilen ist 100.000. Für die Abfrage einer einzigen Zeile (so wie geschätzt) ist ein Index-Seek natürlich der perfekte Operator. Bei 100.000 Zeilen sieht das allerdings anders aus. Hier wäre ein Clustered-Index-Scan eindeutig die bessere Wahl. Wie kommt nun aber der Optimierer zu der fehlerhaften Einschätzung? Die Ursache ist einfach die nicht aktuelle Statistik.

Wenn Sie sich das Histogramm der Statistik ansehen, dann finden Sie tatsächlich keine Einträge für den 01.12.2008. Abbildung 9.15 zeigt das untere Ende der Histogramm-Daten.

RANGE_HI_KEY	RANGE_ROWS	EQ_ROWS	DISTINCT_RANGE_ROWS	AVG_RANGE_ROWS
2008-04-13	1292	180	8	161,5
2008-05-04	2964	136	20	148,2
2008-05-19	2188	134	14	156,2857
2008-07-24	10015	171	65	154,0769
2008-10-11	11941	138	78	153,0897
2008-11-12	4774	172	31	154
2008-11-23	1544	139	10	154,4

Abbildung 9.15: Das untere Ende der Histogramm-Daten für den Index ix_Prod

Hinzu kommt, dass die hinzugefügten Datumswerte allesamt außerhalb des existierenden Histogramms liegen. Alle hinzugefügten Werte sind größer als der größte im Histogramm enthaltene Wert. Deshalb kann der Optimierer keine Schätzung abgeben, die auf einer vorhandenen Statistik basiert. Er geht in diesem Fall einfach davon aus, dass der exakte Vergleich mit einem Datumswert (WHERE LetzteAktualisierung = '20081201') nur eine Zeile liefert.

Die Abfrage hat insgesamt 300.165 logische Lesevorgänge benötigt (ermittelt mit SET STATISTICS IO ON). Beachten Sie bitte, dass der dargestellte Plan zwar der Plan ist, nach dem die Abfrage ausgeführt wird, die im Plan dargestellten Kosten sind jedoch nicht die tatsächlich entstandenen Kosten! Der Plan wird *vor* der Ausführung erstellt. Die im Plan gezeigten Kosten sind deshalb *erwartete* Kosten, die in unserem Beispiel nichts mit der Realität zu tun haben.

Es gibt unterschiedliche Möglichkeiten, dieses Problem zu lösen. Sie können sich zum Beispiel mit einem Abfragehinweis behelfen:

```
select *
  from Produkt with (index=0)
 where LetzteAktualisierung = '20081201'
```

Über INDEX=0 wird festgelegt, dass kein Index verwendet werden soll. Nun wird also ein Clustered-Index-Scan durchgeführt und die Anzahl der benötigten Lesevorgänge ist tatsächlich kleiner als bei Verwendung des Index, nämlich auf meiner Maschine nun nur noch 86.035, also ungefähr zwei Drittel weniger als zuvor!

Allerdings sollten Sie Abfragehinweise, die den Optimierer zu etwas zwingen, was er normalerweise nicht tun würde, vermeiden. In unserem Fall ist es ja durchaus denkbar, dass zu einem späteren Zeitpunkt für das Datum 01.12.2008 die Suche über den Index doch irgendwann sinnvoll wird, weil die Daten sich entsprechend geändert haben. Wenn dieser Fall eintritt, dann wird durch die obige Abfrage die Indexverwendung unterbunden – was natürlich nicht erwünscht ist. Die Entscheidung über die Indexverwendung sollten Sie möglichst dem Optimierer überlassen. Generell ist es besser, wenn Sie den Optimierer verstehen und *mit ihm* arbeiten, als zu versuchen, ihn auf irgendeine Weise auszutricksen.

Ein Indexhinweis hilft hier zwar in erster Instanz, ist jedoch nicht empfehlenswert. Besser ist es, wenn Sie dafür sorgen, dass der Optimierer mit aktuellen Statistiken arbeiten kann, die in diesem Fall eben aktueller sein müssen, als der Standard vorschreibt. (Denken Sie an die oben präsentierte 20%-Regel.) Dann tritt das Problem gar nicht erst auf. Hier hilft zum Beispiel die bereits erwähnte gespeicherte Systemprozedur `sp_updatestats` weiter, die Sie im einfachsten Fall so aufrufen können:

```
sp_updatestats
```

Dadurch werden alle bestehenden Statistiken einer Datenbank aktualisiert. Wenn Sie sich nun noch einmal das Histogramm der Statistik anzeigen lassen, zum Beispiel durch das Kommando:

```
dbcc show_statistics(Produkt,ix_Prod) with histogram
```

dann werden Sie auch einen Eintrag für den 01.12.2008 im Histogramm finden. Starten Sie jetzt die ursprüngliche Abfrage erneut, dann erhalten Sie im Ausführungsplan den erwarteten Clustered-Index-Scan (Abbildung 9.16).

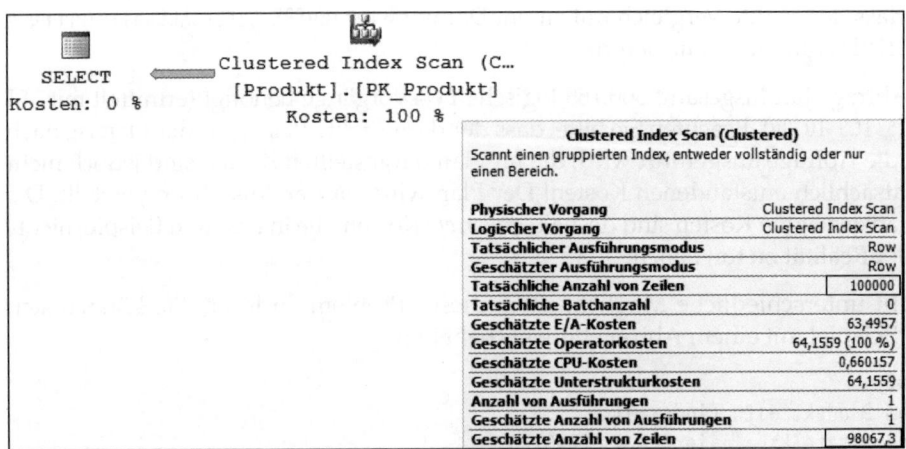

Abbildung 9.16: Geänderter Ausführungsplan mit aktuellen Statistiken

Achten Sie bitte auf die geschätzte Anzahl von Zeilen, die nun – mit der aktualisierten Statistik – wesentlich näher an der Realität ist als zuvor.

Wenn Sie nun denken, dass das gerade präsentierte Beispiel etwas weit hergeholt ist, dann irren Sie sich. Das Beispiel zeigt einen Fall, der in der Praxis recht häufig anzutreffen ist. Für viele Spalten trifft die Eigenschaft zu, dass die gespeicherten Werte ständig anwachsen. Dadurch kann es immer mal wieder vorkommen, dass Sie in Abfragen Parameter verwenden, für die noch keine Statistiken im Histogramm existieren. Denken Sie nur an Primärschlüssel, deren Werte automatisch vergeben werden, zum Beispiel durch Verwendung von IDENTITY-Spalten. Sobald Sie Zeilen zu einer Tabelle hinzufügen, werden die Werte der hinzugefügten Spalten stets außerhalb der bestehenden Histogramm-Daten liegen, sodass für entsprechende Abfragen keine Einträge im Histogramm existieren. Falls solche Werte in Abfragen verwendet werden, dann muss der Optimierer irgendwelche Annahmen treffen, die möglicherweise nicht korrekt sind. Daher sollten Sie erwägen, die Statistiken für solche Spalten häufiger zu aktualisieren, als der automatische Algorithmus dies erledigt.

In vielen Fällen ist es eine gute Idee, alle Statistiken zyklisch durch den Aufruf von sp_updatestats zu aktualisieren. Zusätzlich sollten Sie die Prozedur sp_updatestats auch nach größeren Datenänderungen (zum Beispiel BULK IMPORTs) aufrufen. Bitte fangen Sie aber nun nicht an, sp_updatestats etwa jede Stunde zu starten. Das Aktualisieren von Statistiken benötigt natürlich Systemressourcen und sollte daher möglichst zu Zeiten geringer sonstiger Aktivität durchgeführt werden. Darüber hinaus werden gespeicherte Ausführungspläne invalidiert, sodass bei der nächsten Verwendung ein Re-Kompilieren erforderlich ist.

Noch eine Anmerkung zum Schluss: Wenn Sie mit manuell erstellten Statistiken arbeiten, dann sollten Sie darauf achten, dass Sie keine Statistiken erstellen, die es bereits gibt. Wenn mehrere Statistiken für dieselbe(n) Spalte(n) existieren, dann muss der Optimierer sich für die Verwendung einer Statistik entscheiden. Bei dieser Entscheidung wird er die nach seiner Meinung „bessere" Statistik auswählen. Dies ist zum Beispiel die Statistik mit dem jüngeren Aktualisierungsdatum oder mit mehr Einträgen in der Stichprobe. Außerdem kann diese Verfahrensweise zur Folge haben, dass Re-Kompilierungen stattfinden, weil die für einen Plan verwendeten Statistiken sich ändern.

Abhängige Spaltenwerte

Es gibt eine Situation, in welcher der Optimierer überfordert ist, weil die vorhandenen Statistiken für eine Kardinalitätsschätzung nicht geeignet sind – mögen sie auch noch so aktuell sein.

Wie immer, möchte ich Ihnen diesen Fall anhand eines Beispiels verdeutlichen.

Wir legen für dieses Beispiel eine Tabelle mit Personendaten an, wobei uns hier nur die Spalten Altersklasse und Gehalt interessieren:

```
use QueryTest;
-- Lege eine Tabelle mit Personendaten an
if (object_id('Person', 'U') is not null)
  drop table Person
go
create table Person
```

```
(
 Id int identity(1,1) not null primary key clustered
,Altersklasse nchar(4) not null
,Gehalt      int not null default 0
,Spalten     nchar(200) not null default '#'
)
```

Die vierte Spalte dient wiederum nur als Platzhalter. Damit simulieren wir, dass eine Zeile noch mehr Spalten enthält.

Nun fügen wir Daten in die Tabelle ein, wobei als eine Besonderheit berücksichtigt wird, dass das Gehalt normalerweise mit der Erfahrung, also der höheren Altersklasse wächst. Als Altersklassen tragen wir die Werte „AK10" bis „AK70" in Zehnerschritten ein. Das entsprechende Skript sieht so aus:

```
-- Füge 1.000.000 Zeilen in die Tabelle ein
with Altersklassen(AK) as
 (
  select str(10+10*(abs(checksum(newid())))%7), 2)
    from Numbers
    where n <= 1000000
 )
insert Person (Altersklasse, Gehalt)
 select 'AK' + AK
       ,case AK
          when 10 then 0
          when 20 then 20000 + abs(checksum(newid())) % 10000
          when 30 then 30000 + abs(checksum(newid())) % 10000
          when 40 then 40000 + abs(checksum(newid())) % 20000
          when 50 then 50000 + abs(checksum(newid())) % 20000
          when 60 then 60000 + abs(checksum(newid())) % 30000
          else 20000 + abs(checksum(newid())) % 100000
        end
    from Altersklassen
```

Wir wissen, dass diese Tabelle nach Altersklasse und Gehalt durchsucht werden soll, und legen deshalb einen Index auf diesen beiden Spalten an:

```
create nonclustered index Ix_AK on Person(Altersklasse,Gehalt)
```

Da für die folgenden Abfragen auch die physikalischen E/A-Vorgänge gemessen werden sollen, wird nun noch ein CHECKPOINT veranlasst, damit alle im Speicher geänderten Seiten auf die Festplatte geschrieben werden:

```
checkpoint
```

Wir möchten jetzt alle Personen abfragen, die in der Altersklasse 60 mit einem Gehalt zwischen 30.000 und 40.000 vorhanden sind:

```
dbcc dropcleanbuffers
select *
  from Person
 where Altersklasse = 'AK60'
   and Gehalt between 30000 and 40000
       option (maxdop 1)
```

Für die Messung der E/A-Operationen wird zunächst der Datencache geleert. Außerdem verwenden wir die Option MAXDOP 1, damit die Abfrage nicht parallel ausgeführt wird. Dadurch ist der Vergleich mit der geänderten Abfrage etwas weiter unten einfacher und auch realistischer.

Wenn Sie sich den Ausführungsplan ansehen (siehe Abbildung 9.17), dann stellen Sie fest, dass ein Clustered-Index-Scan durchgeführt wird.

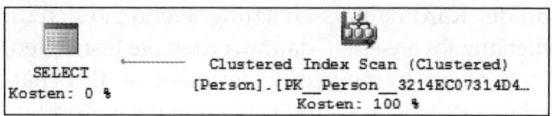

```
SELECT                  Clustered Index Scan (Clustered)
Kosten: 0 %             [Person].[PK__Person__3214EC07314D4...
                             Kosten: 100 %
```

Abbildung 9.17: Suboptimaler Ausführungsplan durch Clustered-Index-Scan

Der eigens für die Suche erstellte Index wurde ignoriert. Dies ist doch merkwürdig, oder? Immerhin gibt die Abfrage keine Zeile zurück und das legt doch die Vermutung nahe, dass die Verwendung des Index sehr wohl sinnvoll gewesen wäre. Die Selektivität des Index für die Abfrageparameter ist sicherlich sehr gut, denn für die „AK60" wurden keinerlei Zeilen mit einem Gehalt zwischen 30.000 und 60.000 eingefügt. Dies können Sie sofort sehen, wenn Sie nochmals das weiter oben verwendete Skript zur Erzeugung der Tabellendaten betrachten.

Also probieren wir den Index doch einmal aus, indem wir einen entsprechenden Abfragehinweis verwenden:

```
dbcc dropcleanbuffers
-- Mit Indexhinweis
select *
  from Person with (index=Ix_AK)
 where Altersklasse = 'AK60'
   and Gehalt between 30000 and 40000
       option (maxdop 1)
```

Statt der Klausel WITH(INDEX=Ix_AK) hätten wir auch den allgemeinen Indexhinweis WITH(FORCESEEK) verwenden können, um dem Optimierer mitzuteilen, dass er einen möglichst passenden Index auswählen soll. Dadurch wäre die Abfrage nicht mehr abhängig von der Existenz des Index Ix_AK.

Der erzeugte Ausführungsplan sieht nun natürlich anders aus, nämlich so, wie in Abbildung 9.18 gezeigt.

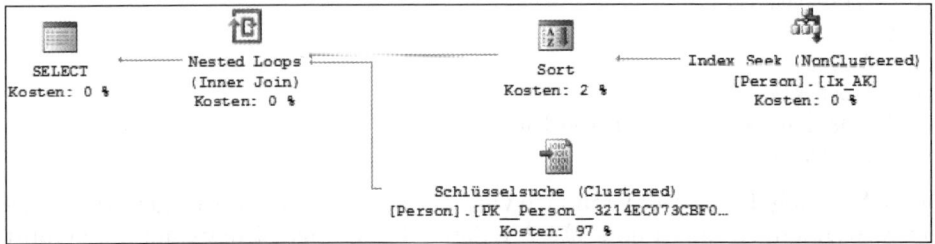

Abbildung 9.18: Ausführungsplan mit Verwendung des Index auf (AK, Gehalt)

Etwas eigenartig sieht der Plan allerdings immer noch aus. So ist zum Beispiel auf den ersten Blick nicht klar, wozu der Sort-Operator existiert. Das Problem ist einfach, dass der Optimierer sich zwar zur Verwendung des Index überreden (oder besser: zwingen) lässt. Dies ändert jedoch nichts an der Kardinalitätsschätzung. Wenn Sie sich im Plan die geschätzten Werte für die Zeilenanzahl ansehen, dann werden Sie feststellen, dass der Optimierer ganz gehörig danebenliegt. In meinem Experiment ist die Schätzung für den Index-Seek ca. 20.000 Zeilen, tatsächlich werden aber 0 Zeilen gefunden. Da der Plan auf der Grundlage der Schätzungen erstellt wird, geht der Optimierer eben auch davon aus, dass in den oberen Zweig des Nested Loop-Operators ca. 20.000 Zeilen einfließen, und fügt einen Sort-Operator ein, damit diese Zeilen zuvor sortiert werden. Das Ziel ist letztlich eine Beschleunigung des Nested Loop-Operators.

Interessanterweise ist also der durch einen Indexhinweis erzwungene Plan nicht optimal, weil sich der Optimierer eben nach wie vor in der Zeilenanzahl verschätzt. Trotzdem benötigt die Abfrage mit dem Indexhinweis erheblich weniger Ressourcen als zuvor. Daher erfüllt der (suboptimale) Plan letztlich seinen Zweck.

In Tabelle 9.2 habe ich einmal für beide Abfragen die ermittelten Statistiken eingetragen.

	Lesevorgänge		Zeit/s	
	Physikalisch	Logisch	CPU	Dauer
Ohne Indexhinweis	1.192	52.829	0,61	15,36
Mit Indexhinweis	3	4	0,00	0,04

Tabelle 9.2: Ergebnisse der Abfrage mit und ohne Index-Abfragehinweis

Sie können deutlich erkennen, dass die Fehleinschätzung des Optimierers in diesem Fall zu einem sehr ineffizienten Plan führt.

Was ist aber nun die Ursache dafür? Veraltete Statistiken können es sicherlich nicht sein, denn wir haben nach der Erstellung des nicht gruppierten Index Ix_AK keinerlei Datenänderungen mehr vorgenommen. Und doch muss die Ursache für die Fehleinschätzung irgendwie in den Statistiken zu finden sein. Das bedeutet, es ist möglich, dass auch aktuelle Statistiken zu falschen Kardinalitätsschätzungen und letztlich suboptimalen Ausführungsplänen führen können.

Sehen wir uns die Statistiken also einmal an und versuchen herauszufinden, warum der Optimierer für das Prädikat

`where Altersklasse = 'AK60' and Gehalt between 30000 and 40000`

20.000 Zeilen erwartet, obwohl tatsächlich keine Zeile existiert.

Zunächst sollte Ihnen auffallen, dass für die Spalte `Gehalt` automatisch eine Statistik erzeugt wurde. Diese Statistik wurde erstellt, weil in unserer `WHERE`-Bedingung nach `Gehalt` gefiltert wird. Folglich wird für diese Spalte auch ein Histogramm benötigt. Die für den Index über die beiden Spalten `Altersklasse` und `Gehalt` automatisch erstellte Statistik stellt dieses Histogramm nicht zur Verfügung, da ein Histogramm stets nur für die führende Spalte einer Statistik erzeugt wird.

In Abbildung 9.19 sehen Sie das Histogramm für die mit dem Index Ix_AK verbundene Statistik, wobei die interessante Zeile in der Abbildung hervorgehoben ist.

RANGE_HI_KEY	RANGE_ROWS	EQ_ROWS	DISTINCT_RANGE_ROWS	AVG_RANGE_ROWS
AK10	0	142742	0	1
AK20	0	143659	0	1
AK30	0	142861	0	1
AK40	0	142882	0	1
AK50	0	142553	0	1
AK60	0	142714	0	1
AK70	0	142589	0	1

Abbildung 9.19: Histogramm für die Statistik Ix_AK

Unser Prädikat

`where Altersklasse = 'AK60' and Gehalt between 30000 and 40000`

führt dazu, dass nur die erste Spalte des Index auf (`Altersklasse, Gehalt`) verwendet wird. Dies wird aus der Bedingung `Altersklasse = 'AK60'` abgeleitet. Anhand des Histogramms für den vorhandenen Index auf der Spalte `Altersklasse` erkennt der Optimierer, dass insgesamt 142.714 Zeilen für den Wert „AK60" existieren (siehe Abbildung 9.19). Damit ist der Index nicht selektiv genug. Der Optimierer geht nun einen Schritt weiter und untersucht auch das Prädikat `Gehalt between 30000 and 40000`, allerdings nicht innerhalb des Index, sondern separat. Hierzu wird die Statistik für die Spalte `Gehalt` benötigt und demzufolge auch erzeugt.

Aus dem Histogramm dieser Statistik entnimmt der Optimierer die Tatsache, dass insgesamt (in meinem Experiment) 138.259 Zeilen existieren, für die der Wert der Spalte Gehalt zwischen 30.000 und 40.000 liegt. Dies können Sie anhand des Histogramms nachrechnen, indem Sie einfach die entsprechenden Werte für RANGE_ROWS und EQ_ROWS addieren. Wenn Ihnen das zu mühsam ist, führen Sie einfach diese Abfrage aus:

```
select Altersklasse
  from Person
 where Gehalt between 30000 and 40000
```

Schauen Sie sich im Ausführungsplan die geschätzte Zeilenanzahl an.

Bei insgesamt 1.000.000 Zeilen in der Tabelle hat das Prädikat Gehalt between 30000 and 40000 also dann eine Selektivität von 138.259/1.000.000 ? 14% für die gesamte Tabelle. Der Optimierer wendet nun diese Selektivität auch auf die Datenverteilung im Index an. Hier existieren für Altersklasse = 'AK60' insgesamt 142.714 Zeilen. Und damit ergibt sich die Schätzung, dass die Abfrage 14% von 142.714 Zeilen liefert, also etwa 20.000 Zeilen.

Die mathematisch Interessierten unter Ihnen werden das Problem bereits erkannt haben: Der Optimierer untersucht die Datenverteilung in den Statistiken für die Spalten Altersklasse und Gehalt *unabhängig voneinander* und das ist in diesem Fall schlichtweg nicht korrekt. Aus der Gesamtdatenverteilung der Spalte Gehalt zu schließen, dass diese Verteilung auch innerhalb der Bedingung Altersklasse = 'AK60' gilt, ist deshalb falsch, weil die Spaltenwerte korrelieren. Derzeit werden solche Abhängigkeiten bei der Erstellung und Auswertung von Statistiken nicht berücksichtigt.

Im obigen Beispiel hätte es geholfen, den Index auf (Altersklasse, Gehalt) als gruppierten Index anzulegen. In diesem Fall wird der gruppierte Index für die Suche verwendet, weil dies die kostengünstigste Möglichkeit darstellt. Irgendwie spielt dabei aber auch der Zufall eine Rolle, denn die Kardinalitätsschätzung ist nach wie vor verkehrt (siehe Abbildung 9.20). Achten Sie in der Abbildung auf die geschätzte Anzahl von Zeilen, die nach wie vor nichts mit der Realität zu tun hat.

Die Suche auf dem gruppierten Index wird hier verwendet, weil dies die effizienteste Möglichkeit ist – *und zwar unabhängig von der zu verarbeitenden Anzahl von Zeilen*. Die Aussage, dass einzelne Statistiken stets als voneinander unabhängig bewertet werden, ist natürlich trotzdem gültig. *Der Plan ist einfach nur zufällig effizient*, weil der Optimierer einen vorhandenen abdeckenden Index verwendet.

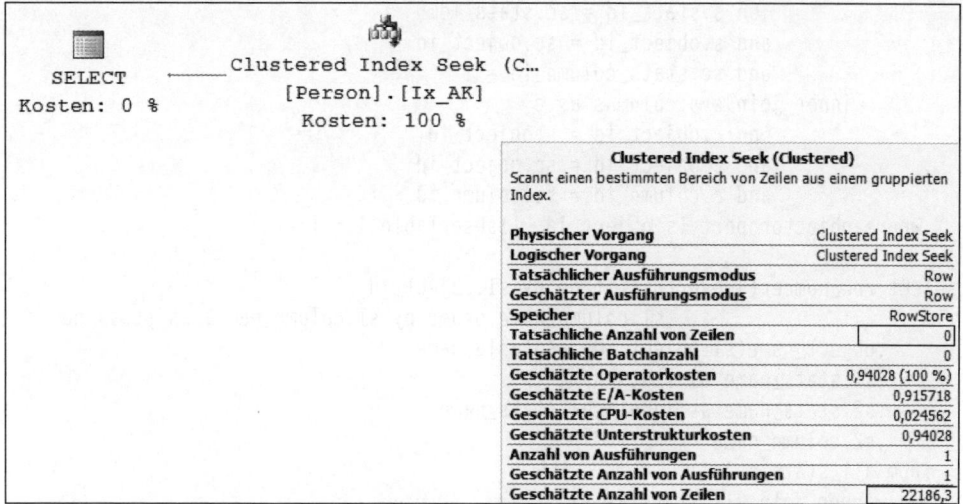

Abbildung 9.20: Der zufällig korrekte Ausführungsplan

Mehrfache Statistiken auf derselben Spalte

In Kapitel 6 haben wir bereits über doppelte bzw. mehrfach vorhandene Indizes gesprochen. Für Statistiken gilt hier genau dasselbe: SQL Server verhindert nicht das
Erzeugen von mehrfachen Statistiken, also Statistiken, welche dieselben Spalten in derselben Reihenfolge enthalten. Diese Tatsache kann dazu führen, dass bei der Aktualisierung von Statistiken unnötige Arbeit verrichtet werden muss.

Wenn Sie meinen, dass Sie hiervor gefeit sind, dann denken Sie bitte an die folgende
Situation: Sie führen eine Abfrage aus, und der Optimierer erstellt automatisch Statistiken, sofern sie benötigt werden. Etwas später merken Sie, dass Ihre Abfrage von
einem Index profitieren könnte, und legen diesen Index an. Wie Sie wissen, wird
dann auch eine mit diesem Index verbundene Statistik erzeugt, und zwar unabhängig davon, ob bereits eine entsprechende Spaltenstatistik existiert. Dadurch haben
Sie nun zwei Statistiken auf derselben Spalte: eine reine Spaltenstatistik und eine
Indexstatistik. Die Spaltenstatistik ist nun sehr wahrscheinlich überflüssig. Sie wird
aber nicht automatisch entfernt.

Hier können Sie nur Abhilfe schaffen, indem Sie manuell eingreifen. Das folgende
Skript sucht genau solche Statistiken, also Statistiken, die doppelt sind, wobei eine
Statistik zu einem Index gehört und die andere eben nicht.

```
with all_stats as
 (
  select s.object_id, s.name as stats_name, s.stats_id, s.has_filter
        ,s.auto_created, sc.stats_column_id
        ,sc.column_id, c.name as column_name
    from sys.stats as s
        inner join sys.stats_columns as sc
```

```
              on s.stats_id = sc.stats_id
              and s.object_id = sc.object_id
              and sc.stats_column_id = 1
        inner join sys.columns as c
              on c.object_id = s.object_id
              and c.object_id = sc.object_id
              and c.column_id = sc.column_id
    where objectproperty(s.object_id, 'IsUserTable') = 1
)
select row_number() over(partition by s1.object_id
                      ,s1.column_name order by s1.column_name) as stats_no
      ,object_name(s1.object_id) as table_name
      ,s1.stats_name as stats_name
      ,s2.stats_name as identical_stats_name
      ,s2.column_name
  from all_stats as s1
       inner join all_stats as s2
            on s1.object_id = s2.object_id
            and s1.stats_id != s2.stats_id
            and s1.stats_column_id = s2.stats_column_id
            and s1.column_id = s2.column_id
            and s1.has_filter = s2.has_filter
            and s1.auto_created != s2.auto_created
```

Die vom Skript zurückgelieferten Spaltenstatistiken können Sie sehr wahrscheinlich entfernen.

Probleme mit der Speicher-Allokation

Jede Abfrage benötigt ein gewisses Maß an Hauptspeicher für die Ausführung. Der Optimierer berechnet den erforderlichen Speicher vor der Ausführung einer Abfrage. Für diese Berechnung verwendet er natürlich auch die erwartete Menge von Zeilen für einen bestimmten Operator. Wenn der Optimierer sich dabei verschätzt, dann können zwei Dinge passieren:

▶ Es wird zu viel Speicher angefordert. Das ist einfach eine Verschwendung von Hauptspeicher, die natürlich nicht unbedingt wünschenswert ist. Auf die Abfrageleistung hat dies normalerweise keinen merklichen Einfluss, es sei denn, mehrere 1.000 Abfragen machen so etwas gleichzeitig.

▶ Es wird zu wenig Speicher angefordert. Eine solche Situation kann ziemlich drastische Auswirkungen auf die Abfrageleistung haben. Dies betrifft Sortierungen und Hash-Joins. Der Optimierer versucht, Sortierungen im Hauptspeicher auszuführen und die für Hash-Joins erforderliche Hash-Tabelle ebenfalls im Hauptspeicher anzulegen. Wenn der hierfür angeforderte Speicherplatz nicht ausreicht, dann wird nicht etwa zusätzlicher Speicher zur Laufzeit der Abfrage angefordert. Vielmehr wird die *tempdb* verwendet, um Zwischenergebnisse auszulagern, und das hat normalerweise sehr negative Auswirkungen auf die Abfrageleistung.

Sie können den Profiler verwenden, um zu beobachten, ob Auslagerungen auf die *tempdb* vorgenommen werden. Die Ereignisse *Errors and Warnings/Sort Warnings* bzw. *Errors and Warnings/Hash Warnings* werden ausgelöst, wenn so etwas passiert. Außerdem sehen Sie in einem solchen Fall eine entsprechende Warnung im grafischen Ausführungsplan (siehe Abbildung 9.21).

Sort
Cost: 84 %

Sort	
Sort the input.	
Physical Operation	Sort
Logical Operation	Sort
Actual Execution Mode	Row
Estimated Execution Mode	Row
Actual Number of Rows	1042127
Actual Number of Batches	0
Estimated Operator Cost	194,3999 (84%)
Estimated I/O Cost	181,182
Estimated CPU Cost	13,217
Estimated Subtree Cost	221,074
Estimated Number of Executions	1
Number of Executions	3
Estimated Number of Rows	1029690
Estimated Row Size	223 B
Actual Rebinds	3
Actual Rewinds	0
Node ID	4
Warnings	
Operator used tempdb to spill data during execution with spill level 1	

Abbildung 9.21: Sort-Warnung im grafischen Ausführungsplan

Sowohl das kleine gelbe Ausrufezeichen in der grafischen Darstellung des Operators als auch der Text in den Eigenschaften weisen darauf hin, dass für die Sortierung auf die *tempdb* ausgelagert werden musste.

9.2.4 Praxistipps für den Umgang mit Statistiken

Ich hoffe, Sie haben an diesem Punkt verstanden, dass Statistiken eine sehr zentrale Rolle bei der Erstellung von Ausführungsplänen spielen. Es ist daher wichtig, dass Ihre Datenbanken über qualitativ gute Statistiken verfügen. Deshalb möchte ich Ihnen hier abschließend eine Aufstellung mit Tipps aus der Praxis an die Hand geben.

▶ Seien Sie bequem. Es gibt automatische Mechanismen für das Erstellen und Aktualisieren von Statistiken – also nutzen Sie diese Mechanismen. In den meisten Fällen ist das schon absolut ausreichend.

▶ Veraltete Statistiken sind oftmals eine wesentliche Ursache für eine niedrige Abfrageleistung. Oftmals bleibt für eine detaillierte Analyse eines Problems keine Zeit. Deshalb ist es manchmal eine gute Idee, einfach die Statistiken zu aktualisieren, um eine Verbesserung zu erzielen. Wenn Sie die Option STATISTICS IO einschalten, dann bekommen Sie eine Auflistung der an einer Abfrage beteiligten Statistiken. Aktualisieren Sie diese Statistiken einfach und schauen, ob das vielleicht schon hilft. Wenn nicht, dann könnte eine Aktualisierung mit der Option FULL SCAN möglicherweise für Verbesserung sorgen. Seien Sie aber bitte vorsichtig damit, denn ein solcher Vorgang erfordert bei großen Tabellen oder Indizes eine erhebliche Menge physikalischer Leseoperationen. Suchen Sie im Ausführungsplan nach Differenzen zwischen geschätzter und tatsächlicher Zeilenanzahl. Solche Differenzen sind oft ein Indikator für nicht repräsentative Statistiken.

▶ Verwenden Sie die existierenden automatischen Mechanismen, aber vertrauen Sie nicht einzig darauf. Ergänzen Sie die Automatik durch manuelle Aktualisierungen im Rahmen von Datenbank-Wartungsarbeiten.

▶ Bauen Sie fragmentierte Indizes neu auf, wenn dies erforderlich ist. Dadurch werden die entsprechenden Index-Statistiken ebenfalls aktualisiert. Bitte achten Sie darauf, dass Sie die Index-Statistiken nicht nochmals nach einem Neuaufbau eines Index aktualisieren. So etwas ist nicht nur unnötig, sondern auch hinderlich in Bezug auf die Qualität der Statistik.

▶ Prüfen Sie, ob Ihre Abfragen von Statistiken über mehrere Spalten profitieren können. Der Datenbankoptimierungsratgeber kann Ihnen dabei helfen.

▶ Verwenden Sie gefilterte Statistiken, wenn Sie mehr als 200 Stichproben im Histogramm benötigen. Sorgen Sie bei gefilterten Statistiken unbedingt für eine angemessene Aktualisierungsrate, da diese Statistiken ansonsten sehr schnell veraltet sein können.

▶ Vermeiden Sie doppelte oder mehrfache Statistiken. So etwas erzeugt nicht nur unnötigen Wartungsaufwand. Es erhöht auch den Aufwand, den der Optimierer für die Planerstellung benötigt, und kann ihn im schlimmsten Fall auch in die Irre führen.

▶ Achten Sie auf möglichst optimalen SQL-Code. Die besten Statistiken helfen Ihnen nicht, wenn Sie Ihren Code so formulieren, dass der Optimierer von diesen Statistiken keinen Gebrauch machen kann. Hierauf kommen wir im nächsten Abschnitt sofort zurück.

9.3 Parametrisierte Abfragen

In Abschnitt *Parametrisierte Abfragen* haben Sie eine erste Einführung in die Parametrisierung von Abfragen erhalten. In diesem Abschnitt soll nun detaillierter auf diesen Punkt eingegangen werden. Sie werden dabei die Vor- und Nachteile der Parametrisierung kennenlernen und anschließend wissen, welche Besonderheiten Sie in Bezug auf Parametrisierung beachten sollten.

Parametrisierung ist ein sehr wesentliches Konzept, wobei generell zwei Methoden unterschieden werden. Zum einen gibt es die automatische Parametrisierung, bei welcher der Optimierer entscheidet, ob eine Abfrage parametrisiert wird. Auf der anderen Seite kann eine Parametrisierung durch die Verwendung der Prozedur sp_executesql oder eine entsprechende Datenbankeinstellung auch erzwungen werden. Beide Verfahrensweisen werden im vorliegenden Abschnitt näher untersucht.

9.3.1 Positive Auswirkungen der Parametrisierung

Durch eine Parametrisierung werden letztlich zwei Ziele verfolgt:

1. Erhöhung der Wiederverwendbarkeit von gespeicherten Ausführungsplänen. Durch die Parametrisierung werden Ausführungspläne klassifiziert. Für jeden Vertreter einer Klasse wird dann nur noch ein Plan gespeichert. Diese Verfahrensweise erhöht letztlich die Wiederverwendbarkeit gespeicherter Ausführungspläne, da die Wahrscheinlichkeit steigt, dass für eine Abfrage bereits ein parametrisierter Ausführungsplan, sozusagen als Muster, im Cache vorgefunden wird. Dadurch werden CPU-intensive Compile-Vorgänge eingespart, was sich positiv auf die Performance auswirkt.

2. Verringerung des vom Plancache benötigten Speichers. Dieser Punkt ergibt sich natürlich unmittelbar aus der Reduzierung der im Cache gespeicherten Pläne. Die Verringerung des Plancaches reduziert auch den Hauptspeicherbedarf von SQL Server insgesamt. Dadurch steht alles in allem mehr Hauptspeicher für den Datencache zur Verfügung, und das hat natürlich in Summe positive Auswirkungen auf die Abfrageleistung.

Der Unterschied zwischen Parametrisierung und Nicht-Parametrisierung kann hierbei wirklich enorm sein, wie das folgende Beispiel beweist. In diesem Beispiel führen wir eine identische Abfrage in zwei Versuchen 5.000 Mal aus. Im ersten Versuch verzichten wir dabei zunächst auf eine Parametrisierung:

```
-- 1. Versuch. Ohne Parametrisierung
set nocount on
dbcc freeproccache
dbcc dropcleanbuffers
go
declare @i int
      ,@cmd nvarchar(200)
set @i = 0
while (@i <= 5000)
 begin
   set @cmd = 'declare @x int;
              select @x=checksum_agg(checksum(*))
                from sys.all_columns
               where object_id=' + cast(@i as nvarchar(30))
   exec (@cmd)
   set @i = @i + 1
 end
go
```

Durch das dynamische Erzeugen der SQL-Anweisung und die Ausführung über die EXEC()-Funktion wird eine Parametrisierung unterbunden. Dadurch wird in jedem Schleifendurchlauf erneut ein Ausführungsplan erstellt und im Plancache gespeichert.

Die Ausführung des obigen Skriptes hat auf meiner virtuellen Maschine insgesamt 48 Sekunden gedauert.

Wenn Sie sich nach der Ausführung der Abfrage den Plancache ansehen (verwenden Sie hierzu die am Beginn dieses Kapitels in Abschnitt *Ausführungspläne und der Plancache* präsentierte Abfrage), dann werden Sie feststellen, dass der Cache mehr oder weniger voll ist. Bei mir sind nach der Ausführung ca. 4.300 Pläne im Cache – und jeder dieser Pläne sieht gleich aus. Allein die Tatsache, dass nicht alle 5.000 Pläne im Cache Platz gefunden haben, lässt schon vermuten, dass Ausführungspläne aus dem Cache entfernt wurden, weil SQL Server über nicht genügend Hauptspeicher verfügt (auf meiner Maschine ist SQL Server 1 GByte Speicher zugewiesen). Wenn wir uns die Speicherverwendung ansehen, dann wird die Situation sofort klar. Sie können die Speicherverwendung zum Beispiel mit dem Kommando DBCC MEMORYSTATUS abfragen, um eine allumfassende Auskunft zu erhalten. Die Auslastung des Plancaches erhalten Sie auch über eine Abfrage der dynamischen Verwaltungssicht sys.dm_os_memory_cache_counters. Es ist der Counter des Typs CACHESTORE_SQLCP, der Auskunft über die Speicherverwendung durch Ad-hoc-Abfragepläne gibt. Die folgende Abfrage liefert diese Informationen:

```
select pages_kb+pages_in_use_kb as AdHoc_Kb
      ,entries_count
  from sys.dm_os_memory_cache_counters
 where type = 'CACHESTORE_SQLCP'
```

Auf meinem PC enthält der Plancache ca. 3.300 Einträge und ist insgesamt ungefähr 480 Mbyte groß.

Sie können auch den Bericht zur Arbeitsspeichernutzung der SQL Server-Instanz ausführen, den Sie in Kapitel 4 kennengelernt haben. Abbildung 9.22 zeigt den Bereich, in dem die Pufferseitenverteilung dargestellt wird.

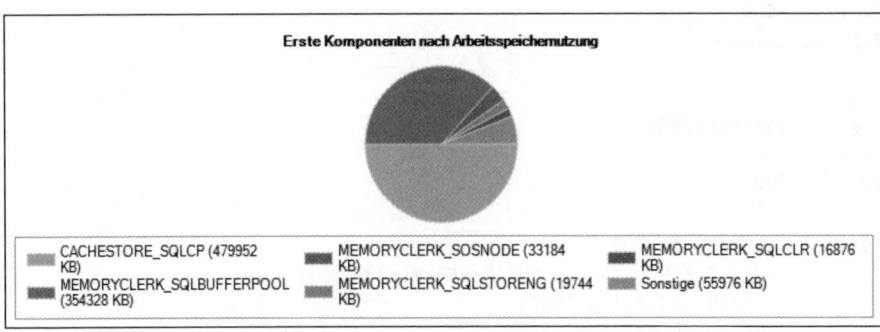

Abbildung 9.22: Speicherverteilung mit vollem Plancache

Es ist zu erkennen, dass der Bereich für Ad-hoc-Pläne (CACHESTORE_SQLCP) ca. die Hälfte des Arbeitsspeichers belegt.

Wir wollen nun den Versuch wiederholen, wobei diesmal eine parametrisierte Abfrage verwendet wird. Dadurch sollte nur ein einziger Plan im Plancache existieren. Außerdem ist dann natürlich auch nur eine einzige Kompilierung erforderlich. Dadurch sollte die Schleife deutlich schneller sein.

Das folgende Skript verwendet eine parametrisierte Abfrage durch den Einsatz der gespeicherten Prozedur sp_executesql, die wir etwas später in Abschnitt *Erzwungene Parametrisierung* noch einmal näher betrachten werden:

```
-- 2. Versuch. Mit Parametrisierung.
set nocount on
dbcc freeproccache
dbcc dropcleanbuffers
go
declare @i int
       ,@x int
       ,@cmd nvarchar(200)
set @i = 0
set @cmd = 'select @x=checksum_agg(checksum(*))
              from sys.all_columns
             where object_id=@i'
while (@i <= 5000)
 begin
   exec sp_executesql @cmd, N'@x int out, @i int', @x=@x, @i=@i
   set @i = @i + 1
 end
go
```

Diesmal hat die Ausführung nicht einmal eine Sekunde gedauert! Der Plancache enthält zwei Einträge und ist insgesamt lediglich 464 kByte groß. Die Auslastung des Plancache ist also um mehr als den Faktor 1.000 kleiner als zuvor.

Für die Aufteilung des Hauptspeichers können wir eine ähnlich drastische Verbesserung beobachten, wie in Abbildung 9.23 zu sehen ist.

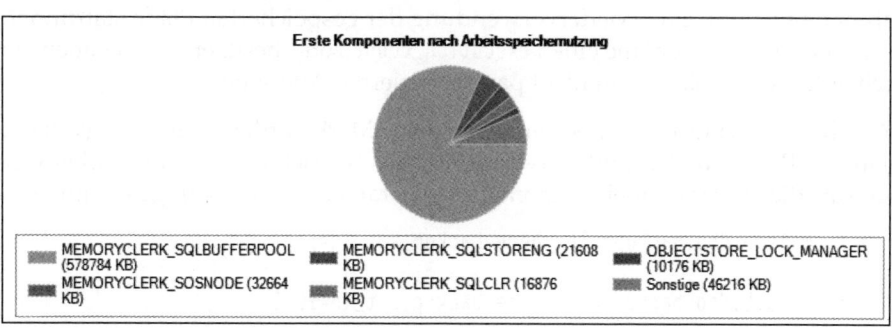

Abbildung 9.23: *Speicheraufteilung nach Ausführung der parametrisierten Abfrage*

Der größte Teil des Speichers steht nun für den Pufferspeicher, also den Datencache, zur Verfügung.

Insgesamt zeigt das durchgeführte Experiment also sehr deutlich, dass Parametrisierung sich lohnt. Sie sollten daher darauf achten, dass Ihre Anwendungen parametrisierte Abfragen verwenden. Oftmals ist es leider so, dass Anwendungen den Text der SQL-Abfragen *inklusive der verwendeten Abfrageparameter* zusammensetzen und diesen fertigen Text dann zur Ausführung an SQL Server übergeben. Betrachten Sie hierzu das folgende Beispiel, das einen Auszug aus einer Client-Anwendung, die ADO.NET verwendet, zeigt:

```
SqlCommand cmd = new SqlCommand();
cmd.CommandText = "select * from Person where PersonID=" + Id.ToString();
```

Diese Abfrage wird sehr wahrscheinlich nicht parametrisiert. Daher wird jede Ausführung der Abfrage eine Kompilierung und einen Eintrag im Prozedurcache bewirken. Viel besser ist es, die Abfrage so zu programmieren:

```
SqlCommand cmd = new SqlCommand();
cmd.CommandText = "select * from Person where PersonID=@Id";
cmd.Parameters.Add("@Id", SqlDbType.Int);
```

In diesem Fall findet eine Parametrisierung statt, und welche Vorteile sich daraus ergeben, können Sie nun beurteilen.

Oftmals werden Sie die Entwicklung der Client-Anwendungen nicht dahingehend beeinflussen können, in welcher Art und Weise SQL-Abfragen erstellt werden. Falls Sie die Chance haben, hier mitreden zu dürfen, dann denken Sie bitte daran, dass Parametrisierung verwendet werden sollte. Sie haben in jedem Fall die Möglichkeit, den Plancache dahingehend zu beobachten, ob die im Cache gespeicherten Pläne wiederverwendet werden oder ob die vorhandenen Pläne nur ein einziges Mal benötigt wurden. Die dynamische Verwaltungssicht `sys.dm_exec_query_stats` enthält eine Spalte `execution_count`, aus der Sie ablesen können, wie häufig ein gespeicherter Plan verwendet wurde. Sie können diese Spalte zu der am Anfang dieses Kapitels präsentierten Abfrage, die den Plancache auswertet, hinzufügen und so beobachten, ob in Ihrer Umgebung eine Wiederverwendung der gespeicherten Pläne stattfindet. Falls die meisten Abfragepläne einen `execution_count` von 1 besitzen, dann haben Sie wahrscheinlich ein Problem mit nicht parametrisierten Abfragen.

Zum Abschluss möchte ich Sie noch auf eine kleine Merkwürdigkeit in Bezug auf die automatische Parametrisierung hinweisen. Schauen Sie sich bitte die folgenden vier Abfragen an, die allesamt für eine automatische Parametrisierung infrage kommen:

```
select * from msdb.dbo.backupfile where backup_set_id=100
go
select * from msdb.dbo.backupfile where backup_set_id=1000
go
Select * From msdb.dbo.backupfile Where backup_set_id=10000
go
SELECT * from msdb.dbo.backupfile where backup_set_id=100000
```

Die Frage ist nun, wie viele Einträge im Plancache diese vier Abfragen erzeugen? Sicher ist auf jeden Fall, dass die Antwort irgendwo zwischen 1 und 4 liegt.

Nun, es werden drei Pläne erstellt. Warum das? Wieso reicht nicht ein Plan aus?

Wenn Sie vermuten, dass der leicht unterschiedliche SQL-Text der Abfragen der Auslöser dafür ist, dass drei Ausführungspläne erstellt werden, dann liegen Sie mit dieser Vermutung falsch. Dieser Unterschied ist nicht maßgeblich, wenn eine Abfrage parametrisiert wird, dies kann also nicht die Ursache sein.

Der Grund wird sofort klar, wenn wir uns ansehen, in welcher Form der Text der Abfrage von der Funktion sys.dm_exec_sql_text zurückgegeben wird. Die folgende Abfrage ermittelt diese Information:

```
select t.text as SqlAnweisung
      ,execution_count as AnzahlAusführungen
  from sys.dm_exec_query_stats
      cross apply sys.dm_exec_sql_text(sql_handle) as t
 where t.text like '%backupfile%'
```

Das Ergebnis sehen Sie in Abbildung 9.24.

SqlAnweisung	AnzahlAusführungen
(@1 tinyint)SELECT * FROM [msdb].[dbo].[backupfile] WHERE [backup_set_id]=@1	1
(@1 int)SELECT * FROM [msdb].[dbo].[backupfile] WHERE [backup_set_id]=@1	1
(@1 smallint)SELECT * FROM [msdb].[dbo].[backupfile] WHERE [backup_set_id]=@1	2

Abbildung 9.24: Die drei unterschiedlichen Ausführungspläne

Im Abfrageergebnis ist zunächst einmal zu erkennen, dass für alle erstellten Abfragen der Text normalisiert wurde, sodass zum Beispiel die Groß-/Kleinschreibung tatsächlich keine Rolle spielt. Weiterhin ist zu sehen, dass die drei Pläne insgesamt vier Mal ausgeführt wurden, wobei der letzte Plan zwei Mal verwendet wurde. Wirklich interessant ist jedoch die Art und Weise der Parametrisierung, die jeweils für die Klausel WHERE backup_set_id=<zahl> durchgeführt wurde. Ganz offensichtlich findet hier eine implizite Typkonvertierung der Konstanten statt, wobei jeweils der kleinste passende Datentyp verwendet wird. Und so wird denn für den Wert 100 der Datentyp TINYINT angenommen, für 1.000 und 10.000 ist es SMALLINT und für 100.000 wird der Datentyp INTEGER verwendet. Warum eine Typkonvertierung in dieser Form notwendig ist, kann ich leider nicht erklären. Der Datentyp der Vergleichsspalte backup_set_id ist INTEGER und deshalb wäre es nach meiner Ansicht ausreichend, auch stets eine Konvertierung in den Datentyp INTEGER durchzuführen. Die Realität sieht aber anders aus, und so erhalten Sie letztlich drei Pläne, wo eigentlich auch ein Plan ausgereicht hätte. Dieses Verhalten ist schon etwas merkwürdig, weil die Parametrisierung ja gerade deswegen erfunden wurde, um den Plancache zu entlasten, also weniger Pläne im Cache zu speichern.

Selbstverständlich kann das Problem durch entsprechenden SQL-Code umgangen werden. Sie müssen nur auf die implizite Typkonvertierung verzichten und die Konvertierung explizit durchführen, also zum Beispiel so:

```
select * from msdb.dbo.backupfile where backup_set_id=cast(100 as int)
go
select * from msdb.dbo.backupfile where backup_set_id=cast(1000 as int)
go
Select * From msdb.dbo.backupfile Where backup_set_id=cast(10000 as int)
go
SELECT * from msdb.dbo.backupfile where backup_set_id=cast(100000 as int)
```

Jetzt gibt es tatsächlich nur noch einen einzigen gespeicherten Ausführungsplan.

Sie können die gespeicherte Prozedur sp_get_query_template aufrufen, wenn Sie wissen möchten, in welcher Weise eine Abfrage parametrisiert wird. Diese Prozedur erwartet den Text einer Abfrage als ersten Parameter. Dieser Parameter ist auch ein Ausgabeparameter, in dem der parametrisierte Text der Abfrage zurückgegeben wird. Der zweite Parameter ist nur ein Ausgabeparameter, über den Sie die Parameterinformationen erhalten. Schauen Sie sich bitte das folgende Beispiel für die Verwendung der Prozedur an:

```
declare @query nvarchar(max)
       ,@params nvarchar(max)
exec sp_get_query_template N'select sum(y)
                            from T1
                            where x=12345
                            and b between 10.0 and 20
                            and z < 500'
                            ,@query out,@params out
-- Ergebnis zurückgeben
select @query as Abfrage, @params as Parameter
```

Abbildung 9.25 zeigt das (etwas überraschende) Ergebnis.

Abfrage	Parameter
select sum (y) from T1 where x = @0 and b between @1 and @2 and z < @3	@0 int,@1 numeric(38,1),@2 int,@3 int

Abbildung 9.25: Vorhergesagtes Ergebnis der Parametrisierung

Überraschend deshalb, weil die vorhergesagte implizite Typkonvertierung ganz offensichtlich anders ist als in Wirklichkeit. So wird zum Beispiel für den Wert 10.0 der Datentyp NUMERIC(38,1) verwendet. Dies ist irgendwie nicht der kleinste, sondern eher der größte passende Datentyp, und damit ist das Verhalten etwas anders, als wir es gerade in unserem Beispiel gesehen haben. sp_get_query_template lässt also nur ungefähre Rückschlüsse darauf zu, wie die Parametrisierung in der Realität erfolgt.

Wenn Sie sp_get_query_template einmal für unsere vier Beispielabfragen vom Beginn dieses Abschnitts aufrufen, dann werden Sie herausfinden, dass für alle vier Abfragen das gleiche Muster ermittelt wird, wobei der Datentyp des einzigen Parameters stets INTEGER ist. Die Wirklichkeit sieht dann aber eben etwas anders aus.

9.3.2   Probleme mit Parametrisierung

Die einleitenden Bemerkungen zur Parametrisierung aus Abschnitt *Parametrisierte Abfragen* haben bereits angedeutet, dass SQL Server bei der Parametrisierung von Abfragen sehr konservativ vorgeht. Sobald die Möglichkeit besteht, dass die Parametrisierung einer Abfrage etwa aufgrund der Tabellenstruktur, der vorhandenen Statistiken oder der verwendeten Abfrageparameter zu Problemen hinsichtlich der Performance führt, wird keine automatische Parametrisierung durchgeführt.

Dieses Verhalten hat natürlich einen Grund. Immerhin wird durch eine Parametrisierung eine Vielzahl von Abfragen auf dasselbe Muster reduziert, also letztlich auf denselben Ausführungsplan. In Abschnitt *Die Rolle von Statistiken* haben Sie nun aber gerade gesehen, dass die Verwendung von Statistiken eine Erstellung *speziell angepasster* Ausführungspläne für unterschiedliche Parameter gestattet – eine Verfahrensweise, die völlig konträr zur Parametrisierung ist. Statistiken ermöglichen zum Beispiel die Verwendung eines Scan-Operators, wenn ein Suchparameter verwendet wird, der 98% der vorhandenen Zeilen selektiert und die Verwendung eines Index-Seek-Operators, wenn dieselbe Abfrage mit einem Suchparameter ausgeführt wird, der nur eine einzige Zeile liefert:

```
-- Diese Bedingung liefert 100.000 Zeilen
where c1=2

-- Jede dieser Bedingungen liefert 1 Zeile
where c1=1000
where c1=1001
...
where c=100000
```

Bei einer Parametrisierung geht diese Möglichkeit verloren. Hier existiert nur noch *ein einziger* Ausführungsplan, der für *alle* Parameter verwendet wird. Dieser Plan wird beim *ersten Aufruf* der Abfrage erstellt – und zwar *mit den bei diesem Aufruf verwendeten Parameterwerten*. Ein Problem ergibt sich dann, wenn die beim ersten Aufruf verwendeten Parameterwerte atypisch sind. In diesem Fall wird ein Ausführungsplan erstellt (und später auch wiederverwendet), der für alle anderen Parameterwerte nicht optimal ist. Nehmen wir hierzu noch einmal das obige Beispiel. Angenommen, der Plancache ist leer und die Abfrage mit der Bedingung WHERE c1=2 wird ausgeführt. Dadurch wird ein Abfrageplan erstellt, der sehr wahrscheinlich einen Scan der Tabelle oder eines Index durchführt. Wenn nun Abfragen mit einer der Bedingungen WHERE c1=1000, WHERE c1=1001, ... insgesamt 2.000.000 Mal ausgeführt werden, dann werden 2.000.000 Scan-Operationen durchgeführt, obwohl an dieser Stelle Index-Seeks mit Sicherheit die bessere Wahl gewesen wären.

Das ist also der Preis, den Sie eventuell für die Parametrisierung bezahlen. In dem gerade durchgeführten Gedankenexperiment wäre die Alternative ohne Parametrisierung, dass der Plancache mit Ausführungsplänen „überflutet" würde, so wie das Beispiel in Abschnitt *Positive Auswirkungen der Parametrisierung* gezeigt hat. Beide Varianten sind hier sicherlich nicht optimal. Eventuell wäre es angebracht, zwei

Ausführungspläne für die beiden unterschiedlichen Parameter*klassen* zu haben – also einen Plan für WHERE c1=2 und einen weiteren Plan für WHERE c1=1000 ... 100000 –, aber diese Möglichkeit existiert leider nicht.

9.3.3   Erzwungene Parametrisierung

In einigen Fällen kann es durchaus sinnvoll sein, den sehr konservativen automatischen Mechanismus zur Parametrisierung auszuhebeln und eine Parametrisierung von Abfragen zu erzwingen.

Es gibt generell zwei Möglichkeiten, eine Parametrisierung absichtlich zu veranlassen:

1. Erzwungene Parametrisierung für eine gesamte Datenbank einschalten. Durch das Kommando

   ```
   alter database QueryTest set parameterization forced
   ```

   veranlassen Sie eine automatische Parametrisierung aller Abfragen, die bei ihrer Ausführung die Datenbank QueryTest im Kontext haben. Denken Sie bitte daran, dass die Datenbank im Kontext der Verbindung ausgewählt sein muss, ansonsten findet keine erzwungene Parametrisierung statt und es wird auf die automatische Parametrisierung zurückgefallen. Die folgende Anweisung bewirkt also *keine* Parametrisierung der gestellten Abfrage, wenn die Option PARAMETRIZATION FORCED für die Datenbank QueryTest eingeschaltet wurde:

   ```
   use master;
   select y from QueryTest.dbo.T1 where x=100
   ```

   Diese Abfragen hingegen führen beide zu einer Parametrisierung:

   ```
   use QueryTest;
   select y from QueryTest.dbo.T1 where x=100
   go
   select a,b from T1 where x=500
   ```

   Sie können die Einstellung auch über den Eigenschaftsdialog einer Datenbank vornehmen, indem Sie dort auf der Seite OPTIONEN den Wert für die Option PARAMETRISIERUNG auf EINFACH oder ERZWUNGEN ändern. Denken Sie bitte in jedem Fall daran, dass das Einstellen der erzwungenen Parametrisierung einen *ganz erheblichen* Eingriff in die Abfrageoptimierung bedeutet. Verwenden Sie die Option bitte nur, wenn Sie erfahren genug sind, um die Auswirkungen zu verstehen und zu beurteilen. Sie können darüber nachdenken, die erzwungene Parametrisierung zu konfigurieren, wenn Ihr Plancache ständig voll ist, der Zähler für die Verwendung Ihrer Ausführungspläne in den meisten Fällen 1 ist, die Kompilierungsrate hoch ist und die Prozessorauslastung im Wesentlichen durch Kompilierungen hervorgerufen wird.

2. Verwenden der Prozedur sp_executesql. Die Prozedur sp_executesql erlaubt die Ausführung von dynamischem SQL mit Parametern. Sie haben die Prozedur etwas weiter oben in diesem Kapitel bereits einmal in Aktion gesehen. sp_executesql ver-

arbeitet eine variable Anzahl von Parametern. Der erste Parameter ist hierbei stets der Text der SQL-Abfrage, wobei Sie für die verwendeten Parameter Platzhalter der Form @name angeben. Der zweite Parameter der Prozedur muss die im SQL-Text verwendeten Parameter deklarieren. Über den dritten und alle folgenden Parameter legen Sie dann die Werte für alle in der Abfrage verwendeten Parameter fest. Sie werden etwas weiter unten sofort ein Beispiel sehen. Wenn Sie eine Abfrage über sp_executesql ausführen, dann wird diese Abfrage stets parametrisiert, wobei diese Parametrisierung sich nach den im SQL-Text deklarierten Parametern richtet.

Im nachfolgenden Abschnitt sehen Sie dann noch, wie mit gespeicherten Prozeduren eine Parametrisierung veranlasst werden kann.

Wir verwenden für ein einfaches Beispiel unsere weiter oben angelegte Tabelle T1 und aktualisieren die Zeilen dieser Tabelle folgendermaßen:

```
update T1 set x = 500
update top(1) T1 set x = 1000
```

Nach der Aktualisierung verwenden wir die Prozedur sp_executesql für eine einfache Abfrage:

```
exec sp_executesql N'select y from T1 where x=@p'
                ,N'@p int'
                ,@p=100
```

Durch die Verwendung von sp_executesql wird die Abfrage nun parametrisiert. Dadurch würde für alle weiteren Abfragen der obigen Form, bei denen jeweils nur der Wert des Parameters @p geändert wird, der parametrisierte Plan verwendet werden, was in diesem Fall sicherlich eine gute Idee ist, solange bis ...

Ja, bis zum Beispiel die folgenden Aktualisierungen an der Tabelle vorgenommen werden:

```
update T1 set x = 100
update top(1) T1 set x = 1000
```

Für eine Suche nach dem Wert der Spalte x ist nun ein einziger parametrisierter Plan ganz bestimmt nicht mehr die optimale Lösung. Nehmen wir an, der Plancache ist leer und die obige sp_executesql-Anweisung wird erneut ausgeführt. Der Ausführungsplan wird also für eine Abfrage nach x = 100 erstellt. Da die Spalte x bis auf eine Zeile in allen restlichen 99.999 Zeilen der Tabelle den Wert 100 aufweist, ist ein Table-Scan hier der optimale Operator für die Suche und der Optimierer entscheidet sich folglich auch dafür (Abbildung 9.26).

Abbildung 9.26: Table-Scan für die Abfrage aller Zeilen mit x = 100

So weit ist also alles in Ordnung. Wenn nun aber die folgende Abfrage ausgeführt wird:

```
exec sp_executesql N'select y from T1 where x=@p'
                   ,N'@p int'
                   ,@p=1000
```

dann wird der existierende (parametrisierte) Ausführungsplan gefunden und verwendet. Dadurch findet auch für diese Abfrage ein Table-Scan statt – und das ist sicherlich nicht die optimale Lösung. Hier wäre ein Index-Seek mit einem anschließenden RowId Lookup mit Sicherheit besser gewesen.

In Abbildung 9.27 sehen Sie den Ausführungsplan. Achten Sie bitte wieder auf den Unterschied zwischen geschätzter und tatsächlicher Zeilenanzahl, die ein deutliches Indiz dafür ist, dass der Plan nicht optimal ist, weil der Optimierer falsche Kardinalitätsschätzungen zugrunde legt.

Table Scan	
Scannt die Zeilen einer Tabelle.	
Physischer Vorgang	Table Scan
Logischer Vorgang	Table Scan
Tatsächlicher Ausführungsmodus	Row
Geschätzter Ausführungsmodus	Row
Tatsächliche Anzahl von Zeilen	1
Tatsächliche Batchanzahl	0
Geschätzte E/A-Kosten	0,412755
Geschätzte Operatorkosten	0,522912 (100 %)
Geschätzte CPU-Kosten	0,110157
Geschätzte Unterstrukturkosten	0,522912
Anzahl von Ausführungen	1
Geschätzte Anzahl von Ausführungen	1
Geschätzte Anzahl von Zeilen	99999

Abbildung 9.27: Table-Scan für das Prädikat WHERE x=1000

Wenn wir im letzten Beispiel die Ausführung der beiden Abfragen vertauscht hätten, dann wäre für die Bedingung WHERE x=1000 ein Plan mit einem Index-Seek erstellt worden. Dieser Index-Seek wäre dann auch für die Bedingung WHERE x=100 verwendet worden, und das wäre natürlich ebenso nicht optimal.

Generell ist Parametrisierung keine gute Idee, wenn die Verwendung unterschiedlicher Parameter für eine Abfrage zu einer sehr unterschiedlichen Anzahl von Zeilen im Ergebnis führt. In so einem Fall ist es ziemlich wahrscheinlich, dass unterschiedliche, also maßgeschneiderte, Abfragepläne optimal sind.

Es kommt aber letztlich auch darauf an, wie häufig der suboptimale Plan ausgeführt wird. Wenn der in Abbildung 9.27 gezeigte Table-Scan für x =1 000 nur einmal täglich startet, die Abfrage nach x = 100 hingegen jede Stunde 1.000 Mal läuft, dann können Sie sicher sehr gut damit leben. Anderenfalls müssen Sie eben nicht parametrisierte Abfragen verwenden. Wie Sie vorgehen können, um die Verwendung nicht optimaler Pläne im Plancache zu verhindern, erfahren Sie im folgenden Abschnitt.

Es gibt leider keine Möglichkeit, im Plancache gespeicherte Abfragen selektiv zu löschen, also etwa alle Pläne zu entfernen, die mehr als 1.000 Mal ausgeführt wurden und in denen für mindestens einen beteiligten Operator die Werte von geschätzter und tatsächlicher Zeilenanzahl um mehr als 70% abweichen.

9.4   Parameter Sniffing

Ich möchte diesen Abschnitt mit einem Beispiel beginnen, in dem eine gespeicherte Prozedur verwendet wird. Diese Prozedur soll alle Zeilen unserer Tabelle T1 für einen einzelnen Wert x zurückliefern, also genau dasselbe erledigen, wie die durch sp_executesql ausgeführten Abfragen am Ende des vorherigen Abschnitts.

Der Code für die Prozedur ist denkbar einfach:

```
if (object_id('Proc1', 'P') is not null)
  drop procedure Proc1
go
create procedure Proc1(@p int) as
  select y from T1 where x=@p
go
```

Nach allem, was Sie nun über Parametrisierung wissen, ergeben sich die Fragen, was für ein Ausführungsplan (oder sind es vielleicht mehrere Pläne?) für diese Prozedur erstellt wird und wann die Erstellung eines Ausführungsplans erfolgt.

Da für die Erstellung eines Planes Kardinalitätsschätzungen erforderlich sind, kann beim Anlegen der Prozedur über CREATE PROCEDURE sicherlich noch kein Plan erzeugt werden. Erst dann, wenn die Werte für die Parameter bekannt sind, ist die Erstellung eines Ausführungsplanes möglich, denn erst zu diesem Zeitpunkt können anhand der konkreten Werte für die Parameter auch Kardinalitätsschätzungen durchgeführt werden. Deshalb wird ein Ausführungsplan *beim ersten Aufruf der Prozedur* erstellt. Für die Kardinalitätsschätzungen werden die bei diesem Aufruf übergebenen Parameter verwendet. SQL Server wendet hierbei eine Technik namens *Parameter Sniffing* an. Hierbei werden die Werte der an die Prozedur übergebenen Parameter verwendet und auf die in der Prozedur auszuführenden Anweisungen angewendet. Dadurch wird der erzeugte Plan auf der Basis dieser Parameterwerte für alle in der Prozedur enthaltenen Anweisungen erstellt.

Grundsätzlich ist Parameter Sniffing eine gute Sache, denn dadurch wird die Erstellung eines Planes für gespeicherte Prozeduren überhaupt erst möglich. Gespeicherte Prozeduren können natürlich erheblich komplexer sein als die in unserem Beispiel verwendete Prozedur. Wenn Sie sich vorstellen, dass eine solche Prozedur einige 100 Zeilen enthält, dann ist es sicherlich sinnvoll, für diese Prozedur einen wiederverwendbaren Plan zu haben und nicht bei jedem Aufruf erst einen Plan von Grund auf neu zu erstellen.

Grundsätzlich bringt diese Technik aber auch einige Probleme mit sich, die ich Ihnen im weiteren Verlauf dieses Abschnitts vorstellen möchte.

9.4.1   Probleme mit Parameter Sniffing

Für unsere oben erstellte Prozedur bedeutet Parameter Sniffing, dass beim Aufruf von

```
exec Proc1 1000
```

ein Ausführungsplan für

```
select y from T1 where x=1000
```

erstellt wird. Dieser Plan wird dann in der Folge stets verwendet, wenn die Prozedur aufgerufen wird, *auch mit anderen Parametern*, also etwa so:

```
exec Proc1 100
```

Damit haben wir natürlich dasselbe Problem wie am Ende von Abschnitt *Erzwungene Parametrisierung* bei der Verwendung von sp_executesql. Grundsätzlich kann für eine gespeicherte Prozedur nur *ein gespeicherter Plan* existieren und dieser Plan ist immer parametrisiert. Wenn dieser Plan bei einem Aufruf mit atypischen Parametern erstellt wird, dann ist der Plan für alle Aufrufe mit „normalen" Parametern ineffizient. Etwas weiter hinten werden Sie sehen, wie Probleme dieser Art gelöst werden können. Zuvor aber müssen wir noch über eine weitere Besonderheit in Bezug auf Parameter Sniffing reden, die oft übersehen wird.

Änderung von Parameterwerten in gespeicherten Prozeduren

Das „Ausschnüffeln" von Parametern funktioniert nur in erster Instanz. Dies bedeutet, dass der an eine Prozedur beim ersten Aufruf *übergebene* Parameterwert die Erstellung des Ausführungsplanes bestimmt. Wenn Sie diesen Wert vor seiner Verwendung in Abfragen verändern, dann wird der geänderte Wert keinerlei Einfluss auf die Erstellung des Planes haben. Stattdessen wird der originale (also der übergebene) Wert verwendet.

Ich möchte Ihnen dieses Verhalten an einem einfachen Beispiel verdeutlichen, das ich in der Praxis schon häufig in dieser Form gesehen habe. Stellen Sie sich vor, es soll eine Suche nach einer Zeichenkette durchgeführt werden, wobei auch Platzhalter zulässig sind. Irgendwie hat sich als Platzhalterzeichen allgemein das Zeichen „*" durchgesetzt – wahrscheinlich wohl aus historischen Gründen. Die Benutzer sollen daher an der Oberfläche das Zeichen „*" als Platzhalter eingeben dürfen. In SQL-Abfragen kann dieses Zeichen als Platzhalter nicht verwendet werden, dort muss stattdessen das Prozentzeichen (%) angegeben werden. Folglich muss irgendwo im Code aus „*" ein „%" werden, zum Beispiel in einer eigens für die Suche geschriebenen gespeicherten Prozedur:

```
use AdventureWorks2008R2;
if (object_id('SuchePersonen', 'P') is not null)
  drop procedure SuchePersonen
go
create procedure SuchePersonen(@n nvarchar(80)) as
 begin
   set @n = replace(@n, '*', '%') + '%'
   select LastName,FirstName,ModifiedDate
     from Person.Person
     where LastName like @n
 end
go
```

In der Prozedur erfolgt also die Umwandlung der Platzhalterzeichen in das SQL-Format. Nehmen wir nun an, nach der Erstellung der Prozedur sollen alle Personen angezeigt werden. Hierzu wird die Prozedur folgendermaßen aufgerufen:

```
exec SuchePersonen '*'
```

Tatsächlich werden alle Personen zurückgegeben, weil innerhalb der Prozedur letztlich eine Filterung nach LastName LIKE '%%' durchgeführt wird (die in Wirklichkeit ja keine Filterung ist). Für diese Suche ist mit Sicherheit ein Clustered-Index-Scan der optimale Operator. Wenn Sie sich den Ausführungsplan ansehen (Abbildung 9.28), dann zeigt dieser jedoch einen Index-Seek mit einer Schlüsselsuche (für die Spalte ModifiedDate).

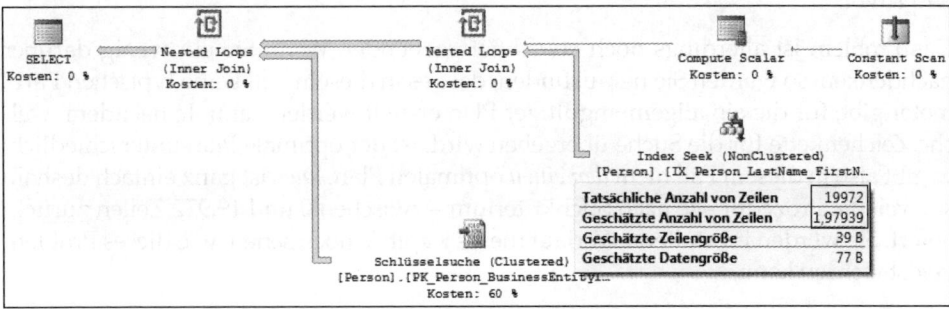

Abbildung 9.28: Suboptimaler Ausführungsplan durch Parameter Sniffing

Sie sehen deutlich, dass die geschätzte Anzahl von Zeilen ganz erheblich von der tatsächlichen Zeilenanzahl abweicht. Der übergebene Wert für den Parameter @n ist „*" und mit *diesem* Wert wird der Plan für die Abfrage erstellt. Die Tatsache, dass der Parameterwert innerhalb der Prozedur zuvor noch verändert wird, spielt überhaupt keine Rolle. Wenn Sie über dieses Verhalten nachdenken, dann ist dies auch durchaus logisch, denn der Plan für die Ausführung der Prozedur muss ja *vor* der eigentlichen Ausführung erstellt werden und der Wert von @n wird erst *während* der Ausführung verändert. Der Plan wird also für das Prädikat WHERE LastName LIKE '*' erstellt, und dafür werden 1,97939 Zeilen erwartet. Für diese Zeilenanzahl ist ein Index-Seek sicherlich die optimale Wahl, für die tatsächlich zurückgelieferten 19.972 Zeilen ganz bestimmt nicht. Die Abfrage hat insgesamt 60.022 logische Lesevorgänge benötigt.

Sie können sich leicht davon überzeugen, dass ein Clustered-Index-Seek hier die bessere Wahl gewesen wäre, wenn Sie die folgende Abfrage ausführen:

```
dbcc freeproccache
exec SuchePersonen '%'
```

Diese Abfrage gibt ebenfalls alle Zeilen zurück, nur wird diesmal der Parameterwert „%" für die Erstellung des Ausführungsplanes verwendet. Abbildung 9.29 zeigt den Ausführungsplan.

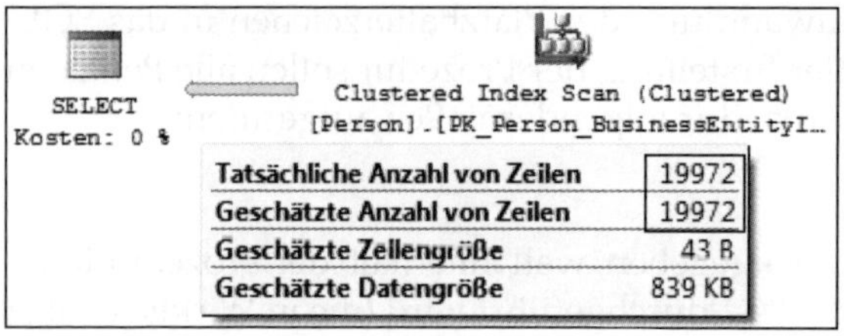

Abbildung 9.29: Optimaler Abfrageplan für die Rückgabe aller Zeilen

Diesmal stimmen geschätzte und tatsächliche Zeilenanzahl überein und es sind lediglich 3.825 logische Lesevorgänge erforderlich. Dies sind nur ca. 6% (!) so viel wie zuvor.

Das Problem ist allerdings noch etwas tiefergehender. Wenn Sie ein wenig darüber nachdenken, so werden Sie herausfinden, dass es in diesem Fall keine typischen Parameter gibt, für die ein allgemeingültiger Plan erstellt werden kann. Je nachdem, welche Zeichenkette für die Suche übergeben wird, ist der optimale Plan unterschiedlich; es gibt also in diesem Fall nicht *den einen* optimalen Plan. Dies ist ganz einfach deshalb so, weil die Prozedur – je nach Suchkriterium – zwischen 0 und 19.972 Zeilen zurückliefert. Sie werden im weiteren Verlauf dieses Kapitels noch sehen, wie dieses Problem gelöst werden kann.

Bedingte Ausführung von Anweisungen in gespeicherten Prozeduren

Das gerade präsentierte Beispiel kann Ihnen etwas modifiziert zum Beispiel auch so begegnen:

```
use AdventureWorks2008R2;
if (object_id('SucheAdressen', 'P') is not null)
  drop procedure SucheAdressen
go
create procedure SucheAdressen(@city nvarchar(30), @postalCode nvarchar(15)) as
 begin
   if (@city is not null)
     select PostalCode, City, AddressLine1, AddressLine2, ModifiedDate
       from Person.Address
      where City like @city
   else if (@postalCode is not null)
     select PostalCode, City, AddressLine1, AddressLine2, ModifiedDate
       from Person.Address
      where PostalCode like @postalCode
   else
     select PostalCode, City, AddressLine1, AddressLine2, ModifiedDate
       from Person.Address
 end
go
```

Die Prozedur SucheAdressen führt – wie ihr Name verrät – eine Suche nach Adress-einträgen in der Tabelle Person.Address durch. Die Art der Suche ist hierbei abhängig von den übergebenen Parametern. Wird für den Parameter @city ein Wert über-geben, der nicht NULL ist, dann führt die Prozedur eine Suche nach dem Namen der Stadt durch. Gleiches gilt für den Parameter @postalCode, durch den eine Suche nach der Postleitzahl durchgeführt wird. Schließlich gibt es auch noch die Möglichkeit, dass keiner der beiden Parameter verschieden von NULL ist. In diesem Fall werden dann einfach alle Zeilen der Tabelle zurückgegeben. Die Werte der übergebenen Parameter werden innerhalb der Prozedur nicht geändert. Trotzdem gibt es ein ähn-lich geartetes Problem, wie im vorherigen Abschnitt.

Stellen Sie sich einmal vor, die Prozedur wird folgendermaßen ausgeführt:

```
exec SucheAdressen 'Dulu%', null
```

Wir durchsuchen also die Adresstabelle nach Einträgen, bei denen der Name der Stadt mit „Dulu" beginnt. Der Aufruf der Prozedur führt dazu, dass zunächst ein Ausfüh-rungsplan erstellt wird. Da der Wert für den Parameter @city angegeben wurde, wird dieser Zweig der Prozedur ausgeführt:

```
if (@city is not null)
  select PostalCode, City, AddressLine1, AddressLine2, ModifiedDate
    from Person.Address
    where City like @city
```

Deshalb findet eine Optimierung hinsichtlich des Parameterwertes „Dulu%" für den Mustervergleich durch LIKE statt. Für diesen Vergleich enthält die Tabelle zwei Zeilen, weshalb völlig korrekt ein Index-Scan mit einer anschließenden Schlüsselsuche ausge-führt wird (Abbildung 9.30).

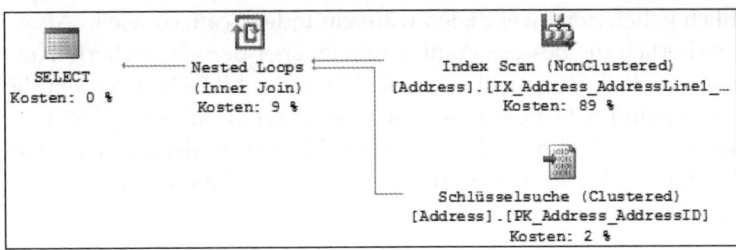

Abbildung 9.30: Ausführungsplan für die Suche nach City like „Dulu%'

Eine Suche im Indexbaum kann hier nicht verwendet werden, weil die Spalte City nicht an erster Stelle im Index steht. Der Optimierer entscheidet sich für einen Index-Scan, weil der Index alle erforderlichen Spalten enthält (er ist abdeckend) und dadurch weni-ger Lesevorgänge erforderlich sind als bei einem Clustered-Index-Scan.

Die geschätzte Zeilenanzahl ist ca. 1,9; die tatsächliche Zeilenanzahl ist 2 – so weit ist also alles perfekt in Ordnung. Sie wissen bereits, dass der erstellte Plan in der Folge etwa für eine Suche nach allen Städten, die mit dem Buchstaben „A" beginnen, sehr wahrschein-lich nicht optimal ist, aber dieser Umstand soll uns hier nicht weiter interessieren.

Wir wollen uns stattdessen der folgenden Frage zuwenden: Wenn beim ersten Aufruf der Prozedur ein Ausführungsplan für die Prozedur erstellt wird, welcher Plan wird dann für die anderen beiden IF-Zweige erstellt, die also beim ersten Aufruf nicht ausgeführt werden? Was passiert, wenn beim zweiten Aufruf der Prozedur nach der Postleitzahl gesucht wird, zum Beispiel so:

```
exec SucheAdressen null, '558%'
```

Für den bei diesem Aufruf entscheidenden IF-Zweig muss ja auch beim Erstellen des Ausführungsplanes bereits ein entsprechender Plan erzeugt worden sein. Da zu diesem Zeitpunkt aber der Wert der Variablen @postalCode nicht bekannt gewesen ist, muss der Optimierer irgendwelche Annahmen treffen – die mehr oder weniger realitätsnah sind. Diese Annahmen werden letztlich aus den beteiligten Operatoren abgeleitet. In unserem Beispiel ist dies der LIKE-Operator. Der Optimierer kann nicht anders als anhand dieses Operators eine Kardinalitätsschätzung vorzunehmen, die auf Erfahrungswerten und existierenden Statistiken beruht. In Abbildung 9.31 sehen Sie den Ausführungsplan für den Prozeduraufruf mit einer Suche nach der Postleitzahl.

Abbildung 9.31: ClusteredIndex-Scan für eine Suche nach zwei Zeilen

Es werden ca. 646 Zeilen erwartet, und deshalb wird ein Clustered-Index-Scan ausgeführt. Für die tatsächlich gelieferten zwei Zeilen wäre ein Index-Scan, so wie in Abbildung 9.30 zu sehen, sicherlich die bessere Wahl gewesen, aber der gespeicherte Ausführungsplan ist für diesen Fall eben nicht optimal. Allein der LIKE-Operator hat die Auswahl des Operators bestimmt. Der Optimierer legt für unseren Fall eine Selektivität dieses Operators von $646{,}445/19614 \approx 3\%$ zugrunde; ein Mittelwert, der aus der bestehenden Statistik ermittelt wird. Etwas weiter unten werden wir auf diese Art der Schätzung noch einmal zurückkommen.

Sie können sich davon überzeugen, dass ein anderer Plan gewählt würde, wenn Sie den zweiten Prozeduraufruf zuerst ausführen und zuvor den Plancache leeren:

```
dbcc freeproccache
exec SucheAdressen null, '558%'
```

Der Ausführungsplan sieht nun von der Struktur her so aus, wie in Abbildung 9.30 zu sehen.

Das Dilemma ist also, dass immer nur für *einen* IF-Zweig ein optimaler Plan erstellt werden kann.

Das Problem kann Ihnen in leicht abgewandelter Form auch so begegnen:

```
if (object_id('SucheAdressen', 'P') is not null)
  drop procedure SucheAdressen
go
create procedure SucheAdressen(@city nvarchar(30), @postalCode nvarchar(15)) as
 begin
   select PostalCode, City, AddressLine1, AddressLine2, ModifiedDate
     from Person.Address
    where ((@city is null) or (City like @city))
       and ((@postalCode is null) or (PostalCode like @postalCode))
 end
go
```

Oder etwa so:

```
if (object_id('SucheAdressen', 'P') is not null)
  drop procedure SucheAdressen
go
create procedure SucheAdressen(@city nvarchar(30), @postalCode nvarchar(15)) as
 begin
   select PostalCode, City, AddressLine1, AddressLine2, ModifiedDate
     from Person.Address
    where City like isnull(@city, '##')
       or PostalCode like isnull(@postalCode,'##')
 end
go
```

Hier werden die einzelnen IF-Zweige sozusagen in das Prädikat der SELECT-Anweisung verlagert und dadurch wird der Code besonders kompakt – eine scheinbar clevere Lösung.

Die Lösung ist aber eben nur scheinbar clever, weil auch hier wieder der erste Prozeduraufruf zur Planerstellung führt. An der Tatsache, dass die bei diesem Aufruf verwendeten Parameter die Optimierung bestimmen, ändert sich dadurch natürlich nichts. In der zweiten Lösung kommt noch hinzu, dass die übergebenen Parameter nicht direkt verwendet, sondern durch eine Funktion verändert werden. Dies verhindert das „Ausschnüffeln" der Parameterwerte und die Erstellung eines optimalen Planes.

Eine mögliche Lösung dieses Problems ist die Verwendung von separaten Prozeduren für jeden IF-Zweig. Für jede dieser Prozeduren wird dann ein separater Plan erstellt, der jeweils auf der Basis der beim ersten Aufruf übergebenen Parameter optimiert wird. Einige andere Lösungen finden Sie etwas weiter unten.

Verwenden lokaler Variablen

Eine weitere Besonderheit mit Parameter Sniffing ergibt sich bei der Verwendung lokaler Variablen. Stellen Sie sich bitte vor, dass Sie die an eine Prozedur übergebenen Parameter für die Festlegung von lokalen Variablen verwenden und diese lokalen Variablen dann in einer Abfrage benutzen, also etwa so:

```
if (object_id('SucheAdressen', 'P') is not null)
  drop procedure SucheAdressen
go
create procedure SucheAdressen(@city nvarchar(30)) as
 begin
   declare @citySearch nvarchar(80)
   set @citySearch = replace(@city, '*', '%') + '%'
   select PostalCode, City, AddressLine1, AddressLine2, ModifiedDate
     from Person.Address
    where City like @citySearch
 end
go
```

Innerhalb der Prozedur wird eine lokale Variable deklariert, deren Wert anhand des übergebenen Parameters festgelegt wird. Diese lokale Variable wird dann in der Abfrage verwendet. Wenn nun der folgende Aufruf der Prozedur ausgeführt wird:

```
exec SucheAdressen 'Kingsport'
```

dann ist die Frage, welcher Wert von @citySearch für die Erstellung des Planes herangezogen wird? Ein Parameter Sniffing kann hier sicherlich nicht stattfinden, denn der übergebene Parameter @city wird ja in der Abfrage überhaupt nicht verwendet. Auf welcher Basis findet hier also eine Kardinalitätsschätzung statt?

Es funktioniert genau so wie im vorangegangenen Abschnitt bei der Verwendung bedingter Ausführung, also unterschiedlicher IF-Zweige, bereits erklärt. Prägen Sie sich hierzu bitte Folgendes ein:

 Wenn der Wert einer verwendeten Variablen zur Übersetzungszeit der Abfrage nicht bekannt ist, dann verwendet der Optimierer *Annahmen* über die Kardinalität, wobei er die bestehenden Statistiken und die in der Abfrage verwendeten Operatoren zur Beurteilung heranzieht.

Wenn wir den obigen Prozeduraufruf, der eine Suche nach der Stadt „Kingsport" durchführt, einmal ausführen, dann ergibt sich der in Abbildung 9.32 gezeigte Ausführungsplan.

SELECT	Clustered Index Scan (Clustered)	
Kosten: 0 %	[Address].[PK Address AddressID]	
Tatsächliche Anzahl von Zeilen		1
Geschätzte Anzahl von Zeilen		833,56
Geschätzte Zeilengröße		177 B
Geschätzte Datengröße		144 KB

Abbildung 9.32: Ausführungsplan für die Suche nach City LIKE ‚Kingsport%'

Die vom Optimierer vorgenommene Kardinalitätsschätzung geht von ca. 833 Zeilen aus. Deshalb wird ein Clustered-Index-Scan ausgeführt. Tatsächlich wird aber nur eine Zeile geliefert; ein Index-Scan wäre hier also mit Sicherheit besser gewesen. Der Optimierer kann die Kardinalität eben nur grob einschätzen, weil der Wert der Variablen @citySearch zum Zeitpunkt der Planerstellung unbekannt ist.

Denken Sie bitte an dieses Verhalten, wenn Sie lokale Variablen in T-SQL-Skripten verwenden. Das gerade geschilderte Phänomen ist nicht nur auf gespeicherte Prozeduren beschränkt, sondern gilt auch ganz allgemein in beliebigen T-SQL-Skripten!

Schauen Sie sich bitte einmal das folgende Skript an, das zwei Abfragen enthält:

```
use QueryTest;
select * from Person where Id < 0
go

declare @id int
set @id = 0
select * from Person where Id < @id
```

Wir verwenden für die Abfragen die etwas weiter oben in unserer Datenbank Query-Test angelegte Tabelle Person. Beide Abfragen sind logisch äquivalent, liefern also dasselbe Ergebnis (nämlich keine einzige Zeile). Und doch sehen die Ausführungspläne für beide Abfragen komplett anders aus (Abbildung 9.33).

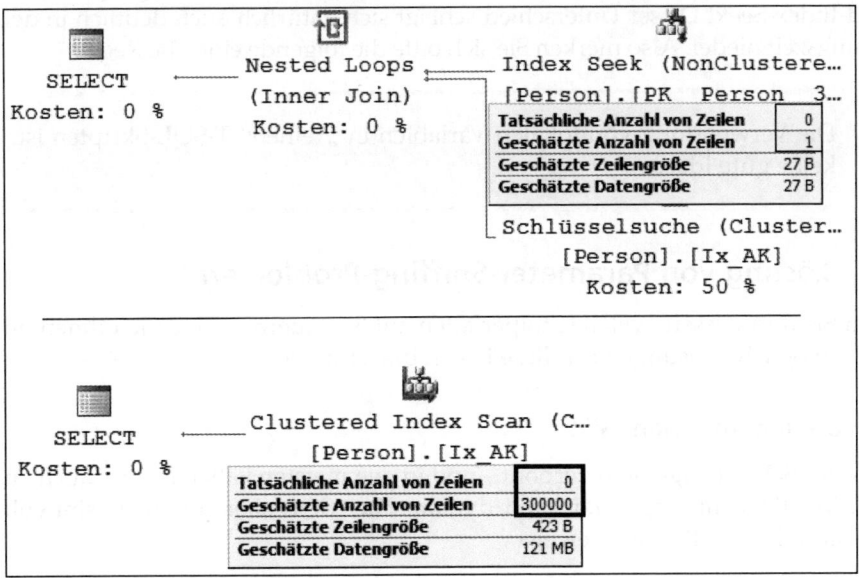

Abbildung 9.33: *Zwei unterschiedliche Pläne für dieselbe logische Abfrage. Der gruppierte Index existiert für die Spalten (Altersklasse, Gehalt).*

Der obere Teil in Abbildung 9.33 zeigt hierbei den Ausführungsplan ohne Verwendung einer lokalen Variablen, der untere Teil den Plan der Abfrage mit Verwendung der Variablen @id.

Der obere Plan ist absolut in Ordnung. Im unteren Plan erkennen Sie deutlich, dass die Schätzung der Zeilenanzahl bei der Verwendung einer lokalen Variablen ganz erheblich von der Realität abweicht. Woher kommen die geschätzten 300.000 Zeilen?

Der Optimierer legt für den Operator < eine allgemeine Selektivität von 30% zugrunde, wenn aus der Vergleichsbedingung der Wert für den Vergleich nicht ermittelt werden kann. Dies ist in unserem Beispiel der Fall. Unsere Tabelle Person hat 1.000.000 Zeilen, und das ergibt dann geschätzte 300.000 Zeilen, also 30% der Zeilenanzahl, für einen <-Vergleich mit einem *unbekannten* Wert. Für die anderen Vergleichsoperatoren werden ähnliche Annahmen getroffen. So ist zum Beispiel die allgemeine Selektivität für den >-Operator ebenfalls 30%. Für den exakten Vergleich über den =-Operator wird die geschätzte Zeilenanzahl aus der Dichte der zugehörigen Statistik (siehe Abschnitt *Die Rolle von Statistiken*), multipliziert mit der Zeilenanzahl, abgeleitet. Bei Verwendung des LIKE-Operators gibt es in diesem Fall keine allgemeine Festlegung der Selektivität. Die Statistiken für Zeichenketten sind etwas detaillierter als reine „Zahlen-"Statistiken, und die geschätzte Selektivität hängt in diesem Fall von der entnommenen Stichprobe ab.

Der Unterschied in den benötigten Lesevorgängen für die beiden Abfragen ist hierbei sehr ausgeprägt: Die Abfrage unter Verwendung des Index-Seek benötigt drei logische Lesevorgänge, gegenüber 55.750 erforderlichen logischen Lesevorgängen beim Clustered-Index-Seek! Dieser Unterschied schlägt sich natürlich auch deutlich in der Ausführungszeit nieder. Also merken Sie sich bitte die folgende einfache Regel:

 Die Verwendung von lokalen Variablen in „reinen" T-SQL-Skripten ist keine gute Idee.

9.4.2 Lösung von Parameter-Sniffing-Problemen

Nachdem Sie nun wissen, welche Stolperfallen auf Sie lauern, möchte ich Ihnen im Folgenden mögliche Lösungen für diese Fallen präsentieren.

Einsatz von dynamischem SQL

Dynamisches SQL ist allgemein verpönt – und in den meisten Fällen ist dies auch zu Recht so. Mit Bedacht eingesetzt kann dynamisches SQL aber durchaus sinnvoll sein, wie das folgende Beispiel beweist.

Schauen Sie sich bitte einmal den folgenden geänderten Code unserer gespeicherten Prozedur SucheAdressen an:

```
if (object_id('SucheAdressen', 'P') is not null)
  drop procedure SucheAdressen
go
create procedure SucheAdressen(@city nvarchar(30), @postalCode nvarchar(15)) as
 begin
   declare @cmd nvarchar(300)
   set @cmd = 'select PostalCode, City
                    ,AddressLine1, AddressLine2, ModifiedDate
               from Person.Address where (1=1)'
   if (@city is not null)
     set @cmd = @cmd + ' and (City like @city)'
   if (@postalCode is not null)
     set @cmd = @cmd + ' and (PostalCode like @postalCode)'
     print @cmd
   exec sp_executesql @cmd, N'@city nvarchar(30), @postalCode nvarchar(15)'
                    ,@city = @city
                    ,@postalCode = @postalCode
 end
go
```

Die Prozedur verwendet nun dynamisches SQL. Für jede Kombination von Parametern wird ein eigener Aufruf von sp_executesql ausgeführt, der jeweils speziell an diese Parameter angepasst wird. Erst beim Aufruf von sp_executesql wird hierbei ein Plan für die entsprechende Anweisung erstellt, also nicht bereits beim ersten Aufruf der Prozedur SucheAdressen. Diese Verfahrensweise löst das Problem, dass für unterschiedliche Kombinationen von Parametern unterschiedliche Ausführungspläne optimal sind.

Die folgenden vier Prozeduraufrufe bekommen nun alle einen eigenen Ausführungsplan:

```
exec SucheAdressen null, '5%'
exec SucheAdressen 'Dulu%', null
exec SucheAdressen 'Berlin%', '909%'
exec SucheAdressen null, null
```

Das Problem, dass unterschiedliche Parameter*werte* verschiedene optimale Pläne benötigen, wird jedoch nicht gelöst. sp_executesql erstellt jeweils *einen* parametrisierten Plan für die beim ersten entsprechenden Aufruf übergebenen Parameterwerte, und damit bleibt das Problem bestehen, dass die Erstellung dieses Planes mit atypischen Parameterwerten eben auch nur einen suboptimalen Plan für alle anderen Parameterwerte darstellt.

Verwenden des Abfragehinweises OPTIMIZE FOR

Wenn Sie eine gespeicherte Prozedur erstellen, dann haben Sie keine Kontrolle darüber, mit welchen Parameterwerten diese Prozedur das erste Mal von einer Anwendung ausgeführt wird, und daher auch keinen Einfluss auf den generierten Ausführungsplan – oder etwa doch?

Sie werden es sicher schon ahnen, aber es gibt tatsächlich Möglichkeiten, die Planerstellung zu beeinflussen – und zwar direkt im SQL-Code einer Abfrage. Zu diesem Zweck können Sie sogenannte Abfragehinweise verwenden, um den Optimierer in eine bestimmte Richtung zu lenken.

Ich bin bestimmt kein Freund von Abfragehinweisen, weil ich denke, dass der Optimierer am besten selber entscheiden kann, welcher Plan erstellt wird – und in den meisten Fällen benötigt der Optimierer auch keine weitere Unterstützung. Abfragehinweise, welche die Planerstellung beeinflussen, sind einigermaßen gefährlich, denn sie schränken die Möglichkeiten der Planerstellung ein und sollten daher mit entsprechender Vorsicht verwendet werden. Denken Sie bei der Verwendung von Abfragehinweisen bitte stets daran, dass eine Änderung von Daten oder Strukturen jederzeit dazu führen kann, dass ein ehemals sinnvoller Hinweis nun kontraproduktiv wird. Im Allgemeinen ist es sehr schwierig, Probleme aufzufinden, die auf ungeeignete oder veraltete Abfragehinweise zurückzuführen sind. Die im Folgenden vorgestellten Abfragehinweise dienen im Wesentlichen dazu, das Parameter Sniffing auszuschalten bzw. die im Zusammenhang mit Parameter Sniffing auftretenden Probleme zu umgehen.

Kommen wir also zu einer ersten Möglichkeit, die Planerstellung mit einem Abfragehinweis zu beeinflussen. Wenn Sie ein typisches Muster für einen Prozeduraufruf kennen, dann können Sie durch den Hinweis OPTIMIZE FOR die Parameterwerte angeben, für welche der Optimierer den Plan erstellen soll. Schauen Sie sich noch einmal unsere Prozedur SucheAdressen an, deren Abfrage hier einen entsprechenden Abfragehinweis enthält:

```
if (object_id('SucheAdressen', 'P') is not null)
  drop procedure SucheAdressen
go
create procedure SucheAdressen(@city nvarchar(30), @postalCode nvarchar(15)) as
 begin
   select PostalCode, City, AddressLine1, AddressLine2, ModifiedDate
     from Person.Address
    where ((@city is null) or (City like @city))
      and ((@postalCode is null) or (PostalCode like @postalCode))
      option (optimize for (@city='Dulu%', @postalCode='86541%'))
 end
go
```

Über die Klausel OPTION (OPTIMIZE FOR(…)) geben Sie die Werte für die verwendeten Parameter an, die für die Planerstellung verwendet werden sollen. Wenn Sie die Prozedur so erzeugen, dann ist es für die Planerstellung unerheblich, welche Parameterwerte beim ersten Aufruf übergeben werden; es werden stets die im Abfragehinweis verwendeten Parameter für die Optimierung verwendet. Dadurch vermeiden Sie eine Situation, in welcher der erste Aufruf einer Prozedur mit atypischen Parameterwerten die Erstellung eines Ausführungsplanes bewirkt, der für die meisten folgenden Aufrufe nur suboptimal ist.

Egal, mit welchen Parameterwerten die Prozedur nun aufgerufen wird, der Plan wird immer für die im Optimierungshinweis angegebenen Parameterwerte erstellt. Falls

Sie einen allgemeinen Plan erzeugen möchten, der nicht auf der Basis konkreter Parameterwerte generiert wird, dann können Sie für jeden Parameterwert auch den reservierten Bezeichner UNKNOWN verwenden. Der Abfragehinweis in unserer geänderten Prozedur SucheAdressen kann also auch so aussehen:

```
option (optimize for (@city unknown, @postalCode unknown))
```

In diesem Fall findet die Optimierung auf der Basis einer Kardinalitätsschätzung statt, die nur von den verwendeten Operatoren und den Statistiken bestimmt wird. Dies ist also genau dasselbe Verfahren wie bei der Verwendung lokaler Variablen in T-SQL-Skripten, das etwas weiter oben erläutert wurde. In unserer Prozedur SucheAdressen führt dies stets zu einem Clustered-Index-Scan, weil insgesamt ca. 2.089 Ergebniszeilen erwartet werden. Dies gilt eben auch dann, wenn die Prozedur mit sehr selektiven Parametern aufgerufen wird, die zum Beispiel nur eine Zeile zurückliefern und für die deshalb eine Suche im Index (in unserem Fall ein Index-Scan, wegen Fehlen eines geeigneten Index für die Suche im Index-Baum) günstiger gewesen wäre.

Mit OPTIMIZE FOR können Sie den Optimierer also veranlassen, einen Plan zu erzeugen, der für bestimmte Parameterwerte optimal ist. Wenn es so einen Plan nicht gibt, etwa weil keine typischen Parameterwerte existieren, dann hilft Ihnen OPTIMIZE FOR natürlich nicht wirklich. Das Problem ist auch hier wieder, dass Sie sich für *den einen Plan* entscheiden müssen, der alle Belange abdeckt – und dies ist in einigen Fällen schlichtweg nicht möglich.

Verwenden von RECOMPILE

Wie gerade gesagt, ist die Tatsache, dass für eine parametrisierte Abfrage oder auch eine gespeicherte Prozedur nur ein Plan existieren kann, oft ein Hindernis bei der Verwendung sehr unterschiedlicher Parameterwerte. In vielen Fällen wären für unterschiedliche Werte der Parameter letztlich separate Pläne besser geeignet als ein einziger Plan für alle Parameterwerte. Um so etwas zu erreichen, kann der Abfragehinweis RECOMPILE in verschiedenen Varianten verwendet werden. Wie üblich, möchte ich Ihnen auch diesmal ein Beispiel präsentieren, um diese unterschiedlichen Varianten zu erklären.

Wir verwenden auch hier wieder die gespeicherte Prozedur SucheAdressen, zunächst in der schon bekannten Form:

```
if (object_id('SucheAdressen', 'P') is not null)
  drop procedure SucheAdressen
go
create procedure SucheAdressen(@city nvarchar(30), @postalCode nvarchar(15)) as
 begin
   select PostalCode, City, AddressLine1, AddressLine2, ModifiedDate
     from Person.Address
    where ((@city is null) or (City like @city))
      and ((@postalCode is null) or (PostalCode like @postalCode))
 end
go
```

Noch einmal zur Wiederholung: Je nachdem, welcher der beiden folgenden Aufrufe zuerst erfolgt, wird der für diese Prozedur erstellte Plan entweder einen Clustered-Index-Scan oder einen Index-Scan mit anschließender Schlüsselsuche im gruppierten Index beinhalten:

```
-- Clustered Index Scan
exec SucheAdressen null, null

-- Index Scan mit Schlüsselsuche
exec SucheAdressen 'Kingsport%', '37%'
```

Je nachdem, welcher Plan also erstellt wurde, wird entweder nur der erste oder nur der zweite Aufruf auf der Basis eines optimalen Planes ausgeführt.

Der RECOMPILE-Hinweis kann verwendet werden, um dafür zu sorgen, dass stets ein möglichst optimaler Plan für die Ausführung erstellt wird. Sie können den RECOMPILE-Hinweis prinzipiell auf vier verschiedene Arten angeben:

RECOMPILE bei der Ausführung einer gespeicherten Prozedur oder Abfrage Sie können bei der Ausführung einer gespeicherten Prozedur die Option RECOMPILE als Zusatz angeben. Ein entsprechender Aufruf sieht dann so aus:

```
exec SucheAdressen 'Kingsport%', '37%' with recompile
```

Dadurch wird ein eventuell existierender Ausführungsplan nicht verwendet. Stattdessen wird ein neuer Plan erstellt, der nur für diesen Aufruf verwendet wird, also auch nicht in den Plancache „wandert". Ein bereits existierender Ausführungsplan wird dabei nicht verändert.

RECOMPILE bei der Erstellung einer gespeicherten Prozedur Es ist auch möglich, dass Sie die Option RECOMPILE bereits bei der Erstellung einer gespeicherten Prozedur, also als Option für die Anweisung CREATE PROCEDURE verwenden:

```
create procedure SucheAdressen(@city nvarchar(30), @postalCode nvarchar(15))
        with recompile as
 begin
    ...
 end
go
```

In diesem Fall wird für die Prozedur *niemals* ein Ausführungsplan gespeichert. Jede Ausführung der Prozedur erfordert daher zunächst die Erstellung eines Ausführungsplanes, der dann natürlich exakt auf die verwendeten Parameter abgestimmt ist. Dieser Ausführungsplan wird nicht im Plancache gespeichert, ist also nur für den einen Aufruf gültig.

Gezieltes RECOMPILE für eine Anweisung innerhalb einer gespeicherten Prozedur

Sie können den RECOMPILE-Hinweis auch für einzelne Abfragen innerhalb einer gespeicherten Prozedur verwenden. Dadurch wird nicht bei jeder Ausführung der Prozedur ein komplett neuer Plan für die gesamte Prozedur erstellt. Vielmehr kann ein existierender Plan wiederverwendet werden, und nur die durch RECOMPILE gekennzeichneten Anweisungen werden für die Ausführung kompiliert. Dadurch wird natürlich vor allem bei größeren Prozeduren, die viele Anweisungen enthalten, Übersetzungszeit eingespart. Prinzipiell sieht die Syntax so aus:

```
create procedure SucheAdressen(@city nvarchar(30), @postalCode nvarchar(15)) as
 begin
   select PostalCode, City, AddressLine1, AddressLine2, ModifiedDate
     from Person.Address
     where ((@city is null) or (City like @city))
       and ((@postalCode is null) or (PostalCode like @postalCode))
     option( recompile)
 end
go
```

Die RECOMPILE-Option ist auch deshalb besonders interessant, weil sie eine sehr elegante Lösung von Problemen mit veränderten Parameterwerten in gespeicherten Prozeduren oder auch der Verwendung von lokalen Variablen in T-SQL-Skripten ermöglicht. Schauen Sie sich bitte dazu noch einmal den folgendermaßen geänderten Code der Prozedur SucheAdressen an:

```
if (object_id('SucheAdressen', 'P') is not null)
  drop procedure SucheAdressen
go
create procedure SucheAdressen(@city nvarchar(30)) as
 begin
   declare @citySearch nvarchar(80)
   set @citySearch = replace(@city, '*', '%') + '%'
   select PostalCode, City, AddressLine1, AddressLine2, ModifiedDate
     from Person.Address
     where City like @citySearch
     option (recompile)
 end
go
```

OPTION RECOMPILE bewirkt hier eine Kompilierung der Abfrage direkt vor der Ausführung. Zu diesem Zeitpunkt sind die Parameterwerte bekannt, und wir erhalten nun einen Ausführungsplan, der in Bezug auf City like '%' optimiert wurde.

RECOMPILE **für eine beliebige Abfrage** Genau so, wie Sie den RECOMPILE-Abfragehinweis in einzelnen Anweisungen einer gespeicherten Prozedur verwenden können, ist es möglich, jede beliebige Abfrage mit diesem Abfragehinweis zu versehen. Dadurch wird ein eventuell existierender Ausführungsplan ignoriert, und für die entsprechende Abfrage wird ein eigener Ausführungsplan erstellt. Dieser erstellte Ausführungsplan ist wiederum nur für die eine Abfrage gültig und wird nicht im Plancache gespeichert.

Prägen Sie sich bitte insbesondere ein, dass die Werte von Variablen ermittelt werden, bevor die Abfrage kompiliert wird. Die Variablenwerte sind daher beim Kompilieren der Abfrage bekannt. Betrachten Sie bitte noch einmal ein Beispiel, das wir etwas weiter oben verwendet haben.

```
declare @id int
set @id = 0
select * from Person where Id < @id option (recompile)
```

Durch das Hinzufügen von OPTION RECOMPILE wird die Abfrage nun für I < 0 optimiert und wir erhalten einen deutlich effizienteren Ausführungsplan.

Prägen Sie sich also bitte Folgendes ein:

> OPTION RECOMPILE erzwingt eine Kompilierung der Abfrage *unmittelbar vor der Ausführung.* Zu diesem Zeitpunkt sind die Parameterwerte bekannt und der Ausführungsplan wird unter Verwendung der aktuellen Parameterwerte erstellt.

Wenn Sie die obigen Punkte aufmerksam gelesen haben, dann haben Sie sicherlich bereits festgestellt, dass der Name RECOMPILE nicht besonders glücklich gewählt ist.

> Ein Re-Compile bezeichnet üblicherweise eine Neu-Übersetzung eines bestehenden Ausführungsplanes, etwa aufgrund von veralteten Statistiken oder Schemaänderungen, wobei der neue Plan den alten Plan im Plancache ersetzt. Diese Aktion wird bei Angabe der Option RECOMPILE *nicht* ausgeführt. Ein Re-Compile in diesem Sinne ist in Wirklichkeit ein Compile, insbesondere deshalb:
>
> ▶ Es ist nicht ausschlaggebend, ob bereits ein entsprechender Plan vorhanden ist. Bei Angabe von RECOMPILE findet stets eine Planerstellung, also ein Compile statt.
>
> ▶ Der durch die Option RECOMPILE erstellte Plan wird nicht im Plancache gespeichert, sondern nur für die einmalige Ausführung der Abfrage verwendet.
>
> ▶ Der Name hätte wohl also besser COMPILE lauten sollen.

Dem Vorteil, dass die Verwendung der Option RECOMPILE stets zu einem möglichst optimalen Plan führt, steht natürlich der Nachteil gegenüber, dass die Wiederverwendung eines existierenden Planes verhindert wird. Dadurch wird zwar der Plancache in einigen Fällen entlastet, Sie bezahlen dies jedoch mit einer erhöhten CPU-Belastung und möglicherweise auch mit einer längeren Ausführungszeit. Die Ausführungszeit verlängert sich immer dann, wenn ein existierender optimaler Plan nicht verwendet wird. In diesem Fall kostet eben die durch eine RECOMPILE-Option angestoßene Erstellung des Ausführungsplanes unnötig Zeit.

Sie müssen also sehr genau abwägen, ob sich ein Einsatz von RECOMPILE lohnt. Auf jeden Fall sollten Sie nicht den rigorosen Ansatz wählen und RECOMPILE in einem OLTP-System auf breiter Front einsetzen. Beobachten Sie mithilfe des Profilers oder des Windows-Systemmonitors Ihre Kompilierungs- und Re-Kompilierungsrate, um festzustellen, ob an dieser Stelle Probleme auftreten (siehe auch Kapitel 4). Verwenden Sie RECOMPILE nur gezielt, um die Leistung problematischer Abfragen zu verbessern.

Arbeiten mit Planhinweislisten (Plan Guides)

Alle bislang auf der Basis von Abfragehinweisen präsentierten Lösungen haben gemein, dass sie gezielt für konkrete Abfragen eingesetzt werden. Diese Verfahrensweise hat prinzipiell zwei Nachteile:

▶ Sie werden nicht in allen Fällen die erforderlichen SQL-Anweisungen anpassen können. Wenn Sie zum Beispiel eine gekaufte Software verwenden, die Abfragen gegen eine Datenbank ausführt, dann haben Sie sehr wahrscheinlich keine Möglichkeit, die von der Anwendung erzeugten SQL-Anweisungen zu verändern. Diese Aussage gilt in gewisser Art auch für gespeicherte Prozeduren. Deren Text können Sie zwar verändern oder mit Abfragehinweisen versehen, beim oder nach dem nächsten Software-Update gibt es dann aber wahrscheinlich Probleme – einmal ganz abgesehen davon, wie sich so etwas auf Ihre Garantie- oder Supportansprüche auswirkt. Auch wenn Sie problematische Abfragen finden, können Sie in diesem Fall keine Abfragehinweise hinzufügen.

▶ Die Anpassung einzelner Anweisungen kann sehr mühselig sein. Oftmals ist es hilfreich, wenn Anweisungen gruppiert bzw. klassifiziert werden können und dann Abfragehinweise für eine ganze Gruppe ähnlich gearteter Anweisungen spezifiziert werden.

In diesen Fällen sind Planhinweislisten ein geeignetes Mittel. In einer Planhinweisliste können Sie einen einzelnen Abfragetext oder auch ein Muster für Abfragen hinterlegen, wobei Sie für jeden Eintrag auch entsprechende Optimierungshinweise angeben. Bei der Erstellung eines Abfrageplanes berücksichtigt der Optimierer die existierenden Planhinweislisten und arbeitet die dort hinterlegten Hinweise in den erstellten Abfrageplan ein.

Für das Anlegen einer Planhinweisliste verwenden Sie die gespeicherte Systemprozedur sp_create_plan_guide. Es gibt drei unterschiedliche Kategorien von Planhinweislisten, die ich Ihnen zunächst nennen möchte. Im Anschluss an die Auflistung werde ich Ihnen zu jeder Kategorie ein Beispiel präsentieren:

▶ **OBJECT**-Planhinweislisten. Dies sind Planhinweislisten, die sich auf Abfragen in gespeicherte Prozeduren oder Funktionen beziehen. Eine solche Planhinweisliste muss unter Angabe des Abfragetextes und des Namens der gespeicherten Prozedur bzw. der Funktion angelegt werden. Der Optimierer vergleicht bei der Optimierung sowohl den eigentlichen Abfragetext als auch den Prozedur- oder Funktionsnamen. Wird eine Übereinstimmung festgestellt, dann werden die angegebenen Abfragehinweise berücksichtigt.

▶ **SQL**-Planhinweislisten. Eine Planhinweisliste dieses Typs bezieht sich auf eine konkrete Abfrage, die als eigenständige Abfrage ausgeführt wird, also nicht innerhalb einer Prozedur oder Funktion. Es ist auch möglich, ein Muster für den Abfragetext anzugeben. In diesem Fall werden die angegebenen Optimierungshinweise für alle Abfragen, deren Text dem angegebenen Muster entspricht, angewendet.

▶ **TEMPLATE**-Planhinweislisten. Eine TEMPLATE-Planhinweisliste spezifiziert das Parametrisierungsverhalten einer Abfrage bzw. einer Gruppe von Abfragen. Über diesen Hinweis können Sie die für die Datenbank angegebene Option der erzwungenen oder einfachen Parametrisierung (`PARAMETRIZATION FORCED` oder `PARAMETRIZATION SIMPLE`) für bestimmte Abfragen außer Kraft setzen und so eine einfache oder erzwungene Parametrisierung auf der Basis von einzelnen Abfragen einstellen.

Über `sp_create_plan_guide` können Sie nicht nur Abfragehinweise für die Optimierung angeben. Die Prozedur erlaubt auch die Spezifizierung eines konkreten Abfrageplanes, der im XML-Format an die Prozedur übergeben werden muss.

Kommen wir nun zu einigen Verwendungsbeispielen von `sp_create_plan_guide`.

Im ersten Beispiel wird eine Planhinweisliste für eine Anweisung in einer gespeicherten Prozedur erzeugt. Diese Planhinweisliste ist also vom Typ `OBJECT`. Hierfür benötigen wir den Namen der Prozedur sowie den Text der entsprechenden SQL-Anweisung. Angenommen, die folgende Prozedur `SucheAdressen` existiert bereits in der Datenbank `AdventureWorks2008R2`:

```
create procedure SucheAdressen(@city nvarchar(30), @postalCode nvarchar(15)) as
begin
   select PostalCode, City, AddressLine1, AddressLine2, ModifiedDate
     from Person.Address
    where ((@city is null) or (City like @city))
      and ((@postalCode is null) or (PostalCode like @postalCode))
end
```

Wir wollen weiterhin davon ausgehen, dass Sie keine Möglichkeit haben, den Code der Prozedur zu verändern. Falls Sie sicher sind, dass für Ihre Anwendung eine Optimierung für den Parameterwert `@city='Dulu%'` erfolgen soll, dann können Sie also zum Text der Prozedur keinen entsprechenden Optimierungshinweis hinzufügen. Eine Planhinweisliste bietet in dieser Situation einen Ausweg. Diese Hinweisliste können Sie wie folgt erstellen:

```
use AdventureWorks2008R2;
exec sp_create_plan_guide
   @name = N'PlanGuide_AdrSuche'
  ,@stmt = N'select PostalCode, City
                  ,AddressLine1, AddressLine2, ModifiedDate
              from Person.Address
             where ((@city is null) or (City like @city))
               and ((@postalCode is null) or (PostalCode like @postalCode))'
  ,@type = N'OBJECT'
  ,@module_or_batch = N'dbo.SucheAdressen'
  ,@params = NULL
  ,@hints = N'option (optimize for (@city=N''Dulu%''))'
```

Die obige Anweisung erstellt eine Planhinweisliste für die durch den Parameter `@stmt` festgelegte `SELECT`-Anweisung innerhalb der Prozedur `SucheAdressen`. Wann immer für die Prozedur ein Ausführungsplan erstellt wird, ist der übergebene Wert für den Parameter @city für die Planerstellung nicht von Bedeutung. Der Plan wird stets für den Parameterwert @city='Dulu%' optimiert. Der eigentliche Code der Prozedur musste hierfür nicht modifiziert werden.

Sie können sich die gerade erstellte Planhinweisliste auch im Objekt-Explorer des Management Studios ansehen. Einen entsprechenden Ordner finden Sie unter ADVEN-TURE WORKS2008R2/PROGRAMMIERBARKEIT/PLANHINWEISLISTEN (siehe Abbildung 9.34).

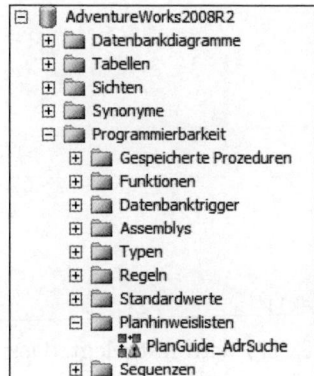

Abbildung 9.34: Die erzeugte Planhinweisliste PlanGuide_AdrSuche

Für die aufgelisteten Planhinweislisten können Sie sich dann zum Beispiel auch die Eigenschaften anzeigen lassen. Es ist sogar möglich, Planhinweislisten mit der grafischen Benutzeroberfläche hinzuzufügen. Der zugehörige Dialog ist allerdings nicht sehr komfortabel, sodass Sie sehr wahrscheinlich anstelle des Dialogs die entsprechenden gespeicherten Prozeduren verwenden werden; so wie in diesem Abschnitt gezeigt.

Das zweite Beispiel erzeugt eine Planhinweisliste für eine Ad-hoc-SQL-Abfrage. Diese Art von Planhinweislisten wird auf Abfragen angewendet, die über sp_executesql ausgeführt werden. In aller Regel sind dies Abfragen von Clientanwendungen, die parametrisierte Abfragen an den Server senden. Schauen Sie sich die folgende Abfrage für eine Suche nach Personen an, wobei als Suchkriterium der Nachname verwendet wird:

```
exec sp_executesql
  @stmt = N'select FirstName, MiddleName, LastName
                 ,EmailPromotion
             from Person.Person
             where LastName like @p'
 ,@params = N'@p nvarchar(40)'
 ,@p = '%'
```

Wenn die Abfrage so ausgeführt wird, wie in der obigen Anweisung dargestellt, dann wird im Ausführungsplan ein Clustered-Index-Scan verwendet, weil alle Zeilen der Tabelle Person.Person zurückgegeben werden. Falls Sie wissen, dass in Ihrer Anwendung in aller Regel sehr detailliert nach dem Nachnamen gesucht wird, dass also in den meisten Fällen nur wenige Zeilen zurückgegeben werden, dann wäre es sicher besser, generell einen Index-Seek über den auf der Spalte LastName vorhandenen Index durchzuführen. Die wenigen nicht optimalen Abfragen, in denen diese Index-Suche dann verwendet würde, obwohl der Index nicht selektiv genug ist, sollen einfach vernachlässigt werden.

Wenn der Abfragetext von einer Anwendung generiert wird, auf deren Quellcode Sie keinen Zugriff haben, dann können Sie den Text der Abfrage nicht modifizieren. Über eine Planhinweisliste vom Typ SQL können Sie jedoch eine Indexverwendung für die Abfrage erzwingen:

```
exec sp_create_plan_guide
   @name = N'PlanGuide_PersSuche'
  ,@stmt = N'select FirstName, MiddleName, LastName
                  ,EmailPromotion
             from Person.Person
             where LastName like @p'
  ,@type = N'SQL'
  ,@module_or_batch = null
  ,@params = N'@p nvarchar(40)'
  ,@hints = N'option (table hint(Person.Person, forceseek))'
```

Über den Tabellenhinweis TABLE HINT(Person.Person, FORCESEEK) wird festgelegt, dass für die angegebene Abfrage stets eine Indexsuche durchgeführt wird.

Der Text der Abfrage muss dabei genau übereinstimmen. Hierbei zählen auch Leerzeichen sowie Zeilenumbrüche und die Groß-/Kleinschreibung. Auch der Name des Parameters ist relevant. In der obigen Darstellung wurden wegen der besseren Lesbarkeit Zeilenumbrüche eingefügt. Dadurch ist der in der Planhinweisliste verwendete Text der Abfrage verschieden vom Text der eigentlichen Abfrage, und die Planhinweisliste würde nicht gefunden werden.

Wenn Sie eine Planhinweisliste für eine parametrisierte Abfrage erstellen möchten, dann ist die Ermittlung der Parameter nicht immer ganz einfach. Sie können die gespeicherte Systemprozedur sp_get_query_template verwenden, um die parametrisierte Form einer Abfrage zu ermitteln. Lesen Sie hierzu gegebenenfalls noch einmal in Abschnitt *Positive Auswirkungen der Parametrisierung* nach und sehen Sie sich Abbildung 9.25 an.

Zum Abschluss möchte ich Ihnen noch ein Beispiel für eine Planhinweisliste des Typs TEMPLATE präsentieren. Bei Planhinweislisten dieses Typs geht es ausschließlich darum, die in der Datenbank vorhandene Einstellung für die Parametrisierung (FORCED oder SIMPLE, siehe Abschnitt *Erzwungene Parametrisierung*) für eine bestimmte Abfrage zu überschreiben und für diese Abfrage eine Parametrisierung zu erzwingen oder eben nicht zu erzwingen, und zwar unabhängig von der Einstellung in den Datenbankoptionen. Bei Planhinweislisten vom Typ TEMPLATE dürfen deshalb nur die Hinweise OPTION (PARAMETERIZATION FORCED) bzw. OPTION (PARAMETERIZATION SIMPLE) verwendet werden.

Angenommen Sie möchten, dass Abfragen der folgenden Form parametrisiert werden:

```
select sum(sod.LineTotal) as Bestellwert
  from Sales.SalesOrderHeader as soh
      inner join Sales.SalesOrderDetail as sod
            on sod.SalesOrderID = soh.SalesOrderID
 where soh.OrderDate between '20040101' and '20041231'
```

Diese Abfrage der Bestellwertsumme für einen Datumsbereich würde normalerweise nicht parametrisiert werden, weil sie sich über mehrere Tabellen erstreckt. Sie können jedoch eine Parametrisierung erzwingen, indem Sie eine entsprechende Planhinweisliste erzeugen:

```
declare @stmt nvarchar(max)
       ,@params nvarchar(max)
exec sp_get_query_template
     N'select sum(sod.LineTotal) as Bestellwert
         from Sales.SalesOrderHeader as soh
             inner join Sales.SalesOrderDetail as sod
                   on sod.SalesOrderID = soh.SalesOrderID
        where soh.OrderDate between ''20040101'' and ''20041231'''
  ,@stmt out
  ,@params out

exec sp_create_plan_guide
    @name = N'Plan_Guide_Bestellwert'
   ,@stmt = @stmt
   ,@type = N'TEMPLATE'
   ,@module_or_batch = null
   ,@params = @params
   ,@hints = N'option (parameterization forced)'
```

Das obige Skript ermittelt zunächst die parametrisierte Form der Abfrage durch die gespeicherte Prozedur `sp_get_query_template`. Diese parametrisierte Form wird dann anschließend an `sp_create_plan_guide` übergeben. In der Folge würden dann alle Abfragen, die den Bestellwert für einen Datumsbereich ermitteln (so wie in der oben dargestellten Abfrage), parametrisiert.

Um eine Planhinweisliste zu löschen, können Sie den Objekt-Explorer oder die Prozedur `sp_control_plan_guide` verwenden. Auch das zeitweilige Deaktivieren und natürlich das erneute Aktivieren von Planhinweislisten können Sie über `sp_control_plan_guide` oder den Objekt-Explorer erledigen.

Zur Beobachtung der Verwendung von Planhinweislisten können Sie den Profiler verwenden. In der Gruppe *Performance* finden Sie diese beiden Ereignisse:

▶ **Plan Guide Successfull**. Der Optimierer hat eine existierende Planhinweisliste für die Planerstellung verwendet.

▶ **Plan Guide Unsuccessfull**. Der Optimierer hat eine zur Abfrage passende Planhinweisliste gefunden, konnte diese Planhinweisliste jedoch nicht verwenden.

Dies kann zum Beispiel passieren, wenn im Abfragehinweis der Planhinweisliste ein bestimmter Index verwendet wird, der inzwischen nicht mehr existiert.

In der Ereignisspalte *TextData* wird dann jeweils der Name der Planhinweisliste ausgegeben.

Auch der Systemmonitor bietet zwei Indikatoren zur Beobachtung der Verwendung von Planhinweislisten an, die Sie in der Kategorie *SQL Statistics* finden:

▶ **Guided plan executions/sec**. Dieser Indikator zeigt die Anzahl der verwendeten Planhinweislisten je Sekunde an.

▶ **Misguided plan executions/sec**. Dieser Wert gibt an, wie oft eine existierende Planhinweisliste nicht verwendet werden konnte, weil sie ungültig war.

9.5   Physikalische JOIN-Operatoren

JOIN-Operatoren werden Sie sehr häufig in Abfrageplänen finden. Zum einen sind natürlich bei Abfragen über mehrere Tabellen JOIN-Operatoren erforderlich. Aber auch dann, wenn eine Abfrage nur Daten aus einer einzigen Tabelle holt, kann es sein, dass der Ausführungsplan einen JOIN-Operator enthält. Dies ist zum Beispiel dann der Fall, wenn eine Indexsuche mit einer anschließenden Schlüsselsuche durchgeführt wird, so wie etwa in Abbildung 9.33 zu sehen.

Es ist daher wichtig, dass Sie die unterschiedlichen physikalischen JOIN-Operatoren kennen und auch verstehen. Darüber hinaus ist es sehr hilfreich, wenn Sie erkennen, warum der Optimierer sich für einen bestimmten physischen JOIN-Operator entscheidet und eben nicht für einen anderen. Deshalb ist dieser Thematik hier auch ein eigener Abschnitt gewidmet.

Sie haben bereits in Kapitel 4 erfahren, dass der Optimierer prinzipiell drei unterschiedliche physische JOIN-Operatoren kennt:

▶ MERGE JOIN

▶ HASH JOIN

▶ NESTED LOOP JOIN

Allen diesen Operatoren ist zunächst gemein, dass Sie aus zwei Eingabe-Tabellen eine Ausgabe-Tabelle erzeugen. Bei einem JOIN über mehrere Tabellen werden die JOIN-Operatoren dann einfach kaskadierend angewendet. Bei drei verknüpften Tabellen benötigt die Abfrage also zwei JOIN-Operatoren oder ganz allgemein bei n verknüpften Tabellen n-1 JOIN-Operatoren.

Wir wollen nun die drei physischen JOIN-Operatoren einmal untersuchen und verwenden hierfür zwei Testtabellen. Außerdem beschränken wir uns in den Experimenten auf INNER JOINs. Dies ist kein Problem, da die erhaltenen Ergebnisse prinzipiell auch auf OUTER JOINs zutreffen. Der folgende Teil zeigt auch, welche Auswirkungen die Auswahl eines nicht optimalen JOIN-Operators (zum Beispiel durch einen entsprechenden Abfragehinweis) haben kann.

Unsere beiden Testtabellen werden folgendermaßen erzeugt:

```
use QueryTest
go
-- Zwei Tabellen anlegen
-- T1: 1.000.000 Zeilen
if (object_id('T1', 'U') is not null)
  drop table T1
go
create table T1
 (
   c1 int not null identity(1,1)
  ,c2 char(200) not null default '*'
 )
go
create unique clustered index ix1 on t1(c1)
go
-- T2: 20.000 Zeilen
if (object_id('T2', 'U') is not null)
  drop table T2
go
create table T2
 (
   c1 int not null
  ,c2 char(800) not null default '#'
 )
create clustered index Ix2 on t2(c1)
go
-- Testdaten einfügen.
-- 1.000.000 Zeilen in T1 und 20.000 Zeilen in T2
insert T1 default values
go
insert T1(c2) select '*' from Numbers where n <= 1000000
go
insert T2(c1) select top 20000 c1 from t1 order by newid()
```

Das Skript erzeugt eine Tabelle T1 mit 1.000.000 Zeilen und eine Tabelle T2 mit 20.000 Zeilen, wobei die Werte in der Spalte T2.c1 per Zufall aus dem Wertebereich 1 bis 1.000.000 ausgewählt werden. Außerdem wird für beide Tabellen ein gruppierter Index angelegt.

9.5.1   MERGE JOIN

Ein MERGE JOIN ist immer dann optimal, wenn die an der Verknüpfung beteiligten Tabellen bereits in sortierter Form vorliegen und außerdem sehr viele Zeilen verknüpft werden müssen.

In der folgenden Abfrage sind diese Bedingungen erfüllt:

```
select *
  from t1 inner join t2
                on t2.c1=t1.c1
```

Beide Tabellen verfügen über einen entsprechenden gruppierten Index, der die Daten in sortierter Reihenfolge im Sinne der JOIN-Bedingung enthält. Außerdem enthält die Abfrage keine weiteren Filterkriterien, es werden also alle Zeilen aus beiden Tabellen zusammengefügt. Den grafischen Ausführungsplan sehen Sie in Abbildung 9.35.

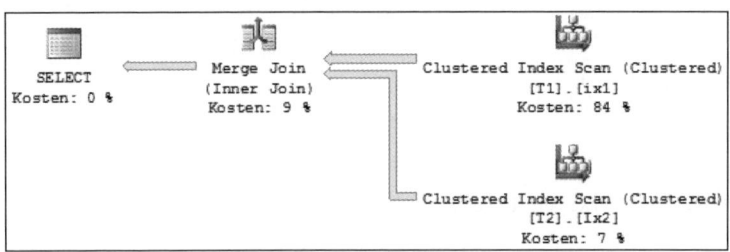

Abbildung 9.35: Ausführungsplan mit Merge Join

Sowohl die äußeren (oberen) Eingabezeilen als auch die inneren (unteren) Eingabezeilen werden jeweils in sortierter Form verarbeitet. Hierzu wird die äußere Eingabe durchlaufen und für jede Zeile der erste passende Wert der inneren Eingabe gesucht. Danach kann dann die innere Schleife einfach so lange Zeile für Zeile abarbeiten, bis sich das Sortierkriterium ändert. Sobald dies der Fall ist, wiederholt sich der Vorgang für die nächste äußere Eingabezeile. Dies wird so lange fortgesetzt, bis in der äußeren Schleife alle Zeilen verarbeitet wurden. Da für jede äußere Zeile jeweils nur die erste innere Zeile gesucht werden muss, ist ein MERGE JOIN für eine Verarbeitung von vielen Zeilen sehr effizient. Der Optimierer kann sich sogar dann für einen MERGE JOIN entscheiden, wenn die Eingabe-Tabellen überhaupt nicht im Sinne der JOIN-Bedingung sortiert sind. Unter Umständen erfolgt dann die Sortierung einfach in einem zusätzlichen Schritt vor dem eigentlichen JOIN. Schauen Sie sich hierzu bitte das folgende Beispiel an:

```
drop index Ix2 on T2
go
select *
  from t1 inner join t2 on t2.c1=t1.c1
```

Durch das Löschen des gruppierten Index der Tabelle T2 wird auch die Sortierung nach der Spalte c1 entfernt. Dadurch sind die Zeilen für die Tabelle T2 nicht mehr so sortiert, dass sie für den MERGE JOIN unmittelbar verwendet werden können. Dennoch wählt der Optimierer einen MERGE JOIN, wie der Abfrageplan in Abbildung 9.36 zeigt.

Im Plan ist recht deutlich zu sehen, dass die für den MERGE JOIN erforderliche Sortierung einfach hinzugefügt wird. Diese Sortierung ist relativ kostengünstig, weil die Tabelle T2 nur 20.000 Zeilen enthält. Daher ist auch hier der MERGE JOIN die optimale Lösung.

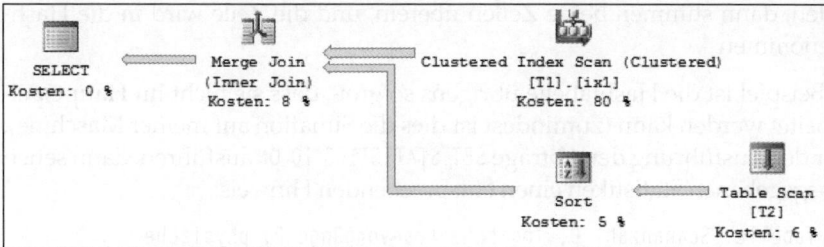

Abbildung 9.36: Merge Join mit vorgeschalteter Sortierung

9.5.2 HASH JOIN

Ein HASH JOIN verwendet einen Hash Match-Operator für die JOIN-Implementierung. Dies ist immer dann günstig bzw. erforderlich, wenn viele Zeilen, die nicht entsprechend der JOIN-Bedingung sortiert sind, verknüpft werden sollen. Schauen Sie sich bitte das folgende Beispiel an:

```
create clustered index Ix2 on t2(c1)
go
drop index ix1 on T1
go
select *
  from t1 inner join t2 on t2.c1=t1.c1
```

Wir erzeugen hier den zuvor gelöschten Index auf der Tabelle T2 erneut und löschen dafür den gruppierten Index auf der Tabelle T1. Nun sind die 1.000.000 Zeilen der Tabelle T1 nicht mehr im Sinne der JOIN-Bedingung sortiert. Ein MERGE JOIN mit einer vorherigen Sortierung der Tabellenzeilen in einem zusätzlichen Schritt, so wie im Beispiel zuvor, ist aufgrund der Zeilenanzahl jetzt zu teuer. Der Optimierer entscheidet sich an dieser Stelle für einen HASH JOIN, wie Sie im Ausführungsplan sehen können.

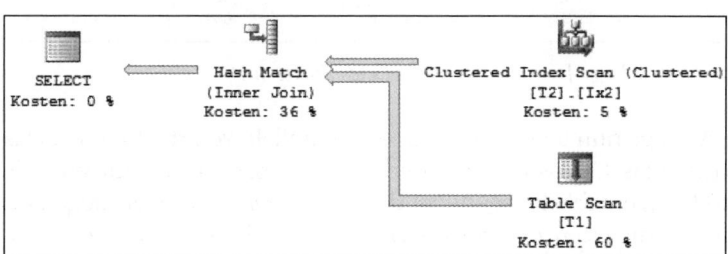

Abbildung 9.37: Hash Match-Operator für die Implementierung eines JOIN

Ein HASH JOIN verwendet eine Hashtabelle als Hilfskonstrukt. Über diese Hashtabelle werden dann Suchoperationen und Verknüpfungen durchgeführt. Der obere Eingabezweig ist die äußere Schleife, über die die Hashwerte für die Hashtabelle bestimmt werden. Für jeden Wert in der äußeren Schleife wird eine Suchoperation für den ermittelten Hashwert entsprechend des unteren Zweiges durchgeführt. Wird der

Wert gefunden, dann stimmen beide Zeilen überein, und die Zeile wird in die Hash-tabelle aufgenommen.

In unserem Beispiel ist die Hashtabelle übrigens so groß, dass sie nicht im Hauptspeicher abgearbeitet werden kann (zumindest ist dies die Situation auf meiner Maschine). Wenn Sie vor der Ausführung der Abfrage SET STATISTICS IO ON ausführen, dann sehen Sie in den ausgegebenen Statistiken einen entsprechenden Hinweis:

```
'Worktable'-Tabelle. Scananzahl 0, logische Lesevorgänge 0, physische
Lesevorgänge 0, Read-Ahead-Lesevorgänge 0, logische LOB-Lesevorgänge 0,
physische LOB-Lesevorgänge 0, Read-Ahead-LOB-Lesevorgänge 0.
```

Die Hashtabelle wird in einer temporären Tabelle geführt, die in der Systemdatenbank *tempdb* verwaltet wird. Leider enthält die Ausgabe keine Information darüber, wie viele Lese- und Schreibvorgänge gegen diese Tabelle durchgeführt wurden.

Es ist möglich, Abfragehinweise zum Erzwingen eines bestimmten physischen JOIN-Operators zu verwenden. Wenn Sie Zweifel haben, dass der HASH JOIN unter Verwendung einer *WorkTable* wirklich die beste Wahl ist, dann können Sie durch einen solchen Hinweis dafür sorgen, dass zum Beispiel ein MERGE JOIN ausgeführt wird. Der Text der Abfrage sieht dann so aus:

```
select *
  from t1 inner merge join t2 on t2.c1=t1.c1
```

Für den MERGE JOIN müssen die Zeilen der Tabelle T1 zuvor sortiert werden, so wie im MERGE JOIN-Beispiel aus dem vorherigen Abschnitt. Wie erwartet, enthält der Ausführungsplan einen entsprechenden Sort-Operator (siehe Abbildung 9.38).

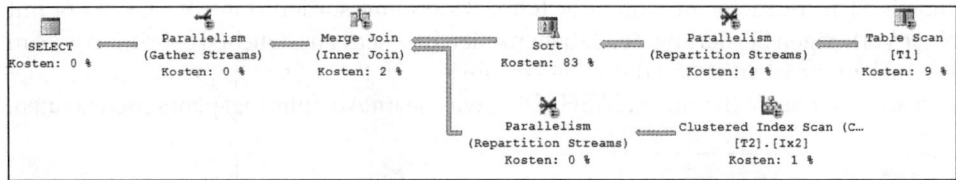

Abbildung 9.38: Erzwungener Merge Join mit vorgeschalteter Sortierung

Auffällig ist, dass die Abfrage nun teuer genug für eine parallele Verarbeitung ist, was natürlich darauf schließen lässt, dass der erforderliche Einsatz von Ressourcen (wie zum Beispiel CPU und E/A) erheblich gegenüber der vorherigen Version gestiegen ist. Insgesamt sind die prognostizierten Abfragekosten ca. sechs Mal so hoch wie zuvor. Der Abfragehinweis hat sich also in keiner Weise bezahlt gemacht!

Auch hier wird übrigens eine *WorkTable* benötigt, diesmal für die Sortierung der 1.000.000 Zeilen der Tabelle T1. Diese Sortierung ist denn auch mit geschätzten 83% Gesamtkosten der bestimmende Operator in Bezug auf die Kosten der Abfrage. An dem kleinen Warndreieck im Sort-Operator können Sie im Plan auch erkennen, dass für die Sortierung auf die *tempdb* ausgelagert werden musste.

9.5.3   NESTED LOOPS

Ein NESTED LOOP JOIN ist immer dann sinnvoll, wenn in der äußeren Schleife nur wenige Zeilen enthalten sind und die innere Schleife durch einen unterstützenden Index durchsucht werden kann. Es ist auch möglich, dass der Optimierer einen temporären Index erstellt, um die innere Suche zu beschleunigen.

Natürlich wollen wir auch hier wieder ein Beispiel betrachten. Schauen Sie sich hierzu bitte die folgende Abfrage an:

```
create unique clustered index ix1 on t1(c1)
go
select *
  from t1 inner join t2 on t2.c1=t1.c1
                      and t1.c1 <= 100
```

Zunächst wird dafür gesorgt, dass die beiden beteiligten Tabellen jeweils über einen gruppierten Index verfügen. Die SELECT-Anweisung sieht im Prinzip so aus wie im ersten Beispiel, in dem der Optimierer sich für einen MERGE JOIN entschieden hat. Der Unterschied zum ersten Fall ist hier die ON-Klausel, durch die aus der Tabelle T1 lediglich 100 Zeilen herausgefiltert werden. Damit ist hier ein NESTED LOOP-Operator letztlich effizienter als ein MERGE JOIN.

Den erzeugten Ausführungsplan sehen Sie in Abbildung 9.39.

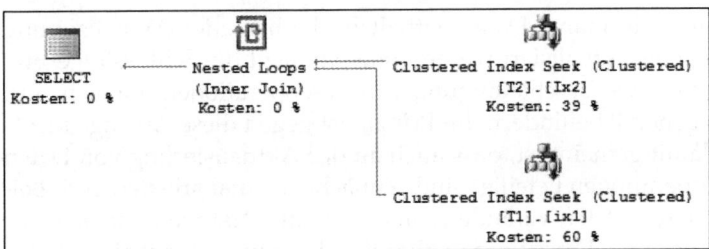

Abbildung 9.39: Nested Loop Join

Die äußere (obere) Eingabe für den NESTED LOOP JOIN wird über eine Suche im gruppierten Index der Tabelle T2 ermittelt. Der Optimierer „weiß" anhand der Verknüpfungsbedingung, dass für die Tabelle T2 nur Zeilen mit einem Wert von c1 <= 100 verarbeitet werden sollen. Von den existierenden 20.000 Zeilen in der Tabelle T1 sind dies in meinen Beispieldaten nur zwei Zeilen, und daher ist eine Suche im Index hier die beste Option. Für jede in der Tabelle T2 gefundene Zeile wird dann ein Clustered-Index-Seek mit dem gefundenen Wert für c1 in der Tabelle T1 ausgeführt. Die übereinstimmenden Zeilen werden anschließend durch den NESTED LOOP-Operator verknüpft.

9.6 Auffinden geeigneter Indizes

Bereits in den Kapiteln 5 und 6 haben Sie gesehen, welche enorme Auswirkung passende Indizes auf die Abfrageleistung haben. Aus diesem Grund ist es natürlich absolut essenziell, dass Sie für Ihre Datenbank(en) die passenden Indizes erzeugen. Im vorliegenden Abschnitt werden wir uns mit dieser Thematik intensiv auseinandersetzen. Dabei werden Sie erfahren, welche Strategie Sie verfolgen können und welche Faktoren für das Anlegen von Indizes zu beachten sind. Wir beginnen zunächst ohne den Einsatz technischer Hilfsmittel, wie zum Beispiel Ausführungspläne. Das Ziel ist das Erzeugen eines möglichst optimalen Satzes von Indizes, wobei wir zunächst davon ausgehen wollen, dass lediglich eine mehr oder weniger detaillierte Kenntnis über die zu erwartenden Abfragen existiert. Darüber hinaus ist natürlich auch das Datenbankschema bekannt. Wir wollen also diese beiden Informationsquellen verwenden, um dem optimalen Satz von initial benötigten Indizes möglichst nahe zu kommen.

Dieser Abschnitt enthält auch Beispiele, die zeigen, dass die zur Verfügung stehenden Hilfsmittel, wie zum Beispiel Ausführungspläne mit Informationen über fehlende Indizes, nicht in jedem Fall ohne nachzudenken eingesetzt werden sollten.

Im nachfolgenden Kapitel 11 greifen wir das Thema Indexoptimierung dann noch einmal auf. Dort werden Sie erfahren, wie ein laufendes System überwacht werden kann, um sowohl fehlende als auch überflüssige Indizes herauszufinden.

Da Indizes generell nur redundante Daten enthalten, die bei jeder Aktualisierung von Tabellendaten ebenfalls aktualisiert werden müssen, liegt die Schlussfolgerung nahe, dass Indizes nur für die Beschleunigung von Leseoperationen nützlich sind und Aktualisierungen generell behindern. Im Prinzip ist gegen diese Aussage nichts einzuwenden, wenn damit gemeint ist, dass auch an der Aktualisierung von Daten oftmals implizite Leseoperationen beteiligt sind. Zunächst einmal arbeiten zum Beispiel viele Operationen, die Daten verändern, auch selektiv. Nehmen wir hier nur einmal eine UPDATE-Anweisung. Diese wird in aller Regel zusammen mit einer WHERE-Klausel verwendet, weil ja nicht bei jedem UPDATE alle Zeilen einer Tabelle geändert werden sollen. In einem solchen Fall kann ein Index auf die in der WHERE-Klausel verwendete(n) Spalte(n) durchaus nützlich sein, auch wenn der Index selber durch das UPDATE ebenfalls aktualisiert werden muss. Darüber hinaus müssen bei der Aktualisierung von Tabellendaten oftmals Überprüfungen von Fremdschlüsselbeziehungen durchgeführt werden. Auch hierfür sind entsprechende Indizes durchaus hilfreich.

Außerdem sollten Sie bedenken, dass Datenänderungen grundsätzlich im Pufferspeicher durchgeführt werden. Alle Daten, die geändert werden, müssen also zunächst auch eingelesen werden. Es gibt kein „direktes Durchschreiben" von Daten auf den Datenträger.

Die Kunst beim Indexentwurf besteht darin, den für Ihre Anwendung *optimalen* Satz von Indizes zu erzeugen. Hiermit ist gemeint, dass tatsächlich nur die wirklich erforderlichen Indizes in der Datenbank angelegt werden. Diese Aufgabe ist in aller Regel recht anspruchsvoll, da durch Änderungen an der Anwendung und damit letztlich an den Abfragen auch die Menge der benötigten bzw. nicht benötigten Indizes variiert. Selbstverständlich sollte eine Indexoptimierungsstrategie zunächst abschätzen, welche Spalten zur Filterung bzw. Sortierung herangezogen werden, und für diese Spalten entsprechende Indizes planen. Hierbei werden Sie in vielen Fällen vor recht einfache Aufgaben gestellt. So ist zum Beispiel in einer Tabelle mit Kundendaten die Suche nach einer Kundennummer mit Sicherheit ein häufiges Szenario. Folglich wird ein Index auf der Spalte, welche die Kundennummer enthält, Abfragen dieser Art definitiv beschleunigen und kann daher mehr oder weniger bedenkenlos angelegt werden.

Nicht in allen Fällen ist es aber so einfach bzw. offensichtlich. Sie werden in diesem Abschnitt einige Szenarien und Beispiele sehen, in denen die Auswahl der „richtigen" Indizes nicht ganz so leicht ist. Indextuning ist eine Herausforderung, die sorgfältig geplant und angegangen werden sollte.

9.6.1 Suchargumente (SARGs)

Der Optimierer untersucht zum Beispiel die in einer Abfrage angegebenen Prädikate in der WHERE-Klausel, um herauszufinden, ob für diese Bedingungen geeignete Indizes für die Unterstützung der Suche bzw. Filterung existieren. Ob diese Indizes dann später auch tatsächlich für die eigentliche Abfrageausführung verwendet werden, ist zu diesem Zeitpunkt noch nicht klar. Das hängt zum Beispiel von entsprechenden Kardinalitätsschätzungen ab. Voraussetzung dafür, dass ein entsprechender Index aber überhaupt erst einmal in Betracht gezogen wird, ist der Aufbau der WHERE-Klausel.

Wenn der Optimierer für die WHERE-Klausel Indizes verwenden kann, dann spricht man im Englischen davon, dass die WHERE-Bedingung *search arguments*, oder kurz: *SARGs* (im Deutschen leider eine etwas unglückliche Abkürzung), enthält. Es muss also zunächst einmal das Ziel sein, die in der WHERE-Klausel formulierten Filterbedingungen so zu verfassen, dass SARGs existieren. Anderenfalls wird eine Indexsuche von vornherein unterbunden.

Nicht jede WHERE-Klausel enthält automatisch SARGs. Insbesondere sind die folgenden Konstrukte keine SARGs und führen deshalb dazu, dass ein Index für die Suche im Indexbaum unter Umständen nicht verwendet werden kann:

Mustervergleiche mit führendem Platzhalter

Der LIKE-Operator kann nur dann über einen Index suchen, wenn keine führenden Platzhalter verwendet werden. Die folgende Bedingung ist daher kein SARG:

```
where Name like '%der'
```

Diese Bedingung hingegen erfüllt das SARG-Kriterium:

```
where Name like 'Mei%'
```

Oder-Verknüpfungen

Die Verknüpfung von Bedingungen mit OR kann dazu führen, dass existierende Indizes nicht verwendet werden. Gleiches gilt für Operatoren, die Vergleiche mit Elementen einer Menge durchführen, wie SOME, ANY, ALL oder IN.

Negative Vergleiche

Vergleiche durch <>, NOT EXISTS, NOT IN oder NOT LIKE können in vielen Fällen nicht von einem Index profitieren. Um herauszufinden, dass eine bestimmte Zeile nicht existiert, muss jede Zeile einer Tabelle untersucht werden und so eine Suche kann durch einen Index oft nicht unterstützt werden.

Spalten-Ausdrücke

Vermeiden Sie Ausdrücke mit Spalten, auf denen ein Index existiert. Die folgende Bedingung ist kein SARG:

```
where Bestelldatum + 30 > current_timestamp
```

Ein existierender Index auf der Spalte Bestelldatum wird nicht für eine Suche in Betracht gezogen. Falls Sie Ausdrücke dieser Art benötigen, dann versuchen Sie, diese umzuformulieren, zum Beispiel so:

```
where Bestelldatum > current_timestamp - 30
```

Diese Bedingung ist logisch mit der vorherigen identisch, verwendet jedoch die indizierte Spalte nicht in einem Ausdruck. Daher handelt es sich bei diesem Ausdruck um ein SARG.

Falls Sie in Abfragen Ausdrücke für indizierte Spalten benötigen, dann können Sie eine berechnete Spalte zu Ihrer Tabelle hinzufügen. Berechnete Spalten dürfen auch in Indizes verwendet werden. Dadurch können Sie in vielen Fällen Ausdrücke mit indizierten Spalten vermeiden.

Verwenden von Funktionen

Ebenso wie bei einem Spaltenausdruck ist auch ein Scan erforderlich, wenn Sie indizierte Spalten in Funktionen verwenden. Schauen Sie sich hierzu das folgende Beispiel an:

```
where left(LastName,1) = 'M'
```

Ein existierender Index auf der Spalte LastName kann hier für die Suche nicht verwendet werden. Die Suchbedingung kann jedoch umformuliert werden, sodass ein SARG entsteht:

```
where LastName like 'M%'
```

Die folgende WHERE-Klausel, die alle Bestellungen des Monats Oktober im Jahr 2011 abfragt, enthält ein weiteres Beispiel für ein „Nicht-SARG":

```
where year(Bestelldatum) = 2011
  and month(Bestelldatum) = 10
```

Ebenso wenig ist das folgende, logisch äquivalente Prädikat ein SARG:

```
where convert(varchar(6), Bestelldatum, 112) = '201110'
```

Die Bedingung kann aber so formuliert werden, dass die indizierte Spalte nicht in einer Funktion verwendet wird und somit von einem existierenden Index profitieren kann:

```
where Bestelldatum between '20111001' and '20111031'
```

Bitte denken Sie daran, dass die Verwendung von Indizes durch die Formulierung von Suchbedingungen als „Nicht-SARGs" nicht unterbunden wird. Die Rede ist lediglich davon, dass im Falle der Verwendung eines „Nicht-SARG"-Ausdrucks kein Index für die *Suche über den Indexbaum* verwendet werden kann. Ein Scan eines nicht gruppierten Index kann durchaus durchgeführt werden, wenn der Optimierer entscheidet, dass dadurch weniger Lesevorgänge entstehen. Dies ist dann der Fall, wenn der nicht gruppierte Index abdeckend ist und insgesamt weniger Spalten enthält als die Tabelle bzw. der gruppierte Index. Möglich ist auch die Verwendung eines Index für Sortierungen. Es ist also nicht gesagt, dass ein entsprechender Index niemals verwendet wird, wenn Sie keine SARGs benutzen.

Ein Index-Scan ist letztlich aber nicht der Grund für das Anlegen eines Index. Wenn Sie einen Index erstellen, dann sicher immer mit dem Hintergrund, dass dieser Index Such- oder Sortieroperationen unterstützt. Sollte Ihr Index für diese Operationen nicht verwendet werden, dann ist sein Nutzen zumindest fragwürdig.

9.6.2 Auswahl des gruppierten Index für eine Tabelle

Für jede Tabelle können Sie einen gruppierten Index erstellen, der stets alle Tabellendaten enthält. Diese Daten werden im gruppierten Index in sortierter Form entsprechend der Indexspalten abgelegt. Da es je Tabelle nur einen gruppierten Index geben kann, sollten Sie diesen Index entsprechend sorgfältig auswählen.

SQL Server legt für den Primärschlüssel einer Tabelle einen gruppierten Index an, wenn Sie nichts anderes angeben. In vielen Fällen ist dieses Standardverhalten akzeptabel – weswegen es ja letztlich auch als Standard festgelegt wurde. Dennoch möchte ich Ihnen raten, dass Sie darüber nachdenken, ob der Primärschlüssel Ihrer Tabelle wirklich der geeignete Kandidat für den gruppierten Index ist.

Die richtige Wahl des gruppierten Index ist allein deshalb wichtig, weil eine nachträgliche Änderung – vor allem bei großen Tabellen – mit einem enormen Ressourcenverbrauch verbunden ist. Wenn Sie einen gruppierten Index verändern, dann werden alle Daten der Tabelle umsortiert und auch alle nicht gruppierten Indizes neu erstellt (siehe Kapitel 5). Dieser Vorgang benötigt natürlich Zeit und erzeugt Blockierungen auf der betroffenen Tabelle.

Ein gruppierter Index ist besonders für Bereichssuchen optimal. Wenn Sie also für eine Suche nach Tabellendaten oft den BETWEEN-Operator oder Vergleichsoperatoren wie 〈 oder 〉 verwenden, dann haben Sie hier eventuell einen Kandidaten für einen gruppierten Index. Darüber hinaus sind Spalten, nach denen gruppiert wird, um Aggregate, wie beispielsweise MIN, MAX oder AVG, zu berechnen, sehr gut als gruppierter Index geeignet. In beiden Fällen kann eine Suche über den gruppierten Index die erste passende Zeile finden und dann einfach die in sortierter Form vorliegenden Daten durchlaufen. Ein gruppierter Index ist auch für eine Sortierung nach den Indexspalten über die ORDER BY-Klausel perfekt geeignet.

Schlagen Sie bitte noch einmal in Kapitel 5 nach, wenn Ihnen der Aufbau eines gruppierten Index nicht mehr geläufig ist.

Auf der anderen Seite sollten Sie bedenken, dass ein gruppierter Index die Daten in sortierter Reihenfolge auf der Festplatte verwaltet, wenn Sie die Indexspalten auswählen. Falls die Spaltenwerte des gruppierten Index mit der Zeit nicht monoton wachsen, dann sind Einfüge-Operationen (also INSERTs) in nicht sequenzieller Reihenfolge erforderlich. In diesem Fall muss der gruppierte Index beim Einfügen neuer Daten umsortiert werden. Dies kann dazu führen, dass beim Einfügen von Daten die Blattseiten des gruppierten Index auseinandergerissen werden müssen, damit die sortierte Reihenfolge der Tabellendaten eingehalten werden kann. Diese sogenannten „Page Splits" sind eine relativ teure Operation.

Denken Sie bitte auch daran, dass der Schlüsselwert des gruppierten Index in allen nicht gruppierten Indizes gespeichert wird. Aus diesem Grund sollten Sie einen möglichst kleinen, also schmalen, gruppierten Index haben. Ein gruppierter Index über zehn Spalten vom Typ NCHAR(20) ist also mit Sicherheit keine gute Wahl.

Verwenden Sie also für den gruppierten Index eine Spalte, deren Wert beständig wächst und sich nicht ändert, die also nicht in UPDATE-Operationen verwendet wird, und halten Sie den gruppierten Index so schmal wie möglich.

Aber selbst dann ist es nicht immer ganz einfach. Stellen Sie sich vor, dass Sie einen Primärschlüssel auf einer IDENTITY-Spalte anlegen und hierfür einen gruppierten Index erstellen. Die Spaltenwerte für den Primärschlüssel wachsen beständig an; jede neue Zeile enthält einen höheren Wert als die vorhergehende Zeile. In diesem Fall ist ein Page Split maximal am Ende des Index beim Einfügen neuer Daten erforderlich, und diese Operation ist nicht allzu kostspielig. Auf der anderen Seite wird ein solcher Primärschlüssel sehr wahrscheinlich ein künstlicher Schlüssel sein, der für die Benutzer einer entsprechenden Anwendung keinerlei Bedeutung hat. Die Anwender werden diesen Schlüssel also nie zu Gesicht bekommen und auch nicht in Abfragen verwenden. Daher ist es fraglich, ob ein solcher Schlüssel wirklich ein geeigneter Kandidat für den gruppierten Index ist.

Programmierer tendieren oftmals dazu, GUIDs als Primärschlüssel zu verwenden. Wenn Sie nicht aufpassen, dann kann es leicht passieren, dass Sie einen gruppierten Index auf einer UNIQUEIDENTIFIER-Spalte bekommen, und das ist meist keine optimale Lösung. Schauen Sie sich bitte die folgende Tabellendefinition an:

```
create table Verkauf
(
  VerkaufID uniqueidentifier not null default newid() primary key
 ,Verkaufsdatum date not null default current_timestamp
 ,...
)
```

Die Definition der Spalte VerkaufID bewirkt hier, dass der gruppierte Index für die Tabelle Verkauf auf dieser Spalte erzeugt wird. Da die Funktion NEWID() zufällige GUID-Werte erzeugt, führen INSERT-Operationen auf dieser Tabelle zu massiven Umsortierungen in Kombination mit Page Splits. Vermeiden Sie so etwas unbedingt! Verwenden Sie zumindest die Funktion NEWSEQUENTIALID() zum Erzeugen von GUIDs. Diese Funktion erzeugt monoton wachsende Werte für die zurückgegebenen GUIDs, wodurch Page Splits minimiert werden. Im vorliegenden Fall wäre aber sehr wahrscheinlich die Spalte Verkaufsdatum ein besserer Kandidat für den gruppierten Index. Die Werte für diese Spalte werden in der Regel anwachsen, und die Spalte wird außerdem sehr wahrscheinlich für Bereichssuchen, Gruppierungen und Sortierungen verwendet.

Denken Sie also bitte sorgfältig darüber nach, welche Spalten Sie für den gruppierten Index verwenden.

9.6.3   Selektivität und Sortierung

Sie wissen bereits, dass ein Index generell sowohl für Such- als auch Sortieroperationen nützlich ist. In diesem Abschnitt wollen wir die Kriterien, die eine Verwendung oder auch Nichtbeachtung eines Index beeinflussen, etwas näher untersuchen.

Erinnern Sie sich zunächst bitte noch einmal daran, wie eine Suche über einen nicht abdeckenden (und folglich auch nicht gruppierten) Index abläuft. In so einem Fall werden über den Index zunächst nur Zeiger auf die eigentlichen Daten ermittelt. Welcher Art ein solcher Zeiger ist, hängt davon ab, ob die entsprechende Tabelle über einen gruppierten Index verfügt. Existiert ein gruppierter Index, dann ist der Zeiger ein Schlüsselwert im gruppierten Index. Über diesen Schlüsselwert können dann die erforderlichen Daten durch eine Suche im gruppierten Index ermittelt werden. Dieser Vorgang wird als *Schlüsselsuche* bezeichnet. Wenn kein gruppierter Index existiert, dann enthalten die Zeiger direkte Verweise auf die Datenseiten. In diesem Fall kann eine entsprechende Datenseite direkt über einen sogenannten *RowId Lookup* ermittelt werden. Dieser RowId Lookup ist nicht ganz so kostspielig wie eine Schlüsselsuche im gruppierten Index, aber immer noch relativ teuer.

Bei der Indexsuche über einen nicht abdeckenden Index existiert ein recht interessantes Phänomen. Es ist nämlich sehr gut möglich, dass erforderliche Schlüsselsuchen oder RowId Lookups die Abfragekosten so weit verteuern, dass eine Indexsuche keinerlei Vorteile gegenüber einem Table- oder Clustered-Index-Scan mit sich bringt. Im Gegenteil – eine Indexsuche kann sogar teurer werden als eine vergleichbare Scan-Operation. Dies ist immer dann der Fall, wenn über den nicht abdeckenden Index relativ viele Zeilen zurückgegeben werden, sodass in der Folge viele Schlüsselsuchen oder RowId Lookups erforderlich sind. Dies bedeutet, dass die Formulierung von Suchbedingungen in einer „SARG-Form" *nicht* automatisch die Verwendung eines existierenden Index bewirkt. Ob ein nicht abdeckender Index für die Suche verwendet wird oder nicht, hängt letztlich von der Kardinalitätsschätzung ab. Ein zum SARG passender Index wird nur dann verwendet, wenn er auch selektiv genug ist, wenn also die Anzahl der Zeilen genügend klein ist.

Es ist im Übrigen erstaunlich, wie hoch die Selektivität sein muss, damit der Optimierer einen nicht abdeckenden Index verwendet. Schauen wir uns hierzu ein einfaches Beispiel an. Zunächst wird eine Tabelle angelegt und mit Daten aus der Tabelle AdventureWorks2008R2.Person.Person gefüllt:

```
use QueryTest;
-- Anlegen einer Tabelle für den Test
if (object_id('Person', 'U') is not null)
  drop table Person
go
select BusinessEntityID as Id
      ,LastName          as Nachname
      ,FirstName         as Vorname
  into Person
  from AdventureWorks2008R2.Person.Person
go
```

Diese Tabelle enthält nun 19.972 Zeilen. Für unsere Experimente wollen wir nach der Spalte ID suchen und sehen, wie hoch die Selektivität der Abfrage sein muss, damit ein Index auf dieser Spalte verwendet wird.

Wir legen zunächst einen nicht gruppierten Index auf der Spalte ID an und schließen die Spalte Vorname in den Index ein:

```
create index IX_PTP_Id on Person(Id) include (Vorname)
```

Die folgende Abfrage verwendet eine Filterbedingung, die eine Suche über den Index veranlassen könnte:

```
select Nachname from Person where Id<12000
```

Der Optimierer entscheidet sich allerdings für einen Table-Scan (siehe Abbildung 9.40), weil dadurch weniger Leseoperationen erforderlich sind.

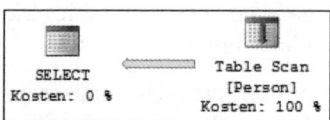

Abbildung 9.40: Table-Scan-Operation wegen zu geringer Selektivität eines Index

Die Ursache liegt ganz einfach darin, dass durch die WHERE-Bedingung insgesamt 11.194 Zeilen der Tabelle zurückgegeben werden. Dies sind ca. 56% der in der Tabelle enthaltenen Zeilen. Bei einer Suche über den Index müsste der Wert für die Spalte Nachname, der ja nicht direkt über den Index ermittelt werden kann, dann eben durch 11.194 zusätzliche RowId Lookups ermittelt werden – und damit wäre eine Indexsuche teurer als ein Table-Scan.

Durch einen entsprechenden Index-Hinweis können wir diese Aussage überprüfen. Die folgende Abfrage erzwingt die Verwendung des Index:

```
select Nachname from Person with (index=IX_PTP_Id) where Id<12000
```

Und tatsächlich ist im Ausführungsplan nun ein Index-Seek mit einem entsprechenden RowId Lookup zu erkennen (Abbildung 9.41).

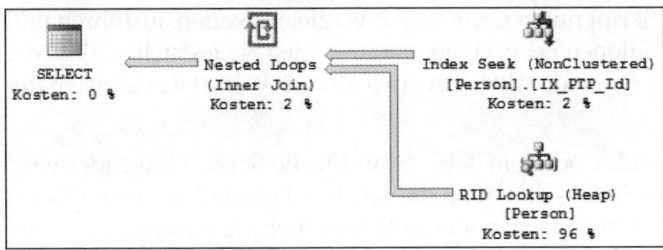

Abbildung 9.41: Erzwungener Index-Seek

Wenn Sie SET STATISTICS IO ON einschalten, bekommen Sie für beide Abfragen die Information über die erforderlichen Lesevorgänge. Das Resultat ist sehr erstaunlich:

Für den Table-Scan wurden 105 logische Leseoperationen benötigt. Bei der erzwungenen Indexsuche sind es 11.239. Damit ist der Table-Scan in dieser Hinsicht um mehr als den Faktor 107 besser!

Es ist sicher leicht einzusehen, dass bei der Rückgabe *vieler* Zeilen ein Table-Scan besser geeignet ist als eine Suche im nicht abdeckenden Index mit anschließendem Lookup. Die interessante Frage ist aber natürlich, wie selektiv ein Index sein muss, damit er für eine Suche verwendet wird. Das Ergebnis ist einigermaßen erstaunlich.

Ich habe die obige Abfrage mit kleiner werdenden Werten für den Vergleich wiederholt in dieser Form ausgeführt:

```
select Nachname from Person where Id<40 option (recompile)
```

Der Abfragehinweis OPTION (RECOMPILE) dient hier dazu, einen eventuell vorhandenen parametrisierten Ausführungsplan zu ignorieren.

Tatsächlich ist es so, dass der Optimierer erst ab der Bedingung ID < 40 eine Indexsuche verwendet. In diesem Fall werden 39 von 19.972 Zeilen zurückgegeben. Das bedeutet, dass der Index erst verwendet wird, wenn weniger als $39/19.972 \approx 0,2\%$ der Zeilen zurückgegeben werden!

Forscht man etwas nach, dann findet man allerdings heraus, dass bereits ab ca. 100 Zeilen die Verwendung des Index Vorteile bringt. Dies sind ungefähr 0,5% der Zeilen. Der Optimierer verschätzt sich hier ein wenig, ohne dass dies allerdings dramatische Auswirkungen hat.

Sie können diese Ungenauigkeit leicht nachprüfen, wenn Sie das folgende Skript ausführen:

```
set statistics io on
select Nachname from Person where Id<50
select Nachname from Person with (index=IX_PTP_Id) where Id<50
```

Im ersten Fall (ohne Indexhinweis) wird ein Table-Scan ausgeführt, der die bereits aus dem ersten Experiment bekannten 105 logischen Leseoperationen benötigt. Die Suche über den Index benötigt hingegen nur 51 logische Leseoperationen, ist also ca. 50% besser. Wenn Sie das obige Skript mit verschiedenen Vergleichswerten ausführen und die erforderlichen Leseoperationen beobachten, dann werden Sie feststellen, dass die benötigten Leseoperationen für beide Abfragen etwa ab dem Wert 100 zugunsten der Indexsuche umschlagen.

Ob ein nicht abdeckender Index oder ein Table-Scan für die Suche verwendet wird oder nicht, hängt neben der Selektivität auch davon ab, wie viele Daten eine Tabellenzeile insgesamt enthält. Wenn eine Tabellenzeile sehr breit ist, dann ist ein Table-Scan sehr teuer und damit auch dann unwahrscheinlich, wenn eine Indexsuche viele Daten zurückgibt. Die Verwendung eines Index zahlt sich in diesem Fall auch bereits dann aus, wenn relativ viele Zeilen zurückgegeben werden.

Es ist also nicht ganz leicht vorherzusagen, wie hoch die Selektivität eines nicht abdeckenden Index sein muss, damit der Index für eine Suche verwendet wird. Dies hängt tatsächlich nicht nur von der Selektivität, sondern auch von den Tabellendaten ab.

Merken Sie sich bitte auch, dass ein Table-Scan nicht grundsätzlich schlecht ist. Wenn eine Abfrage viele Zeilen einer Tabelle mit wenigen oder schmalen Spalten zurückgibt, dann ist ein Table-Scan oftmals die effizienteste Möglichkeit, Daten zu suchen.

Ich möchte allerdings noch einmal betonen, dass die Abwägung zwischen Tabellen- bzw. Clustered-Index-Scan oder Indexsuche nur bei *nicht abdeckenden* Indizes stattfindet. Ein abdeckender Index wird immer verwendet, wenn die Abfrage ein entsprechendes SARG enthält.

Schauen Sie sich hierzu die folgende Abfrage an:

```
select Vorname from Person where Id<12000
```

Die Spalte Vorname ist in den Index als INCLUDED-Spalte aufgenommen worden. Der Index enthält nun alle Informationen für die Suche und auch die zurückzugebenden Spalten. Deshalb wird der Index verwendet, obwohl er nicht selektiv genug ist (siehe Abbildung 9.42).

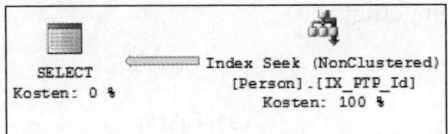

Abbildung 9.42: Index-Seek bei abdeckendem Index

Der Index-Seek ist in diesem Fall einfach die günstigste Möglichkeit für eine Minimierung der erforderlichen Leseoperationen.

Wenn Sie nun darüber nachdenken, verstärkt abdeckende Indizes zu verwenden, dann ist gegen diesen Ansatz zunächst einmal nichts einzuwenden. Bedenken Sie aber bitte die folgenden Besonderheiten in Bezug auf abdeckende Indizes:

▶ Abdeckende Indizes benötigen zusätzlichen Speicherplatz und Verwaltungsaufwand, weil sie natürlich gegenüber nicht abdeckenden Indizes mehr Daten enthalten.

▶ Abdeckende Indizes sind normalerweise maßgeschneidert in Bezug auf Abfragen. Dies bedeutet, dass Sie nur die Spalten in den Index einschließen, die auch wirklich in einer Abfrage ausgegeben werden. Ein nützlicher abdeckender Index kann beim Aufnehmen zusätzlicher Spalten in eine Abfrage zum nicht abdeckenden Index werden. In diesem Fall haben Sie ein Problem, weil der abdeckende Index nun nicht mehr abdeckend ist und der höhere Speicherbedarf bzw. Verwaltungsaufwand damit nicht mehr gerechtfertigt ist. Ein solcher Fall ist schwer zu entdecken, weil der Index eventuell trotzdem noch verwendet wird, nur eben nicht mehr im „abdeckenden Sinn". Denken Sie an unser obiges Beispiel, in dem der Index für eine Suche über die Spalte ID ja auch verwendet wurde, *ohne* dass er für die Abfrage abdeckend war.

▶ Verwenden Sie *niemals* SELECT * in Produktivumgebungen. Durch SELECT * ist es sehr unwahrscheinlich, dass eine Abfrage von einem abdeckenden Index profitieren kann, denn dieser Index müsste ja alle Spalten enthalten – und das ist normalerweise nur beim gruppierten Index der Fall.

Ich möchte Ihnen nun anhand eines weiteren Beispiels zeigen, dass es nicht immer ganz einfach ist, sich für einen „richtigen" Index zu entscheiden. Dieses Beispiel zeigt auch, dass ein vom Optimierer bemängelter fehlender Index nicht in jedem Fall wirklich optimal ist. Wir verwenden für dieses Beispiel eine Tabelle mit Kraftfahrzeugdaten, die folgenden Aufbau hat:

```
use QueryTest;
go
create table Kfz
 (
   FgstNr char(36) not null primary key clustered
  ,Kennzeichen char(10) not null unique
  ,Erstzulassung date not null
  -- Platzhalter. Steht stellvertretend für weitere Spalten
  ,Platzhalter char(500) null
 )
```

In diese Tabelle werden nun 1000.000 Zeilen eingefügt:

```
-- Füge 1.000.000 Zeilen in die Tabelle ein
insert Kfz(FgstNr,Kennzeichen,Erstzulassung)
  select newid()                                              as FgStNr
        ,char(65 + abs(checksum(newid())) % 26)
           + char(65 + abs(checksum(newid())) % 26) + '-'
           + right('000000' + cast(n as varchar(7)), 6)       as Kennzeichen
        ,dateadd(d,-abs(checksum(newid())) % 1000,'20081231') as Erstzulassung
   from Numbers
  where n <= 1000000
```

Die Tabelle hat bislang nur einen gruppierten Index auf der Spalte FgstNr, die als Primärschlüssel festgelegt wurde. Nehmen wir nun an, dass eine Bereichssuche nach dem Datum der Erstzulassung durchgeführt werden soll. Das Ergebnis soll nach dem Kennzeichen sortiert ausgegeben werden. Die folgende Abfrage erledigt diese Aufgabe:

```
-- Alle Fahrzeuge, die im Mai 2006 zugelassen wurden
select Kennzeichen, FgstNr, Erstzulassung
  from Kfz
 where Erstzulassung between '20060501' and '20060531'
 order by Kennzeichen
```

Der Ausführungsplan zeigt bei mir einen Clustered-Index-Scan (siehe Abbildung 9.43) mit insgesamt 7.985 logischen Leseoperationen. Außerdem ist die Abfrage so teuer, dass sie parallel ausgeführt wurde. Sie erkennen im Ausführungsplan auch, dass ein fehlender Index entdeckt wurde, der die Abfrageleistung um über 94% verbessern würde. (In der Abbildung ist die komplette Indexdefinition leider aus Platzgründen nicht zu erkennen.)

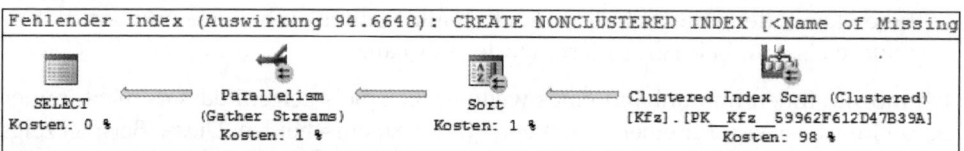

Abbildung 9.43: Ausführungsplan für die Suche nach dem Zulassungsdatum

Wie zu erwarten, ist es ein Index auf der Spalte Erstzulassung, der außerdem die Spalten FgstNr und Kennzeichen einschließt. Wir legen diesen Index also einmal an:

```
create nonclustered index Ix_Kfz_EZ_FgStNr_KZ
   on Kfz (Erstzulassung) include (FgstNr, Kennzeichen)
```

Wenn die Abfrage nun erneut ausgeführt wird, dann sieht der Ausführungsplan erheblich besser aus (siehe Abbildung 9.44) und es wird auch kein fehlender Index mehr beanstandet.

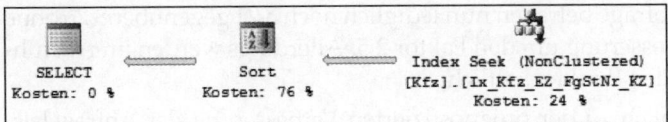

Abbildung 9.44: Suche nach Erstzulassung mit passendem Index

Die erforderlichen E/A-Operationen haben sich durch den Index auf 24 gegenüber ursprünglich erforderlichen 7.985 verkleinert. Das sind etwa 330 Mal weniger!

Bitte bedenken Sie jedoch stets, dass der Index nur für die obige Abfrage die geschätzte Verbesserung bewirkt. Sobald sich die Daten oder die Parameter der Abfrage ändern, kann der Optimierer sich dazu entscheiden, den Index nicht zu verwenden.

Die vom Optimierer gelieferten Hinweise über fehlende Indizes bieten sicherlich eine enorm hilfreiche Möglichkeit für das Ergänzen nützlicher Indizes. Allerdings sind diese Ratschläge nicht in jedem Fall in dem Sinne korrekt, dass sie die optimale Lösung ermöglichen. In der Online-Dokumentation finden Sie eine Reihe von Hinweisen über Ungenauigkeiten der Vorhersage. Implementieren Sie also die Empfehlungen auf keinen Fall ohne zu überlegen, sondern prüfen Sie bitte, ob die vom Optimierer vorgeschlagenen Indizes in der Form wirklich hilfreich sind.

Falls Sie das nicht glauben mögen, schauen Sie sich bitte das folgende Beispiel an. Wir entfernen zunächst den etwas weiter oben angelegten Index wieder:

```
drop index Ix_Kfz_EZ_FgStNr_KZ on Kfz
```

Wenn wir nun diese Abfrage starten, die alle Kfz-Zulassungen der Jahre 2005 bis 2007 zurückliefert:

```
select Kennzeichen, FgstNr, Erstzulassung
  from Kfz
where Erstzulassung between '20050101' and '20071231'
order by Kennzeichen
```

dann ist der im Ausführungsplan angegebene Indexhinweis exakt derselbe wie bereits weiter oben angegeben. Dies ist aus meiner Sicht sehr fragwürdig, weil die Abfrage insgesamt ca. 64.000 Zeilen zurückliefert, also mehr als die Hälfte der Tabellenzeilen. Es fällt auf, dass die Sortierung nach der Spalte Kennzeichen im Index nicht berücksichtigt wird und das erscheint doch einigermaßen seltsam.

Legen wir den vorgeschlagenen Index erneut an und führen die Abfrage anschließend noch einmal aus, dann ergibt sich der in Abbildung 9.45 gezeigte Ausführungsplan.

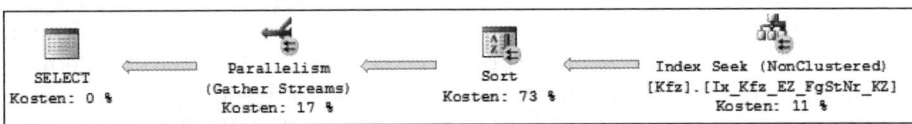

Abbildung 9.45: Ausführungsplan mit parallelem Index-Seek

Die Kosten für die obige Abfrage betragen nun lediglich noch 3,21 gegenüber 8,26 ohne Index immerhin eine Verbesserung um den Faktor 2,5. Allerdings werden im Ausführungsplan auch die folgenden Punkte deutlich:

1. Der Index führt tatsächlich zu der prognostizierten Verbesserung der Abfrageleistung.

2. Die Kosten der Abfrage werden größtenteils durch die erforderliche Sortierung verursacht.

3. Im Ausführungsplan wird kein weiterer fehlender Index angegeben. Das erscheint anhand der hohen Kosten für die erforderliche Sortieroperation und der parallelen Ausführung der Abfrage sehr fraglich.

Es liegt die Vermutung nahe, dass ein Index auf der Spalte Kennzeichen, der die Spalten FgstNr und Erstzulassung beinhaltet, hier wesentlich angebrachter wäre. Wir legen den Index also einmal an und löschen den zuvor angelegten Index:

```
drop index Ix_Kfz_EZ_FgStNr_KZ on Kfz
```

```
create index IxKfz_Kennzeichen
    on Kfz(Kennzeichen) include (FgStNr,Erstzulassung)
```

Wenn die Abfrage nun noch einmal ausgeführt wird, dann ergibt sich tatsächlich ein Ausführungsplan, der ohne die teure Sort-Operation auskommt (siehe Abbildung 9.46).

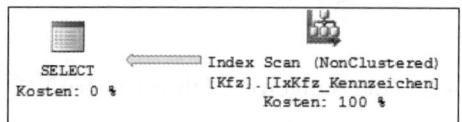

Abbildung 9.46: Ausführungsplan mit Index, der die Sortierung unterstützt

Die Kosten für die Abfrage betragen nunmehr nur noch 0,59! Im Ausführungsplan bekommen Sie nun wieder den Hinweis über einen fehlenden Index auf der Spalte Erstzulassung, so wie am Beginn dieses Experimentes. Legen Sie den Index an, dann wird er tatsächlich auch verwendet und der Ausführungsplan enthält wieder die teure Sort-Operation. Unser Index auf der Spalte Kennzeichen wird dann tatsächlich nicht mehr berücksichtigt.

Was ist da passiert? Wenn wir uns die benötigten E/A-Operationen ansehen, dann wird deutlich, dass bei einer Verwendung unseres Index auf der Spalte Kennzeichen 654 logische Leseoperationen erforderlich sind. Wird der Index auf der Spalte Erstzulassung benutzt, dann werden nur 485 logische Leseoperationen benötigt. Irgendwie wird der fehlende Index also offensichtlich in Bezug auf die erforderlichen E/A-Operationen geprüft. Die teure Sortierung hingegen wird hierbei nicht berücksichtigt. Dies wird vor allem deutlich, wenn Sie über SET STATISTICS TIME ON die erforderliche Ausführungszeit und CPU-Verwendung beobachten. Bei Verwendung des die Sortierung unterstützenden Index auf der Spalte Kennzeichen, ist die CPU-Belastung um ca. den Faktor 13 geringer als bei Verwendung des vorgeschlagenen Index auf der Spalte Erstzulassung.

Der im Abfrageplan ausgegebene Hinweis für einen fehlenden Index ist in diesem Fall also nicht völlig korrekt. Sicherlich bewirkt der dort vorgeschlagene Index eine Verbesserung der Abfrageleistung, er ist jedoch nur suboptimal. Die manuelle Analyse der Abfrage und des Abfrageplanes sowie die Erzeugung des aus dieser Analyse hervorgegangenen Index hat in unserem Fall nochmals eine Verbesserung um mehr als den Faktor 5 bewirkt.

Denken Sie bitte stets daran, wenn Sie automatisch erzeugte Hinweise anwenden. Auf keinen Fall sollten Sie diesen Hinweisen blind vertrauen. Aber wem sage ich das. Da Sie dieses Buch in der Hand halten und lesen, haben Sie ja längst erkannt, dass Sie einer automatischen Optimierung nicht in jedem Fall glauben können und menschliches Eingreifen erforderlich ist. Denken Sie bitte auch daran, dass der Optimierer einen fehlenden Index *für den Plan, den er erstellt hat*, bemängelt. Es kann durchaus fraglich sein, ob dieser Plan überhaupt optimal ist.

Interessant ist hier auch die Tatsache, dass der Optimierer für den Fall, dass beide Indizes existieren, einen Plan erstellt, der den Index auf der Spalte Erstzulassung verwendet. Es wird also der Plan mit der höheren CPU-Belastung ausgewählt!

Eine tiefergehende Analyse zu fehlenden Indizes führt der Datenbankoptimierungsratgeber durch. Wie Sie den Datenbankoptimierungsratgeber verwenden, erfahren Sie in Kapitel 11.

9.6.4 • Verknüpfungen und Fremdschlüssel (Foreign Keys)

SQL Server legt in einigen Fällen selbstständig Indizes an. So wird zum Beispiel für eine PRIMARY KEY-Einschränkung automatisch ein Index erzeugt. Gleiches gilt für UNIQUE-Einschränkungen, deren Überprüfung ebenfalls durch einen automatisch erzeugten Index unterstützt wird.

Bedenken Sie aber bitte, dass dies nicht für Fremdschlüsselbeziehungen gilt. Für FOREIGN KEY-Einschränkungen wird nicht automatisch auch ein Index erzeugt. Es ist unter Umständen nicht ganz einfach zu entscheiden, ob für eine Fremdschlüsselbeziehung ein Index hilfreich ist oder nicht. Oftmals werden Fremdschlüsselbeziehungen in JOINs verwendet, um Abfragen über mehrere Tabellen auszuführen. Bei Tabellen, für die eine Fremdschlüsselbeziehung existiert, sind diese JOINs in den meisten Fällen sogenannte EQUI JOINs. Dies bedeutet, dass auf Gleichheit – in der Regel in zwei Spalten – getestet wird. Meist sind dies 1:n-Beziehungen, wie zum Beispiel im Fall einer Tabelle Kunde und einer Tabelle Rechnung. Diese beiden Tabellen werden wahrscheinlich über eine Spalte KundenNr verknüpft sein. Wenn Sie nun Rechnungen und Kunden abfragen wollen, dann sieht eine solche Abfrage ungefähr so aus:

```
select Kunde.Name, Rechnung.Betrag, Rechnung.Datum
  from Kunde
      inner join Rechnung
              on Rechnung.KundenNr = Kunde.KundenNr
```

Die Verknüpfung testet also auf Gleichheit in der Spalte KundenNr beider Tabellen. Stellen Sie sich nun vor, dass Ihre Datenbank 30.000 Kunden und insgesamt 2.000.000 Rechnungen enthält. In diesem Fall ist ein Index auf der Spalte KundenNr in der Tabelle Rechnung sicherlich hilfreich. (In der Kunde-Tabelle wird ein entsprechender Index auf der Spalte KundenNr mit Sicherheit existieren, denn dies ist der Primärschlüssel der Tabelle.) Durch einen Index auf Rechnung(KundenNr) kann der obige JOIN als Merge Join ausgeführt werden, was beim Verknüpfen von vielen Zeilen optimal ist. Wenn die beiden verknüpften Tabellen also viele Zeilen enthalten, dann ist ein Index auf einer Fremdschlüsselspalte sicherlich hilfreich. Lesen Sie noch einmal in Abschnitt *MERGE JOIN* nach, in dem Merge Joins erklärt werden.

Etwas komplizierter wird es, wenn Sie Tabellen verwenden, die eigentlich Datentypen repräsentieren. Es ist oft der Fall, dass die in SQL existierenden Datentypen für die Beschreibung der Eigenschaften einer Entität nicht ausreichen. In einer solchen Situation wird häufig eine Tabelle angelegt, die als erweiterter Datentyp dient. Beispiele sind etwa ein Rechnungstyp oder eine Verkaufsregion. Diese Tabellen haben in der Regel nur sehr wenige Zeilen. Wenn Sie nun in einer Tabelle mit Rechnungen auf einen Rechnungstyp verweisen, dann wird ein Index auf der Spalte RechnungsTypID in der Tabelle Rechnung nicht selektiv sein. Normalerweise haben Sie vielleicht zehn unterschiedliche Rechnungstypen. Wenn Sie 1.000.000 Rechnungen im System haben, dann gibt es also im Mittel 100.000 Rechnungen je Rechnungstyp. Eine Suche nach dem Rechnungstyp wird also von einem Index nicht profitieren können.

Es gibt jedoch einen anderen Fall zu bedenken, den ich Ihnen an einem Beispiel verdeutlichen möchte. Wir verwenden hierzu unsere etwas weiter oben angelegte Tabelle mit Kfz-Zulassungsdaten. Unser Datenmodell soll nun auch einen Kfz-Typ aufnehmen können, den wir in einer eigenen Tabelle unterbringen. Diese Tabelle wird so erzeugt:

```
create table KfzTyp
 (
  KfzTypID int identity(1,1) not null primary key clustered
 ,TypName nvarchar(100) not null
 ,MaximalGewicht int not null
 )
```

Zu Beginn sollen drei unterschiedliche Typen existieren, die in die Tabelle eingefügt werden:

```
insert KfzTyp(TypName, MaximalGewicht)
  values ('PKW', 2300)
        ,('Kleintransporter', 3500)
        ,('LKW', 35000)
```

Was nun noch fehlt, ist die Fremdschlüsselbeziehung zwischen den Tabellen Kfz und KfzTyp. Hierzu fügen wir zur Tabelle Kfz eine Spalte KfzTypID hinzu und füllen diese Spalte mit zufälligen Werten:

```
alter table Kfz
  add KfzTypID int null
go
update Kfz set KfzTypID = 1 + abs(checksum(newid())) % 3
```

Nachdem dies erledigt ist, kann die Fremdschlüsselbeziehung erzeugt werden. Zuvor legen wir noch fest, dass für jede Zeile in der Tabelle Kfz ein entsprechender Typ angegeben werden muss. NULL-Werte sind in der Spalte Kfz.KfzTypID also nicht erlaubt:

```
alter table Kfz
  alter column KfzTypID int not null
go
alter table Kfz
  add constraint FK_Kfz_KfzTyp
    foreign key (KfzTypID) references KfzTyp(KfzTypID)
```

Wenn nun die folgende Abfrage ausgeführt wird, die alle Kraftfahrzeuge vom Typ LKW zurückgibt:

```
select Kfz.*
  from Kfz
      inner join KfzTyp on KfzTyp.KfzTypID = Kfz.KfzTypID
where KfzTyp.TypName = 'LKW'
```

dann wäre ein eventuell existierender Index auf Kfz(KfzTypID) für die Ausführung sicherlich nicht hilfreich, es sei denn, er ist abdeckend, d.h., er enthält die restlichen Spalten der Tabelle Kfz als eingeschlossene Spalten. Die Filterung nach der KfzTypID ist nicht selektiv genug für die Verwendung eines entsprechenden Index. Auf der Tabelle Kfz ist also immer ein Clustered-Index-Scan erforderlich, wie der Ausführungsplan in Abbildung 9.47 zeigt.

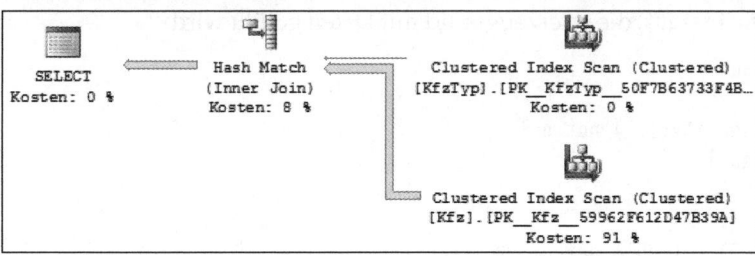

Abbildung 9.47: Inner JOIN mit Clustered-Index-Scan

Wozu also einen Index auf der Spalte Kfz.KfzTypID anlegen? Es wird interessant, wenn Sie aus der Tabelle KfzTyp Zeilen löschen möchten. Angenommen, die folgende Zeile wurde versehentlich eingefügt:

```
insert KfzTyp(TypName, MaximalGewicht)
 values ('Fahrrad', 10)
```

Wenn Sie diese Zeile wieder löschen, dann muss sichergestellt sein, dass die existierende Fremdschlüsselbeziehung nicht verletzt wird. Folglich müssen alle Zeilen der Tabelle Kfz dahingehend überprüft werden, ob nicht ein Verweis auf die zu löschende Zeile in der Tabelle KfzTyp existiert. Wenn nun ein Index auf Kfz(KfzTypID) angelegt wurde, dann ist eine solche Prüfung sehr schnell erledigt, da über den Index sofort die Nichtexistenz einer solchen Zeile kontrolliert werden kann. Ohne einen entsprechenden Index muss diese Prüfung durch einen Table- bzw. Clustered-Index-Scan erfolgen.

Beim Löschen der „Fahrrad"-Zeile aus der Tabelle KfzTyp werden ohne Index auf Kfz(KfzTypID) 7.227 logische Lesevorgänge benötigt. Mit einem entsprechenden Index sind es dann lediglich noch drei logische Lesevorgänge – eine Verbesserung um den Faktor 2.400!

Leider kann ich Ihnen an dieser Stelle keine allgemeine Lösung für dieses Problem präsentieren. Es hängt tatsächlich von Ihren Anwendungen und Ihren Daten ab, in welchen Fällen Sie für Fremdschlüsselbeziehungen Indizes erzeugen. Wenn Sie vor der Frage stehen, ob Sie einen Index für eine Fremdschlüsselbeziehung anlegen sollen oder nicht, dann erinnern Sie sich bitte an das in diesem Abschnitt Gesagte.

9.6.5 Columnstore-Indizes

Dieser spezielle Typ von Indizes wurde in den vorangegangenen Kapiteln bereits mehrfach erwähnt. Wir wollen nun einmal untersuchen, wie Columnstore-Indizes verwendet werden, welche Auswirkungen diese Indizes auf die Performance haben und wie man die in diesem Zusammenhang noch vorhandenen Einschränkungen möglichst elegant umgehen kann.

Wie immer wollen wir Beispiele verwenden, um die Effekte auf die Performance und die Arbeit mit Columnstore-Indizes zu verdeutlichen. Für unsere Beispiele verwenden wir eine Tabelle Einkauf, die so erzeugt und mit Daten gefüllt wird:

```
create table Einkauf
(
 EinkaufID int identity(1,1) not null
,Datum date not null
,Menge int not null
,Preis int not null
,Spalten nchar(100) not null default 0
)
go

-- Ca. 10 Millionen Zeilen einfügen
insert Einkauf(Datum, Menge, Preis)
  select dateadd(day,-abs(checksum(newid()) % 1000), current_timestamp)
       ,abs(checksum(newid())) % 234
       ,0.1*abs(checksum(newid())) % 2345
    from Numbers
go 10
```

```
-- Primärschlüssel als gruppierten Index
-- Für diesen Index schalten wir die Seitekomprimierung ein.
alter table Einkauf add constraint PK_Einkauf
  primary key clustered(EinkaufID) with (data_compression = page)
```

Sofern Sie die Tabelle Numbers mit dem am Beginn von Kapitel 4 angegebenen Skript erstellt haben, enthält die Tabelle Einkauf nun 10.485.760 Zeilen. Wir erzeugen für die Tabelle einen gruppierten Index. Für diesen Index definieren wir eine seitenweise Komprimierung. Etwas später wollen wir ja dann noch Vergleiche mit Columnstore-Indizes ziehen, und diese Indizes sind ebenfalls komprimiert. Damit wir dann später also nicht Äpfel mit Birnen vergleichen, komprimieren wir die Tabelle und dann auch alle weiteren nicht gruppierten Indizes, die wir im Verlauf unserer Experimente anlegen.

Unsere erste Abfrage soll die Summe der Einkäufe je Kalendertag ermitteln:

```
select Datum
      ,sum(Menge) as Menge
  from Einkauf
 group by Datum
```

Ohne weitere Indizes erhalten wir einen Clustered-Index-Scan im Ausführungsplan (siehe Abbildung 9.48).

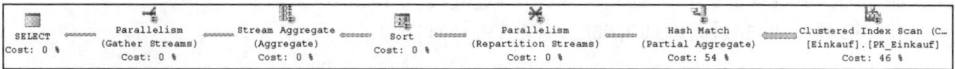

Abbildung 9.48: Clustered-Index-Scan für Gruppierung und Summierung

Die Ausführung der Abfrage dauert bei mir ca. drei Sekunden mit warmem Pufferspeicher und benötigt 20.702 logische Lesevorgänge (gemessen mit SET STATISTICS TIME ON und SET STATISTICS IO ON).

Eine gute Idee wäre sicherlich das Hinzufügen eines Index, der genau auf unsere spezielle Abfrage zugeschnitten ist:

```
create nonclustered index ix_Einkauf_Datum
    on Einkauf(Datum) include(Menge)
 with (data_compression = page)
```

Wir gruppieren ja nach Datum und addieren die Menge auf, und so sollte dieser Index für eine Beschleunigung sorgen.

Tatsächlich zeigt der Ausführungsplan nach dem Hinzufügen des Index nun einen Index-Scan anstelle des Clustered-Index-Scan (siehe Abbildung 9.49). Unser Index wird also tatsächlich verwendet und die Abfrage dauert nun nur noch ca. zwei Sekunden und benötigt 13.885 logische Lesevorgänge. Das ergibt immerhin eine Verbesserung um den Faktor 1,5.

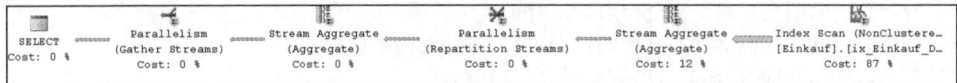

Abbildung 9.49: Gruppierung mit abdeckendem Index

Wir wollen nun nicht nur die Menge, sondern auch den Preis pro Tag aufsummieren, ändern also die Abfrage so ab:

```
select Datum
     ,sum(Menge) as Menge
     ,sum(Preis) as Preis
  from Einkauf
 group by Datum
```

Der schöne abdeckende Index ist nun natürlich nicht mehr abdeckend, und wir erhalten wieder einen Clustered-Index-Scan, so wie in Abbildung 9.48 zu sehen. Auch die Ausführungszeit hat sich wieder verdoppelt.

Sie werden sicherlich schon vermuten, was wir als Nächstes versuchen. Schließlich geht es in diesem Abschnitt ja um Columnstore-Indizes, also probieren wir es doch einmal aus und legen einen solchen Index an. Entsprechend der Empfehlung schließen wir alle Spalten der Tabelle in diesen Index ein:

```
create nonclustered columnstore index ix_nccs_Einkauf
  on Einkauf(EinkaufID,Datum,Menge,Preis,Spalten)
```

Mit diesem Index ist es nun egal, welche der beiden Abfragen wir ausführen. Der Columnstore-Index enthält alle Spalten, also ist er immer abdeckend. Unser nicht gruppierter und in Bezug auf die erste Abfrage abdeckender Index wird jetzt nicht mehr benötigt. Beide Abfragen verwenden einen Columnstore-Index-Scan im Batch-Mode (siehe Abbildung 9.50).

Sehr beeindruckend. Also legen wir doch einfach für alle (großen) Tabellen einen solchen Index an und unsere Performance-Probleme gehören der Vergangenheit an.

Tja, wenn es so einfach wäre, dann wäre dieses Buch wohl überflüssig. Zunächst einmal sind – wie bereits in vorangegangenen Kapiteln erwähnt – Columnstore-Indizes noch nicht so ganz ausgereift. Es kann daher durchaus vorkommen, dass der Optimierer sich nicht für die Verwendung eines vorhandenen Columnstore-Index entscheidet. Außerdem ist es durchaus möglich, dass bei einer Verwendung eines Columnstore-Index der Row-Mode und nicht der normalerweise leistungsfähigere Batch-Mode verwendet wird. Es gibt Situationen, in denen der Row-Mode „gut genug" ist, in anderen Situationen benötigt der Optimierer derzeit noch etwas Nachhilfe.

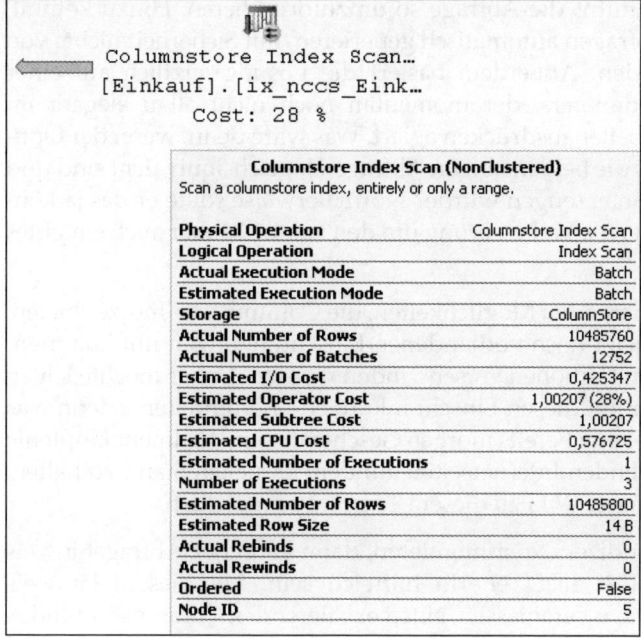

Abbildung 9.50: Columnstore-Index-Scan im Batch-Mode

Die Ausführungszeit hat sich auf etwa 200 Millisekunden reduziert. Das ist also eine Verbesserung um etwa den Faktor 8 bis 10.

So wird ein Columnstore-Index im Batch-Mode zum Beispiel nicht bei sogenannten Skalar-Aggregaten verwendet. Schauen Sie sich den Abfrageplan für diese Abfrage an:

```
select sum(Menge) from Einkauf
```

Sie finden dort zwar einen Columnstore-Index-Scan, aber der Ausführungsmodus ist „Row". Mit einem kleinen Trick können wir die Ausführung im Batch-Mode sozusagen erzwingen:

```
with EinkaufJeTag as
 (
  select Datum,sum(Menge) as tagEK
    from Einkauf
   group by Datum
 )
 select sum(tagEK) from EinkaufJeTag
```

Diese Abfrage ist logisch äquivalent zur vorherigen. Allerdings wird der Columnstore-Index-Scan nun im Batch-Mode ausgeführt und die Abfrage ist dadurch etwa zehnmal so schnell wie zuvor.

Es ist natürlich nicht sehr intuitiv, die Abfrage so umzuformulieren. Hinzu kommt, dass Berichtssysteme, die Abfragen automatisch generieren, mit Sicherheit nichts von dieser Technik kennen werden. Außerdem basiert die Lösung letztlich auf einer Unvollkommenheit des Optimierers, der momentan noch nicht allzu elegant im Umgang mit allgemeinen Tabellenausdrücken agiert. Was wäre denn, wenn der Optimierer erkennen würde, dass die beiden obigen Abfragen logisch äquivalent sind und für beide Fälle denselben Plan erzeugen würde? Normalerweise sollte er das ja können. Auf der anderen Seite ist eine Verbesserung um den Faktor 10 aber auch ein gutes Argument, nicht wahr?

Ich bin sicher, dass die faszinierenden Möglichkeiten, die Columnstore-Indizes bieten, dazu führen, dass viele der jetzt noch vorhandenen Einschränkungen mit kommenden Service Packs oder neuen Editionen verschwinden werden. Daher möchte ich an dieser Stelle gar nicht so sehr auf diesen Einschränkungen „herumreiten", denn was ich jetzt hierzu schreibe, dass kann bereits morgen Geschichte sein. Vielmehr empfehle ich Ihnen, sich auf entsprechenden Internetseiten auf dem aktuellen Stand zu halten. Hier ist insbesondere der Technet-Wiki zu diesem Thema zu empfehlen.

Wenn Sie mit Columnstore-Indizes experimentieren, dann kann der Abfragehinweis `IGNORE_NONCLUSTERED_COLUMNSTORE_INDEX` enorm hilfreich sein. Mit diesem Hinweis können Sie den Optimierer dazu veranlassen, einen existierenden Columnstore-Index nicht zu verwenden, und so leicht Vergleichsmessungen durchführen, ohne jedes Mal den Index erzeugen bzw. löschen zu müssen. Hier ein Beispiel für die Verwendung dieser Option:

```
select Datum
      ,sum(Menge) as Menge
  from Einkauf
 group by Datum
option(ignore_nonclustered_columnstore_index)
```

Zum Abschluss der Betrachtungen zu Columnstore-Indizes möchte ich Ihnen noch zeigen, wie Sie die wohl derzeit unangenehmste Einschränkung im Zusammenhang mit diesen Indizes umgehen können. Es ist leider so, dass Tabellen, auf denen ein Columnstore-Index existiert, nicht aktualisiert werden dürfen. Für eine Lösung dieses Problems gibt es drei Ansätze.

Aktualisieren von Tabellen mit einem Columnstore-Index

Möglichkeit 1: Deaktivieren und neu erzeugen des Columnstore-Index

Das ist sicherlich die einfachste Möglichkeit, aber eben auch die „ressourcenhungrigste". In OLTP-Systemen ist eine solche Verfahrensweise mit Sicherheit nicht durchführbar. Denken Sie aber bitte daran, dass Columnstore-Indizes vor allem für große Tabellen und sogenannte Star Joins geschaffen wurden. Sie sind damit primär ausgelegt für Faktentabellen in Data-Warehouse-Datenbanken. Das Beladen dieser Faktentabellen erfolgt in vielen Fällen durch zyklisch laufende ETL-Prozesse. Von daher ist ein Deaktivieren vor der Beladung mit einem anschließenden Neuaufbau durchaus eine Möglichkeit. Der entsprechende T-SQL-Code könnte zum Beispiel so aussehen:

```
-- Index deaktivieren
alter index ix_nccs_Einkauf on Einkauf disable
go
insert top (10000)
      Einkauf(Datum, Menge, Preis)
  select dateadd(day,-abs(checksum(newid()) % 1000), current_timestamp)
        ,abs(checksum(newid())) % 234
        ,0.1*abs(checksum(newid())) % 2345
    from Numbers
go
-- Index neu erstellen
alter index ix_nccs_Einkauf on Einkauf rebuild
```

Möglichkeit 2: Aufteilen in mehrere Tabellen

Eine Möglichkeit, die einem fast unwillkürlich in den Sinn kommt, ist die Aufteilung in zwei (oder auch mehrere) Tabellen. So etwas kann immer dann sinnvoll sein, wenn Sie einen großen Bereich mit statischen Daten und einen relativ überschaubaren Bereich mit aktiven Daten haben. Der aktive Teil kann dann in einer verhältnismäßig kleinen Tabelle untergebracht werden, die keinen Columnstore-Index enthält. Sie können über Sichten oder auch gespeicherte Prozeduren Schnittstellen einführen, die sich bei Aktualisierungen und Abfragen um die Verteilung der Daten bzw. deren Zusammenführung kümmern.

Hier ein Beispiel dazu. Wir behalten unsere Tabelle Einkauf mit den ca. 10 Millionen Zeilen und dem existierenden Columnstore-Index. Für Aktualisierungen legen wir einfach eine exakte Kopie der Tabelle an, verzichten dabei aber darauf, für die Kopie einen Columnstore-Index zu erzeugen. Die neue Tabelle sieht dann so aus:

```
create table EinkaufAktuell
  (
  EinkaufID int identity(0,-1) not null
  ,Datum date not null
  ,Menge int not null
  ,Preis int not null
  ,Spalten nchar(100) not null default 0
  )
go
alter table EinkaufAktuell add constraint PK_EinkaufAktuell
  primary key clustered(EinkaufID)
```

Den Bereich für den Primärschlüssel wählen wir so, dass er nicht mit der bereits existierenden Tabelle kollidiert. Sie können nun leicht eine gespeicherte Prozedur entwerfen, die für Aktualisierungen aufgerufen wird. Diese Prozedur würde dann stets nur Zeilen in der Tabelle EinkaufAktiv bearbeiten.

Für die Abfrage aller Einkäufe können Sie eine Sicht erstellen, die so aussieht:

```
create view v_Einkauf as
 select EinkaufID, Datum, Menge, Preis, Spalten from Einkauf
  union all
 select EinkaufID, Datum, Menge, Preis, Spalten from EinkaufAktuell
```

Diese Sicht können Sie dann für Abfragen verwenden. Eine unserer obigen Abfragen würde dann so lauten:

```
select Datum
      ,sum(Menge) as Menge
      ,sum(Preis) as Preis
  from v_Einkauf
 group by Datum
```

Wenn Sie sich den Ausführungsplan ansehen, dann entdecken Sie dort für die große Tabelle einen Columnstore-Index-Scan, der tatsächlich im Batch-Mode ausgeführt wird, also genau das, was wir bezweckt haben. Sie könnten nun zyklisch – etwa täglich oder wöchentlich – Daten aus dem aktiven Bereich in den nicht veränderbaren Bereich verschieben und so den aktiven Teil entsprechend klein halten.

 Bitte beachten Sie, dass eine Verwendung von UNION ALL derzeit noch dazu führen kann, dass auch bei Vorhandensein eines Columnstore-Index nicht der Batch-Modus verwendet wird. Dies ist eine weitere Einschränkung, die Sie zum Beispiel durch die Verwendung allgemeiner Tabellenausdrücke umgehen müssen, so wie etwas weiter oben im Zusammenhang mit Skalar-Aggregaten gezeigt.

Möglichkeit 3: Partitionierung und Partitionswechsel

Diese Möglichkeit ist so ähnlich wie die vorherige, nur dass hier die SQL Server-eigene Partitionierung verwendet wird. Sie eignet sich besonders für das effiziente Beladen von Faktentabellen im Rahmen eines ETL-Prozesses.

Im Prinzip funktioniert die Vorgehensweise so, dass Daten zunächst in eine Zwischentabelle (meist als Staging-Tabelle bezeichnet) eingefügt werden und diese Tabelle dann später einfach zu einer existierenden Partition hinzugefügt wird.

Auch hierzu wollen wir ein Beispiel betrachten. Dazu teilen wir die Tabelle Einkauf in unterschiedliche Partitionen auf. Ein geeignetes Kriterium für eine solche Partitionierung ist in diesem Fall sicherlich die Spalte Datum. Eine Partitionierung nach den Werten dieser Spalte ermöglicht das Speichern unterschiedlicher Perioden in unterschiedlichen Partitionen. Werte für die Spalte Datum wachsen in der Regel kontinuierlich an, sodass neue Daten stets am Ende der letzten Partition eingefügt werden müssen. Von diesem Fall wollen wir hier ausgehen und eine entsprechende Partitionierung konfigurieren.

Was zunächst benötigt wird, ist eine Partitionierungsfunktion, also eine Funktion, über die entschieden wird, welche Daten in welcher Partition gespeichert werden. Diese Funktion legen wir unter Berücksichtigung der vorhandenen Daten so an:

```
declare @minDatum date
       ,@maxDatum date
select @minDatum = min(Datum)
      ,@maxDatum = max(Datum)
  from Einkauf

create partition function pfEinkauf(date)
  as range left for values (@minDatum, @maxDatum)
```

Die Partitionierungsfunktion erzeugt insgesamt drei Partitionen. In unserem Beispiel gehen wir davon aus, dass wir die bestehende Partitionierung am oberen Ende erweitern, weil neue Werte für die Spalte Datum stets größer sind als bereits vorhandene. Wie das funktioniert, sehen Sie etwas weiter unten.

Als Nächstes benötigen wir ein Partitionierungsschema, das auf der Basis der gerade erstellten Partitionierungsfunktion erstellt wird:

```
-- Über dieses Partionsschema wird alles in der [PRIMARY]
-- Dateigruppe abgelegt. Zum Test ist das ok.
-- In der Realität würde man sicherlich physisch aufteilen.
create partition scheme psEinkauf
   as partition pfEinkauf all to ([PRIMARY])
```

Wie im Kommentar erwähnt, legen wir alles in der primären Dateigruppe an. Für unser Beispiel ist das so in Ordnung; in der Realität würde man die Partitionen sicherlich auch physikalisch verteilen.

Unter Verwendung dieses Partitionierungsschemas können wir nun die bestehende Tabelle Einkauf partitionieren. Das geschieht durch das folgende Skript:

```
-- Columnstore Index entfernen.
-- Wird später neu aufgebaut.
-- Erforderlich wg. Partitionierung.
drop index ix_nccs_Einkauf on Einkauf
go

-- Diesen Idex brauchen wir nicht mehr
drop index ix_Einkauf_Datum on Einkauf
go
-- Primärschlüssel und gruppierten Index entfernen
alter table Einkauf drop constraint PK_Einkauf

-- Gruppierten Index neu erzeugen.
-- Partitioniert
create unique clustered index UQ_Einkauf
   on Einkauf(Datum,EinkaufID)
      on psEinkauf(Datum)
go
-- Columnstore Index neu erstellen.
create nonclustered columnstore index ix_nccs_Einkauf
  on Einkauf(EinkaufID,Datum,Menge,Preis,Spalten)
```

Entscheidend ist hier der hervorgehobene Bereich. Der gruppierte Index wird auf dem Partitionierungsschema neu angelegt, und dadurch ist die Tabelle anschließend partitioniert.

Wir legen nun unsere Zwischen- bzw. Staging-Tabelle an. Diese Tabelle muss dasselbe Schema haben wie die partitionierte Tabelle, damit später der Partitionswechsel funktioniert.

```
create table EinkaufNeu
(
  EinkaufID int identity(1,1) not null
 ,Datum date not null
 ,Menge int not null
 ,Preis int not null
 ,Spalten nchar(100) not null default 0
)
go
create unique clustered index UQ_EinkaufNeu
    on EinkaufNeu(Datum,EinkaufID)
```

Wir können nun Daten in die Zwischentabelle einfügen und dann die Zwischentabelle zur existierenden partitionierten Tabelle hinzufügen. Hier ist ein Skript dafür, mit entsprechenden Kommentaren:

```
-- Daten einfügen Alle Zeitpunkte liegen hinter dem letzten vorhandenen Tag
declare @maxDatum date = (select max(Datum)
                               from Einkauf)
declare @DatumNeu date = dateadd(day,1,@maxDatum)

insert EinkaufNeu(Datum,Menge,Preis)
  select top(100)
          @DatumNeu
         ,abs(checksum(newid())) % 171
         ,0.1*abs(checksum(newid())) % 311
    from sys.all_columns

-- Constraint wird benötigt für Partitionswechsel
declare @cmd nvarchar(500) =
    'alter table EinkaufNeu with check
        add constraint EinkaufNeuDatum
          check (Datum > ''@maxDatum'' and Datum <= ''@DatumNeu'')'
set @cmd = replace(@cmd, '@maxDatum', convert(varchar(8),@maxDatum, 112))
set @cmd = replace(@cmd, '@DatumNeu', convert(varchar(8),@DatumNeu, 112))
exec (@cmd)

-- Columnstore Index wird ebenfalls benötigt.
-- Die Zwischentabelle muss dieselbe Struktur haben
-- wie die partitionierte Tabelle
create nonclustered columnstore index ix_nccs_EinkaufNeu
```

```
  on EinkaufNeu(EinkaufID,Datum,Menge,Preis,Spalten)

-- Bestehende Partition am oberen Ende erweitern
alter partition function pfEinkauf() split range (@DatumNeu);

-- Wir ermitteln die Nummer der Partition für das hinzugefügte Datum
declare @partition int = $partition.pfEinkauf(@DatumNeu);
-- Hier wird die Zwischentabelle zur partitionierten Tabelle hinzugefügt.
-- Es entsteht eine neue Partition
alter table EinkaufNeu switch to Einkauf partition @partition
```

Auf den ersten Blick erscheint das sicherlich etwas komplex, und es ist ja in der Tat auch etwas umständlich. Bitte bedenken Sie aber die folgenden Randbedingungen für die Verwendung der Partitionswechsel-Methode:

▶ Das Ändern der Partitionierung, also das Erweitern einer Partition sowie das Hinzufügen bestehender Daten zu einer bestehenden Partition, sind Metadaten-Operationen. Dabei werden also keinerlei Daten bewegt, sodass diese Operationen sehr schnell sind und kaum Ressourcen benötigen.

▶ Die Erstellung eines Skriptes zum Ändern der Partitionierung, so wie oben zu sehen, können Sie automatisieren. Dadurch müssen Sie die Partitionswechsel nicht bei jedem Ladeprozess manuell wiederholen, sondern können Partitionswechsels automatisch ablaufen lassen.

▶ Bei jedem Ladeprozess erhöht sich die Anzahl der vorhandenen Partitionen. Dadurch wird es erforderlich sein, dass Sie von Zeit zu Zeit bestehende Partitionen zusammenführen. SQL Server 2012 erlaubt aber mittlerweile die Erstellung von 15.000 Partitionen, sodass Sie hier genügend Spielraum haben.

9.7 Zusammenfassung

In diesem Kapitel haben Sie einen umfassenden Einblick in die Ausführung von Abfragen durch SQL Server erhalten. Durch diese Kenntnis sind Sie nun in der Lage, die Abfrageausführung zu analysieren und Problemen auf den Grund zu gehen.

Sie wissen jetzt, wie der Plancache funktioniert und in welcher Weise Abfragepläne in diesem Cache verwaltet werden.

Darüber hinaus haben Sie erfahren, wie der Optimierer Ausführungspläne erstellt und welche Kriterien der Optimierer bei der Wahl geeigneter physischer Operatoren berücksichtigt. Sie wissen nun, welch entscheidende Rolle Statistiken einnehmen, wie Abfragen parametrisiert werden und welche Vor- und Nachteile Parameter Sniffing bietet. Ebenso sind Sie in der Lage, die sich möglicherweise ergebenden Probleme in Bezug auf Parameter Sniffing mit diversen Methoden zu lösen.

Sie können jetzt die unterschiedlichen physischen JOIN-Operatoren auseinanderhalten und wissen, wie diese Operatoren funktionieren und welcher JOIN-Operator in welchem Fall optimal ist.

Außerdem sind wir darauf eingegangen, wie Sie einen möglichst optimalen Satz von Indizes für Ihre Datenbank(en) herausfinden können.

Zum Abschluss haben Sie noch eine Einführung in das Thema Columnstore-Indizes erhalten. Sie verstehen jetzt die Vorteile, aber auch die Einschränkungen dieses speziellen Typs von Index.

Wir haben in diesem Kapitel sehr intensiv mit grafischen Ausführungsplänen gearbeitet und eine Reihe von Problemen allein durch die Untersuchung dieser Ausführungspläne aufgedeckt. Als wichtigste Erkenntnis sollten Sie auf jeden Fall Folgendes mitnehmen:

 Wenn Sie in einem grafischen Ausführungsplan Unterschiede zwischen geschätzten und tatsächlichen Werten finden, dann ist dies ein Indiz dafür, dass der Optimierer anfängt zu raten statt zu schätzen. Diese Aussage gilt insbesondere für die geschätzte und tatsächliche Zeilenanzahl. Wenn diese beiden Werte stark voneinander abweichen, dann sollten Sie den Grund dafür verstehen und möglichst die Ursache dafür herausfinden.

10 Auffinden problematischer Abfragen

Im vorherigen Kapitel lagen die Schwerpunkte auf der Analyse und der Optimierung problematischer Abfragen. Dabei taucht natürlich unmittelbar die Frage auf, woran man eigentlich erkennen kann, dass eine Abfrage problematisch ist, sodass eine entsprechende Analyse und Optimierung sich letztlich überhaupt lohnt. Wie findet man Abfragen, die von einer Optimierung profitieren können bzw. für die eine Optimierung erforderlich ist?

Die Beantwortung dieser Frage steht im Mittelpunkt des vorliegenden Kapitels. Um problematische Abfragen zu finden, müssen Sie das laufende System überwachen und Informationen über die Abfrageausführung prüfen. Der Ansatz aus dem vorherigen Kapitel, bei dem wir in den meisten Fällen einfach eine Online-Überwachung durchgeführt haben – in der Regel durch das Einschließen des tatsächlichen Ausführungsplanes bei der Ausführung einer Abfrage –, ist hierfür nicht ausreichend. Eine solche Vorgehensweise ist für die Überwachung eines Produktivsystems schlichtweg nicht möglich. Vielmehr ist es erforderlich, die *Historie* der ausgeführten Abfragen für eine Überwachung heranzuziehen.

In diesem Kapitel lernen Sie unterschiedliche Möglichkeiten für die Protokollierung der Abfrageausführung und natürlich auch für die Auswertung der protokollierten Informationen kennen. Hierbei begeben wir uns auf bereits bekanntes Terrain und verwenden für die Protokollierung und Auswertung die folgenden Techniken:

▶ **Dynamische Verwaltungssichten**. In einem ersten Ansatz können Sie einfach die dynamischen Verwaltungssichten verwenden, mit denen ja auch Abfragestatistiken und Ausführungspläne abgefragt werden können. Diese Informationen sind jedoch flüchtig, also nicht unbegrenzt haltbar. Wenn Sie Ihr System dauerhaft überwachen möchten und auch eine Historie über einen längeren Zeitraum benötigen, dann werden Sie nicht umhinkommen, entsprechende permanent gespeicherte Protokolle aufzuheben. Bei der Verwendung dynamischer Verwaltungssichten entfällt die Notwendigkeit, eine Protokollierung zu konfigurieren. Die Protokollierung wird bereits durch SQL Server selber automatisch erledigt. Dies ist einerseits natürlich sehr bequem; der Preis, den wir für diese Bequemlichkeit zahlen müssen, ist aber eben die Vergänglichkeit der protokollierten Informationen. Wir haben dynamische Verwaltungssichten in den vorangegangenen Kapiteln sehr häufig verwendet, um Informationen über ausgeführte Abfragen zu erhalten. Daher werden Sie in diesem Kapitel nur noch einmal eine kurze Wiederholung finden, die speziell darauf ausgelegt ist, Abfragen mit einem hohen Ressourcenverbrauch aufzufinden. Diese Wiederholung dient letztlich auch dazu, dass Sie ein tieferes Verständnis für das Verwaltungs-Data Warehouse entwickeln.

▶ **SQL Server Profiler.** Eine Ablaufverfolgung des Profilers kann so konfiguriert werden, dass relevante Informationen zur Abfrageleistung in ihr enthalten sind. Es ist auch möglich, eine solche Ablaufverfolgung in einer Datei zu speichern. Dadurch haben Sie die Möglichkeit, Informationen zur Abfrageleistung – auch über die Lebensdauer dieser Informationen in den dynamischen Verwaltungssichten hinaus – zu speichern.

▶ **Verwaltungs-Data Warehouse (VDWH).** Dies ist sozusagen der große Hammer, mit dem alle erdenklichen Protokollierungs- und Auswertungsszenarien *an zentraler Stelle* verwaltet werden können. Im VDWH können Informationen zur Abfrageleistung, zu E/A-Operationen und sogar SQL Server Ablaufverfolgungen gespeichert werden. Mit einem Wort: Alle in Bezug auf das Auffinden problematischer Abfragen relevanten Informationen können an diesem zentralen Ort aufgezeichnet und abgefragt werden. Darüber hinaus erhalten Sie dadurch eine gewisse Standardisierung für Ihre Messungen. Der Einsatz des VDWH ist daher sicherlich die eleganteste Möglichkeit zur Systemüberwachung und wird sich in der Zukunft sehr wahrscheinlich auch entsprechend etablieren. Daher wird der Schwerpunkt in diesem Kapitel auch auf der Verwendung des VDWH zur Systemüberwachung liegen.

▶ **Erweiterte Ereignisse.** Erweiterte Ereignisse sind inzwischen sehr erwachsen geworden. Die Protokollierung von Informationen unter Verwendung erweiterter Ereignisse ist vor allem sehr leichtgewichtig, belastet das laufende System also nicht merklich. Darüber hinaus steht ein sehr umfangreicher Satz von Ereignissen zur Verfügung, sodass eine Vielzahl von Informationen aufgezeichnet werden kann. Lediglich die Auswertung der aufgezeichneten Informationen ist derzeit noch etwas mühsam, wenngleich auch besser als je zuvor. In diesem Kapitel werden Sie erfahren, wie Sie protokollierte Ereignisse auch auswerten können.

10.1 Überwachung durch dynamische Verwaltungssichten

Im Rahmen dieses Buches sind Ihnen dynamische Verwaltungssichten das erste Mal bereits in Kapitel 2 begegnet. In Kapitel 4 haben Sie dann gesehen, wie Sie E/A-Operationen je Datenbank und aufgetretene Wartezustände abfragen können. Die dort vorgestellten Abfragen sind eine sehr gute Möglichkeit, wenn Sie sehr schnell einen Überblick über eventuelle Probleme in einem laufenden System gewinnen möchten. Über die aufgetretenen Wartezustände können Sie Rückschlüsse auf mögliche Performance-Engpässe ziehen. Hierzu müssen Sie einfach die Ursache für die in der Hitliste oben stehenden Wartezustände herausfinden und erklären können. Dies betrifft allerdings mehr den Bereich der Fehlersuche und liegt daher außerhalb des Rahmens dieses Buches. Thema dieses Kapitels ist das Auffinden problematischer Abfragen – und dafür ist eine Untersuchung der Wartezustände nur sehr bedingt geeignet. Wartezustände dienen mehr zur Inspektion des allgemeinen Gesundheitszustands eines Systems.

10.1.1 Auswertung der E/A-Operationen

Etwas anders sieht es mit den E/A-Operationen je Datenbank aus. Abbildung 10.1 zeigt die E/A-Rangliste meines Systems, die durch die in Kapitel 4 vorgestellte Abfrage ermittelt wurde.

Datenbank	Typ	Gelesen/MB	Geschrieben/MB	EA Summe/MB	Wartezeit (sek)	Rang
tempdb	Daten	1007.19	1097.80	2104.98	24687.78	1
QueryTest	Protokoll	1.93	5664.78	5666.71	7972.97	2
QueryTest	Daten	2121.98	4911.13	7033.12	4860.99	3
VDWH	Protokoll	0.88	196.93	197.80	313.35	4
VDWH	Daten	87.74	177.26	265.00	228.44	5
tempdb	Protokoll	0.66	14.05	14.71	169.75	6
msdb	Protokoll	0.50	5.58	6.08	73.34	7
msdb	Daten	47.23	3.77	51.01	73.33	8
AdventureWorks2008	Daten	149.14	1.75	150.89	57.66	9
master	Daten	17.15	0.02	17.16	10.71	10
AdventureWorks2008	Protokoll	0.44	0.16	0.60	5.91	11

Abbildung 10.1: E/A-Operationen je Datenbank

Diese Rangliste eignet sich hervorragend als Ausgangspunkt für eine weiterführende Analyse. Betrachten Sie insbesondere die erforderlichen Lesevorgänge und konzentrieren Sie sich in weiteren Analysen zunächst auf die Datenbank, die in der Rangliste der Leseoperationen an erster Stelle steht. Die Ursache für massive Leseoperationen in OLTP-Systemen sind meist Scans. In OLTP-Systemen sind Scan-Operationen normalerweise unabsichtlich und ein Indiz für Folgendes:

▶ **Fehlende Indizes**. Indexsuchen minimieren Lesevorgänge. Wenn keine passenden Indizes existieren, dann müssen sequenzielle Suchen, also Scan-Operationen, durchgeführt werden, und dadurch steigt die Anzahl erforderlicher Leseoperationen um Größenordnungen an.

▶ **Fehlende oder ungeeignete Filterbedingungen**. Überprüfen Sie, ob Ihre Abfragen nicht zu viele Zeilen zur Anwendung übertragen und die Filterung erst auf der Client-Seite anstatt bereits auf der Datenbank erfolgt. Oft können auch „selbst gebaute" JOINs die Ursache sein. In so einem Fall werden die beteiligten Tabellen separat abgefragt und die Zeilen dann erst in der Client-Anwendung verknüpft. Denken Sie daran, dass nicht jeder Anwendungsentwickler über eine entsprechende Kenntnis des mengenorientierten Ansatzes verfügt, der mit SQL zur Verfügung steht. Oftmals werden SQL-Abfragen von Softwareentwicklern entworfen, die eine prozedurale Denkweise gewöhnt sind. Ineffiziente SQL-Anweisungen sind dann häufig die Folge.

Schauen Sie sich das folgende Beispiel an. Angenommen, aus den Tabellen Kunde und Rechnung sollen für alle Kunden der Kategorie „A" die Umsätze für den Monat Oktober 2008 in einer Tabelle der Anwendung dargestellt werden. Die entsprechende Abfrage sieht so aus:

```
select Kunde.KundenNr, Kunde.Name
      ,sum(Rechnung.Betrag()) as Betrag
   from Rechnung
```

```
        inner join Kunde on Kunde.KundenNr = Rechnung.KundenNr
 where Rechnung.Datum between '20081001' and '20081031'
   and Kunde.Kategorie = 'A'
 group by Kunde.KundenNr, Kunde.Name
```

Es ist jedoch nicht ungewöhnlich, dass Ihnen in einer Anwendung zum Beispiel die folgende Implementation dieser Aufgabe begegnet.

Zunächst werden *alle* Rechnungen des Monats Oktober 2008 geholt:

```
select KundenNr
       ,sum(Betrag()) as Betrag
  from Rechnung
 where Datum between '20081001' and '20081031'
 group by KundenNr
```

Danach wird in der Anwendung in einer Schleife für jeden gefundenen Kunden die Kategorie ermittelt:

```
select Kategorie, Name
  from Kunde
 where KundenNr = <VergleichsNr>
```

Erst dann erfolgen die Auswertung der Kategorie und die Aufnahme des Kunden in das Ergebnis, sofern der Kunde ein A-Kunde ist.

Natürlich ist eine solche Vorgehensweise alles andere als effizient, und Sie sollten daher darauf achten, dass so etwas unterbunden wird. Falls Sie keinen Einfluss auf die Anwendungsentwicklung haben, etwa weil es sich bei der entsprechenden Software um ein zugekauftes Produkt handelt, dann gibt es jedoch keine Möglichkeit, hier etwas zu ändern.

Wenn Anwendungen von Entwicklern erstellt werden, die über ungenügende Erfahrung mit SQL verfügen, dann werden Sie normalerweise auch ungewöhnlich viele Cursor antreffen, weil diese Anwendungsentwickler der Meinung sind, dass eine bestimmtes Problem nicht mit SQL gelöst werden kann und daher prozedural angegangen werden muss. Cursor sind oftmals ebenfalls ein Indiz dafür, dass JOINs ausprogrammiert werden, anstatt sie einfach in einer SELECT-Anweisung hinzuschreiben, und daher in den meisten Fällen ebenso ineffizient.

▶ **Suboptimale Ausführungspläne.** Die vielfältigen Ursachen für suboptimale Ausführungspläne haben wir in Kapitel 9 eingehend untersucht. Nicht aktuelle Statistiken oder die Parametrisierung mit untypischen Parameterwerten sind häufige Ursachen für die Existenz nicht optimaler Ausführungspläne.

In OLAP-Systemen sieht es übrigens etwas anders aus. Dort sind große, durch Scans verursachte E/A-Operationen durchaus nichts Ungewöhnliches. Wenn also Ihre OLAP-Datenbank(en) in der Rangliste weit oben stehen, dann ist dieser Umstand nicht zwangsläufig beunruhigend. Mit anderen Worten: In einem OLAP-System ist die Rangliste der E/A-Operationen als Ausgangspunkt für eine tiefere Analyse nur bedingt geeignet.

Wenn die Systemdatenbank *tempdb* in der Rangliste sehr weit oben steht (so wie in Abbildung 10.1 zu sehen), dann sollten Sie ebenfalls der Ursache auf den Grund gehen. Die *tempdb* ist letztlich eine Ressource, die sich alle bestehenden Verbindungen teilen müssen. Aus diesem Grund kann die *tempdb* durchaus zu einem Engpass werden. Hierfür kommen im Wesentlichen drei Punkte infrage:

▶ **Manuell erzeugte temporäre Objekte in T-SQL-Stapeln.** Sie können im T-SQL-Code ganz bewusst temporäre Objekte verwenden, die in der *tempdb* gespeichert werden. Dies betrifft alle Objekte, deren Name mit dem Zeichen „#" beginnt. Auf diese Weise können zum Beispiel Cursor oder auch Tabellen angelegt werden. Oftmals ist die eigentliche Ursache für den Einsatz solcher temporärer Objekte ebenfalls eine gewisse Unerfahrenheit mit der Sprache SQL.

▶ **Automatisch erzeugte temporäre Objekte.** In Kapitel 9 haben Sie Beispiele gesehen, in denen für die Abfrageausführung eine *Worktable* verwendet wurde, weil der verfügbare Hauptspeicher etwa für eine Sortierung oder Hash-Tabelle nicht ausreichte. Die in einem solchen Fall angelegte temporäre Tabelle, die *Worktable* eben, wird ebenfalls in der *tempdb* erzeugt. In einigen Fällen kann das Erzeugen einer *Worktable* durch einen passenden Index vermieden werden. Sie sollten also überprüfen, warum eine Abfrage eine *Worktable* benötigt. Hierauf kommen wir etwas weiter unten noch einmal zurück. Oftmals ist das automatische Erzeugen eines temporären Index oder einer temporären Tabelle aber auch die beste Möglichkeit, eine Abfrage auszuführen. Daher sind zum Beispiel *Worktable*-Objekte nicht grundsätzlich schlecht. Wenn für die Ausführung einer Abfrage automatisch temporäre Objekte angelegt werden, dann sollten Sie den entsprechenden Ausführungsplan aber zumindest einmal näher inspizieren und verstehen, warum temporäre Objekte – wie zum Beispiel ein Table- oder Index-Spool – erforderlich sind. Eine mögliche Ursache sind auch nicht aktuelle Statistiken.

▶ **Anlegen von Zeilenkopien in der Isolierungsstufe SNAPSHOT.** Wenn Sie Transaktionen in der Isolierungsstufe SNAPSHOT mit READ COMMITTED ausführen, dann werden Kopien der von einer Transaktion betroffenen Zeilen erzeugt, damit Lese- und Schreiboperationen sich in der Isolierungsstufe READ COMMITTED nicht blockieren. Diese Zeilenkopien werden in der *tempdb* verwaltet. Aus diesem Grund kann die *tempdb* in der Rangliste sehr weit oben stehen, obwohl für die eigentliche Abfrageausführung keine nennenswerten Ressourcen in der *tempdb* benötigt werden.

▶ **Große Aktualisierungsvorgänge auf Tabellen mit Triggern.** In einem Trigger haben Sie über die virtuellen Tabellen INSERTED und DELETED Zugriff auf die geänderten Daten. Diese virtuellen Tabellen speichern ihre Daten unter Umständen ebenfalls in der *tempdb*. Sofern Sie große Aktualisierungen durchführen, werden diese virtuellen Tabellen potenziell ebenfalls groß und können daher die E/A-Vorgänge für die *tempdb* weiter erhöhen.

10.1.2 Ermitteln fehlender Indizes

Wenn Sie Abfragen für die in der Rangliste der E/A-Operationen führenden Datenbanken näher untersuchen, dann sollten Sie herausfinden, ob der Optimierer für diese Abfragen Indizes vermisst. In Kapitel 6 haben Sie zwei Wege zur Ermittlung fehlender Indizes kennengelernt. Die dort vorgestellten Möglichkeiten können Sie nun anwenden, um zu prüfen, ob Indizes für in der Rangliste führende Datenbanken fehlen.

Denken Sie dabei bitte daran, dass die vom Optimierer erzeugten Hinweise über fehlende Indizes eine gewisse Ungenauigkeit aufweisen und dass Sie die in diesen Hinweisen enthaltenen Empfehlungen nur nach einer manuellen Prüfung anwenden und eventuell noch modifizieren.

10.1.3 Auswerten der im Plancache gespeicherten Ausführungspläne

Die am Beginn von Kapitel 9 vorgestellte Abfrage zur Untersuchung der Abfragestatistiken können Sie einsetzen, um zu prüfen, welche der im Plancache enthaltenen Ausführungspläne für die Mehrzahl der E/A-Operationen verantwortlich sind. Die Abfrage gibt auch den Namen der Datenbank zurück, sodass Sie leicht ermitteln können, welche Abfragen für eine bestimmte Datenbank die meiste E/A-Belastung erzeugt haben.

Allerdings gibt es hier auch noch ein kleines Problem mit nicht parametrisierten Abfragen. Wenn Abfragen, die in ihrer Struktur identisch sind, nicht parametrisiert werden, dann finden Sie für jede dieser Abfragen einen separaten Plan im Plancache. Denken Sie bitte an das Beispiel aus Kapitel 9, in dem wir den Plancache mit derartigen Abfragen „überflutet" haben.

Schauen Sie sich bitte die folgende Abfrage an, in der alle Bestellsummen für einen bestimmten Kunden summiert werden:

```
select sum(sod.LineTotal)
  from Sales.SalesOrderHeader as soh
       inner join Sales.SalesOrderDetail as sod
              on sod.SalesOrderID = soh.SalesOrderID
 where soh.CustomerID=11015
```

Diese Abfrage wird nicht parametrisiert, weil sie sich über mehrere Tabellen erstreckt. Daher werden Sie für die Abfrage einen Eintrag im Plancache finden, der genau für die CustomerID 11.015 erzeugt wurde. Wenn Sie nun die identische Abfrage für einen anderen Kunden, also mit einem anderen Vergleich für die CustomerID, ausführen, dann wird erneut ein Eintrag im Plancache erstellt, diesmal eben mit einem anderen Wert für den Vergleich. Angenommen, die Abfrage benötigt jedes Mal zehn logische Lesevorgänge und wird am Tag 1.000.000 Mal ausgeführt. Damit läge die Abfrage in der Rangliste sicherlich weit oben – und doch würden Sie sie nicht sofort entdecken, weil sie im Plancache insgesamt 1.000.000 Mal mit jeweils zehn Leseoperationen enthalten ist. Wenn Sie also nur auf die Leseoperationen schauen, dann entgeht Ihnen, dass diese Abfrage – oder besser gesagt der Abfragetyp – die Ursache für Performance-Probleme darstellen kann.

Wir benötigen also eine Möglichkeit, Abfragen desselben Typs zusammenzufassen. Zu diesem Zweck kann die Spalte query_hash der dynamischen Verwaltungssicht sys.dm_exec_query_stats verwendet werden. Der Optimierer bestimmt diesen Hashwert für jede Abfrage. Abfragen, die dasselbe Muster besitzen und sich nur in Literalwerten unterscheiden, haben einen identischen query_hash-Wert. Sie können also einfach die Leseoperationen je query_hash-Wert summieren und außerdem die Anzahl der im Plancache vorhandenen Einträge für einen query_hash-Wert bestimmen. Wenn dieses Ergebnis nach E/A-Vorgängen sortiert wird, dann erhalten Sie die Abfrage, die *in der Summe* die meiste E/A-Belastung erzeugt.

Schauen wir uns noch einmal das Beispiel aus Kapitel 9 an, in dem Abfragen innerhalb einer Schleife in nicht parametrisierter Form ausgeführt werden:

```
set nocount on
dbcc freeproccache
dbcc dropcleanbuffers
go
declare @i int
       ,@cmd nvarchar(200)
set @i = 1
while (@i <= 1000)
  begin
    set @cmd = 'declare @x int;
                select @x=checksum_agg(checksum(*))
                  from sys.all_columns
                 where object_id=' + cast(@i as nvarchar(30))
    exec (@cmd)
    set @i = @i + 1
  end
go
```

Nach der Ausführung des obigen T-SQL-Skriptes werden im Plancache 1.000 nahezu identische Pläne gespeichert sein. Diese Pläne haben alle denselben Wert für query_hash, denn sie unterscheiden sich lediglich in dem für die WHERE-Klausel verwendeten Vergleichswert. Mit der folgenden Abfrage können Sie eine solche Situation herausfinden:

```
select query_hash
      ,count(*) as Anzahl
      ,sum(total_worker_time) as CPU
      ,sum(total_elapsed_time) as Dauer
      ,sum(total_logical_reads) as Gelesen
      ,count(distinct query_plan_hash) as UnterschiedlichePlaene
  from sys.dm_exec_query_stats as qs
 group by query_hash
 order by Anzahl desc
```

Ein Beispielergebnis der obigen Abfrage sehen Sie in Abbildung 10.2.

query_hash	Anzahl	CPU	Dauer	Gelesen	Unterschiedliche Plaene
0xFAB427FA2B1B11BA	1000	248000	378006	4012	1

Abbildung 10.2: Abfragen mit identischem query_hash

Sie können dort sofort ablesen, wie viel CPU-Last die Abfragen *insgesamt* erzeugt haben oder wie viele Leseoperationen erforderlich waren. Über den zurückgegebenen Wert für query_hash können Sie dann den Plancache weiter untersuchen und feststellen, zu welcher Abfrage der Hashwert gehört. Hierzu verwenden Sie die Abfrage des Plancaches aus Kapitel 9 und filtern dort einfach nach einem bestimmten Wert für query_hash.

Sicherlich ist Ihnen bereits aufgefallen, dass die obige Abfrage auch eine Auswertung der Spalte query_plan_hash vornimmt. In dieser Spalte steht ebenfalls ein Hashwert, diesmal aber nicht für den Abfragetext, sondern für den erstellten Ausführungsplan. Immerhin ist es ja möglich, dass für eine Abfrage eines bestimmten Typs – also für Abfragen mit demselben query_hash-Wert – unterschiedliche Ausführungspläne erzeugt werden, weil unterschiedliche Literalwerte zu unterschiedlichen Kardinalitätsschätzungen und damit letztlich auch zu unterschiedlichen physischen Operatoren führen. Dadurch können in sys.dm_exec_query_stats unterschiedliche Werte für query_plan_hash für denselben Wert von query_hash existieren. In unserem Beispiel ist dies nicht der Fall – und diese Information ist sehr wertvoll. Wir wissen durch das in Abbildung 10.2 präsentierte Ergebnis, dass für alle Abfragen mit dem in der ersten Spalte dargestellten Hashwert *ein identischer* Ausführungsplan verwendet wurde. Diese Information steht in der letzten Spalte.

Weiterhin können wir ablesen, dass die Abfrage insgesamt 1.000 Mal im Plancache existiert. Wenn Sie sich an das in Kapitel 9 Gesagte erinnern, dann erkennen Sie sofort, dass an dieser Stelle ein Problem mit der Nicht-Parametrisierung dieser Abfrage besteht. Die Abfrage mit dem in der ersten Spalte dargestellten Hashwert sollte parametrisiert werden, um das System insgesamt zu entlasten. Hierzu können Sie entweder den Code der Anwendung anpassen, indem Sie zum Beispiel die gespeicherte Systemprozedur sp_executesql einsetzen oder auch parametrisierte Abfragen durch die Verwendung des ADO.NET Parameter-Objektes erzeugen, so wie in Kapitel 9 gezeigt. Wenn Sie diese Möglichkeiten nicht haben, weil Sie den Code der Anwendung nicht ändern können, dann hilft Ihnen die Erstellung einer Planhinweisliste des Typs TEMPLATE, mit der Sie eine Parametrisierung für die entsprechende Abfrage erzwingen können.

Die Spalten query_hash und query_plan_hash sind auch nützlich, um herauszufinden, in welchen Fällen eine Parametrisierung die Abfrageleistung negativ beeinträchtigt. Wenn für beide Spalten ein Wert nur einmal auftritt, dann gibt es auch nur einen Abfragetext und einen Ausführungsplan. Damit ist es wahrscheinlich, dass eine solche Abfrage parametrisiert wurde. Untersuchen Sie für diese Pläne die Spalten execution_count, min_logical_reads und max_logical_reads. Wenn der Wert für execution_count größer als „1" ist und sich die Spaltenwerte für min_logical_reads und max_logical_reads stark unterscheiden, dann haben Sie möglicherweise eine Abfrage entdeckt, die parametrisiert wurde, obwohl sie von einer Parametrisierung nicht profitiert.

Die folgende Anweisung findet solche Abfragen heraus:

```
select text
     ,query_hash, query_plan_hash
     ,execution_count
     ,min(min_logical_reads) as min_logical_reads
     ,max(max_logical_reads) as max_logical_reads
  from sys.dm_exec_query_stats
```

Die Abfrage sucht diejenigen Zeilen heraus, bei denen der Wert von `max_logical_reads` mehr als zehn Mal so groß ist wie der Wert von `min_logical_reads`. Passen Sie die `WHERE`-Klausel entsprechend an, um diese Bedingung zu ändern; etwa wenn Sie zu Beginn einer Analyse erst einmal nach größeren Unterschieden in beiden Werten suchen möchten.

10.1.4 Permanentes Speichern der Informationen aus dynamischen Verwaltungssichten

Wie bereits mehrfach erwähnt, haben dynamische Verwaltungssichten den Nachteil, dass die in ihnen gespeicherte Information flüchtig ist und daher spätestens beim nächsten SQL Server-Neustart verloren geht. Es gibt auch noch einen weiteren Nachteil: Die von dynamischen Verwaltungssichten zurückgelieferte Information präsentiert stets eine Momentaufnahme des entsprechenden Systemzustands *zum Zeitpunkt der Abfrage* der dynamischen Verwaltungssicht. So erhalten Sie zum Beispiel bei der Abfrage der Sicht `sys.dm_io_virtual_file_stats` stets die *kumulierte* Information über die E/A-Operationen je Datenbank seit dem letzten SQL Server-Start. Eine Information über den zeitlichen Verlauf der E/A-Operationen, etwa nach Tagen oder Stunden, bekommen Sie durch eine Abfrage dieser Sicht nicht.

In vielen Fällen ist aber gerade diese Information sehr wesentlich. Oftmals ist es durchaus interessant, zum Beispiel den zeitlichen Verlauf der E/A-Operationen über einen Tag hinweg zu beobachten, wobei etwa zu jeder vollen Stunde eine Momentaufnahme erstellt wird. Wenn diese Information für Sie von Bedeutung ist, Sie also den zeitlichen Verlauf bestimmter Indikatoren darstellen möchten, dann müssen Sie in zyklischen Abständen Momentaufnahmen der entsprechenden Verwaltungssichten archivieren. Ich möchte Ihnen hierzu ein Beispiel für die E/A-Vorgänge präsentieren, das Sie jedoch beliebig auch auf andere dynamische Verwaltungssichten anwenden können.

Die folgende Abfrage gibt die seit dem letzten SQL Server-Start durchgeführten E/A-Operationen je Datenbank zurück:

```
select db_name(mf.database_id) as DbName
     ,case mf.type when 0 then 'data' else 'log' end as FileType
     ,sum(fs.num_of_bytes_written)/1024.0/1024.0 as MBWritten
     ,sum(fs.num_of_bytes_read)/1024.0/1024.0 as MBRead
  from sys.dm_io_virtual_file_stats(null,null) as fs
     inner join sys.master_files as mf
```

```
        on mf.file_id = fs.file_id
        and mf.database_id = fs.database_id
group by mf.database_id, mf.type
```

Wenn diese Information permanent gespeichert werden soll, dann kann das Ergebnis der obigen Abfrage in eine Tabelle geschrieben werden. Diese Tabelle muss neben der eigentlich von der Abfrage zurückgegebenen Information auch eine Identifikation der Momentaufnahme enthalten. Wir nehmen hierfür einfach den Zeitpunkt der Protokollierung und legen die Tabelle in der *msdb* so an:

```
use msdb;
-- Protokolltabelle
create table dbo.FileIO
  (
    RecordedAt datetime not null default getdate()
    ,DbName sysname not null
    ,FileType nvarchar(10) not null
    ,MBWritten decimal(12,2) not null
    ,MBRead decimal(12,2) not null
  )
```

Sie können nun in zyklischen Abständen Daten in diese Tabelle einfügen. Hierzu erstellen Sie zum Beispiel einen SQL Server Agent-Auftrag, der etwa jede Stunde einen Protokolleintrag hinzufügt:

```
insert msdb.dbo.FileIO(DbName, FileType, MBWritten, MBRead)
  select…
```

Wenn Sie nun die protokollierten Snapshots auswerten möchten, dann müssen Sie die Werte zweier Momentaufnahmen voneinander abziehen, um die E/A-Belastung für den Zeitraum zwischen den beiden Aufnahmen zu erhalten. Hierfür können Sie die folgende Sicht erstellen:

```
use msdb
go
create view dbo.FileIOCourse(SnapshotNo, StartTime, EndTime
                      ,DbName, FileType
                      ,MBWritten, MBRead, MBTotal, PercentIO) as
  with OrderedFileIO as
  (
    select row_number() over(order by DbName,FileType,RecordedAt) as rn
        ,convert(datetime,convert(varchar(16)
        ,RecordedAt,120), 120) as RecordedAt
        ,DbName, FileType
        ,MBWritten, MBRead
      from msdb.dbo.FileIO
  )
  ,DiffFileIO as
  (
    select ss1.RecordedAt as StartTime, ss2.RecordedAt as EndTime
```

```
        ,ss1.DbName as DbName, ss1.FileType as FileType
        ,ss2.MBWritten-ss1.MBWritten as MBWritten
        ,ss2.MBRead-ss1.MBRead as MBRead
    from OrderedFileIO as ss1
        inner join OrderedFileIO as ss2
            on ss2.rn = ss1.rn+1
            and ss2.DbName = ss1.DbName
            and ss2.FileType = ss1.FileType
)
select dense_rank() over (order by StartTime)
        ,StartTime,EndTime
        ,DbName, FileType
        ,MBWritten, MBRead
        ,MBWritten + MBRead
        ,cast(100.0* (MBWritten + MBRead)
           /sum(MBWritten + MBRead)
                    over (partition by StartTime) as decimal(12,2))
    from DiffFileIO
```

Diese Sicht zieht jeweils die Werte benachbarter Momentaufnahmen voneinander ab.
Daher können Sie die Sicht verwenden, um den Verlauf der E/A-Operationen über
einen Zeitraum zu beobachten. Um zum Beispiel die Leseoperationen für die Datenbank QueryTest zu erhalten, starten Sie einfach die folgende einfache Abfrage:

```
select SnapshotNo, EndTime, MBRead
  from dbo.FileIOCourse
 where DbName = 'QueryTest'
   and FileType = 'data'
 order by SnapshotNo
```

In Abbildung 10.3 sehen Sie einen Ausschnitt aus dem Ergebnis.

SnapshotNo	EndTime	MBRead
1	2008-10-01 01:00:00.000	0.00
2	2008-10-01 02:00:00.000	5.00
3	2008-10-01 03:00:00.000	3.00
4	2008-10-01 04:00:00.000	0.00
5	2008-10-01 05:00:00.000	2.00
6	2008-10-01 06:00:00.000	2.00
7	2008-10-01 07:00:00.000	9.00
8	2008-10-01 08:00:00.000	20.00
9	2008-10-01 09:00:00.000	21.00
10	2008-10-01 10:00:00.000	47.00

Abbildung 10.3: Leseoperationen für die Datenbank QueryTest über die Zeit

Natürlich können Sie auch eine entsprechende Sicht erstellen und die in Abbildung 10.3
dargestellten Daten in Excel importieren. Dadurch ist es auf einfache Weise möglich, den
Verlauf der E/A-Operationen über der Zeit grafisch darzustellen. Abbildung 10.4 zeigt
ein Beispiel.

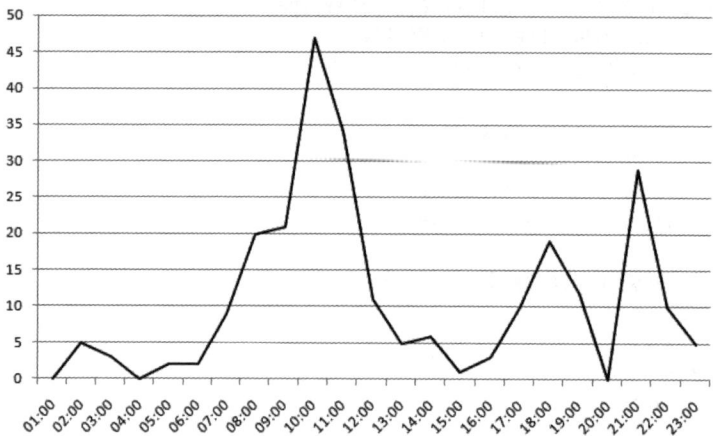

Abbildung 10.4: *E/A-Operationen für eine Datenbank über einen Tag*

Wenn Sie sich den Verlauf ansehen, dann erkennen Sie sehr schnell, zu welchen Zeit-punkten gerade besonders viel E/A-Last existiert hat. Leider ist es nicht ganz so ein-fach herauszufinden, welche Abfragen gerade zu diesen Zeitpunkten ausgeführt wur-den. Die dynamische Verwaltungssicht `sys.dm_exec_query_stats` hat aber immerhin eine Spalte `last_execution_time`, in der Sie den Zeitpunkt der *letzten* Ausführung einer Abfrage finden. Das ist allerdings wenig hilfreich, wenn Sie wissen möchten, welche Abfragen in der Zeit zwischen 9:00 Uhr und 11:30 Uhr ausgeführt wurden. Hier liegt letztlich das gleiche Problem vor wie mit allen dynamischen Verwaltungssichten: Es gibt jeweils nur kumulierte Informationen und keinen zeitlichen Verlauf. Wenn Sie eine Zeitkomponente benötigen, dann müssen Sie diese selbst hinzufügen, indem Sie Momentaufnahmen anlegen – so wie wir es im Beispiel getan haben. Sie können die in Kapitel 4 verwendete Anweisung zur Abfrage des Plancaches ebenfalls in zyklischen Abständen ausführen und das Ergebnis in einer Tabelle speichern. Gehen Sie hierbei genau so vor, wie wir es im Beispiel für die E/A-Operationen praktiziert haben. Die Spalte `last_execution_time` der Tabelle, welche die Snapshots enthält, können Sie dann benutzen, um zu erfahren, ob die entsprechende Abfrage im protokollierten Zeitraum ausgeführt wurde.

10.1.5 Berichte

Für eine SQL Server-Instanz stehen Ihnen sechs Berichte zur Verfügung, mit denen Sie Abfragen herausfinden können, die in der Rangliste der E/A-Operationen oder der CPU-Verwendung die vordersten Plätze einnehmen. Die Namen dieser Berichte beginnen alle mit „Leistung".

Die Berichte teilen sich in zwei Kategorien auf. In der ersten Kategorie finden Sie zwei Berichte, die allgemeine statistische Informationen zu Ad-hoc-Abfragen sowie Abfra-gen, die zu gespeicherten Prozeduren und Funktionen gehören, enthalten. Diese bei-den Berichte ermöglichen eine schnelle Übersicht über im Plancache gespeicherte Abfragen nach CPU-Zeit sowie Lese- und Schreibvorgängen.

Leistung – Batchausführungsstatistik

Der Bericht enthält eine Übersicht über die Ressourcenverwendung von Ad-hoc-Abfragen.

Leistung – Objektausführungsstatistik

In diesem Bericht finden Sie dieselbe Übersicht für gespeicherte Prozeduren und Funktionen.

Die zweite Kategorie von Berichten enthält etwas detailliertere Informationen für einzelne Abfragen. Die Berichte ähneln sich in der Darstellung und sehen prinzipiell alle so aus, wie in Abbildung 10.5 zu sehen.

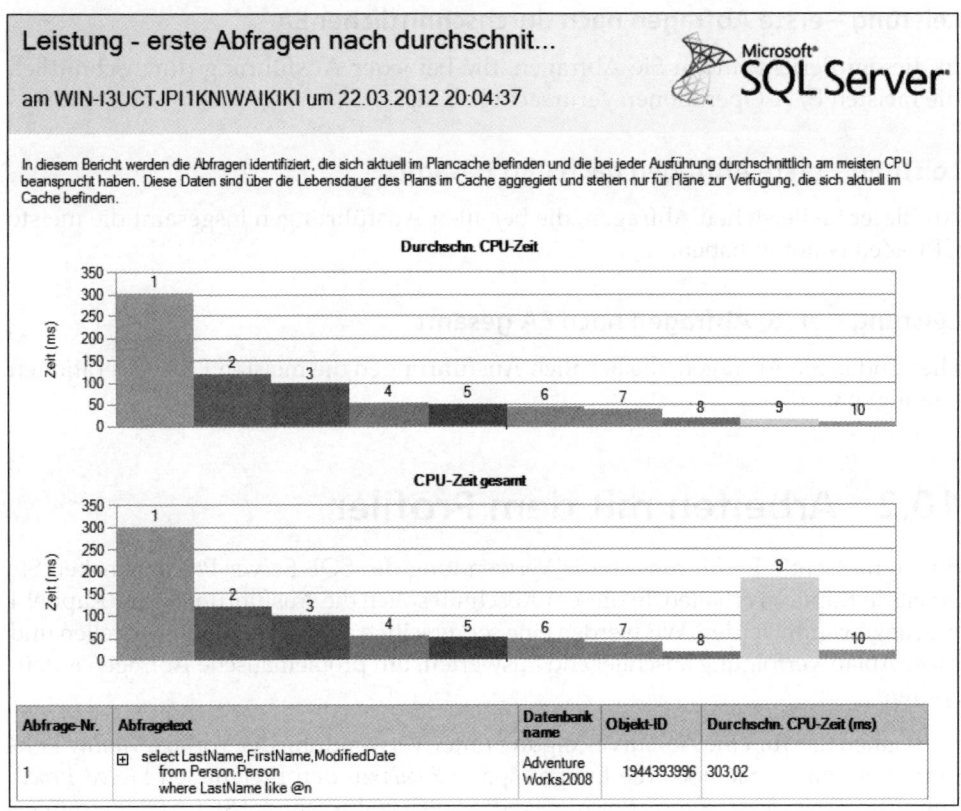

Abbildung 10.5: Beispiel für einen Bericht zur Abfrageleistung

Im oberen Bereich finden Sie stets eine grafische Darstellung der Abfragen entsprechend dem ausgewählten Kriterium (CPU oder E/A). Die Tabelle im unteren Bereich enthält dann für jede im Diagramm dargestellte Abfrage die detaillierten Daten und insbesondere die SQL-Anweisung.

Diese Berichte sind ein einfaches und dennoch sehr wirkungsvolles Instrument für das Aufspüren möglicherweise problematischer Abfragen. Denken Sie aber bitte daran, dass alle Berichte auf der Basis des Plancaches erstellt werden. Sobald eine Abfrage aus dem Cache entfernt wird, wird sie in keinem Bericht mehr auftauchen – auch dann nicht, wenn sie eigentlich in der Rangliste weit oben stehen müsste.

Die folgenden vier Berichte stehen in dieser Kategorie zur Verfügung:

Leistung – erste Abfragen nach durchschnittlicher CPU-Zeit

Dieser Bericht enthält die Abfragen, die bei jeder Ausführung im Durchschnitt die meiste CPU-Zeit benötigt haben.

Leistung – erste Abfragen nach durchschnittlicher EA

In diesem Bericht finden Sie Abfragen, die bei jeder Ausführung durchschnittlich die meisten E/A-Operationen verursacht haben.

Leistung – erste Abfragen nach CPU gesamt

An dieser Stelle stehen Abfragen, die bei allen Ausführungen insgesamt die meiste CPU-Zeit benötigt haben.

Leistung – erste Abfragen nach EA gesamt

Hier finden Sie Abfragen, die bei allen Ausführungen die meisten E/A-Operationen benötigt haben.

10.2 Arbeiten mit dem Profiler

Eine umfassende Einführung in die Verwendung des SQL Server Profilers haben Sie bereits in Kapitel 4 erhalten. In diesem Abschnitt sollen die Ausführungen aus Kapitel 4 nun angewandt werden. Wir werden eine serverseitige Ablaufverfolgung erstellen und diese Ablaufverfolgung anschließend auswerten, um problematische Abfragen aufzuspüren.

Sie können hierfür eine Ablaufverfolgung unter Verwendung der Vorlage *Tuning* konfigurieren. Fügen Sie noch die Ereignisspalte *Reads* zu den Ereignissen *Stored Procedures/RPC:Completed*, *Stored Procedures/SP:StmtCompleted* und *TSQL/SQL:BatchCompleted* hinzu, denn diese Spalte ist in der Vorlage nicht enthalten. Ebenso sollten Sie die Spalte *RowCounts* zu den Ereignissen hinzufügen; Sie werden etwas weiter unten gleich sehen, warum. Nützlich sind auch die folgenden beiden Ereignisse:

▶ *Scans/Scan:Stopped* mit der Ereignisspalte *Reads*. Falls in einer Abfrage ein Tabellen- oder Index-Scan ausgeführt wird, dann wird dieses Ereignis ausgelöst. Die Spalte *Reads* enthält die Information über die erforderlichen logischen Lesevorgänge.

▶ *Errors and Warnings/Sort Warnings*, zum Beispiel mit der Ereignisspalte *StartTime*. Wenn für eine Sortierung eine *Worktable* benötigt wird, dann finden Sie dieses Ereignis in Ihrer Ablaufverfolgung. Das Erzeugen dieser temporären Tabelle (der *Worktable*) kann oft durch einen geeigneten Index vermieden werden. Sie sollten daher versuchen, die Abfrage zu finden, die eine solche temporäre Tabelle verwendet, und eventuell einen entsprechenden Index erstellen.

Lassen Sie sich für Ihre konfigurierte Ablaufverfolgung ein Skript für die Erstellung einer serverseitigen Ablaufverfolgung erzeugen, so wie in Kapitel 4 gezeigt.

Wenn Sie die Ablaufverfolgung anschließend starten (als serverseitige Ablaufverfolgung durch Ausführen des erzeugten Skriptes!), dann werden die Ereignisdaten in der angegebenen Datei gespeichert. Sobald Sie der Meinung sind, dass die in der Datei protokollierten Ereignisse für eine Analyse ausreichend sind, beenden Sie die Ablaufverfolgung wieder. Wenn Sie nicht mehr wissen, wie Sie hierfür vorgehen müssen, lesen Sie bitte noch einmal in Kapitel 4 nach. Bitte bedenken Sie, dass die Ablaufverfolgung selber ebenfalls Ressourcen benötigt und dass die erzeugte Ablaufverfolgungsdatei sehr groß werden kann. Lassen Sie die Protokollierung also bitte nur so lange laufen, wie unbedingt nötig.

Es existiert nun also eine Protokolldatei, in der alle relevanten Ereignisse aufgezeichnet wurden. Die Frage ist, wie Sie mithilfe dieser Datei problematische Abfragen herausfinden.

Hier kommt die Funktion fn_trace_gettable() zum Einsatz. Wie bereits in Kapitel 4 erwähnt, können Sie mit dieser Funktion eine Ablaufverfolgungsdatei in eine Tabelle überführen. Und genau dies soll unser erster Schritt bei der Auswertung der Protokolldaten sein. Die folgende Abfrage speichert die Daten einer oder mehrerer Ablaufverfolgungsdatei(en) in einer Tabelle:

```
use QueryTest;
select *
  into TraceData
  from fn_trace_gettable('c:\SqlTrace\TestDaten.trc', default)
```

Für die Auswertung dieser Tabelle stehen Ihnen anschließend alle Möglichkeiten von T-SQL zur Verfügung. Die folgende Anweisung sortiert zum Beispiel die im Protokoll enthaltenen Abfragen nach ihrer Dauer:

```
select TextData
      ,cast(Duration * 0.001 as decimal(8,1)) as [Duration/ms]
      ,RowCounts
 from TraceData
where isnull(Duration, 0) > 500
order by Duration desc
```

Ein Beispielergebnis der Abfrage sehen Sie in Abbildung 10.6.

TextData		Duration/ms	RowCounts
select OrderDate, OrderQty from Bestellung	...	14180.8	1
select OrderDate from Bestellung where S...		11.0	1
select ShipDate, TotalDue from Bestellung	...	7.0	1946

Abbildung 10.6: Protokollierte Abfragen, absteigend sortiert nach Dauer

Bei der Auswertung der Tabelle mit den Ablaufverfolgungsdaten sind Ihrer Fantasie generell keine Grenzen gesetzt. Sie können Indizes für diese Tabelle erstellen, um entsprechende Abfragen zu beschleunigen. Denken Sie auch daran, dass in der Ablaufverfolgung eine Spalte DatabaseID enthalten ist, über die Sie die betroffene Datenbank herausfinden können. Damit haben Sie eine Verbindung zu den E/A-Operationen je Datenbank (siehe zum Beispiel Abschnitt *Auswertung der E/A-Operationen*), weil Sie gezielt die Abfragen für eine Datenbank herausfiltern können, die in der Rangliste der E/A-Operationen an vorderster Stelle steht.

Insbesondere sollten Sie nach folgenden Abfragen suchen:

▶ **Lange Ausführungsdauer.** In OLTP-Systemen sollte die Dauer einer Abfrage normalerweise unterhalb von drei Sekunden liegen. Untersuchen Sie Ihre „Langläufer" und finden Sie heraus, warum eine Abfrage lange benötigt, um ein Resultat zurückzuliefern. Möglicherweise fehlt ein Index, oder es werden einfach zu viele Zeilen zurückgeliefert.

▶ **Viele zurückgelieferte Zeilen.** Transaktionen in OLTP-Systemen sind kurz und bearbeiten nur wenige Zeilen. Wenn eine Abfrage viele Zeilen zurückliefert, dann liegt möglicherweise ein Problem mit der Anwendungslogik vor, zum Beispiel weil Verknüpfungen (JOINs) erst auf dem Client ausgeführt werden.

▶ **Viele Lesevorgänge bei nur wenig zurückgelieferten Zeilen.** Eine Abfrage, die 1.000.000 Leseoperationen benötigt, um zwei Zeilen zurückzuliefern, ist mit Sicherheit problematisch. Die Ursachen können vielfältig sein – vom fehlenden Index bis hin zu einem nicht optimalen Datenbankschema.

▶ **Scan-Operationen.** Wenn in Ihrer Ablaufverfolgungsdatei Scan-Operationen enthalten sind, dann sollten Sie die Ursache herausfinden. Scans haben in OLTP-Anwendungen normalerweise nichts zu suchen. Das Ereignis *Scan:Stopped* finden Sie über die Spalte EventClass. Der Wert 52 steht für dieses Ereignis. Leider wird aber der Abfragetext nicht in der Spalte TextData angezeigt, sodass es nicht ganz so einfach ist, den Bezug zu einer Abfrage herauszufinden.

▶ **Sort Warnings.** Dieses Ereignis zeigt an, dass Sortiervorgänge nicht im Arbeitsspeicher ausgeführt werden konnten. Die Spalte EventClass hat für eine *Sort Warning* den Wert 69. Auch hier wird der Abfragetext nicht in der Spalte TextData ausgegeben, was die Zuordnung der *Sort Warning* zu einer Abfrage erschwert.

▶ **Hash Warnings.** Ebenso wie Sort Warnings zeigen Hash Warnings an, dass auf die *tempdb* ausgelagert werden musste. In diesem Fall ist ein Hash-JOIN die Ursache, bei der die erforderliche Hashtabelle nicht im Hauptspeicher gehalten werden konnte. Oftmals ist die Ursache hierfür die, dass der Optimierer sich verschätzt hat. Prüfen Sie also, ob Ihre Statistiken aktuell genug sind.

Leider gibt es keine Ereignisspalten, die eine Gruppierung ähnlicher Abfragen gestatten, so wie dies bei der Abfrage des Plancaches durch die Spalten `query_hash` und `query_plan_hash` möglich ist. Um gleiche Abfragen, die sich nur in Literalwerten bzw. Parametern unterscheiden, aufzufinden, müssen Sie die in der Spalte `TextData` enthaltenen Abfragetexte entsprechend bearbeiten oder „umrechnen". Eine Möglichkeit wäre die Bearbeitung der Ablaufverfolgungstabelle in einem Cursor. Sie können dann die gespeicherte Systemprozedur `sp_get_query_template` für jede Zeile aufrufen, um den in der Spalte `TextData` enthaltenen Abfragetext zu standardisieren bzw. in seine parametrisierte Form zu überführen. Speichern Sie den erhaltenen Wert in einer neuen Spalte für spätere Betrachtungen.

Bequemer ist die Verwendung einer Funktion, die den in der Spalte `TextData` enthaltenen Abfragetext in eine parametrisierte Form überführt. Eine solche Funktion wurde von Stuart Ozer vom Microsoft SQL Server Customer Advisory Team entwickelt und veröffentlicht. Ich darf Ihnen den Quelltext dieser Funktion aus lizenzrechtlichen Gründen hier leider nicht präsentieren. Sie können die Funktion jedoch relativ leicht im Internet finden. In [1], S. 93, ist der Quelltext ebenfalls abgedruckt.

10.3 Einsatz von Datenauflistungen

Datenauflistungen sind eine neue und sehr bequeme Möglichkeit der Protokollierung und Auswertung von Abfragestatistiken. In Kapitel 4 haben Sie einen ersten Einblick in die Konfiguration eines Verwaltungs-Data Warehouse (VDWH) erhalten und auch gesehen, wie Sie die systemeigenen Datenauflistsätze verwenden können, um E/A-Operationen oder Abfragen zu beobachten. Ich kann Ihnen nur noch einmal empfehlen, sich mit diesem Thema auseinanderzusetzen und Datenauflistungen zum Aufzeichnen und Auswerten einzusetzen.

Für das Auffinden problematischer Abfragen gibt es bereits einen vordefinierten Systemdaten-Auflistsatz, den Sie nach der Konfiguration des VDWH einfach nur starten müssen. Dies ist der Auflistsatz *Abfragestatistik*. Sobald dieser Auflistsatz ausgeführt wird, werden im Abstand von zehn Sekunden Abfragestatistiken ermittelt und im lokalen VDWH-Cache-Verzeichnis gespeichert. Das Hochladen dieser zwischengespeicherten Daten erfolgt dann alle 15 Minuten. Dies ist die Standardkonfiguration, die Sie natürlich verändern und an Ihre Erfordernisse anpassen können. Eine entsprechende Anpassung der Zeitpläne ist zum Beispiel mit dem SQL Server Management Studio (SSMS) möglich. Außerdem können Sie hierzu Sie die gespeicherten Prozeduren zur Verwaltung von Datenauflistungen verwenden. Insgesamt stehen Ihnen mehr als 50 solcher Prozeduren zur Verfügung, deren Name stets mit `sp_syscollector_` beginnt. Mit diesen Prozeduren können Sie zum Beispiel eigene Datenauflistungen einrichten, Datenauflistungen starten oder anhalten und eben auch Konfigurationsoptionen einstellen. Um zum Beispiel für den Auflistsatz *Abfragestatistik* die Frequenz der Aufzeichnung auf 30 Sekunden einzustellen, verwenden Sie die Prozedur `sp_syscollector_update_collection_item`:

```
use msdb;
exec sp_syscollector_update_collection_item
        @name = N'Abfragestatistik - Abfrageaktivität'
        ,@frequency = 30;
```

Wie gesagt, funktioniert eine solche Änderung aber auch über die grafische Oberfläche des SSMS, was natürlich erheblich bequemer ist. Sie können das Intervall einfach im Eigenschaftsdialog eintragen (siehe Abbildung 10.7).

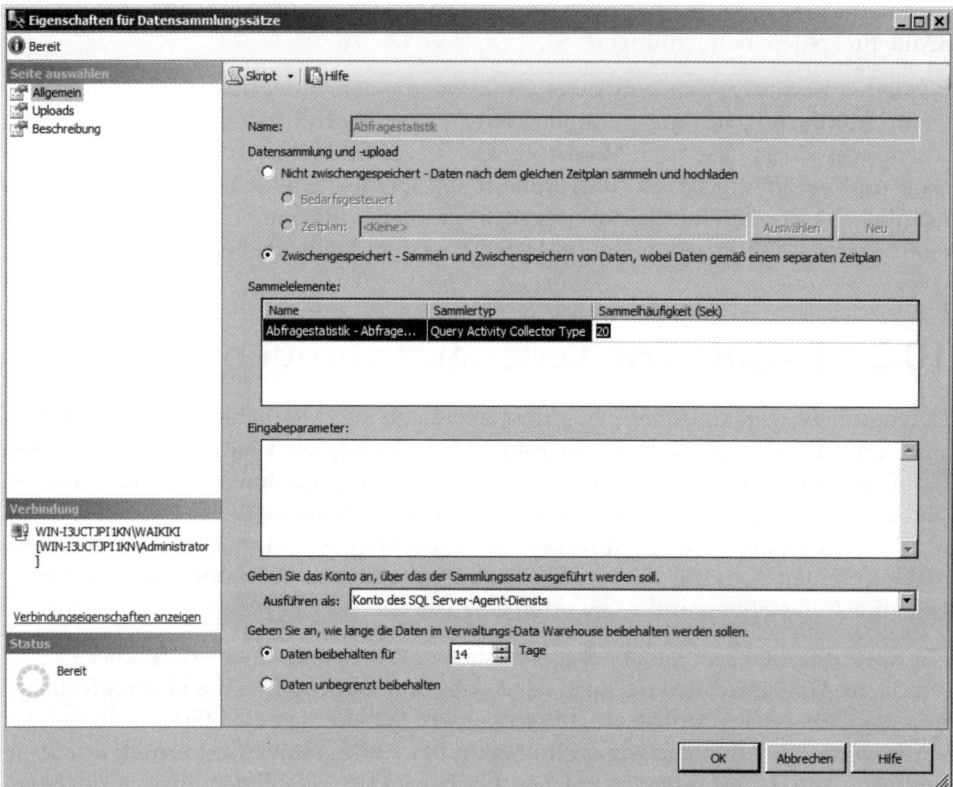

Abbildung 10.7: Ändern des Intervalls für das Sammeln von Informationen

Merken Sie sich bitte, dass protokollierte Daten nicht unmittelbar in das VDWH übertragen werden, sondern erst nach einer gewissen Zeitspanne zur Verfügung stehen. So kann es eben vorkommen, dass eine Abfrage, die in der Rangliste an erster Stelle stehen müsste, noch nicht in den entsprechenden Berichten auftaucht, weil die zugehörigen Protokolldaten noch nicht in das VDWH hochgeladen wurden.

Die in Kapitel 4 vorgestellten Berichte sind die einfachste Möglichkeit, die im VDWH gespeicherten Daten auszuwerten. Die Berichte für die systemeigenen Auflistsätze ermöglichen hierbei genau die in den ersten Abschnitten des vorliegenden Kapitels beschriebene Vorgehensweise zum Aufspüren problematischer Abfragen. So können

Sie zum Beispiel mit dem Bericht über die Datenträgerverwendung je Datenbank beginnen, um zu sehen, auf welcher Datenbank zu welcher Tageszeit die Anzahl der E/A-Operationen besonders hoch gewesen ist. Anschließend können Sie den Bericht über die Abfragestatistik verwenden und so feststellen, welche Abfragen zur fraglichen Zeit ausgeführt wurden und für die E/A-Operationen verantwortlich sind. Leider ist es nicht möglich, in den Berichten über die Abfragestatistiken nach einer bestimmten Datenbank zu filtern, sodass eine entsprechende Suche unter Umständen etwas mühsam ist. Dennoch bietet die Verwendung des VDWH für die Protokollierung und die Auswertung der Protokolldaten durch die zur Verfügung stehenden Berichte eine fantastische Möglichkeit, problematische Abfragen aufzuspüren. Die Berichte bieten vielfältige Möglichkeiten zur Navigation, sodass Sie kritische Abfragen sehr leicht entdecken können. So ist es zum Beispiel möglich, die Rangliste der Abfragen wahlweise nach CPU-Belastung, Dauer oder der Anzahl der erforderlichen E/A-Operationen zu sortieren. Schauen Sie sich hierzu noch einmal Abbildung 4.40 an. Für alle in der Rangliste auftauchenden Abfragen werden sogar die Ausführungspläne gespeichert, die Sie natürlich ebenfalls ansehen und auswerten können. Hierzu bietet der Bericht entsprechende Navigationsmöglichkeiten an.

Bitte bedenken Sie, dass die Informationen für alle im Bericht über die Abfragestatistik dargestellten Abfragen letztlich aus dem Plancache geholt werden. Wenn eine Abfrage zum Zeitpunkt der Protokollierung nicht im Plancache gespeichert war, dann wird sie daher auch nicht im Bericht auftauchen.

Dadurch kann es natürlich vorkommen, dass Ihnen ressourcenintensive Abfragen verborgen bleiben. Denken Sie daran, dass nicht alle Abfragen im Plancache gespeichert werden und dass auch Abfragen aus dem Plancache entfernt werden können. Aus diesem Grund ist das standardmäßige Auflist-Intervall mit zehn Sekunden entsprechend kurz gewählt.

Die Informationen über die Konfiguration von Auflistsätzen werden in der Systemdatenbank *msdb* gespeichert. Hier finden Sie entsprechende Systemsichten und -tabellen, deren Name stets mit `syscollector_` beginnt.

Das VDWH ist jedoch sehr mächtig und bietet so vielfältige und hervorragende Möglichkeiten, dass Sie damit sehr wahrscheinlich auch eigene Auflistsätze konfigurieren werden. Etwas weiter unten finden Sie hierfür ein erstes Beispiel. Im nächsten Kapitel werden wir dann eigene Auflistsätze für die Überwachung der Indexverwendung erstellen.

Wenn Sie eigene Datenauflistungen hinzufügen, dann ist das Hauptproblem die Auswertung der protokollierten Daten. Die Protokollierung selber ist zum Beispiel mit ein paar Aufrufen von gespeicherten Prozeduren schnell konfiguriert. Für die Auswertung der Daten müssen Sie natürlich wissen, wo und in welcher Form die entsprechenden Protokolle abgelegt werden. Dies herauszufinden, ist nicht immer ganz einfach. Insbesondere ist die Dokumentation des VDWH-Schemas bislang nur sehr dürftig. In unseren Beispielen kommen wir hierauf noch einmal zurück.

10.3.1 Manuelle Abfragen des VDWH

Die unzureichende Dokumentation ist auch dann hinderlich, wenn Sie die Protokolle der Systemdaten-Auflistsätze abfragen möchten, ohne die Berichte zu verwenden. Möglicherweise wollen Sie eigene Berichte, beispielsweise mit Excel, entwerfen
oder einfach die Protokolldaten zu bestimmten Zeitpunkten archivieren. Manchmal
ist es auch hinderlich, dass man erst durch einen Bericht „hindurchnavigieren"
muss, um an eine entsprechende Information zu gelangen.

In diesen Fällen ist es also erforderlich, direkt auf die entsprechenden Protokolltabellen zuzugreifen. Damit Sie sich hier nicht genauso mühsam durchkämpfen
müssen wie ich, möchte ich Ihnen zumindest einige Abfragen präsentieren, welche
die Daten der Systemdaten-Auflistsätze zurückliefern.

Bitte bedenken Sie jedoch, dass diese Abfragen auch auf nicht dokumentierten Informationen basieren. Dadurch ist es nicht sicher, dass etwa nach einem Versionswech-
sel oder dem Einspielen eines Service Packs alles noch problemlos funktioniert.
Eventuell gibt es auch elegantere Möglichkeiten, an die entsprechenden Daten zu
kommen, als im Folgenden präsentiert. Diese Möglichkeiten bleiben aber ohne eine
entsprechende Dokumentation leider verborgen.

Alle hier präsentierten Abfragen geben auch eine Snapshot-ID und den Zeitpunkt der
Protokollierung – also der Erstellung des Snapshots – zurück. Diese beiden Spalten
können Sie verwenden, um den zeitlichen Verlauf darzustellen. Hierzu gehen Sie
genau so vor, wie in Abschnitt *Permanentes Speichern der Informationen aus dynamischen
Verwaltungssichten* bei der Erstellung der Sicht `FileIOCourse` demonstriert. Beachten Sie
aber bitte, dass die Snapshot-ID nicht fortlaufend nummeriert ist. Es ist durchaus die
Regel, dass Lücken in der Nummerierung vorkommen.

Abfrage der Abfragestatistik

Die Tabellen `snapshots.notable_query_plan`, `snapshots.notable_query_text` und `snapshots.`
`query_stats` enthalten die Informationen über Abfragestatistiken. Diese Tabellen entsprechen im Prinzip den dynamischen Verwaltungssichten `sys.dm_exec_cached_plans`,
`sys.dm_exec_sql_text` und `sys.dm_exec_query_stats`. Wir können deshalb unsere bereits
bekannte Abfrage zur Ermittlung der Abfragestatistiken fast unverändert auch für das
VDWH verwenden, indem wir einfach die Namen der dynamischen Verwaltungssichten durch die Tabellennamen des VDWH ersetzen. Eine entsprechende Abfrage sieht
dann zum Beispiel so aus:

```
select qs.snapshot_id, qs.collection_time
     ,qt.sql_text as sql_text
     ,replace(replace(substring(qt.sql_text, qs.statement_start_offset/2+1,
              case
                 when qs.statement_end_offset = -1 then
                      len(convert(nvarchar(max), qt.sql_text))
                 else qs.statement_end_offset/2
                      - qs.statement_start_offset/2+1
```

```
            end), char(13), ' '), char(10), ' ') as stmt_text
    ,cast(query_plan as xml) as query_plan
    ,qs.creation_time
    ,qs.last_execution_time
    ,qs.execution_count
    ,qs.total_worker_time
    ,qs.total_physical_reads
    ,qs.total_logical_reads
    ,qs.total_elapsed_time
from snapshots.notable_query_plan as qp
    inner join snapshots.notable_query_text as qt
            on qt.sql_handle = qt.sql_handle
    inner join snapshots.query_stats as qs
            on qs.sql_handle = qt.sql_handle
            and qs.sql_handle = qp.sql_handle
```

Selbstverständlich können Sie nach bestimmten Zeiträumen filtern und das Ergebnis zum Beispiel nach Ausführungsdauer oder E/A-Operationen sortieren und so die Abfragen herausfinden, die in einem bestimmten Zeitraum in Bezug auf die Verwendung von Ressourcen bestimmend gewesen sind.

Die Spalten `query_hash` und `query_plan_hash` stehen leider nicht zur Verfügung. Warum dies so ist, kann ich Ihnen nicht sagen, aber wahrscheinlich wurden sie einfach nur vergessen. Das ist natürlich schade, weil dadurch eine Untersuchung nach Problemen mit Parametrisierung erschwert wird.

Seien Sie bitte vorsichtig mit dieser Abfrage, denn sie gibt auch den Ausführungsplan im XML-Format zurück. Dadurch werden unter Umständen sehr viele Daten übertragen. Besser wäre es, zunächst nur die Abfragen mit der höchsten Ressourcenverwendung zu ermitteln, ohne den Ausführungsplan mit abzufragen. Anschließend können Sie dann für die in der Rangliste an der Spitze stehenden Abfragen die Ausführungspläne gesondert ermitteln. Ansonsten kann es leicht passieren, dass die obige Abfrage selber in der Abfragestatistik an vorderster Stelle auftaucht, wenn Sie zum Beispiel nach erforderlichen E/A-Operationen sortieren.

Abfrage der Wartezustände

Die Protokollierung der aufgetretenen Wartezustände ist Bestandteil des Systemdaten-Auflistsatzes zur Serveraktivität. Auch in diesem Fall ist es so, dass für die dynamische Verwaltungssicht `sys.dm_os_wait_stats` ein entsprechendes Pendant im VDWH existiert: `snapshots.os_wait_stats`. Daher ist die Abfrage der aufgetretenen Wartezustände recht einfach:

```
select * from snapshots.os_wait_stats
```

Abfrage der E/A-Operationen

Das Pendent zur dynamischen Verwaltungssicht `sys.dm_io_virtual_file_stats` heißt `snapshots.io_virtual_file_stats`. Daher ist auch die Abfrage der E/A-Operationen je Datenbank sehr einfach:

```
select * from snapshots.io_virtual_file_stats
```

Abfrage der Leistungsindikatoren

Die Abfrage der protokollierten Leistungsindikatoren erfolgt über `snapshots.performance_counters`, das Gegenstück zu `sys.dm_os_performance_counters`:

```
select * from snapshots.performance_counters
```

`snapshots.performance_counters` ist keine Tabelle, sondern eine Sicht.

Sie merken sicherlich bereits, dass das System, das der Namensgebung der Tabellen und Sichten im VDWH zugrunde liegt, eine recht unkomplizierte Abfrage der protokollierten Daten ermöglicht. Wenn Sie sich ein wenig mit den dynamischen Verwaltungssichten auskennen, dann haben Sie keine Probleme, die entsprechenden Tabellen bzw. Sichten im VDWH zu finden.

Die einzige Herausforderung ist die Darstellung des zeitlichen Verlaufs. Genau hierfür haben Sie aber in Abschnitt *Permanentes Speichern der Informationen aus dynamischen Verwaltungssichten* eine mögliche Vorgehensweise kennengelernt.

10.3.2 Erzeugen von Ablaufverfolgungen mit dem Datenauflister

Wie bereits erwähnt, ist es auch möglich, über die Verwendung der systemeigenen Auflistsätze hinaus, eigene Auflistsätze zu erstellen. Ein erstes und einfaches Beispiel möchte ich Ihnen in diesem Abschnitt präsentieren. Im folgenden Kapitel werden wir dann weitere Auflistsätze erzeugen.

Der Datenauflister kennt auch einen sogenannten *SQL-Ablaufverfolgungs-Auflistertyp*. Dadurch ist es möglich, Ablaufverfolgungen im VDWH zu speichern. Eine entsprechende Vorgehensweise möchte ich Ihnen an dieser Stelle präsentieren.

Prinzipiell werden die benutzerdefinierten Auflistsätze durch den Aufruf von gespeicherten Systemprozeduren konfiguriert. Dies sind eben genau diejenigen Prozeduren, die etwas weiter oben bereits einmal erwähnt wurden. Für die Konfiguration einer Ablaufverfolgung, die im VDWH gespeichert wird, können Sie also ein entsprechendes T-SQL-Skript erstellen und ausführen.

Es geht allerdings auch einfacher, wenn Sie den SQL Server Profiler verwenden. Der Profiler bietet nämlich die Möglichkeit, ein entsprechendes Skript für die Konfiguration einer Datenauflistung zu erstellen. Konfigurieren Sie einfach eine Ablaufverfolgung mit den Sie interessierenden Ereignissen und Ereignisspalten. Sobald diese Konfiguration abgeschlossen ist, wählen Sie aus dem Menü des Profilers den Ein-

trag DATEI/EXPORTIEREN/SKRIPT FÜR ABLAUFVERFOLGUNGSDEFINITION ERSTELLEN/
FÜR DEN AUFLISTSATZ DER SQL-ABLAUFVERFOLGUNG? (siehe Abbildung 10.8).

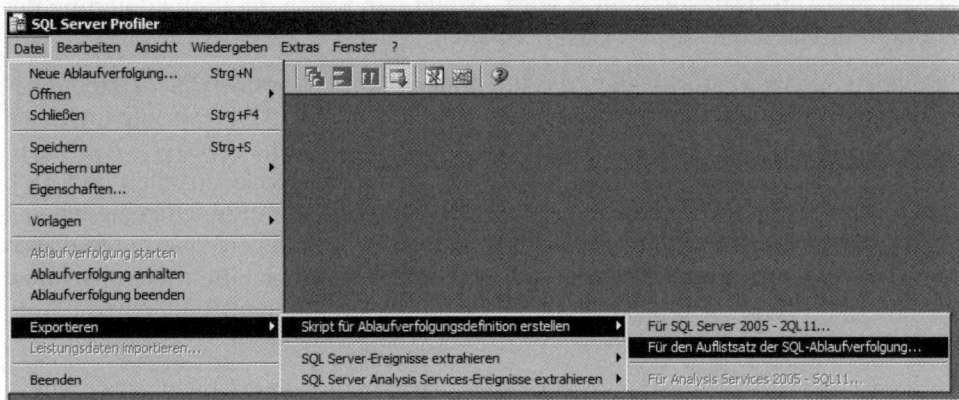

Abbildung 10.8: Skript für einen Auflistsatz der Ablaufverfolgung erstellen

Speichern Sie anschließend das Skript, und öffnen Sie dann im Management Studio
eine Abfrage mit dem Skript.

Wenn Sie sich das Skript ansehen, dann werden Sie sicherlich erfreut darüber sein,
welch enorme Arbeit Ihnen der Profiler hier abnimmt. Die Definition einer entsprechenden Datenauflistung muss in einem speziellen XML-Format erfolgen. Wenn Sie
diese Definition manuell erstellen, dann ist der hierfür erforderliche Aufwand sicherlich nicht unerheblich. Im nächsten Kapitel werden wir einen entsprechenden Auflistsatz manuell erstellen. Dann werden Sie verstehen, wovon ich rede.

Bevor das Skript ausgeführt werden kann, sollten Sie noch die Namen des erzeugten
Auflistsatzes und des Auflistelementes anpassen. Durchsuchen Sie das Skript nach
den Zeichenfolgen „SqlTrace Collection Set Name Here" und „SqlTrace Collection
Item Name Here" und ersetzen Sie die Bezeichnungen durch „vernünftige" Namen.
Anschließend können Sie das Skript ausführen.

Wenn die Ausführung erfolgreich war, dann sehen Sie Ihren konfigurierten Auflistsatz im Ordner VERWALTUNG/DATENAUFLISTUNG des Objekt-Explorers (siehe Abbildung 10.9). Bei der Ausführung des Skriptes werden die IDs des erzeugten Auflistsatzes und des Auflistelementes zurückgegeben. Die ID des Auflistelementes werden
wir etwas weiter unten für die Abfrage der gesammelten Ereignisse noch benötigen.

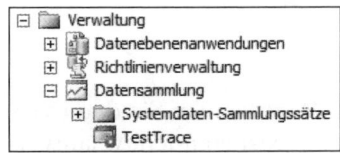

Abbildung 10.9: Der konfigurierte Auflistsatz für eine SQL-Ablaufverfolgung

Der Auflistsatz wird nach seiner Erzeugung zunächst noch nicht ausgeführt. Sie können den Auflistsatz aber zum Beispiel über das Kontextmenü starten.

Sobald der Auflistsatz ausgeführt wird, erfolgt dann auch die Protokollierung der konfigurierten Ereignisse und Ereignisspalten.

Erkennen Sie die Möglichkeiten, die sich Ihnen dadurch eröffnen? Sie können verschiedene Ablaufverfolgungen konfigurieren und für jede Ablaufverfolgung einen separaten Auflistsatz erzeugen. Dadurch können Sie sich eine Reihe von Auflistsätzen mit Ablaufverfolgungen für ganz unterschiedliche Zwecke erstellen und nach Bedarf starten, um Probleme aufzuspüren. Denken Sie aber bitte auch in diesem Fall daran, dass Ablaufverfolgungen ebenfalls Ressourcen benötigen. Dies gilt natürlich auch dann, wenn Sie eine Ablaufverfolgung als Auflistsatz konfigurieren. Nehmen Sie also bitte nur die wirklich benötigten Ereignisse und Ereignisspalten in die Konfiguration auf.

Leider ist die Auswertung der gesammelten Daten in diesem Fall nicht ganz einfach, da keine vordefinierten Berichte existieren. Es bleibt Ihnen also nur die Abfrage der Protokolltabellen. Wenn Sie sich mit Reporting Services auskennen, können Sie selbstverständlich auch Ihre eigenen Berichte erstellen und für die Auswertung verwenden.

Die Tabelle `snapshots.trace_data` enthält die Informationen über die protokollierten Ereignisse. Allerdings sind in dieser Tabelle die Daten *aller* Auflistelemente für Ablaufverfolgungen gespeichert. Wenn Sie mehrere solcher Auflistelemente konfiguriert haben, dann müssen Sie also darauf achten, dass Sie jeweils nur die Ereignisse einer bestimmten Ablaufverfolgung abfragen. Zu diesem Zweck verwenden Sie die ID des Auflistelementes, die das Skript zum Anlegen des Elementes zurückgegeben hat. Falls Sie diese ID „verloren" haben, dann können Sie die Sicht `dbo.syscollector_collection_items` der Systemdatenbank *msdb* abfragen, um die ID zu bestimmen:

```
select collection_item_id, name
  from msdb.dbo.syscollector_collection_items
```

Abbildung 10.10 zeigt ein Beispielergebnis der obigen Abfrage.

collection_item_id	name
1	Datenträgerverwendung - Datendateien
2	Datenträgerverwendung - Protokolldateien
3	Serveraktivität - DMV-Snapshots
4	Serveraktivität - Leistungsindikatoren
5	Abfragestatistik - Abfrageaktivität
6	Test Trace Item

Abbildung 10.10: *Existierende Auflistelemente*

Den in der Spalte `collection_item_id` zurückgegebenen Wert können Sie dann verwenden, um nur die zu einem bestimmten Auflistelement existierenden Ablaufverfolgungsereignisse abzufragen:

```
select td.*
  from snapshots.trace_data as td
       inner join snapshots.trace_info as ti
               on ti.trace_info_id = td.trace_info_id
 where ti.collection_item_id = 6
```

10.4   Verwenden von erweiterten Ereignissen

In Kapitel 4 haben Sie bereits eine Einführung in die Verwendung erweiterter Ereignissen erhalten und vielleicht eine Idee entwickelt, wie gut sich diese Möglichkeit für das Aufspüren eventuell problematischer Abfragen eignet. Wir haben in Kapitel 4 eine Sitzung konfiguriert, die einfach nur Abfragen mit einer Dauer von mehr als drei Sekunden aufzeichnet. In OLTP-Systemen sind diese drei Sekunden sicherlich ein brauchbarer Richtwert.

Die in Kapitel 4 konfigurierte Sitzung hat die Ereignisse in einem Ringpuffer protokolliert. Auch wenn Sie diesen Ringpuffer nahezu beliebig groß konfigurieren können, besteht damit im Prinzip dasselbe Problem wie mit dynamischen Verwaltungssichten: Die gespeicherten Informationen sind flüchtig, also nicht unbegrenzt haltbar. Darüber hinaus benötigt ein solcher Ringpuffer Ressourcen innerhalb SQL Server, sodass Sie bestrebt sein sollten, ihn nicht zu groß werden zu lassen.

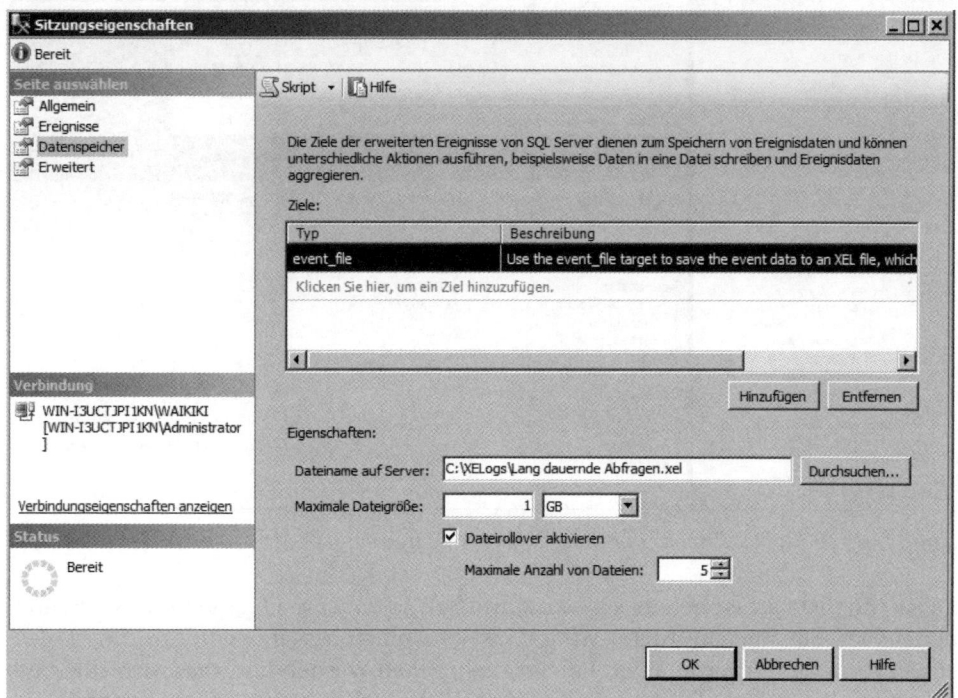

Abbildung 10.11: Protokollieren von erweiterten Ereignissen in einer Datei

In diesem Abschnitt lernen Sie eine Möglichkeit kennen, wie Sie die Protokolle von erweiterten Ereignissen außerhalb SQL Server in einer Datei speichern und diese Information dann auch auswerten bzw. abfragen können. Dadurch können Sie dann tatsächlich Protokolle über einen (fast) beliebig langen Zeitraum aufheben.

Die Konfiguration eines Datei-Zielspeichers ist denkbar einfach. Wählen Sie dazu bei der Konfiguration einer Sitzung auf der Seite DATENSPEICHER die Option EVENT_ FILE aus, und konfigurieren Sie den Dateinamen, die maximale Dateigröße sowie bei einem sogenannten Dateirollover auch die maximale zulässige Anzahl von Dateien. Abbildung 10.11 zeigt, wie es geht.

Angenommen, Sie haben die Beispielsitzung aus Kapitel 4 konfiguriert, nur diesmal eben mit einer Datei als Zielspeicher. Führen Sie nach Abschluss der Sitzungskonfiguration einige Abfragen aus, die mehr als drei Sekunden dauern, zum Beispiel so etwas:

```
select * from QueryTest.dbo.Numbers order by newid()
```

Sie können dann einfach im Objekt-Explorer unterhalb der Sitzung auf den Eintrag PACKAGE0.EVENT_FILE klicken. Das SSMS zeigt Ihnen dann tatsächlich den Inhalt der Protokolldatei an (siehe Abbildung 10.12). Im oberen Teil sehen Sie eine Übersicht, die das Ereignis selber sowie den Zeitpunkt des Ereignisses anzeigt. Wenn Sie dort ein Ereignis auswählen, dann erhalten Sie im unteren Teil die Detailinformationen zu diesem Ereignis.

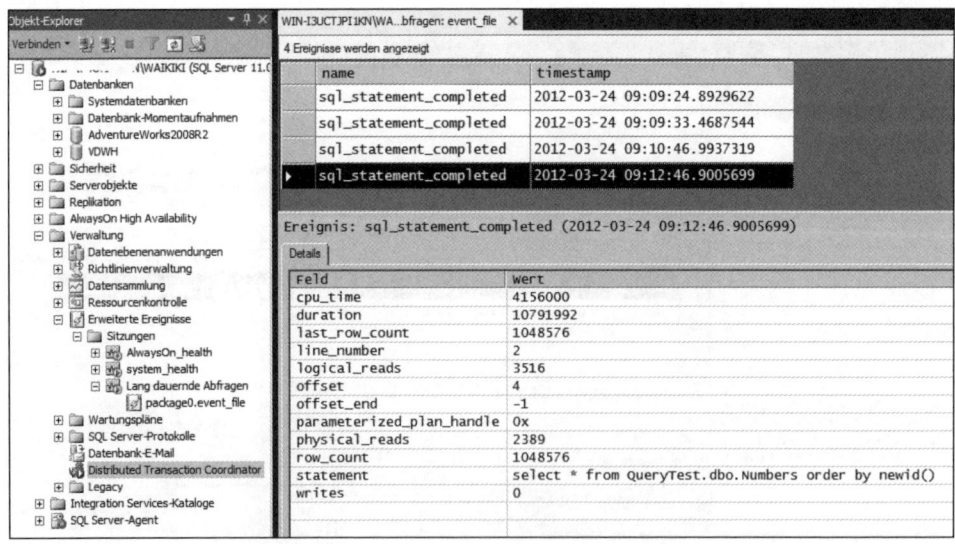

Abbildung 10.12: Das Protokoll für lang dauernde Abfragen im SSMS

Diese Möglichkeit ist bereits sehr komfortabel, hat aber auch einen kleinen Schönheitsfehler. Für manche Auswertungen ist es einfach besser, wenn nur die Anweisung sowie die Dauer in einer Tabelle ausgegeben werden und man sich für diese Information nicht erst Ereignis für Ereignis durchklicken muss. Ich meine damit eine Darstellung, so wie in Abbildung 10.13 gezeigt.

SQL	Dauer/Sekunden
`insert Numbers(n) select (select max(n)    ...`	4
`insert Numbers(n) select (select max(n) ·  ...`	8
`select * from Numbers order by newid()`	10
`select * from QueryTest.dbo.Numbers order by newid()`	10

Abbildung 10.13: Übersicht: Abfragetext und Ausführungsdauer

Glücklicherweise ist eine solche Abfrage recht einfach möglich. Hierzu können Sie die Funktion `sys.fn_xe_file_target_read_file()` verwenden, die eine Protokolldatei ausliest und ein Ergebnis in Tabellenform zurückliefert. Allerdings sind die Informationen über das Ereignis selber im zurückgegebenen Ergebnis im XML-Format enthalten. Hier ist ein Beispiel für ein solches Ereignis im XML-Format:

```
<event name="sql_statement_completed" package="sqlserver" timestamp="2012-03-
24T08:12:46.900Z">
  <data name="duration">
    <value>10791992</value>
  </data>
  <data name="cpu_time">
    <value>4156000</value>
  </data>
  <data name="physical_reads">
    <value>2389</value>
  </data>
  <data name="logical_reads">
    <value>3516</value>
  </data>
  <data name="writes">
    <value>0</value>
  </data>
  <data name="row_count">
    <value>1048576</value>
  </data>
  <data name="last_row_count">
    <value>1048576</value>
  </data>
  <data name="line_number">
    <value>2</value>
  </data>
  <data name="offset">
    <value>4</value>
  </data>
  <data name="offset_end">
    <value>-1</value>
  </data>
  <data name="statement">
    <value>select * from QueryTest.dbo.Numbers order by newid()</value>
  </data>
```

```
<data name="parameterized_plan_handle">
  <value />
</data>
</event>
```

Für jede zu einem Ereignis gespeicherte Information existiert also ein Element der Form

```
<data name="…">
  <value>…</value>
</data>
```

Mit ein klein wenig XQuery kann dieses XML-Format aber leicht in eine tabellarische Form überführt werden:

```
with event_data(xml_event) as
(
select cast(event_data as xml)
  from sys.fn_xe_file_target_read_file('C:\XELogs\lang*.xel'
                                   , null, null, null)
)
select xml_event.value('(/event/data[@name="statement"]/value)[1]'
                     ,'varchar(800)') as [SQL]
     ,xml_event.value('(/event/data[@name="duration"]/value)[1]'
                     ,'bigint')/1000000 as [Dauer/Sekunden]
  from event_data
```

Diese Abfrage liefert ein Ergebnis wie in Abbildung 10.13 zu sehen zurück.

Sie haben sicherlich erkannt, wie einfach und doch extrem nützlich die Verwendung von erweiterten Ereignisse mittlerweile ist. Ich kann Ihnen nur nochmals empfehlen, von dieser Möglichkeit Gebrauch zu machen.

10.5 Zusammenfassung

Dieses Kapitel hat Ihnen gezeigt, welche Möglichkeiten SQL Server für das Aufspüren problematischer Abfragen zur Verfügung stellt. Sie haben erfahren, wie dynamische Verwaltungssichten eingesetzt werden können, um die E/A-Operationen je Datenbank zu ermitteln und festzustellen, welche Abfragen für den Großteil der E/A-Operationen verantwortlich zeichnen.

Außerdem sind wir noch einmal darauf eingegangen, wie der Profiler eingesetzt werden kann, um besonders ressourcenintensive Abfragen zu entdecken.

Anschließend ist noch einmal die Bedeutung von Datenauflistungen betont worden und Sie haben gesehen, wie Auflistsätze ausgewertet werden können und wie Sie Ablaufverfolgungen mithilfe von Datenauflistungen erzeugen können.

Zu guter Letzt haben wir uns dann noch einmal die Auswertung von protokollierten erweiterten Ereignissen angesehen.

11 Optimierung des physischen Datenbankentwurfes

In diesem Kapitel beschäftigen wir uns noch einmal mit physischen Aspekten des Datenbankentwurfes. Wie so oft, steht dabei wieder das Ziel der Minimierung physischer E/A-Operationen im Mittelpunkt.

Die wesentlichen Ansatzpunkte für eine Minimierung physischer E/A-Operationen sind Ihnen bereits bekannt. Zunächst einmal sollten Abfragen so entworfen werden, dass sie nicht mehr Daten bzw. Zeilen als nötig verarbeiten. Ausreichend verfügbarer Hauptspeicher, damit vor allem Leseoperationen möglichst häufig allein durch eine Abfrage des Datencaches erledigt werden können, ist ein weiteres wichtiges Kriterium. Schließlich haben wir in den vorangegangenen Kapiteln immer wieder ein drittes und sehr wesentliches Instrument zur Minimierung von E/A-Operationen untersucht: Indizes.

Wir kommen in diesem Kapitel nun noch einmal auf Indizes zurück und betrachten weiterführende Konzepte für die Überwachung der Indexverwendung und die Optimierung von Datenzugriffen mit Indizes.

11.1 Indexüberwachung mit Datenauflistungen

Fehlende Indizes können E/A-Operationen um ein Vielfaches in die Höhe treiben. Glücklicherweise protokolliert die SQL Server-Abfrage-Engine Hinweise über fehlende Indizes, und es ist dadurch relativ einfach, solche Indizes aufzuspüren. Sie können hierfür zum Beispiel die `sys.dm_db_missing_index…` Systemsichten verwenden, so wie in Kapitel 6 gezeigt. Allerdings sind die Informationen über fehlende Indizes flüchtig und gehen spätestens bei einem Neustart der SQL Server-Instanz verloren.

Auch für überflüssige Indizes gilt, dass die in den dynamischen Verwaltungssichten verfügbare Information nicht permanent gespeichert wird. Überflüssige Indizes haben eine negative Auswirkung auf die Abfrageleistung, da sie bei Datenänderungen ebenfalls aktualisiert werden müssen, aber für Such- oder Scanoperationen nie verwendet werden. Die Auswirkung eines einzigen überflüssigen Index auf die Performance ist normalerweise nicht so drastisch. Dafür ist ein überflüssiger Index in der Regel schwer zu finden, weil es erforderlich ist, das System über einen hinreichend langen Zeitraum zu beobachten. Gerade diese Beobachtung über einen langen Zeitraum macht es erforderlich, die Informationen über überflüssige Indizes dauerhaft zu speichern.

Ein Ansatz zur permanenten Speicherung dieser Informationen wurde bereits in Kapitel 6 angedeutet. An dieser Stelle wollen wir nun Datenauflistungen verwenden, um die Informationen über fehlende und überflüssige Indizes permanent zu speichern. Hierbei werden Sie auch einige neue Informationen über das Arbeiten mit Datenauflistungen im Allgemeinen erhalten.

11.1.1 Ein Auflistsatz für fehlende und überflüssige Indizes

Wenn Sie die Konfiguration für Datenauflistungen durchgeführt haben, können Sie einen Auflistsatz konfigurieren, der dafür sorgt, dass Informationen über die Index-verwendung im VDWH gespeichert werden. Da wir die Daten für unsere Protokol-lierung durch SQL-Abfragen ermitteln, können wir hierzu den T-SQL-Abfrageauf-listertyp verwenden. Dieser Auflistertyp steht Ihnen durch die Konfiguration der Datenauflistungen automatisch zur Verfügung. Für das Erzeugen unseres T-SQL-Auflistsatzes benötigen wir zunächst einmal die Daten des Auflistertyps. Die fol-gende Abfrage listet die Daten für die existierenden Auflistertypen auf:

```
select collector_type_uid, name
  from msdb.dbo.syscollector_collector_types
```

Das Ergebnis der Abfrage sehen Sie in Abbildung 11.1. Für das Anlegen unserer Auflistsätze vom Typ T-SQL verwenden wir später den Wert der Spalte collector_type_uid.

	collector_type_uid	name
1	302E93D1-3424-4BE7-AA8E-84813ECF2419	Generic T-SQL Query Collector Type
2	0E218CF8-ECB5-417B-B533-D851C0251271	Generic SQL Trace Collector Type
3	14AF3C12-38E6-4155-BD29-F33E7966BA23	Query Activity Collector Type
4	294605DD-21DE-40B2-B20F-F3E170EA1EC3	Performance Counters Collector Type

Abbildung 11.1: Vorhandene Auflistertypen

Jetzt benötigen wir noch einen Zeitplan, nach dem die Informationen persistiert werden. Auch hier können wir einen bereits vorhandenen Zeitplan verwenden. Die existierenden Zeitpläne gibt diese Abfrage zurück:

```
select schedule_uid, name
  from msdb.dbo.sysschedules_localserver_view
```

Das Ergebnis zeigt Abbildung 11.2.

	schedule_uid	name
1	9881EA56-DB83-488A-B52F-A7C576BEB58F	RunAsSQLAgentServiceStartSchedule
2	1BE866DA-37C9-4D0D-84E6-08DC7A97E3B3	CollectorSchedule_Every_5min
3	DDEE9826-DA2A-43FA-9844-F9DABEF6F8AD	CollectorSchedule_Every_10min
4	D6E262A2-D5E8-44BB-8FE1-D85E31F6926B	CollectorSchedule_Every_15min
5	99B4C790-0A18-4853-B3B1-9A052B08AA62	CollectorSchedule_Every_30min
6	EA98D1C9-BC05-46A0-A0AF-3CD46C239007	CollectorSchedule_Every_60min
7	43C67FCB-CBBF-4EE2-B133-375B10D32862	CollectorSchedule_Every_6h
8	FA2A092B-6B91-49E4-9A36-A07287096A94	syspolicy_purge_history_schedule
9	0C8DECF0-6A8A-44E0-89FE-F30A4667CEEC	mdw_purge_data_schedule
10	7C3E972B-6E4B-4C61-9061-715D8B9BA531	OccursEvery15Minutes
11	1E105F9A-4A99-4BCD-A0C0-FFB6FABCE64C	OccursEveryOneHour
12	ACB4D2D5-D2EE-4D33-B82E-A296A41FC225	OccursOnceADayAt12:01AM

Abbildung 11.2: Vorhandene Zeitpläne für Datenauflistungen

Unsere Informationen sollen alle 60 Minuten aufgelistet und in das VDWH hochgeladen werden. Daher können wir den existierenden Zeitplan `CollectorSchedule_Every_60min` verwenden. Wir benötigen die `schedule_uid` für diesen Zeitplan. Natürlich wäre es auch möglich, einen neuen Zeitplan zu erstellen und diesen zu verwenden. Das ist jedoch in unserem Fall nicht erforderlich, weil in den standardmäßig vorhandenen Zeitplänen bereits ein geeigneter Plan existiert.

Nachdem wir nun über die Informationen für den Auflistertyp und den Zeitplan verfügen, können wir unseren Auflistsatz anlegen. Hierfür gibt es die gespeicherte Prozedur `sp_syscollector_create_collection_set`. Diese Prozedur richtet einen Auflistsatz ein, dem wir dann später noch entsprechende Auflistelemente für die Ermittlung der eigentlichen Daten zuordnen müssen. Der Auflistsatz selber enthält die Informationen zur Frequenz, mit der die Daten aufgelistet und hochgeladen werden sollen. Außerdem geben Sie dort auch an, wie lange gesammelte Daten im VDWH aufgehoben werden sollen. Nach Ablauf der entsprechenden Zeitspanne werden dann ältere Daten einfach mit neuen Protokollen überschrieben. Anderenfalls würde das VDWH beständig anwachsen und irgendwann die Festplattenkapazität überschreiten. Sie können die Prozedur so aufrufen, um einen Auflistsatz für fehlende Indizes zu erstellen:

```
use msdb;
declare @collection_set_id int;
exec dbo.sp_syscollector_create_collection_set
        @name = N'Index-Statistiken'
        -- Dies ist die GUID für alle 60 Minuten
        ,@schedule_uid = 'EA98D1C9-BC05-46A0-A0AF-3CD46C239007'
        ,@collection_mode = 1  -- Keine Zwischenspeicherung.
                               -- Gleicher Zeitplan für Auflistung und Upload
        ,@days_until_expiration = 180   -- 180 Tage aufheben
        ,@description = N'Speichert Informationen über fehlende
                        und nicht verwendete Indizes.'
        ,@collection_set_id = @collection_set_id output;
select @collection_set_id as collection_set_id;
```

Die Prozedur bekommt die ID für den zu verwendenden Zeitplan als Parameter.

 Bitte beachten Sie, dass diese ID auf Ihrem System anders lauten wird als im obigen Beispiel. Bitte entnehmen Sie die für Ihr System gültige ID aus dem Abfrageergebnis für die existierenden Zeitpläne (siehe Abbildung 11.2).

Außerdem geben wir an, dass die Auflistung – also das Speichern der zu protokollierenden Daten im lokalen Cache des VDWH – und das eigentliche Hochladen in das VDWH nicht nach separaten Zeitplänen erfolgen sollen. In unserem Fall sollen die Daten nach demselben Zeitplan, nämlich alle 60 Minuten, aufgelistet und dann sofort hochgeladen werden.

Der so erzeugte Auflistungssatz bekommt eine ID, die wir später für das Anlegen der eigentlichen Auflistungen benötigen. `sp_syscollector_create_collection_set` gibt die ID als Ausgabeparameter zurück. Sie können die IDs der existierenden Auflistsätze auch jederzeit so abfragen:

```
select collection_sct_id, description
  from msdb.dbo.syscollector_collection_sets
```

11.1.2   Ein Auflistelement für fehlende Indizes

Wir können zum existierenden Auflistsatz nun Auflistelemente hinzufügen. Dies erledigen wir durch den Aufruf der gespeicherten Prozedur `sp_syscollector_create_collection_item`. Diese Prozedur bekommt als Parameter natürlich die ID des Auflistsatzes. Außerdem erwartet die Prozedur auch die ID des Auflistertypen – in unserem Fall die ID des T-SQL-Abfrageauflistertypen, die wir etwas weiter oben ermittelt haben. Der wichtigste Parameter ist sicherlich die XML-Beschreibung des Auflistelementes.

Unser erstes Auflistelement soll Informationen über fehlende Indizes sammeln. Dieses Auflistelement kann durch den folgenden Aufruf der Prozedur `sp_syscollector_create_collection_item` erzeugt werden:

```
use msdb;
declare @definition xml;
declare @collection_item_id int;

select @definition = cast(
    N'<ns:TSQLQueryCollector xmlns:ns="DataCollectorType">
      <Query>
        <Value>select db_name(d.database_id) as db_name
                    ,s.login_time as instance_start_time
                    ,current_timestamp as snapshot_time
                    ,d.statement
                    ,d.equality_columns, d.inequality_columns
                    ,d.included_columns
                    ,gs.avg_total_user_cost
                    ,gs.avg_user_impact
                    ,gs.user_seeks, gs.user_scans
                    ,gs.last_user_seek, gs.last_user_scan
                from sys.dm_db_missing_index_groups as g
                    inner join sys.dm_db_missing_index_group_stats as gs
                        on gs.group_handle = g.index_group_handle
                    inner join sys.dm_db_missing_index_details as d
                        on g.index_handle = d.index_handle
                    inner join sys.dm_exec_sessions as s
                        on s.session_id = 1
                where d.database_id > 4
        </Value>
```

```
      <OutputTable>MissingIndexes</OutputTable>
    </Query>
  </ns:TSQLQueryCollector>' as xml);

exec dbo.sp_syscollector_create_collection_item
        -- Die Id des Auflistsatzes aus syscollector_collection_sets
        @collection_set_id = 11
        -- Dies ist die GUID für den T-SQL-Auflistungstyp
        ,@collector_type_uid = N'302E93D1-3424-4BE7-AA8E-84813ECF2419'
        ,@name = 'Fehlende Indizes'
        ,@frequency = 5 -- Wird im Snapshot Mode ignoriert
        ,@parameters = @definition
        ,@collection_item_id = @collection_item_id output;
```

Bitte achten Sie darauf, für den Parameter @collection_set_id den korrekten Wert anzugeben, also den aus der Abfrage der Tabelle syscollector_collection_sets erhaltenen Wert.

Der Zeitpunkt der Snapshot-Erstellung wird in der Spalte snapshot_time im DATETIME-Format gespeichert. Dieser Zeitpunkt wird auch – wie Sie etwas weiter unten sofort sehen werden – in einer automatisch hinzugefügten Spalte gespeichert. Für diese automatisch erstellte Spalte ist der Datentyp jedoch DATETIMEOFFSET(7) und das Rechnen mit diesem Datentyp ist etwas umständlich. Deshalb speichern wir den Zeitpunkt hier in einer eigenen Spalte.

Der interessante Teil des Skriptes ist natürlich die XML-Definition des Auflistelementes. In dieser Definition wird die Abfrage spezifiziert, die aufgerufen wird, um die zu protokollierenden Daten zu ermitteln. Im Element <OutputTable> geben Sie den Namen der Tabelle an, die im VDWH erzeugt wird. In dieser Tabelle werden die Daten der Abfrage gespeichert. Die Tabelle wird erzeugt, sobald der Auflistsatz gestartet wird. Wir speichern auch den Zeitpunkt des SQL Server-Starts in jedem Snapshot. Dieser Zeitpunkt wird später für die Auswertung der Daten benötigt. Darauf kommen wir in Abschnitt *Daten sammeln und auswerten* noch einmal zurück.

11.1.3 Ein Auflistelement für die Indexverwendung

Als zweite Auflistung wollen wir nun die Informationen über die Indexverwendung hinzufügen. Dies erledigt das folgende Skript:

```
use msdb;
declare @definition xml;
declare @collection_item_id int;

select @definition = cast(
    N'<ns:TSQLQueryCollector xmlns:ns="DataCollectorType">
      <Query>
        <Value>select object_name(i.object_id) as table_name
                  ,s.login_time as instance_start_time
```

```
                    ,current_timestamp as snapshot_time
                    ,i.type_desc, i.name
                    ,us.user_seeks, us.user_scans
                    ,us.user_lookups,us.user_updates
                    ,us.last_user_scan, us.last_user_update
             from sys.indexes as i
                  inner join sys.dm_exec_sessions as s
                        on s.session_id = 1
                  left outer join sys.dm_db_index_usage_stats as us
                             on i.index_id=us.index_id
                             and i.object_id=us.object_id
                             and us.database_id = db_id()
          where objectproperty(i.object_id, ''IsUserTable'') = 1
      </Value>
      <OutputTable>IndexUsage</OutputTable>
   </Query>
   <Databases UseSystemDatabases="false" UseUserDatabases="true" />
</ns:TSQLQueryCollector>' as xml);
```

```
exec dbo.sp_syscollector_create_collection_item
       -- Die Id des Auflistsatzes aus syscollector_collection_sets
       @collection_set_id = 11
       -- Dies ist die GUID für den T-SQL-Auflistungstyp
       ,@collector_type_uid = N'302E93D1-3424-4BE7-AA8E-84813ECF2419'
       ,@name = 'Indexverwendung'
       ,@frequency = 5 -- Wird im Snapshot Mode ignoriert
       ,@parameters = @definition
       ,@collection_item_id = @collection_item_id output;
```

Achten Sie bitte auch hier wieder darauf, dass die ID des Auflistsatzes korrekt angegeben werden muss.

Die SQL-Anweisung zur Ermittlung der Protokolldaten bestimmt alle Indizes und deren Verwendung. Diese Daten werden nur für Benutzertabellen abgefragt. Dafür sorgt die Filterbedingung

```
where objectproperty(i.object_id, 'IsUserTable') = 1
```

In der XML-Definition des Auflistelementes wird durch dieses Element

```
<Databases UseSystemDatabases="false" UseUserDatabases="true" />
```

festgelegt, dass die spezifizierte Abfrage für alle Benutzerdatenbanken, aber nicht für Systemdatenbanken, ausgeführt wird. An dieser Stelle könnten Sie auch nur die Namen bestimmter Datenbanken angeben. Das ist wirklich eine sehr bequeme Möglichkeit, eine Datensammlung so zu konfigurieren, dass identische Informationen für mehrere Datenbanken protokolliert werden.

Den Startzeitpunkt der SQL Server-Instanz benötigen wir wiederum für die Auswertung der protokollierten Daten. Darum geht es nun im folgenden Abschnitt.

11.1.4   Daten sammeln und auswerten

Wenn Sie die obigen Prozeduraufrufe zum Anlegen des Auflistsatzes und der beiden Auflistelemente ausgeführt haben, dann existiert nun der Auflistsatz *Index-Statistiken*, so wie in Abbildung 11.3 zu sehen.

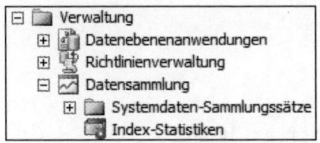

Abbildung 11.3: Der Auflistsatz für Index-Statistiken

Sie können diesen Auflistsatz einfach aus dem Kontextmenü starten. Achten Sie bitte darauf, dass hierzu der SQL Server Agent laufen muss.

Die Auflistung und das Hochladen in das VDWH erfolgen nun alle 60 Minuten. Sie können das Hochladen der Daten auch jederzeit manuell aus dem Kontextmenü veranlassen.

Nach dem Start des Auflistsatzes finden Sie im VDWH die beiden Tabellen custom_snapshots.IndexUsage und custom_snapshots.MissingIndexes. Die Tabellen werden in dem speziellen Schema custom_snapshots erzeugt. Die Namen der Tabellen entsprechen dem in der XML-Definition des Auflistelementes angegebenen Namen. Da wir zwei Auflistelemente mit je einer Tabelle konfiguriert haben, bekommen wir in unserem Fall also für jedes Auflistelement eine Tabelle.

Die Spalten für diese Tabellen werden automatisch aus der SQL-Anweisung abgeleitet, wobei noch zwei Spalten ergänzt werden, die den Zeitpunkt der Protokollierung kennzeichnen (siehe Abbildung 11.4).

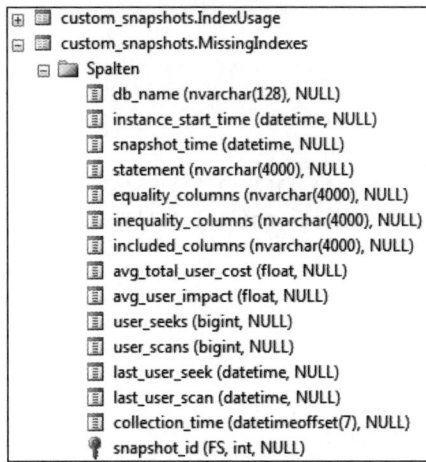

Abbildung 11.4: Tabelle für Informationen über fehlende Indizes

Für die Auswertung der protokollierten Daten existieren keine vordefinierten Berichte. Sie sind also darauf angewiesen, diese Auswertung selber durchzuführen. Hierfür stehen Ihnen natürlich alle Möglichkeiten von T-SQL zur Verfügung. Die folgende Abfrage erzeugt zum Beispiel die `CREATE INDEX`-Anweisungen zum Anlegen der protokollierten fehlenden Indizes:

```
with Ixs as
(
select top 40
        statement
        ,avg_user_impact * user_seeks * avg_total_user_cost as Impact
        ,user_seeks
        ,user_scans
        ,last_user_seek
        ,avg_total_user_cost
        ,avg_user_impact
        ,equality_columns
        ,inequality_columns
        ,included_columns
        ,'-- Info ------------------------------' + char(13) +
        '-- Impact Total  : ' + cast(cast(avg_user_impact * user_seeks
                * avg_total_user_cost as bigint) as varchar(80)) + char(13) +
        '-- User Seeks    : ' + cast(user_seeks as varchar(80)) + char(13) +
        '-- Avg Cost      : ' + cast(avg_total_user_cost as varchar(80))
                   + char(13) +
        '-- Avg Impact    : ' + cast(avg_user_impact as varchar(80))
                   + char(13) +
        '-- Last User Seek: ' + convert(varchar(20),last_user_seek,113)
                                          as Info
   from VDWH.custom_snapshots.MissingIndexes
 order by Impact desc
)
,IxCreate as
(
select distinct Info,statement + char(13) + '        '
          + replace(isnull('('+ equality_columns
             ,'(') + isnull(inequality_columns+')',')')),']['],'],['),'[')
     + isnull(char(13)+'        include (' + included_columns + ')','')
                   as Cols
   from Ixs
)
select Info + char(13) +
        ' create index _autoIx_'
              + replace(cast(newid() as varchar(80)),'-','')
              + char(13) + '    on ' + Cols + char(13)
  from IxCreate
```

Wenn Sie diese Abfrage ausführen, dann sollten Sie zuvor einstellen, dass das Abfrage-ergebnis im Textformat zurückgegeben wird und nicht in der sonst üblichen tabellari-schen Form. Legen Sie in den Abfrageoptionen außerdem die maximal zulässige Spal-tenbreite auf 8.192 Zeichen fest. (Dies ist der Maximalwert.) Wenn Sie dann die Abfrage starten, erhalten Sie für jeden fehlenden Index einen Kommentar mit einer Bewertung und eine CREATE INDEX-Anweisung zur Erzeugung des fehlenden Index.

Hier sehen Sie ein Beispiel für das Abfrageergebnis:

```
-- Info ------------------------------
-- Impact Total  : 2050
-- User Seeks    : 20
-- Avg Cost      : 1.15682
-- Avg Impact    : 88.72
-- Last User Seek: 24 Dez 2011 22:02:13
 create index _autoIx_B4DFC6C402B34828823996A7743D50EA
    on [AdventureWorks2008R2].[Sales].[SalesOrderDetail]
        ([CarrierTrackingNumber])
        include ([OrderQty], [ProductID])
```

Ich möchte Sie an dieser Stelle noch einmal daran erinnern, dass Sie die Hinweise über fehlende Indizes nicht bedenkenlos anwenden, sondern zuvor überprüfen. Denken Sie bitte daran, dass für derartige Hinweise eine Reihe von Einschränkungen existiert, die Sie unbedingt beachten sollten. Sie finden diese Einschränkungen in der Online-Dokumentation. In den Kapiteln 6 und 10 gibt es ebenfalls einige Erklärungen hierzu.

Da die Momentaufnahmen auf der Basis dynamischer Verwaltungssichten erstellt werden, enthalten sie stets kumulierte Daten. Wenn Sie zum Beispiel wissen möch-ten, welche Indizes in einem bestimmten Zeitraum nicht verwendet wurden, dann müssen Sie die Daten mehrerer Momentaufnahmen auswerten und die Ergebnisse voneinander subtrahieren. Eine entsprechende Verfahrensweise haben Sie bereits in Kapitel 10 kennengelernt. Die dort präsentierte Vorgehensweise hat allerdings den Nachteil, dass sie nach einem Neustart der SQL Server-Instanz keine korrekten Werte mehr liefert. In einem solchen Fall beginnen die Summierungen ja alle wieder bei dem Wert 0. Wenn zwischen zwei aufgezeichneten Momentaufnahmen ein Neu-start der SQL Server-Instanz erfolgt, dann müssen die Werte dieser beiden Aufzeich-nungen nicht voneinander abgezogen werden. Dieser Spezialfall soll natürlich eben-falls berücksichtigt werden.

Zu diesem Zweck eignet sich am besten eine Tabellenwertfunktion, der Sie einen Datumsbereich übergeben können. Das folgende Skript zeigt, wie Sie eine solche Funktion in der Systemdatenbank *msdb* erstellen:

```
use msdb;
if (object_id('fn_GetIndexUsageInfo', 'IF') is not null)
  drop function dbo.fn_GetIndexUsageInfo
go
create function dbo.fn_GetIndexUsageInfo(@from datetime, @to datetime)
  returns table as
```

```
return
  with Params(start_time, end_time) as
    (
      select min(snapshot_time)
            ,max(snapshot_time)
        from VDWH.custom_snapshots.IndexUsage
       where snapshot_time
           between isnull(@from,'19000101') and isnull(@to,'22000101')
    )
    ,CompleteValues(snapshot_time, instance_start_time
                   ,database_name, table_name
                   ,type_desc, name
                   ,user_seeks, user_scans, user_lookups, user_updates) as
    (
      select distinct
            '19000101', '19000101'
            ,database_name, table_name
            ,type_desc, name
            ,0, 0, 0, 0
        from VDWH.custom_snapshots.IndexUsage
      union all
      select snapshot_time, instance_start_time
            ,database_name, table_name
            ,type_desc, name
            ,isnull(user_seeks, 0), isnull(user_scans, 0)
            ,isnull(user_lookups, 0), isnull(user_updates, 0)
        from VDWH.custom_snapshots.IndexUsage
             inner join Params as p
                     on snapshot_time between p.start_time and p.end_time
    )
    ,NumberedValues(Record
                   ,snapshot_time, instance_start_time
                   ,database_name, table_name, type_desc, name
                   ,user_seeks, user_scans, user_lookups, user_updates) as
    (
      select row_number()
            over(partition by database_name, table_name, name
                 order by snapshot_time)
            ,snapshot_time, instance_start_time
            ,database_name, table_name, type_desc, name
            ,user_seeks, user_scans, user_lookups, user_updates
        from CompleteValues
    )
    ,UsageCounts(database_name, table_name, name
                ,instance_start_time, from_time, to_time
                ,user_seeks, user_scans, user_lookups, user_updates) as
    (
```

```
select nv1.database_name, nv1.table_name, nv1.name
      ,nv1.instance_start_time, nv2.snapshot_time, nv1.snapshot_time
      ,case
          when nv1.instance_start_time between nv2.snapshot_time
                                           and nv1.snapshot_time
              then nv1.user_seeks
          else nv1.user_seeks-nv2.user_seeks
      end
      ,case
          when nv1.instance_start_time between nv2.snapshot_time
                                           and nv1.snapshot_time
              then nv1.user_scans
          else nv1.user_scans-nv2.user_scans
      end
      ,case
          when nv1.instance_start_time between nv2.snapshot_time
                                           and nv1.snapshot_time
              then nv1.user_lookups
          else nv1.user_lookups-nv2.user_lookups
      end
      ,case
          when nv1.instance_start_time between nv2.snapshot_time
                                           and nv1.snapshot_time
              then nv1.user_updates
          else nv1.user_updates-nv2.user_updates
      end
  from NumberedValues as nv1
       inner join NumberedValues as nv2
           on nv2.name = nv1.name
           and nv2.database_name = nv1.database_name
           and nv2.table_name = nv1.table_name
           and nv2.Record = nv1.Record - 1
)
select database_name, table_name, name as index_name
      ,from_time, to_time
      ,user_seeks
      ,user_scans
      ,user_lookups
      ,user_updates
  from UsageCounts
go
```

Diese Funktion können Sie dann zum Beispiel verwenden, um herauszufinden, ob Indizes existieren, die in einem bestimmten Zeitraum nur für Aktualisierungsoperationen verwendet wurden:

```
select *
  from msdb.dbo.fn_GetIndexUsageInfo('20120301', '20120331')
 where user_seeks = 0
   and user_lookups = 0
   and user_scans = 0
   and user_updates > 0
```

Möglich ist auch eine Summierung nach Jahr und Monat:

```
select year(to_time) as Jahr
      ,month(to_time) as Monat
      ,database_name, table_name, index_name
      ,sum(user_seeks) as user_seeks, sum(user_scans) as user_scans
      ,sum(user_lookups) as user_lookups, sum(user_updates) as user_updates
  from msdb.dbo.fn_GetIndexUsageInfo(null, null)
group by grouping sets((year(to_time), month(to_time)), database_name)
       ,table_name, index_name
```

Über GROUPING SETS werden hier auch noch Gesamtsummen je Datenbank und Tabelle hinzugefügt.

Weitere Möglichkeiten ergeben sich, wenn Sie auf der Basis dieser Funktion eine Sicht definieren. Diese Sicht können Sie dann recht einfach in Excel verwenden, um die Daten zu importieren. Auf jeden Fall lohnt es sich auch, dass Sie sich einmal die Reporting Services ansehen und eventuell einen Bericht erstellen, der die von der Funktion zurückgelieferten Daten entsprechend aufbereitet. Diesen Bericht können Sie in das Management Studio integrieren. Dadurch ist der Bericht dann genauso aus dem Management Studio heraus aufrufbar wie die standardmäßig ausgelieferten Berichte.

11.2   Partitionierung mit Indizes

In diesem Abschnitt kommen wir wieder auf das Thema Partitionierung zurück. Noch einmal zur Erinnerung: Bei einer Partitionierung werden Tabellen- und/oder Indexdaten auf unterschiedliche physische Speicherorte verteilt. Das Ziel ist die Minimierung bzw. Parallelisierung von E/A-Operationen. Wir werden an dieser Stelle spezielle Techniken mit Indizes verwenden, um eine Partitionierung zu bewerkstelligen. Darüber hinaus finden Sie hier auch einige Ergänzungen zum Thema Indexoptimierung.

Für die Experimente und Untersuchungen verwenden wir dabei die in Kapitel 7 erzeugte Tabelle Kunde. Führen Sie das am Beginn von Kapitel 7 enthaltene Skript noch einmal aus, das die Tabelle erstellt und anschließend 30.000 Zeilen einfügt.

Für die Abfragen in den Versuchen ist die Option SET STATISTICS IO ON zur Messung der E/A-Operationen gesetzt.

11.2.1 Horizontale Partitionierung

Die folgende Abfrage gibt alle Kunden zurück, deren letzte Bestellung nicht weiter zurückliegt als 2011:

```
select Nr, Nachname, LetzteBestellung
  from Kunde
where LetzteBestellung >= '20110101'
order by LetzteBestellung desc
```

Der zugehörige Ausführungsplan ist in Abbildung 11.5 zu sehen.

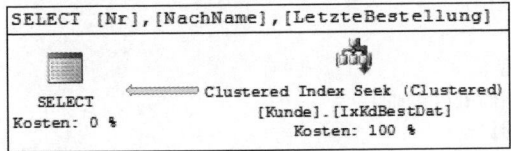

Abbildung 11.5: *Clustered-Index-Seek für eine Suche nach dem letzten Bestelldatum*

Wie zu erwarten, wird eine Suche im gruppierten Index durchgeführt. Hierfür sind insgesamt 458 logische Lesevorgänge erforderlich.

Die Suche im gruppierten Index ist für die obige Abfrage der optimale Weg. Dieser Index wird allerdings nur deshalb verwendet, weil kein besserer Index existiert. Ein nicht gruppierter, abdeckender Index kann die Anzahl der erforderlichen Lesevorgänge mit Sicherheit beträchtlich reduzieren. Die recht hohe Anzahl von logischen Lesevorgängen kommt in diesem Fall ja dadurch zustande, dass über den gruppierten Index nicht nur die tatsächlich benötigten Spalten, sondern alle Spalten gelesen werden müssen.

Wir könnten folgenden abdeckenden Index hinzufügen, um dies zu vermeiden:

```
create nonclustered index IxKdBestDat_0
  on Kunde(LetzteBestellung) include(Nr,Nachname)
```

Nun werden für die gleiche Abfrage wesentlich weniger logische Lesevorgänge benötigt, nämlich nur noch 35. Aus dem Abfrageplan ist ersichtlich, dass unser Index auch verwendet wird (siehe Abbildung 11.6). Bitte beachten Sie, dass der nicht gruppierte Index vom Optimierer nicht als fehlender Index bemängelt wurde (siehe Abbildung 11.5), obwohl er die Anzahl der Lesevorgänge und auch die geschätzten Kosten der Abfrage um mehr als den Faktor 13 reduziert!

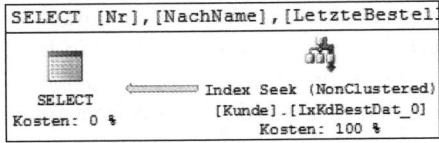

Abbildung 11.6: *Index-Seek für eine Suche nach dem letzten Bestelldatum*

Wenn wir diese Idee weiterverfolgen und hierbei die neue Möglichkeit von gefilterten Indizes in Betracht ziehen, dann könnten wir auch statt *eines* abdeckenden Index *mehrere* dieser Indizes erzeugen, zum Beispiel so:

```
create nonclustered index IxKdBestDat_1
  on Kunde(LetzteBestellung) include(Nr,Nachname)
    where (LetzteBestellung < '20061231')
go
create nonclustered index IxKdBestDat_2
  on Kunde(LetzteBestellung) include(Nr,Nachname)
    where (LetzteBestellung >= '20061231'
      and LetzteBestellung < '20110101')
go
create nonclustered index IxKdBestDat_3
  on Kunde(LetzteBestellung) include(Nr,Nachname)
    where (LetzteBestellung >= '20110101')
```

Selbstverständlich können die einzelnen Indizes auch in unterschiedlichen Dateigruppen angelegt werden, sodass letztlich auch eine physische Trennung der Daten entsteht und damit haben wir hier auch irgendwie eine horizontale Partitionierung. Die Idee dabei ist, dass der Index-Filter dem Kriterium der Abfrage entspricht und dass dadurch nunmehr nicht ein großer Indexbaum durchsucht werden muss. Für unsere Abfrage würde es jetzt ja ausreichen, über den Index IxKdBestDat_3 zu suchen, und möglicherweise sind hierfür ja weniger Suchschritte erforderlich.

Im vorliegenden Fall ist das allerdings nicht so. Eine Suche über irgendeinen der erzeugten Indizes erfolgt hier so, dass zunächst im Indexbaum zur ersten Blattseite navigiert wird, die die Bedingung LetzteBestellung >= '20110101' erfüllt. Anschließend wird dann einfach über die Blattseiten navigiert (gescannt), solange die Bedingung noch erfüllt ist. Diese Scans sind natürlich in einem gefilterten Index in gleicher Zahl vorhanden wie ein einem ungefilterten Index. Über den gefilterten Index könnte also hier lediglich etwas eingespart werden, sofern die initiale Suche im Index-Baum weniger Lesevorgänge benötigt; also dann, wenn der gefilterte Index-Baum eine geringere Tiefe besitzt. Diese eventuelle Einsparung von Lesevorgängen ist aber so minimal, dass der Optimierer sich in unserem Fall bei der Suche gleichermaßen für den gefilterten oder ungefilterten Index entscheiden kann.

Abdeckende, gefilterte Indizes bieten also auch eine Möglichkeit der horizontalen Partitionierung. Möglicherweise ist die Administration solcher Indizes einfacher als die ständige Überwachung und Veränderung von „echten" horizontalen Partitionen. Wenn sich Ihre Daten verändern, dann müssen Sie lediglich die Indizes mit geänderten Parametern neu aufbauen. Da Sie Ihre Indizes sowieso regelmäßig defragmentieren sollten (siehe Kapitel 6), können Sie geänderte Bedingungen für gefilterte Indizes gleich bei der Reorganisation mit erledigen. Interessant ist diese Möglichkeit vielleicht auch deshalb, weil die horizontale Partitionierung nur in der Enterprise Edition zur Verfügung steht.

Demgegenüber schlagen natürlich der größere Speicherplatzbedarf und auch die Beeinflussung von Aktualisierungsoperationen als Nachteile der „Index-Partitionen" zu Buche. Diese Nachteile können in OLTP-Anwendungen durchaus ins Gewicht fallen. In OLAP-Datenbanken kann es jedoch durchaus sinnvoll sein, eine horizontale Partitionierung mit Indizes durchzuführen. Oftmals werden in OLAP-Datenbanken Indizes vor dem Laden von Daten deaktiviert und nach dem Ladevorgang erneut aufgebaut, um die Aktualisierung zu beschleunigen. In diesem Fall können Sie natürlich „partitionierte Indizes" verwenden, da sie die Aktualisierung nur geringfügig beeinflussen. Wie so oft, ist es also auch in diesem Fall nicht möglich, ein allgemeingültiges Rezept anzugeben. Eine Entscheidung hängt größtenteils von zwei Faktoren ab:

1. Wie groß sind die Auswirkungen der zusätzlichen Indizes auf Ihre Aktualisierungsoperationen? Hier eine Voraussage zu treffen, ist ziemlich schwierig. Normalerweise müssen Sie diese Auswirkungen experimentell ermitteln. Wenn Sie eine Performance-Richtlinie haben, die Sie überprüfen können – zum Beispiel mit T-SQL-Skripten –, dann sollte eine solche Überprüfung nicht allzu schwierig sein. Generell sollten Sie die Verfahrensweise in OLTP-Datenbanken nicht oder nur sehr vorsichtig anwenden, wenn dadurch *zusätzliche* Indizes erforderlich sind. Falls es Ihnen gelingt, einen Index durch mehrere, gefilterte Indizes zu *ersetzen*, dann sieht es natürlich etwas anders aus. In diesem Fall fällt der zusätzliche Verwaltungsaufwand für die Indizes nicht so sehr ins Gewicht. Möglicherweise ist eine Aktualisierungsoperation dann sogar günstiger, weil nur ein kleinerer Index anstelle eines großen Index aktualisiert werden muss.

2. Wie groß ist der Vorteil für Leseoperationen? Sie haben in unseren Experimenten gesehen, dass sich der Aufwand nur für große Datenmengen, also Tabellen mit vielen Zeilen, lohnt. Eine Partitionierung mit Indizes ist also, genauso wie die „normale" Partitionierung, erst ab einem gewissen Datenvolumen sinnvoll.

3. Bitte bedenken Sie bei der Verwendung von gefilterten Indizes das in Kapitel 9 erwähnte Problem bezüglich der „schnellen Alterung" von gefilterten Statistiken.

11.2.2 Vertikale Partitionierung

Das Beispiel aus dem vorherigen Abschnitt hat auch etwas anderes demonstriert: Wir haben einen nicht gruppierten, abdeckenden Index eingeführt, um den relativ teuren Clustered-Index-Scan zu vermeiden. Dieser abdeckende Index hat letztlich deshalb deutlich weniger Lesevorgänge gebraucht, weil er nur die tatsächlich benötigten Spalten enthält.

In gewisser Weise ist dies auch eine vertikale Partitionierung. Sie können abdeckende Indizes erstellen, die im Hinblick auf bestimmte Abfragen optimiert wurden. Dadurch erreichen Sie eine Minimierung von Lesevorgängen für diese Abfragen. Dies haben wir in vielen Experimenten in den vorangegangenen Kapiteln oftmals getan. Natürlich ist es möglich, diverse abdeckende Indizes für eine Tabelle zu erstellen, um unterschiedliche Abfragen zu unterstützen. Die dadurch entstehende vertikale Partitionierung basiert allerdings darauf, dass Tabellendaten in Kopie existieren und dass aus diesen Kopien gelesen wird.

Der Vorteil einer solchen vertikalen Partitionierung ist die einfache Handhabbarkeit. Wenn sich Ihre Abfragen ändern, dann können Sie jederzeit die entsprechenden abdeckenden Indizes modifizieren, und dies ist sehr viel einfacher, als eine vertikale Partitionierung zu konfigurieren und zu überwachen, bei der die Spalten einer Tabelle auf mehrere Tabellen verteilt werden (siehe das Beispiel in Kapitel 7). Der Preis, den Sie hierfür zahlen, ist der höhere Speicherplatzbedarf und Verwaltungsaufwand.

Gleichzeitig liegt auch eine Gefahr darin, dass Sie abdeckende Indizes anpassen müssen, wenn sich Abfragen verändern. Denken Sie noch einmal an das in Kapitel 9 zum Thema „Auffinden geeigneter Indizes" Gesagte: Ein abdeckender Index ist für eine bestimmte Abfrage maßgeschneidert. Wenn sich die Abfrage ändert, dann kann es passieren, dass ein abdeckender Index nicht mehr seinen eigentlichen Zweck erfüllt, nämlich alle für eine Abfrage benötigten Daten zu liefern. Der höhere Verwaltungs- und Speicherplatzbedarf für den abdeckenden Index ist dann nicht mehr gerechtfertigt. Trotzdem kann es durchaus möglich sein, dass der Index nach wie vor für Index-Seek-Operationen verwendet wird. Und eben genau dadurch ist es sehr schwierig, solche Indizes durch eine Überwachung der Indexverwendung aufzuspüren.

11.3 Arbeiten mit dem Datenbankoptimierungsratgeber

Der Datenbankoptimierungsratgeber (englisch: Database Tuning Advisor, oder kurz: DTA) ist ein Werkzeug zur Optimierung der physischen Datenbankstruktur. Der Ratgeber analysiert eine sogenannte Arbeitsauslastung, die in unterschiedlichen Formaten zur Verfügung gestellt werden kann:

▶ **Als T-SQL-Skript**. Dieses Skript kann in einer Datei gespeichert sein, die durch den DTA geladen wird. Möglich ist auch die Übergabe einer im Management Studio geöffneten Abfrage an den DTA.

▶ **Als Ablaufverfolgung des SQL Server Profilers**. Eine Ablaufverfolgung kann wahlweise in einer Ablaufverfolgungsdatei, Datenbanktabelle oder auch einer XML-Ablaufverfolgungsdatei gespeichert werden. Der DTA kann all diese Formate als Eingabe verarbeiten. Hierzu müssen allerdings bestimmte Ereignisse und Ereignisspalten in die Ablaufverfolgung eingeschlossen werden, ansonsten ist eine Analyse einer durch den Profiler erzeugten Arbeitsauslastung mit dem DTA nicht möglich. Die minimal erforderlichen Ereignisse sind in der Vorlage *Tuning* bereits enthalten. Verwenden Sie also einfach diese Vorlage, wenn Sie eine Arbeitsauslastung für den DTA erstellen möchten.

Der DTA analysiert die Arbeitsauslastung und erstellt als Ergebnis der Analyse Vorschläge für Änderungen der physischen Datenbankstruktur. Diese Vorschläge umfassen die folgenden Bereiche:

▶ **Indizes**. Wenn die in der Arbeitsauslastung enthaltenen T-SQL-Anweisungen von zusätzlichen Indizes profitieren können, dann sind diese Indizes in der Liste der Vorschläge enthalten. Die Analyse im Hinblick auf fehlende Indizes ist um einiges präziser, als sie der Optimierer bei der Erstellung eines Ausführungsplanes vornimmt. Sie können daher in Ausführungsplänen bemängelte, fehlende Indizes nochmals durch den DTA überprüfen lassen, wenn Sie sich nicht sicher sind, ob ein im Ausführungsplan aufgeführter fehlender Index tatsächlich die angegebene Verbesserung bewirkt. Hierzu verwenden Sie einfach die entsprechende Abfrage als Eingabe für den DTA.

▶ **Horizontale Partitionierungen**. Der DTA unterbreitet auch Vorschläge für horizontale Partitionierungen, also die Aufteilung der Zeilen einer Tabelle auf mehrere Tabellen.

▶ **Fehlende Statistiken**. Zusätzliche Statistiken, die den Optimierer bei der Erstellung eines optimalen Ausführungsplanes unterstützen würden, sind in der Liste der Vorschläge ebenfalls enthalten. Normalerweise werden solche Statistiken ja vor der Erstellung des Ausführungsplanes automatisch erstellt, wenn Sie für eine Datenbank die Option AUTO_CREATE_STATISTICS eingeschaltet haben. Diese automatisch erstellten Statistiken sind aber stets nur einspaltig. Der DTA unterbreitet auch Vorschläge für mehrspaltige Statistiken.

▶ **Indizierte Sichten**. Falls die in der Arbeitsauslastung enthaltenen T-SQL-Anweisungen von indizierten Sichten profitieren würden, dann kann der DTA auch hierfür entsprechende Hinweise erstellen.

Nach Abschluss der Analyse erhalten Sie nicht nur Vorschläge für Veränderungen bzw. Verbesserungen der physischen Datenbankstruktur, sondern auch diverse Berichte, die nähere Informationen zur Analyse enthalten. Über diese Berichte können Sie zum Beispiel abfragen, wie häufig ein bestehender Index verwendet wurde, wie oft eine bestimmte Abfrage in der Arbeitsauslastung enthalten ist oder auch wie oft auf bestimmte Tabellen zugegriffen wurde. Diese Berichte sind ein wichtiges Hilfsmittel bei der Auswertung der unterbreiteten Vorschläge. In der Regel ist die Liste der Vorschläge so lang, dass Hilfsmittel bei der Evaluierung dieser Vorschläge sehr willkommen sind. Der DTA prognostiziert auch eine Verbesserung der Abfrageleistung; allerdings bezieht sich der Wert für die erwartete Verbesserung stets auf die Gesamtliste der Änderungen. Falls in den Änderungsvorschlägen beispielsweise 13 zusätzliche Indizes enthalten sind, die insgesamt eine prognostizierte Verbesserung um 88% bewirken, dann kann es durchaus sein, dass bereits das Hinzufügen von nur zwei dieser Indizes eine Verbesserung um 80% bewirkt, sodass die restlichen elf Indizes dann lediglich noch einmal 8% Verbesserung hervorrufen.

Normalerweise werden Sie also nicht alle Elemente der Vorschlagsliste ohne Überlegungen anwenden. Die Kunst besteht darin, aus der Liste der Vorschläge diejenigen mit der größten Auswirkung auf die Verbesserung der Abfrageleistung herauszupicken. Außer den zur Verfügung stehenden Berichten hilft hierbei die Möglichkeit der Evaluierung der angebotenen Verbesserungsvorschläge. Sie können aus den Vorschlägen gezielt nur einige Empfehlungen auswählen und dann mit dieser Auswahl eine neue Analyse starten. Dadurch können Sie letztlich die Vorschläge mit dem größten Performance-Gewinn herausfinden und zum Beispiel auch messen, inwiefern sich das Hinzufügen eines bestimmten Index auf die Abfrageleistung auswirkt.

Sie können den DTA auf drei verschiedene Arten starten:

1. Über das Startmenü. In der Programmgruppe MICROSOFT SQL SERVER 2012/ LEISTUNGSTOOLS finden Sie den Eintrag DATENBANKOPTIMIERUNGSRATGEBER.

2. Aus dem Management Studio über den Menüeintrag EXTRAS/DATENBANKOPTIMIERUNGSRATGEBER.

3. Aus dem Management Studio über den Menüeintrag ABFRAGE/ABFRAGE IN DATENBANKOPTIMIERUNGSRATGEBER ANALYSIEREN. Diese Möglichkeit haben Sie, wenn das aktive Fenster ein Abfragefenster ist. Das in diesem Fenster enthaltene T-SQL-Skript wird dann als Eingabe für den DTA verwendet.

Ich möchte Ihnen für die dritte Möglichkeit ein Beispiel präsentieren, für das noch einmal die Tabelle Kunde aus dem Abschnitt *Horizontale Partitionierung* verwendet wird.

Entfernen Sie bitte zunächst alle nicht gruppierten Indizes auf der Tabelle Kunde. Anschließend öffnen Sie ein neues Abfragefenster mit der folgenden Abfrage:

```
use QueryTest;
select Nr, NachName, LetzteBestellung
  from Kunde
 where LetzteBestellung >= '20110101'
 order by LetzteBestellung desc
```

Dies ist die Abfrage aus Abschnitt *Horizontale Partitionierung*, deren Ausführungsplan Sie in Abbildung 11.5 sehen.

Über das Menü ABFRAGE/ABFRAGE IN DATENBANKOPTIMIERUNGSRATGEBER ANALYSIEREN kann nun eine Analyse der Abfrage mit dem DTA vorgenommen werden.

Nach dem Start des DTA wird sofort eine neue Sitzung geöffnet. Diese Sitzung bekommt einen automatisch vergebenen Namen, der sich aus dem Namen des angemeldeten Windows-Benutzers und der aktuellen Zeit zusammensetzt. Sie können den Namen nach Belieben ändern, etwa in *Performance-Test-Kunde*. In Abbildung 11.7 sehen Sie den Datenbankoptimierungsratgeber in Aktion.

Beim Start des DTA auf die beschriebene Art und Weise haben Sie keine Möglichkeit, eine Arbeitsauslastung anzugeben. Als Arbeitsauslastung wird automatisch das übergebene T-SQL-Skript aus dem Abfragefenster verwendet. Ansonsten müssten Sie in einem ersten Schritt nun die Quelle für die Arbeitsauslastung spezifizieren. In unserem Fall ist hier bereits die Option ABFRAGE ausgewählt und es gibt keine Möglichkeit, dies zu verändern.

Unter DATENBANK FÜR ARBEITSAUSLASTUNGSANALYSE können Sie die Datenbank auswählen, mit der die Analyse *startet*. Falls Sie in Ihrem Skript den Datenbankkontext durch das Kommando USE <db> ändern, wird dies aber natürlich berücksichtigt.

Wenn Sie in Ihr Skript kein USE <db> aufnehmen und hier eine falsche Datenbank angeben, dann wird die Analyse nicht funktionieren. Falls möglich, legen Sie den Datenbankkontext immer in Ihrem Skript fest, um so etwas zu vermeiden.

In der unteren Liste der Datenbanken können Sie für jede aufgeführte Datenbank Tabellen und Sichten auswählen, die in der Analyse berücksichtigt werden sollen.

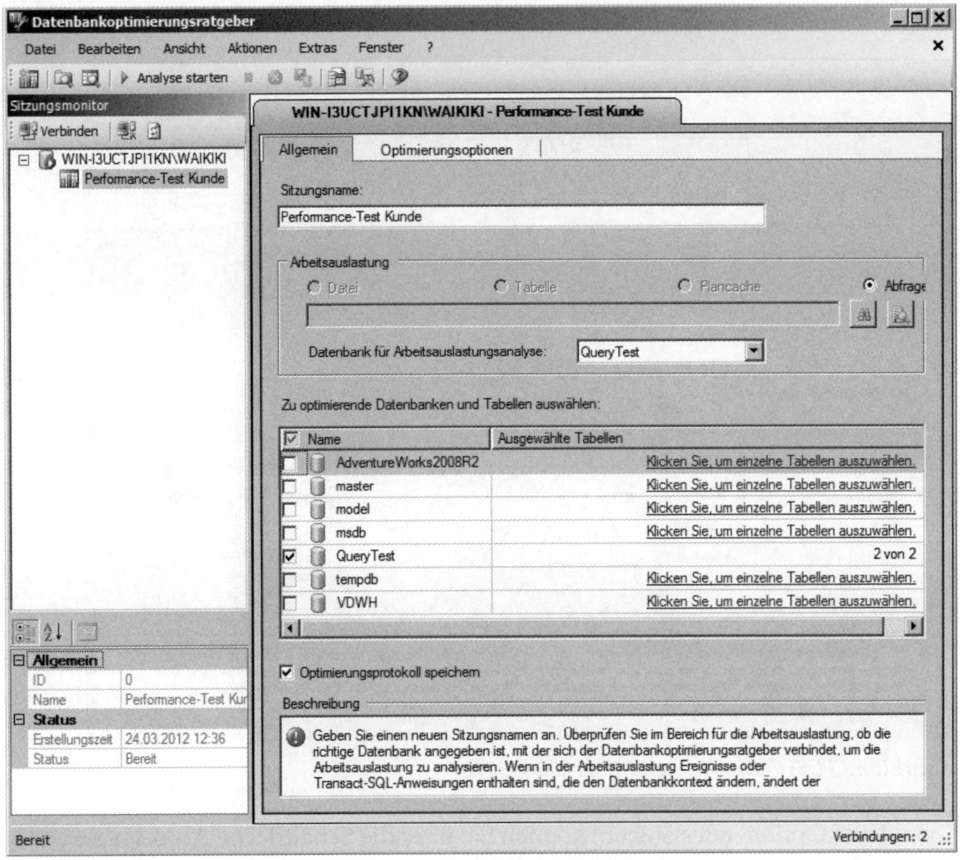

Abbildung 11.7: Der Datenbankoptimierungsratgeber in Aktion

Nachdem Sie die erforderlichen Einstellungen vorgenommen haben, können Sie auf der Seite OPTIMIERUNGSOPTIONEN detailliert festlegen, welche physischen Strukturen bei der Analyse berücksichtigt werden sollen. Abbildung 11.8 zeigt die vorhandenen Möglichkeiten. Sie können dort zum Beispiel bestimmen, ob bestehende Indexstrukturen ebenfalls in die Analyse einfließen sollen. Das ist wichtig, wenn die Arbeitsauslastung nicht vollständig repräsentativ für Ihre Anwendungen ist. Es ist ja möglich, dass Ihre Arbeitsauslastung bestimmte Indizes nicht benötigt. Der DTA würde dann möglicherweise empfehlen, solche Indizes zu löschen, weil sie ja niemals für eine Suche verwendet werden. Wenn Sie so etwas verhindern möchten, dann wählen Sie die Option ALLE VORHANDENEN PHYSISCHEN ENTWURFSSTRUKTUREN beibehalten, so wie in Abbildung 11.8 gezeigt.

Die Analyse einer größeren Arbeitsauslastung kann sehr umfangreich werden. Möglicherweise ist es erforderlich, dass Sie die Analysezeit begrenzen, damit Sie in endlicher Zeit ein Ergebnis erhalten. Dieses Ergebnis ist dann natürlich nicht ganz so genau, weil nicht alle Ereignisse bzw. T-SQL-Anweisungen in die Analyse eingeflossen sind.

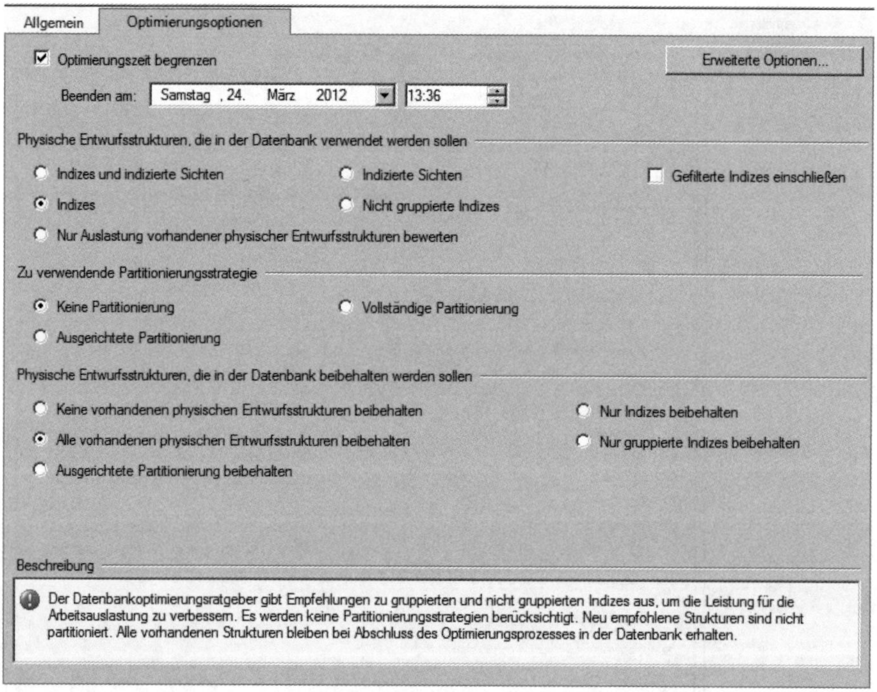

Abbildung 11.8: Optimierungsoptionen des DTA

Sobald alle Optionen feststehen, können Sie über die Schaltfläche ANALYSE STARTEN aus der Menüleiste mit der Analyse beginnen. Wie bereits gesagt, sollten Sie bei einer größeren Arbeitsauslastung hierfür etwas Zeit einplanen. Beachten Sie bitte auch, dass für die Analyse Serverressourcen benötigt werden. Hierauf kommen wir etwas weiter unten noch einmal zurück. Auf jeden Fall ist es sinnvoll, eine Analyse zu einem Zeitpunkt geringer sonstiger Aktivität durchzuführen. Für unsere Arbeitsauslastung mit nur einer Abfrage gilt dies natürlich nicht. Nach dem Start der Analyse erhalten wir bereits nach einigen Augenblicken eine Liste mit dem Analyseergebnis, so wie in Abbildung 11.9 gezeigt. Durch die ganz links dargestellte Option können Sie aus dieser Liste bestimmte Vorschläge für weitere Aktionen auswählen. In unserem Fall enthält die Liste lediglich einen Eintrag.

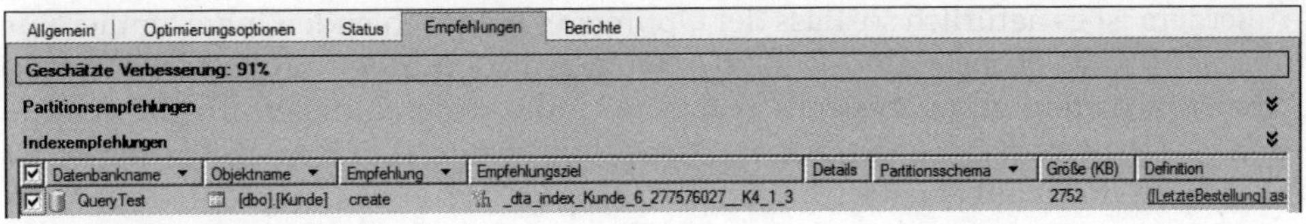
Allgemein
Optimierungsoptionen
Status
Empfehlungen
Berichte
Geschätzte Verbesserung: 91%
Partitionsempfehlungen
Indexempfehlungen
Datenbankname
Objektname
Empfehlung
Empfehlungsziel
Details
Partitionsschema
Größe (KB)
Definition
QueryTest
[dbo].[Kunde]
create
_dta_index_Kunde_6_277576027__K4_1_3
2752
([LetzteBestellung] as

Abbildung 11.9: *Ergebnis der Analyse*

Der DTA empfiehlt das Hinzufügen eines Index und prognostiziert hierfür eine Verbesserung um 91%. Diese Empfehlung können wir wohl ohne weitere Überprüfung übernehmen. Hierzu wählen Sie zum Beispiel aus dem Menü den Eintrag AKTIONEN/EMPFEHLUNGEN ANWENDEN aus. In diesem Fall werden die in der Vorschlagsliste ausgewählten Einträge direkt in der entsprechenden Datenbank angelegt.

Der DTA vergibt automatische Namen für alle in der Liste der Vorschläge enthaltenen Objekte, also zum Beispiel für Indizes. Normalerweise werden Sie diese Namen nicht übernehmen, sondern an Ihre Vorgaben anpassen. Daher ist die direkte Anwendung der ausgewählten Empfehlungen in der Regel nicht praktikabel. In den meisten Fällen werden Sie sich ein T-SQL-Skript erstellen lassen und die Erzeugung der Objekte entsprechend anpassen. Dabei können Sie nicht nur die Namen (zum Beispiel von Indizes) ändern, sondern auch physische Optionen (wie etwa Dateigruppen) an Ihre Erfordernisse anpassen. Für das Erzeugen eines entsprechenden Skriptes haben Sie zwei Möglichkeiten. Zum einen können Sie für jedes Objekt ein Skript erstellen. Hierzu klicken Sie einfach auf den in der Spalte DEFINITION angegebenen Link. Möglich ist auch die Erstellung eines T-SQL-Skriptes für alle ausgewählten Elemente. Dies erledigen Sie über den Menüpunkt AKTIONEN/EMPFEHLUNGEN SPEICHERN... oder einfach die Tastenkombination [STRG] + [S].

Das Skript für den vorgeschlagenen Index sieht auf meiner Maschine so aus:

```
CREATE NONCLUSTERED INDEX [_dta_index_Kunde_10_4195065__K4_1_3]
        ON [dbo].[Kunde]
([LetzteBestellung] ASC) INCLUDE ([Nr],[NachName])
    WITH (SORT_IN_TEMPDB = OFF, IGNORE_DUP_KEY = OFF
        , DROP_EXISTING = OFF, ONLINE = OFF) ON [PRIMARY]
```

Sicher ist Ihnen aufgefallen, dass die durch den DTA vorgenommene Analyse auf jeden Fall detaillierter ist als die Untersuchung auf fehlende Indizes, die der Optimierer bei der Erstellung eines Ausführungsplanes vornimmt. Wenn Sie noch einmal Abbildung 11.5 betrachten, dann finden Sie dort keinen Hinweis auf einen fehlenden Index. Der DTA kundschaftet allerdings sehr wohl einen nützlichen Index aus, der sogar eine Verbesserung um 91% bewirkt. Wenn Sie einmal genau hinsehen, dann werden Sie feststellen, dass dies genau der Index ist, den wir in Abschnitt *Horizontale Partitionierung* manuell ermittelt haben.

Denken Sie bitte daran, wenn Sie die in Abfrageplänen oder in den `sys.dm_db_missing_index...`-Verwaltungssichten enthaltenen Informationen auswerten. Die dort verfügbaren Informationen basieren nicht auf einer vollständigen Analyse und sind dementsprechend auch nicht in jedem Fall ausreichend für eine Aussage über fehlende Indizes.

Außerdem ist es natürlich so, dass der Optimierer einen fehlenden Index immer nur für *eine Abfrage* beanstandet. Der DTA hingegen ist in der Lage, eine komplette Arbeitsauslastung zu analysieren und dann Index-Empfehlungen für die *gesamte Arbeitsauslastung* zu geben. Sofern Ihre Arbeitsauslastung repräsentativ genug ist, ist diese Möglichkeit auf jeden Fall wesentlich ausgefeilter.

11.3.1 Tipps zur Verwendung des Datenbankoptimierungsratgebers

Der DTA ist ein sehr nützliches Werkzeug, vor allem zur Ermittlung fehlender Indizes. Sie sollten jedoch einige Hinweise beim Umgang mit diesem Werkzeug beachten.

▸ **Halten Sie die Arbeitsauslastung so kurz wie möglich.** Die durch den DTA durchgeführte Analyse ist sehr detailliert und dauert für große Arbeitsauslastungen entsprechend lange. Versuchen Sie also nach Möglichkeit, nur eine Arbeitsauslastung für einen interessierenden Zeitraum zu verwenden. Alternativ können Sie natürlich die Analysezeit beschränken, aber dann ist das Ergebnis eben nicht vollständig.

▸ **Wählen Sie die Option ALLE VORHANDENEN PHYSISCHEN STRUKTUREN BEIBEHALTEN aus.** Dies ergibt sich unmittelbar aus der Forderung nach einer möglichst kurzen Arbeitsauslastung. Eine kurze Arbeitsauslastung wird sehr wahrscheinlich nicht repräsentativ genug dafür sein, um zum Beispiel auch überflüssige Indizes zu ermitteln.

▸ **Empfehlungen für zusätzliche Statistiken.** Der DTA schlägt auch eine Reihe von zusätzlichen Statistiken vor. Wenn Sie damit beginnen, die Analyseergebnisse auszuwerten, dann lassen Sie diese Statistikempfehlungen zunächst links liegen. Untersuchen Sie zu Beginn lediglich die ausgesprochenen Indexempfehlungen.

▸ **Empfehlungen für Indizes.** Der DTA wird in vielen Fällen eine lange Liste fehlender Indizes erstellen. Nicht in jedem Fall werden Sie tatsächlich all diese Indizes benötigen. Es gibt durchaus Situationen, in denen bereits ein bis zwei Indizes 80% der prognostizierten Verbesserung bewirken. Wenn dies der Fall ist, dann können Sie auf viele der vorgeschlagenen Indizes verzichten. Es kann durchaus mühsam sein, die wirklich wichtigen Indizes aus der Liste der Empfehlungen herauszupicken. Und dies bringt uns zum nächsten Tipp:

▸ **Experimentieren Sie mit den Empfehlungen.** Sie können aus den ausgesprochenen Empfehlungen gezielt nur einige auswählen und dann mit dieser Auswahl eine erneute Analyse starten. Hierzu rufen Sie aus dem Menü den Eintrag AKTIONEN/EMPFEHLUNGEN BEWERTEN auf. Dadurch wird eine neue Sitzung gestartet, die eine Analyse mit den ausgewählten Empfehlungen wiederholt – also eine Art „Was wäre wenn"-Szenario. Wie bereits gesagt, sollten Sie hierbei zunächst die empfohlenen Statistiken weglassen und ausschließlich mit Indizes beginnen. Wenn Sie hierbei systematisch vorgehen möchten, dann ist allerdings einiges an Erfahrung nötig. Die empfohlenen Indizes müssen ja auch in beliebigen Kombinationen überprüft werden. Dabei sollten Sie natürlich mit den Kombinationen beginnen, die am vielversprechendsten für eine Verbesserung sind – und hierfür ist neben einer Kenntnis der entsprechenden Abfragen auch eine gewisse Vertrautheit mit der Arbeitsweise des Optimierers unerlässlich. Ich hoffe natürlich, dass Ihnen dieses Buch eine Hilfe dabei ist, bei der Evaluierung mit den aussichtsreicheren Indizes zu beginnen. Bedenken Sie bitte auch, dass Ihnen im Ergebnis der Analyse verstärkt abdeckende Indizes begegnen werden. Diese Indizes sind speziell auf die in der Arbeitsauslastung enthaltenen Abfragen angepasst und bei Änderungen in den Abfragen daher eventuell nicht mehr optimal. Außerdem kann es vorkommen, dass Sie dadurch gleichwertige Indizes im Ergebnis der Analyse vorfinden. So ist es zum Beispiel möglich, dass zwei nahezu gleiche Abfragen in der Arbeitsauslastung enthalten sind, die auf derselben Tabelle mit identischen WHERE–Klauseln, aber unterschiedlichen Spalten in der SELECT-Liste existieren. Der DTA wird in einem solchen Fall möglicherweise zwei Indizes auf derselben Tabelle und derselben Spalte, aber mit unterschiedlichen Spalten in der INCLUDE-Liste empfehlen. Sie werden wahrscheinlich nicht beide Indizes benötigen, und es liegt an Ihnen, einen von beiden nicht zu erstellen.

▶ **Schauen Sie sich die erzeugten Berichte an**. Nach der Analyse steht Ihnen auf der Seite BERICHTE eine Reihe von Berichten zur Verfügung, über die Sie nähere Informationen zur Analyse erhalten können (siehe Abbildung 11.9). Schauen Sie sich diese Berichte an, um herauszufinden, welche empfohlenen Indizes möglicherweise die geeignetsten sind.

▶ **Verwenden Sie eventuell das Kommandozeilenprogramm DTA.EXE**. Wenn Sie den Datenbankoptimierungsratgeber häufig verwenden, dann kann es nützlich sein, dass Sie die Kommandozeilen-Version verwenden. Dadurch können Sie zum Beispiel Analysen automatisieren.

▶ **Verstehen Sie den DTA als ein Hilfsmittel**. Der Datenbankoptimierungsratgeber ist letztlich ein *Hilfsmittel*, das Sie vor allem bei der Analyse fehlender Indizes unterstützt. Auch wenn die Analyse umfangreich und detailliert ist, können Sie das Analyseergebnis in den meisten Fällen nicht ohne manuelle Überprüfung anwenden. Betrachten Sie zum Beispiel gefilterte Indizes. In unserer Analyse wurde keine Empfehlung für einen gefilterten Index ausgesprochen, obwohl dies eine geringfügige Verbesserung bewirkt hätte. Egal, was die Ursache hierfür ist (wahrscheinlich ist in unserem Fall die Arbeitsauslastung nicht repräsentativ genug), zeigt dies einfach, dass Sie über das Ergebnis der Analyse nachdenken sollten.

Der wichtigste Hinweis für den Umgang mit dem Datenbankoptimierungsratgeber ist sehr wahrscheinlich dieser hier:

Analysieren Sie Abfragen *niemals* auf einem Produktivsystem. Der Datenbankoptimierungsratgeber legt während der Analyse eine Reihe von temporären Indizes und Statistiken an, um deren Auswirkungen zu überprüfen – *und zwar direkt in der zu analysierenden Datenbank*. Neben einer enormen Belastung des Systems kann dies auch zu Problemen mit Blockierungen führen und Ihre Anwendungen erheblich beeinträchtigen. Verwenden Sie also immer ein Testsystem.

11.4   Zusammenfassung

In diesem Kapitel wurden erweiterte Konzepte der Indexoptimierung untersucht.

Dabei haben Sie erfahren, wie Sie die Indexverwendung mit Datenauflistungen protokollieren und auswerten können.

Außerdem wurde erklärt, wie Sie gefilterte und abdeckende Indizes für Partitionierungen verwenden können. Sie sollten sich daran erinnern, dass Sie diese Techniken nur mit Bedacht einsetzen, da zusätzliche Indizes in aller Regel einen erhöhten Verwaltungs- und Speicherplatzbedarf zur Folge haben.

Sie wissen nun auch, wie Sie den Datenbankoptimierungsratgeber verwenden können, um zum Beispiel fehlende Indizes aufzuspüren, und welche Punkte Sie beim Umgang mit dem DTA beachten sollten.

12 Kontrollieren von Ressourcen

Wir haben in den vorangegangenen Kapiteln häufig von OLTP- und OLAP-Anwendungen gesprochen und in vielen Fällen unterschiedliche Verhaltensweisen dieser beiden Anwendungstypen herausgestellt. Auch für die Optimierung müssen Sie normalerweise beide Anwendungstypen getrennt voneinander betrachten, weil die Optimierungsstrategien sich ebenfalls unterscheiden. Im Idealfall können Sie Ihre Optimierungsstrategie also auf einen bestimmten Anwendungstyp ausrichten.

Leider sieht es in der Realität aber etwas anders aus. Die meisten Datenbanken müssen sowohl OLTP- als auch OLAP-Anforderungen erfüllen. Es ist absolut üblich, dass in OLTP-Datenbanken nicht nur geschäftliche Transaktionen verarbeitet werden, sondern auch Berichte auf der Basis der in diesen Datenbanken stets aktuellen Daten erstellt werden. Die Erstellung von Berichten kann sicherlich als eine OLAP-Aktivität eingestuft werden – eine Trennung nach OLTP- und OLAP-Datenbanken ist also oftmals schwierig.

Abfragen zur Berichterstellung sind häufig sehr „ressourcenhungrig" und dauern entsprechend lange. Im schlimmsten Fall kann so eine Berichterstellung dann dazu führen, dass das Tagesgeschäft beeinträchtigt wird, weil die Verarbeitungszeiten für OLTP-Transaktionen stark anwachsen.

Denken Sie beispielsweise an den letzten Adventssamstag vor Weihnachten. Der Verkauf läuft in allen 400 Filialen auf Hochtouren, es haben sich bereits längere Schlangen an den Kassen gebildet. Ebenso ist aber der Jahresabschluss bereits in Vorbereitung. Der neue Assistent der Geschäftsleitung geht deshalb an diesem Samstag nicht einkaufen und arbeitet stattdessen. Er erstellt ausgefeilte Berichte auf der Basis der aktuellen Verkaufsdaten, die er am Montagmorgen sofort dem Geschäftsführer vorlegen kann. Diese Berichte enthalten zum Beispiel die Verkaufsdaten des gesamten Jahres und dauern daher entsprechend lange. Das Warenwirtschaftssystem geht in die Knie, der Verkauf gerät ins Stocken, die Schlangen an den Kassen werden immer länger und die ersten Kunden verlassen genervt die Läden, ohne etwas zu kaufen.

Ein Ansatz für eine Optimierung kann in diesem Fall natürlich sein, per Erlass zu verbieten, dass zu Hauptverkaufszeiten andere ressourcenintensive Vorgänge – wie etwa das Erstellen von Berichten – laufen dürfen. Eine absolute Sicherheit erreichen Sie dadurch allerdings nicht. Wesentlich eleganter wäre eine Lösung, die dafür sorgt, dass Abfragen unterschiedlicher Anwendungen oder unterschiedlicher Benutzer mit unterschiedlich hohen Prioritäten verarbeitet werden. Damit könnten Sie dafür sorgen, dass der Verkauf stets Vorrang vor der Berichterstellung bekommt. Der Assistent muss dann ein wenig länger auf seine Berichte warten, aber der Verkauf wird nicht beeinträchtigt.

Hier kommt die Ressourcenkontrolle von SQL Server ins Spiel.

12.1   Funktionsweise der Ressourcenkontrolle

Mit der Ressourcenkontrolle können Sie eingehende Verbindungen klassifizieren. Je nach Verbindungseigenschaften findet dann für jede Verbindung eine Zuteilung der maximal möglichen Ressourcennutzung in Bezug auf CPU und Hauptspeicher statt. Möglich ist auch eine Priorisierung eingehender Verbindungen in drei Stufen (hoch, mittel und niedrig).

Für unser Beispiel aus der Einleitung müssten wir also zwischen Verbindungen unterscheiden, die Berichte erstellen, und solchen, die mit der OLTP-Anwendung arbeiten. Jeder dieser Verbindungstypen sollte dann einem eigenen Ressourcenpool zugeordnet werden. Über diesen Pool ist letztlich die maximal erlaubte CPU-Last und Hauptspeicherverwendung für alle dem Pool zugeordneten Verbindungen konfiguriert.

In Abbildung 12.1 sehen Sie eine vereinfachte Darstellung dieser Verfahrensweise.

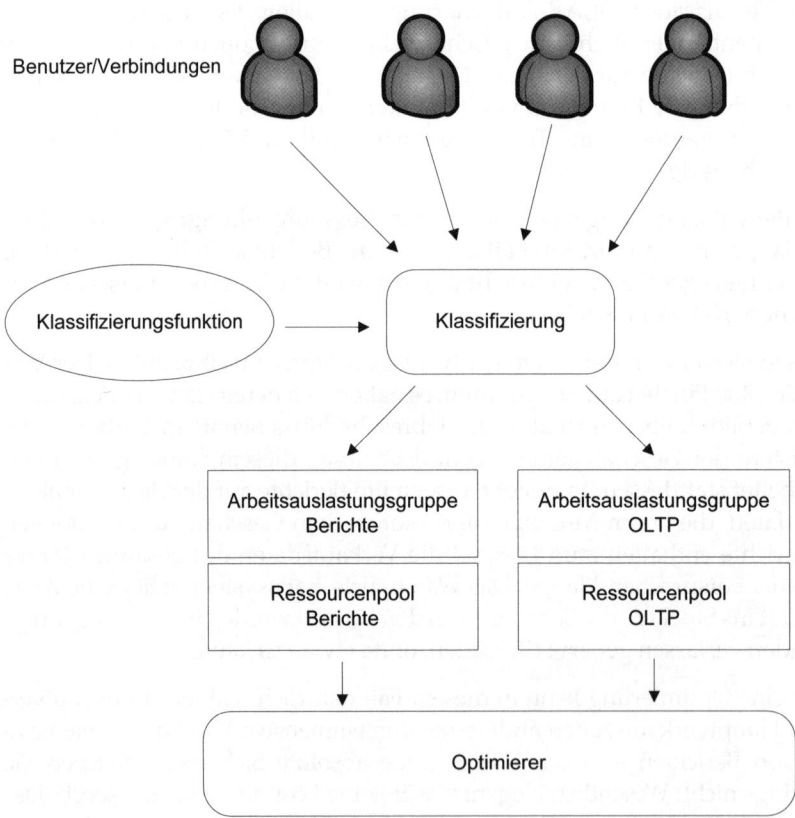

Abbildung 12.1: *Funktionsweise der Ressourcenkontrolle*

Eingehende Verbindungen werden zunächst klassifiziert und einer Arbeitsauslastungsgruppe zugeordnet. Diese Arbeitsauslastungsgruppe ist letztlich ein Container, in dem die zugeordneten Verbindungen verwaltet werden. Für die Arbeitsauslastungsgruppe können Sie zum Beispiel festlegen, wie viel CPU-Zeit eine dieser Gruppe zugeordnete Abfrage maximal verwenden darf oder wie viele gleichzeitige Anforderungen alle Verbindungen dieser Gruppe gemeinsam absetzen dürfen. Hier geben Sie auch eine Priorität an, mit der Anforderungen der zugeordneten Verbindungen abgearbeitet werden.

Mit jeder Arbeitsauslastungsgruppe ist ein Ressourcenpool verknüpft. Dieser Ressourcenpool bestimmt die Maximalwerte für die CPU- und Hauptspeicher-Verwendung für die der Arbeitsauslastungsgruppe zugeordneten Verbindungen.

12.2 Einrichten der Ressourcenkontrolle

Nach der Vorstellung der prinzipiellen Arbeitsweise der Ressourcenkontrolle wollen wir nun für unser einleitendes Beispiel die Einrichtung der erforderlichen Objekte vornehmen und die Ressourcenkontrolle aktivieren.

Wir verwenden für die Einrichtung T-SQL-Skripte, Sie könnten aber ebenso die grafische Oberfläche des Management Studios hierfür benutzen.

12.2.1 Erstellen von Ressourcenpools

Im ersten Schritt erstellen wir die beiden Ressourcenpools für die OLTP- und die Berichtsanwendung. Dies geschieht über den Befehl `CREATE RESOURCE POOL`. Wie bereits erwähnt, werden hierbei die Werte für die maximal zulässige Verwendung von CPU und Hauptspeicher festgelegt. Für diese Festlegungen stehen die folgenden Parameter zur Verfügung:

▶ `MAX_CPU_PERCENT`. Geben Sie hier den Maximalwert für die CPU-Last in Prozent an, die bei Konflikten für diesen Ressourcenpool zur Verfügung gestellt wird.

▶ `MIN_CPU_PERCENT`. Hier spezifizieren Sie, wie viel CPU garantiert für diesen Ressourcenpool zur Verfügung gestellt wird.

▶ `MAX_MEMORY_PERCENT`. Dies ist der maximal zur Verfügung stehende Arbeitsspeicher, den Abfragen dieses Ressourcenpools verwenden dürfen.

▶ `MIN_MEMORY_PERCENT`. Dieser Wert gibt den garantiert zur Verfügung stehenden Hauptspeicher für den Ressourcenpool an.

▶ `AFFINITY SCHEDULER`. Über diese Option können Sie den Ressourcenpool letztlich an bestimmte CPU-Kerne binden.

▶ `Affinity NUMANODE`. Diese Option ermöglicht die Bindung an einen oder mehrere NUMA-Knoten.

Bitte beachten Sie zu den oben angegebenen Optionen die folgenden Anmerkungen:

 Die über den Ressourcenpool konfigurierten Werte wirken nur dann als Begrenzung, *wenn Konflikte auftreten*. Wenn Sie beispielsweise eine maximale CPU-Last von 50% konfigurieren, dann ist es durchaus möglich, dass auch 90% CPU-Last auftreten können, solange kein „Streit" um die Ressource CPU vorliegt. Die Ressourcenkontrolle wirkt also erst dann, wenn tatsächlich Ressourcenkonflikte existieren.

 Die Begrenzung des zur Verfügung stehenden Hauptspeichers bezieht sich nur auf den für die eigentliche Abfrage zur Verfügung stehenden Speicher. Eine Begrenzung des Pufferspeichers ist (noch) nicht möglich.

Wenn Sie die zur Verfügung stehende Prozessorleistung so begrenzen möchten, dass auch ohne eine Belastung die CPU-Verwendung eingeschränkt wird, dann können Sie den Parameter CAP_CPU_PERCENT verwenden:

▶ CAP_CPU_PERCENT. Geben Sie hier den Maximalwert für die CPU-Last in Prozent an, die für diesen Ressourcenpool zur Verfügung gestellt wird, auch ohne dass Konflikte auftreten.

Ressourcenpool für die OLTP-Anwendung

Die folgende Anweisung richtet den Ressourcenpool für die OLTP-Anwendung ein:

```
create resource pool rpOLTP with
 (
 max_cpu_percent = 100
,min_cpu_percent = 90
,max_memory_percent = 100
,min_memory_percent = 90
 )
```

Da unser SQL Server in der Hauptsache für die OLTP-Anwendung installiert wurde, soll diese Anwendung auch entsprechend hohe Belastungen für CPU und Arbeitsspeicher erzeugen dürfen.

Ressourcenpool für Benutzer, die Berichte erstellen

Die Berichtsanwendungen müssen mit deutlich weniger Ressourcen auskommen:

```
create resource pool rpReporting with
 (
 max_cpu_percent = 25
,cap_cpu_percent = 35
,min_cpu_percent = 0
,max_memory_percent = 25
,min_memory_percent = 0
 )
```

Hier sollen sowohl Arbeitsspeicherverwendung als auch CPU-Belastung nicht über 25% der Maximallast ansteigen dürfen, sofern diese Ressourcen knapp werden, wenn also Konflikte auftreten. Außerdem wird festgelegt, dass die maximale CPU-Belastung zu keiner Zeit über 35% hinausgehen darf.

12.2.2   Einrichten von Arbeitsauslastungsgruppen

Nach dem Anlegen der Ressourcenpools können wir nun die Arbeitsauslastungsgruppen erstellen. Hierzu existiert das Kommando CREATE WORKLOAD GROUP.

Wir benötigen zwei Arbeitsauslastungsgruppen, so wie in Abbildung 12.1 dargestellt: eine für unsere OLTP-Anwendung und eine weitere für die Berichtsanwendungen.

Arbeitsauslastungsgruppe für OLTP-Anwender

Die Arbeitsauslastungsgruppe für die OLTP-Anwendung kann mit diesem Befehl erstellt werden:

```
create workload group wlgOLTP
  with (importance = high)
  using rpOLTP
```

Wir setzen hier die Priorität hoch und verknüpfen die Arbeitsauslastungsgruppe mit dem zuvor erstellten Ressourcenpool. Beim Erstellen einer Arbeitsauslastungsgruppe können Sie wahlweise weitere Optionen angeben. So ist es zum Beispiel auch möglich, über den Parameter MAX_DOP den maximalen Grad der Parallelität zu begrenzen.

Arbeitsauslastungsgruppe für die Berichtserstellung

Für Berichtsanwendungen sieht die Erstellung der Arbeitsauslastungsgruppe so aus:

```
create workload group wlgReporting
  with (importance = low)
  using rpReporting
```

Auch hier erfolgt die Verknüpfung mit dem entsprechenden Ressourcenpool. Außerdem legen wir noch fest, dass Anforderungen, die über diese Arbeitsauslastungsgruppe abgesetzt werden, mit niedriger Priorität bearbeitet werden.

12.2.3   Entwerfen einer Klassifizierungsfunktion

Was nun noch fehlt, ist eine Klassifizierungsfunktion, welche die Eigenschaften eingehender Verbindungen überprüft und eine Zuordnung der Verbindungen zu den einzelnen Arbeitsauslastungsgruppen vornimmt. Eine solche Funktion zu entwerfen ist einfacher, als Sie vielleicht denken. Die Funktion muss den Namen einer Arbeitsauslastungsgruppe als Zeichenkette zurückliefern. Innerhalb der Funktion müssen Sie also entscheiden, welche Arbeitsauslastungsgruppe verwendet werden soll. Hierzu können Sie auf diverse Systemfunktionen zurückgreifen, zum Beispiel APP_NAME(), HOST_NAME(), SUSER_NAME() oder IS_SRVROLEMEMBER().

Mit diesen Funktionen können Sie Verbindungseigenschaften abfragen und dann anhand dieser Eigenschaften festlegen, welcher Arbeitsauslastungsgruppe eine Verbindung zugeordnet werden soll. Unsere Klassifizierungsfunktion kann zum Beispiel so entworfen werden:

```
use master
go
create function dbo.rgClassification()
  returns sysname
  with schemabinding as
 begin
   declare @wlgName      sysname
          ,@current_time time
    set @current_time = cast(current_timestamp as time)
    if (@current_time between '09:00' and '20:00')
      begin
        if (app_name() like '%Reporting%')
           or (app_name() like '%Bericht%')
          set @wlgName = 'wlgReporting'
        else
           set @wlgName = 'wlgOLTP'
      end
    return @wlgName
  end
```

Innerhalb der Funktion wird zunächst überprüft, ob der aktuelle Zeitpunkt innerhalb der Ladenöffnungszeit liegt. Wenn dies nicht der Fall ist, dann wird die Funktion sofort verlassen. Dadurch bekommen Berichtsanwendungen die Möglichkeit, Berichte zum Beispiel in der Nacht mit höherer Priorität zu erstellen.

Über die Funktion APP_NAME() wird dann entschieden, welcher Arbeitsauslastungsgruppe eine Verbindung zugeordnet wird.

Sicher fragen Sie sich nun, was passiert, wenn die Funktion außerhalb der Ladenöffnungszeiten aufgerufen wird. In diesem Fall wird ja der Wert NULL zurückgeliefert, was die Frage aufwirft, welcher Ressourcenpool dann verwendet wird. SQL Server hat für diesen Zweck einen Systemressourcenpool namens *default* mit einer zugehörigen Arbeitsauslastungsgruppe gleichen Namens. Wann immer die Klassifizierungsfunktion eine unbekannte Arbeitsauslastungsgruppe zurückgibt, erfolgt die Zuordnung zu der Arbeitsauslastungsgruppe *default*. Sowohl der Ressourcenpool *default* als auch die Arbeitsauslastungsgruppe *default* können nicht gelöscht werden. Es ist aber möglich, die Ressourcenverwendung für diese Gruppe oder den Pool anzupassen.

Bedenken Sie, dass die innerhalb der Klassifizierungsfunktion abgefragten Verbindungseigenschaften nicht unveränderlich sind. So kann zum Beispiel eine Anwendung beim Aufbau einer Verbindung einfach in den Verbindungseigenschaften den Parameter für den Anwendungsnamen setzen. Wenn Ihre Klassifizierungsfunktion den Namen der Anwendung als Entscheidungsgrundlage verwendet, dann wird die Klassifizierung nicht mehr funktionieren, wenn die Anwendung die Verbindungszeichenfolge so ändert, dass ein anderer Anwendungsname angegeben wird. In diesem Fall erfolgt dann möglicherweise eine Zuordnung zur Arbeitsauslastungsgruppe *default*. Beachten Sie dies bitte beim Entwurf Ihrer Klassifizierungsfunktion.

Einen weiteren Hinweis sollten Sie ebenfalls beachten:

SQL Server erlaubt nur eine einzige Klassifizierungsfunktion. Wenn Sie also viele Arbeitsauslastungsgruppen verwenden möchten oder müssen, dann kann eine Klassifizierungsfunktion entsprechend umfangreich und unübersichtlich werden.

12.2.4 Aktivieren der Ressourcenkontrolle

Nachdem nun alle erforderlichen Elemente erzeugt wurden, kann die Ressourcenkontrolle aktiviert werden. Hierzu gibt es das Kommando ALTER RESOURCE GOVERNOR. Für die Aktivierung muss der Ressourcenkontrolle zunächst die Klassifizierungsfunktion mitgeteilt werden. Anschließend kann die Einstellung dann durch RECONFIGURE übernommen werden:

```
use master;
alter resource governor
  with (classifier_function = dbo.rgClassification)
go
alter resource governor reconfigure;
```

Die Ressourcenkontrolle ist nun aktiv und der Verkauf kann wieder normal laufen. Der Assistent der Geschäftsleitung kann seine Berichte erzeugen, ohne dass dies das Tagesgeschäft beeinträchtigt. Er wird eben nur etwas länger warten müssen. Wenn er so lange warten muss, dass es nach 20:00 Uhr wird, oder wenn er freiwillig Überstunden macht und generell vor 09:00 Uhr oder nach 20:00 Uhr arbeitet, dann laufen seine Berichte zügig durch, denn zu diesen Zeiten werden Berichtsanwendungen der Arbeitsauslastungsgruppe *default* zugeordnet.

Im Objekt-Explorer des Management Studios können Sie die konfigurierte Ressourcenkontrolle sehen. Öffnen Sie hierzu den Ordner Verwaltung/Ressourcenkontrolle (siehe Abbildung 12.2).

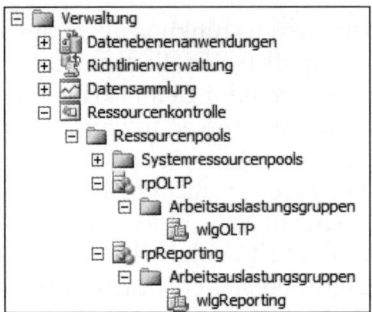

Abbildung 12.2: *Ansicht der Ressourcenkontrolle im Objekt-Explorer des SSMS*

Für alle dargestellten Elemente ist die Anzeige der Eigenschaften möglich. Änderungen der Konfiguration, wie zum Beispiel die Anpassung der Ressourcenverwendung für die existierenden Pools können Sie ebenfalls vornehmen.

12.3 Zusammenfassung

Die Ressourcenkontrolle ist ein spezieller Mechanismus zur Einordnung von Verbindungen in unterschiedliche Prioritätsklassen. In diesem Kapitel haben Sie gelernt, wie Sie die Ressourcenkontrolle einsetzen können, um Verbindungen nach ihrer Wichtigkeit einzustufen, und wie Sie Ihr System vor unvorhersehbaren Anforderungen bzw. Belastungen schützen können.

13 Testen und Optimieren des E/A-Systems

Der erste Ansatz, wenn ein System Performance-Probleme aufweist, ist für (zu) viele Administratoren die sofortige Aufrüstung der Hardware. Ich möchte an dieser Stelle noch einmal darauf hinweisen, dass diese Vorgehensweise nicht unbedingt optimal ist. Sie würden sich ja auch nicht in Ihr neues Auto einen stärkeren Motor einbauen lassen, nur weil Sie ständig mit angezogener Handbremse fahren, oder? Natürlich hat eine Aufrüstung der Hardware den Vorteil, dass sie in vielen Fällen relativ schnell und kostengünstig erledigt werden kann. Wenn Sie jedoch nicht den Ursachen für Performance-Probleme auf den Grund gehen, dann wird eine Hardware-Erweiterung wahrscheinlich nur kurzfristig Abhilfe schaffen. Üblicherweise wachsen Performance-Probleme exponentiell mit der zu bewältigenden Datenmenge, sodass diese Probleme mit der Zeit immer größer werden; wenn wir einmal davon ausgehen, dass mit der Zeit auch die zu verarbeitenden Daten anwachsen. Eine Hardware-Aufrüstung allein kann hier auf Dauer keine Abhilfe schaffen. Wenn Sie diesen Ansatz verfolgen, dann werden Sie ein Wettrüsten beginnen, das Sie nur verlieren können.

Auf der anderen Seite ist eine leistungsfähige und ordnungsgemäß konfigurierte Hardware natürlich ein wesentlicher Faktor für ein funktionierendes Gesamtsystem. Hierzu müssen zunächst einmal CPUs und Hauptspeicher ausreichend bemessen sein. Darüber hinaus ist vor allem die Konfiguration des E/A-Systems entscheidend für eine zufriedenstellende Systemleistung. Erinnern Sie sich bitte noch einmal daran, dass vor allem physische E/A-Operationen die Systemleistung entscheidend beeinflussen. In diesem Kapitel werden wir uns daher darauf konzentrieren, wie Sie Ihr E/A-System einrichten sollten, damit physische E/A-Operationen beschleunigt werden.

Physische E/A-Operationen können zwar minimiert werden, zum Beispiel durch geeignete Indizes in Kombination mit ausreichend Hauptspeicher bzw. Datencache. Hiermit haben wir uns in den vorangegangenen Kapiteln eingehend auseinandergesetzt. Letztlich liegen die Daten Ihrer Datenbanken aber auf der Festplatte und dies bedeutet nun einmal, dass physische E/A-Operationen nicht gänzlich vermieden werden können.

Die Konsequenz aus dieser Erkenntnis ist recht einfach und klar: Wenn physische E/A-Operationen erforderlich sind, dann sollten sie möglichst schnell sein. Sie werden in diesem Kapitel erfahren, wie Sie Ihr E/A-System im Hinblick auf eine optimale Verwendung durch SQL Server konfigurieren sollten. Außerdem bekommen Sie einige Ratschläge in Bezug auf die Messung der E/A-Performance.

13.1 Physikalisches Datenbank-Layout

Es gibt einige generelle Empfehlungen zur Organisation des E/A-Systems eines Servers, der als Gastbetriebssystem für SQL Server konfiguriert werden soll. Diese Aussage bringt uns sofort auf einen sehr wichtigen Punkt: Wann immer möglich, spendieren Sie einem SQL Server für ein Produktivsystem eine dedizierte Maschine. Sorgen Sie also dafür, dass außer einer SQL Server-Instanz nicht noch andere Prozesse auf dem entsprechenden Server ausgeführt werden.

In Abbildung 13.1 sehen Sie ein Beispiel für die Verteilung der Dateien von SQL Server und Betriebssystem.

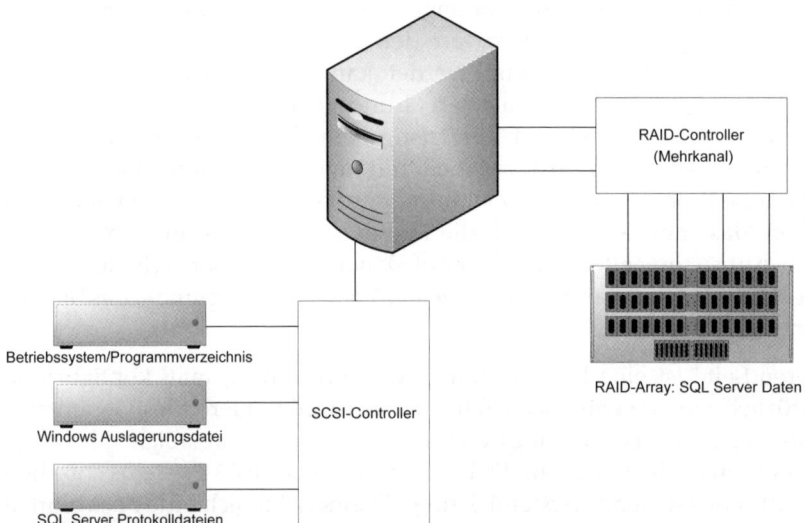

Abbildung 13.1: *Beispiel für ein physikalisches Datenbank-Layout*

Die Abbildung macht deutlich, dass die Dateien des Betriebssystems nach Möglichkeit von den Datenbankdateien getrennt gespeichert werden sollten. Darüber hinaus sollten Sie bei der Konfiguration des E/A-Systems die folgenden Punkte bedenken:

▶ **Wenn möglich, speichern Sie SQL Server-Protokoll- und Datendateien auf physikalisch unterschiedlichen Laufwerken**. Dies haben wir bereits mehrfach betont. Erinnern Sie sich daran, dass Protokolldateien vor allem sequenziell geschrieben werden, während aus Datendateien in erster Linie zufällig gelesen wird. Aufgrund dieser unterschiedlichen Zugriffsmodi sollten Sie beide Dateiarten niemals „vermischen", also auf demselben Laufwerk speichern. Eine derartige Vorgehensweise verbietet sich bereits allein aus Gründen der Datensicherheit, ist aber auch aus Gründen der E/A-Performance sehr wesentlich. Im Idealfall sollten Sie daher für jede Datenbank eine eigene Protokolldatei auf einem eigenen Laufwerk anlegen. Das wird natürlich aus Kostengründen nicht immer möglich sein. Zumindest für Ihre „Haupt-OLTP-Datenbank" sollten Sie aber versuchen, so eine Konstellation hinzubekommen.

▶ **Je mehr Spindeln, desto besser**. Verwenden Sie lieber viele kleine Festplatten als wenige große. Dadurch steigt der Grad der Parallelität von E/A-Operationen und der E/A-Durchsatz erhöht sich.

▶ **Wenn Sie können, speichern Sie Daten- und Indexdateien auf unterschiedlichen Laufwerken**. Das erhöht die Performance von Lookup-Operationen.

▶ **Legen Sie unterschiedliche Dateigruppen auf unterschiedlichen Datenträgern an**. Bei großen Datenbanken lohnt sich eventuell eine manuelle Aufteilung von Tabellen- und Indexdaten auf unterschiedliche Laufwerke. Hierfür benötigen Sie im SQL Server Dateigruppen. Denken Sie zum Beispiel an einen Join, der zwei Tabellen miteinander verknüpft. Wenn diese beiden Tabellen auf unterschiedlichen Festplatten gespeichert sind, dann können die Tabellendaten parallel gelesen werden.

Im Durchschnitt sollte jede Dateigruppe pro CPU-Kern zwischen 0,25 und 1 Datei enthalten. Wenn Ihr Server also insgesamt über acht CPU-Kerne verfügt, dann sollten Sie in einer Dateigruppe zwei bis acht Dateien unterbringen.

▶ **Speichern Sie eventuell die *tempdb* auf einem separaten Laufwerk**. Wie im vorherigen Kapitel bereits einmal erwähnt, kann die Systemdatenbank *tempdb* zum Flaschenhals werden, da alle Verbindungen diese Datenbank gemeinsam verwenden. Falls die *tempdb* exzessiv verwendet wird und es zu Blockierungen kommt, weil Objekte in der *tempdb* nicht schnell genug allokiert werden können, dann ist es eventuell sinnvoll, die *tempdb* in einer Dateigruppe zu speichern, die je CPU-Kern eine Datei enthält. Falls die *tempdb* in Ihrer Rangliste der E/A-Operationen weit oben steht, dann kann es sich auch lohnen, für diese Datenbank eine eigene LUN zu „spendieren".

▶ **Verwenden Sie 64 kByte als Blockgröße für die Formatierung Ihrer NTFS-Festplatten**. Wenn Sie SQL Server eine dedizierte Maschine zur Verfügung stellen, dann sollten Sie die Festplatten mit dieser Blockgröße formatieren. Eine Blockgröße von 64 kByte ist für SQL Server optimal.

▶ **Verwenden Sie DISKPART.EXE zur Ausrichtung von Blöcken und Sektoren**. Falls Sie ein Betriebssystem vor Windows Server 2008 verwenden – also zum Beispiel Windows Server 2003 –, dann sollten Sie bedenken, dass durch ein Problem in diesen Betriebssystemen Block- und Sektorgrenzen nicht zusammenfallen. Dadurch muss ein Lesevorgang, der einen Block liest, unter Umständen auf zwei Sektoren der Festplatte zugreifen. Dies kann die Performance erheblich beeinträchtigen. Im Internet finden Sie Anleitungen, wie Sie das Systemprogramm DISKPART.EXE verwenden können, um eine solche Situation zu vermeiden. Ab Windows Server 2008 (oder auch Windows Vista) besteht das Problem nicht mehr, sofern Sie eine „frische" Installation vorgenommen haben und nicht nur ein Upgrade von Windows 2003.

▶ **Legen Sie Ihre Datenbank- und Protokolldateien in der erforderlichen Größe an**. Vertrauen Sie bitte nicht auf die automatische Vergrößerung. Diese funktioniert zwar, führt jedoch auf Dauer zu einer Fragmentierung. Außerdem kostet eine automatische Vergrößerung selber natürlich auch Zeit und verringert damit die Abfrageleistung.

▶ **Planen Sie Ihre Festplatten nach dem erforderlichen E/A-Durchsatz**. Denken Sie daran, dass die E/A-Leistung mit der Anzahl der Festplatten steigt. Festplatten sind in der heutigen Zeit durchaus erschwinglich. Fangen Sie also nicht an, Ihr E/A-System nach Kapazität zu planen. Dieser Ansatz ist überholt! Im nächsten Abschnitt beschäftigen wir uns mit der Messung des E/A-Durchsatzes.

▶ **Verwenden Sie nach Möglichkeit RAID 1+0 für Ihr E/A-System**. Dadurch erreichen Sie die beste Performance. Setzen Sie kein Software-RAID ein, sondern verwenden Sie in jedem Fall ein Hardware-RAID. Insbesondere sollten Sie RAID 1+0 für das Speichern des Protokolls verwenden.

13.2 Testen des E/A-Systems

Es wird empfohlen, dass Sie das E/A-System eines Servers überprüfen, *bevor* Sie SQL Server installieren. Für diese Überprüfung gibt es kostenlose Programme, die Sie aus dem Internet beziehen können. SQL Server-E/A-Operationen verwenden bestimmte E/A-Muster, die Ihr E/A-System vor spezielle Herausforderungen stellt. Eine Untersuchung des E/A-Systems ist daher ein sehr wichtiger Punkt bei der Evaluierung neuer oder auch bestehender Hardware. Diese Untersuchung sollte zwei Bereiche abdecken:

▶ **Korrektheit**. Zunächst einmal muss natürlich sichergestellt sein, dass Ihr E/A-System die speziellen SQL Server E/A-Muster überhaupt fehlerfrei verarbeiten kann.

▶ **Performance**. Mit dieser Überprüfung stellen Sie sicher, dass Ihr E/A-System den Anforderungen hinsichtlich des erforderlichen E/A-Durchsatzes gerecht wird.

13.2.1 Testen auf Korrektheit von E/A-Operationen mit SQLIOSIM

Bevor Sie die Performance eines E/A-Systems überprüfen, sollte zunächst einmal sichergestellt sein, dass das E/A-System überhaupt den Anforderungen von SQL Server genügt, dass E/A-Anforderungen also generell korrekt abgearbeitet werden.

Ein auf SQL Server abgestimmtes E/A-System muss in der Lage sein, ganz bestimmte E/A-Muster zu verarbeiten. Dies ist gar nicht so selbstverständlich, wie es den Anschein haben mag. Wenn Sie einmal das Internet nach Fehlerbeschreibungen durchsuchen, die sich auf E/A-Systeme im Zusammenhang mit SQL Server beziehen, dann werden Sie sich über die Vielfalt der existierenden Fehlerbeschreibungen wundern. Eine veraltete Controller-Firmware oder ein fehlerhaft arbeitender Controller-Cache, die Ursachen für E/A-Fehler können sehr vielfältig sein.

Microsoft stellt daher ein Programm zur Verfügung, mit dem Sie ein E/A-System auf Zuverlässigkeit überprüfen können: SQLIOSIM.EXE.

Wie der Name bereits vermuten lässt, handelt es sich bei diesem Programm um eine Simulationssoftware. Wenn das Programm ausgeführt wird, dann simuliert es E/A-Operationen nach SQL Server-Muster.

Sie können SQLIOSIM kostenlos aus dem Internet herunterladen. Bei mir war es sogar Bestandteil der SQL Server-Installation. Ich habe SQLIOSIM.EXE nebst Konfigurationsdateien im *MSSQL/Binn*-Verzeichnis meiner SQL Server-Instanz gefunden.

SQLIOSIM ist recht einfach zu handhaben. Über eine Konfigurationsdatei namens *sqliosim.cfg.ini* können Sie festlegen, wie viele Dateien SQLIOSIM insgesamt für die Simulation benutzen soll. Dort legen Sie auch fest, ob eine Datei als SQL Server-Daten- oder Protokolldatei angesehen werden soll. Beide Dateitypen weisen natürlich unterschiedliche E/A-Muster auf und dies wird von SQLIOSIM bei der Simulation von E/A-Operationen berücksichtigt. Beim Start von SQLIOSIM werden die in der Konfigurationsdatei festgelegten Parameter angezeigt. Sie haben dort auch die Möglichkeit, diese Parameter in einem entsprechenden Dialog zu überschreiben.

Sie können also Daten- und Protokolldateien in den Verzeichnissen und in der Größe erstellen, wie Sie dies für eine spätere SQL Server-Installation planen.

Nach dem Start der Simulation wird sofort ein Protokoll angezeigt (siehe Abbildung 13.2). Dieses Protokoll wird auch automatisch im XML-Format in der Datei *sqliosim.log.xml* gespeichert, sodass Sie die Protokolldaten jederzeit – auch nach Beendigung von SQLIOSIM – einsehen können.

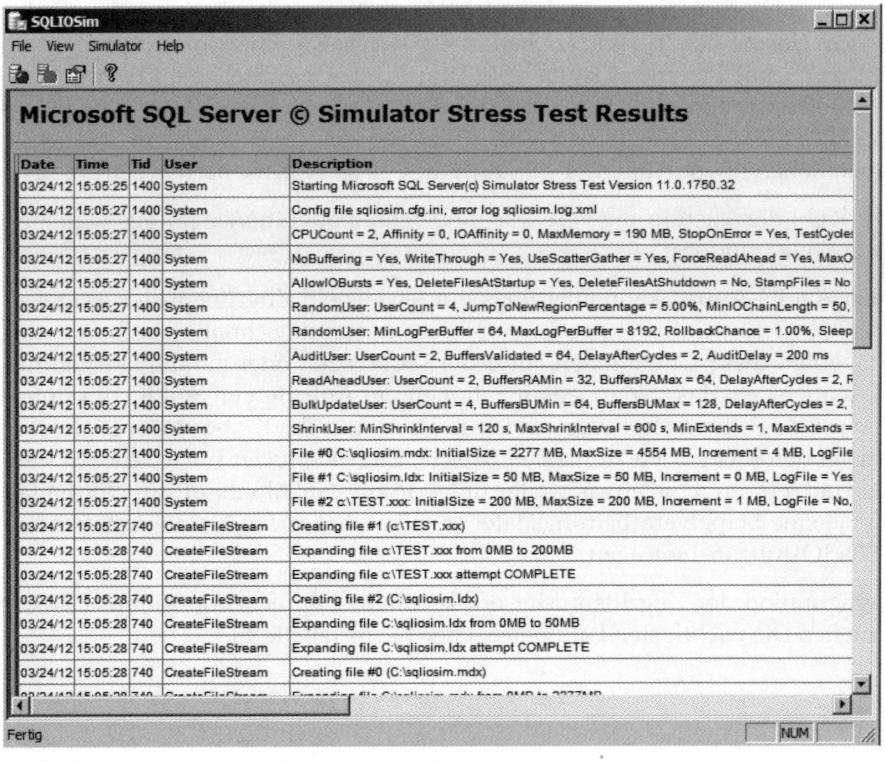

Abbildung 13.2: Beispielausgabe von SQLIOSIM

Für das erstellte Protokoll existiert auch ein XSL-Dokument mit Namen *Error-Log.xslt*, welches das Protokoll in eine tabellarische Darstellung überführt. Wenn Sie das XML-Protokoll und das XSL-Stylesheet in dasselbe Verzeichnis kopieren, dann lässt sich die XML-Protokolldatei einfach durch einen Doppelklick im Internet Explorer öffnen.

Bitte beachten Sie nochmals den folgenden Hinweis:

> SQLIOSIM ist ein Programm zum Testen der *Korrektheit* Ihres E/A-Systems. Auch wenn gewisse zeitliche Aspekte in die Beurteilung der Korrektheit einfließen, bedeutet dies nicht, dass SQLIOSIM auch einen Stresstest in Bezug auf den E/A-Durchsatz vornimmt.

Für das Messen der E/A-Performance gibt es ein separates Programm, das Sie nun im folgenden Abschnitt kennenlernen: SQLIO.EXE.

13.2.2   Messen des E/A-Durchsatzes mit SQLIO

Das Programm SQLIO.EXE gibt es ebenfalls kostenlos im Internet. Mit diesem Programm können Sie SQL Server-ähnliche E/A-Operationen simulieren, wobei Sie Ihr E/A-System einem Stresstest unterziehen. SQLIO ist ein Kommandozeilenprogramm. Über entsprechende Parameter können Sie Zugriffsmuster einstellen und damit Lese- sowie Schreiboperationen in SQL Server-Protokoll- und Datendateien simulieren. Hierbei haben Sie die Wahl zwischen einer Vielzahl von Zugriffsmustern, sodass Sie E/A-Operationen sowohl für OLTP- als auch für OLAP-Systeme nachstellen können.

SQLIO erlaubt die Ausführung von Lese- und Schreiboperationen jeweils sequenziell oder zufällig (random).

Für einen SQLIO-Aufruf kann allerdings nur jeweils ein Zugriffsmuster festgelegt werden. SQLIO führt also entweder nur Lese- oder nur Schreiboperationen aus. Ebenso werden diese Operationen entweder sequenziell oder zufällig ausgeführt. Die Konsequenz ist, dass Sie in jedem Fall mehrere Aufrufe von SQLIO mit unterschiedlichen Zugriffsmustern verwenden müssen, um Ihr E/A-System in den Sie interessierenden Kategorien zu messen. Welche Zugriffsmuster für welches System passend sind, erfahren Sie etwas weiter unten in diesem Abschnitt. Im Normalfall werden Sie eine Stapelverarbeitungsdatei erstellen, in welche Sie die unterschiedlichen SQLIO-Aufrufe eintragen.

Die Konfiguration der Zugriffsmuster erfolgt über entsprechende Kommandozeilenparameter. Die wichtigsten Parameter sehen Sie in Tabelle 13.1.

Parameter	Erklärung
-o	*Pro Thread* ausstehende E/A-Vorgänge in der Warteschlange. Die Anzahl der Threads wird in der Konfigurationsdatei festgelegt.
-LS	Wenn dieser Parameter angegeben wird, dann misst SQLIO auch die Latenzzeit der Festplatte(n). Sie sollten diesen Parameter angeben, um die Latenzzeit zu messen, wenn Sie ein System testen.
-k	Gibt den Modus der E/A-Operation an. *R* steht für Lesen (Read) und *W* für Schreiben (Write).
-s	Gibt die Dauer des Tests in Sekunden an.
-b	Über diesen Parameter legen Sie die Blockgröße der E/A-Operationen in kByte fest.
-f	Hier wird die Zugriffsart angegeben. Der Wert kann *sequential* für sequenzielle E/A-Operationen oder *random* für zufällige E/A-Operationen sein.
-F	Hier geben Sie den Namen der Konfigurationsdatei an (siehe unten).

Tabelle 13.1: Kommandozeilenparameter für SQLIO

In der Konfigurationsdatei legen Sie fest, welche Dateien SQLIO für den Test verwenden soll. Jede Zeile in der Konfigurationsdatei steht hierbei für eine zu verwendende Datei. Die Dateibeschreibung selber besteht aus den folgenden vier Spalten:

▶ **Pfad**. Hier steht der vollständige Name der Testdatei, inklusive der Pfadangabe. SQLIO verwendet diese Datei, wenn sie bereits existiert. Falls die Datei noch nicht vorhanden ist, wird sie vor dem Beginn des Tests in der konfigurierten Größe (siehe unten) angelegt. Je nach Dateigröße dauert das Anlegen der Datei eine Weile, wodurch die Ausführung von SQLIO entsprechend verlängert wird.

▶ **Anzahl der zu verwendenden Threads**. Denken Sie bitte daran, dass die wartenden E/A-Vorgänge, die Sie über den Parameter *–o* konfigurieren, per Thread sind. Dadurch hat der hier angegebene Wert auch Einfluss auf die wartenden E/A-Vorgänge. Sie können zum Beispiel einen Thread mit vielen wartenden E/A-Operationen verwenden oder aber mehrere Threads mit nur jeweils einer wartenden E/A-Operation konfigurieren. Diese beiden Konfigurationsparameter sind also voneinander abhängig. Normalerweise sollten Sie gleiche Messwerte erhalten, wenn das Produkt zwischen der Anzahl der Threads und den wartenden E/A-Vorgängen ebenfalls gleich ist. Die Anzahl der verfügbaren Prozessor-Kerne ist ein geeigneter Wert für diesen Parameter.

▶ **Maske für E/A-Operationen**. Die Maske sollte immer *0x0* sein.

▶ **Größe der Datei**. Geben Sie hier die Größe der zu verwendenden Testdatei in MByte an. Wählen Sie die Datei nach Möglichkeit so groß, wie die tatsächliche Datenbankdatei später einmal sein wird. Auf jeden Fall sollte dieser Wert deutlich größer (Faktor zwei bis 4) als der Cache des E/A-Systems sein. Schließlich wollen Sie nicht die Leistung des Controller-Caches messen, sondern die Performance der E/A-Operationen selber.

Eine Beispiel-Konfigurationsdatei mit Namen *param.txt* wird durch die Installation mitgeliefert. Diese Datei können Sie als Muster für Ihre Konfiguration verwenden.

Eine Zeile in der Konfigurationsdatei sieht zum Beispiel so aus:

```
D:\SqlData\testdata.sqlio 4 0x0 20480
```

Über diese Zeile wird festgelegt, dass eine Testdatei des angegebenen Namens mit einer Größe von 20 GByte verwendet wird. Die gegen diese Datei ausgeführten Tests verwenden das Muster *0x0* für E/A-Operationen und vier Threads.

Damit wissen Sie nun also, wie SQLIO generell verwendet wird. Welche Zugriffsmuster Sie für den Test Ihres E/A-Systems verwenden sollten, erfahren Sie im verbleibenden Teil dieses Abschnitts. Außerdem bekommen Sie Tipps für eine generelle Vorgehensweise bei Messungen mit SQLIO.

Testen von E/A-Operationen gegen SQL Server-Datendateien

Die verwendeten (und somit für den Test relevanten) Zugriffsmuster variieren je nach Anwendungstyp. Es ist leider nicht möglich, für diesen Fall eine allgemeingültige Aussage zu treffen.

Für **OLTP-Datenbanken**, die per Definition viele kleine Transaktionen verarbeiten, sollten Sie sich auf das Messen zufälliger Lese- und Schreiboperationen mit einer Blockgröße von 8 kByte konzentrieren. Hierbei ist nicht so sehr der eigentliche Datendurchsatz, gemessen in MByte je Sekunde, entscheidend. Wesentlich interessanter ist die Anzahl der E/A-Operationen je Sekunde, auf die Sie bei einer solchen Messung Ihr Augenmerk richten sollten. Insbesondere sollte daher die Latenzzeit Ihres E/A-Systems möglichst gering sein. Achten Sie also auf die Leistungsindikatoren *Mittlere Sek./Lesevorgänge* sowie *Mittlere Sek./Schreibvorgänge*. Idealerweise sollten beide Werte im einstelligen Millisekunden-Bereich liegen.

Allerdings sind in OLTP-Datenbanken Scan-Operationen nicht ausgeschlossen, wie Sie aus den vorangegangenen Kapiteln wissen. Bei großen Scan-Operationen werden Read Aheads mit einer Blockgröße von bis zu 1.024 kByte in der Enterprise Edition von SQL Server verwendet. Diese Read-Ahead-Lesevorgänge sind sequenzieller Natur. Wenn Ihre Anwendungen viele solcher Read-Ahead-Operationen auslösen, dann sollten Sie folglich auch sequenzielle Leseoperationen in verschiedenen Blockgrößen testen.

Normalerweise sind Scan-Operationen aber untypisch für gut entworfene OLTP-Anwendungen. Konzentrieren Sie sich daher bei den Tests auf die Messung der Anzahl zufälliger Leseoperationen je Sekunde mit einer Blockgröße von 8 kByte.

Erinnern Sie sich bitte noch einmal daran, dass das Schreiben geänderter Datenseiten größtenteils asynchron erfolgt. Eine Messung des Schreibdurchsatzes ist deshalb nicht ganz so wichtig. Allerdings sollten natürlich beim Auslösen eines CHECKPOINTs die erforderlichen Datenseiten möglichst schnell aus dem Cache auf die Platte übertragen werden, weil ansonsten Ihre System-Performance leidet. Daher können Sie auch die Anzahl der Schreiboperationen je Sekunde mit einer Blockgröße von 8 kByte in Ihre Messung mit einbeziehen. Diese Schreiboperationen sind ebenfalls zufälliger Natur.

In **OLAP-Datenbanken** sieht es etwas anders aus. Dort haben Sie es größtenteils mit sequenziellen Lese- und Schreiboperationen zu tun. Für Leseoperationen beträgt die Blockgröße 8 bis 256 kByte; in der Enterprise Edition auch bis 1.024 kByte. Auch Schreiboperationen (BULK LOADs) werden größtenteils sequenziell ausgeführt. Hier ist die maximale Blockgröße auf 128 kByte begrenzt.

Bei diesen sequenziellen Lese- und Schreiboperationen kommt es auf den Datendurchsatz, gemessen in MByte je Sekunde, an. Konzentrieren Sie sich also auf diesen Messwert; die Anzahl der E/A-Operationen je Sekunde ist in diesem Fall nicht so sehr von Interesse.

Testen von protokolltypischen E/A-Operationen

E/A-Operationen gegen SQL Server-Protokolldateien sind stets sequenziell. Erinnern Sie sich bitte noch einmal an unser Experiment aus Kapitel 2 und an das dort Gesagte: Bevor eine Transaktion als abgeschlossen betrachtet werden kann, müssen zunächst die erforderlichen Einträge in der Protokolldatei erstellt werden. Genau genommen werden diese Einträge an das Protokoll angefügt, und zwar *synchron*. Das wichtigste Szenario für das Messen der protokollspezifischen E/A-Operationen sind daher sequenzielle Schreibvorgänge. Je nach Transaktionsumfang haben diese Schreiboperationen eine Blockgröße von bis zu 60 kByte.

Aus dem Transaktionsprotokoll werden auch Daten gelesen. Dies ist zum Beispiel der Fall, wenn Sie eine Sicherung des Protokolls erstellen oder etwa eine Spiegelung bzw. transaktionale Replikation einsetzen. Auch die Leseoperationen erfolgen sequenziell, wobei die Blockgröße maximal ca. 120 kByte beträgt.

Konzentrieren Sie sich bei den Messungen für die E/A-Performance auf sequenzielle Schreiboperationen in Blockgrößen von 4 bis 64 kByte und betrachten Sie vor allem den Datendurchsatz, also die übertragenen MByte je Sekunde. Bei vielen kleinen Transaktionen (also in OLTP-Systemen) ist die Latenzzeit der Festplatte(n) ebenfalls ein wesentlicher Faktor, den Sie einer Beurteilung unterziehen sollten. Es ist einfach so, dass die Protokolleinträge so schnell wie nur irgend möglich auf die Festplatte geschrieben werden müssen. Geringe Latenzzeiten sind deshalb sehr wichtig. Erinnern Sie sich noch einmal an das Beispiel aus Kapitel 2, in dem einzig und allein das Schreiben des Transaktionsprotokolls für die Ausführungsdauer bestimmend war.

Generelle Vorgehensweise für Messungen mit SQLIO

Beginnen Sie zunächst mit kleineren Ausführungszeiten für Ihre Messungen, um einen Gesamtüberblick zu bekommen. Anhand dieser Gesamtübersicht können Sie dann weitere Messszenarien konfigurieren und schließlich die Messungen über einen längeren Zeitraum durchführen. Es ist sehr wichtig, dass Sie einen ausreichend großen Zeitraum beobachten, weil viele Controller intelligente Caches besitzen, die erst nach einer gewissen Anlernphase richtig auf Touren kommen.

Was Sie für die Tests unbedingt benötigen, ist Zeit. Für die Messungen in den unterschiedlichen Konfigurationen bzw. Szenarien ist eine Reihe von Experimenten erforderlich. Diese Experimente müssen natürlich geplant und durchgeführt werden. Es wird nicht möglich sein, dass Sie diese Aufgabe nebenbei bewältigen können; planen Sie für die Untersuchungen also besser eine Woche ein. Insbesondere müssen Sie mit einer unterschiedlichen Anzahl wartender E/A-Vorgänge in unterschiedlichen Blockgrößen experimentieren, um Ihr System beurteilen zu können.

Wir kommen etwas weiter unten noch einmal auf Blockgrößen und Warteschlangen zurück.

SQLIO gibt die Messergebnisse auf dem Bildschirm aus. Wie bei Kommandozeilenprogrammen gewohnt, haben Sie aber natürlich auch die Möglichkeit, die Ausgabe in eine Datei umzuleiten.

In Abbildung 13.3 sehen Sie ein Beispiel für eine Ausgabe von SQLIO.

```
Administrator: C:\Windows\system32\cmd.exe                              _ □ x
C:\Program Files\SQLIO>sqlio -kR -s60 -frandom -b8 -o2 -LS -Fparam.txt
sqlio v1.5.SG
using system counter for latency timings, 14318180 counts per second
parameter file used: param.txt
        file c:\testfile.dat with 1 thread (0) using mask 0x0 (0)
1 thread reading for 60 secs from file c:\testfile.dat
        using 8KB random IOs
        enabling multiple I/Os per thread with 2 outstanding
using specified size: 1000 MB for file: c:\testfile.dat
initialization done
CUMULATIVE DATA:
throughput metrics:
IOs/sec:     76.39
MBs/sec:      0.59
latency metrics:
Min_Latency(ms): 3
Avg_Latency(ms): 25
Max_Latency(ms): 238
histogram:
ms: 0  1  2  3  4  5  6  7  8  9 10 11 12 13 14 15 16 17 18 19 20 21 22 23 24+
%:  0  0  0  0  0  0  0  0  0  0  1  1  1  2  1  2  3  3  4  4  4  5  5  5 58
```

Abbildung 13.3: Von SQLIO ausgegebene Messergebnisse

Bitte lassen Sie sich von den mehr als miserablen Messwerten nicht verwirren. Das Experiment wurde mit der Festplatte eines etwas betagten Notebooks durchgeführt. Letztlich erhalten Sie eine Reihe von Messwerten, die Auskunft über das Verhalten Ihres E/A-Systems geben. Wie diese Messwerte interpretiert werden, erfahren Sie etwas weiter unten.

Leider kann SQLIO nur das in Abbildung 13.3 dargestellte Protokoll erzeugen. Eine Ausgabe in einem anderen Format, etwa grafisch oder tabellarisch, ist nicht möglich. Das Übertragen der Messergebnisse in eine Excel-Tabelle müssen Sie normalerweise manuell vornehmen, was etwas quälend und mühselig ist. Hier hilft aber der Systemmonitor weiter. Wenn Sie die folgenden Indikatoren des Objektes *Logischer Datenträger (Logical Disk)* für eine bestimmte LUN hinzufügen, dann bekommen Sie wahlweise eine grafische Darstellung oder auch einen Bericht. Lesen Sie noch einmal in Kapitel 4 nach, wenn Sie nicht mehr wissen, wie Sie den Systemmonitor hierfür einsetzen können.

▶ **Durchschnittl. Warteschlangenlänge des Datenträgers (Avg. Disk Queue Length)**. Der Indikator zeigt an, wie viele E/A-Operationen in der Warteschlange auf Abarbeitung warten. Sie können die Länge der Warteschlange bei einem SQLIO. Durchlauf über den Parameter –o und die Anzahl der verwendeten Threads bestimmen.

▶ **Mittlere Sek./Schreibvorgänge (Avg. Disk sec/Write)**. Verwenden Sie diesen Indikator beim Test von Schreiboperationen. Der Indikator gibt die durchschnittliche Zeitdauer für einen Schreibvorgang in Sekunden an und sollte natürlich einen möglichst geringen Wert aufweisen.

▶ **Bytes geschrieben/s (Disk Byte Write/sec)**. Diesen Indikator sollten Sie ebenfalls beim Test von Schreiboperationen hinzufügen. Er gibt den eigentlichen Datendurchsatz für einen Schreibvorgang an.

▶ **Mittlere Sek./Lesevorgänge (Avg. Disk sec/Read)**. Für Tests von Leseoperationen verwenden Sie diesen Indikator. Er gibt die durchschnittliche Zeitdauer für eine Leseoperation in Sekunden an.

▶ **Bytes gelesen/s (Disk Byte Read/sec)**. Dieser Wert enthält den Datendurchsatz für Leseoperationen, sollte also für den Test von Leseoperationen hinzugefügt werden.

Wie gesagt, sollten Sie sich zu Beginn zunächst eine Übersicht verschaffen. Hierzu können Sie die folgenden SQLIO-Aufrufe für unterschiedliche Kategorien von E/A-Mustern verwenden:

Messen der Anzahl zufälliger Lese- und Schreiboperationen in einem OLTP-System

Wie etwas weiter oben erläutert, sollte die Blockgröße in diesem Fall 8 kByte betragen. Die folgenden beiden SQLIO-Aufrufe messen den Lese- und Schreibdurchsatz:

```
sqlio -kR -s300 -frandom -o8 -b8 -LS -param.txt
timeout /t60
sqlio -kW -s300 -frandom -o8 -b8 -LS -param.txt
```

Der *Timeout* ist erforderlich, damit das E/A-System sich nach jedem Test erst einmal „beruhigen" kann und zum Beispiel die anstehenden E/A-Operationen beendet werden, bevor ein neuer Test beginnt.

Sequenzielles Lesen und Schreiben in einem OLAP-System
In diesem Fall müssen Sie unterschiedliche Blockgrößen sowie sequenzielle Lese- und Schreiboperationen verwenden:

```
sqlio -kR -s300 -sequential -o8 -b8 -LS -param.txt
sqlio -kR -s300 -sequential -o8 -b64 -LS -param.txt
sqlio -kR -s300 -sequential -o8 -b128 -LS -param.txt
sqlio -kR -s300 -sequential -o8 -b256 -LS -param.txt
sqlio -kR -s300 -sequential -o8 -b1024 -LS -param.txt
sqlio -kW -s300 -sequential -o8 -b64 -LS -param.txt
sqlio -kW -s300 -sequential -o8 -b128 -LS -param.txt
sqlio -kW -s300 -sequential -o8 -b256 -LS -param.txt
```

Wenn Sie nicht die Enterprise Edition von SQL Server einsetzen, dann können Sie den Aufruf mit der Blockgröße von 1.024 kByte auslassen.

Die *Timeout*-Aufrufe wurden hier aus Gründen der Übersichtlichkeit weggelassen; Sie sollten aber daran denken, jeweils zwischen zwei SQLIO-Aufrufen eine Pause einzulegen.

Sequenzielles Schreiben des Protokolls Die Länge der Warteschlange kann für diesen Test etwas geringer sein. Erinnern Sie sich bitte an Kapitel 2 und 4: Wenn die Warteschlange für das Schreiben des Protokolls zu groß wird, dann benötigen Sie ein schnelleres Laufwerk oder ein verringertes Transaktionsvolumen. Daher testen wir mit einer Warteschlangen-Länge von 4.

Die folgenden Aufrufe simulieren das Schreiben in das Protokoll in unterschiedlichen Blockgrößen:

```
sqlio -kW -s300 -sequential -o4 -b4 -LS -param.txt
sqlio -kW -s300 -sequential -o4 -b8 -LS -param.txt
sqlio -kW -s300 -sequential -o4 -b16 -LS -param.txt
sqlio -kW -s300 -sequential -o4 -b32 -LS -param.txt
sqlio -kW -s300 -sequential -o4 -b64 -LS -param.txt
```

Auch hier wurden wiederum die *Timeout*-Aufrufe weggelassen.

Noch einmal zur Erinnerung: In einem OLTP-System ist eine geringe Latenzzeit besonders wichtig.

Worauf Sie bei allen Messungen achten müssen, ist, dass Sie Ihr E/A-System unterhalb der Sättigung testen. Wie Sie hierfür vorgehen, erfahren Sie im folgenden Abschnitt.

Ermitteln der Sättigung des E/A-Systems Die Sättigung des E/A-Systems gibt den maximal erreichbaren Datendurchsatz an, den Sie in einer bestimmten Konfiguration erreichen können. Sie können die Sättigung je Blockgröße, Zugriffsart (Lesen oder Schreiben) und Zugriffsmodus (sequenziell oder zufällig) experimentell ermitteln. Hierzu müssen Sie in nacheinander folgenden Aufrufen von SQLIO für eine Zugriffsart, einen Zugriffsmodus und eine Blockgröße die Anzahl der ausstehenden E/A-Vorgänge über den Parameter –*o* sukzessive erhöhen. Für eine Blockgröße von 64 kByte könnten die entsprechenden SQLIO-Aufrufe so aussehen:

```
sqlio -kW -s120 -fsequential -o1 -b64 -LS -Fparam.txt
sqlio -kW -s120 -fsequential -o2 -b64 -LS -Fparam.txt
sqlio -kW -s120 -fsequential -o3 -b64 -LS -Fparam.txt
sqlio -kW -s120 -fsequential -o4 -b64 -LS -Fparam.txt
sqlio -kW -s120 -fsequential -o5 -b64 -LS -Fparam.txt
sqlio -kW -s120 -fsequential -o6 -b64 -LS -Fparam.txt
sqlio -kW -s120 -fsequential -o7 -b64 -LS -Fparam.txt
sqlio -kW -s120 -fsequential -o8 -b64 -LS -Fparam.txt
```

In der Konfigurationsdatei geben Sie für diese Messung eine Datei und auch nur einen Thread an, also etwa so:

```
D:\SqlData\testdata.sqlio 1 0x0 20480
```

Beobachten Sie beim Ablauf des Tests die etwas weiter oben aufgelisteten Indikatoren des Systemmonitors. Sobald der Datendurchsatz bei einer Erhöhung der Warteschlange nicht mehr anwächst, ist die Sättigung erreicht. Sie erkennen diesen Zustand sehr schön in der grafischen Ansicht des Systemmonitors. An der Stelle, an der nur noch die Warteschlange und die für eine Lese- oder Schreiboperation benötigte Zeit anwachsen, ohne dass sich auch die gemessene Übertragungsrate erhöht, ist die Sättigung erreicht. Sie haben dann den maximalen Datendurchsatz gefunden – wohlgemerkt: für *eine* bestimmte Blockgröße, *eine* Zugriffsart, *einen* Zugriffsmodus und *eine* LUN. Sie müssen die entsprechenden SQLIO-Aufrufe also für unterschiedliche Zugriffsmodi, Blockgrößen, Zugriffsarten und logische Laufwerke wiederholen, um den maximal erreichbaren Datendurchsatz je Einstellung zu ermitteln. Ein gutes Argument dafür, dass Sie für SQLIO-Experimente ausreichend Zeit einplanen sollten, nicht wahr?

Testen mehrerer Pfade In der Konfigurationsdatei können Sie mehrere Dateien angeben, die dann bei einem Test gleichzeitig gelesen bzw. geschrieben werden. Beginnen sollten Sie zunächst mit nur einer Datei. Sobald Sie gesicherte Erkenntnisse beim Experimentieren mit einer Datei gewonnen haben, können Sie Ihre Versuche auf mehrere Dateien ausdehnen.

Interpretieren der SQLIO-Ergebnisse

Für die Auswertung der Messergebnisse sollten Sie die folgenden Punkte beachten:

▶ Stellen Sie sicher, dass außer Ihnen niemand sonst das E/A-System verwendet. Ansonsten sind Ihre Testergebnisse wertlos.

▶ Wenn Sie die Blockgröße erhöhen, dann wird normalerweise auch die Latenzzeit anwachsen.

▶ Denken Sie daran, dass Sie für zufällige E/A-Operationen die Anzahl der Operationen je Sekunde betrachten. Für sequenzielle E/A-Operationen ist dagegen der Datendurchsatz in Mbyte je Sekunde entscheidend.

▶ Wenn Sie beginnen, mehrere Dateien zu verwenden, dann sollte der Datendurchsatz anwachsen.

▶ Heben Sie die Messergebnisse auf. Dadurch können Sie Ihren Hardwarelieferanten konsultieren, wenn Sie allein nicht in der Lage sind, die Ergebnisse zu interpretieren.

13.3   Zusammenfassung

Ein optimal konfiguriertes E/A-System ist ein wesentlicher Faktor für eine zufriedenstellende Performance eines Systems. In diesem Kapitel haben Sie wichtige Hinweise erhalten, die Sie bei der Einrichtung eines E/A-Systems beachten sollten, um das E/A-System speziell an die Erfordernisse von SQL Server anzupassen.

Darüber hinaus haben Sie erfahren, wie Sie ein bestehendes E/A-System unter Verwendung von SQLIOSIM und SQLIO im Hinblick auf Funktionalität und Datendurchsatz überprüfen können. Denken Sie bitte daran, dass diese Überprüfungen zur Validierung des Systems dienen und daher nach Möglichkeit *vor* der Installation von SQL Server durchgeführt werden sollten.

A Anhang: Häufige Fehler und Irrtümer

In diesem Anhang habe ich für Sie Fehler und Irrtümer zusammengefasst, die mir immer wieder begegnen. Teilweise handelt es sich hierbei um Wiederholungen, also Themen, die Ihnen aus den Kapiteln dieses Buches bereits bekannt sein sollten. In einigen Fällen werden diese bekannten Themen auch noch einmal vertieft. Darüber hinaus erfahren Sie auch einige Neuigkeiten, die in diesem Anhang Platz gefunden haben, weil eine Zuordnung zu einem Kapitel nicht eindeutig möglich war.

Ich hoffe, dass Ihnen dieser Anhang als Nachschlagewerk gute Dienste leistet und dass Sie die hier aufgezählten Ratschläge in Erinnerung behalten. Das Ziel ist auch, Sie zu ermuntern, über Probleme einmal anders nachzudenken und nicht irgendwelche im Internet präsentierten Erkenntnisse ohne zu überlegen als Richtlinien herzunehmen.

Die vorgestellten Hinweise werden dabei mehr oder weniger willkürlich aufgelistet und sind keinesfalls nach Wichtigkeit, Wirksamkeit oder Bedeutung angeordnet.

A.1 Vertrauen auf RAID 5

Ein RAID 5 Array ist für Schreiboperationen ganz klar nicht die optimale Lösung. Vor allem das Protokoll sollten Sie nicht auf einem RAID 5 Array speichern. Hier ist ein RAID 1+0 eindeutig vorzuziehen. Vor allem ist immer noch häufig eine Konstellation anzutreffen, bei der sowohl Daten- als auch Protokolldateien auf einer LUN in einem RAID 5 Array gespeichert werden. Eine solche Konfiguration ist im besten Falle suboptimal.

A.2 Planung des E/A-Systems nach Kapazität

Diese Vorgehensweise sollte der Vergangenheit angehören. Natürlich sollten Sie abschätzen können, welches Datenvolumen zu erwarten ist. Eine Planung des E/A-Systems nach Datenbankgrößen ist jedoch überholt. Planen Sie Ihr E/A-System nach dem erforderlichen E/A-Durchsatz und nicht nach der erforderlichen Festplattenkapazität.

A.3 Gruppierter Index für den Primärschlüssel

SQL Server erstellt standardmäßig für den Primärschlüssel einer Tabelle den gruppierten Index, wenn Sie nichts anderes festlegen. Es gibt genügend Beispiele dafür, wann ein gruppierter Primärschlüssel alles andere als die optimale Wahl ist. Sie können nur einen gruppierten Index je Tabelle auswählen, also denken Sie sorgfältig darüber nach, welche Spalten Sie in den gruppierten Index aufnehmen.

Lesen Sie noch einmal in Kapitel 9 nach, welche Kriterien für die Auswahl des gruppierten Index ausschlaggebend sind.

A.4 Verwenden von GUIDs als Primärschlüssel

In der objektorientierten Anwendungsentwicklung benötigt jedes Objekt eine eindeutige Identität. Anwendungsentwickler verwenden mit Vorliebe GUIDs für die Festlegung dieser Identität, denn in diesem Fall hat ein Objekt stets eine eindeutige und universell gültige ID. Als Konsequenz finden Sie in Datenbanktabellen sehr oft künstliche Primärschlüssel vom Typ GUID. In SQL Server ist dies der Datentyp UNIQUEIDENTIFIER. Der Primärschlüssel identifiziert damit nicht mehr nur eine Zeile innerhalb einer Tabelle, sondern ermöglicht eine eindeutige Identifikation dieser Zeile im gesamten Universum. Sie sollten sehr gut überlegen, ob Sie wirklich diese universell gültige Identifikation benötigen. Spalten vom Datentyp UNIQUEIDENTIFIER benötigen 16 Byte Speicherplatz, wohingegen der Datentyp INTEGER, der für eine Identifikation innerhalb der Tabelle in den meisten Fällen ausreicht, nur vier Byte erfordert.

Zunächst einmal klingt dieser Unterschied von acht Byte nicht sehr dramatisch – und eigentlich ist er es auch nicht. In einer Tabelle mit 1.000.000 Zeilen sind das nicht einmal acht MByte. Sie sollten jedoch bei dieser Kalkulation nicht vergessen, dass der Primärschlüssel einer Tabelle für Fremdschlüsselbeziehungen auch in die „zu n-Seite" einer 1:n-Beziehung dupliziert werden muss, und somit haben Sie den erhöhten Speicherplatzbedarf automatsch auch in diesen Tabellen. Hinzu kommt, dass sowohl für den Primärschlüssel als auch für Fremdschlüsselbeziehungen Indizes existieren, für die dann ebenfalls der erhöhte Speicherbedarf zu Buche schlägt. Sie sollten nicht unterschätzen, welche gravierenden Auswirkungen ein solches Design auf die erforderlichen E/A-Operationen und den größeren Arbeitsspeicherbedarf hat!

Dieses Problem kann im Übrigen in Kombination mit dem vorherigen auftreten, wenn Sie für die UNIQUEIDENTIFIER-Primärschlüssel auch noch den gruppierten Index verwenden. Denken Sie bitte daran, dass der Schlüsselwert des gruppierten Index in jedem nicht gruppierten Index gespeichert wird. Der Größenvergleich zwischen UNIQUEIDENTIFIER und INT geht hier 4:1 aus, und das wirkt sich in der Regel erheblich auf die Datenbankgröße aus.

A.5 Verwenden von Autogrow

SQL Server erlaubt das Anlegen einer Datenbank einfach durch dieses Kommando:

```
create database DB1;
```

Damit wird die Datenbank in der Standardgröße (der Größe der *model*-Datenbank) angelegt. Sobald der Speicherplatz bei Datenänderungen nicht mehr ausreicht, wird diese Datenbank automatisch vergrößert. Diese automatische Vergrößerung (englisch: Autogrow) kostet zum einen Zeit und Ihre Transaktionen werden entsprechend langsamer, wenn sie mit einem *Autogrow*-Ereignis kollidieren. Viel schlimmer ist aber die Tatsache, dass durch die automatische Vergrößerung auch die Fragmentierung Ihrer Datenbank nach und nach erhöht wird – und das kann die Performance ganz erheblich beeinträchtigen.

Planen Sie also bitte Ihre Datenbank-Größen und legen Sie die Datenbanken in der erforderlichen Größe an, um ein *Autogrow* nach Möglichkeit zu vermeiden.

A.6   Verwenden von SHRINK DATABASE

In vielen Wartungsplänen wird auch eine Verkleinerung von Datenbanken durchgeführt. So etwas sollten Sie unbedingt vermeiden. Bei der Verkleinerung einer Datenbank werden Lücken in den Datendateien geschlossen, sodass am Ende der Datei Speicher frei wird und die Datei einfach abgeschnitten werden kann. Dabei werden Datenseiten vom Ende der Datei in eine weiter vorn existierende Lücke verschoben. Dies ist per Definition eine Fragmentierung; die Verkleinerung von Datenbanken oder Datenbankdateien wird also die Fragmentierung der Datenbank erhöhen. Allein aus diesem Grund sollten Sie eine Verkleinerung von Datenbankdateien unbedingt unterlassen.

A.7   Aktualisieren der Statistiken nach dem Re-Index

Gerade beim Einsatz von Wartungsplänen habe ich oft beobachtet, dass eine Aktualisierung der Statistiken nach der Neuorganisation der Indizes durchgeführt wird. Denken Sie bitte daran, dass bei einem Index-Aufbau auch die zum Index gehörende Statistik neu erstellt wird – und zwar auf der Basis *aller* Tabellenzeilen. Eine bessere Statistik können Sie nicht bekommen. Wenn Sie nach dem Index-Aufbau UPDATE STATISTICS aufrufen, überschreiben Sie die zuvor erstellte, genaue Statistik durch eine Statistik, die lediglich auf einer Stichprobe basiert.

A.8   Optimierung = leistungsfähigere Hardware anschaffen

Optimierung hat viele Ansatzpunkte – und die Optimierung der Hardware ist nur einer davon. Sie sollten zunächst herausfinden, wo das Problem liegt, bevor Sie neue Hardware anschaffen. In den meisten Fällen ist eine Optimierung des SQL-Codes oder der Indizes vielversprechender als eine sofortige Aufrüstung der Hardware, wenn Performance-Probleme auftreten.

A.9 Scans sind generell schlecht

Wenn Sie Scans in Abfrageplänen beobachten, dann ist dies zunächst noch kein Grund, in Panik zu verfallen. In OLAP-Anwendungen sind Scans sogar an der Tagesordnung. Es gibt durchaus Abfragen, bei denen ein Scan einer Tabelle oder eines Index die optimale Möglichkeit darstellt. In OLTP-Anwendungen sollten Sie die Ursache für einen Scan herausfinden. Wenn eine Scan-Operation viele Zeilen verarbeitet, aber nur wenige Zeilen zurückgibt, dann fehlt möglicherweise ein Index. Falls eine Abfrage in einer OLTP-Anwendung viele Zeilen zurückgibt, dann kann ein Scan natürlich der optimale Operator sein. In diesem Fall sollten Sie jedoch untersuchen, warum es erforderlich ist, dass eine Abfrage eine große Anzahl von Zeilen zurückliefert.

A.10 Dynamisches SQL ist „ungesund"

Generell sollten Sie dynamisches SQL vermeiden. Die damit verbundenen Risiken, etwa SQL Injection oder das „Überfluten" des Plancaches, sind einfach zu hoch. Es gibt jedoch auch Ausnahmen, in denen der Einsatz von dynamischem SQL Performance-Vorteile hervorbringt. Denken Sie an Probleme mit Parametrisierung oder Parameter Sniffing, die durch dynamisches SQL gelöst werden können. Lesen Sie noch einmal in Kapitel 9 nach, wenn Sie sich nicht mehr erinnern.

Verstehen Sie dies bitte nicht als Aufforderung, dynamisches SQL bedenkenlos zu verwenden. Dazu rate ich Ihnen ganz sicher nicht. Sie sollten dynamisches SQL aber nicht grundsätzlich „verteufeln", sondern darüber nachdenken, ob ein existierendes Problem mit dynamischem SQL gelöst werden kann. Falls Sie dynamisches SQL einsetzen, treffen Sie bitte *unbedingt* Maßnahmen, um SQL Injection zu vermeiden. In der Online-Dokumentation sowie im Internet finden Sie hierzu entsprechende Anleitungen, Ratschläge und Techniken.

A.11 Verwenden automatisch erstellter UNIQUE-Indizes

Denken Sie daran, dass für eine UNIQUE-Einschränkung automatisch ein Index erstellt wird. Dieser Index enthält keine eingeschlossenen Spalten, ist also für die meisten Abfragen nicht abdeckend. So kann es Ihnen zum Beispiel passieren, dass der Datenbankoptimierungsratgeber das Anlegen des Index noch einmal empfiehlt, wobei eine Reihe von Spalten in den Index eingeschlossen werden soll. Sie sollten also überlegen, ob der automatisch erstellte Index für die UNIQUE-Einschränkung für Ihre Abfragen geeignet ist oder ob Sie den Index doch lieber manuell erstellen und diverse Spalten in den Index einschließen. Zwei Indizes auf derselben Spalte, einmal ohne und einmal mit eingeschlossenen Spalten, sind meist nicht erforderlich bzw. optimal.

A.12 Cursor sind in jedem Fall zu vermeiden

Generell sollten Sie Cursor nur dann einsetzen, wenn Ihnen für ein Problem keine mengenbasierte Lösung einfällt. In den meisten Fällen ist eine cursor-basierte Lösung langsamer als eine vergleichbare mengenorientierte Lösung. Cursor sind jedoch nicht grundsätzlich schlecht. Es gibt durchaus auch Fälle, in denen ein Cursor deutlich schneller zum Ziel führt als ein mengenbasiertes Äquivalent.

Schauen Sie sich das folgende Beispiel an, in dem eine laufende Summe berechnet werden soll. Tabelle A.1 veranschaulicht diese Berechnung.

ID	Wert	Summe
1	10	10
2	12	22
3	10	32
4	20	52
5	25	77

Tabelle A.1: Berechnung einer laufenden Summe

In der dritten Spalte wird jeweils die laufende Summe aller bislang in Spalte 2 ausgegebenen Werte dargestellt.

Wir legen zunächst eine Testtabelle an und fügen 30.000 Zeilen ein:

```
use QueryTest;
-- Tabelle anlegen und befüllen
if (object_id('T1', 'U') is not null)
  drop table T1
go
create table T1(id int identity(1,1) not null primary key
               ,x decimal(8,2) not null default 0
               ,Spalten char(100) not null default '#')
go

insert T1(x)
  select 0.01 * abs(checksum(newid()) % 30000)
    from Numbers
   where n <= 30000
```

Um nun die laufende Summe für die Spalte x zu berechnen, können verschiedene Ansätze verfolgt werden. Eine Möglichkeit ist ein Self-Join:

```
select T1.id,sum(T2.x) as rt
  from T1
       inner join T1 as T2 on T2.id <= T1.id
 group by T1.Id
```

Diese Abfrage dauert auf meiner Maschine 42 Sekunden.

Eine weitere Möglichkeit ist die Verwendung einer Unterabfrage:

```
select T1.id
       ,(select sum(T2.x) from T1 as T2 where T2.id <= T1.Id) as rt
  from T1
```

Für die Ausführung dieser Abfrage waren 130 Sekunden erforderlich.

Schließlich führt hier auch ein geeigneter Cursor zum Ziel:

```
create table #t(id int not null primary key,s decimal(16,2) not null)
declare @id int
       ,@x decimal(8,2)
       ,@s decimal(16,2)
set @s = 0
declare #c cursor fast_forward for
 select id,x from T1 order by id
open #c
 while (1=1)
  begin
    fetch next from #c into @id, @x
    if (@@fetch_status != 0) break
    set @s = @s + @x
    if @@trancount = 0
      begin tran
    insert #t values(@id,@s)
    if (@id % 10000) = 0
      commit
  end
if @@trancount > 0
  commit
close #c
deallocate #c
select * from #t order by id
drop table #t
```

Innerhalb der Cursor-Schleife werden die Summen in einer temporären Tabelle gespeichert, deren Inhalt dann am Ende ausgegeben wird. Diese Abfrage benötigt insgesamt nur eine Sekunde und ist damit also mindestens 40 Mal schneller als eine mengenbasierte Lösung.

Wirklich?

Das obige Beispiel stammt aus der ersten Auflage dieses Buches, in dem es um die Performance-Optimierung mit SQL Server 2008 ging. Mittlerweile reden wir ja über SQL Server 2012 mit einer Reihe von erweiterten Möglichkeiten. Eine dieser Möglichkeiten betrifft die OVER()-Klausel im Zusammenhang mit Aggregatfunktionen.

Hier ist nun auch ein `ORDER BY` erlaubt, und damit können wir eine laufende Summe nun einfach so berechnen:

```
-- NEU in SQL Server 2012:
-- SUM() OVER() erlaubt nun auch ORDER BY
select Id,sum(x) over(partition by current_timestamp order by Id) as s
  from T1
 order by Id
```

Tatsächlich gewinnt diese Abfrage, denn sie benötigt deutlich unter einer Sekunde.

Trotzdem wird es sicher immer wieder Fälle geben, in denen ein Cursor die beste aller Lösungen ist. Denken Sie aber bitte stets über Alternativen nach und nutzen Sie die Ihnen zur Verfügung stehenden Möglichkeiten des Systems bzw. der Sprache T-SQL!

Mit Cursorn verhält es sich genauso wie mit anderen Features auch: Mit Überlegung und Bedacht eingesetzt sind sie sicherlich nützlich.

Aber Dinge können sich ändern, wie das obige Beispiel deutlich zeigt.

A.13 Mehr Einschränkungen in der WHERE-Klausel senken die Abfragekosten

Als Nächstes möchte ich Ihnen noch ein Beispiel präsentieren, das einen verbreiteten Trugschluss aufklärt. Für dieses Beispiel legen wir zunächst eine Tabelle an:

```
if (object_id('Produkt') is not null)
  drop table Produkt
go
create table Produkt
 (
   ProduktId integer identity(1,1) primary key not null
  ,Nummer nvarchar(20) not null
  ,Status smallint not null default 0
  ,Spalten nchar(200) null
 )
go
insert Produkt(Nummer, Status)
  select char(65 + ((abs(checksum(newid())-1)) % 26))
         + '-' + right('0000000000' + cast(abs(checksum(newid())) % 100000 as
nvarchar(12)),8)
        ,abs(checksum(newid())) % 3
    from Numbers
   where n <= 30000
go
create index Ix_ProdNr on Produkt(Nummer)
```

Wir verwenden hier wieder eine Tabelle Produkt, für die auch ein nicht gruppierter Index auf der Spalte Nummer erstellt wird.

Wenn wir nun die ProduktId für eine bestimmte Nummer suchen, dann führt diese Abfrage zum Ziel:

```
select ProduktId
  from Produkt
 where Nummer = 'Q-00020428'
```

Wie zu erwarten, wird der nicht gruppierte Index auf der Spalte Nummer verwendet. Abbildung A.1 zeigt den Ausführungsplan. Die Abfragekosten betragen 0,003.

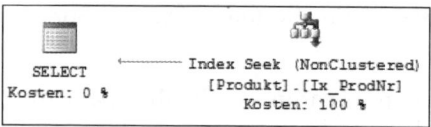

Abbildung A.1: Ausführungsplan für die Suche einer ProduktId nach der Nummer

Wenn zur WHERE-Klausel nun eine weitere Bedingung unter Verwendung des AND-Operators hinzugefügt wird, dann ist die Erwartung sicherlich, dass die Abfragekosten sinken. Die Filterbedingung ist ja selektiver und dadurch sollten die Kosten geringer werden. Das Gegenteil ist jedoch der Fall. Wenn wir diese Abfrage ausführen:

```
select ProduktId
  from Produkt
 where Nummer = 'Q-00020428'
   and Status = 1
```

dann stellen wir fest, dass die Abfragekosten sich erhöht haben. In Abbildung A.2 sehen Sie den Ausführungsplan.

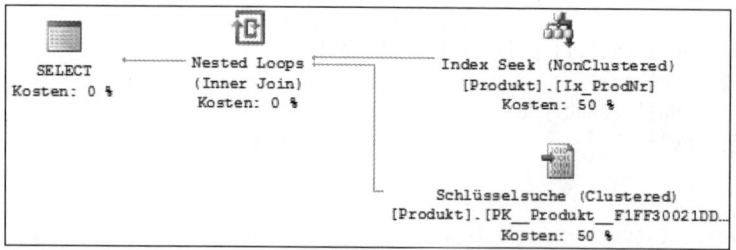

Abbildung A.2: Ausführungsplan für die Suche nach Nummer und Status

Die Abfragekosten sind mit 0,006 doppelt so hoch wie zuvor. Die Ursache hierfür ist klar: Die Suche wird über den Index auf der Spalte Nummer durchgeführt. Aus diesem Index kann der Wert für die Spalte Status aber nicht ermittelt werden. Hierfür ist eine zusätzliche Schlüsselsuche im gruppierten Index erforderlich – und dadurch wird die Abfrage teurer. Eine Lösung wäre natürlich, die Spalte Status in den Index einzuschließen, dann wird die Schlüsselsuche eingespart. Bleibt noch zu sagen, dass der Optimierer hierfür keine Empfehlung ausspricht, es wird also kein fehlender Index bemängelt. Wenn Sie die Abfrage mit dem Datenbankoptimierungsratgeber analysieren, dann ist ein entsprechender Index in der Liste der Vorschläge enthalten.

Denken Sie also daran, dass mehr Bedingungen in der WHERE-Klausel nicht zwangsläufig zu einer Verminderung der Abfragekosten führen.

A.14 Mehr Indizes können die Abfrageleistung von SELECT-Anweisungen nicht verschlechtern

Diese Aussage erscheint zunächst einmal logisch, nicht wahr? Warum sollten zusätzliche Indizes zu einer Verschlechterung der Abfrageleistung führen? Der Optimierer hat ja durch mehr Indizes auch mehr Möglichkeiten und kann dadurch letztlich einen besseren Plan erstellen.

Meist ist dies auch der Fall. Es besteht jedoch auch die Möglichkeit, dass zusätzliche Indizes den Optimierer verwirren. Das kann zum Beispiel vorkommen, wenn die zu einem Index gehörende Statistik veraltet ist, und der Optimierer sich deshalb dazu entschließt, einen Index zu verwenden, der sich letztlich negativ auf die Abfrageleistung auswirkt. Ein solches Beispiel haben Sie in Kapitel 9 kennengelernt.

Darüber hinaus ist es auch möglich, dass zusätzliche Indizes den Optimierer auch bei völlig „intakten" Statistiken durcheinanderbringen. Betrachten Sie hierfür bitte das folgende Beispiel.

Wir legen uns für die Tests zunächst eine eigene Tabelle an und fügen einige 1.000 Zeilen ein:

```
create table Kontakt
 (
  KontaktID int identity(1,1) not null primary key clustered
 ,Name nvarchar(200)
 ,Stadt nvarchar(200)
 ,Email nvarchar(100)
 ,Spalten nchar(200)
 );
go
insert Kontakt (Name,Stadt,Email)
  select LastName, City, EmailAddress
    from AdventureWorks2008R2.Sales.vIndividualCustomer;
```

Da wir nach Name und Stadt suchen wollen, erzeugen wir auch noch diese beiden Indizes:

```
create nonclustered index ix_t1_name on Kontakt(Name) include(Stadt, Email)
go
create nonclustered index ix_t1_stadt on Kontakt(Stadt) include(Name, Email)
```

Zu guter Letzt legen wir noch eine gespeicherte Prozedur für die Suche nach Name oder Stadt an:

```
create procedure getNamen(@name nvarchar(50), @stadt nvarchar(50))
  with recompile as
  select Name, Stadt, Email
    from Kontakt
  where Stadt like @stadt
    and Name like @name
```

Da wir sehr unterschiedliche Parameter erwarten, erzeugen wir die Prozedur mit der Option RECOMPILE, sodass bei jedem Aufruf ein „frischer" Ausführungsplan erstellt wird.

Wenn wir nun diese Suche ausführen:

```
exec getNamen @name = '%niemand%', @stadt = 'nirgendwo%'
```

dann erhalten wir den in Abbildung A.3 gezeigten, etwas überraschenden Ausführungsplan:

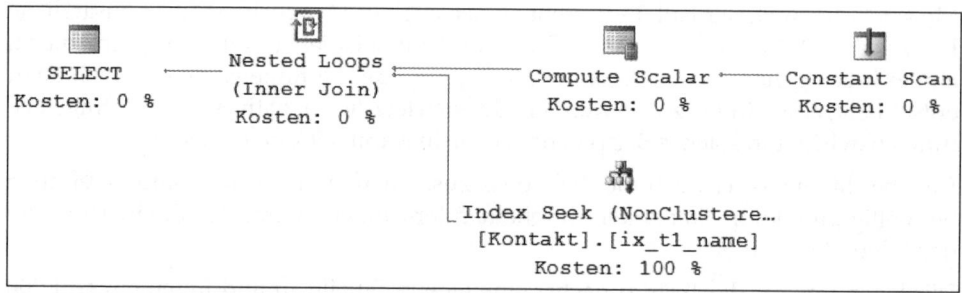

Abbildung A.3: Ausführungsplan mit Indexsuche nach Namen

Zunächst einmal gibt die Abfrage keine Zeilen zurück, was anhand der an die gespeicherte Prozedur übergebenen Parameter auch zu erwarten war. Eigenartigerweise entscheidet sich der Optimierer aber für eine Suche im Index nach dem Namen. Das ist deshalb seltsam, weil wir ja nach Name like '%niemand%' suchen, also ein führendes Platzhalterzeichen verwenden. Deshalb werden hier alle Blattseiten des Index sequenziell durchsucht (gescannt), was letztlich fast 238 logische Leseoperationen benötigt. Eine Suche auf dem Index nach Stadt wäre hier sicherlich sehr viel besser gewesen, weil wir da ein Prädikat verwenden, das tatsächlich ein SARG ist, nämlich Stadt like 'nirgendwo%'.

Offensichtlich ist der Optimierer hier also etwas verwirrt. Löschen wir zum Test den Index auf der Spalte Name einmal:

```
drop index ix_t1_name on Kontakt
```

Wenn wir nun die Abfrage noch einmal ausführen, dann sieht der Ausführungsplan so aus, wie in Abbildung A.4 gezeigt.

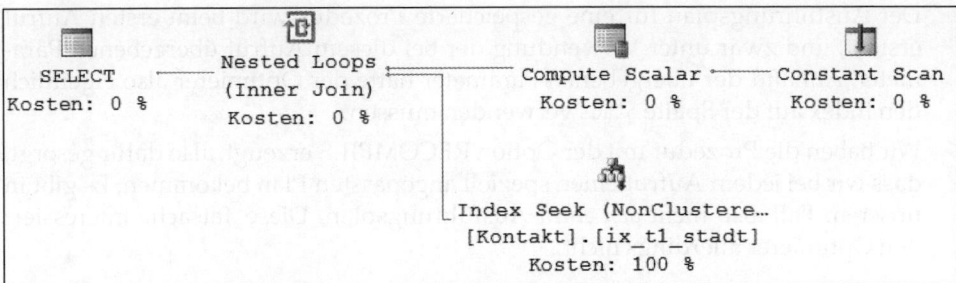

Abbildung A.4: Ausführungsplan mit Indexsuche nach Stadt

Da der Index auf der Spalte Name nun nicht mehr existiert, entscheidet sich der Optimierer für eine Suche im Index auf der Spalte Stadt. Diese Suche benötigt tatsächlich nur zwei logische Lesevorgänge und ist damit mehr als 100 Mal besser!

Was ist da passiert?

Wenn Sie den Index auf der Spalte Name erneut erzeugen und dann einmal die folgende Abfrage ausführen:

```
select Name, Stadt, Email
    from Kontakt
  where Name like '%niemand%'
    and Stadt like 'nirgendwo%'
```

dann sieht der Ausführungsplan so aus, wie in Abbildung A.5 zu sehen.

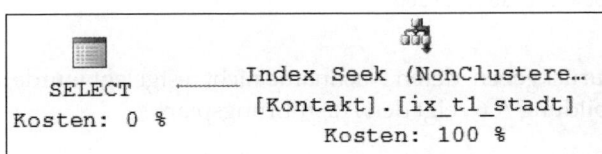

Abbildung A.5: Ausführungsplan bei Verwendung einer Ad-hoc-Abfrage

Nun wird also der Index auf der Spalte Stadt verwendet, auch wenn beide Indizes existieren. Das ist wirklich eigenartig, nicht wahr? Immerhin ist die Abfrage *genau dieselbe* wie die in der gespeicherten Prozedur verwendete. Und doch unterscheiden sich die Ausführungspläne für die gespeicherte Prozedur und die Ad-hoc-Abfrage ganz beträchtlich.

Die Ursache ist offensichtlich, dass für eine gespeicherte Prozedur immer nur ein Abfrageplan existieren kann. Folglich muss der Optimierer sich für *einen* der beiden Indizes entscheiden, der dann *immer* verwendet wird. In unserem Fall entscheidet er sich für den falschen Index. Erstaunlich ist diese Tatsache aus zwei Gründen:

▶ Der Ausführungsplan für eine gespeicherte Prozedur wird beim ersten Aufruf erstellt, und zwar unter Verwendung der bei diesem Aufruf übergebenen Parameter. Anhand der übergebenen Parameter hätte der Optimierer also eigentlich den Index auf der Spalte Stadt verwenden müssen.

▶ Wir haben die Prozedur mit der Option RECOMPILE erzeugt, also dafür gesorgt, dass wir bei jedem Aufruf einen speziell angepassten Plan bekommen. Es gibt in unserem Fall also nicht *den einen* Ausführungsplan. Diese Tatsache interessiert den Optimierer allerdings nicht.

A.15 Unzureichende Einschränkungen

Was Sie beim logischen Datenbankentwurf beachten sollten, damit Ihre Abfragen nicht unter einem unpassenden Datenbank-Design leiden müssen, wurde in diesem Buch nur am Rande erwähnt. Falls Sie sich hierfür interessieren und sich mit dieser Thematik auseinandersetzen möchten, dann sollten Sie unbedingt einmal in [3] nachlesen. Sicher sehen Sie sofort ein, dass es problematisch ist, wenn Ihr Datenbank-Design so ausgelegt ist, dass 70% der Abfragen einer OLTP-Anwendung zehn oder mehr Tabellen benötigen. Dies ist aber nur ein Aspekt des Datenbank-Designs. Im kleineren Maßstab gedacht, ist es auch sehr wichtig, die Definitionen von Tabellen und Einschränkungen so zu gestalten, dass der Optimierer bei der Erstellung von Ausführungsplänen hiervon profitieren kann.

Schauen Sie sich als Beispiel einmal die folgende Abfrage an:

```
select * from AdventureWorks2008R2.Person.Person
 where LastName is null
```

Die Abfrage soll alle Personen zurückgeben, deren Nachname nicht festgelegt wurde, also den Wert NULL aufweist. Abbildung A.6 zeigt den Ausführungsplan.

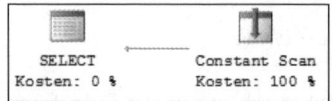

Abbildung A.6: Ausführungsplan für eine Suche nach LastName is NULL

Die Abfragekosten sind nahezu 0, und zwar unabhängig davon, wie viele Zeilen die Tabelle Person.Person letztlich enthält. Die Ursache ist eine Einschränkung, mit der festgelegt wird, dass die Spalte LastName niemals NULL sein darf. Dies erkennt der Optimierer, sodass keinerlei Leseoperationen erforderlich sind.

Dies ist nur ein Beispiel. Auch andere Einschränkungen, wie etwa Fremdschlüssel, werden bei der Erstellung des Ausführungsplanes hinzugezogen, um die Abfragekosten zu minimieren. Denken Sie also bitte daran, dass Sie Ihre Einschränkungen möglichst genau bzw. möglichst restriktiv festlegen. Dies erleichtert dem Optimierer die Arbeit und senkt möglicherweise die Abfragekosten. Auch wenn das eigentliche

Datenbank-Design bereits abgeschlossen ist, können Sie eventuell im Nachhinein weitere Einschränkungen hinzufügen.

A.16 Verwenden von Funktionen

T-SQL ist in erster Linie eine Abfragesprache. Viele Softwareentwickler übersehen diese Tatsache, wenn sie beginnen, T-SQL-Code zu entwerfen. Sicherlich bietet T-SQL auch Sprachelemente für Ablaufsteuerungen, bedingte Verzweigungen, Schleifen und vieles mehr. Trotzdem ist die Sprache T-SQL weit entfernt von dem, was moderne Programmiersprachen wie beispielsweise C# bieten.

Was mir sehr oft begegnet, sind Versuche von Softwareentwicklern, auch im T-SQL-Code eine Modularisierung und Kapselung vorzunehmen, so gut dies eben möglich ist. Eine sehr natürliche Herangehensweise für diesen Ansatz ist die Verwendung von T-SQL-Funktionen. Immerhin kann man dadurch zumindest Funktionalität kapseln. T-SQL kennt prinzipiell zwei Kategorien von Funktionen:

▶ Skalarfunktionen. Dieser Funktionstyp gibt einen einzelnen Wert eines bestimmten Datentyps zurück.

▶ Tabellenwertfunktionen. Eine Tabellenwertfunktion gibt – wie der Name bereits sagt – eine Tabelle zurück. Hierbei unterscheidet T-SQL zwei Unterkategorien:

Inline-Tabellenwertfunktionen. Eine solche Funktion besteht nur aus einer SELECT-Anweisung.

Tabellenwertfunktionen mit mehreren Anweisungen. Im Code dieser Funktionen wird eine Tabellenvariable erstellt und mit Daten gefüllt. Diese Tabellenvariable wird dann an den aufrufenden Code zurückgegeben.

Der Umgang des Optimierer mit Funktionen ist leider alles andere als ideal. Sowohl die Verwendung von Skalarfunktionen (in der SELECT-Liste oder in Prädikaten) als auch der Einsatz von Nicht-Inline-Tabellenwertfunktionen sind eine häufige Ursache für Performance-Probleme. Die Ursachen hierfür sind:

▶ Skalarfunktionen verhindern eine parallele Abfrageausführung.

▶ Skalarfunktionen in JOINs und in der WHERE-Klausel vereiteln qualitativ gute Kardinalitätsschätzungen.

▶ Skalarfunktionen werden für jede zu verarbeitende Zeile einzeln aufgerufen. Dadurch kann die Belastung der Prozessoren ganz erheblich nach oben schnellen.

▶ Tabellenwertfunktionen mit mehreren Anweisungen erlauben ebenfalls keine brauchbaren Kardinalitätsschätzungen. Der Optimierer schätzt für eine solche Funktion immer genau eine Zeile.

 Der Optimierer ist aber in der Lage, Inline-Tabellenwertfunktionen vernünftig in den Ausführungsplan zu integrieren. Diesen – und nur diesen – Funktionstyp können Sie daher bedenkenlos einsetzen.

Bitte betrachten Sie das folgende Beispiel.

Wir legen zwei Tabellenwertfunktionen an. Die erste der beiden Funktionen ist eine Inline-Tabellenwertfunktion, die zweite besteht aus mehreren Anweisungen:

```
create function dbo.Adressen(@city nvarchar(100))
  returns table as
  return
    select AddressLine1 from Person.Address where City like @city
go
```

```
create function dbo.Adressen1(@city nvarchar(100))
  returns @adr table (AddressLine1 nvarchar(300)) as
begin
  insert @adr(AddressLine1)
      select AddressLine1 from Person.Address where City like @city
  return
end
go
```

Wir lassen uns nun von beiden Funktionen alle Zeilen der Tabelle `Person.Address` zurückgeben:

```
select * from dbo.Adressen('%')
select * from dbo.Adressen1('%')
```

Abbildung A.7 zeigt die beiden Ausführungspläne. Sie sehen, dass sich beide Pläne unterscheiden, weil der Optimierer sich bei der Verwendung der Mehrfachanweisungs-Tabellenwertfunktion deutlich verschätzt: Er geht von genau einer Zeile aus, die zurückgeliefert wird.

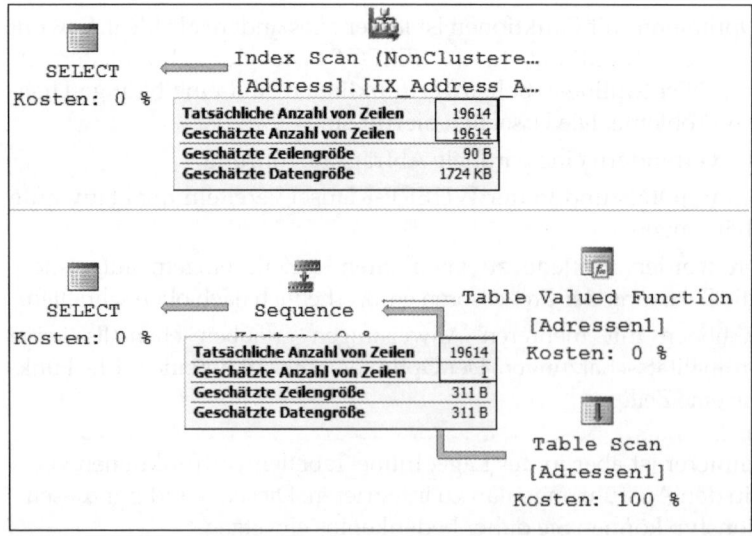

Abbildung A.7: *Ausführungspläne mit Inline-Tabellenwertfunktion und Mehrfachanweisung-Tabellenwertfunktion*

A.17 Verwenden von Tabellenvariablen

Wenn Sie im T-SQL-Code Abfrageergebnisse temporär zwischenspeichern möchten, dann gibt es dafür zwei Möglichkeiten: temporäre Tabellen und Tabellenvariablen. Ein weit verbreiteter Irrtum ist, dass die Verwendung von Tabellenvariablen gegenüber temporären Tabellen vorzuziehen ist, weil Tabellenvariablen nur im Speicher existieren, wohingegen temporäre Tabellen auf der Festplatte manifestiert werden. Denken Sie einmal darüber nach, was passieren soll, wenn Sie in eine Tabellenvariable 100 Millionen Zeilen einfügen. So etwas können Sie ohne Weiteres tun, aber sehr wahrscheinlich wird Ihr Hauptspeicher nicht unendlich groß sein, sodass die Daten der Tabellenvariablen letztlich irgendwo auf der Festplatte gespeichert werden müssen.

Dieses Missverständnis in Bezug auf das Verhalten von Tabellenvariablen führt dazu, dass Tabellenvariablen tendenziell zu häufig verwendet werden. In vielen (sicherlich nicht allen) Fällen bieten temporäre Tabellen eine deutlich effizientere Möglichkeit, denn Tabellenvariablen haben einen ganz entscheidenden Nachteil: Es gibt keinerlei Statistiken für sie.

 Wenn der Optimierer Kardinalitätsschätzungen für eine Tabellenvariable durchführt, dann geht er stets davon aus, dass *genau eine Zeile* zurückgeliefert wird. Verwenden Sie deshalb Tabellenvariablen nicht für Tabellen mit mehr als einer Handvoll Zeilen. Als generelle Richtlinie können Sie sich merken, dass Sie ab ca. 100 Zeilen lieber temporäre Tabellen einsetzen sollten.

In Anlehnung an den vorherigen Abschnitt möchte ich Ihnen auch hierfür ein einfaches Beispiel präsentieren.

Hierfür legen wir sowohl eine Tabellenvariable als auch eine temporäre Tabelle an, fügen in beide Tabellen identische Daten ein und lassen uns schließlich jeweils alle Zeilen zurückgeben:

```
create table #adr(AddressLine1 nvarchar(300))

insert #adr(AddressLine1)

  select AddressLine1 from Person.Address


declare @adr table (AddressLine1 nvarchar(300))

insert @adr(AddressLine1)

  select AddressLine1 from Person.Address

select * from #adr
select * from @adr
```

Die Ausführungspläne für die beiden SELECT-Anweisungen sehen Sie in Abbildung A.8.

Beide Pläne sehen gleich aus, weil ein Tabellen-Scan die einzige Möglichkeit ist, das Abfrageergebnis zu ermitteln. Aber darauf kommt es hier gar nicht an. Entscheidend ist der Unterschied in der geschätzten Anzahl von Zeilen. Sie erkennen deutlich, dass hierfür bei der Verwendung einer temporären Tabelle deutlich bessere Werte geliefert werden.

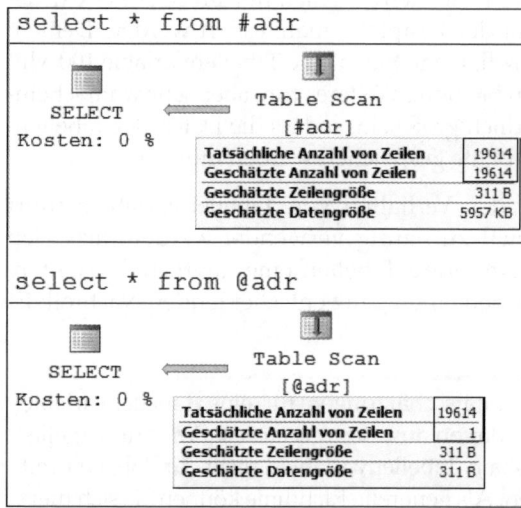

Abbildung A.8: Ausführungsplan mit temporärer Tabelle und Tabellenvariablen

A.18 Indizes und implizite Typkonvertierungen

Das abschließende Beispiel soll zeigen, wie Sie einen existierenden Index durch eine kleine Unachtsamkeit „ausheben" können.

Wie immer legen wir dafür zunächst eine Testtabelle an. In diese Tabelle werden anschließend 100.000 Zeilen eingefügt:

```
use QueryTest
go

-- Wir legen eine übersichtliche Testtabelle an
if object_id('t1', 'U') is not null drop table t1
go
create table t1(ID varchar(100) primary key clustered
            ,c2 nchar(200) default '#')
go
-- Und fügen 100.000 Zeilen ein
insert t1(ID) select top 100000 newid() from sys.all_columns as c1, sys.all_
columns as c2
go
-- Index defragmentieren und Statistiken aktualisieren
alter index all on t1 rebuild
```

Unsere Testtabelle T1 hat einen Primärschlüssel auf der Spalte ID. Suchen wir doch einmal eine Zeile in dieser Tabelle und verwenden für diese Suche den Primärschlüssel:

```
-- Wir suchen unter Verwendung des Primärschlüssels.
exec sp_executesql N'select * from t1 where ID=@x'
                   ,N'@x nvarchar(100)'
                   ,@x = ''
```

Es existiert keine Zeile, in der die Spalte ID leer ist, also wird auch kein Ergebnis zurückgegeben. Das ist so weit in Ordnung.

Wenn Sie sich aber die Anzahl benötigter logischer Leseoperationen ansehen, dann ist diese deutlich größer als 5.000. Der Ausführungsplan zeigt, warum. Dort sehen Sie einen *Clustered-Index-Scan* (siehe Abbildung A.9).

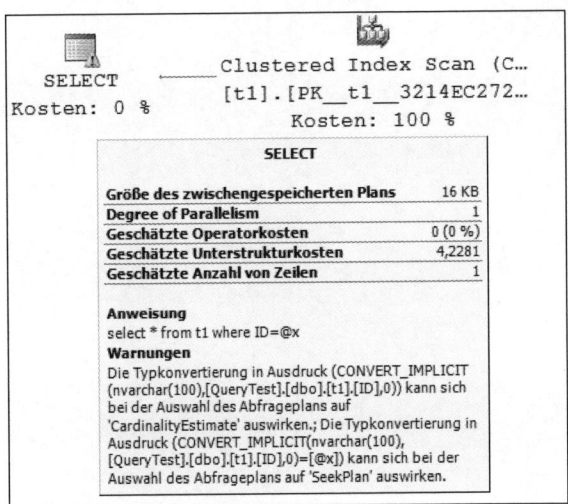

Abbildung A.9: Clustered-Index-Scan bei der Suche nach einem Primärschlüsselwert

Wie ist das möglich? Wir haben doch nach einem bestimmten Primärschlüsselwert gesucht, und für den Primärschlüssel existiert mit Sicherheit ein Index, in unserem Fall der gruppierte Index. Warum wird der Index also nicht für eine Suche im Indexbaum verwendet?

Die Antwort auf diese Frage finden Sie ebenfalls im grafischen Ausführungsplan. Schauen Sie noch einmal genau hin. Sie erkennen eine Warnung, die sich auf eine erforderliche implizite Typkonvertierung bezieht. Das ist hier tatsächlich genau das Problem. Die indizierte Spalte ID ist vom Typ VARCHAR, gesucht wird aber nach einem Wert vom Datentyp NVARCHAR. Diese beiden Datentypen können nicht miteinander verglichen werden. Also werden vor dem eigentlichen Vergleich die Datentypen angeglichen. Diese Angleichung erfolgt durch eine implizite Typkonvertierung. Hierbei wird so konvertiert, dass kein Datenverlust stattfindet. Deshalb ist eine Konvertierung von NVARCHAR nach VARCHAR nicht möglich, sondern es muss der VARCHAR-Wert in einen NVARCHAR-Wert überführt werden. In unserem Fall muss also die Spalte ID nach NVARCHAR konvertiert werden und der Index auf dieser Spalte ist damit für unsere Abfrage nicht zu gebrauchen.

Probleme mit solchen impliziten Typkonvertierungen können schnell einmal passieren, vor allem mit den Datentypen VARCHAR und NVARCHAR. Denken Sie bitte daran, dass die meisten Client-Programme standardmäßig NVARCHAR-Werte an SQL Server übergeben. Wenn Sie also Ihre Spalten als VARCHAR deklarieren und hierauf indizieren, dann haben Sie möglicherweise das gerade demonstrierte Problem.

B Literatur

[1] *Ben-Gan, Itztik, Kollar, Lubor, Sarka, Dejan:* Inside Microsoft SQL Server 2005 T-SQL Querying. 1. Auflage. Microsoft Press 2006

[2] *Schmeling, Holger:* Datenbankentwicklung mit dem Microsoft SQL Server 2005. 1. Auflage. Carl Hanser Verlag, 2007

[3] *Davidson, Louis, Kline, Kevin, Windisch, Kurt:* Pro SQL Server 2008 Relational Database Design and Implementation. 1. Auflage. Apress, 2010

[4] *Celko, Joe: SQL FOR SMARTIES:* Advanced SQL Programming. Second Edition, Morgan Kaufmann Publishers, 2000

Stichwortverzeichnis

Statistik 239, 241
    aktualisieren 247, 250, 409
    Datenverteilung 245
    erstellen 247
    fehlende 377
    gefilterte 252
    Histogramm 243, 258, 263
    nicht aktuelle 255
    Probleme 255
    Stichprobe 251
    veraltete 256
Statistische Systemfunktionen 96
    @@Connections 97
    @@Cpu_Busy 97
    @@Idle 97
    @@IO_Busy 97
    @@Pack_Received 97
    @@Pack_Sent 97
    @@Timeticks 97–98
    @@Total_Read 97
    @@Total_Write 97
    arithmetischer Überlauf 97
stats_date() 252
Stoppuhr 54
Suchargumente siehe SARG
SUSER_NAME() 390
sys.dm_db_index_physical_stats 163, 172, 176, 182, 186
    detailed 182
sys.dm_db_index_usage_stats 196
sys.dm_db_missing_index_columns 193
sys.dm_db_missing_index_details 193
sys.dm_db_missing_index_group_stats 192
sys.dm_db_missing_index_groups 192
sys.dm_exec_cached_plans 117, 188, 190, 231
    plan_handle 117
sys.dm_exec_plan_attributes 231, 237
sys.dm_exec_query_plan 117, 189, 231
sys.dm_exec_query_stats 117, 231, 238, 272, 339, 341
    execution_count 238, 272
    last_execution_time 344
    query_hash 339
    query_plan_hash 340
sys.dm_exec_requests 92, 123
sys.dm_exec_sessions 123
sys.dm_exec_sql_text 92, 117, 231, 273, 341
sys.dm_io_virtual_file_stats 123, 341
sys.dm_os_performance_counters 96, 238
sys.dm_os_virtual_file_stats 92
sys.dm_os_wait_stats 94
sys.dm_os_waiting_tasks 123

sys.indexes 186, 196
sys.master_files 93
sys.partitions 123
sys.stats 252
sys.traces 70
syscollector_collector_types 362
sysschedules_localserver_view 362
Systemmonitor 74
    Ablaufverfolgungen 89
    Leistungsindikatoren 85
    Sammlungssatz 86
Systemprozeduren 98
Systemressourcenpool 390

T
TABLE HINT 298
Table Scan 108, 160, 312
tempdb 337, 395
Temporäre Objekte 337
Transaktionsgröße 35
Transaktionsprotokoll 31
Transaktionsrate 35
T-SQL Skript
    lokale Variablen 285

U
UNIQUEIDENTIFIER 311, 408
UPDATE STATISTICS 250

V
VDWH 119, 334, 349, 363
    Abfragestatistik 349
    Hochladen von Daten 367
    konfigurieren 119
    manuelle Abfragen 352
    Sicherheit 121
Verwaltungs-Data Warehouse siehe VDWH

W
wait_time_ms 96
Wartezustände 353
    LOGMGR_QUEUE 94
WHERE-Klausel 413
WorkTable 304
Write Ahead Log 31
WRITELOG 35–36